西方商务经济学名著译丛
Economics For Business

商务伦理学

[美] 普拉维恩·帕博迪埃（K. Praveen Parboteeah） 著
　　 约翰·卡伦（John B. Cullen）

周　岩　译

王胜桥　审

Business Ethics

复旦大学出版社

上海商学院商务经济学系列丛书编委会

主　任　朱国宏　贺　瑛

副主任　王胜桥　李育冬　刘　斌

编委会成员　李元旭　刘会齐　曹剑涛　伊　铭　王小平　窦莉梅
　　　　　　　王大群　张期陈　戴　莹　金燕玲　周　岩　李　清
　　　　　　　曹　静　焦　玥　狄　蓉　刘　欣　蒋传进　叶　龙
　　　　　　　余秀荣　侯立玉　袁明玉　吴晓伟

西方商务经济学名著译丛编委会

主　编　王胜桥

副主编　刘会齐　曹剑涛

译丛总序

2012年国家教育部颁布的《本科专业目录》中,经济学学科门类下新增设了商务经济学特设专业。商务经济学在国外是个非常重要的学科,国外商务经济学的研究总体也较为成熟,成果也较为丰富。在国内,商务经济学无论是专业还是学科仍然还处在初期探索阶段。

日本真正意义上的现代经济学和商学教育,是最近二十来年才开始迅速发展起来的。现代经济学非常注重引入自然科学的研究方法和分析框架来研究社会经济、行为和现象,强调从假设到推理再到结论的内在逻辑,强调用数学和数理模型作为基本逻辑分析工具,强调以数理统计和计量经济学为基础的实证研究,具有很强的应用性、实证性和自然科学性,像任何一个学科一样,一个没有理论基础的商学就是无本之木、无源之水。

20世纪90年代以来,特别是进入21世纪以后,随着西方现代经济学在中国经济学界确立其主流地位,无论是经济学学术期刊还是大学经济学科建设,西方现代经济学研究或基于西方现代经济学理论和方法基础上的研究,均占有绝对优势,基于计划经济背景建立起来的商业经济学、贸易经济学和流通经济学在内的诸多传统学科正面临极大的挑战。在这种情势下,2012年我们上海商学院率先在全国组建了商务经济学学科团队,并率先申报成功上海市本级财政预算重点学科立项,开展系统的商务经济学学科基础研究。我们尝试把商务经济学作为一个新学科提出,尝试区别于以往的商业经济学、流通经济学的范式,借鉴国外商务经济学的研究,立足中国实践,以经济学的实证研究方法来研究企业商务问题,开展商务经济学的基础理论研究,构建商务经济学的学科体系。在具体的成果上,我们希望通过"六个一"来体现,即通过若干年的努力,翻译出版一套西方商务经济学名著,发表一批商务经济学基础性研究系列高质量论文,出版一批商务经济学系列专著,开办一个商务经济学专业,出版第一本商务经济学教材,建设一个商务经济上海市级乃至全国的人文社科重点研究基地。这些目标正在逐步实现:学科团队已经发表了部分原创研究论文,2014年申办成功了全国最早之一的商务经济学专业并开始招生,2016年成功获批上海市商务经济人文社科重点研究基地。这套即将出版的《西方商务经济学名著译丛》正是我们的"六个一"的成果体现。这套著作具有以下特点：

日本早稻田大学商学部久保克行等作者合著的《商务经济学入门》从经济学的角度谈商务，把经济和商务之间的相互关系和作用作为主要的论点展开分析，通过案例说明经济与商务现象，演绎经济学与商务领域基础知识，是一本言简意赅、通俗易懂的商务经济学的入门著作。该书由金燕玲讲师主译，李慧卿讲师翻译了部分章节，瞿晓华副教授主审。

John Sloman 所著《商务经济学》是一本基于商务环境视角撰写的商务经济学著作。它涵盖了标准经济学著作中的基本核心原理，并通过大量的商务案例，展现各种经济学概念和原理在不同商务环境中的应用，帮助学习者更直观、更彻底地学习与掌握商务经济学原理。该书由戴莹副教授主译，王胜桥教授、方梦之教授主审。

Rob Dransfield 所著《商务经济学》以简洁易懂的方式整体描绘了商务经济的运行，书中有众多与生活现实密切相关的案例，能够让读者把抽象的理论与实际生活结合起来。该书由上海商学院商务经济学学科团队合作翻译完成，分工如下：狄蓉博士（前言、第6章部分），刘会齐博士（第1、6、15章部分，及协助统稿，校订和梳理全书图表），王小平博士（第2、13、14、17章），王大群博士（第3、11章），张期陈博士（第4、5章），曹剑涛博士（第1章部分、第7章及协助统稿，校订全书专业术语、外文人名和专有名词，进行相关补缺工作），李清博士（第8章），伊铭博士（第9、10、12章），刘欣博士（第15章部分），曹静博士（第16章），王胜桥教授（统稿并审定）。

Praveen Parboteeah 和 John Cullen 合著的《商业伦理学》原由美国纽约 Routledge 出版社出版。该书以经典商业伦理理论为基础，详细解读企业中各种商业伦理行为及其成因及影响，并采用大量翔实的案例对商业伦理分层进行分析，是一本理论与实践相结合的最新商业伦理书籍。该书由周岩副教授主译，冯叔君副研究员和吴慧珍讲师及于静副教授翻译了部分章节，王胜桥教授主审。本书也得到了上海商贸业知识服务中心和上海商学院商业伦理学重点科研项目资助。

丛书翻译历时三年，每本著作均经几易其稿才呈现在大家面前。由于水平有限，翻译中错误之处，敬请行家与读者批评指正！

王胜桥

2017 年 7 月 15 日

前　言

20世纪80年代，几起商业伦理丑闻曾闹得沸沸扬扬。然而，以后频频出现的伦理出轨事件却依然是当今商业世界的特征之一。最近涉及跨国公司的伦理危机表明商业伦理学现在仍然十分重要，任何公司都不能摆脱这方面的影响。为了有效处理伦理行为，无论是跨国公司还是国内公司管理层都需要发展和实施有助伦理行为的成功策略。《商务伦理学》一书向学生提供使公司更具伦理观念以及建设伦理文化的最新视角。为了理解公司商业伦理的复杂性，《商务伦理学》向学生提供必要的理论背景及实践案例。本教材采用战略利益相关者策略强调这些核心问题，同时，本教材也认为诸如商业全球化、日益加强的信息技术合作和日益增加的环境压力等关键因素是推动当今商业伦理学发展的主要引擎。

编写本教材的初衷源于作者对目前这方面教材的不满意和失望。多数教材或者（对于学生来说）过于理论化（因此太抽象），或者过于实践化（因此没有向学生提供理解伦理学概念的必要框架）。《商务伦理学》一书为引导学生深入学习商务伦理学，既提供了伦理学的理论知识，又提供了实践案例。

教学手段

《商务伦理学》一书使用一些教学工具来对商业伦理进行全面考察和分析。

以战略利益相关者管理为主题：所有章节都用战略利益相关方法作为统一的主题。本教材是采用这一方法的第一本教材。多数商业伦理学者和实践者认为，但凡伦理成功的公司就是那些能从战略角度平衡各利益相关者利益的公司。采用了这种手段，学生将能了解商业伦理学的各个方面及其关联。

以理论为基础和以应用为基础：所有章节都有重要的可应用理论，同时配以将这些理论应用于实践的案例。本教材将理论和实践有机地融合，对涉及的概念进行深入的研究，这恰恰是与其他教材的不同之处。此外，每章都为读者提供了可读案例以获取知识——网络活动、实践演练和章后案例这三种活动有助于学生把理论概念应用到真实的场景。

整体化：本书各章以逻辑方式相互依托，这不同于其他采用章节相对独立的教材编写方法。利益相关者理论将全书从头至尾有机地整合在一起。

现实性：本教材包括了很多最新的商业伦理问题研究案例。对于最新商务伦理趋势的讨论不仅仅局限于来自美国的范例，作者力求提供来自世界不同国家与文化的商务伦理范例。

全球视角：不同于其他教材，本书从全球视角研究商业伦理问题。书中多数章节包括了全球范围的材料，涵盖来自日本、英国、中国和印度等国家的案例。

主要特征

案例研究、网络任务和实践演练：每章提供了把课本材料应用于真实商业伦理实践的机会。**短篇案例**是学生在 30 分钟内阅读并讨论的活动。**实践演练**向学生提供了个人可能会遇到的令人尴尬的伦理问题。**长篇案例研究**是篇幅较长的案例，提供了可供学生深入探讨的机会。**网络任务**将网络作为学习工具，学生可以在网络环境下探讨商业伦理问题。

案例取材广泛：本书提供的案例充分展示了实际发生的商业伦理问题，这不仅夯实了本书的内容，而且运用多种形式展示了商业伦理问题。

- 商务伦理透视预览：讨论跨国公司或其他实体如何处理伦理问题。
- 商务伦理透视：跨国公司处理伦理问题时的特殊案例。
- 商务伦理战略透视：跨国公司处理伦理问题所采用的战略方法。
- 伦理可持续性透视：讨论伦理问题的环境策略和可持续性发展战略。
- 全球商务伦理透视：讨论伦理问题的全球性和应用性。

学习辅助手段：公司网站用来补充（但不重复）教材内容。选择信息经常更新的网站。

内 容

本书由四大部分组成，每部分包含了跨国商务的主要问题与信息，旨在了解商业伦理的复杂性和刺激性。

第一部分是商业伦理导论。第一章向读者介绍了商业伦理的一般知识,正如我们所分析,战略商业伦理方法意味着公司要平衡各利益相关者的需求。第二章讨论了利益相关者的诸多问题,包括利益相关者的类型、特征,以及评估利益相关者的工具。只有了解影响伦理的个体因素才能全面领悟商业伦理的实质。第三章探讨了伦理学的诸多因素。个人伦理取向会对公司伦理取向产生影响,因此本章将讨论个体伦理的重要决定因素。

第二部分讨论利益相关者。一般而言,组织型利益相关者包括四种重要组成部分:雇员、客户、投资者、媒体/特殊利益群体。这四类人被认为是首要利益相关者和次要利益相关者。鉴于首要利益相关者对公司的影响更大,因此第二部分对此进行主要讨论。第四章讨论员工作为利益相关者的作用和责任,同时讨论公司与员工之间的其他关系,包括赔偿、歧视和性骚扰等。第五章讨论另一重要的利益相关者——客户,既要探讨公司对客户的责任,也要探讨客户的权益。最后,讨论为了使利益相关者群体获得满足感与幸福感,公司采取的积极手段。第六章讨论作为利益相关者的股东的作用。正如之前所讨论,股东是公司的所有者,而管理者则是公司的运行者,这就反映出股东和公司的独特关系。本章还讨论公司伦理问题的关键——公司管理。最后,第七章讨论其他类型的利益相关者——政府、媒体以及非政府组织。虽然这些利益共享者可能不会像员工和客户那样对公司产生直接影响,然而却也是具有影响力的。因此,本章讨论这三种利益相关者及其对公司的影响。

第三部分讨论公司所处的环境。每章都阐述了在多数国家形成商业环境的重要推动力。第八章讨论信息技术的作用及其对伦理的影响。随着信息技术的发展,越来越多的公司面临着出乎意料的伦理问题。第九章讨论公司环境的另一重要方面——环境及环境的可持续性。本章讨论重压之下的公司对环境越来越敏感。此外,还将讨论跨国公司在环境方面所采取的积极手段和最佳做法。最后,第十章探讨环境的另一个重要方面——全球环境。本章将挖掘不同国家对商业伦理的不同态度及其成因,此外还介绍主要的商业伦理问题,尤其是腐败和行贿受贿。

第四部分阐述了管理人员如何创建具有伦理的公司。第十一章的主题是公司伦理文化及其对伦理行为的影响,还将讨论伦理文化。第十二章将把各章整合起来,提出以战略手段,即公司的社会责任,管理商业伦理。

支撑材料

《商务伦理学:战略利益相关者视角》为学生和教师提供的网站www.routledge.com/cw/parboteeah。该网址为教师和学生学习本书提供教学和学习补充资料。

致教师

网站提供下列帮助：

教学手册：每章教学贴士、在线与课堂练习、相关 Youtube 视频和其他视频资源。

测试库：多项选择题和判断题。这些都可以以 word 文件或其他文件格式下载。

PPT：每章四十多张幻灯片，讲解每章要点。

网址链接：包含教师手册中的所有链接。

致学生

网站提供下列帮助：

小测验练习：网站向学生提供小测验练习，即刻反馈。

幻灯片：测试教材主要概念。

网站链接：提供网上资源。

致　　谢

写书似乎是一件孤单的事情。然而,得不到支持,写书又是不可能的。我们感谢我们的家人给予完成写作所需要的时间与安宁。

- 普拉维恩的妻子曾经帮助他完成另外一本书的写作,现在又帮助他完成这本新书的写作。她以精湛的专业知识编写了教学手册、教学大纲和其他辅助材料。我们依然是一个很好团队。阿里莎,普拉维恩的女儿,对父亲的工作充满好奇,但是在普拉维恩专注于写作时,却表现出极大的耐心。达文,普拉维恩的儿子,尽管并不那样好奇和耐心,但他始终是"世上最佳儿子"。
- 琼·约翰森,是约翰的妻子,也是一位学者,提供各种支持,帮助约翰完成写作计划。

本书的写作灵感来自普拉维恩的父母亲,他们以强烈的职业伦理观培养作者成为一个诚实正直的人。普拉维恩对商务伦理学的兴趣和涉足当然也就是水到渠成了。然而,如果没有来自同事与朋友的支持和灵感,本书也是不可能完成的。约翰·卡伦鼓励普拉维恩研究伦理环境概念;耶斯迪·戈狄沃尔最初安排普拉维恩上商务伦理课,让他对商务伦理产生了浓厚的兴趣;现主任詹姆斯·布朗森使他继续有计划上这门课程。普拉维恩也感谢杰里·戈塞帕特和洛伊斯·史密斯组织教学研讨,帮助他改进教学。普拉维恩也非常感谢克里斯廷对商业伦理学所组织的研讨和活动。

本书的完成也离不开专业编辑的支持。我们尤其要感谢 Routledge 出版社的编辑约翰·西拉盖尔对于我们编写此书所给予的鼓励,帮助我们克服了写作过程中遇到的挑战与困难。开发部编辑吉尔·杜尔索耐心地指导我们按照时间进度完成写作。此外,我们还要感谢为本书做出贡献的专业人员,包括提供案例的人员,还要感谢本书的营销和出版人员。

最后,作者还要感谢来自很多大学和政府部门的评审人员,包括格林威治大学的温·范德克霍夫、卡尼修斯学院雷蒙德·维格索、圣·高伦大学托马斯·贝斯乔纳和萨克里特哈德大学安德鲁·冈姆布斯。以上各位对本书提出的改进意见均已被采纳。

普拉维恩·帕博迪埃

约翰·卡伦

目 录

第一部分 导 论

第一章 商务伦理导论 …… 3
  1.1 商务伦理的内涵 …… 4
    1.1.1 非伦理行为如何在全球盛行？ …… 6
  1.2 商业伦理的益处 …… 11
  1.3 商务伦理的培养 …… 17
  1.4 商务伦理常见问题及本书结构 …… 19
  本章小结 …… 23
  主要术语 …… 25
  讨论题 …… 25
  网络任务 …… 26
  实战演练 …… 26
  案例分析　Anna Hazare 的印度反腐之路 …… 26
  长篇案例　困境升级：丰田汽车公司及其召回事件 …… 28

第二章 利益相关者 …… 55
  2.1 利益相关者的概念及重要性 …… 57
  2.2 利益相关者的分类及特征 …… 59
  2.3 利益相关者的特质：影响力、合法性、紧迫性 …… 60
  2.4 利益相关者的管理 …… 63
  2.5 利益相关者的重要性 …… 72
  本章小结 …… 74

主要术语⋯⋯ 75

讨论题⋯⋯⋯ 76

网络任务⋯⋯ 76

实战演练⋯⋯ 77

案例分析　中国台湾日月潭(Sun Moon Lake)⋯⋯⋯⋯⋯⋯⋯⋯⋯⋯⋯⋯⋯⋯⋯⋯⋯⋯ 77

长篇案例　默克公司(Merck Co., Inc)⋯⋯⋯⋯⋯⋯⋯⋯⋯⋯⋯⋯⋯⋯⋯⋯⋯⋯⋯⋯⋯⋯ 79

第三章　建立个人伦理观⋯⋯⋯⋯⋯⋯⋯⋯⋯⋯⋯⋯⋯⋯⋯⋯⋯⋯⋯⋯⋯⋯⋯⋯⋯⋯⋯⋯ 84

3.1　道德意识⋯⋯⋯⋯⋯⋯⋯⋯⋯⋯⋯⋯⋯⋯⋯⋯⋯⋯⋯⋯⋯⋯⋯⋯⋯⋯⋯⋯⋯⋯⋯⋯⋯⋯⋯ 86

3.2　道德判断⋯⋯⋯⋯⋯⋯⋯⋯⋯⋯⋯⋯⋯⋯⋯⋯⋯⋯⋯⋯⋯⋯⋯⋯⋯⋯⋯⋯⋯⋯⋯⋯⋯⋯⋯ 89

3.3　道德认知发展理论⋯⋯⋯⋯⋯⋯⋯⋯⋯⋯⋯⋯⋯⋯⋯⋯⋯⋯⋯⋯⋯⋯⋯⋯⋯⋯⋯⋯⋯⋯ 89

3.4　道德哲学：理想主义和相对主义⋯⋯⋯⋯⋯⋯⋯⋯⋯⋯⋯⋯⋯⋯⋯⋯⋯⋯⋯⋯⋯⋯ 92

3.5　伦理理论⋯⋯⋯⋯⋯⋯⋯⋯⋯⋯⋯⋯⋯⋯⋯⋯⋯⋯⋯⋯⋯⋯⋯⋯⋯⋯⋯⋯⋯⋯⋯⋯⋯⋯⋯ 95

3.6　道德脱离与偏见⋯⋯⋯⋯⋯⋯⋯⋯⋯⋯⋯⋯⋯⋯⋯⋯⋯⋯⋯⋯⋯⋯⋯⋯⋯⋯⋯⋯⋯⋯⋯ 98

3.7　无意识偏见⋯⋯⋯⋯⋯⋯⋯⋯⋯⋯⋯⋯⋯⋯⋯⋯⋯⋯⋯⋯⋯⋯⋯⋯⋯⋯⋯⋯⋯⋯⋯⋯⋯ 103

本章小结⋯⋯⋯⋯⋯⋯⋯⋯⋯⋯⋯⋯⋯⋯⋯⋯⋯⋯⋯⋯⋯⋯⋯⋯⋯⋯⋯⋯⋯⋯⋯⋯⋯⋯⋯⋯⋯ 105

主要术语⋯⋯⋯⋯⋯⋯⋯⋯⋯⋯⋯⋯⋯⋯⋯⋯⋯⋯⋯⋯⋯⋯⋯⋯⋯⋯⋯⋯⋯⋯⋯⋯⋯⋯⋯⋯⋯ 108

讨论题⋯⋯⋯⋯⋯⋯⋯⋯⋯⋯⋯⋯⋯⋯⋯⋯⋯⋯⋯⋯⋯⋯⋯⋯⋯⋯⋯⋯⋯⋯⋯⋯⋯⋯⋯⋯⋯⋯⋯ 109

网络任务⋯⋯⋯⋯⋯⋯⋯⋯⋯⋯⋯⋯⋯⋯⋯⋯⋯⋯⋯⋯⋯⋯⋯⋯⋯⋯⋯⋯⋯⋯⋯⋯⋯⋯⋯⋯⋯ 109

实战演练⋯⋯⋯⋯⋯⋯⋯⋯⋯⋯⋯⋯⋯⋯⋯⋯⋯⋯⋯⋯⋯⋯⋯⋯⋯⋯⋯⋯⋯⋯⋯⋯⋯⋯⋯⋯⋯ 110

案例分析　瑞吉拉·加拉特纳姆和内部交易⋯⋯⋯⋯⋯⋯⋯⋯⋯⋯⋯⋯⋯⋯⋯⋯⋯⋯ 110

长篇案例　新闻集团⋯⋯⋯⋯⋯⋯⋯⋯⋯⋯⋯⋯⋯⋯⋯⋯⋯⋯⋯⋯⋯⋯⋯⋯⋯⋯⋯⋯⋯⋯ 112

综合案例　萨蒂扬软件技术有限公司：印度财会诈骗⋯⋯⋯⋯⋯⋯⋯⋯⋯⋯⋯⋯⋯ 119

第二部分
利益相关方

第四章　首要利益相关方：员工⋯⋯⋯⋯⋯⋯⋯⋯⋯⋯⋯⋯⋯⋯⋯⋯⋯⋯⋯⋯⋯⋯⋯⋯ 131

4.1　员工聘任与辞退⋯⋯⋯⋯⋯⋯⋯⋯⋯⋯⋯⋯⋯⋯⋯⋯⋯⋯⋯⋯⋯⋯⋯⋯⋯⋯⋯⋯⋯⋯ 133

4.1.1　聘任、招聘与选拔⋯⋯⋯⋯⋯⋯⋯⋯⋯⋯⋯⋯⋯⋯⋯⋯⋯⋯⋯⋯⋯⋯⋯⋯⋯ 133

4.1.2　辞退员工⋯⋯⋯⋯⋯⋯⋯⋯⋯⋯⋯⋯⋯⋯⋯⋯⋯⋯⋯⋯⋯⋯⋯⋯⋯⋯⋯⋯⋯ 134

4.2　多元化与平权行动⋯⋯⋯⋯⋯⋯⋯⋯⋯⋯⋯⋯⋯⋯⋯⋯⋯⋯⋯⋯⋯⋯⋯⋯⋯⋯⋯⋯⋯ 137

4.3	性骚扰	141
4.4	举报	146
4.5	伦理型组织中人力资源管理部门的战略作用	148

本章小结 150
主要术语 153
讨论题 153
网络任务 154
实战演练 154
案例分析 沃尔玛及医疗保健福利 154
长篇案例 万豪（Marriott）的人力资源部：廉价劳动力管理 156

第五章 主要利益相关方：客户 165

5.1 市场营销 167
   5.1.1 定价中的伦理问题 169
   5.1.2 促销中的伦理问题 170
   5.1.3 其他与伦理相关的敏感问题：广告中的性暗示以及将儿童作为
        营销对象 172
   5.1.4 广告中易受影响的群体：儿童 173
5.2 产品安全 175
   5.2.1 有关产品责任的若干观点 176
5.3 隐私 180
   5.3.1 消费者隐私保护的伦理学基础 182
   5.3.2 最新挑战 183

本章小结 185
主要术语 187
讨论题 188
网络任务 189
实战演练 189
案例分析 制药行业的利润与人 189
长篇案例 2007年美泰（Mattel）玩具召回事件：对质量控制、服务外包
以及客户关系的启示 192

第六章 主要利益相关方：股东与公司治理 205

6.1 股东类型与代理理论 207

6.2 公司治理	210
6.2.1 董事会	210
6.2.2 高管薪酬	215
6.2.3 股权结构	218
6.3 公司治理与全球化	221
6.4 公司治理的发展趋势	224
本章小结	225
主要术语	228
讨论题	228
网络任务	229
实战演练	229
案例分析 奥林巴斯丑闻	229
长篇案例 河北大午集团：建立中国第一个"立宪制家族企业"	231

第七章 次要利益相关者：政府、媒体和非政府组织 ... 238

7.1 政府规定	240
7.2 政府规章和公司的政治活动	245
7.3 媒体	247
7.3.1 媒体分析和商务伦理	249
7.4 非政府组织	251
7.4.1 非政府组织策略	253
7.4.2 非政府组织管理	255
本章小结	256
主要术语	258
讨论题	259
网络任务	259
实战演练	259
案例分析 梅赛德斯在中国	260
长篇案例 宝洁公司和PETA的对抗	262

综合案例 百时美施贵宝：专利、利润和公众监督 ... 267

第三部分 环　境

第八章　信息技术与伦理 ……………………………………………… 277
8.1　社交媒体及伦理学 ………………………………………………… 279
8.2　电子商务及伦理学 ………………………………………………… 284
8.2.1　客户隐私 ……………………………………………………… 285
8.2.2　电子商务安全 ………………………………………………… 288
8.2.3　电子商务信任 ………………………………………………… 291
8.3　其他 IT 伦理问题 ………………………………………………… 293
8.3.1　伦理与全球电子商务及全球数字鸿沟 ……………………… 293
8.3.2　电子垃圾 ……………………………………………………… 295
本章小结 ………………………………………………………………… 297
主要术语 ………………………………………………………………… 299
讨论题 …………………………………………………………………… 300
网络任务 ………………………………………………………………… 300
实战演练 ………………………………………………………………… 301
案例分析　阿里巴巴网站及网络诈骗 ………………………………… 301

第九章　环境及可持续发展 …………………………………………… 303
9.1　环境恶化 …………………………………………………………… 306
9.1.1　大气污染 ……………………………………………………… 306
9.1.2　土地污染 ……………………………………………………… 309
9.1.3　水污染 ………………………………………………………… 311
9.2　打造环境友好型可持续发展企业：战略方针 …………………… 313
9.2.1　高层管理支持 ………………………………………………… 313
9.2.2　可持续发展现状评估 ………………………………………… 315
9.2.3　设定可持续发展目标 ………………………………………… 318
9.2.4　报告与反馈 …………………………………………………… 319
9.2.5　其他成功要素 ………………………………………………… 320
9.3　可持续发展效益 …………………………………………………… 320
本章小结 ………………………………………………………………… 323

主要术语 ································· 325
　　　讨论题 ··································· 326
　　　网络任务 ································· 326
　　　实战演练 ································· 326
　　　案例分析　联合利华（Unilever）及其可持续发展 ··· 327
　　　长篇案例　宝洁公司：儿童安全饮用水 ············ 329

第十章　全球商务伦理 ································· 337
　　10.1　什么是全球商务伦理？ ····················· 339
　　10.2　伦理差异的实质是什么？ ··················· 341
　　10.3　全球主要伦理问题 ························ 345
　　　　10.3.1　劳工问题 ·························· 345
　　　　10.3.2　贿赂 ······························ 349
　　10.4　跨国公司伦理：全球化还是本地化？ ··········· 352
　　10.5　跨国公司如何增强伦理性？ ·················· 355
　　　　10.5.1　伦理准则 ·························· 355
　　　　10.5.2　检举揭发 ·························· 357
　　　本章小结 ································· 358
　　　主要术语 ································· 360
　　　讨论题 ··································· 360
　　　网络任务 ································· 361
　　　实战演练 ································· 361
　　　案例分析　恩斯特·利普（Ernst Lieb）与梅赛德斯-奔驰 ··· 361
　　　长篇案例　壳牌石油（尼日利亚公司） ············ 363

综合案例　雪为何被污染了？日本乳制品巨头雪印乳业的业务盲点 ········ 368

第四部分　建立具备商务伦理的企业

第十一章　注重企业伦理：营造伦理气氛 ············ 381
　　11.1　伦理气氛综述 ···························· 382
　　　　11.1.1　伦理气氛模式 ······················ 382

11.1.2	伦理气氛分类	383
11.2	企业气氛和伦理文化	391
11.3	营造与企业文化相适应的伦理气氛	395
11.4	不同气氛类型的效果	398
11.5	积极工作型氛围思考	398
11.6	探索伦理气氛	399
本章小结		399
主要术语		402
讨论题		402
网络任务		403
实战演练		403
案例分析	Zappos 的关怀文化和气氛	404
长篇案例	花旗集团：重建道德，修复形象，再度起航	407

第十二章 企业社会责任 … 414

12.1	企业社会责任的历史概述	416
12.2	战略型企业社会责任	422
12.3	企业社会责任已经存在，并将长期存在	423
12.4	战略型企业社会责任的原则	425
12.5	企业社会责任报告	429
12.6	企业社会责任报告内容	430
本章小结		439
主要术语		443
讨论题		443
网络任务		444
实战演练		444
案例分析	诺和诺德：企业社会责任耀眼明星	445
长篇案例	坦桑尼亚：巴里克黄金公司[1]	448

综合案例 塔塔电力公司：企业社会责任与可持续发展 … 459

第一部分　导论

第一章
商务伦理导论

学习目标

- 掌握商务伦理的概念
- 理解商务伦理的全球特性
- 明白非伦理行为在全球范围内的普遍性
- 了解伦理行为的企业影响
- 把握商务伦理问题的类别
- 明晰本书所讨论的利益相关者视角

商务伦理透视预览

全球伦理丑闻

美国安然公司(Enron)曾是世界上最大的综合性天然气和电力公司之一,是北美地区头号天然气和电力批发销售商。世通公司(WorldCom)是美国通讯公司,经历美国电信业半个世纪以来的风风雨雨,曾推动了美国反垄断的立法进程。安然公司和世通公司都曾因伦理丑闻陷入舆论风波。为了公司业绩,两个公司多位高级执行官及高层管理人员涉嫌诈骗及虚假账面等非伦理行为。为此,两家公司都承受了巨大的损失,多方利益受到牵连:员工不仅失去了工作,也因此失去了多年积累的退休保障金;投资者的股票变得一文不值,几十亿美元的投资付之东流;由于对问题账目视若无睹,财务审计员也因失职而受到责罚。

这类事件虽经广泛报道,大多数人也对此有所耳闻,但仍没有引起其他公司的警惕,很多企业不但未吸取教训,反而步了它们的后尘。比如,萨蒂扬(Satyam)软件技术有限公司是一家全球性信息技术咨询与服务供应商,在印度软件外包业位居第四,与印度其他信息科技领导企业 WIPRO 和 Infosys 并驾齐驱。2009 年 1 月,新闻曝出萨蒂扬巨额财务造假丑闻,成为印度史上最严重的诈骗事件之一。在过去几年里,萨蒂扬公司董事长及其他九位高级执行官曾合伙共同操纵公司账户、伪造虚假客户及发票、夸大公司利润、虚报资产,并且伪造董事会决议以骗取贷款,用来购置物产及土地。对此,公司创始人 Ramalinga Raju 承认虚报公司资产,涉嫌金额达 10 亿美元。这些行为给公司和相关人员都造成了巨大的影响,公司股价狂跌,投资者的资金全部付诸东流,而通用电气、IBM 等重要客户也很可能因此取消与萨蒂扬的合作。印度信息科技产业曾一度以透明有序而闻名,但萨蒂扬案件后,其信誉很可能大打折扣,几十亿美元的外包业务也随之而去。

同样,意大利也发生过此类诈骗案。帕玛拉特(Parmalate)是典型的意大利家族企业集团,主营食品,在欧洲、美国、拉丁美洲等 30 个国家开展业务。最近的调查发现,公司也卷入了严重的诈骗案。公司前首席执行官 Tanzi 曾造假账目,夸大公司利润,隐瞒真实的年度财务报告,从而欺骗投资者和监管机构。更令人震惊的是,公司在美国一家银行所开的拥有 40 多亿欧元的账户完全是虚构的。帕玛拉特公司成为欧洲最大的企业破产案,十多万意大利股东一夜之间失去了毕生的积蓄,其中包括很多退休老人。2009 年,Tanzi 被最终判处十年有期徒刑。

摘自 Boland, Vincent. 2008. "Parmalat's Tanzi get 10 years." *Financial Times*, 8; Boland, Vincent. 2009. "Parmalat assets seized." *Financial Times*, 16; Bray, Chad. 2009. "Judge throws our Parmalat lawsuits." *Wall Street Journal*, B3; Fountanella-Khan, James. 2009. "Satyam shares tumble over fresh charges." *Financial Times*, 24; Guha, Romit. 2009. "Wider fraud is seen at India's Satyam." *Wall Street Journal*, B1.

在全球范围内都存在类似的非伦理行为。对此,人们往往会想到美国的安然、世通和安达信会计事务所等企业,其实,除了它们,全球范围内还有很多企业都曾涉嫌诈骗。因此,学习商科的学生必须能够在全球背景下全面把握和理解商务伦理。对于企业来说,不论其规模大小,公众和媒体对其经营动机都会关注与质疑,因此商务伦理观已成为企业经营的关键策略。

1.1 商务伦理的内涵

要了解商务伦理的内涵,首先必须了解伦理的含义。**伦理**指全社会关于对与错的普遍认知。以堕胎为例,有人认为堕胎是错误行为,因此该行为是不合伦理的。另外一些人则认为,女性对堕胎有决策权,因此是正确的。这个简单的例子体现了伦理内涵的复杂性。显然,每个人对于伦理的理解是不一样的,并且随着时代的发展,伦理的含义也在不断变化。

在商务领域,**商务伦理**是用来指导商务行为的原则和标准。假设有一个公司,其创始人发现血液贸易很有市场,就开始从事血液交易,以非常低廉的价格从非洲买进血液,然后以极其高昂的价格卖给美国的医院。然而,公众对于这种企业行为有很大的争议,提出很多关于商业伦理的问题:是否允许该企业继续营业?血液贸易合乎伦理规范吗?或者,该公司的血液贸易只是满足了市场对血液的需求,可以继续经营吗?公司低价买进血液,然后高价卖出,是否合理?对于这些问题,人们看法不一:有人认为既然存在这样的市场需求,该公司只不过按照市场规律,满足了这种需求而已;另外一些人对于该公司的行为则表示难以理解,怎么能以如此低价买进血液,又以这般离谱的高价卖出呢?

从上面的例子中不难看出,商业伦理是一个非常复杂的问题,而商业伦理决策也并不是非黑即白那么简单。现实生活中经常遇到伦理困境,其中存在一个灰色地带,必须三思而后行。同个人伦理观类似,人们对于企业行为是否合乎伦理的看法和感知也是不一样的。比如,关于企业高管的福利补偿问题,有人认为应该给他们提供高额的福利,这符合供给规律,非常公平;另外一些人则认为同低级员工的工资相比,这些高额福利已经超出了正常范围。

因此,本书的首要目的就是,让大家明白商务伦理的两难困境及其复杂性,然后提出一些处理这些难题的方法。通过这些介绍,大家能够更加系统地把握商务伦理,掌握解决伦理难题的方法和工具。

为了更好地阐述相关概念,本书设计了一些特色板块:**"商务伦理透视预览"**介绍一些跨国企业或其他实体处理伦理问题的方式,而这些伦理问题通常与每一章节的主要内容相关。**"商务伦理透视"**根据每一章节所讨论的主题内容,通过实例介绍企业处理普遍的商务伦理问题的方法。**"商务伦理战略透视"**则根据每一章节所讨论的伦理问题,对其中的关键含义进行阐释。另外,考虑到现代社会对于环保和可持续性的关注,每一章节都包含**"伦理持续性透视"**,根据每一章所讨论的伦理事件,介绍相关的环保含义及可持续性问题。

最后要指出的是,本书是第一本以全球眼光探讨商务伦理的书籍,而之前大多数此类书籍都只是从美国视角出发,没有涉及跨国贸易。因此,本书设计了**"全球商务伦理透视"**板块,介绍与章节内容相关的全球企业信息和情况,将全球视野融入商务伦理。至于关注全球视角的原因,请参阅本章"全球商务伦理透视"。

全球商务伦理透视

西门子与"贿赂门"事件

西门子股份公司的总部位于德国柏林和慕尼黑,已有160多年的历史,是欧洲最大的工程公司,世界上最大的电气工程和电子公司之一,涉足工业、能源、医疗等领域,主要生产电子电器工程产品。2009年,公司拥有405 000名员工,总收入达770亿欧元。

西门子公司享誉全球,在欧洲和全世界具有举足轻重的地位,但却因"贿赂门"被卷入一场波及范围甚广的贿赂丑闻事件。十多年来,为了能够获取更多合同,西门子不仅一直行贿外国官员,而且经常使用行贿手段逃税漏税。调查发现,西门子在贿赂的同时,也表现出令人惊叹的"正直和信用"。西门子公司有三张"现金台",员工可随时手提空皮箱去提款,更令人称奇的是,公司对员工完全信任,员工甚至不用签署任何文件,就可直接提取100万欧元以内的款项。报道称,2001—2004年,西门子员工提取的款项总额超过6 700万美元。

早在1999年,德国就已出台法律,明文规定行贿受贿是非法行为。2001年,西门子在纽约股票交易所上市。这些原本可以制止其行贿行为,但是,西门子的贿赂文化已根深蒂固,贿赂行为依然继续:公司编造账目,经理们仍然轻而易举地提取行贿款。多年来,为了在世界范围内夺得项目合同,西门子的总贿赂额已超8.05亿美元。

西门子公司的业务已拓展全球,并已成功在纽约证券交易所上市,本应遵守全球的反腐败法。贿赂门事件曝光后,公司则面临法律制裁。2008年,西门子向美国和德国分别赔偿8亿美元和5.4亿美元,并承认贿赂和腐败等罪名,公司希望借此能够开启新的一页。

如今,贿赂和腐败已成为西门子公司遥远的历史。2007年,Peter Losch接管公司之后,进行了大刀阔斧的改革,为公司带来了翻天覆地的变化。2009年,在通用和飞利浦等主要竞争对手不甚景气时,西门子却成功突围,表现出强劲的发展态势。

摘自 The Economist. 2008. "Business:Bavarian baksheesh:The Siemens scandal." 389:8611, 112; Schafer, Daniel. 2009. "Siemens strengthened in wake of damaging bribery scandal." Financial Times, 23; Schafer, Daniel. 2009. "Siemens ultimatum in bribery scandal." Financial Times, 18.

正如"全球商务伦理透视"所示,商务伦理注定具有全球特性。西门子公司虽然是德国公司,但由于在纽约股票交易所上市,因此也必须遵守美国的法律。任何不合伦理的公司行为都可能波及德国境外地区和人员。比如,在西门子出现问题之后,持有其股票的美国股东也同样遭受损失,国外分公司的员工也因此丢掉工作。这也正是本书从全球视角研究商务伦理问题的原因。下文将讨论非伦理行为在全球范围的盛行问题。

1.1.1 非伦理行为如何在全球盛行?

本节内容的前提是非伦理行为已非常盛行,但在全球范围内的现状究竟如何呢?幸运的是,很多组织正在全球范围内进行有关商务伦理的调查,而大部分国家也希望本国企业的经营能够合乎伦理规范,所以有必要对不同社会的伦理程度进行评估。

在众多推广全球伦理行为的组织中,最知名的就是"TI"(Transparency International, http://www.transparency.org)。该组织成立于1993年,是一个监察贪污腐败的国际组织,目前已在全球90多个国家成立了分会,致力于推进政府反腐败行为的进程。

TI 在全球进行行贿可能性调查,即**行贿指数**(Bribe Payer Index, BPI)。在2008年的调查中,该组织采访了来自26个国家的2 742位企业高管,首先询问公司与哪些国家或地区的企业有贸易关系,然后询问这些外国公司在与本公司进行业务往来时行贿的可能性。根据调研结果,TI发布了2008年行贿指数,将每个国家或地区划分为0—10不同的等级:0为最高,表明行贿可能性最高;10为最低,说明行贿可能性最低。2008年行贿指数参见图1.1。

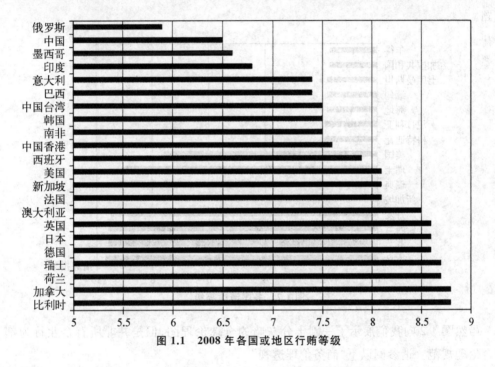

图1.1　2008年各国或地区行贿等级

贿赂指用给予报酬(如金钱、礼物等)的方式收买某人以获取好处。正如图1.1所示,在俄罗斯、中国、印度和墨西哥,贿赂程度最为严重,但考虑到这些国家的腐败现状后,对这些发现就不足为奇了。第十章将探讨全球伦理,其中提到贿赂程度与各国间的文化差异也有一定的关系。TI按贿赂程度将贿赂划分为不同等级,如利用个人关系获取合同,向低级官员行贿以加速海外项目的进程等。较为复杂的是,在这些不同等级中,即使行贿指数调查最好的国家,在其他方面的表现也会相对较差。针对该指数中行贿等级最低的几个国家,调查发现:

- 16%的比利时公司和10%的加拿大公司承认利用熟人或个人关系赢得公共合同;
- 7%的荷兰公司承认向低级别的政府官员行贿以提高办事效率;

- 5%的瑞士公司受访者参与行贿高级官员,以获取公共合同。

以上结果表明全球各国普遍存在非伦理行为。除了根据国家进行划分外,TI还按照行业对调研结果进行了分类,结果发现:在公共事业、建筑、石油天然气、采矿、房地产、制药和医疗行业,行贿受贿程度最为严重。相比之下,渔业、农业、信息科技和轻工制造业的行贿可能性相对较低。

TI指数表明,贿赂已经成为全球范围内的共同问题。事实上,除了公布行贿指数外,TI还会定期公布清廉指数(Corruption Perception Index),图1.2列出了该指数中前十名和最后十名中的国家。分析该表格,我们会发现,没有一个国家能够得到10分,也就是说没有哪个国家是完全不存在贪污腐败的,大多数国家都不同程度地存在腐败问题。

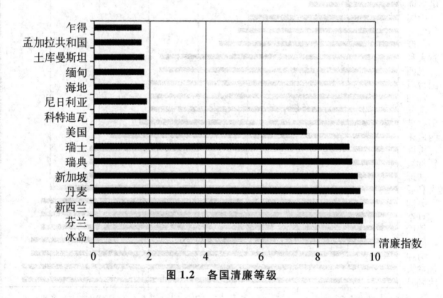

图1.2 各国清廉等级

虽然图1.2向我们展示了一副十分灰暗的全球伦理图,但是并非所有企业行为都不符合伦理规范。请参阅以下"商务伦理透视"。

商务伦理透视

联合国全球契约

鉴于非伦理行为在全球范围内非常盛行,联合国也开始采取措施帮助应对这一形势。2000年,联合国制定了《全球契约》,但该契约并未完全着眼于非伦理行为,而是鼓励企业自愿遵守十项基本原则,包括人权原则(企业应尊重国际人权,不得参与任何侮辱人权的活动)、劳工原则(企业应允许员工成立工会,不得强迫员工工作,禁止雇佣童工,消除歧视)、环境原则(企业应致力于环保事业,承担更多的环保责任,研发环保科技)和反腐败原则(企业应积极推进反腐败工作),等等。

实践证明,《全球契约》关于伦理行为和社会责任的规定非常成功,在全球135个国家中,已有6 500个签约企业,仅2008年就有1 473家企业签署协议加入该组织,与2007年相比,签约企业数量明显增加。另外,签约企业不仅来自发达国家,还有来自于新兴经济体的企业,并且不足250名员工的中小型企业和大型企业的数量也非常平衡,比例相当。

若要成为《全球契约》的签约单位,企业就必须提交年度报告,汇报十项基本原则的践行情况,若未能按时递交年度报告,就会被《全球契约》除名。

摘自 United Nations,2010. *United Nations Global Compact 2008*. http://www.un.org。

图1.2说明,非伦理行为目前在全球非常普遍。1922年成立的伦理道德资源中心(Ethics Resource Center)以提高伦理标准为宗旨,该组织的最新调查发现,美国同样存在不符合商务伦理规范的行为。2009年,该中心对16 000员工进行了调查,收到了来自私营企业的2 852名员工的回复,调查结果是:

- 49%的受访员工表示他们在工作时发现过不当行为,具体不当行为类型及发生频率请参见图1.3;
- 8%的受访员工表示他们曾面临压力,不得不投机取巧走捷径;
- 9%的受访员工透露,公司缺乏浓厚的学习氛围和文化;
- 15%的受访员工表示,他们曾因报告不端行为而受到过报复。

虽然调查发现了这些负面结果,但伦理道德资源中心同样指出,随着时间的推移,这

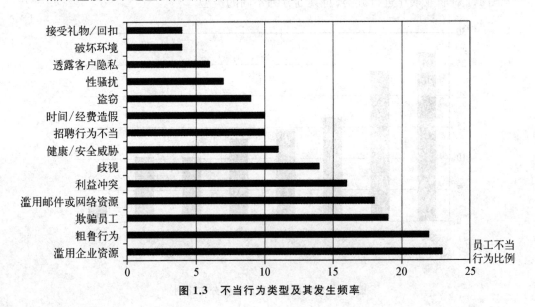

图1.3 不当行为类型及其发生频率

些情况已有很大改观。比如,近86%的受访员工都表示,他们未曾发现与财务报表相关的任何越界行为(如账目造假、资产盗窃等)。该中心指出,在非伦理行为方面美国企业已有效地应对了考验。

另外一个比较著名的组织是美国注册舞弊检查师协会(the U.S. Association of Certified Fraud Examiners, ACFE),该组织研究美国非伦理行为,每年发布一份《国家报告》,提供最新职业欺骗和滥用职权信息。ACFE将**职业欺诈**定义为"故意误用或滥用用人单位资源和财产,凭借个人职权,谋求个人利益"[1],其表现为诸如缺省正当程序(入账之前窃取资金)、编制虚假账目(提供假发票)、经费报销(提供虚假报销信息)和工资报表(谎报工资信息)等多种行骗行为。

2008年,ACFE根据959起职业欺诈案例做了一项调查,主要发现结果如下:

- 参与者表示,由于职业欺诈,其公司共损失约7%的总收入,价值约9 940亿美元;
- 对于一般公司来讲,职业欺诈代价巨大,调研案例中,超过四分之一的诈骗额都超过100万美元;
- 职业欺诈通常在发生后很长时间才被曝光,所调查的典型案例都是两年后才被发现;
- 小型企业更容易发生职业诈骗;
- 职业诈骗犯罪人通常是初犯,之前无任何犯罪记录;
- 大多数案件都是由企业高管或财会部门操控实施的;
- 很多行业都存在职业欺诈,尤其银行和金融服务业、政府和保健行业最易发生;
- 大多数职业欺诈行为是经提示被发现的,而非审计和监控发现的。

图1.4对职业欺诈进行分类,将其划分为不同的类型。

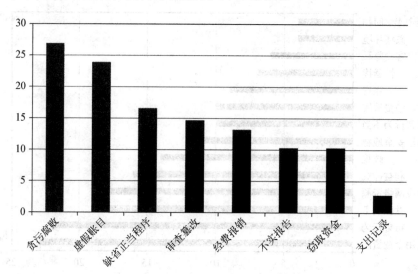

图1.4 职业欺诈类型及案件分布比例

世界各大权威组织的调研结果都用实例说明：全球大部分国家都存在非伦理行为，即便在 TI 组织行贿指数调查得分较高的国家，也同样存在贿赂等非伦理事件。联合国的加入进一步表明，我们必须认真严肃地对待商务伦理问题。因此，本书认为对于企业来说，现在是推行伦理经营的关键时刻，为了强调企业伦理的重要性，激励企业更加重视道德经营，下面将讨论企业伦理所带来的好处。

1.2 商业伦理的益处

如前所述，全球企业都面临非伦理行为的困扰，而其发生也具有一定的规律性，并且呈现不同的表现形式。既然要求企业经营更加合乎伦理规范，就要真正明白这么做的原因和益处。任何正规的伦理规划都要耗费大量的人力和物力，因此，要想企业推行伦理计划，就必须证明该做法能带来巨大利益。在下文中，我们将探讨伦理行为给企业带来的好处。

作为企业，最基本的要求就是具备一定的能力，能够打造并保持企业自身的竞争优势，从而获取利润，并在市场中立足。没有利润，企业就无法生存，因此为企业伦理辩护的最基本论据就是基于经济利益，也就是说，必须确保与非伦理企业相比，伦理企业能够获取更多的利润。最近，van Beurden 和 Gossling[2] 收集整理了大量关于企业社会责任和多方面业绩表现间关系的研究，并对这些研究作了进一步的论述，为我们提供了一些答案。**企业社会责任**是企业伦理管理的重要战略，第十二章将详细论述这一点。

研究结果表明，企业社会责任能给企业带来很多利益，具有高度企业社会责任的项目在很多方面都能带来积极效应，如公司财务状况、公司市场价值、股票市场价值、股票收益率、财务业绩发展趋势。也许更重要的是，本书作者对商务伦理从不同维度进行分析，包括全球环境标准遵守情况、环保采购、企业社会声誉、环境管理的有效性、慈善投入、社会项目、社会事件志愿参与度等。几乎所有的研究都表明：商务伦理蕴含着巨大的利益，从各方面来讲，商务伦理项目都能为企业带来巨额经济利益。但是，这种关系在全球范围内都适用吗？在本章"全球商务伦理透视"中，将针对不同国家的研究进行简要概述。

全球商务伦理透视

商务伦理　全球共享

全球企业都能享受到商务伦理带来的经济利益吗？答案是肯定的。很多研究人员在全球许多国家做了大量的研究，结果都非常相似，即商务伦理能为全球企业带来

> 经济利益。Peinado-Vara 通过两个案例研究发现：在拉丁美洲，参与类似慈善和其他伦理活动的企业，其财务状况也会更好。[3] 2002 年，Kumar 等研究了南非种族隔离时期社会行为对股票市场价值的影响，结果发现参与社会活动的企业的股票市场价值也会更高。[4] 在最近一些研究中，Choi 和 Jung 发现在韩国企业中，重视伦理理念的公司在韩国股票市场的股价相应更高；[5] Donker, Poff 和 Zahir 发现，在加拿大，伦理价值观取向正确的公司通常业绩也会更好。[6] 类似地，Saadaoui 则发现，在法国，与其他基金相比，具有社会责任的基金收益更高，风险更小。但是，这些结果在数据统计上仍然不够权威。[7]
>
> 摘自 Choi, Tae Hee and Jung, Jinchul. 2008. "Ethical commitment, financial performance, and valuation: An empirical investigation of Korean companies." *Journal of Business Ethics*, 81, 447–463; Donker, Han, POff, Deborah, and Zahir, Saif. 2008. "Corporate values, codes of ethics, and firm performance: A look at the Canadian context." *Journal of Business Ethics*, 82, 527–537.

大量研究指出，商务伦理对全球企业都能产生积极影响；同时，非伦理行为的消极影响也不容忽视。在这种情况下，Sims 认为声誉才是企业最迫切维护的关键所在。[8] 企业声誉是人们基于自身对某公司的了解和认识，对公司所持有的看法。伦理丑闻对于公司声誉的影响是灾难性的，甚至可以毁掉一个公司的未来。公司一旦失去声誉，就要耗费更多的时间再重塑。因此，企业如何将破坏声誉的风险降到最低，从而不断提升公司声誉就愈发重要了。

良好的伦理道德可以从哪些方面给公司带来利益呢？一项研究表明，良好的伦理道德通过员工、客户、供应商和投资者为企业带来利益。在西门子案例中，非伦理行为不仅面临巨额罚款，同时也会极大地削弱公司的生存能力。由于西门子公司规模大，具有很大的影响力，即便向美国和德国分别支付了 8 亿美元和 5.4 亿美元的罚款，最终还是渡过了难关。如果换成其他公司，如 Food Lion 和 Martha Stewart，就不会那么幸运了，有违商务伦理的后果也许会更加严重。对于任何卷入伦理丑闻的企业来说，法律责罚和相关罚款都可能扰乱公司经营。

除了能够最低程度地减少罚款等法律处罚，伦理道德还能给企业带来很多其他好处。Vilanova、Lozano 和 Arenas 认为，战略型商务伦理（如企业社会责任）同样可以增进企业创新性。[9] 他们解释说，在通常情况下，企业社会责任有助于培养、修订和完善新型企业的价值观、政策和业务实践。在此过程中，公司开始关注一些之前所忽视的新群体，比如，公司会更加关注员工、客户、供应商等群体的需求，这一新的视角同样可以提高创新能力，提升企业竞争力。因此，商务伦理有利于企业打造核心竞争力。

Gilley、Robertson 和 Mazur 从遵守商业规范角度研究商务伦理的益处。[10] 他们指出，合理的伦理规范应该考虑到主要参与者（如社区、员工）的诉求，从而影响企业文化，塑造并反映全新的价值观。反过来,这些价值观也有助于发现不符合商务伦理的行为,帮助企业与主要参与者建立新的合作关系,打造经营优势。由此,企业可以获取竞争优势,并从中获利。

除了能为企业带来直接利益,商务伦理还可以为员工带来很多益处。2009年,Sharma、Borna和Stearns对近期的一些资料进行了研究,探讨员工的受益情况。[11]首先,认同企业伦理的员工在工作时会更有动力,表现出一种积极的心态。相应地,若企业拥有浓厚的伦理氛围,其员工更易产生认同感,也因此更能激发积极性。其次,由于价值观具有兼容性,在富有高度伦理价值观的企业中,员工对公司的使命感也会更强,而高度使命感也同样能为公司带来额外益处。研究同样发现,员工和公司间高度一致的伦理价值观还会带来较好的业绩。因此,企业伦理观越强,其员工的工作积极性、使命感和工作表现就越好。

除此之外,Prottas还提供了更多证据,证明企业伦理的其他益处。[12]研究表明,如果员工认为自己的经理具有良好的伦理品质,那么员工对其工作和生活的满意度也会更高,这就表明伦理品质能带来许多工作以外的影响。更重要的是,该研究还表明,如果员工发现自己的经理非常正直诚实,他们的压力也会相应减轻,身体更加健康,缺勤率也会更低。因此,员工同样能够从伦理管理中获益。

伦理活动还有利于提高客户信任感和满意度,为企业带来效益。前面的研究已经表明,消费者都期望企业具有伦理品质,对于违反伦理经营的企业,客户也会对其进行惩处。Trudel和Cotte特别指出,人们对于正面信息和负面信息的反应是不对称的。[13]他们认为,与正面信息相比,消费者对负面信息的反应会更加强烈。因此,企业更应做好伦理经营,避免任何不合乎伦理的行为。埃克森(Exxon)公司是美国大型石油公司,1989年埃克森公司瓦尔德斯(Valdez)号油轮在阿拉斯加州威廉王子湾搁浅,在附近海域泄漏了将近4 165万升原油,耐克公司也曾面临"血汗工厂"丑闻,这些违背商务伦理的事件都引起了消费者的强烈反对。但是,正如本章开头所述,遵守商务伦理也要付出一定代价,因此必须考虑消费者是否愿意对企业的伦理行为给予报答。相关内容在"伦理可持续性透视"一节中具体论述。

伦理可持续性透视

高价伦理产品,消费者愿意吗?

消费者在乎企业是否更具伦理之心吗?若企业经营更加合乎伦理准则,消费者愿意出高价购买其产品吗?若消费者愿意回馈有道德之心的企业,那企业如何表现才能赢得这种回馈呢?这些就是Trudel和Cotte要测验的问题。[18]通过多项单独的试验,他们发现伦理有一种特性会影响消费者,即伦理的可持续性。

在第一项试验中，测试者选了一些成年咖啡消费者，告诉他们当地一个商店邀请其为一个新咖啡品牌进行试喝。然后，将消费者分成三组。测试者告诉第一组人员，这些咖啡的进货渠道是一家正当经营的公司，该公司致力于提高经营水平，为咖啡豆种植农民提供良好的工作环境；随之告诉第二组人员，这些咖啡的进口公司曾因一些不当经营活动受到过责罚，农场管理不符合可持续发展，从事非正当贸易，雇佣童工；第三组人员就只知道他们在试喝一种咖啡，不了解任何关于伦理或非伦理的公司信息。

结果显示，与第二组消费者相比，第一组消费者愿意多支付1.4美元购买这种咖啡；而第二组消费者在了解了咖啡进口公司的表现后，不但不愿原价购买，反而要求降低2.4美元，也就是说，消费者对非伦理企业的惩罚度是对伦理企业的奖励度的两倍。表格1.5是三组消费者愿意支付的价格，其中有很大差别。

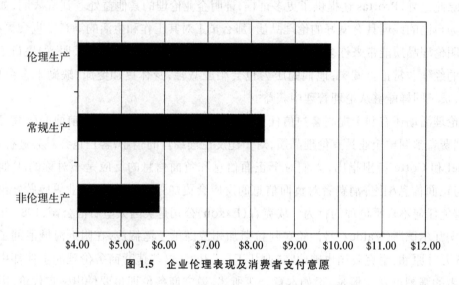

图1.5　企业伦理表现及消费者支付意愿

在第二项试验中，测试者旨在测验企业如何表现才能赢得消费者的回馈。测试者让被测试人员试穿一件棉质T恤，并且告之这些T恤在生产过程中遵循的环境标准是不同的，即传统棉花种植过程中杀虫剂的使用对环境的影响是不同的。然后，把被测试者分成五组。测试者告诉分别告诉三组被测试者：第一组试穿的T恤生产公司只使用纯天然肥料，100%有机生产；第二组为50%有机生产；第三组为25%有机生产；第四组不提供任何与伦理有关的信息；第五组公司则采用有害杀虫剂。

最后结果同第一项试验结果非常相似：与第五组成员相比，第一、二、三组成员更愿意高价购买产品，但是，对于不同的伦理程度，三组成员的反应好像比较相近，也就是说只要企业行为符合伦理规范，不论其程度如何，消费者都会给予积极回馈。

摘自 Trudel, Remi and Cotte, June. 2009. "Does it pay to be good?" *MIT Sloan Management Review*, 50：2, 61-68.

"伦理可持续性透视"告诉我们,消费者不但可以褒奖伦理企业,也可能惩罚有违伦理的企业。实际上,Bhattacharya、Korschum 和 Sen 通过一些研究发现,如果消费者发现企业在履行其社会责任,他们就会更加正面地评价企业,也会更愿意购买其公司产品。[14] 此外,企业还能通过良好的企业伦理形象提升顾客的信任度,更好地证明自己对多方环境的关心,赢得顾客信任,进而提升企业的市场份额。

Worthington 提出,企业的伦理行为可以同时为供应商和企业带来效益,[15] 其表现形式之一即为对社会负责的采购方式。这种采购模式可以使得在传统供应链中处于劣势地位的供应商,如小型企业、少数民族企业和女性领导的企业,得到更多的机会,同时企业亦可展示自身的多元文化。目前,美国、英国和欧洲的企业已经纷纷致力于树立对社会负责的采购形象,并积极开展相关活动。

由此,Worthington 认为责任采购(Responsible purchasing)可以给企业带来巨大利益。[16] 供应商可以从某一额外的销售机会中受益,而责任采购形式则为参与其中的不同供应商带来益处。通过与少数民族供应商交易,企业可以了解少数民族市场的新动向,而对于全球企业来说,这种市场是非常重要的。另外,通过与小型供应商合作,企业既能扶持其发展,又可降低自己对传统供应商的依赖,同时企业在为更多参与企业考虑的同时,提高自身企业的声誉。相关内容请阅读"商务伦理战略透视"。

商务伦理战略透视

江森自控(Johnson Controls)与多元化供应商

江森自控(Johnson Controls)于 1885 年由 Warren Johnson 创立,总部位于威斯康星州的密尔沃基市,创立之初主要生产配电房恒温器,是世界上第一个恒温器制造厂家。现在,江森自控已发展成为产值数亿美元的公司,在以下领域处于世界领先水平:(1)生产汽车内饰产品,创造更加舒适及安全的驾乘体验;(2)房屋能源优化产品和服务;(3)提供现代乘用车辆以及混合动力车辆的蓄电池产品,及对应的动力解决方案。

江森自控是世界上最具伦理品质的企业之一,供应商多元化已成为其核心发展战略。其企业宗旨是取得经济、社会和环境的协调发展,惠及多方利益相关者,而社会发展的核心因素包括扩大增强企业供应链,加强与弱势供应商合作。2009 年,江森自控的供应商已从 300 家增加至 420 多家,采购额约 9.38 亿美元,但公司并未停止脚步,仍不断发展全球供应商,加速多元化进程。江森自控加入了英国和中国的少数民族供应商发展(Minority Supplier Development,MSD)项目,寻求更多机会与当地少数民族供应商建立合作关系。

前面提到的多元化采购带来的好处,江森自控基本都已享受,并且通过与少数民族供应商的直接合作,还从美国政府获取了很多重要项目合同。在工作不断得到肯定的同时,江森自控的声誉也越来越好,被美国少数民族发展委员会评为"年度企业",而且从妇女和其他少数民族供应商处的采购额已超 10 亿美元,成为"十亿美元圆桌组织"成员,目前全球仅有 16 家企业成为该组织成员。

摘自 http://www.johnsoncontrols.com.

正如"商务伦理战略透视"所示,江森自控(Johnson Controls)拓展供应商的多样性,充分发挥其多元化的特点,以实现战略目标。显然,责任制造(Responsible manufacturing)已成为江森自控的显著优势。接下来,我们将讨论商务伦理为企业带来的最后一个好处,即企业与投资者间的良性关系。

越来越多践行企业伦理的公司不断得到投资者们的青睐。Petersen 和 Vredenburg 指出,商务伦理和企业社会责任意味着企业在运行时已将利益相关者的诉求考虑其中,而投资者在投资决策时越来越看重这些因素,更倾向于向这样的公司投资,[17] 所以这些努力对于企业来说,都具有长远的潜在附加值。其实,就像我们前面讲过的那样,很多投资者都非常看重企业社会责任和利益之间的关系。相比之下,非伦理行为只会给公司带来灾难,因为一旦投资者发现任何有关伦理丑闻的苗头或迹象,很可能会卖掉股份,从而影响公司市场价值,这一点已经在 Martha Stewart 等公司案例中得到了充分的体现。

Brammer、Brooks 和 Pavelin 最近进行了一项调研,进一步表明伦理品质为企业和投资者带来的双重优势。[19] 美国"百佳企业公民榜"(Business Ethics Survey of America's 100 Best Corporate Citizens)是一项关于公司商务伦理的评估。在调研中,组织者发现对于这些上榜的百佳企业,人们的印象通常很好,更多的投资者有意购买这些企业的股票,从而提升了企业的市场价值。此外,在榜单公布之后的一段时间内,上榜公司的股票持有者通常能收到超乎常规的回报。

显然,对于任何企业来说,伦理经营都能带来很大利益,财务业绩得到提高,员工使命感增强,客户源更加稳定,因此伦理经营已成为各大企业的最终利益所在。表 1.1 归纳总结了本节所讨论的内容。

表 1.1　商务伦理的益处

伦理经营的益处
- 有效提高多重表现,如稳定财务,稳固企业市场价值,提升股票市场价值和回报率,预防金融风险;
- 将法律开支和罚款造成的名誉损失和经济损失减少到最小;
- 通过伦理途径,为不同利益相关者考虑,赢得可持续性竞争优势;
- 增强员工使命感及企业价值观认同度,提高工作满意度;
- 提升客户信任度和满意度;
- 提高消费者潜在消费水平;
- 拓展多元化供应商,从合作中受益;
- 赢得投资者的青睐。

除以上益处外,很多企业还意识到伦理品质有助于企业管理。面对媒体和公众的不断指责,很多跨国公司都开始大力推行商务伦理项目,处理与不同群体间的关系。

在下文中,我们将介绍商务伦理的两种主要培养方案,及本书所采用的策略。

1.3 商务伦理的培养

在了解当前商务伦理培养方案之前,有必要对最近十几年商业伦理的发展历程做一简要回顾。伦理并非是所有企业都始终关注的焦点。1970年,诺贝尔经济奖获得者Milton Friedman提出企业的唯一责任就是获取利润,他认为企业并非人,而是实体,因此不用履行任何社会责任。他还断言,在自由商业经济中,经理人是为企业拥有者打工的,在经营企业时应该最大限度地满足拥有者的利益,在通常情况下,这就意味着经理人在开展业务时应着眼于为股东谋取更多的利润。另外,Friedman还指出,企业如果履行社会责任,就相当于变相挪动公司拥有者的金钱,也就是股东的金钱,这样股东就要支付双重税款,因为除去已缴纳的税款,他们还有另外一部分钱也被划走了。所以,Friedman认为,企业唯一的经营目标就是维护股东利益。

与这种商务理论最契合的应该就是Boatright在2002年提出的**股东理论**(Stockholder theory)。[20]他认为股东或拥有者有权控制和获取剩余收入或利润。但是,两种理论有些许不同,Boatright认为,无论拥有者是雇员、客户还是股东,都要相应地付出一些代价。如果拥有者是股东,其中最主要的代价就是决策代价。具体来说,如果一个公司由多个不同的实体所拥有,如客户、员工和股东,那么关于企业经营目标,各个群体之间可能会存在利益冲突。Boatright认为,产权资本供应商即股东是付出决策代价最小的群体,因为他们之间所存在的利益冲突最小,那么,最有效的企业管理模式就是由产权资本供应商即股东掌控企业,他们有权控制利润。所以,企业经营最好的方式就是将之交由股东所有,然后股东聘用经理人负责经营管理,实现股东们的既定目标。

但是,通过前面的内容,大家会发现本书并不提倡此种方法,而是鼓励企业放宽着眼点,不能只维护股东利益。前面讨论过的很多例子都表明,任何一个成功的企业都是综合考虑多方利益相关者的诉求,如员工、客户、供应商、当地社区等。任何一个忽略这些群体需求的企业就相当于忽略了自身的经营风险。接下来,我们将讨论与股东理论相对的另外一种理论。

全球商务伦理透视

商务伦理培养的全球方案

不同国家对商务伦理的看法一致吗?针对不同的商务伦理培养方案,Liedekerke

和 Dubbink 做了一个很有趣的评述,介绍了欧洲对于商务伦理的观点。[21] 在 20 世纪六七十年代,人们对商务伦理仍然持怀疑态度。实际上,当时欧洲人认为:人类已贪婪到无法救赎的地步,企业只能由国家来管控,因此,对于所谓推动企业社会责任运动,人们始终半信半疑,普遍以为那只是换了一种方式,从而向社会证明企业可以成为推动社会发展的一股正能量。后来,批评家提出质疑:企业如何做才能符合伦理道德规范?随着这种质疑的提出,企业伦理也日益为人所知,但大家认为这是个矛盾的概念。针对这种观点,传统哲学也有所扩充,认为伦理是一种理论性更强、更加抽象的概念,是与实践相对的。此外,欧洲人还认为:市场是存在缺陷的,利润驱动是有害的。总之,在初期,人们带着怀疑的眼光看待商务伦理。

但是,近些年的研究表明,商业伦理责任始终是起主导作用的方式。美国企业崇尚个人主义,以自由市场为主要特点,与美国公司相比,欧洲则更重视企业社会责任,认为其对企业发展起着至关重要的作用。因此,欧洲企业的社会性更强,利益相关者方案也更受欢迎,但此方案也是最近才在欧洲得到正式认可。

Canto-Mila 和 Lozano 研究了西班牙企业社会责任的发展情况。[22] 他们发现,对于西班牙企业来说,社会责任是非常重要的一个方面,甚至国会都会参与其中,定义企业社会责任,制定企业指导规范。

此观点同样适用于前东欧社会主义国家吗? Kooshora 表示,后社会主义国家爱沙尼亚已经开始推行美国独特的"牛仔资本主义"("Cowboy" capitalism)。[23] 在转型过渡期,爱沙尼亚经济迅速发展,至今仍受益于这些经验,政治稳定,经济平稳。但是,关于企业社会责任,他们现在仍存有顾虑。最近对企业经理人做的一项调查表明,爱沙尼亚的经理人仍旧更加注重经济业绩,而非企业伦理。爱沙尼亚一直在努力加入欧盟,其未来必定会冲劲十足。

摘自 Canto-Mila, Natalia and Lozano, Josep M. 2009. "The Spanish discourse on corporate social responsibility." *Journal of Business Ethics*,87,157-171;Kooskora, Mari. 2006. "Perceptions of business purpose and responsibility in the context of radical political and economic development: The case of Estonia." *Business Ethics:A European Review*,15,2,183-199;Liedekerke, Lue van and Dubbink, Wim. 2008. "Twenty years of European business ethics — Past developments and future concers." *Journal of Business Ethics*,82,273-280.

2010 年,基于一些理论基础,Edward Freeman 提出了现代企业的**利益相关者理论**(Stakeholder theory),基本观点是企业不应仅局限于满足股东的需求。[24] 首先,他指出虽然任何企业都要满足股东的利益诉求,但不能毫无节制,必须在法律规定的范围内合法经营。近年来,全球范围内制定实施了很多新的法律,明确要求企业应依法维护法定利益相关者的利益。比如,"员工利益保护法"意味着企业必须考虑员工的需求,其他诸如消费者、供应商和社区等利益相关者的保护法则更强调多方利益方的诉求。

其次，Freeman 根据一些经济理论为利益相关者理论辩护。他强调单纯资本主义意味着企业经营应该遵循"无形的手"理论(Invisible hand)，但是该理论也并非适用所有场合，尤其在出现外部因素和垄断独权时，其功效就会大打折扣，如空气污染或水污染，由于治理污染只能带来很微弱的利益，所以企业通常没有治理动机。若企业经营只关注股东利益，就会忽略其他诸多方面的需求，对于污染放任不管，任由其给社会带来巨大危害。经济理论的另一方面是关于企业垄断的问题，若出现这种情况，企业很容易滥用其市场权利，这样满足所有利益相关者的需求就非常关键。很明显，现如今的发展环境要求企业必须满足利益相关者的需求，但该观点适用于全球环境吗？详细内容请参考"商务伦理全球透视"。

通过"商务伦理全球透视"，我们可以清楚地看到，利益相关者方案已成为全球商务伦理的主要培养方案，同样，这也是本书所推荐的理论。接下来，我们将讨论所有企业都会遇到的一些常见伦理问题，并对本书结构做简要介绍。

1.4 商务伦理常见问题及本书结构

通过前面的学习，我们对企业常见的伦理问题有所了解，但如何对其中关键问题进行系统分析呢？这里要说明一点，就是企业行动会对很多不同的群体和个人产生影响，如本章"全球商务伦理透视"中，我们看到西门子贿赂案给其员工、社会、投资者及公司本身所带来的巨大损失：对于有些员工来说，因其贿赂等违法行为被解雇；对于社会来说，公司为了获取合同，非法贿赂当地工作人员，破坏当地自由市场的发展；对于投资者来说，未来收益遭到损失；对于公司来说，高额罚款造成生存危机。这些不同的群体就是利益相关者，而利益相关者方案为我们提供了一个框架，本书将按照此框架展开论述。

第一部分对商务伦理进行总体介绍，包括前三章。正如之前所述，战略型商务伦理表示企业必须平衡处理不同利益相关者之间的需求，利益相关者方案也为我们理解主要商务伦理问题提供了一个系统的框架，因此第二章将深入研究利益相关者理论的核心问题，如利益相关者的类型与特点等，最后介绍一种工具，用来正确判断利益相关者的诉求。

若要完全理解伦理背景，就必须了解个人因素对伦理的影响力。由此，第三章将从不同方面探讨个人伦理问题。由于企业伦理取向通常包含企业内部人员的伦理取向，我们将主要讨论几种最主要的个人伦理决定因素，并对个人伦理决策所采用的几种主要方法进行研究。最后，介绍道德发展的多种形式，提醒企业需谨慎招聘新员工。

第二部分将具体讨论利益相关者问题，主要介绍员工、客户、投资者，以及媒体或特殊利益群，这四类利益相关者都与企业活动有关。第四章介绍员工所承担的利益相关者的作用，以及企业对员工的责任，重点关注企业与员工间的关系，如企业福利政策及实施情况,是否存在歧视及性骚扰问题。作为利益相关者,员工有何关键作用?本章"商务伦理透视"解释员工作为企业关键利益相关者的重要性。

第五章将介绍利益相关者中的客户。首先,介绍企业以伦理方式处理与员工关系所享有的好处。在当今信息科技发达的时代,若客户有什么不满之情,随时随地都可通过发微博、上传视频等形式发泄不满,很快为外界所知晓,那么再挽救企业声誉就会非常困难。所以,第五章将主要讨论企业对客户的责任、客户权利及企业维护客户权利的方式。最后,介绍企业满足利益相关者要求所采取的一些积极手段。

第六章讨论另一类利益相关者——股东的职责。股东通常是上市公司的拥有者,经理人负责经营管理公司,因此股东和公司之间的独特关系便成为一个特殊问题。公司治理与股东控制管理层的机制有关,这是公司伦理管理的关键组成部分,本章也会加以讲解。

第七章将介绍一些其他利益相关者,如政府、媒体和非政府组织。与员工、客户不同,这些利益相关者与企业可能没有直接利益关系,但他们对于企业发展也起着至关重要的作用,因此有必要了解他们所扮演的角色,以及对企业的影响。同时,我们还要了解企业如何积极有效地处理与他们的关系。表1.2列举了一些与这些群体相关的伦理问题。

商务伦理透视

工作在赛仕(SAS)

赛仕软件(SAS)是全球最大的个体软件制造商,公司年收益高达23亿美元,拥有约7 000名员工,其中位于北卡罗来纳州的总部约有员工4 200名。赛仕软件可以用于从企业收集的巨大数据中提炼所需信息,随着数据的不断增多,赛仕软件的利用率也不断增加,《财富》500强中75%的企业在做决策时,如商店选址在何处,是否存在洗钱行为,都会使用到赛仕服务。

2010年《财富》(*Fortune*)"最适合工作企业"排行榜中(Best Companies to Work For),赛仕位居榜首。事实上,自《财富》开始创建此排行榜起,赛仕年年登榜。它是如何做到的呢?赛仕既不是投入最高的企业,也不提供优先认股权,主要原因就是把员工作为主要利益相关者,为员工提供大量的福利。谷歌公司决定提升员工谋福利时,就是以赛仕公司为模板的。

同所有企业一样,赛仕的生存环境也充满了激烈竞争,尽管如此,公司仍鼓励员工保持生活与工作的平衡。在通常情况下,员工一周工作35小时,并且可自由安排日程。公司还为员工提供多项服务:开设两个日托中心,帮助员工照顾孩子;设有三个餐厅,提供餐饮服务;以及UPS包裹快递和干洗等服务。在众多福利中,最突出的当属位于厂区中心的医疗中心,为员工免费提供医疗。去年,公司90%的员工及其家人都曾在该中心就诊。同时,公司还配备多个健康中心和一个6 000多平方米的健身中心,真正做到全心全意为员工着想。

任何一个雇主都有权终止这些福利和服务,但是,正是这样一种经营方式为赛仕带来了巨大利益:软件行业平均员工离职率为22%,而赛仕的年度离职率仅2%;赛仕员工平均合同期为10年,而很多老员工的工龄甚至已经超过了25年,这就意味着公司不必一直招聘新员工,培训投入也相应减少。

公司本身也从这些福利设施中受益很多。比如,维持医疗中心正常运转需耗费约450万美元,但若把治病所节省的时间换算成金钱,则相当于节省了500万美元,因为雇员需要看医生时,大都选择在公司医疗中心就医,节省了大量时间。该中心还提供很多其他服务,提醒员工注重保健。

事实证明,赛仕公司此举价值巨大。赛仕总收入已实现33年连续增长,且利润率均超过10%。虽然2010年经济不是很景气,赛仕没有解雇一名员工。

摘自 Kaplan, David A. 2010. "#1 SAS — The Best Company to Work For." *Fortune*, February 8, 57-64.

表1.2 利益相关者伦理问题

利益相关者和伦理问题	
员工 - 员工利益冲突 - 诚实正直 - 歧视、多元化和性骚扰 - 福利和津贴 - 员工监督和隐私	**供应商** - 履行合同 - 根据国家、性别和民族划分,发展多元化供应商 - 供应商资金占用
客户 - 价格合理,市场公平 - 广告宣传内容真实性 - 客户隐私 - 处理客户投诉 - 产品质量及安全	**政府** - 遵守法律法规 - 同小国政府业务来往情况 - 游说
股东 - 股东利益 - 财务透明 - 股东沟通透明 - 主管薪水及福利 - 企业治理	**社区** - 企业社会责任 - 减少污染,保护环境的行动 - 对当地慈善和组织的贡献

第七章将重点介绍政府所扮演的角色。不同国家中政府的重要性如何?"全球商务伦理球透视"中将介绍中国政府的职能。

第三部分讨论目前大多数企业所面临的发展环境。之所以用了三个章节介绍企业发展环境，是因为任何一个企业在推行企业伦理活动时，都必须考虑这些问题。在多数国家业已形成影响企业发展环境的不同推动力，本部分每一章将分类介绍。

全球商务伦理透视

中国政府与企业

政府在塑造企业环境中有多大的影响力？在一些推崇自由政策的国家，如美国和英国，政府的影响力相对较弱，但在其他国家，政府却扮演着更加重要的角色。以中国为例，其政府会根据实际情况推出各种新的政策规定，对企业产生重大影响。

为了适应中国政府的规定，微软公司同意接受政府的审查要求，以便进入中国这个巨大的市场。

中国影响力不仅存在于软件行业。最近中国政府决定实施紧缩政策，限制开发商土地交易，在土地交易分批付款时，首付额从土地总价的20%—30%提升至50%。再如，中国政府还出台了新政策，对于向机关单位提供高科技产品的企业提出更多要求，规定企业产品必须通过一定形式体现本地的创新力，才能为政府部门提供产品。对于这些新政策，来自亚洲、欧洲和北美的30多个企业集团表示，跨国企业会因此失去向中国政府销售产品的机会。

摘自 Chao, Loretta. 2009. "World news: China firms defend tech-purchase rules." *Wall Street Journal*, A10; Chao, Loretta. 2009. "World news: China's curbs on tech purchases draw Ire-I.S. government, dozens of global industry groups speak against push for state agencies to buy 'Indigenous innovation'." *Wall Street Journal*, A11; Shaw, Joy C. 2009. "China tightens land rules." Wall Street Journal, C8; Vascellaro, Jessica. 2010. "Google says it is committed to China as net soars." *Wall Street Journal*, B1.

第八章探讨信息技术的应用及其对伦理的影响。随着信息科技的持续发展，越来越多的公司开始面临一些意想不到的伦理问题，因此，本章将从不同角度探讨信息技术及信息收集的简便性，以及与这些新形势相关的伦理问题。

第九章讨论另外一个每个公司都会遇到的重要问题，即环境及可持续发展。目前，关于气候变化和企业减少二氧化碳排放量的讨论仍在持续，积极推行环保项目的公司越来越多，企业面临的环保压力与日俱增，对环保的敏感性也不断增强。本章将对此问题展开讨论，介绍环境管理的不同方法，并对一些环保工作突出的跨国企业进行案例分析，从而敦促企业采取积极措施，将环保融入企业伦理项目。

第十章分析全球环境这一重要的环境话题。尽管本书是最早从全球视角关注企业伦理的文本之一，但是仍然有必要单独列出一个章节具体讨论全球伦理。本章还将从腐败和贿赂的特殊角度研究主要的国际伦理问题，介绍全球范围内鼓励跨国公司严查贿赂、诚信经营所付出的努力和推行的政策。

第四部分主要介绍如何打造伦理企业。在这一部分，我们首先通过个人文化和企业文化，讨论导致非伦理行为的主要因素，这两个因素已经被视为非伦理行为的决定性因素。同时，我们还将提出一些培养企业社会责任感的方法步骤。

第十一章讲述广义的企业伦理文化，以及该文化对企业内部伦理行为的影响。我们将介绍一种最为常用的定义伦理文化的方式，即伦理氛围，及其主要形式和不同形式给企业带来的不同效果。最后讨论企业如何营造不同的伦理氛围。

第十二章为本书最后一章，整合前面所有章节的内容，介绍一种管理企业伦理的战略方法。本书推荐的即是战略型企业伦理。什么是战略型方法呢？想要在今天混乱复杂、变化多端的环境中取得成功，企业就必须以策略制胜，从而取得可持续竞争优势。**商务伦理战略**（Strategic approach to business ethics）指企业能够在所有的业务和活动中将伦理贯穿始终。我们将提供两种企业伦理管理方法，一种较为片面，另一种较为全面，供大家比较学习。回顾前面"商务伦理战略透视"一节中江森自控的案例，它在管理商务伦理活动时采取的就是战略型方法，即所有的决定都遵循三重底线原则：企业决策必须对经济、社会和环境有所贡献，进而保障了公司所有的活动和业务都接受该伦理原则的指导。

第十二章最后介绍了一种战略型商业伦理——企业社会责任，将对企业社会责任的不同方法进行探讨，并介绍一些企业社会责任项目的关键内容，从而让大家了解企业如何在不同利益相关者之间寻求平衡。

本章小结

本章介绍了商务伦理的背景信息。首先，对商务伦理进行了定义，通过实例分析了目前的伦理困境。然后，展示了一些有关商务伦理的案例，从中看到了企业伦理带来的多重收益。与不重视伦理的企业相比，重视企业伦理的公司在财务业绩等各方面的表现都会更好，员工满意度更高、工作更加舒心、使命感更强，客户更加可信、忠诚、对于伦理产品的购买力更强，而对投资方也更有信誉。

接下来，简单介绍了两种商务伦理培养方案，一种是"股东优先"法（Stockholder approach），股东利益对企业决定产生决定性作用；另一种是"利益相关者优先"法（Stakeholder approach），平衡不同利益相关者的诉求。

本章最后简要介绍了本书的结构，对每一章节内容进行了概述。全书共分为12章，每一章节都从战略性角度分别讨论一个有关商务伦理的主题，而第12章则对前面所有章节内容进行整合，提出企业社会责任的概念。

尾注

1. ACFE, 2008. Available at http://www.acfe.com.
2. Beurden, P. van & Gossling, T. 2008. "The worth of values—A literature review on the relation between corporate social and financial performance." *Journal of Business Ethics*, 82, 407–424.
3. Peinado-Vara, E. 2006. "Corporate social responsibility in Latin America." *Journal of Corporate Citizenship*, Spring, 61–69.
4. Kumar, R., Lamb, W.N. & Wokutch, R.E. 2002. "The end of South African sanctions, institutional ownership, and the stock price performance of boycotted firms: evidence on the impact of social-ethical investing." *Business and Society*, 41, 2, 133–165.
5. Choi, T. H. & Jung, J. 2008. "Ethical commitment, financial performance, and valuation: An empirical investigation of Korean companies." *Journal of Business Ethics*, 81, 447–463.
6. Donker, H., Poff, D. & Zahir, S. 2008. "Corporate values, codes of ethics, and firm performance: A look at the Canadian context." *Journal of Business Ethics*, 82, 527–537.
7. Saadoui, K. 2009. "L'engagement éthique pénalise-t-il la performance?" *Revue Française de Gestion*, 196, 15–28.
8. Sims, R.R. 2009. "Toward a better understanding of organizational efforts to rebuild reputation following an ethical scandal." *Journal of Business Ethics*, 90, 453–472.
9. Vilanova, M., Lozano, J.M. & Arenas, D. 2009. "Exploring the nature of the relationship between CSR and competitiveness." *Journal of Business Ethics*, 87, 57–69.
10. Gilley, M.K., Robertson, C.J. & Mazur, T.C. 2010. "The bottom-line benefits of ethics code commitment." *Business Horizons*, 53, 31–37.
11. Sharma, D., Borna, S. & Stearns, J.M. 2009. "An investigation of the effects of corporate ethical values on employee commitment and performance: Examining the moderating role of perceived fairness." *Journal of Business Ethics*, 89, 251–260.
12. Prottas, D.J. 2008. "Perceived behavioral integrity: Relationships with employee attitudes, well-being, and absenteeism." *Journal of Business Ethics*, 81, 313–322.
13. Trudel, R. & Cotte, J. 2009. "Does it pay to be good?" *MIT Sloan Management Review*, 50, 2, 61–68.
14. Bhattacharya, C.B., Korschun, D. & Sen, S. 2009. "Strengthening stakeholder–company relationships through mutually beneficial corporate social responsibility initiatives." *Journal of Business Ethics*, 85, 257–272.
15. Worthington, I. 2009. "Corporate perceptions of the business case for supplier diversity: How socially responsible purchasing can 'pay'." *Journal of Business Ethics*, 90, 4.
16. Worthington, "Corporate perceptions."
17. Petersen, H.L. & Harrie Vredenburg, H. 2009. "Morals or economics? Institutional preferences for corporate social responsibility." *Journal of Business Ethics*, 90, 1, 1–14.
18. Trudel & Cotte, "Does it pay to be good?"
19. Brammer, S., Brooks, C. & Pavelin, S. 2009. "The stock performance of America's 100 best corporate citizens." *Quarterly Review of Economics and Finance*, 49, 1065–1080.
20. Boatright, J.R. 2002. "Ethics and corporate governance: justifying the role of shareholder." In N.E. Bowie (Ed.), *The Blackwell guide to business ethics*. Malden, MA: Blackwell, pp. 38–60.
21. Liedekerke, L. van & Dubbink, W. 2008. "Twenty years of European business ethics—past developments and future concerns." *Journal of Business Ethics*, 82, 273–280.
22. Canto-Mila, N. & Lozano, J.M. 2009. "The Spanish discourse on corporate social responsibility." *Journal of Business Ethics*, 87, 157–171.
23. Kooskora, M. 2006. "Perceptions of business purpose and responsibility in the context of radical political and economic development: The case of Estonia." *Business Ethics: A European Review*, 15, 2, 183–199.
24. Freeman, E. 2010. "Managing for stakeholders." In T.L. Beauchamp, N.E. Bowie & D.G. Arnold (Eds.), *Ethical theory and business*, Upper Saddle River, NJ: Prentice Hall, pp. 56–68.

主要术语

行贿指数(Brible Payers Index)：TI就全球各大经济体进行的行贿可能性调查。

贿赂(Bribery)：用给予报酬(如金钱、礼物等)的方式收买某人以获取好处。

商务伦理(Business Ethics)：指导商务行为的原则和标准。

商务伦理透视(Business Ethics Insight)：根据每一章节所讨论的主题内容,通过实例介绍企业处理这些带有普遍性的商务伦理问题的方法。

企业社会责任(Corporate Social Responsibility)：企业伦理管理的重要战略。

伦理(Ethics)：全社会关于对与错的普遍认知。

伦理持续性透视(Ethics Sustainability Insight)：根据每一章所讨论的伦理事件,介绍相关的环保含义及可持续性问题。

全球商务伦理透视(Global Business Ethics Insight)：介绍与章节所讨论内容相关的全球企业信息和情况。

职业欺诈(Occupational Fraud)：故意误用或滥用用人单位资源和财产,凭借个人职权,谋求个人利益。

商务伦理预览(Preview Business Ethics Insight)：介绍一些跨国企业或实体处理伦理问题的方式,而这些伦理问题通常是与每一章节的主要内容相关的。

利益相关者理论(Stakeholder Theory)：一种商务伦理培养方案,认为企业不应仅局限于满足股东的需求。

股东理论(Stockholder Theory)：一种商务伦理培养方案,认为股东或拥有者有权控制和获取剩余收入或利润。

商务伦理战略(Strategic Approach to Business Ethics)：企业能够在所有的业务和活动中将伦理贯穿始终。

商务伦理战略透视(Strategic Business Ethics Insight)：根据每一章节所讨论的伦理问题,对其中的关键含义进行阐释。

讨论题

1. 什么是商务伦理？举例说明商务伦理的困境。
2. 从全球范围内关于商务伦理的多种调研中我们能得到什么启发？请列举说明常见的非伦理行为。
3. 针对本章所提及的任意商务伦理调研,具体讨论其发现,这些发现有什么深层含义？
4. 企业推行伦理项目有什么好处？请具体说明。
5. 企业伦理给员工带来什么好处？
6. 为什么投资商更青睐于富有伦理责任心的企业？
7. 对于富有伦理责任心的企业,客户反应如何？请具体说明。
8. 描述"股东优先"理论。该理论最主要的论据是什么？
9. 什么是"利益相关者优先"理论？为什么企业伦理管理应该遵循该理论？
10. 试比较"股东优先"理论和"利益相关者优先"理论的异同。

网络任务

1. 文中提及多个评估伦理行为的组织,如TI、联合国全球契约,请浏览其中任一组织的官网。
2. 该组织对伦理的定义如何?最强调伦理哪些方面的内容?
3. 其最近研究有哪些主要发现?准备一份报告,与同学们分享。
4. 关于商务伦理,你学到了什么?

更多网络任务和资源,请访问 www.routledge.com/cw/parboteeah。

实战演练

脸谱网与作弊

假设你现在读本科,学校商务课程大纲规定"商务伦理"课是必修课程,但这门课是网上教学,大家平时都通过脸谱网(Facebook)交流,虽然你已经和很多同学成了"朋友",但你们却从来没有见过面。

关于本周的课程,你要在网上完成一个测试,该测试表现将会作为评分的主要依据,测试内容包括本学期三分之一的课程,你要在相对较短的时间内完成很大的题量。因为是开卷考试,所以你应该把各章节内容多看几遍,以便考试时容易查找信息。但是,开始测试之后,你根本没有多余时间翻课本找答案。

然后,今天早上你登录脸谱网后,发现一位同学(凑巧是你非常要好的朋友)把他之前做过的测试题放到了网上。虽然每个考生的题都是题库随即抽选的,但其中还是会有很多重叠部分,所以看了网上这些测试题肯定会有帮助。

遇到这种情况,你会怎么做?复习时只看这些题目吗?会把这件事报告给老师吗?

案例分析

Anna Hazare的印度反腐之路

Vishal是新德里的一个普通市民,开有一家炸鸡店。在经营炸鸡摊的时候,遇到过很多腐败问题。为了能够晚点关门,他必须给高级警官一点好处,为中级警官提供免费午餐。为了能够顺利通过健康安全审查,又得给当地官员包点红包,否则不管怎样都很难达标。除此之外,几乎每隔一周,他都会被警察"拦截"一次,给他们点恩惠,以免被"骚扰"。此外,为了让儿子进最好的学校读书,还得给校长表示一下。这样算下来,Vishal三分之一的收入都拿去行贿了。在现实生活中,很多新兴的印度中产阶层都有过类似的经历。

Anna Hazare是印度新生代反腐社会活动家,面对如此严重的腐败发展态势,他的出现理所当然。Hazare是印度西部马哈拉施特拉邦的退伍司机,现已成为深受腐败折磨的印度人民的代言人,曾发起过多次罢工,要求印度政府制定反腐败法律。他提出了新的反贪腐法案《公民监察法案》(*Jan Lokpal Bill*),要求政府在国家层面上切实推行该法案。根据该法案,政府应该指定一个强有力的调查官员,专门调查高层腐败行为。但是,在大多数人看来,该法案效力甚微。

2011年8月,Anna Hazare拒绝接受警察对其反腐败抗议活动的限制,印度政府以之为由将其逮捕,但在他被捕之后,印度境内很快爆发了大规模示威游行,成千上万遭受贪腐之苦的中等阶级市民在全国各城市游行,要求释放Anna Hazare。与此同时,还有几百人聚集在关押Anna Hazare的看守所外以示抗议。很快,政府作出让步,允许Hazare进行长达15天的抗议活动。他胜利离开了看守所,继续要求政府通过他所提出的反贪腐法案。关于Anna Hazare的努力,有些人认为会给印度目前的贪腐状况带来很大改观,还有些人认为在抗议活动停止后一切又会恢复常态,不会有任何改变。

摘自 Anonymous, 2011. "Indian activist leads Delhi protest." Wall Street Journal, August 19, online version; Associated Press. 2011. "Anna Hazare leaves jail to begin public hunger strike." Guardian, August 19, online version http://guardian.co.uk; Burke, J. 2011. "Corruption in India:'All your life you pay for things that should be free'." Guardian, August 19, online version http://guardian.co.uk.

讨论题

1. 登录TI官网,查询印度在腐败指数排行榜上的排名,与前文中的描述是否一致?为什么?
2. 为什么印度腐败行为如此猖獗?谁应该为此负责?
3. Anna Hazare所采取的社会行动效果如何?你认为印度的情况会有改观,还是会一切照旧呢?
4. 在印度这样的国家,跨国公司在反腐败的进程中应该扮演什么样的角色?应采取什么样的反贪腐行动?
5. 社会应该怎样与腐败抗争?

 长篇案例

困境升级：丰田汽车公司及其召回事件

I. 案例综述

丰田章男（Akio Toyoda），丰田公司已故创始人丰田喜一郎的孙子，2009年正式升任丰田汽车公司社长兼总裁。然而，新总裁万万没有想到，就在他走马上任几个月后，公司就遇到了有史以来最严重的危机事件。此次危机开始于2009年8月发生在加利福尼亚州的一起严重车祸，[1]之后公司收到了几百起消费者投诉，称汽车出现突然意外加速，为此丰田公司分两批召回了1 000万辆问题车辆，同时也被迫宣布暂停销售8款畅销车型，致使丰田公司及其经销商在销售旺季每天至少损失5 400万美元的销售额。[2]作为世界最大的汽车制造商，丰田公司始终以品质和可靠性享誉全球，但如今却发生了公司历史上最严重的汽车召回事件，对此丰田将如何应对？[3]而美国作为丰田最大且最有利可图的市场，该事件对丰田在美国的品牌形象产生怎样的影响呢？

II. 丰田汽车公司简介

A. 公司背景

丰田自动织机制作所（Toyoda Automatic Loom Works）是世界领先的织机制造商，1933年丰田喜一郎在制作所成立汽车部，1937年汽车部正式从丰田自动织机制作所中独立出来，成立丰田汽车工业公司，[4]1950年成立丰田汽车销售公司，1957年首次向美国出口丰田皇冠轿车，同年10月31日成立美国丰田汽车销售公司，1972年开始在美国进行汽车加工业务，1986年将业务扩展至汽车生产。[5]

丰田汽车公司是一家上市公司，在纽约股票交易所、东京股票交易所和伦敦股票交易所上市，代号为TM。在汽车行业，丰田的主要竞争对手有福特汽车公司、通用汽车公司和本田汽车公司，而2010年丰田占据美国汽车市场份额的16%。[6]仅在美国，丰田汽车就拥有1 500多家经销商，销售丰田、雷克萨斯和塞恩品牌汽车，在全球拥有320 000名员工，汽车销往170个国家，目前在生产和销售方面都是全球最大的汽车制造商。[7]

B. 辉煌依旧

在过去的25年，丰田在汽车行业内占据的销售额和市场份额持续增长，截至20世纪80年代末，丰田已声名鹊起，成长为一个实力强大、经营极佳的汽车公司。[8]经过十年的不断发展，丰田已成为日本汽车行业领军人物，在世界汽车行业位居第三。[9]

至20世纪90年代初，丰田掌控着日本汽车市场43%的份额，在美国的汽车和卡车销售量也首次突破100万辆。[10]除此之外，丰田还开辟了日本汽车行业的高档车市场，推出了雷克萨斯LS400豪华轿车，该款汽车在20世纪90年代中期的销售量一跃超过宝马、奔驰和捷豹等传统名牌。[11]

进入新世纪，丰田于2000年推出了首款混合动力汽车普锐斯，延续着行业辉煌。丰田不断研发多动力混合技术，将之应用于七款不同的车型。目前，丰田在全球混合动力汽车的销量已超过200万辆，其中75%销往美国，而丰田在美国的汽车销量中，10%为混合动力车。[12]

C. 企业理念

丰田始终秉持着"和谐发展"和"利润提升"相结合的经营目标，这一理念得到了高层管理人员和各级员工的认真贯彻实施。[13]在丰田，每个员工都要接受严格的"丰田生产方式"（Toyota Production System，TPS）培训，培训的主要目标是减轻负荷，避免标准不一，杜绝浪费。通过固定的生产流程，可以

统一标准,顺利生产出所需产品,这就是 TPS 对过程价值传递产生的最重要影响。[14]

对产品质量和成本意识的持续关注已经深深融入每一个丰田人的生活。在 TPS 的指导下,丰田不仅能够保持低生产成本,而且与其他竞争对手相比,能够更快地推出新产品。因此,克莱斯勒、戴姆勒、福特、本田和通用汽车等竞争对手纷纷推出类似 TPS 的体系,医院和邮局等很多组织也同样采纳其中的规则、方法和实践,以提高工作效率。[15]

D. 企业社会责任

虽然丰田在产品安全性能方面的声誉遭到重创,但在其他领域仍然保持着优秀企业公民的记录。美国道德会员协会每年都根据企业公民意识与社会责任、遵纪守法声誉和业绩记录以及产业领先等指标对企业进行排名。2009 年,丰田被该协会评为"全球最具商业道德企业"。[16] 自 1991 年以来,丰田已经向美国各类慈善项目捐赠了 4.64 亿美元,并且给很多关注环保、教育和安全问题的项目提供支持,以努力"加强美国社区多样性"。[17] 2008 年,丰田集团与美国环保组织奥杜邦协会(Audubon)开始为期五年的合作,共同投入 2 000 万美元,创立了 Together Green 项目,资助环保计划,培养具有环保意识的领导人,并鼓励大家加入志愿者行列,更好地保护环境。[18]

过去 20 年里,丰田美国基金会一直对 K-12 教育项目中数学和自然科学领域进行资助。目前,丰田公司每年拿出 200 万美元支持各类项目,并且通过拨款和奖学金等形式与美国一些重要的组织机构合作。除此之外,还在加利福尼亚州开办了"丰田驾驶前程"(Toyota Driving Expectations)安全驾车项目,免费为青少年及其家长提供服务,旨在为美国青少年提供安全驾车体验。[19]

III. 突然意外加速事件

A. 踏板困境

车辆突然意外加速(Sudden Unintended Acceleration,SUA),或者油门踏板卡壳并不是新鲜事件,1986 年初,由于事件报告数量高出平均值,美国国家公路交通安全管理局(National Highway Traffic Safety Administration,NHTSA)已经对突然意外加速问题做过深入调查,[20] 并在 1989 年的一份报告中将突然意外加速定义为"汽车在静止状态、低速起跑,或定速行驶时,发生非蓄意、无预警、不受控制的加速,通常伴有明显的刹车失灵现象"。[21] 尽管对于该问题的调查已有一些时日,但问题原因尚未明了,或是司机驾车失误,或是汽车本身的机械或电子问题,或是这些原因共同存在。[22]

B. 事件回顾

自 2007 年起,美国相关部门就开始对刹车、加速、脚踏垫和油门踏板等问题进行调查,让这家世界最大的汽车制造商陷入了困境,[23] 但是突然意外加速问题并非丰田公司独有,德国奥迪汽车也同样陷入过这样的困境。20 世纪 80 年代,一款非常受欢迎的奥迪 5000 系列豪华轿车也由于油门踏板问题引发 700 起事故,造成 6 人死亡,奥迪公司也因此受到指控。[24] 虽然最终裁决问题的原因是司机驾驶不当,但消费者要求改装油门,而非刹车系统,所以奥迪也不得不大范围召回问题车辆。[25] 1986 年在奥迪宣布召回车辆后不久,一档名为"60 分钟"的调查节目告诉百万观众,[26] 奥迪 5000 豪华轿车存在加速失控问题。通过调查,真相最终浮出水面,竟是该电视制片人对汽车做了手脚,但无论如何,奥迪所蒙受的巨大损失已无法挽回。[27] 自那之后五年,奥迪销售额下降了 80%,[28] 直到 2000 年,销售额才重回 1985 年创造的顶峰记录。[29]

在奥迪事件发生后的数年间,美国国家公路交通安全管理局持续收到突然意外加速事故报告,所有汽车制造商都出现过该问题,但考虑到事故所牵涉的百万车辆,这样的事故频率在美国国家公路交通安全管理局看来是"正常的",[30] 并且该单位在 1989 年的研究中表明,所有突然意外加速事件都是驾车失误造成的,因此这个问题一直没有受到大家的关注,直到 2009 年 8 月 28 日,美国公众才重新意识到了这个问题。[31]

C. 历史重演

Mark Saylor 是加利福尼亚公路巡警,那天下班后,他把自己的雷克萨斯车放到位于加利福尼亚州埃尔卡洪市的 Bob Baker 德克萨斯经销店维修后,店里借给他一辆 2009 年款德克萨斯 ES350。[32] 几个小时后,当他开着这辆车在加利福尼亚 125 公路上行驶的时候,车子突然自动加速,时速达到了 120 英里,就在车辆几近失控时,Saylor 的姐夫 Chris Lastrella 报了警,只听他在电话那头喊道:

> 我们开着一辆雷克萨斯——在 125 公路上往北开,油门卡住了——控制不了了,没有刹车——马上就到十字路口了——小心——小心——救命啊——救命。[33]

在 125 公路和 Mission Gorge 路交叉口,雷克萨斯车撞上了一辆福特探险者 SUV,然后冲向了路边的隔离带,之后车子侧翻着火,车上四名乘客,Saylor、他 45 岁的妻子 Cleofe、13 岁的女儿 Mahala 和姐夫 Chris Lastrella 都因此丧生。媒体对此次事故进行了广泛报道,这段录音也成了大批加速失控车辆受害人的报警录音之一。事故报警电话、接踵而至的可怕事故以及令人难以置信的公路巡警"驾车失误"等一系列报道在美国国内引起了一片哗然。[34]

在奥迪"60 分钟"事件 23 年后,历史又重新上演。2010 年 2 月 22 日,ABC 世界新闻网播出了一段新闻视频,南伊利诺斯州大学汽车技术专业教授 David Gilbert 在 ABC 新闻记者 Brian Ross 的协助下,向观众们展示一款丰田汽车如何在特定的环境下快速加速,而汽车电子系统却未显示任何错误。[35]

突然意外加速问题受到了大量的指控,面对这些起诉,丰田公司进行了两次大规模召回,涉及问题车辆达 800 万辆。就在对外公布召回问题车辆几周后,在人们期待已久的丰田领导出席作证的国会听证会召开前一晚,ABC 新闻网播出了那段视频。[36] 第二天,在听证会上,Gilbert 向美国众议院提交了一份初步报告,对他的发现进行陈述说明。[37] 同德国"前辈"奥迪一样,丰田最终证实 ABC 夸大了问题,进行了不实报道。但是不管怎样,正如奥迪公司当年一样,损失已经造成,一切都无法挽回。不管突然意外加速的真正原因是什么,我们从奥迪和丰田的遭遇中至少得到了一个教训,就是无论怎样的事故,只要经过广泛的宣传和报道,都会给这个品牌带来灾难性影响。

IV. 丰田突然意外加速案件发展过程:2009 年 8 月—2010 年 8 月

2009 年 8 月 28 日:加利福尼亚州公路巡警 Mark Saylor 下班后,开着一辆 2009 款雷克萨斯 ES350,在加利福尼亚州圣迭戈县东北部桑蒂市 125 公路上行驶时,车子突然加速失去控制,在同另外一辆车子相撞后,冲下筑堤,侧翻着火,当时车上还有 Saylor 的另外三名家人。在汽车失控后,以约 100 英里的时速在公路上行驶时,其中一位家人报了警,说汽车"没有刹车",最终经过多次撞击,车上四人全部身亡。[38]

2009 年 9 月 14 日:丰田公司和地方当局公布初步报告,表明事故所涉加利福尼亚州埃尔卡洪市的 Bob Baker 德克萨斯经销店出借给 Saylor 所用的雷克萨斯车的脚踏垫存在装置有误的问题,与油门踏板型号不符。[39]

2009 年 9 月 29 日:丰田公司宣布召回 420 万辆丰田牌和雷克萨斯牌汽车所用的脚踏垫。丰田公司建议车主将脚踏垫拆掉放进后备箱,并指导经销商使用尼龙扎带固定问题车辆的脚踏垫,保证油门踏板不被卡住。[40]

2009 年 10 月 1 日:丰田发布 2009 年 9 月汽车销量,与 2008 年 9 月相比,日销量同比下降 16.1%。但与 2009 年第二季度相比,第三季度销量环比增长 28%。美国丰田汽车销售公司汽车运作部高级副总裁 Don Esmond 表示,"经济环境的改善,以及汽车折价退款体系(CARS)项目使得第三季度业绩相比于前两季度有明显提升,进入第四季度后,我们希望能继续保持这种强劲的势头,为本年度画上圆满的句号。"[41]

2009年10月2日:在日本媒体俱乐部召开的介绍说明会上,丰田新任总裁丰田章男向事故受害家庭Saylor一家、受召回事件影响的所有客户,以及最近销售业绩的下降向公众公开道歉。他首先表示,"丰田正在寻求解救措施,"接着又讲道,"对于目前的经济下滑,丰田完全没有准备,目前公司距离垮掉或死亡只有一步之遥。"[42]

2009年10月18日:《洛杉矶时报》最先报道了有关丰田汽车突然意外加速问题的起诉。丰田发言人承认丰田汽车电子系统内没有安全优先系统,致使刹车踏板被踩下后,不能有效切断油门踏板,但是丰田已经在考虑添加该系统,并且会进一步改进踏板,保证不再被脚踏垫卡住。除此之外,报道中还提到,雷克萨斯汽车在行驶过程中,启动按钮至少需要按下三分钟才能关闭发动机。[43]

2009年10月25日:地方当局和美国国家公路交通安全管理局进行的调查表明,一套为雷克萨斯RX400运动型多功能车设计的橡胶脚踏垫安装到了雷克萨斯ES350的常用地毯脚踏垫上面,导致汽车加速失控。[44]美国国家公路交通安全管理局同样指出,问题车辆的油门踏板被牢牢地安置在了操控杆上,而其他汽车使用的都是可转动踏板。[45]

2009年10月30日:丰田开始向美国车主发放信函,告诉他们公司将于近期召回问题车辆,处理突然意外加速问题。在信中,丰田说"不存在任何缺陷。"[46]

2009年11月2日:美国国家公路交通安全管理局采取了极不常用的方法谴责丰田公司,要求公司发布新闻,重申10月30日向用户发放的信函中的信息是不确切的,有误导嫌疑,告诉大家召回脚踏垫只是过渡性方案,并不能解决潜在缺陷。[47]

2009年11月4日:针对外界媒体有关丰田汽车线驱动电子油门系统存在问题的报道,丰田公司发布新闻,进行否决。[48]

2009年11月8日:《洛杉矶时报》在一篇文章中报道,由于美国国家公路交通安全管理局已将那些声称刹车系统在突然意外加速情况下不起作用的报告删除,因此事实上丰田在过去八年时间中曾忽略了1 200起突然意外加速问题的投诉。在那篇文章中,丰田发言人确认在在油门全开时,汽车刹车失灵,无法阻止汽车加速。[49]

2009年11月16日:日本媒体报道声称丰田已经与美国国家公路交通安全管理局就召回问题达成一致。丰田否认达成任何协议,但承认公司已经投入56亿美元准备处理该事件。[50]

2009年11月25日:丰田经销商接受培训指导,学习如何拆除并截短油门踏板,保证不再被脚踏垫卡住。作为"额外保险措施",公司还指导经销商对丰田凯美瑞、亚洲龙、雷克萨斯ES350、IS250和IS350系列汽车的车载电子系统进行升级,新程序能够在刹车踏板被踩下时,超驰控制电子油门踏板。[51]

2009年12月5日:继《洛杉矶时报》专栏文章后,[52]丰田给报社写了一封信,重申公司立场,说明脚踏垫是大部分突然意外加速问题的根本原因,该文章将于12月9日刊登。[53]

2009年12月26日:一辆丰田中国龙汽车在加速失控后,冲进了位于德克萨斯州南湖市的一个湖中,车上四名乘客全部身亡。事后调查发现车辆脚踏垫位于后备箱中,因此脚踏垫问题不可能是造成此次事故的原因。[54]

2010年1月11日:丰田对外公布,截至2011年将在全球范围内对所有车辆整修完毕,安装刹车优先系统。[55]

2010年1月21日:因油门踏板问题,丰田再次召回230万辆丰田牌汽车。对此问题,丰田描述为

"极少数情况下,可能导致油门踏板难以踩下,回弹迟钝,或最坏的情况下可能被部分卡住。"公司声明新一轮召回与脚踏垫召回无关。[56]

2010年1月26日:丰田宣布,1月21日油门踏板召回中所涉所有车型已立即停止销售,自2月1日起,公司将在一周内停止北美五个生产该车型工厂的流水线以便"确定和协调公司安排"。[57]丰田并未解释,为什么在宣布召回五天后才停止销售。[58]

2012年1月27日:美国交通部长Ray Lahood告诉芝加哥广播电台WGN,政府已责令丰田停止销售召回车辆,对此,丰田公司已经确认证实。其他媒体报道称,丰田已悄悄通知其经销商和工厂,召回车辆问题是由印第安纳州埃尔克哈特市CTS公司供应的踏板造成的。而经调查显示,雷克萨斯和塞恩汽车使用的踏板都是由日本供应商Denso提供的,因此这些型号的车辆免除了召回之灾。据说踏板会在汽车行驶里程达38 000英里后暴露问题,但是根本原因还在进一步调查当中。[59]

《华尔街日报》曾估计,在销售冻结期内,丰田经销商每周利润损失可达150万美元。[60]在宣布冻结销售一天半内,丰田股票降幅已超10%,供应商CTS公司股票缩水2.4%。当天晚些时候,丰田告知美国国家公路交通安全管理局,在11月25日召回的基础上,公司将另外召回110万辆问题车辆。此次召回包括丰田Venza系列,以及汉兰达和庞蒂亚克Vibe更多的车型。[61]

2010年2月1日:丰田对外宣布公司已制定出油门踏板的全新修理计划,并已将所用零部件配货给经销商,保证维修质量。[62]

2010年2月5日:在世界经济论坛新闻发布会上,丰田社长兼总裁丰田章男就汽车召回事件向公众道歉,并允诺加强质量管控。[63]他表示,"对于我们给客户带来的麻烦与担忧,我诚挚地向大家道歉。"[64]

2010年2月9日:《华盛顿邮报》刊登丰田社长兼总裁丰田章男"丰田修复公共形象的计划"一文。[65]从美国国家公路交通安全管理局收到了来自普锐斯用户的100多起投诉后,丰田宣布将在全球范围内召回437 000辆普锐斯汽车以及其他混合动力车,这一决定将使丰田召回车辆总数增加至850多万辆。[66]

2010年2月23日:美国众议院能源和商业委员会召开听证会,在听证会上美国丰田汽车销售公司首席执行官Jim Lentz证明,公司仍然在调查油门踏板电子系统是否存在问题。[67]

2010年2月24日:美国众议院监管和政府改革委员会举行听证会,丰田公司社长丰田章男出席并道歉,保证丰田会与美国政府全力合作,调查安全问题。[68]

2010年3月2日:丰田北美公司宣布,美国交通部前部长Rodney E. Slater将领导成立独立的北美质量顾问团(North American Quality Advisory Panel),为丰田在北美的分公司提供质量和安全指导。[69]丰田还声明,将推出公司有史以来最具深远意义的营销计划,自2010年3月2日开始实施至2010年4月5日结束,提供金融财政、租赁贸易和客户忠诚等方面的服务。[70]

2010年4月5日:美国政府起诉丰田公司掩盖"危险缺陷",处以1 640万美元的罚款。2004年,通用汽车公司在挡风玻璃雨刷问题车辆召回中,没有做出令人满意的回应,受到了100万美元的罚款,而本次丰田的罚款则刷新了该记录。[71]

2010年4月8日:丰田表示对于美国政府的罚款没有异议,同意接受处罚。[72]与此同时,美国丰田汽车销售公司宣布已经成立"市场快速分析反应小组"(Swift Market Analysis Response Team, SMART)专案组,快速应对丰田车主关于汽车加速失控问题的投诉,接到有关丰田、雷克萨斯和塞恩汽车突然意外加速问题的投诉时,迅速展开调查和分析。[73]

2010年4月20日:墨西哥湾深水地平线石油钻塔爆炸,媒体和消费者注意力暂时从丰田汽车身上转移开来。[74]

2010年5月18日：美国监管部门指控丰田公司回应速度过慢，没有及时召回油门踏板问题车辆，面对这一指控，丰田受到了1 640万美元的罚款。[75]

2010年8月4日：丰田宣布由于新兴市场销量剧增，并得益于大力削减成本，2010年第二季度公司利润额已回升至22亿美元。[76]

V. 外界反响

A. 媒体反响

八月份加利福尼亚车祸后，有报道认为该事故可能与丰田公司存在内在联系，自此之后媒体开始广泛参与报道此次"召回门"事件，而大多数新闻报道都在批评指责丰田公司。有项研究对有关丰田的新闻进行了总结，发现2009年8月至2010年2月108次报道中，106次对丰田持否定态度。[77]

关于召回事件的大部分新闻报道都是通过《洛杉矶时报》传播的，报道指出了很多关于丰田汽车安全隐患的问题。在意外加速问题广为人知之前，就有报纸刊发了相关的系列报道，公司最初认为问题原因是脚踏垫和驾驶员驾车失误，在公司将问题归结于这些机械故障时，《洛杉矶时报》报道认为安全问题不仅在此。[78]一个简单的连载报道很快被国内各大媒体如《华尔街日报》刊登，并且读者数量空前之多，《洛杉矶时报》也因此成了普利策奖国内新闻报道的候选单位，丰田事件引来了更多的关注。[79]

总体来说，所有新闻报道指出的主要潜在问题是，很多人都认为丰田在隐瞒有关油门踏板问题的信息，[80]他们认为丰田不惜牺牲产品安全和质量，试图将通用汽车赶下世界第一汽车生产商的宝座。[81]媒体报道的另外一个着眼点是事故原因调查不足，丰田在该事件上的立场也不够坚定。[82]

B. 消费者反响

在丰田车主仍然力挺自己的车子时，却饱受消极影响。[83]对于某些问题车型，有些消费者可能刚刚买下，同一天内就被召回停产，这引起了消费者的担忧。[84]丰田经销商声称对于即将发生的召回事先毫不知情，这非但没有减轻消费者的蔑视之情，反而增加了他们的疑虑，在购买了公司确认有缺陷的车型后，能否把钱再拿回去。[85]

消费者的疑虑带来了很多问题。调查发现，其中最严重的后果与媒体关于突然意外加速事件的报道数量直接相关。随着媒体对于突然意外加速事件报道的不断增多，丰田用户的投诉量也不断增加，特别在二月和三月媒体报道的巅峰阶段，车主投诉数量也是平均值的三倍之多，在二月最顶峰时期，投诉总量达到了1 500起。[86]

C. 经济影响

在丰田公司宣布召回问题车辆后，当即就感受到了随之而来的经济冲击。第一轮冲击波就发生在1月26日，公司决定暂停北美六个装配厂的生产，并中止包括凯美瑞在内的八款最畅车型的销售。[87]虽然召回对于汽车制造商来说就像是例行公事，但汽车退出市场却十分罕见。丰田为做出停止美国销售和生产的决定而承担了巨大的代价，中止销售的八款车型占据了丰田2009年约60%的销售额，以及美国丰田60%的库存。[88]

时间安排也是一件麻烦事。因为每个月的最后一周都是汽车销售的高峰期，[89]据估算，自从八款车型的新车和二手车中止销售后，美国丰田的经销商们一个月内共损失24.7亿美元的收入，平均算来，每个经销商约损失175万美元至200万美元。[90]

这则经济新闻同样给公司股东笼上一层阴云，使得股价狂跌。[91]丰田在美国的市场份额已下跌16%，成为自2006年1月以来的最低点，月销量十多年来首次跌破100 000辆。对于销量持续滑坡的恐惧使得丰田在东京萧条的市场中份额下降3.7%，加速了经济的下滑。自召回开始后，丰田股票已下跌了17%。[92]

这次危机加重了丰田内部的财政困难,为其他汽车制造商乘虚而入,抢占丰田不断下滑的市场份额提供了有利时机。由于丰田的销售量开始逆向发展,福特和现代汽车公司成了最大的赢家,销售收入都增长了 24%。[93] 在同一基准上,福特品牌销售量超过了丰田、塞恩和雷克萨斯三个品牌的总销售量,通用汽车总量领先的雪佛兰汽车同样超过了丰田。[94] 这些公司的巨大收益同样得益于丰田慷慨的回扣,特别是给车主们提供的折扣和无息融资等回扣。[95]

暂停生产以解决召回事件的决定也导致肯塔基州和德克萨斯州两个工厂停工。2 月 16 日,受召回事件影响,两工厂的销售几乎处于停滞状态,[96] 被迫暂停营业,以调节生产规模,防止库存过剩及给经销商带来巨额损失。[97]

D. 政府指责与调查

车辆召回期间发生的一系列事件同样遭到了美国政府及其相关部门的指责和介入调查。美国交通部部长 Ray LaHood 宣布将进行两项主要调查,以解决丰田公司及整个汽车行业内部存在的突然意外加速问题。[98] LaHood 首先呼吁全国科学大会的调查委员会(National Assembly of Sciences' National Research Council)对过去 15 个月所有生产商的突然意外加速和汽车电子控制系统进行排查。

之后,LaHood 部长又要求美国交通部总监察办公室(U.S. Department of Transportation Inspector General)审查美国国家道路交通安全管理局缺陷调查办公室(NHTSA's Office of Defect Investigation)是否具备必要的资源和体系,能够在汽车前进过程中识别并处理安全问题。最后,LaHood 部长还要求美国交通部总监察办公室评估美国国家道路交通安全管理局缺陷调查办公室,看其是否对 2002 年至今收到的所有有关突然意外加速问题的起诉进行充分处理。[99] 这是截至目前针对突然意外加速的调查中采取过的最全面的集体行动。

在美国国家道路交通安全管理局对突然加速的投诉进行的无数调查中,最直接也许是最严重的指责就是举行美国国会听证会,要求丰田领导出席作证。美国丰田汽车销售公司总裁 Jim Lentz 出席了 2 月 23 日举行的美国众议院能源和商业委员会听证会,丰田汽车公司总裁丰田章男出席了 2 月 24 日举行的美国众议院监管和政府改革委员会听证会,希望能对无数待解决的突然意外加速问题进行处理,并核实问题根源。在为期两天的议会听证会上,丰田公司始终强调电子故障并不是症结所在,在召回了油门踏板可能被脚踏垫卡住的车辆后,基本问题已得到解决。[100]

丰田章男的证词说,事故原因不能归咎于电子故障,而 Jim Lentz 却说他并不确定最近的召回是否已经解决了全部问题。这样一来,不仅两位作证人的言辞都失去了可信性,很多利益相关者也开始怀疑公司内部存在沟通问题。这给丰田的重振之路带来了重重一击,据田纳西州众议院 Bart Gondon 所说,"这不但没给出答案,反而引起了更多的问题。"[101] 听证会结束后不久的一项调研显示,47% 的受访者在听证会后对丰田的印象更加糟糕,[102] 并且有些故事也开始浮出水面,表明丰田已经由于突然意外加速问题造成了 52 起死亡事件。美国国家公路交通安全管理局也采取了一种极不常用的方式,公开指责丰田公司在处理问题时反应不够积极,[103] 最终于 4 月 5 日决定对丰田处以 1 640 万美元的罚款,刷新了 2004 年通用汽车由于挡风玻璃雨刷召回事件回应不令人满意而遭受 100 万美元罚款的记录。[104]

VI. 内部冲突

由于公司内部缺乏交流,事态已经发展到了危机全面爆发的地步,而丰田章男和 Jim Lentz 在国会听证会上前后不一的证词就是一个很好的证明。从事件发生之初,丰田公司做出的回应就互相矛盾,但是为了更好地理解公司内部交流的匮乏程度,我们必须对丰田公司的管理方式有一个完整的认识。

A. 丰田方式

丰田的商业理念和价值观可以总结为一个包含 14 条原则的体系——"丰田方式",这些原则主要涵盖两个主要方面,第一是持续提升,第二是尊重他人。根据该体系要求,持续提升的基础是设立长期目标,敢于面对工作挑战,不断寻求发展创新,对于问题追根究底。

同样,尊重他人的基础是主动承担责任,互相信任,同时提升个人和团队表现。"丰田方式"不仅带领丰田登上了世界顶级汽车生产商的宝座,还帮助其跻身世界顶级企业的行列。[105]但是,在召回事件后不久,曾经将客户放在第一位的公司,却因为 2010 年 4 月 8 日出现的一封邮件,开始名誉扫地。[106]

B. "日本制造"浮现危机

该邮件写于 2010 年 1 月中旬,就在丰田公司陷入史上最严重汽车召回泥潭前几天,邮件直指丰田公司在竭力掩盖油门踏板的机械问题。2010 年 1 月之前,丰田仅仅公开表示,油门踏板可能会被尺寸不适的脚踏垫卡住,但美国调查者很快就得到了一些公司内部邮件及另外 70 000 份文件,揭露丰田公司领导之间的论争,他们就是否要将踏板机制中存在的很多基本缺陷公之于众存在分歧,而这些缺陷当时丰田工程师还未完全搞懂,并且没有制定出合适的修理方案。[107]

Irv Miller 是一名退休人员,当时任丰田副总裁,主管公共事务,Katsuhiko Koganei 是原是丰田日本总部高级执行人,后来被调到了美国协助工作。之前一封邮件中,Koganei 认为公司"不应该将踏板机械问题公之于众",因为该故障的原因还尚未确定,若丰田对外公布问题,可能会影响车主。[108]但 Miller 在给他的回复邮件中说,"隐瞒问题并不是保护车主的方式,我们个别生产商制造的某些车型的油门踏板可能存在机械问题。"[109]该邮件很快就浮出了水面,为了回应此事,丰田迅速在其官网上通过虚拟新闻室发表了如下声明:

> 我们不对丰田内部交流作评论,也不对 Miller 先生的邮件作评论,我们在很多场合都公开表示过,在最近发生的召回事件之前,公司确实在沟通交流方面做得不够好,对此,我们已经采取了很多重要举措,就相关安全问题与政府监管员和客户加强沟通,保证此类事件不再发生,其中包括任命新的北美首席质量官,增强各地区在有关安全问题决策中所起的作用。作为质保承诺的一部分,我们以后的工作会更加公开透明。[110]

VII. 丰田回应
A. 否定及欺骗

2009 年 8 月 28 日圣迭戈县车祸之后,关于突然意外加速的隐患,丰田的唯一回应就是 9 月 29 日事故发生一个月后,进行了全面的脚踏垫召回,并向死者 Saylor 一家进行了公开道歉。但除此之外,丰田却没有采取任何具体有效的行动,这些道歉只是为了维持销售。[111]第一次有组织地与丰田车主沟通联系是在 10 月 30 日,事故发生整整两个月后,公司向车主寄送信件,告知将召回问题车辆进行维修,但未说明具体安排,并且信中还声称脚踏垫是造成事故的唯一原因,"不存在其他任何缺陷"。[112]看到这些信后,作为回应,美国国家公路交通安全管理局公开指责公司言论不准确且具有误导作用,认为丰田公司所说的脚踏垫召回只是缓兵之计,并不能解决根本问题。[113]

尽管美国国家公路交通安全管理局公开指责,丰田公司仍然坚持自己的观点,认为所有的突然意外加速问题就是由脚踏垫卡住油门踏板造成的。10 月和 11 月两个月里,丰田公司发布了大量的消息,但其中很多都是自相矛盾的,公司与利益相关者之间的信任关系更加淡薄。10 月 18 日,《洛杉矶时报》的一篇文章中,丰田发言人承认丰田汽车电子系统中未安装安全优先系统,致使刹车踏板被踩下时,不能及时切断油门踏板。[114]此后没过多久,11 月 8 日《洛杉矶时报》的另一篇文章又报道说,过去八年里,丰田忽略了超过 1 200 起有关突然意外加速问题的投诉,丰田发言人也承认目前的刹车系统"不能在油门全开汽车加速时及时刹车"。[115]

针对《洛杉矶时报》和其他媒体关于丰田汽车电控油门系统存在问题的报道,丰田始终在驳斥,在回应媒体言论时非常积极,而在某种程度上说甚至是极具冒犯和侵略性的,从而引来了更多的负面报道以及公众的注意力。12月5日,事件达到了高潮,Irv Miller给《洛杉矶时报》写了一封信,信中重申了丰田的立场,即脚踏垫是所有问题的根本原因,并且为美国国家公路交通安全管理局及其在最近关于该案件调查时采取的方法进行辩护。[116] Miller这样写道:

> 过去几年,丰田和雷克萨斯汽车存在的突然意外加速的问题,已经在很多方面得到了全面且有序的调查,调查中使用的多种科学方法,都是经过证实和认可的。更重要的是,所有这些调查中,没有哪项调查发现电子引擎控制系统故障是造成突然意外加速问题的根本原因。[117]

虽然丰田的回应有些迟缓,但在当时来说却是足够充分的,直到发生了另一个事件,进一步颠覆了脚踏垫是元凶的说法,危机也最终全面爆发。12月26日,一辆丰田亚洲龙汽车在德克萨斯州南湖市加速失控后,发生了车祸,四名乘客全部死亡。事后调查发现,该车的脚踏垫已经按照丰田的指示,被拆下放进了后备箱,因此认为脚踏垫是突然意外加速问题的根源的说法完全失去了立足之地,对于丰田信誉和沟通透明度的怀疑也愈加强烈。[118]

B. 空头承诺

在德克萨斯州车祸后,所有丰田已经解决了突然意外加速问题的言论都不攻自破,而对此丰田没有对外发布任何消息,丰田总裁丰田章男也未现身说法,并且丰田公司也没有制定任何行动计划来减轻丰田车主的担心忧虑。[119]事后,丰田的首次回应是,公司将在2011年对全球范围内丰田车辆的刹车优先系统进行修复,当刹车踏板和油门踏板被同时踩下时,优先启动刹车系统。[120]这是一个高瞻远瞩的表态,但对当前问题的解决却毫无作用。

直到2010年2月1日,德克萨斯州车祸发生整5周后,丰田公司宣布他们找到了解决方法,对230万辆车内可能被卡住的油门踏板进行修理。[121]该消息是由美国丰田执行总裁Jim Lentz宣布的,这反而引发了更多的问题,大家开始质疑,为什么此次危机不是由丰田章男或者其他日本总部领导直接处理呢?[122]耶鲁大学教授、领袖研究院(Chief Executive Leadership Institute)院长Jeffery A. Sonnenfeld表示:"丰田把Jim Lentz推出来宣布消息,实际上是让一位地区销售总裁做了本该公司总部高层领导处理的工作。"[123]克莱斯勒前副总裁兼李·艾柯卡高级通讯顾问Arthur C. Liebler说,Jim Lentz"并不是重量级人物,他来宣布消息并不能让大家信服,人们不会相信这种方式可以解决问题"。[124]终于,2月5日,丰田章男社长就汽车召回事件公开道歉,并承诺加强公司内部质量管控。[125]

C. 更加清晰的未来之图

在多次召回并宣布油门踏板修理方案后,丰田公司采取了一系列相应的行动:制订方案,再次向公众保证丰田是专注于安全的,而在2010年2月9日写给《华盛顿邮报》的一篇社论中,丰田章男社长也多次强调这个旨在重塑公司形象,提升公司透明度的计划。[126]在信中,丰田章男这样写道:

> 在丰田过往的历史中,为了保证汽车质量和可靠性,我们在每一条生产线上都装有一个"行灯绳",只要团队成员发现装配问题,可随时拉绳停止生产,只有在问题解决后生产线才能重新运转。两星期前,我拉下了我们公司的"行灯绳",下令暂停北美八款车型的生产,这样我们可以集中精力整修油门踏板存在故障的车辆,帮助客户消除安全隐患。如今,丰田团队的成员和北美各地经销商正夜以继日地工作,修理所有被召回的车辆。然而,要重新争取美国的用户及其家人的信任,这些是远远不够的。我们正在为自己的错误负责,从中吸取教训,并立即采取行动,切实解决消费者和美国政府监管机构关注的问题。[127]

信中提到丰田"在全球范围的管理结构中发起了由上至下的审查,以确保如此大规模的问题不会再次发生"。[128]作为审查的一部分,丰田章男还宣布"在美国建立一个高品质汽车中心(Automotive Center of Quality Excellence),公司的高级工程师团队在此重点加强整个北美地区汽车质量的管理和监督"。[129]

信中丰田章男社长还宣布要建立北美质量顾问团,从外界聘请质检方面的专家独立评测公司的运作,确保消除工作程序中存在的任何缺陷。这些专家的调查结果以及丰田对这些调查结果的回应都将公之于众,从而提高公司透明度,推动事件进程向前跨出一大步。[130]

除此之外,丰田公司还承诺加强与政府相关部门的联系,并且正在逐步采取措施,促使质量和安全方面的重要信息在公司内部各个全球业务部门之间得到更好的分享。同时,丰田还做出一个重大举动,酝酿着一段似乎从来不会结束的刺激旅程。4月8日,丰田宣布建立全新的"市场快速分析反应小组"(Swift Market Analysis Response Team, SMART),接到有关丰田、雷克萨斯和塞恩汽车突然意外加速问题的投诉时,SMART小组将快速展开调查和分析。[131]丰田公司一份新闻稿中这样介绍:

> SMART小组在收到用户有关突然意外加速问题投诉后,24小时内与用户取得联系,并安排对汽车进行全面现场检查……在过去几周内,关于突然意外加速问题有很多困惑、推断和错误信息,我们认为合理的判断应该建立在可靠的证据之上,而我们的SMART业务流程就是为了提供可靠信息,以此做出合理判断。[132]

D. 营销行动

在美国,丰田投放了一系列专门针对此次危机而拍摄的电视广告,告诉大家丰田让消费者失望了,但丰田正在不遗余力地修复问题。针对这些问题,公司通过报纸广告、电视广告和致信丰田客户的形式公布了"修复蓝图"。[133]这一"蓝图"是由丰田工程师开发并检验通过的,包括"增强踏板集成系统,减少过度摩擦,以免在极度情况下出现踏板卡壳"。[134]

这一行动非常关键,因为它是丰田面对突然意外加速问题采取的第一个解决方案。另外,丰田还制定了其他计划,启动了公司至今为止最具深远意义的营销项目,以挽救不断下滑的销售业绩,给现有丰田车主提供大量的忠实客户补偿以留住他们。[135]

除此之外,丰田还在努力与客户重新建立联系。在Toyota.com官网上更新有关召回的进展,并创建了专门的页面提供安全和召回信息。[136]丰田还开始大力使用社会媒体通道,如推特网和脸谱网,与消费者取得联系。美国丰田公司总裁Jim Lentz还发挥个人作用,除了在YouTube和网站上进行个人道歉外,还在Digg.com与观众进行在线对话,Digg.com的用户将问题放到网上,进行投票,决定在30分钟的采访中,要问哪些问题,以何种顺序进行提问。[137]YouTube上还有一些其他视频,主要介绍工厂里的工人以及经销商维修召回车辆的真实工作场景。[138]

丰田公司意识到恢复声誉的能力很大程度上取决于提供服务质量的好坏,而当地经销商也起着非常积极的作用。有些经销商为了保证召回维修进度,全天24小时营业,加利福尼亚州艾尔蒙地市的一个经销商利用周围环境的优势,给客户提供咖啡、赛百味三明治,如果维修时间超过3个小时,甚至还会提供短程接送服务,把客户送到附近的一家影院去看电影。[139]

VIII. 丰田方式,未来之路

A. 经受暴风雨

在危机的最初影响过去之后,丰田的经济复苏势头相当强劲,令人诧异。2月11日召回事件期间的一份报告显示,新推出一年的丰田凯美瑞CE系列在2月1日至2月8日一周内价格就下降了100美元,同一时期也新推出一年的基本车型本田雅阁双门小轿车在同一周内价格也下降了100美元,但是在1月11日账目中,本田雅阁却比凯美瑞的价格高出100美元至500美元不等。与凯美瑞相比,本田声誉是完好无损的,但价格下降却更多。[140]另外一个召回阴影正在消失的证明是2010年3月的销售报告,其中美国丰田汽车销售公司业绩同比去年增长35.3%,而这确是在国内多个工厂关闭的情况下出现的良好势头。[141]

2010年8月上旬的一份报告显示,在陷入风波之后一年,公司第二季度获利22亿美元,这是丰田正在走向经济复苏之路最明显的标志,也减轻了投资者的担忧,[142]而公司预计年度汽车销售量也从之前的729万辆增加到了738万辆。[143]

B. 批判性的赞扬与媒体报道

虽然丰田在突然意外加速事件中经受了惨痛损失,但就在度过最难关口之后,非常及时地传来了好消息。在整个召回过程中,不仅丰田的客户始终对公司保持积极的态度,公司本身也不断受到褒扬。全球最大的综合品牌咨询公司 Interbrand 2012年"全球最佳品牌100强"排行榜上丰田位居第11位,在汽车行业中排名第一,[144]美国《消费者杂志》根据在七个地区对不同汽车品牌做的调研,推出"最可靠汽车品牌",丰田同样上榜。[145]全球市场咨询公司 J.D.Power 给丰田颁发了四项第一大奖,是其他任何品牌无可匹敌的。[146]

丰田召回风波后的另外一项重大进展是对危机期间媒体报道有效性的报告。根据2010年8月《福布斯》杂志上的一篇文章:

> 越来越多的证据表明,那些真正的突然加速的丰田车基本可以用下滑的脚踏垫和驾驶员失误来解释,本该踩刹车时,驾驶员却一脚踩了油门。也就是说,在这大半年时间里,媒体都在追逐一股磷火,激起消费者以及议会的狂热之情。[147]

美国国家公路交通安全管理局设有"投诉数据库",在其官网上可看到,但该数据库被指管理不善,导致数据库中很多投诉都变成了单纯性评论。在该数据库中投诉问题时,没有单独的"突然意外加速"板块,而是"速度控制"板块,这就意味着一些有关突然意外加速报告都会与汽车低速等其他问题混杂在一起。[148]《福布斯》杂志报道说,"在大多数有关美国国家公路交通安全管理局投诉的报道中,它们都成了逃跑的丰田。"[149]

C. 美国政府进展情况

召回事件后,仍有消息透漏美国政府在调查期间,保留了一些从丰田公司得到的有关突然意外加速问题的信息。《华尔街日报》一篇文章写道:

> 美国交通部对美国丰田汽车公司中涉嫌因突然意外加速问题而导致车祸的车辆进行了大量的数据分析,发现涉嫌车辆的油门踏板都敞开着,并且出事时刹车系统没有启用。[150]

简言之,这表明一些声称他们的丰田车突然加速失控的司机误将油门当成了刹车。最近,美国国家道路交通安全管理局对数据库进行分析,初步发现与1989年政府资助的对奥迪5000私家轿车的突然意外加速问题造成的连环事故的调查结果相似,都认为是司机驾车失误。[151]丰田的调查发现也同样支持其最初的立场,即丰田车的突然意外加速并不像很多人控告的那样,并非是由电控油门系统的电子故障造成的。[152]

IX. 丰田的挑战

继沟通危机后,丰田面临的最大难题就是在品质大打折扣的情况下,他们能否以优质和可靠性继续维持在汽车行业的主导地位。召回事件在公司内外都产生了很大影响,对外通过广泛的媒体报道得到传播,对内公司沟通交流的不畅带来了无尽的痛苦和麻烦。这一系列的事件揭露这个汽车行业巨头的很多弱点,但同样也带来了很多机遇。考虑到日本文化以及该文化对效率的推崇,公司能够承认自己存在的缺陷就向前迈出了很大一步。丰田公司社长丰田章男在出席国会听证会时,这样讲述丰田未来的发展方向:

在过去几年里,丰田一直快速扩展自己的业务。坦白地说,我担忧这样的增长速度有些过快了。我想说,一直以来丰田经营中的优先次序是:首先,安全性;其次,质量;第三,产量。现在,这些优先次序混乱了,我们不能像以前那样停下来思考,做出改进,我们听从客户意见以打造更优质汽车的基本立场也有些动摇。我们过快的发展速度令丰田无法培养自己的员工与机构,我们应当认识到这一点。这样的状况导致我们今天要面对召回事件,我感到后悔。我对曾经遭遇意外的丰田车主表示歉意,特别要说的是,我要对圣地亚哥遭遇事故的 Saylor 一家致以最沉痛的哀悼,我希望再次为他们祷告,我将尽一切可能避免这样的惨剧再次发生。[153]

只要丰田公司内部团结一致,就能够重获在汽车行业的立足之地。虽然有些迟,但丰田还是做出了很大的努力,尽力实现主要目标:重获信任。丰田现在面临的挑战是调整自身,重获稳固根基,重新走上成功之路。突然意外加速事件的影响不会当即消失,丰田已经做了很大的努力来修复曾经以安全性和优质而著称的声誉,与此同时,所有的利益相关者和竞争对手也都在看公司能否找准时机,最大限度地利用这些事件,重新找回丰田之路。

案例尾注

* This case study was an entry for the Arthur W. Page Society 2011 Case Study Competition.

1 Channel 10 News, "4 Killed in Fiery Santee Crash Believed Identified," August 31, 2010. Accessed November 14, 2010 from http://www.10news.com/news/20609225/detail.html.
2 "Toyota Suspends Sales of Selected Vehicles," *Toyota USA Newsroom,* January 26, 2010. Accessed November 14, 2010 from http://pressroom.toyota.com/pr/tms/toyota/toyota-temporarily-suspends-sales-153126.aspx.
3 Strott, E., "Toyota Takes Sales Crown from GM," *MSN.com,* January 21, 2009. Accessed November 14, 2010 from http://articles.moneycentral.msn.com/Investing/Dispatch/Toyota-takes-sales-crown-from-GM.aspx.
4 Toyota Motor North America Inc., (n.d.), Toyota corporate website. Accessed November 14, 2010, from http://www.toyota.com/about/our_business/our_history/u.s._history/.
5 Toyota Motor North America Inc., http://www.toyota.com/about/our_business/our_history/u.s._history/.
6 Abilla, P., "Toyota Motor Corporation: Company History," Shmula.com, January 5, 2007. Accessed on November 14, 2010 from http://www.shmula.com/toyota-motor-corporation-company-history/291/.
7 "World Ranking of Manufacturers Year 2009," *Ocia.net.* (n.d.). Accessed November 14, 2010 from http://oica.net/wp-content/uploads/ranking-2009.pdf.
8 Abilla, "Toyota Motor Corporation: Company History."
9 Abilla, "Toyota Motor Corporation: Company History."
10 Abilla, "Toyota Motor Corporation: Company History."
11 Abilla, "Toyota Motor Corporation: Company History."
12 Toyota Motor North America, Inc. (n.d.) Toyota Corporate website. Accessed November 14, 2010 from http://www.toyota.com/about/environment/hybrids/.
13 Advance! Business Consulting, "The Rise of Toyota," (n.d.). Accessed on November 14, 2010 from http://www.advancebusinessconsulting.com/advance!/strategic-alignment/strategic-alignment-business-cases/the-rise-of-toyota.aspx.
14 "Toyota Production—A Brief Introduction," *Strategosinc*.com (n.d.). Accessed November 14, 2010 from http://www.strategosinc.com/toyota_production.htm.
15 Advance! Business Consulting, "The Rise of Toyota."
16 "2009 World's Most Ethical Companies," *Ethisphere.com* (n.d.). Accessed December 1, 2010 from http://ethisphere.com/wme2009/.

17 Toyota Motor North America, Inc. (n.d.) Toyota corporate website. Accessed November 15, 2010 from http://www.toyota.com/about/philanthropy/.
18 Toyota Motor North America, Inc., http://www.toyota.com/about/philanthropy/.
19 Toyota Motor North America, Inc., http://www.toyota.com/about/philanthropy/.
20 Pollard. J. & Sussman, E.D., "An Examination of Unintended Acceleration," autosafety.org. http://www.autosafety.org/sites/default/files/1989%20NHTSA%20SA%20Study%20Report%20&%20Appendices%20A-D(1).pdf (January 1989). [Original Source: An Examination of Unintended Acceleration (January 1989)].
21 Pollard & Sussman, "An Examination of Unintended Acceleration."
22 Linebaugh, K. & Searcey, D., "Cause of Sudden Acceleration Proves Hard to Pinpoint," *Wall Street Journal*, February 25, 2010. Accessed November 14, 2010 from http://online.wsj.com/article/SB10001424052748703510204575085531383717288.html?KEYWORDS=sudden+acceleration.
23 "A Timeline of Toyota Recall Woes," *CNN*, February 11, 2010. Accessed November 14, 2010 from http://blogs.hbr.org/research/2010/03/does-media-coverage-of-toyota.html.
24 Lavell, T., "Audi 1980's Scare May Mean Lost Generation for Toyota (Update1)," *Businessweek*, February 4, 2010. Accessed November 14, 2010 from http://www.businessweek.com/news/2010-02-04/audi-s-1980s-scare-may-mean-lost-generation-for-toyota-sales.html
25 Lavell, "Audi 1980's Scare."
26 Lavell, "Audi 1980's Scare."
27 Denning, S., "Toyota and the Strange Case of the Runaway Cars: Three Facts & Four Lessons," March 26, 2010. Accessed December 17, 2010 from http://www.stevedenning.com/slides/ToyotaMar22-2010.pdf.
28 Denning, "Toyota and the Strange Case of the Runaway Cars."
29 Phillips, M., "Getting Toyota Back on Track," *Newsweek*, February 10, 2010. Accessed December 16, 2010 from http://www.newsweek.com/2010/02/09/getting-toyota-back-on-track.html.
30 Pollard & Sussman, "An Examination of Unintended Acceleration."
31 Channel 10 News, "4 Killed in Fiery Santee Crash Believed Identified," August 31, 2010. Accessed November 14, 2010 from http://www.10news.com/news/20609225/detail.html.
32 Channel 10 News, "4 Killed in Fiery Santee Crash Believed Identified."
33 Channel 10 News, "4 Killed in Fiery Santee Crash Believed Identified."
34 Channel 10 News, "4 Killed in Fiery Santee Crash Believed Identified."
35 Ross, B., ABC News, "Expert Recreates Sudden Acceleration in Toyota." Accessed November 14, 2010 from http://abcnews.go.com/Blotter/video/testing-toyota-9914148 (February 22, 2010).
36 O'Donnell, J., "Toyota Executive Urged Board to 'Come Clean'," *USA Today*, February 26, 2010. Accessed November 14, 2010 from http://www.usatoday.com/money/autos/2010-02-26-toyota26_ST_N.htm.
37 "Comprehensive Analysis Raises Concerns About Gilbert Congressional Testimony, ABC News Segment," *Toyota Press Room*, March 8, 2010. Accessed December 1, 2010 from http://pressroom.toyota.com/pr/tms/electronic-throttle-control-154300.aspx.
38 Channel 10 News, "4 Killed in Fiery Santee Crash Believed Identified."
39 "Lexus ES 350 Accident Investigation," *Toyota USA Newsroom*, September 14, 2009. Accessed November 14, 2010 from http://pressroom.toyota.com/pr/tms/statement-from-toyota-motor-sales-101993.aspx.
40 "Toyota/Lexus Safety Advisory: Potential Floor Mat Interference with Accelerator Pedal," *Toyota Press Room*, September 29, 2009. Accessed November 14, 2010 from http://pressroom.toyota.com/pr/tms/toyota-lexus-consumer-safety-advisory-102565.aspx.
41 "Toyota Reports September Sales," *Toyota Press Room*, October 1, 2009. Accessed November 14, 2010 from http://pressroom.toyota.com/pr/tms/toyota-reports-september-sales-102662.aspx.
42 Moore, B., "Toyota Offers Very Public Remorse for Financial Results," *Autosavant*, October 2, 2009. Accessed November 14, 2010 from http://www.autosavant.com/2009/10/02/toyota-offers-very-public-remorse-for-financial-results/.
43 Vartabedian, R. & Bensinger, K., "Toyota's Runaway-Car Worries May Not Stop at Floor Mats," *Los Angeles Times*, October 18, 2009. Accessed November 14, 2010 from http://articles.latimes.com/2009/oct/18/business/fi-toyota-recall18.

44 "NHTSA Unwanted and Unintended Acceleration Investigation Summary," *Toyota Press Room,* October 25, 2009. Accessed November 14, 2010 from http://pressroom.toyota.com/pr/tms/document/NHTSA_filing_summary.pdf.
45 Vartabedian, R. & Bensinger, K., "New Details in Crash That Prompted Toyota Recall," *Los Angeles Times,* October 25, 2009. Accessed November 14, 2010 from http://articles.latimes.com/2009/oct/25/nation/na-toyota-crash25.
46 "Potential Floor Mat Interference with Accelerator Pedal Safety Recall Campaign," *Toyota Press Room,* October 30, 2009. Accessed November 14, 2010 from http://pressroom.toyota.com/pr/tms/document/Floor_mat_Owner_Letter_sample.pdf.
47 Ireson, N., "NHTSA: Toyota Floor Mat Statement 'Inaccurate and Misleading'," *Motorauthority.com,* November 5, 2009. Accessed November 14, 2010 from http://www.motorauthority.com/blog/1037688_nhtsa-toyota-floor-mat-statement-inaccurate-and-misleading.
48 Miller, I., "Toyota's Statement Regarding NHTSA News Release," *Toyota Press Room,* November 4, 2009. Accessed November 14, 2010 from http://pressroom.toyota.com/pr/tms/toyota-s-response-to-nhtsa-news-release.aspx.
49 Vartabedian, R. & Bensinger, K., "Toyota's Runaway Cases Ignored," *Los Angeles Times,* November 8, 2009. Accessed November 14, 2010 from http://articles.latimes.com/2009/oct/18/business/fi-toyota-recall18.
50 Lawson, H., "Toyota to Fix Accelerators in Huge US Recall – Kyodo," *Reuters,* November 13, 2009. Accessed November 14, 2010 from http://www.reuters.com/article/idUST12766820091114.
51 "Toyota Announces Details of Remedy to Address Potential Accelerator Pedal Entrapment," *Toyota Press Room,* November 25, 2009. Accessed November 14, 2010 from http://pressroom.toyota.com/pr/tms/lexus/lexus-consumer-safety-advisory-102574.aspx.
52 Editorial, "Toyota's Acceleration Issue," *Los Angeles Times,* December 5, 2009. Accessed November 14, 2010 from http://articles.latimes.com/2009/dec/05/opinion/la-ed-toyota5-2009dec05.
53 Miller, I., "A Healthy Discussion on Safety," *Toyota Press Room,* December 5, 2009. Accessed November 14, 2010 from http://pressroom.toyota.com/pr/tms/our-point-of-view-post.aspx?id=2331.
54 Diaz, M. & Trahan, J., "Four Dead After Car Plunges into Southlake Pond," *WFAA News,* December 27, 2009. Accessed November 14, 2010 from www.wfaa.com/news/local/accident-80138632.html.
55 Loh, E., "Toyota to Include Brake Override Function on Global Vehicles by 2011," *Motortrend.com,* January 11, 2010. Accessed November 14, 2010 from http://wot.motortrend.com/toyota-to-include-brake-override-function-on-global-vehicles-by-2011-7183.html.
56 "Toyota Files Voluntary Safety Recall on Select Toyota Division Vehicles for Sticking Accelerator Pedal," *Toyota Press Room,* January 21, 2010. Accessed November 14, 2010 from http://pressroom.toyota.com/pr/tms/toyota/toyota-files-voluntary-safety-152979.aspx.
57 "Toyota Suspends Sales of Selected Vehicles," *Toyota USA Newsroom,* January 26, 2010. Accessed November 14, 2010 from http://pressroom.toyota.com/pr/tms/toyota/toyota-temporarily-suspends-sales-153126.aspx.
58 Ellis, B. & Valdes-Dapena, P., "Toyota's Big Recall Halts Sales, Production of 8 Models," *CNNMoney.com,* February 10, 2010. Accessed November 14, 2010 from http://money.cnn.com/2010/01/26/news/companies/toyota_recall/index.htm.
59 Maynard, M. & Tabuchi, H., "Rapid Growth Has its Perils, Toyota Learns," *New York Times,* January 27, 2010. Accessed November 14, 2010 from http://www.nytimes.com/2010/01/28/business/28toyota.html.
60 Tibken, S., "Auto Shares with Toyota Exposure Drop," *Wall Street Journal,* January 27, 2010. Accessed November 14, 2010 from http://online.wsj.com/article/SB10001424052748704094304575029210878935490.html.
61 Tibken, "Auto Shares with Toyota Exposure Drop."
62 "Toyota Announces Comprehensive Plan to Fix Accelerator Pedals on Recalled Vehicles to Ensure Customer Safety," *Toyota Press Room,* February 1, 2010. Accessed November 14, 2010 from http://pressroom.toyota.com/pr/tms/toyota/toyota-announces-comprehensive-153311.aspx.
63 Tabuchi, H. & Vlasic, B., "Toyota's Top Executive Under Rising Pressure," *New York Times,* February 5, 2010. Accessed November 14, 2010 from http://www.nytimes.com/2010/02/06/business/global/06toyota.html?_r=2l.

64 Tabuchi & Vlasic, "Toyota's Top Executive Under Rising Pressure."
65 Toyoda, A., "Toyota's Plan to Repair its Public Image," *Washington Post*, February 9, 2010. Accessed December 1, 2010 from http://www.washingtonpost.com/wp-dyn/content/article/2010/02/08/AR2010020803078.html.
66 Crawley, J. & Kim, S., "Toyota Recalls New Prius in Latest Safety Fix," *Reuters*, February 9, 2010. Accessed December 2, 2010 from http://www.reuters.com/article/idUSTRE6133U820100209.
67 "Prepared Testimony of James Lentz," *Toyota Press Room*, February 21, 2010. Accessed November 14, 2010 from http://pressroom.toyota.com/pr/tms/document/Lentz_Testimony_to_House_Committee_on_Energy_and_Commerce.pdf.
68 "Prepared Testimony of Akio Toyoda," *Toyota Press Room*, February 23, 2010. Accessed November 14, 2010 from http://pressroom.toyota.com/pr/tms/document/A._Toyoda_Testimony_to_House_Committee_on_Oversight_and_Government_Reform_2-24-10.pdf.
69 "Former U.S. Secretary of Transportation Rodney Slater to Lead Independent North American Quality Advisor Panel for Toyota," *Toyota Press Room*, March 2, 2010. Accessed November 14, 2010 from http://pressroom.toyota.com/pr/tms/former-u-s-secretary-of-transportation-154569.aspx.
70 "Toyota Announces March Sales Event," *Toyota Press Room*, March 2, 2010. Accessed November 14, 2010 from http://pressroom.toyota.com/pr/tms/toyota-announces-march-sales-event-154598.aspx.
71 Thomas, K., "US to seek $16 Million over Toyota Recall," *msnbc.com*, April 5, 2010. Accessed November 14, 2010 from http://www.msnbc.msn.com/id/36181616/ns/business-autos/.
72 Associated Press, "Toyota Won't Contest $16.4 Million Civil Fine," *CBSNews.com*, April 18, 2010. Accessed November 14, 2010 from http://www.cbsnews.com/stories/2010/04/18/business/main6409394.shtml.
73 "Toyota Announces 'SMART' Business Process for Quick Evaluation of Unintended Acceleration Reports," *Toyota Press Room*, April 8, 2010. Accessed November 14, 2010 from http://pressroom.toyota.com/pr/tms/toyota-announces-smart-business-156380.aspx.
74 Guardian Research, "BP Oil Spill Timeline," *Guardian* [U.K.], July 22, 2010. Accessed November 14, 2010 from http://www.guardian.co.uk/environment/2010/jun/29/bp-oil-spill-timeline-deepwater-horizon.
75 Associated Press, "Toyota Pays Record $16.4 million Govt Fine," *Boston Herald*, May 18, 2010. Accessed December 4, 2010 from http://www.bostonherald.com/business/automotive/view/20100518source_toyota_pays_record_164m_govt_fine/srvc=home&position=also.
76 Tabuchi, H., "Toyota Recovers from a Slump to Record a $2.2 Billion Profit," *New York Times*, August 4, 2010. Accessed November 14, 2010 from http://www.nytimes.com/2010/08/05/business/global/05toyota.html?_r=1.
77 Mittal, V., Sambandam, R. & Dholakia, U.M., "Does Media Coverage of Toyota Recalls Reflect Reality?," *The Economist*, March 9, 2010. Accessed November 14, 2010 from http://blogs.hbr.org/research/2010/03/does-media-coverage-of-toyota.html.
78 Starkman, D., "Toyota No Longer Attacking the L.A. Times," *Columbia Journalism Review*, February 3, 2010. Accessed November 14, 2010 from http://www.cjr.org/the_audit/toyota_no_longer_attacking_the.php?page=1.
79 Susman, T., "Nonprofit Newsroom wins Pulitzer Prize," *Los Angeles Times*, April 13, 2010. Accessed December 2, 2010 from http://articles.latimes.com/2010/apr/13/nation/la-na-pulitzer-prizes13-2010apr1.
80 Hyde, J., "Toyota Safety Recalls were Years in the Making," *USA Today*, February 1, 2010. Accessed November 14, 2010 from http://www.usatoday.com/money/autos/2010-02-01-toyotafreep01_ST_N.htm.
81 Schumpeter, "Getting the Cow Out of the Ditch," *The Economist*, February 11, 2010. Accessed November 14, 2010 from http://www.economist.com/node/15496136.
82 Ireson, N., "NHTSA: Toyota Floor Mat Statement 'Inaccurate and Misleading'," *Motorauthority.com*, November 5, 2009. Accessed November 14, 2010 from http://www.motorauthority.com/blog/1037688_nhtsa-toyota-floor-mat-statement-inaccurate-and-misleading.

83 Autoevolution, "Customers Stay Loyal to Toyota Survey Shows," March 15, 2010. Accessed November 14, 2010 from http://www.autoevolution.com/news/customers-stay-loyal-to-toyota-survey-shows-18037.html.
84 Belsie, L., "Toyota Recall: Is This Any Way to Treat a Customer?," *Christian Science Monitor*, January 27, 2010. Accessed November 14, 2010 from http://www.csmonitor.com/Business/new-economy/2010/0127/Toyota-recall-Is-this-any-way-to-treat-a-customer.
85 Belsie, "Toyota Recall."
86 Ramsey, M. & Linebaugh, K., "Early Tests Pin Toyota Accidents on Drivers," *Wall Street Journal*, July 13, 2010. Accessed December 1, 2010 from http://online.wsj.com/article/SB10001424052748703834604575364871534435744.html?mod=WSJ_hpp_LEADNewsCollection.
87 "Make or Brake," *The Economist,* January 27, 2010. Accessed November 14, 2010 from http://www.economist.com/node/15390573.
88 "Make or Brake," *The Economist.*
89 Bailey, D. & Krolicki, K., "Toyota U.S. Sales Reel from Crisis; GM, Ford Surge," *Reuters,* February 2, 2010. Accessed November 14, 2010 from http://www.reuters.com/article/idUSTRE6114BW20100203.
90 Haq, H., "Toyota Recall Update: Dealers Face Full Lots, Anxious Customers," *Christian Science Monitor,* January 29, 2010. Accessed November 14, 2010 from http://www.csmonitor.com/USA/2010/0129/Toyota-recall-update-dealers-face-full-lots-anxious-customers.
91 "Make or Brake," *The Economist.*
92 Bailey & Krolicki, "Toyota U.S. Sales Reel from Crisis."
93 Bailey & Krolicki, "Toyota U.S. Sales Reel from Crisis."
94 Bailey & Krolicki, "Toyota U.S. Sales Reel from Crisis."
95 Haq, "Toyota Recall Update."
96 Strott, E., "Toyota Takes Sales Crown from GM," *MSN.com,* January 21, 2009. Accessed November 14, 2010 from http://articles.moneycentral.msn.com/Investing/Dispatch/Toyota-takes-sales-crown-from-GM.aspx.
97 Strott, "Toyota Takes Sales Crown from GM."
98 National Highway Traffic Safety Administration, March 30, 2010. NHTSA website. Accessed November 14, 2010 from www.wfaa.com/news/local/accident-80138632.html.
99 Strott, "Toyota Takes Sales Crown from GM."
100 O'Donnell, J., "Toyota Executive Urged Board to 'Come Clean'," *USA Today,* February 26, 2010. Accessed November 14, 2010 from http://www.usatoday.com/money/autos/2010-02-26-toyota26_ST_N.htm.
101 O'Donnell, "Toyota Executive Urged Board to 'Come Clean'."
102 LaBeau, P., CNBC, "Toyota's PR Blitz," CNBC, February 8, 2010. Accessed November 14, 2010 from http://classic.cnbc.com/id/15840232?video=1428263861&play=1.
103 Frean, A., "Death Toll Linked to US Toyota Faults Rises to 52," *Sunday Times,* March 2, 2010. Accessed November 14, 2010 from http://business.timesonline.co.uk/tol/business/industry_sectors/engineering/article7047177.ece.
104 Thomas, K., "US to Seek $16 Million Over Toyota Recall," *msnbc.com,* April 5, 2010. Accessed November 14, 2010 from http://www.msnbc.msn.com/id/36181616/ns/business-autos/.
105 Liker, J., *The Toyota Way* (2004) pp. 35–41. Accessed November 14, 2010 from http://icos.groups.si.umich.edu/Liker04.pdf.
106 Lewis, L., "Toyota Executive Urged Board to 'Come Clean'," *Sunday Times,* April 8, 2010. Accessed December 2, 2010 from http://business.timesonline.co.uk/tol/business/industry_sectors/engineering/article7091326.ece.
107 Lewis, "Toyota Executive Urged Board to 'Come Clean'."
108 Lewis, "Toyota Executive Urged Board to 'Come Clean'."
109 Lewis, "Toyota Executive Urged Board to 'Come Clean'."
110 "Toyota Statement on Internal Communications Regarding Our Recent Recalls," *Toyota Press Room,* April 8, 2010. Accessed November 14, 2010 from http://pressroom.toyota.com/pr/tms/toyota-statement-on-internal-communications-156383.aspx.

111 Moore, B., "Toyota Offers Very Public Remorse for Financial Results," *Autosavant,* October 2, 2009. Accessed November 14, 2010 from http://www.autosavant.com/2009/10/02/toyota-offers-very-public-remorse-for-financial-results/.

112 "Potential Floor Mat Interference with Accelerator Pedal Safety Recall Campaign," *Toyota Press Room,* October 30, 2009. Accessed November 14, 2010 from http://pressroom.toyota.com/pr/tms/document/Floor_mat_Owner_Letter_sample.pdf.

113 Ireson, N., "NHTSA: Toyota Floor Mat Statement 'Inaccurate and Misleading'," *Motorauthority.com,* November 5, 2009. Accessed November 14, 2010 from http://www.motorauthority.com/blog/1037688_nhtsa-toyota-floor-mat-statement-inaccurate-and-misleading.

114 Vartabedian, R. and Bensinger, K., "Toyota's Runaway-Car Worries May Not Stop at Floor Mats," *Los Angeles Times,* October 18, 2009. Accessed November 14, 2010 from http://articles.latimes.com/2009/oct/18/business/fi-toyota-recall18.

115 Vartabedian, R. and Bensinger, K., "Toyota's Runaway Cases Ignored," *The Los Angeles Times,* November 8, 2009. Accessed November 14, 2010 from http://articles.latimes.com/2009/oct/18/business/fi-toyota-recall18.

116 Vartabedian & Bensinger, "Toyota's Runaway Cases Ignored."

117 Vartabedian & Bensinger, "Toyota's Runaway Cases Ignored."

118 Diaz, M. & Trahan, J., "Four Dead After Car Plunges into Southlake Pond," *WFAA News,* December 27, 2009. Accessed November 14, 2010 from www.wfaa.com/news/local/accident-80138632.html.

119 Tabuchi, H. and Vlasic, B., "Toyota's Top Executive Under Rising Pressure," *New York Times,* February 5, 2010. Accessed November 14, 2010 from http://www.nytimes.com/2010/02/06/business/global/06toyota.html?_r=2l.

120 Loh, E., "Toyota to Include Brake Override Function on Global Vehicles by 2011," *Motortrend.com,* January 11, 2010. Accessed November 14, 2010 from http://wot.motortrend.com/toyota-to-include-brake-override-function-on-global-vehicles-by-2011-7183.html.

121 Tabuchi & Vlasic, "Toyota's Top Executive Under Rising Pressure."

122 Tabuchi & Vlasic, "Toyota's Top Executive Under Rising Pressure."

123 Tabuchi & Vlasic, "Toyota's Top Executive Under Rising Pressure."

124 Tabuchi & Vlasic, "Toyota's Top Executive Under Rising Pressure."

125 Tabuchi & Vlasic, "Toyota's Top Executive Under Rising Pressure."

126 Toyoda, A., "Toyota's Plan to Repair its Public Image," *Washington Post,* February 9, 2010. Accessed December 1, 2010 from http://www.washingtonpost.com/wp-dyn/content/article/2010/02/08/AR2010020803078.html.

127 Toyoda, "Toyota's Plan to Repair its Public Image."

128 Toyoda, "Toyota's Plan to Repair its Public Image."

129 Toyoda, "Toyota's Plan to Repair its Public Image."

130 "Former U.S. Secretary of Transportation Rodney Slater to Lead Independent North American Quality Advisor Panel for Toyota," *Toyota Press Room,* March 2, 2010. Accessed November 14, 2010 from http://pressroom.toyota.com/pr/tms/former-u-s-secretary-of-transportation-154569.aspx.

131 "Toyota Announces 'SMART' Business Process for Quick Evaluation of Unintended Acceleration Reports," *Toyota Press Room,* April 8, 2010. Accessed November 14, 2010 from http://pressroom.toyota.com/pr/tms/toyota-announces-smart-business-156380.aspx.

132 "Toyota Announces 'SMART' Business Process," *Toyota Press Room.*

133 O'Donnell, J., "Toyota Executive Urged Board to 'Come Clean'," *USA Today,* February 26, 2010. Accessed November 14, 2010 from http://www.usatoday.com/money/autos/2010-02-26-toyota26_ST_N.htm.

134 "Toyota Announces Comprehensive Plan to Fix Accelerator Pedals on Recalled Vehicles to Ensure Customer Safety," *Toyota Press Room,* February 1, 2010. Accessed November 14, 2010 from http://pressroom.toyota.com/pr/tms/toyota/toyota-announces-comprehensive-153311.aspx.

135 "Toyota Announces March Sales Event," *Toyota Press Room,* March 2, 2010. Accessed November 14, 2010 from http://pressroom.toyota.com/pr/tms/toyota-announces-march-sales-event-154598.aspx.

136 Toyota Motor Sales, U.S.A., Inc., "Important Message," February 5, 2010. Accessed November 14, 2010 from http://www.toyota.com/recall/videos/jim-lentz-important-message.html.
137 Talarico, D., "Toyota Recall, Spin & Social Media: A PR Crisis Case Study in the Making," *Social Media and PR: Class Blog,* February 5, 2010. Accessed November 14, 2010 from http://prandsocialmedia.wordpress.com/2010/02/05/toyota-recall-spin-social-media-a-pr-crisis-case-study-in-the-making/.
138 Toyota Motor Sales, U.S.A., Inc., "Toyota Team Members Discuss Toyota's Improvements," February 8, 2010. Accessed November 14, 2010 from http://www.toyota.com/recall/videos/kentucky-plant-improvements.html.
139 Wallace, E., "The Real Scandal Behind the Toyota Recall," *Businessweek,* February 11, 2010. Accessed November 14, 2010 from http://www.businessweek.com/lifestyle/content/feb2010/bw20100211_986136.htm.
140 Wallace, "The Real Scandal Behind the Toyota Recall."
141 Wallace, "The Real Scandal Behind the Toyota Recall."
142 Wallace, "The Real Scandal Behind the Toyota Recall."
143 Wallace, "The Real Scandal Behind the Toyota Recall."
144 Interbrand (September 2010). Interbrand website. Accessed November 14, 2010 from http://www.interbrand.com/en/knowledge/best-global-brands/best-global-brands-2008/best-global-brands-2010.aspx.
145 Consumer Reports Brand Perception Survey (January 2008). Consumer Reports website. Accessed November 14, 2010 from http://www.consumerreports.org/cro/cars/new-cars/news/2008/01/brand-perceptions/overview/brand-perceptions-top-5.htm.
146 "Toyota Motor Sales, U.S.A., Inc. Comments on J.D. Power and Associates 2010 Vehicle Dependability Study," *Toyota Press Room,* March 18, 2010. Accessed November 14, 2010 from http://pressroom.toyota.com/pr/tms/document/2010_JD_Power_VDS_TMS_Statement.pdf.
147 Fumento, M., "Why Didn't the Media Do a Better Job on Toyota," *Forbes,* August 9, 2010. Accessed November 18, 2010 from http://www.forbes.com/forbes/2010/0809/opinions-toyota-cars-acceleration-brakes-93-and-counting.html.
148 Fumento, "Why Didn't the Media Do a Better Job on Toyota."
149 Fumento, "Why Didn't the Media Do a Better Job on Toyota."
150 Ramsey, M. & Linebaugh, K., "Early Tests Pin Toyota Accidents on Drivers," *Wall Street Journal,* July 13, 2010. Accessed December 1, 2010 from http://online.wsj.com/article/SB10001424052748703834604575364871534435744.html?mod=WSJ_hpp_LEADNewsCollection.
151 Ramsey & Linebaugh, "Early Tests Pin Toyota Accidents on Drivers."
152 Ramsey & Linebaugh, "Early Tests Pin Toyota Accidents on Drivers."
153 "Prepared Testimony of Akio Toyoda," *Toyota Press Room,* February 23, 2010. Accessed November 14, 2010 from http://pressroom.toyota.com/pr/tms/document/A._Toyoda_Testimony_to_House_Committee_on_Oversight_and_Government_Reform_2-24-10.pdf.

附录1.1 国际汽车制造商协会（OICA）

2009年全球汽车制造商排名前50强

世界汽车产量
国际汽车制造商协会调查
无重复计算

全球汽车制造商排名
2009年

排名	生产商	总量	轿车	轻型商用车	重型商用车	重型客车
	总量	60 499 159	51 075 480	7 817 520	1 305 755	300 404
1	丰田	7 234 439	927 206	6 148 794	154 361	4 078
2	通用	6 459 053	1 447 625	4 997 824	7 027	6 577

（续表）

排名	生产商	总量	轿车	轻型商用车	重型商用车	重型客车
3	大众	6 067 208	5 902 583	154 874	7 471	2 280
4	福特	4 685 364	2 952 026	1 681 151	52 217	
5	现代	4 645 776	4 222 532	324 979		98 265
6	标致雪铁龙	3 042 311	2 769 902	272 409		
7	本田	3 012 637	2 984 011	28 626		
8	尼桑	2 744 562	2 381 260	304 502	58 800	
9	菲亚特	2 460 222	1 958 021	397 889	72 291	32 021
10	铃木	2 387 537	2 103 553	283 984		
11	雷诺	2 296 009	2 044 106	251 903		
12	戴姆勒	1 447 953	1 055 169	158 325	183 153	51 306
13	长安	1 425 777	1 425 777			
14	宝马	1 258 417	1 258 417			
15	马自达	984 520	920 892	62 305	1 323	
16	克莱斯勒	959 070	211 160	744 210	3 700	
17	三菱	802 463	715 773	83 319	3 371	
18	北京汽车	684 534	684 534			
19	塔塔	376 514	376 514	172 487	103 665	19 379
20	东风汽车	663 262	663 262			
21	中国一汽	650 275	650 275			
22	奇瑞	508 567	508 567			
23	富士汽车	491 352	440 229	51 123		
24	比亚迪	427 732	427 732			
25	中国上汽集团	347 598	237 598			
26	安徽江淮	336 979	336 979			
27	吉利	330 275	330 275			
28	五十铃	316 335		18 839	295 449	2 047
29	华晨汽车	314 189	314 189			
30	AVTOVAZ	294 737	294 737			
31	长城	226 560	226 560			
32	马恒达	223 065	145 977	77 088		
33	山东凯马	169 023	169 023			
34	宝腾	152 965	129 741	23 224		
35	中国重汽	120 930		120 930		
36	沃尔沃	105 873		10 032	85 036	10 805
37	重庆力帆	104 434	104 434			
38	福汽集团	103 171	103 171			
39	国瑞	93 303	88 801	2 624	1 878	
40	陕汽集团	79 026		79 026		
41	保时捷	75 637	75 637			
42	资阳南骏	72 470	72 470			
43	GAZ	69 591	2 161	44 816	12 988	9 626
44	纳威司达	65 364			51 544	13 820
45	广汽集团	62 990	62 990			

(续表)

排名	生产商	总量	轿车	轻型商用车	重型商用车	重型客车
46	帕卡	58 918			58 918	
47	广汽吉奥	51 008	51 008			
48	庆铃汽车	50 120	50 120			
49	河北中兴	48 173	48 173			
50	阿斯霍克雷兰德	47 694		1 101	28 183	18 410

资料来源:"World Ranking of Manufacturers Year 2009," Oica.net. (n.d.). Accessed November 14, 2010 from http://oica.net/wp-content-uploads/ranking-2009.pdf.

附录 1.2

美国丰田汽车销售公司总裁兼首席执行官 Jim Lentz 的私人召回信

召回信告诉车主,若发现车辆有任何问题,请立即返厂维修,丰田公司全体员工都在为之努力。

过去几天的时间里,关于我们的油门踏板卡壳召回事件有很多猜测。我们要告诉丰田用户的是,如果您的车辆油门踏板没有出现任何问题,那么我们非常确定,您的车是可以安全驾驶的;如果您的车辆油门踏板踩踏起来较正常情况困难,或者回弹速度更慢,请立即与您的经销商联系进行维修。

在丰田,我们非常认真严肃地对待这件事情,但是我们希望车主能够明白,这种情况是非常罕见的,通常情况下不会突然发生。如若真发生此种情况,请用力快速踩下刹车,即可控制车辆。

最新召回进展:

1. 我们已经开始向召回车辆的车主发送消息,预约与经销商见面的时间。
2. 经销商已延长营业时间,有些甚至开始每周 7 天,每天 24 小时工作模式,以尽快帮您维修车辆。
3. 受过专业训练的技术员已投入到维修工作当中。

本周,我们已经停止了相关车型的生产,以集中精力修理那些已经上路的问题车辆。

我们已经全力调动北美地区整个公司的 172 000 名员工和经销商,丰田会加倍努力,增强公司内部质量管控。

保障您的安全是我们的首要职责,在未来几周内,我会继续为您提供最及时、最精确的召回消息。

真挚的

Jim Lentz

资料来源:http://injury.finlaw.com/toyota/toyota-recall-letter-jin-lentz/.

附录 1.3

2009 年 11 月 25 日新闻报道
丰田宣布补救细节　消除油门踏板隐患

Torrance,加州,2009 年 11 月 25 日——美国丰田汽车销售公司今日宣布关于车辆的补救细节,针对丰田和雷克萨斯某些车型中脚踏垫卡住油门踏板的隐患,找出根源进行处理。9 月 29 日,丰田就该事件向消费者提出安全建议,并且作为暂时性解决方案,10 月 30 日开始向丰田和雷克萨斯车主发送信件,告知安全注意事项。

相关车型包括:2007—2010 年款凯美瑞,2005—2010 年款亚洲龙,2004—2009 年款普锐斯,2005—2010 年款塔科马,2007—2010 年款 ES350,2006—2010 年款 IS250,以及 2006—2010 年款 IS350。

针对车辆的具体补救措施如下:

1. 重新设计油门踏板形状,以减轻被脚踏垫卡住的风险。即便油门踏板是因为错置了老式全天候脚踏垫或错误型号脚踏垫,或是被置放到另外一张脚踏垫上,油门踏板也要重新设计。对于 ES350、凯美瑞和亚洲龙相关车型,底板表面也要重新设计,增大油门踏板和底板之间的间距。

2. 任何配备丰田和雷克萨斯最初装饰性全天候脚踏垫的车辆,驾驶和副驾驶座位的脚踏垫都会更换成全新设计的全天候脚踏垫。

另外,除了上述汽车补救措施之外,丰田还会给凯美瑞、亚洲龙、雷克萨斯 ES350、IS350 和 IS250 等车型另外安装刹车优先系统,增强安全保险度。该系统能够在油门和刹车踏板同时被踩下的时候优先启动刹车系统,切断发动机。

丰田正在一步步将这些行动付诸实践,今年年底之前通过普通邮件,通知所有涉及的 ES350、凯美瑞和亚洲龙车辆的车主。另外,其他五款车型的补救措施将在 2010 年稳步实施。

2010 年年初丰田将开始对经销商进行培训,掌握对问题车辆进行维修改造的能力。首先,经销商会学习如何调整问题车辆的油门踏板,之后在 2010 年 4 月前后,与调整过的油门踏板形状相同的配件制造好后,经销商就能换掉原先的脚踏板。如果完成维修的车主需要,还可以得到一个全新踏板。

与此同时,丰田公司还告知所有问题车辆的车主,如果发现驾驶位的脚踏垫有任何移动现象,要及时取下脚踏垫,而且在没有收到消费者安全建议和临时通知,告知对于车辆的补救措施之前,不要擅自使用其他任何脚踏垫。

从 2010 年 1 月开始生产 ES350 和凯美瑞开始,所有丰田和雷克萨斯生产线都会配备刹车优先系统。预计到 2010 年年底,大部分车型的新产品都会装备刹车优先系统。

车主及公共安全始终是我们的首要责任,针对所发现的任何缺陷,丰田已经并将持续深入调查,并采取恰当的整修措施。

资料来源:"Toyota Announces Details of Remedy to Address Potential Accelerator Pedal Entrapment." *Toyota Press Room*, November 25, 2009. Accessed November 14, 2010 from http://pressroom.toyota.com/pr/tms/lexus/lexus-consumer-safety-advisory-102574.aspx.

附录 1.4

2010 年 2 月 1 日新闻报道

丰田宣布总体规划:召回车辆油门踏板　保障车主安全

TORRANCE,加州,2010 年 2 月 1 日——今天,美国丰田汽车销售公司宣布,将从本周开始对丰田分部召回的车辆中油门踏板进行维修处理。丰田的工程师们已经设计出一套解决方案,通过减少极端情况下踏板卡壳的多余摩擦,增强踏板集成系统的可靠性,目前该方案已经过严格测试。另外,针对生产过程中的车辆,丰田也设计出了一套有效方案。

用于增强踏板系统的零部件也已经派送到各经销点,供经销商使用,而经销商技术培训也在进行中。很多丰田经销商都在加班加点地工作,以尽快并有效地处理召回事宜,有些经销点甚至全天24小时营业。公司还将在2月1日起的一周内停止生产问题车辆,该项措施是史无前例的。

"对于我们来说,没有什么比客户驾驶车辆的安全性和可靠性更重要了。"美国丰田汽车销售公司总裁兼首席执行官Jim Lentz说,"对于召回给客户带来的担心与困扰,我们非常抱歉。目前,我们正在尽全力,以最快的速度处理这些问题,让一切回归正常。做出停产的决定绝非易事,但是我们100%确定,这是个正确的决定。我们知道是什么导致油门踏板卡壳,我们知道应该怎样维修,我们也知道最重要的事情是尽快处理正在路上行驶的车辆中存在的这些问题。"

Lentz补充说:"我们的目标是,尽量让此次召回简单化,不带来多余麻烦和困扰。我们将会与经销商一起日夜加班,尽快维修召回车辆。我们想告诉大家,对于安全的追求始终是我们的重中之重,而且我们对于客户的承诺也未曾动摇过。"

1月21日,丰田公司宣布将要召回约230万装有某种踏板集成系统的丰田车辆,并于1月26日暂停销售涉及召回的8款车型。

丰田召回车型包括:
- 部分2009—2010 RAV4
- 部分2009—2010卡罗拉系列
- 2009—2010美佳系列
- 2005—2010亚洲龙系列
- 部分2007—2010凯美瑞系列
- 部分2010汉兰达系列
- 2007—2010坦途系列
- 2008—2010红杉系列

这些行动对雷克萨斯、塞恩、普锐斯、塔科马、塞纳、威飒、凯美瑞、雅力士、4Runner、FJ酷路泽、兰德酷路泽、汉兰达混合动力车,包括凯美瑞混合动力在内的部分凯美瑞车型没有影响,所有这些车型还都在销售中。

另外,凯美瑞、RAV4、卡罗拉和汉兰达系列车辆中,车辆识别码(VIN)以J开头的车辆同样不受本次油门踏板召回事件的影响。

若驾驶员感到油门踏板在油门半开时被卡住,或者回弹速度较缓,用力踩踏刹车即可控制车辆,但不可持续不断地踩踏刹车,那样会消耗真空辅助,从而需要更强的刹车踏板压力。此时,车主应将车辆开往最近的安全地点,熄灭发动机,联系丰田经销商寻求帮助。

丰田如何修理召回车辆

针对召回车辆在极端情况下油门踏板卡壳,处于半开状态的问题,丰田已找出原因。要想解决该问题,就需要在踏板中安装一个增加阻力、使踏板稳定牢靠,从而带来适当"感觉"的摩擦装置,装置中有一个闸瓦,在踏板正常操作时它会和邻近的一个表面产生摩擦。由于所使用材料、磨损性和环境条件的问题,这些踏板可能在回弹之前出现卡壳现象,不能顺畅运作。有些情况下,摩擦力增大到一定程度后,可能会致使踏板复位缓慢。还有些极少数情况下,踏板会被卡住,使油门处于半开状态。

丰田目前的处理方式非常简单有效：在踏板中安装一段精确切割的钢条，以减少摩擦片和相邻表面之间的摩擦力，这样导致油门踏板卡壳的多余摩擦力就降低了。公司已经在很多有卡壳倾向的油门踏板上做过严格测试，证明了该方案的有效性。

除了召回存在油门踏板卡壳问题的车辆外，丰田 2009 年 11 月 25 日宣布，还在召回极端情况下油门踏板会被脚踏垫卡住的部分丰田和雷克萨斯车辆，并且已经告知车主如何解决此类问题。丰田希望能同时修理两次召回中涉及的车辆。

资料来源："Toyoda Announces Comprehensive Plan to Fix Accelerator Pedals on Recalled Vehicles to Ensure Customer Safety." *Toyota Press Room*, February 1, 2010. Accessed November 14, 2010 from http://pressoom.toyota.com/pr/tms/toyota/toyota-announes-comprehensive-153311.aspx.

附录 1.5

《洛杉矶时报》2009 年 12 月 5 日社论
丰田加速事件不能仅归罪于脚踏垫，还需检查车辆电子系统

面对与日俱增的突然意外加速问题报告，丰田召回了 400 多万辆问题轿车和卡车，这是个明智之举。但是除了坚持自己的观点，认为故障原因是由于存在设计缺陷的脚踏板被脚踏垫卡住外，丰田还应该看看 Eric Weiss 经历了怎样的劫难，否则很难找到最近几年造成 19 人死亡的根本原因。

正如《纽约时报》记者 Ken Bensinger 和 Ralph Vartabedian 所报道的那样，Weiss 说 2009 年 10 月份，他开着一辆 2008 年丰田塔科马皮卡在长滩市路上行驶时，车子突然失控朝着迎面而来的车流加速，多亏他死死踩住刹车，熄灭发动机，车子才得以在某交叉路口停下来，避免了一起事故的发生，但是这次事件让他再也不相信塔科马皮卡了。Weiss 表示，脚踏垫并不是问题所在，因为几个月前他已经遵照经销商的建议，把脚踏垫拆下了。Eric Weiss 的此次经历，再加上其他丰田车主的类似投诉和额外证据，都指向丰田汽车的电子系统隐患，而非机械问题。

资料来源：Editorial, "Toyota's Acceleration Issue," *Los Angeles Times*, December 5, 2009. Accessed November 14, 2010 from http://articles.latimes.com/2009/dec/05/opinion/la-ed-toyota5-2009dec05.

附录 1.6

《华盛顿邮报》2010 年 2 月 9 日丰田章男社论
丰田修复公共形象的计划

70 多年前，丰田公司本着一个简单却坚定的原则进军汽车业，我们一直秉承的原则就是丰田将打造世界上最安全且最可靠的高品质汽车。公司始终把客户的需要放在首位，把不断改进车辆性能作为首要任务。这就是为什么过去 20 年在美国售出的 80% 的汽车直到今天仍然驰骋在美国公路上的原因。

消费者在购买丰田汽车时，并不是简单地购买了一辆轿车、卡车或面包车，其中还表达了对我们公

司的信任。然而，过去几个星期所发生的事情已经明确显示，我们并没有达到自己所设立的高标准，更重要的是，我们没有达到消费者们期望我们达到的高标准，为此我深感失望和抱歉。作为丰田的总裁，我承担个人责任，这也是为什么我要亲自带头，努力赢回消费者对我们的承诺以及我们产品的信任。

在丰田过往的历史中，为了保证汽车质量和可靠性，我们在每一条生产线上都装有一个"行灯绳"，只要团队成员发现装配问题，可随时拉绳停止生产，只有在问题解决后生产线才能重新运转。

两星期前，我拉下了我们公司的"行灯绳"，下令暂停北美八款车型的生产，这样我们可以集中精力整修油门踏板存在故障的车辆，帮助客户消除安全隐患。如今，丰田团队的成员和北美各地经销商正夜以继日地工作，修理所有被召回的车辆。

然而，要重新争取美国的用户及其他们家人的信任，这些是远远不够的。我们正在为自己的错误负责，从中吸取教训，并立即采取行动，切实解决消费者和美国政府监管机构关注的问题。

首先，我在丰田全球范围的管理结构中发起了由上至下的审查，以确保如此大规模的问题不会再次发生，确保我们不仅达到而且超过了丰田悠久历史所见证的安全信誉标准。作为这项工作的一部分，我们将在美国建立高品质汽车中心，我们的高级工程师团队将在此重点加强整个北美地区汽车质量的管理和监督。

第二，为确保我们所有的质量监管操作均达到行业最高要求，我们会从外界聘请质检方面的专家组成一个蓝带安全咨询小组，独立地评测公司运作情况，确保工作程序不存在任何缺陷。这些专家的调查结果以及丰田对这些调查结果的回应都将公之于众。

第三，我们已经充分认识到，需要更积极地调查直接来自消费者的投诉，同时更加迅速地处理任何有关安全的问题。这也正是目前我们解决客户所担心的普锐斯和雷克萨斯 HS250h 防抱死刹车系统问题时，正在进行的工作。

丰田内部信息交流的匮乏造成了现在的处境，因此我们正在落实各项措施，提高丰田全球机构在质量和安全信息分享方面的表现。关于油门踏板这一问题，由于欧洲车辆通常是右驾驶，我们没有做好欧洲和美国的故障车辆之间的联系工作。

丰田将加强与各国负责驾驶者与乘客安全的政府机构之间的联系。我已与美国交通部长 Ray LaHood 进行过会谈，并给予其个人承诺，公司与安全监管机构的沟通将保持畅通，我们会更频繁地沟通，保证对所有关于此类事项的官方问询都将更积极地回应。

近年来，关于"丰田模式"——丰田公司的核心价值观和原则，外界有很多介绍。"丰田模式"中最主要的内容是，我们始终致力于不断提升，挖掘问题根源并努力修复。因此多年以来，丰田汽车很少出现问题，而今天丰田所面临的问题确实是迄今为止最严重的。

但是，真正伟大的公司应该从它们的错误中吸取教训。我们知道，只要秉持最初的价值观，丰田就能重新赢回广大客户的信赖。全世界成千上万名丰田员工，包括北美 17.2 万团队成员和经销商，都是汽车业内最优秀的员工。无论公司曾经出现过什么问题，公司的实力和我们所做出的解决这些问题的承诺都不会改变。

在此，我再次向大家承诺，我们会继续秉持已经指导丰田五十年的简单而坚定的原则：丰田将生产世界上最安全和最可靠的高品质汽车。

资料来源：Akio Toyoda, "Toyota's Plan to Repair its Public Image," *Washington Post*, February 9, 2010. Accessed December 1, 2010 from http://www.washingtonpost.com/wp-dyn/content/article/2010/02/08/AR2010020803078.html.

附录 1.7

2010 年 3 月 30 日新闻报道
丰田汽车公司进一步强化顾客视角
迈出彻底整改第一步
——召开"全球质量特别委员会"第一次会议

东京——丰田汽车公司(以下简称"丰田")宣布今日召开"全球质量特别委员会"第一次会议,就如何在丰田内部深化改革,增强顾客视角,改善全球各地区业务经营做出相关说明。

委员会由丰田总裁丰田章男担任主席,成员包括北美、欧洲、中国、亚洲和大洋洲、中东、非洲和拉丁美洲各地区新任命的质量管理首席执行官(Chief Quality Officer,以下简称CQO),代表丰田客户的利益,丰田各部门代表等相关人员也出席了会议。

丰田全球委员会将对召回等质量问题进行调查,分析验证其原因,并且对设计、生产、营销和服务等所有环节中影响质量的因素进行重新审查。从各地区顾客角度出发,为进一步强化全球范围的信息共享,提高活动透明度,采取不同的改进措施,解决现存问题。

以本次会议为开端,丰田全球委员会和各地区质量委员会将持续改善全球各地区业务,大力推进改革措施,强化全球质量管控活动。

委员会质量提高措施如下:

【召回和其他安全问题决议】

- 车辆质量负责人代表CQO参与全球范围内有关召回和其他安全问题的决议。致力于建立一个体系,使得各地区代表能及时有效地传达所在地区的客户需求,参与决定是否应该采取召回及其他安全措施,如若需要,应该如何实施。
- 各地区CQO团队和参加召回决策的车辆质量负责人将顾客的投诉、车辆所发生的问题以及召回进展及时在全球范围内共享。

通过以上行动,丰田希望在全球和各地区构筑一个合理、快捷的召回决策体系。

【强化信息收集能力】

- 针对疑似质量问题,强化现场信息收集能力。例如,在美国,一个由经过特殊训练的技术人员组成的"市场快速分析反应小组"(SMART)将会以最快的速度进行现场调查。丰田还计划将北美地区的技术分析室从1个增加至7个,并在欧洲新设立7处,中国新设立6处,其他地区也将相继设立。
- 为了协助调查事故原因,北美丰田将协助政府部门,加强行车记录器的使用,对汽车行驶状况和驾驶员操作情况进行记录,关于行车记录器的使用,丰田还会与其他地区的官方政府进行合作。另外,丰田还会加强远程通信功能的使用,如G-BOOK车载智能通信系统,将车辆自我诊断信息传达给驾驶员,并考虑设计一个体系,将这些信息存储起来,为今后进一步的质量改善积累相关信息。

【及时、准确地公开信息】

- 除邀请各地区的第三方专家对各地区质量改善活动的内容进行评估外,还将由四名第三方专家对"全球质量特别委员会"制定的改进措施做出确认和评判,第一次评估结果计划于 2010 年 6 月公布。
- 为了帮助顾客更加安全地使用车辆,丰田将与各经销商一起努力,为消费者提供实用的安全技术和安全驾驶方法。

【进一步提高产品安全性能】
- 为了更加迅速、准确地把顾客意见反馈到产品设计中,提升车辆性能,丰田计划在技术部门内设专门组织,负责安全问题。
- 为了增强客户信心,丰田计划从 2010 年开始,在全球范围内生产的新型车辆中添加刹车优先系统(BOS),该系统能够在刹车踏板和油门踏板同时踩下时,自动熄灭发动机引擎。

【积极培养人才】
- 为培养各地区质量管理专业人才,丰田计划于 2010 年 7 月之前,在日本、北美、欧洲、东南亚和中国成立"顾客第一技术培训中心"。

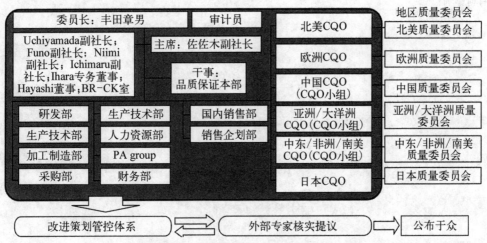

丰田汽车公司全球质量特别委员会组织架构图

质量管理首席执行官

北美	Steve St. Angelo 常务董事
欧洲	Didier Leroy 常务董事
中国	加藤雅大常务董事
	• (一汽合资代表)FTMS 田聪明常务副总经理
	• (广汽合资代表)GTMC 冯兴亚执行副总经理
	• (进口销售代表)TMCI 曾林堂副总经理
亚洲	园田光宏常务董事
大洋洲	• TMAP-EM Surapong Tinnangwatana 上级副社长
	• TMAP-MS Vince S. Socco 上级副社长
中东/非洲/拉丁美洲	井上尚之常务董事、增本克忠常务董事
日本	增本克忠常务董事

资料来源:"Toyota Begins Radically Shaping Operations to Meet Customer Expectations," *Toyota*

Motors U.S.A. Inc., Newsroom, March 30, 2010. Accessed December 17, 2010 at http://pressroom.toyota.com/pr/tms/document/GlobalQuality.pdf.

讨论题

1. 仅仅靠追求"丰田模式"的原则,丰田能重回成功之路吗?
2. 为什么采取积极的策略应对影响公司的事件,会给公司带来好处?
3. 丰田可以采取什么积极措施,为 2009 年发生的事件做好准备?
4. 召回事件后,丰田战略管理策划中应该采取哪些必要步骤?
5. 日本企业文化对拖延的行动产生了何种影响?
6. 在文化障碍下,丰田在将来能够改进其回应机制吗?
7. 在此次突然意外加速事件中,丰田公司主动承担责任,并找出合适方法,对丰田采取坚决及时的行动有何影响?

第二章
利益相关者

学习目标

- 把握利益相关者的概念及合理管理利益相关者的战略需求
- 了解利益相关者的分类及特点
- 掌握合理分析及管理利益相关者的步骤
- 认识全球不同利益相关者的重要性

商务伦理透视预览

英国石油公司(BP)及路易斯安那州石油泄漏

2010年4月,位于墨西哥湾的"深水地平线"英国石油公司钻井平台发生爆炸并引发大火,大约36小时后沉入墨西哥湾。据悉,这一平台属于瑞士越洋钻探公司,由英国石油公司(BP)租赁。该事故造成11名工作人员死亡,据初步估计,10 000—15 000桶石油泄入海洋。

事故发生后,美国联邦政府当即做出回应,而英国石油公司却因各种补救措施不及时而遭到联邦政府的指责。联邦政府听证会上,英国石油很多官员承认,在事故发生之前,已有工程师向公司汇报过安全问题,但公司却没有重视这些潜在危险,不顾安全隐患,继续推行原计划。此外,听证会还发现英国石油公司曾投入大量资源游说政府,影响政府决策。

此次漏油事件对很多方面都产生了重大影响。随着石油的不断扩散,沿海大片洋面上都漂浮着油花,路易斯安那及周围一些依赖旅游业发展的地区受到了严重影响。海湾地区成百上千名海产品行业从业者相继失业,并且由于游客的减少,该地区各大酒店生意惨淡，业绩不断下滑。另外，由于海湾地区海鲜质量下降，很多餐馆不再从这里采购，海鲜价格也将因此上涨。餐馆老板说，由于石油泄漏，顾客们都不愿吃海湾地区的海鲜了。

泄漏事件也造成了巨大的生态损失。路易斯安那湿地对于包括小虾在内的很多物种至关重要，如今湿地被污染，很多野生动物因此失去了栖息地，刚刚从灭绝边缘挽救回来的鹈鹕又一次面临灭绝的困境。

全球公众及团体同样对英国石油公司及其行为非常不满，很多组织都在进行全球抗议抵制活动，对于英国石油出现泄漏事件时表现出的惊慌失措，很多消费者组织都表示很心寒。虽然消费者还未采取任何抵制英国石油公司的具体行动，但英国石油公司已经意识到以后的路会很艰难。

很多科学家和个人积极建言献策，以减少并阻止石油的持续泄漏。某联邦科学家群体建议在墨西哥湾喷洒一种有毒化学物质，以阻挡石油向沿海地区扩散。英国石油公司的工程师和科学家同样提出并尝试了很多方案，试图减少石油泄漏。

受石油泄漏事件影响，英国石油公司的股票价格大跌。事故发生一个月后，英国石油公司的股票已狂跌12%，很多投资者认为，后期处理的花费以及不断增多的诉讼和赔偿要求都会让英国石油公司难以承受，这些投资者担心石油泄漏会影响公司生存，造成无法挽救的损失。

摘自 Ball, J. 2010. "Scientists to back dispersant use, despite concerns." *Wall Street Journal* online；Chazan, G. 2010a. "BP shares under deeper pressure." *Wall Street Journal* online；Chazan, G. 2010b. "The Gulf oil spill: BP wasn't prepared for leak, CEO says." *Wall Street Journal*, A.5；Hughes, S. and Boles, C. 2010. "BP, Regulators Are Grilled on Hill Over Key Decisions." *Wall Street Journal* online；Isikoff, M. and Hirsh. M. 2010. "Slick operator: How British oil giant BP used all the political muscle money can buy to fend off regulators and influence investigations into corporate neglect." *Newsweek*, 155, 20；Weisman, J. 2010. "U.S. turns up heat on BP — Oil giant warns effort to plug well not a sure shot；Finger-pointing picks up." *Wall Street Journal*, A.1.

"商务伦理透视预览"中介绍了英国石油公司的泄漏事件造成的严重后果，与埃克森-瓦尔迪兹号油轮泄漏事件相比，其危害性有过之而无不及。埃克森-瓦尔迪兹号油轮归埃克森公司所有，1989年3月在阿拉斯加海岸触礁，几百万加仑的原油流进阿拉斯加沿海地区。直至今天，其影响仍然存在。

从这两起事故中，我们可以看到公司行为对其周围群体和实体所产生的不同影响，而这些群体或实体就是我们通常所说的利益相关者。一些利益相关者，如客户和员工，与企业有直接利益关系，对于这些利益相关者，多数企业都必须关注。但是，英国石油公司的泄漏事件却表明，并非所有利益相关者都与企业有直接利益关系，某些具有间接关系的群体，如餐馆和酒店老板，同样受到了石油泄漏的影响。英国石油在处理事故时做出的任何努力能否收到预期效果，都要看其是否能够充分满足所有受影响的利益相关者的需求和利益。通过该事件,我们看到了公司亟待通过合理管理而满足利益相关者的迫切需求。

因此,本章将介绍不同的利益相关者及其对企业经营的重大意义:理解并管理利益相关者的战略需求,利益相关者的不同类型及其主要特征,利益相关者的管理方法及相关技巧。

2.1 利益相关者的概念及重要性

Freeman 在《战略管理——利益相关者视角》一书中最先提出了商务伦理和利益相关者管理的概念,并广受赞誉。[1] 他对于利益相关者的定义得到广泛采纳:"**利益相关者**(Stakeholder)是能够影响一个组织目标的实现或者能够被组织目标过程影响的人。"[2] 第一章已经讲到,最早提出利益相关者理论是与当时非常流行的股东理论相对应的,Freeman 认为企业管理不能仅追求股东利益,而应更广泛地关注所有利益相关者的需求。

利益相关者包括哪些群体?表 2.1 列举了一些较为重要的利益相关者,以及他们对公司的常见要求。

表 2.1　常见利益相关者及其要求

利益相关者	伦 理 问 题	利益相关者	伦 理 问 题
客户	• 产品安全 • 广告可信度 • 价格合理性	供应商	• 供应商对环境影响 • 剥削劳动力 • 供应链管理
股东	• 合理投资回报 • 充分企业管理 • 精确财务汇报	非政府组织	• 环保表现 • 劳工关系 • 供应商来源
员工	• 歧视 • 性骚扰 • 童工及"血汗工厂" • 员工安全	东道国	• 遵守当地法律 • 保护当地环境 • 使用当地劳工
		政府	• 游说政府 • 政策法规

正如表 2.1 所示,利益相关者有不同的类别。企业为何要正确处理与利益相关者的关系?从战略管理角度来看,有效的利益相关者管理方法有利于企业获取并维持战略竞争优势。比如,高效的利益相关者管理体系意味着企业能够与利益相关者建立良好的关系,而之前一些研究表明,这种良好的关系有助于提升企业财务业绩,[3] 并且可以为公司提供有价值的、稀有的、不可比拟、无可替代的资源,从而维持可持续性竞争优势。换言之,如果一个公司想要维持竞争优势,就必须能够获得一些其他公司不易获取或模仿的资源,而公司与利益相关者之间的牢固关系就很难复制,能够带来长期利益。[4] 具体请参阅本章

"商务伦理战略透视"。

通过"商务伦理战略透视"一节,我们看到,若企业能够正确处理与利益相关者的关系,将从中获益很多。与不同利益相关者之间的牢固关系可以为企业提供很多宝贵信息,但如何通过研究证明呢?针对此问题,Choi 和 Wang 做了一些研究,他们收集了大量数据,都是某调研公司根据 1991—2001 年对标准普尔 500 指数中的各公司所做的研究得来的。他们发现,与利益相关者拥有密切关系的公司,其资产回报率也会更高,更重要的是,他们还发现,积极的利益相关者关系对于业绩较差的公司来说更加关键,有证据表明这种关系确实可以帮助困难企业走出困境。[5]

通过以上介绍,可以很清楚地看到正确处理企业与利益相关者间的关系是非常关键的。以下将讨论利益相关者的分类及特征。

商务伦理战略透视

联合利华(Unilever)与利益相关者

联合利华集团是由荷兰 Margrine Unie 人造奶油公司和英国 Lever Brothers 香皂公司于 1929 年合并而成的,总部位于荷兰鹿特丹和英国伦敦,主营食品和家用以及个人护理产品,是全球第二大消费品制造商,旗下著名品牌包括 Bertolli(意大利面酱和调味料)、立顿、Slim-Fast(减肥产品)、Axe(男士香水)、多芬、旁氏等。由于始终致力于可持续发展,不断维护和改善与利益相关者的关系,在众多利益相关者中享誉盛名,为公司赢得了可持续性竞争优势。

联合利华利益相关者管理中非常重要的一个方面就是切实关心并听取利益相关者的诉求。比如,2009 年 5 月,联合利华收到了一份谴责报告,对其外国分公司的采购及工作方式提出质疑。面对该指控,联合利华迅速开展调查,非常认真地对待,目前已推行新举措,逐步解决这些问题。

2008 年 4 月,绿色和平组织发布一项报告,对联合利华在波罗洲的供应商在未经允许的情况下,清空当地土地,种植棕榈树的行为进行了详尽说明。这些土地曾是猩猩等很多物种的栖息地,一旦被清空,大批物种就失去了栖息地。对此情况,联合利华立即做了回应,调查撰写回复报告,在一份独立报告中表明绿色和平组织的指控确实是存在的。现在联合利华已与其供应商一起努力,保证类似行为不再发生。

联合利华的利益相关者理论并不仅仅表现在这些报告上,除此之外,它还积极协助供应商解决困难。比如,联合利华与加纳非政府性环保组织密切合作,研发新科技,加快多花阿兰藤黄树木的生长,该树结出的种子不需任何化学处理就可用来榨油,且这种油在常温下非常稳定,具有巨大商业价值。另外,这种油可以让肥皂更加结实,比使用棕榈油制肥皂更加经济划算。这些付出最终都得到了回报,目前联合利华已成功开发出一种能更快生长的树木,为加纳地区的农民提供了新的收入渠道,该项目也已经扩展至坦桑尼亚和尼日利亚等其他非洲国家。

摘自"Unilever's success with palm oil." *Financial Times*,2008,http://www.unilever.com.

2.2 利益相关者的分类及特征

正确管理利益相关者包含很多重要内容,其中一个方面就是确定利益相关者的能力。能否充分认识主要利益相关者对企业有很大作用,对企业处理两者之间的关系产生很大影响,而这种关系又关乎企业发展。当然,在确定利益相关者的过程中,需要对不同利益相关者的主要特征有所了解。以上内容就是本章重点讨论的主要问题。

关于利益相关者的分类,最常见的一种方法是按照首要和次要利益相关者进行划分。**首要利益相关者**(Primary stakeholder)与公司生存具有直接关系,或者受公司直接影响,或者直接影响公司,如客户、供应商、员工和股东,这些群体与公司有着非常紧密和直接的联系,第三章将对此做详细讨论。

商务伦理透视

尼日利亚三角洲地区(Nigerai's Delta Region):石油公司与当地社区

1957年尼日利亚开始开发石油并进行商业经营,石油业已成为其国内最大的产业,石油总收入占据尼日利亚出口额的98%。大部分石油开采都是由国际跨国公司,如壳牌公司,与尼日利亚国家石油公司合作完成的,其中尼日利亚国家石油公司占多数股份。

尽管石油开采利润十分丰厚,但是大部分石油公司仍然只顾利益,而不顾当地社会发展,与当地社区间的关系非常紧张。石油公司被指控与政府串通一气,侵吞当地土地用于石油开采,给当地环境带来无法挽回的损害。除此之外,还有些指控称石油公司侵犯人权,存在歧视行为。国家安全部门和石油公司的首要安保关注点也同样是石油开采,因此也经常与当地社区人员发生矛盾冲突。

石油公司与当地社区间的关系剑拔弩张,之所以出现这种情况,就是因为公司缺乏对利益相关者的考虑。这些公司大多只看重石油开采,无暇顾及与当地社区的合作,忽视他们的需求。对于关注度的缺乏,当地社区也进行了"报复",举行了多项抗议活动诋毁公司,如集体抗议、劫持石油工人,甚至蓄意破坏石油设备。大多数专家表示,如果产油企业想要拥有顺畅的关系,就必须聆听当地社区的声音。

摘自 Ako. R.T., Obokoh, L.O., and Okonmah, P. 2009. "Forging peaceful relationships between oil companies and host-communities in Nigeria's Delta region." *Journal of Enterprising Communities: People and Practice in the Global Economy*, 3, 2, 205-216.

忽视主要利益相关者会给企业带来灾难性后果,具体事例可参考本章"商务伦理透视"。它向我们展示了认真对待首要利益相关者的需求及其对于企业的重要性,在这个案例中,壳牌公司忽视了直接利益相关者,如当地社区,从而引来了一系列的麻烦,如果公司提前考虑了这些需求,今天的这些问题可能就不会出现了。

另外一类利益相关者群体是**次要利益相关者**(Secondary stakeholder)。与首要利益相关者不同,次要利益相关者与公司间的关系较为间接,包括媒体、同业公会和特殊利益群体,第七章将对此做详细论述。

表面看来,次要利益相关者对于跨国公司的影响没有那么大,但最近一些事例都表明首要和次要利益相关者对公司的影响是等同的。比如,农业领域巨头孟山都公司(Monsanto)在试图开发农业生物科技产品时就出现一些问题,被迫处理与次要利益相关者的关系,如绿色和平组织和地球之友环保组织。类似的,与其他行业相比,全球烟草行业受到的政府和社区管控更强,被要求降低吸烟等级。如此的案例都表明,根据行业的不同,次要利益相关者也可能对公司产生重要影响。表2.2列举了某代表性跨国公司经常遇到的主要和次要利益相关者。

表 2.2 代表性跨国公司的主要和次要利益相关者

主要利益相关者	次要利益相关者
股东和投资者	媒体
员工	特殊利益群体
供应商	非政府组织
当地社区	工会

通过前面的学习,我们看到了正确识别利益相关者的重要性。想要有效管理利益相关者,首先必须对利益相关者有合理的认识,之后要对他们的主要特征进行评估。接下来将讨论利益相关者的特征。

2.3 利益相关者的特质:影响力、合法性、紧迫性

除了将利益相关者按照首要和次要进行分类外,了解这些利益相关者的特征同样重

要。本节将讨论利益相关者的三种主要特征,即影响力、合法性和紧迫性,[6]每一种特征都能对企业产生一定的影响。

第一个特征是影响力。**利益相关者影响力**(Stakeholder power)指利益相关者向企业施加压力,迫使其进行改变,以满足不同需求的能力。根据 Mitchell、Agle 和 Wood 的说法,影响力的体现方式多种多样,[7]可以是强迫型、功利性或规范型。

第一类型是**强迫型影响力**(Coercive power),指使用武力、暴力或其他强制手段迫使企业顺应或满足利益相关者的要求。如"商业伦理空间"一节有关壳牌公司的介绍中,当地社区就经常采取强迫手段逼迫石油公司停止开采。石油公司与政府串通一气,征收土地,不惜牺牲环境,一味关注石油生产量,面对这种情况,一些激进组织应运而生,迅速成长,通过强迫型影响力,逼迫石油公司重新审查其经营活动。[8]

第二种类型是**功利型影响力**(Utilitarian power),指使用金融或其他经济手段强迫公司顺应利益相关者的要求,较常见的形式包括投入金钱和采取联合抵抗活动。比如烟草公司,多年来他们一直在为自己的产品辩护,社会上总会有些言论声称烟草有害健康,面对这些言论,他们总会站出来极力否决。[9]很多利益相关者,如政府和国家,利用他们的功利型影响力强迫烟草公司正确认识它们产品的性质,并采取不同的方式处理烟草问题,其中一种行动就是打长官司,而这种行动之所以有可能,就是因为政府可以得到必需的金融资源,从而应对烟草行业。

功利型影响力的另外一种表现方式是联合抵制。如美国有机食品连锁超市"全食"(Whole Foods)及其总裁 John Mackey 的案件,在关于保健的讨论在美国如火如荼进行的时候,John Mackey 在华尔街日报发表了一封公开信,公然反对政府主管保健工作。由于全食的大部分客户都是自由主义者,对于这一行为非常不满,于是组织了抗议活动,集体抵制公司。[10]

第三种类型是**规范型影响力**(Normative power),指使用符号或其他资源迫使公司顺应利益相关者要求。Thorne 和 Ferrell 主张,像联名上书和一些宣传话语都属于规范型影响力。[11]随着互联网的不断发展,公众可以很容易地表达对企业的不满,因此互联网和社会媒体为规范型影响力的发展提供了一个重要渠道。

对于企业来说,合理评估利益相关者的影响力非常重要,只有这样才能充分满足他们的需求,不给自己带来麻烦。社会媒体同样是很有影响力的一个群体,企业同样需要意识到他们的影响力。请参阅以下"商务伦理战略透视"。

商务伦理战略透视

棕榈油、金光集团(Sina Mas)与雀巢(Nestle)

随着越来越多的棕榈油被用作生物燃料和家居产品,其市场需求量持续增长,而全球大部分棕榈油都来自印度尼西亚和马来西亚等国。2009 年 12 月,绿色和平组织公布了一份报告，指责印度尼西亚棕榈油供应商金光集团滥砍滥伐，砍伐保护性森林用作种植园。另外，绿色和平组织还模仿雀巢奇巧巧克力的广告做了一段视频，放在了 YouTube 上，视频中一工作人员打开一条奇巧巧克力，竟然发现一根猩猩的手指。绿色和平组织主要想通过该视频，告诉大家雀巢奇巧巧克力中大量使用棕榈油，已经造成了大批森林的减退，破坏了猩猩的栖息地。

雀巢公司对该视频的回应足以显示其对社会媒体力量的漠视。视频刚发布的时候，雀巢立刻给 YouTube 管理者写了邮件，因版权问题要求 YouTube 立即删除视频，很快视频就被删除了。但是，绿色和平组织又在其他视频共享网站上发布了同样的视频，并在推特网上分享了该链接。这样一来，越来越多的人开始关注这件事情，视频很快得到了病毒式的快速传播。在一些社交网站上，也同样展开了关于此事的讨论，有些人甚至在雀巢的脸谱网上讨论该事件。面对这些评论，雀巢公司一些内部人员进行了恶意反驳，显得非常自大傲慢，随着推特热论的展开，该事件引起了越来越多消费者的激愤。

结果，雀巢决定抵制其棕榈油供应商，很多其他大公司，像卡吉尔和联合利华也决定终止与金光集团的合作，寻求更加注重可持续发展的供应商。

摘自 Deutsch, A. 2010a. "Cargill threatens palm oil supplier over deforestation." *Financial Times*, 50; Deutsch, A. 2010b. "Deforestation claims spur Cargill threat to switch palm oil supplier." *Financial Times*, 1; Mathieson, M. 2010. "Hit ot Miss?" *PR Week*, 2.

正如本章"商业伦理战略透视"所示，雀巢完全忽视了社会媒体的力量，其消极的反应引来了社会消费者的嘲弄。第七章将会讲到正确评估不同形式的信息科技和社会媒体的力量的重要性。

利益相关者第二个主要特征是**合法性**(Legitimacy)。若公司的行为方式与社会广泛认同的价值观和信念一致，其行为就会是合法的，[12]当公司行为合法时，就更容易得到社会的支持。同样，若利益相关者的行动是合理的，且在一定环境下是可接受的，其要求就具有合法性。

给公司的一个建议是：一定要认真谨慎地考虑不同利益相关者的合法性，否则会遇到很多困难，如加拿大公共保健改革案例。[13] 1994 年，加拿大政府提出对保健产业进行改革以提高效率，面对这一要求，保健行业从业者必须予以考虑。但是，由于改革过度关注政府要求，导致产品质量和病患满意度急剧下降。究其原因，就是加拿大企业忽视了其他利益相关者，如员工和病患的合法性要求。所以，对于一些合法性利益相关者，企业不仅要正确识别，还必须积极满足其需求。

利益相关者第三个特征是**紧迫性**(Urgency)，指企业对于利益相关者需求的满足程度。利益相关者的需求越紧迫，公司就越要迅速处理这些需求。与其他特征相似，及时回应紧迫性要求同样很关键。

过去十年来，出现的最紧迫的一个利益相关者要求就是，增强企业环保敏感性。当然，其他一些紧迫性要求，如公平贸易，人权和劳工权利同样非常普遍。[14]这些要求中，很多都是随着大型跨国公司不断增强的影响力而提出的，为了平衡这种影响力，很多非政府组织提出了更多的紧迫性要求。世界贸易组织大会期间，西雅图爆发的反全球化运动已经证明提出这些要求的迫切性。[15]

以上内容表明，合理评估利益相关者的特征是非常关键的，指明了充分满足利益相关者需求的重要性。接下来将讨论利益相关者的管理。

2.4 利益相关者的管理

利益相关者管理(Stakeholder management)指企业为处理与利益相关者的关系而特别规划的管理程序。前面许多案例都显示，不同的利益相关者对于企业的要求也迥然不同，而忽视这些要求会给企业带来灾难性后果。因此，拥有一套系统的程序来预测并处理这些要求就显得尤为必要。

为什么利益相关者管理很关键？本章前一部分已经介绍，恰当处理与利益相关者的关系可以为企业带来经济效益，建立一套有效的利益相关者管理系统就意味着企业与利益相关者间拥有牢固的关系，而这种牢固的关系可以为企业带来很多宝贵的、罕见的且难以效仿的资源，从而取得竞争性优势，并获取一些其他企业难以获取的技巧和能力。比如，之后会讨论到的诺基亚公司，与欧盟建立了良好的合作关系，从而领跑于环保事业。当消费者注意到其突出的环保理念后，也更愿意购买其手机，公司又能从中获利。

Choi 和 Wang 通过研究，进一步证明了利益相关者管理和竞争优势之间强有力的纽带关系。[16]若企业能够与员工建立密切关系，员工就会更加努力地工作，从而帮助公司实现经营目标。若企业能够与供应商建立密切关系，供应商会更愿意与公司分享信息。若企业能够与当地社区建立密切关系，就可以更充分地使用当地基础设施。因此，高效的利益相关者项目更能够为企业带来资源，打造战略型竞争优势。

战略型利益相关者管理体系有多大用途？请参阅本章"商务伦理战略透视"。

接下来，我们将讨论利益相关者管理过程的五个步骤，图 2.1 列出了"五步走战略"。

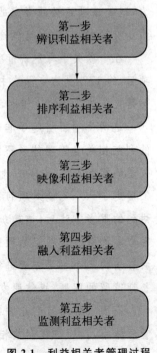

图 2.1 利益相关者管理过程

第一步：辨识利益相关者（Stakeholder Identification）

利益相关者管理过程的第一个关键步骤是**辨识利益相关者**，主要目标是找出相关利益相关者，确定并明白哪些利益相关者具有影响公司的能力。此时，前面讲的首要和次要利益相关者就派上了用场。企业可根据利益相关者对企业产生直接影响或间接影响的能力对其进行分类，产生直接影响的是首要利益相关者，间接影响的则为次要利益相关者。

但是，首要和次要的划分方法可能适用于大多数企业，但并非所有企业都适用，对于某些企业来说，首要和次要的划分方法可能会带来一些特殊困难。比如，在建筑行业中，多数项目都是按照合同规定，在固定期限内按期进行的，在这种情况下，根据合同特点从四个方面对利益相关者进行划分会更加实用。关于此行业的划分方法，Moodley、Smith 和 Preece 提供了一些建议，[17] 他们认为按照合同规定，与建筑公司直接相关的利益相关者是显性利益相关者，如股东、合伙人和其他承包商。

商务伦理战略透视

瑞典的利益相关者管理

利益相关者管理体系有多重要？通过对瑞典两个铁路修建项目的比较，就可以非常清楚地看到其重要性。第一个项目是在瑞典马尔默市修建一条 18 公里长的轨道交通，涉及两条平行的地下隧道。当地交通量剧增给马尔默市的轨道交通带来很大压力，这是该项目必须考虑的因素。第二个项目是对伦德市轨道进行修整和扩建。同样由于交通量剧增，原有铁道承载力有限，需要对其进行扩建和修缮，以更好地运营。

在一项关于马尔默市项目对公众影响的调研中，约 68% 的受访者表示十分看好该项目，约 17% 受访者保持中立，而在剩余 15% 不看好该项目的受访者中，其 88% 的人仍然是支持该项目的。相比之下，伦德市项目则遇到了很多反对意见，工期一度拖延。

这两个项目引起了非常不同的反响，而差距之所以如此之大，就是因为他们采取的利益相关者管理体系不同。对于马尔默市的项目，其项目管理团队非常重视利益相关者的接受态度，认为其对项目成功与否起着关键作用。通过调研和一系列方法，他们确定了六个可能对项目产生潜在影响的主要利益相关者群体。在使用了我们后面讲到的很多方法后，该建筑公司能够主动地辨识有关利益相关者的需求，并积极做出回应。如负责该项目的项目经理会在不同场合与大众代表会面，针对项目可能产生公共影响的七个主要方面进行公开讨论，除此之外，他们还会与媒体公开交流，解决一些长期遗留的问题，媒体朋友们自然而然也就成了该项目最忠实的支持者。

伦德市的项目则几乎以相反的方式在进行。建筑公司不但没有任何利益相关者管理体系，反而忽视利益相关者。比如，虽然公众是外部利益相关者，仍对项目产生巨大的影响,但建筑公司完全忽略了公众的利益,管理方法甚至有违公众利益。针对此情况,政治家和媒体很快与大众达成了一致,共同反对该项目。在第一个项目中,大众是作为合理性利益相关者,而第二个项目中,却被完全忽视。由于缺乏有效的利益相关者管理体系,该项目曾停工六年,延迟完工。此外,面对媒体的指责和批评,其项目经理却选择回避问题,造成了更加负面的影响,媒体进行了更多的负面报道,使得公众对项目的反对更加激烈。

摘自 Olander, S. and Landin, A. 2008. "A comparative study of factors affecting the external stakeholder management process." *Construction Management and Economics*, 26, 553-561.

虽然建筑公司与其他群体,如调控者,没有直接关系,但仍须满足这些群体的要求,因为这些群体就是隐性利益相关者,包括调控者、员工和客户。另外,有些群体可能与公司没有任何合同关系,但对公司项目很感兴趣,建筑公司同样要与他们打交道,这类群体就是默认利益相关者,包括活动家、慈善机构和非政府组织。他们可能与公司没有业务关系,但非常关注建筑项目及其对当地社区的影响。最后一个群体就是未知利益相关者,其利益或影响是未知的,如贸易协会、海外调控者等。表2.3列出了建筑行业的一些利益相关者。

表 2.3 建筑行业利益相关者分类

显性利益相关者	默认利益相关者
金融投资者	社区
股本持有者	政府
赞助商	当地政府
隐性利益相关者	非政府组织
供应商	工会
调控者	**未知利益相关者**
使用者	贸易协会
消费者	外国政府
	公共利益群体

如上所示,正确辨识利益相关者对于企业很重要,接下来讨论第二步和第三步。

第二步:排序利益相关者(Stakeholder Prioritization)

在确认了有关利益相关者之后,企业就要对这些利益相关者的特征进行评定。任何利益相关者都会对企业产生一定的影响,这种影响称为**突出性**(Salience)。对于企业来说,充分认识这种影响非常必要,它可以为企业提供信息,告诉管理者如何按照需求的突出性对利益相关者进行排序。[18] 利益相关者越突出,产生潜在影响的可能性越大,企业就越应优先考虑其需求。

根据 Mitchell 等人的看法，利益相关者突出性是根据前面讲过的三种特征综合决定的。[19] 三种特征中每一种不同的组合都会产生一类利益相关者，也会对企业提出一种相应的要求。图 2.2 展示了不同利益相关者特征的组合结果。

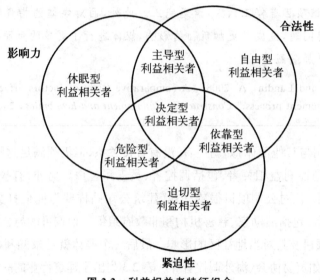

图 2.2　利益相关者特征组合

首先介绍**潜在型利益相关者**（Latent Stakeholder），仅拥有三种特征中的一种，突出性较低，包括三种类型。**休眠型利益相关者**（Dormant Stakeholder）仅拥有影响力，但缺乏合法性和紧迫性，如绿色和平等非政府组织。对于这类利益相关者，企业应该谨慎关注，他们也是有可能获取另外两种特征的，因此必须给予足够的重视。**自由型利益相关者**（Discretionary Stakeholder）拥有合法性，但缺乏影响力和紧迫性，如红十字会等各种慈善组织。虽然不是每个企业管理者都会投身慈善活动，但有些仍会出于战略考虑，参与慈善活动，赢取商誉。**迫切型利益相关者**（Demanding Stakeholder）仅拥有紧迫性，却缺乏影响力和合法性，建议企业也要谨慎关注该群体，他们对企业经营的关注度会很高。

前面一种类型的利益相关者只要求企业保持关注，下面一种则要求企业给予更多的注意力，有时还要有所回应。**预期型利益相关者**（Expectant Stakeholder）拥有三种特征中的两种，突出性适中。

与潜在型利益相关者类似，预期型利益相关者也可分为三种：第一种是**主导型利益相关者**（Dominant Stakeholder），同时拥有合法性和影响力，如员工和投资者。他们可要求企业采取正式行动，因为他们不仅是合法的，而且有能力对企业行使权力。大多数公司都设有专门的部门（如人力资源部和投资关系部）处理与这类利益相关者的关系。**依靠型利益相关者**（Dependent Stakeholder）拥有紧迫性和合法性。比如，本章"商务伦理透视预览"讨论的英国石油公司的石油泄漏事件中，餐馆老板、渔民和当地居民都属此类，因此英国石油公司的大部分处理方案都应符合这类群体的要求。第三种是**危险型利益相关者**(Dangerous Stakeholder),他们拥有影响力和紧迫性,但缺乏合法性,如壳牌公司员工绑架案中牵涉的尼日尔三角洲地区的一些小企业,这些小公司可能缺乏合法性,但却因为影响力和紧迫性而引起了壳牌和世界的关注。

在任意公司都最突出的利益相关者就是**决定型利益相关者**(Definitive Stockholders),同时拥有影响力、合法性和紧迫性。比如,前面讨论过的雀巢公司的案例中,绿色和平组织就同时拥有影响力(可获取资源,从而迫使企业做出改变)、紧迫性(滥砍滥伐是迫切需要解决的问题)和合法性(可靠的环保组织),但雀巢却没能注意到这个决定性的利益相关者,对于绿色和平组织指出的问题没有及时回应,并且嘲笑其报告,最终遭遇了一场公共关系噩梦。并不是所有企业的反应都相似,请参阅下面的"商务伦理战略透视"。

商务伦理战略透视

诺基亚(Nokia)与欧盟(European Union)

移动通信设备,如手机,在全球产生了大量的电子废料,诺基亚和摩托罗拉这些生产电子产品的企业在生产过程中对环境产生了较大的影响。因此,这些公司必须积极响应号召,采取行动,将生产活动对全球环境的影响降低到最小。

欧盟始终注重企业的环保表现,通过有效行动鼓励企业提升环保业绩。2003年制定了整合产品政策,旨在降低所有产品在使用周期各个阶段对环境的不利影响。最近新出台的法规,如电气电子废弃物回收和处理法令鼓励企业尽可能多地寻找新方法,减少生产对环境的不利影响,比如,企业必须在产品使用寿命到期时将其回收,即循环利用其设备。

诺基亚在移动电话行业占据重要地位,同很多大众企业不同,非但不被动等待或打击新法规,反而提前制定并推行新政策,致力于减少环境废物和有毒化学物的使用,甚至还领导建立了一个项目,将业内企业和非政府组织集合在一起,共同商讨环保问题,一大批企业因此自愿加入到了降低废弃物、鼓励再利用的行列。

摘自 Paloviita, A. and Luoma-aho, V. 2010. "Recognizing definitive stakeholders in corporate environmental management." *Management Research Review*, 33, 4, 306-316.

如上所示,诺基亚的行动表明它将欧盟看作主导型利益相关者,拥有影响力(通过立法和其他行为)、合法性(被视为可靠的利益相关者)和紧迫性(环保问题需要迅速行动)。由于主动应对欧盟的要求,诺基亚很好地提升了其环保形象和信誉,也因此在绿色和平组织发布的第14版《绿色电子产品指南》中位居首位。

在确定了利益相关者的优先次序后,接下来就要将他们形象化地描绘出来。

第三步：映像利益相关者（Stakeholder Visualization and Mapping）

在确定了利益相关者的优先次序后，就要将他们刻画出来。这一步需要明确利益相关者的要求、权利和期望，以及针对这些需求企业应有的回应。若利益相关者的要求和期望得不到满足，企业可能就会遇到麻烦，通过设计映像来合理评定这些需求会很有帮助。

设想利益相关者以确定合理回应的一种简单方法是建立影响力和紧迫性矩阵。在建立该矩阵时，对于大多数企业我们只考虑影响力和紧迫性两种特征，而非全部考虑。图 2.3 列出了这个矩阵及相应的企业行动。

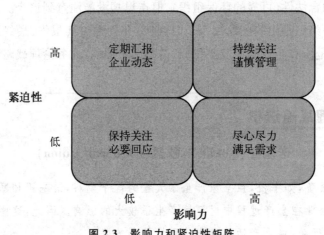

图 2.3 影响力和紧迫性矩阵

正如图 2.3 所示，影响力和紧迫性两种特征通常用来评估利益相关者影响，[20] 根据高低两个层次对两种特征进行划分，形成了一个四象限矩阵，每一个象限都对应一种企业行动。其中企业最需要关注的是代表高影响力和高紧迫性利益相关者的象限，对于这类群体，企业必须始终关心并满足他们的需求。相比之下，对于低影响力和低紧迫性的利益相关者则不需要如此，仅仅需要时常关注，在必要时满足要求即可。而针对那些高影响力低紧迫性的利益相关者，企业只需让他们满意即可。最后，针对高紧迫性但低影响力的利益相关者，只需保持关注并定期向其汇报企业动向即可。

在对利益相关者做出合理定位后，企业可以根据自身情况，制定更加复杂的矩阵，以系统评测回应利益相关者需求的程度。表 2.4 向我们举出了一个利益相关者伦理责任矩阵。[21]

表 2.4 彪马公司利益相关者伦理责任矩阵

利益相关者		股东	员工	客户	工会	政府	供应商	非政府组织
伦理问题								
产品	产品安全	5ER	5ES	5ER	2	5ER	2	5ER
	材料安全	2	5ES	5ER	2	5ER	3	5ER
	产品价格	2	3ES	5ER	2	3	·2	3

(续表)

利益相关者		股东	员工	客户	工会	政府	供应商	非政府组织
环 境	遵守当地法律	5	3ES	3ER	2	5ER	5ES	5ER
	碳足迹	5	3ES	4ER	2	5ER	5ES	5ER
	污染	2	3ES	5ER	2	4ER	5ES	5ER
	废物	2	3ES	3ER	2	4ER	5ES	5ER
	废物利用	2	3ES	4ER	2	4ER	5ES	5ER
	破坏栖息地	2	3ES	5ER	2	5ER	5ES	5ER
劳动及人权	集体交涉	2	5ES	2	5ER	2	3ER	2
	强迫劳动	2	5ES	2	5ER	3	3ER	2
	童工	2	5ES	3ER	5ER	5ER	4ER	2
	男女平等	2	5ES	3	5ER	3	4ER	2
	薪资公平	2	5ES	3	5ER	4ER	5ER	2
社 区	当地事业	2	5ES	4ER	2	2	2	2
	慈善	2	5ES	3ER	2	2	2	2
	招聘	3	5ES	3ER	2	2	2	2
	社会及环境影响	2	3ES	2	2	4ER	2	2
供应链	劳动实践	2	5ES	3	5ER	3ER	5ES	2
	可持续材料的使用	2	3ES	3	2	2	5ES	5ER
	健康及安全	2	5ES	2	2	4ER	5ES	5ER
经营行为	遵从当地行为规范	5ER	3ES	3	2	5ER	2	2
	腐败行为	5ER	3ES	2	2	5ER	2	2
	竞争活动	5ER	4ES	2	2	5ER	2	2
供应商	血汗工厂	2	5ES	3	5ER	5ER	5ES	5ER
	劳工压榨	2	5ES	3	5ER	5ER	5ES	5ER
	工作环境	2	5ES	3	5ER	5ER	5ES	5ER

说明：等级1—5：利益相关者重要程度；
　　　ER：利益相关者伦理风险；
　　　ES：利益相关者伦理支持。

表2.4介绍了德国鞋业制造公司彪马(PUMA)的一种利益相关者伦理责任矩阵图(SERM)，其中纵向表示公司面临的伦理问题，横向表示预先确定的利益相关者。企业可根据一些不同标准对不同利益相关者进行衡量：(1)按照1—5等级对利益相关者重要性进行划分；(2)利益相关者是否存在伦理风险；(3)利益相关者是否支持公司；(4)企业是否需要咨询利益相关者。

设计完善的利益相关者伦理责任矩阵图对企业有很多用途,[22]有利于企业发现潜在伦理风险,找到可提升企业伦理的领域。和彪马公司一样,通过咨询非政府组织,可以更好地安排劳动实践,有利于提升企业伦理声誉。而在恰当管理其利益相关者方面,这样的矩阵图同样有利于企业培训和政策制定,能够更好地满足利益相关者的需求和期望。接下来,讨论利益相关者的参与度。

第四步:融入利益相关者(Stakeholder Engagement)

对于企业,利益相关者通常拥有不同的要求、权利和期望,正如我们在前面案例中看到的那样,这些需求通常会影响企业经营,在极端情况下甚至会给企业生存带来严重威胁,但是,若企业能管理利益相关者,则不容易出现这种问题。利益相关者管理过程的第四步就是**融入利益相关者**,指企业在经营过程中积极融入利益相关者,以更好地满足其需求,改善企业状况。在前面瑞典管理利益相关者的案例中已经看出,能够积极融入主要利益相关者(如媒体和公众)的项目,收到的效果更好。

根据 Chinyio 和 Akintoye 的观点,融入利益相关者的企业享有很多好处,[23]如利益相关者管理体系可以拓宽企业思路,更好地认识利益相关者潜在的问题领域,并找到合适的方法解决问题。很多企业也发现,利益相关者管理不仅有利于自己与利益相关者建立良好的关系,同样可以显著提高自身声誉。所有这些努力都有利于企业打造更好的公众和社会形象。

表 2.5 列出了企业从利益相关者参与中获取的众多有利条件。

表 2.5 从融入利益相关者中获取优势

从融入利益相关者获取优势
• 增强与利益相关者的关系
• 提高经营与管理效率
• 巩固市场地位
• 减少与利益相关者的冲突,降低被起诉的风险
• 提升服务质量
• 增强发现商业机会的能力
• 更好地预测利益相关者需求
• 加强组织学习能力

为了设计合适的利益相关者管理项目,所有企业都必须积极融入利益相关者。前三个步骤只是为企业提供重要信息,告诉企业有哪些主要利益相关者。根据不同的企业宗旨和目标,公司应该加强与这些主要利益相关者的交流,在众多的管理体系中找到并建立适合自己的管理体系。请阅读本章"商务伦理可持续透视"。

如表 2.5 所示,融入利益相关者需要企业付出特别的努力,与利益相关者合作以发现企业经营存在的问题及潜在机遇。在建立利益相关者管理体系时,有哪些主要影响因素呢?Chinyio 和 Akintoye 对该问题进行了一些探究,认为成功的利益相关者参与体系应该具有系统性,能够得到高层支持,并且具有主动性。[24]现实操作中,高效的体系应该能够通过会议、研讨会和其他交流方式,促进企业与利益相关者之间频繁有效的沟通,需要良好的为人处世能力。

第五步：监测利益相关者（Stakeholder Monitoring）

利益相关者管理过程的最后一步是**监测利益相关者**，在这一阶段企业应着眼于发现利益相关者对于相关管理问题的反应，确定是否需要采取进一步的行动。与此同时，企业还需要保证沟通交流策略的有效性，确保利益相关者已收到正确的信息。

监测利益相关者的一种有效方式是与关键利益相关者定期召开会议，以此确定企业是否已经满足利益相关者的需求，且可持续传达其努力，处理利益相关者需求，这些会议还可暴露新问题领域，从而重新开始新一轮管理程序。

伦理可持续性透视

新西兰与印度：利益相关者管理过程

一些新西兰企业会采取不同的利益相关者管理方法，以满足不同的需求。如沃达丰（Vodafone，一家经营电信的英国企业，全球最大的移动通信运营商）举办不同的利益相关者工作坊，提高利益相关者参与度。最近，沃达丰公司一直在考虑在新西兰未来可持续发展的过程中，电信应该扮演怎样的角色，为此，公司邀请了一些主要利益相关者，组织大家就一些关键问题进行讨论，如可持续的新西兰会是怎样的，实现可持续发展的道路上存在哪些阻碍，电信企业能做些什么来克服这些困难。这一举动不仅为沃达丰带来了新的商业机遇，同时加强了利益相关者的参与度。

Urgent Courier 是新西兰快递服务公司中的佼佼者，在推进可持续发展的同时，最近又新开展了很多活动，在企业管理中融入利益相关者。这些活动中，最令人惊异的发现是，该公司存在的一个最大问题竟然是签约司机的收入问题。公司发现在整个经营链中，虽然司机发挥着重要作用，但他们得到的报酬却很低，因此公司无法吸引并留住优秀的司机。针对此问题，Urgent Courier 开始实施新型工资策略，保证在维持竞争优势的同时增加司机薪水。目前，在快递服务业这个经常忽视司机的行业，Urgent Courier 已成为最佳工作场所。

相关利益者管理在印度 Titan 公司作用重大。Titan 工业公司是印度最大且最知名的首饰系列制造公司，产品包括手表、珠宝、太阳镜和眼镜。该公司创建于1984年，是塔塔集团与 Tamil Nadu 事业开发公司的合资公司。Titan 工业公司将石英技术和国际化的设计相结合，为印度手表市场带来了模范式的革新。自企业创建之初，Titan 就始终将社会责任看作其经营战略中的重要一环。通过最近的利益相关者活动，Titan 意识到在市场提供更显著的商业机会时，需要更加经济有效的管理竞争体制。鉴于此情况，Titan 决定进行全方位的升级。在公司开始行动之初，从利益相关者的参与中得到灵感，进一步融入社会，在主要生产基地霍苏尔的经营过程中更加注重利益相关者的参与,期间发现性别歧视问题以多种形式存在,如较低的文化程度、杀害女婴和早婚。后来,Titan 与一些非政府组织合作,创建了一个微型企业,交由农村地区贫困妇女管理,为她们提供技术培训和专业知识,帮助她们更好地经营企业。如果没有这些努力,Titan 可能还是一个无名小卒,而如今却收获了财力和权利,以及非常融洽的社会关系。

摘自 Brown, R. 2010. "Engaging your stakeholders." *NZ Business*, July, 24, 6; Kannabiran, G. 2009. "Sustainable stakeholder engagement through innovative supply chain strategy: An exploratory study of an Indian organization." *Asian Business & Management*, 8, 2, 205-223.

下面请回想前面讨论过的瑞典两个铁路建设项目,马尔默项目取得了极大的成功,因为其建筑公司始终关注利益相关者(公众和媒体),并积极采取行动满足他们的需求。通过这种持续关注,利益相关者能感觉到自己的价值,让他们感受到自己的观点受到了重视。通过这些努力,建筑公司能够改变利益相关者的看法,动员他们支持拥护项目建设。与此相反,伦德市项目对于利益相关者置之不理,毫不关心,从而遇到了很大困难,延迟完工也不足为奇。

2.5 利益相关者的重要性

大多数专家都认为,管理利益相关者的关键在于正确评估利益相关者的需求,找出合适的方法满足这些需求。但是对公司来说,不太可能满足所有的要求,那么最紧要的事情就是在各种要求之间寻得一种平衡,优先满足最关乎企业生存的要求。从很多公司目标和公司展望中可以看出,不同利益相关者的重要性是不同的,总有主次顺序,比如在星巴克,他们认为员工与顾客同等重要。

哪些利益相关者是最重要的呢?本章最后一部分将探讨全球范围内对利益相关者的看法。

在最近一期《哈佛商业评论》中,Martin 追溯了利益相关者在美国历史上的发展历程,认为美国商业管理资本主义出现于 1932 年前后,当时专家建议企业拥有者和管理者应该互相独立,因此企业经营采用的不是"拥有者即总裁"的模式。[25]但到了 1976 年,另外一篇相当有影响的文章提出管理者在欺骗拥有者,在"企业理论:管理行为,紧急开销和所有者结构"中,Jsensen 和 Meckling 认为,负责企业运营的管理者一直在谋求自身经济利益,他们还建议管理者在经营公司时,应该关注利益相关者的需求,[26]这就进入了利益相关者资本主义时代,利益相关者需求成为所有公司最重要的关注点。

对于利益相关者的这种偏爱合理吗?Martin 公正地指出,仅关注股东并不能保证一直给公司带来效益,而股东价值最大化也并非总在管理者的控制范围内。[27]为了提升股票价值,管理者可能会通过很多方法,提高外界对公司未来的预期值,但预期值不可能一直增长,会不可避免地要下降。面对如此现实,管理者通常会采取一些短期策略或不当策略,保持较高的利益相关者预期值。遗憾的是,股东至上的目标最终还是会给企业带来伤害。

因此,Martin 认为更加有益于企业和股东的方法是遵从顾客至上的原则,[28]通过关注客户价值,经理人就可自由管理、发展企业,而非一心想着满足股东利益。宝洁和强生都是该原则很好的践行者,另外,前面提到的联合利华也因对客户的关注而闻名,甚至还有一些公司对客户的关注更加深入,请参阅下面"商务伦理透视"。

商务伦理透视

新兴市场中贫穷客户的需求

在一些公司着眼于客户第一时,有些公司已经将此焦点向更深层次推进了一步。诺基亚、塔塔和联合利华等公司在经营时,都对新兴市场中贫穷顾客的需求加以考虑,这些客户虽然现在较为贫穷,但日后也许会强大,成为中等阶级,因此新兴市场具有巨大潜力。

请回想一下本章讨论过的一些案例。比如,在一些经常停电的地区,诺基亚研发出一款内部闪光的低价电话听筒;为了适应不同用户需求,诺基亚开发了多重电话簿;为了方便不同语言的使用者,诺基亚设计了多语言菜单。塔塔也研发出一款使用稻谷外皮净化水资源的滤水器,对于一些需要净化水的地区,这款产品虽然技术含量不高,但可以为用户提供无菌水资源。再比如通用电气公司,研发出了手提心电图设备,既可使用电池又可直接插电,在印度心脏病高发,而大部分病人却无法支付传统心电图检查带来的高昂费用,因此这个小小的设备非常适用于印度市场。

这一关注贫穷客户的行为被称为"节俭革新",企业非但不增加新产品特性,反而"倒退"生产一些经久耐用的产品,以满足客户需求。

摘自 The Economist. 2010. "First break all of the rules." A special report on innovation in emerging markets. April 17, 6-8.

以上材料进一步证明了客户作为利益相关者的重要性,但该观点并未得到全社会的认可。最近,很少有关于偏爱利益相关者的研究,很多企业都在关注可持续发展,面对全球变暖,以及企业活动对环境产生的负面影响,企业已开始积极采取措施,将可持续发展定为企业主要目标。

据此看来,环境很可能成为最重要的利益相关者,但要说明的是,其重要程度却因公司而异，主要是根据企业宗旨的不同而变化，有些公司会把主要利益相关者如客户、员工和环境放在同等重要的地位。然而，本章重点要说明的是，不论企业最关心哪个或哪些利益相关者，关键是正确管理利益相关者。

本章小结

本章主要讨论了企业处理与利益相关者关系时遇到的主要问题。利益相关者是能够影响一个组织目标的实现或者能够被组织实现目标过程影响的人。我们讨论了利益相关者的不同分类方法，可按照利益相关者与企业之间的直接和间接关系，将他们分为首要利益相关者和次要利益相关者，他们都能对企业产生重大影响。

本章第二部分介绍了利益相关者的三种特征，即影响力、合法性和紧迫性。影响力指利益相关者向企业施加压力，迫使其进行改变以满足不同需求的能力；合法性指利益相关者的要求与社会价值观和信念的相符程度；紧迫性指优先考虑利益相关者需求的程度。针对每种特征，我们都讨论了它对于企业的重要性，并提供了相关例子。

本章所传达的一个重要信息就是利益相关者需要管理。第三部分讨论了利益相关者管理过程的主要步骤。第一步通过讨论利益相关者的不同分类方法，详述了对利益相关者充分的认识过程，强调企业需要合理辨识所有可能影响或被企业影响的利益相关者。第二步可综合运用前面讨论过的利益相关者特征，帮助企业对确定利益相关者进行排序，换言之，不同的特征组合形成不同的利益相关者，根据其特征对其需求的轻重缓急进行排序。第三步，即映像利益相关者，将所涉及的利益相关者及其需求列举出来，其中还讨论了股东伦理责任矩阵。第四步是融入利益相关者，有利于企业更加积极主动地评估利益相关者的需求，避免问题恶化，该部分介绍了企业为增强利益相关者在企业经营中的参与度而做出的努力。最后，第五步是利益相关者体系监测，可用以衡量利益相关者管理项目的有效性。

本章最后一部分讨论了在全球背景下，不同利益相关者的受众情况，介绍了客户作为利益相关者的重要性，但多项实例表明，客户并非是全球企业公认的最关键的利益相关者，环境是全球范围内最主要的利益相关者。不论如何，本章重点强调的是需要充分管理利益相关者。

尾注

1. Freeman, R.E. 1984. *Strategic management: A stakeholder approach.* Boston: Pitman, p. 3.
2. Freeman, *Strategic management.*
3. Orlitzy, M., Schmidt, F. & Rynes, S.L. 2003. "Corporate social and financial performance: A meta-analysis." *Organization Studies,* 24, 403–441.
4. Hillman, A.J. & Keim, G.D. 2001. "Stakeholder value, stakeholder management, and social issues: what's the bottom line?" *Strategic Management Journal,* 22, 2, 125–139.
5. Choi, J. & Wang, H. 2009. "Stakeholder relations and the persistence of corporate financial performance." *Strategic Management Journal,* 30, 895–907.
6. Mitchell, R., Agle, B. & Wood, D.J. 1997. "Toward a theory of stakeholder identification and salience: Defining the principle of who and what really counts." *Academy of Management Review,* 22, 4, 853–886.
7. Mitchell et al., "Toward a theory of stakeholder identification and salience."

8 Ako, R.T., Obokoh, L.O. & Okonmah, P. 2009. "Forging peaceful relationships between oil companies and host-communities in Nigeria's Delta region." *Journal of Enterprising Communities: People and Practice in the Global Economy*, 3, 2, 205–216.
9 Armenakis, A. & Wigand, J. 2010. "Stakeholder actions and their impact on the organizational cultures of two tobacco companies." *Business and Society Review*, 115, 2, 147–171.
10 Sacks, D. 2010. "The miracle worker." *Fast Company*, 141, 83.
11 Thorne, D.M., Ferrell, O.C. & Ferrell, L. 2010. *Business and society. A strategic approach to social responsibility.* Boston: Houghton Mifflin.
12 Sonpar, K., Pazzaglia, F. & Kornijenko, J. 2010. "The paradox and constraints of legitimacy." *Journal of Business Ethics*, 95, 1–21.
13 Sonpar et al., "The paradox and constraints of legitimacy."
14 Fassin, Y. 2009. "Inconsistencies in activists' behaviours and the ethics of NGOs." *Journal of Business Ethics*, 90, 503–521.
15 Fassin, "Inconsistencies in activists' behaviours and the ethics of NGOs."
16 Choi & Wang, "Stakeholder relations."
17 Moodley, K., Smith, N. & Preece, C. 2008. "Stakeholder matrix for ethical relationships in the construction industry." *Construction Management and Economics*, 26, 625–632.
18 Mitchell et al., "Toward a theory of stakeholder identification and salience."
19 Mitchell et al., "Toward a theory of stakeholder identification and salience."
20 Chinyio, E. & Akintoye, A. 2008. "Practical approaches for engaging stakeholders: Findings from the U.K.." *Construction Management and Economics*, 26, 591–599.
21 Moodley et al., "Stakeholder matrix for ethical relationships in the construction industry."
22 Moodley et al., "Stakeholder matrix for ethical relationships in the construction industry."
23 Chinyio & Akintoye, "Practical approaches for engaging stakeholders."
24 Chinyio & Akintoye, "Practical approaches for engaging stakeholders."
25 Martin, R. 2010. "The age of customer capitalism." *Harvard Business Review*, January, 58–66.
26 Jensen, Michael C. & Meckling, William H. 1976. "Theory of the firm: Managerial behavior, agency costs and ownership structure." *Journal of Financial Economics*, 3, 4.
27 Martin, "The age of customer capitalism."
28 Martin, "The age of customer capitalism."

主要术语

强迫型影响力(Coercive Power)：使用武力、暴力或其他强制手段迫使企业顺应或满足利益相关者的要求。

危险性利益相关者(Dangerous Stakeholder)：拥有影响力和紧迫性，但缺乏合法性。

决定型利益相关者(Definitive Stakeholder)：同时拥有影响力、合法性和紧迫性。

迫切型利益相关者(Demanding Stakeholder)：仅拥有紧迫性，却缺乏影响力和合法性。

依靠型利益相关者(Dependent Stakeholder)：拥有紧迫性和合法性。

自由型利益相关者(Discretionary Stakeholder)：拥有合法性，但缺乏影响力和紧迫性。

主导型利益相关者(Dominant Stakeholder)：同时拥有合法性和影响力。

休眠型利益相关者(Dormant Stakeholder)：仅拥有影响力，缺乏合法性和紧迫性。

预期型利益相关者(Expectant Stakeholder)：拥有三种特征中的两种，突出性适中。

潜在型利益相关者(Latent Stakeholder)：仅拥有三种特征中的一种，突出性较低。

合法性(Legitimacy)：公司行为方式与社会广泛认同的价值观和信念保持一致。

规范型影响力(Normative Power)：使用符号或其他资源迫使公司顺应利益相关者要求。

首要利益相关者(Primary Stakeholder)：与公司生存具有直接关系，或者受公司直接影响，或者直接影响公司。

突出性(Salience)：任何利益相关者对企业产生的影响。

次要利益相关者(Secondary Stakeholder)：与公司生存具有间接关系，包括媒体、同业公会和特殊利益群体。

利益相关者(Stakeholder)：能够影响一个组织目标的实现或者能够被组织实现目标过程影响的人。

融入利益相关者(Stakeholder Engagement)：企业在经营过程中积极融入利益相关者，以更好地满足其需求，改善企业状况。

辨识利益相关者(Stakeholder Identification)：主要目标是找出有关利益相关者。

利益相关者管理(Stakeholder Management)：企业为处理与利益相关者的关系而特别规划的管理程序。

监测利益相关者(Stakeholder Monitoring)：着眼于发现利益相关者对于相关管理问题的反应，确定是否需要采取进一步的行动。

利益相关者影响力(Stakeholder Power)：利益相关者向企业施加压力，迫使其进行改变以满足不同需求的能力。

紧迫性(Urgency)：企业对于利益相关者需求的满足程度。

功利型影响力(Utilitarian Power)：使用金融或其他经济手段强迫公司顺应利益相关者的要求。

映像利益相关者(Visualizing and Mapping Stakeholders)：明确利益相关者的要求、权利和期望，以及针对这些需求企业应有的回应。

讨论题

1. 什么是利益相关者？企业为何要关注利益相关者？
2. 什么是首要利益相关者？首要利益相关者与次要利益相关者有何不同？请举例说明。
3. 利益相关者有哪三种特征？每种特征举一例说明。
4. 利益相关者影响力分为哪三种？不同形式的影响力对企业有何不同影响？
5. 对比分析利益相关者合理性和紧急性。
6. 简要说明利益相关者管理"五步走"战略，每步举一例说明。
7. 什么是利益相关者排序？企业如何确定利益相关者需求的轻重缓急？
8. 什么是潜在型利益相关者？与预期型利益相关者有何不同？
9. 什么是利益相关者参与？企业可采取哪些方法提高利益相关者参与度？
10. 什么是利益相关者监测？企业可采取哪些方法监测其利益相关者？

网络任务

1. 登录联合利华官网：http://www.unilever.com。
2. 了解其企业宗旨和经营目标，以及实现方法和效果，讨论如何将这些内容与本章主题进行关联。
3. 从中发现联合利华最重要的利益相关者有哪些？
4. 详细描述最重要的利益相关者，以及联合利华满足其需求的方式。
5. 联合利华与供应商打交道时，遵循了哪些准则？

更多网络任务和资源,请访问参考网站 www.routledge.com/cw/parboteeah。

实战演练

威斯康星州:关闭工厂

你在威斯康星州的一个小镇上拥有一家工厂,主要生产汽车零配件,是镇上主要的用人单位,为当地提供了很多就业岗位,解决了很多就业问题。你们整个家族都扎根于此,你从小就生活在镇上,现在你的孩子也在当地学校上学,先前是你父亲在经营工厂,后来交给了你,而你参与了镇上很多慈善活动。

最近经济危机给公司带来了巨大灾难,总收入下降不少。虽然经受了很大的损失,你却从未解聘过一个员工,并且由于公司与客户间的牢固关系,公司也基本上挺过了这次危机。你非常正直诚信,当然在你的带领下,公司也非常重视伦理道德,所以与很多客户都建立了长期合作关系。

今天到办公室后,助理告诉你一家德国公司总裁打过电话要找你,你给他回了电话,对方出了一个非常诱人的报价,想要收购你们公司。与此同时,你还了解到,该公司在宾夕法尼亚州也买了一个工厂,如果你答应把公司卖给他们,可能就会与那个工厂合并,而员工也可能会被调去宾夕法尼亚工厂。

你会怎么做?同意收购吗?此次收购会产生什么影响?如果卖掉工厂,会对小镇产生什么影响?你是否考虑过这些问题?

案例分析

中国台湾日月潭(Sun Moon Lake)

日月潭位于台湾南投县鱼池乡水社村,是台湾唯一的天然湖,地处玉山山脉之北、能高瀑布之南,介于集集大山(潭之西)与水社大山(潭之东)之间,最初用作水库发电,是台湾风景优美的"天池",现已成为台湾著名旅游观光景点,驰名海内外,在中国大陆也颇具知名度。但由于一些法律规定,中国大陆游客曾经很难一睹其风采,日月潭也就显得更加神秘,但现在这些障碍在不断减少,中国大陆游客对于日月潭的向往更加强烈,因为很少有景点能与之相媲美。

最近一些数据表明,日月潭的旅客观光量确实在不断增长,如日月潭国际花火音乐嘉年华自2003年开办以来,每年都吸引大批喜欢音乐和焰火的游客前去观赏。此外,最近一项官方数据表明,2010年10月第一周,大陆游客的数量较2009年翻了一番,而台湾当局也在持续加大宣传力度,增加日月潭在临近亚洲国家,如韩国和日本的知名度。

但是,对于日月潭游客数量的持续增加,各方观点不一。很多当地居民和环保人士怀疑,如此快速发展会破坏日月潭的自然风光。随着游客数量的增多,为了提升游客接待量,很多旅馆拔地而起,但这些旅馆在建造时缺乏细致策划,其中一家在建旅馆限制高度为7层,但实际高度却达30层。据估计,这种情形还会持续一段时间。

对此,当地居民非常担忧,如此建筑风暴肯定会破坏当地环境,游客的大量涌入已经造成交通堵塞等人为问题,而酒店和顾客的增多会造成更加严重的污染问题。随着游客的增多,当地旅游局同样担心会破坏日月潭水质。2007年，4家酒店因废物处理不当遭到罚款，但是，随着数量的剧增，当地部门很可能顾及不到全部酒店，从而无法有效管理酒店对当地的环境影响。

因此，日月潭管理人员必须严格控制地区增长速度，在看到不断兴旺的旅游业带来额外收益（据估算，2010年十一黄金周期间，游客平均每天消费232美元）的同时，也要看到它对环境造成的影响。

摘自 Anonymous. 2010. "Chinese visitors to Taiwan double in first October Week." *Asia Pulse*, October 8; Business Wire, 2010. "Sun Moon Lake International Fireworks music festival." *Business Wire*, August 19; Jennings, R. 2008. "Tourism brightens, darkens Taiwan's Sun Moon Lake." *Reuters*, online edition.

讨论题

1. 案例中首要及次要利益相关者分别是谁？
2. 日月潭变化对谁的影响最大？如何影响？
3. 你如何看待旅游业的高额回报与兴旺对环境造成的影响？如果你是日月潭当地管理人员，你会怎么做？
4. 假设你是一家连锁酒店的咨询顾问，该酒店想要在日月潭建造一个分店，你会给他们提出什么建议？具体说明你的建议方式。

默克公司(Merck Co., Inc)

1978年,时任默克公司研发实验室主任的 P. Roy Vagelos 教授收到一份颇易引起争议的报告。报告来自 William C. Campbell 教授,这位寄生虫研究领域的资深专家曾经在研究时,提出了一个让人饶有兴趣的研究发现。伊维菌素是一种研究中用于动物实验的新型抗寄生物的化合物。

Campbell 认为伊维菌素或许就是导致河盲症(又称盘尾丝虫病)的幕后真凶,这一疾病曾毒害了第三世界数以百万计的百姓。想要证实 Campbell 的假设是否有效,默克公司就需要研发适用于人体的伊维菌素化合物,并在全球最偏远的地区进行药效试验,这就得花上好几百万美元。即使这些努力最终换来一种安全有效的药物,但实际上那些患有河盲症的人并没有能力支付药费。大学教研人员出身的 Vagelos 教授,当时作为默克公司的行政主管,须决定是否要投资这种尚未研发成功的药物。就算研发成功,或许也会赔本。

I. 河盲症

河盲症学名为盘尾丝虫病,被世界卫生组织(WHO)列为大范围存在于第三世界超过35个发展中国家的公共卫生问题和社会经济问题。分布在非洲、部分中东和拉丁美洲成千上万个小型定居点的约8 500万人处于危险之中。原因是一种长着黑色翅膀的蝇虫所携带的寄生虫。这种蝇虫专门沿着流速很快的河流繁衍,一旦人类被这种蝇虫叮咬,寄生虫的幼虫,也就是盘尾丝虫,就会进入体内。一个人一天之内有可能会被叮咬无数次。

这些蠕虫长度可以长到超过两英尺,导致在皮肤中形成怪异但相对无害的结块。当成年蠕虫开始繁殖时,真正的危害就开始了。数百万颗微小虫卵,学名微丝蚴,会被繁衍,然后在整个人体组织中游动。这会引起可怕难忍的瘙痒,以至于有些患者选择自杀。几年过后,这种微丝蚴会引起皮肤病变和色素脱失,最终侵入眼球,导致失明。

据世界卫生组织(WHO)在1978年的预测,盘尾丝虫病导致约34万人失明,另外还有一百万人患有各种程度的眼疾。当时,1 800万甚至更多的人感染该寄生虫,其中有一半人都还没有严重的症状。靠近这些虫卵繁衍地段的一些村庄,几乎所有村民都被感染,而45岁以上的人们大多数都已经失明。在这些地区,据说孩子们会认为重度瘙痒、皮肤感染以及失明仅仅是成长的一部分。

为了拼命远离这些蝇虫,整个村落放弃了靠近河边肥沃的地区,而搬到土地贫瘠的地方。于是,粮食短缺便成了家常便饭。已经贫困的家庭出现了新的负担,社区生活随之解体。

1893年科学家首次发现河盲症,1926年确认和黑蝇有关。然而,直至20世纪70年代并没有药物能够治愈此病并安全地用于社区范围的治疗。乙胺嗪(DEC)和苏拉明两种药可以杀死寄生虫,但是不良反应极强,患者需要密切监护,有的甚至还会导致死亡。1974年,盘尾丝虫病控制项目成立并由世界卫生组织(WHO)管理,希望可以通过在蝇虫繁衍地区喷洒杀虫剂消灭这些蝇虫,但是效果缓慢且不确定。很多地区的蝇虫产生了抗药性,也有人说它们消失了不久之后继续寄生其他地区。

II. 默克公司

1978年,默克公司是世界处方药的最大生产商之一。虽然总部设在美国新泽西州的 Rahway 市,默克公司的起源其实可以追溯到1668年的德国,当时 Friedrich Jacob Merck 在 Darmstadt 市买了一个药店。三百多年后,默克公司已经成为一家美国公司,拥有超过 28 000 名员工,运营遍布世界各地。

20 世纪 70 年代末期,默克公司即将结束长达十年的新产品缺乏期。十年中,公司仅依靠两种处方药的销售,就占到年销售额近 20 亿美元的大部分:用于治疗风湿性关节炎的印多新(氯苯酰甲氧基甲基吲哚乙酸)和用于治疗高血压的爱道美(甲基多巴)。1965—1976 年,作为默克公司首席执行官的 Henry W. Gadsden 和他的接班人 John J. Horan 担心默克公司这两种最能挣钱的药物 17 年的专利保护期即将过期,所以两人开始大量投资研究工作。

默克公司的管理层花费大量资金用于研究。他们知道,公司未来十年甚至二十年能否成功,极为依赖现有投资。公司刻意塑造的企业文化,旨在培养最有创意、卓有成效的研究。公司的科学家们是行业中薪资最高的人群之一,公司还给予他们很大自由度去查找有吸引力的线索。此外,公司还激励他们将自己的工作看成是能够减轻人类疾病和痛苦的一种探索和追求。在特定的专利限制之下,鼓励研究人员在学术刊物上发表文章,并和科学界同侪分享他们的观点。1975—1978 年共花费近十亿美元,而且投资取得了回报。这段时期,在研究部主管 P. Roy Vagelos 教授的指导下,默克公司研发出了 Clinoril(奇诺力)——一种治疗关节炎的止痛药,一种叫 Mefoxin(头霉噻吩噻吩甲氧头孢菌素钠)的抗生素,名为 Timoptic(青眼露)的治疗青光眼的药物,以及用于牲畜的抗寄生虫药物 Ivomec(伊维菌素,MSD)。

默克公司在 1978 年的销售额达到 19.8 亿美元,净收入 3.07 亿美元。1969—1978 年,公司销售额稳固增加,从最初的 6.91 亿美元增加到将近 20 亿美元。同期净收入额从 1.06 亿美元上涨到超过 3 亿美元(参考表 1:默克公司十年业绩总结)。

当时默克公司员工数量由十年前的 22 200 人上升至 28 700 人。用于人体和动物的健康产品占到公司 84%的销售额,健康环保产品以及服务的销售占 14%。在 20 世纪 70 年代,默克公司国外销售额的增长比国内销售额增长更为迅速,1978 年,国外销售额达到总销售额的 47%。公司的许多研究业务都是在以 Vagelos 为首的默沙东药厂(Merk Sharp & Dohme)的研究实验室分别进行的。默克的其他业务包括默沙东部、默沙东国际部、Kelco 部、默克化工制造部、默克动物保健部、Calgon 公司、巴尔的摩威斯达公司,以及哈伯德公司(Hubbard)。

默克公司在美国拥有 24 家工厂,其中包括在波多黎各的一家工厂,另外,在其他国家拥有 44 家工厂。位于美国的研究实验室有 6 个,另外还有 4 个在国外。

虽然默克公司的行政人员在引用乔治·默克——公司创始人和前董事长的儿子那不合乎商业常规的话语时,常让人感到局促不安,但是毫无疑问,默克公司的员工对此却深受鼓舞。乔治·默克先生所说的话是:"我们应当永远铭记:药物是为人类而生产,不是为追求利润而制造的。只要我们坚守这一信念,利润必将随之而来。记得越牢,利润越大。"这句话现已成为整个默克公司的企业理念。

III. 药品投资决策

默克公司每年投资好几百万美元用于药品研究。然而,将这些资金分配到不同的项目上是一个相当复杂且不确切的过程。像默克这么大规模的公司,在审批项目和分配资金时,永远不会只使用单一的方法。

研究表明,默克公司将一种新药推向市场,平均要花上 12 年以及 2 亿美元的资金。成千上万的科学家在持续不断地发现新想法,追寻新线索。药物研发通常就是不断摸索、反复试验的过程,在每个循环试验的过程中,科学家们都会在打开一些门的同时,关上一些门。当默克研究人员遇到明显的突破时,无论是意外的发现还是顺着之前的线索找到的,他们都会对其进行初步研究。如果证实这个想法是有希望获得成功的,就会提交给部门主管。

默克公司的研究部门每年都会召开一次大型的审查会议,对所有研究项目进行仔细审查。大会在对项目进行协调和巩固的同时,也会对既定方案进行审查,还会考虑新的可能性。然而,要对某项研究进行最终批准,必须在与该研究的主管和科学顾问委员会面谈之后。在决定是否对项目拨款进行继续试验之前,大会都会基于成功率、现有市场、行业竞争、潜在安全问题、生产可行性以及专利状况,对每个潜在的项目进行广泛审查。

IV. 罕见疾病及贫困客户的问题

很多潜在的药物几乎没有利润可言。有些疾病极为罕见,以至于治疗过程中产生的费用远远不够收回研究成本,另外一些疾病也只会感染第三世界的穷困偏远地区的人民。这些患者甚至连小部分的药物和治疗都支付不起。

表 1　10 年财政业绩年度总结(默克公司和附属公司)

(金额单位为千美元,每股价格除外)

年终成果	1978	1977	1976	1975	1974	1973	1972	1971	1970	1969
销售	1 981 440	1 724 410	1 561 117	1 401 979	1 260 416	1 104 035	942 631	832 416	761 109	691 453
材料生产成本	744 249	662 703	586 963	525 863	468 837	383 879	314 804	286 646	258 340	232 878
市场/管理成本	542 186	437 579	396 975	354 525	330 292	304 807	268 856	219 005	201 543	178 593
利息花费	25 743	25 743	26 941	21 319	8 445	6 703	4 533	3 085	2 964	1 598
税前收入	507 912	453 487	416 439	378 349	361 890	319 491	274 746	252 061	228 555	217 284
所得税	198 100	173 300	159 100	147 700	149 300	134 048	121 044	118 703	108 827	109 269
净收入	307 534	277 525	255 482	228 778	210 492	182 681	151 180	131 381	117 878	106 645
普通股每股价格	4.07	3.67	3.38	3.03	2.79	2.43	2.01	1.75	1.57	1.43
普通股红利	132 257	117 101	107 584	105 564	106 341	93 852	84 103	82 206	76 458	75 528
普通股每股价格	1.75	1.55	1.42	1.40	1.40	1.23	1.12	1.10	1.02	1.02
工厂增减总额	155 853	177 167	153 894	249 015	159 148	90 194	69 477	67 343	71 540	48 715
贬值	75 477	66 785	58 198	52 091	46 057	40 617	36 283	32 104	27 819	23 973
年终情况										
营运资本	666 817	629 515	549 840	502 262	359 591	342 434	296 378	260 350	226 084	228 296
资产、工厂和设备净值	924 179	846 784	747 107	652 804	459 245	352 145	305 416	274 240	239 638	197 220
总资产	2 251 358	1 993 389	1 759 371	1 538 999	1 243 287	988 985	834 847	736 503	664 294	601 484
股东股票产值	1 455 135	1 277 753	1 102 154	949 991	822 782	709 614	621 792	542 978	493 214	451 030
年终数据										
流通普通股数量(单位:千)	75 573	75 546	75 493	75 420	75 300	75 193	75 011	74 850	74 850	74 547
股东总数	62 900	63 900	63 500	63 500	61 400	60 000	58 000	54 300	54 600	53 100
员工总数	28 700	28 100	26 800	26 300	26 500	25 100	24 100	23 200	23 000	22 200

在美国,国会试图鼓励制药公司对罕见疾病进行研究。1978 年,国会提出立法,只要制药公司能够生产出用于治疗少于 20 万本土患者的药物,将被赋予税收优惠以及七年的市场专享权。预计这种"稀少药品计划"最终将被通过并成为法律。

然而,在美国或国际上,还没有能够激励公司研发药物,治疗比如河盲症这种折磨着第三世界成千上万穷人的项目计划。唯一的希望是某些第三世界国家的政府、基金会,或者国际援助组织能够介入并资助部分资金,帮助已经研发成功的药物的销售。

V. 伊维菌素的发现

调查有前途的药物化合物的过程往往漫长、费力,而且充满了失败。每一种药品的化合物成为候选药品的同时,就会有成千上万的其他化合物没能通过临床前最基本的安全性和有效性的测试。因为失败率很高,所以精明老练的研发经理对于制药公司来说尤为重要,因为他们能够鉴别最有效的研究策略。

自 20 世纪 40 年代研发了青霉素和链霉素开始,默克公司长期以来始终是研发主要的新型抗生素化合物的先驱。20 世纪 70 年代,默沙东研究实验室继承了这个传统。为了协助研发具有潜在的治疗价值的新微生物制剂,默克公司的研究人员于 1974 年从日本北里研究所获得 54 个土壤样品。这些样品看似异常,研究人员也希望能够从这些样品中发现一些自然生长的抗生素。

当默克公司的研究人员有条不紊地对土壤样品进行成百上千种实验时,这些科学家惊喜地在编号为 OS3153 的土壤中检测出较强的抗寄生虫活性,这份土壤样品是从日本伊东市一个高尔夫球场挖来的。默克公司实验室立即成立了一支跨学科队伍,试图通过微生物培养分离出纯净的活性成分。最终被分离出来的化合物伊维菌素经证实,在抵抗广泛存在于牛、猪、马和其他动物体内的寄生虫时,具有惊人的效力和效益。不到一年,默克团队开始猜测,同一土壤样品中发现的一组相关化合物可以有效抵御许多其他肠道蠕虫、螨、蜱和昆虫。

毒理学测试表明,伊维菌素比相关化合物会更安全,默克公司决定开发适用于动物保健市场的产品。1978 年,第一批基于伊维菌素的兽药害获灭(Ivomec)即将由美国农业部和国外监管机构批准。很多该药物的变种可能会接踵而至:比如适用于猪、羊、马、狗和其他动物的兽药。害获灭(Ivomec)很有潜力成为动物保健治疗上的一大进步。

由于 20 世纪 70 年代末伊维菌素的临床试验有了进展,Campbell 教授正在进行的研究让他面临了一个有趣的假说。伊维菌素在马体内测试时,可以有效对抗马颈盘尾丝虫(Onchocerca Cervicalis),这是一种不重要的胃肠道寄生虫。这种特殊的幼虫虽然对马无害,但是其特征与潜伏人体的能够导致河盲症的寄生虫——盘尾丝虫类似。

于是 Campbell 教授猜想,经改造的伊维菌素是否能够抵抗人体寄生虫?是否能相应研发出安全有效的药物,来治疗区域性的河盲症?Campbell 和 Vagelos 都明白,这个想法的成功与否将是场豪赌。而且两人也都知道,即使获得成功,这样一个项目的经济可行性为零。另一方面,由于很大一笔资金已经投入兽药的研发,研发人类制剂的成本远远小于开发一种新的化合物。此外,人们普遍认为,虽然伊维菌素仍处于其最终的研发阶段,还是很有可能大获成功。

研发想要继续下去,风险在所难免。一旦证实新的衍生物对人体健康有负面作用,无论跟人体试验多么不相关,其作为兽用药物的声誉可能会受到影响,销售量也会下降。在早期的测试中,伊维菌素有一些不良反应,尤其是对一些特定种类的哺乳动物。来自华盛顿特区武装部队病理学研究所的 Brian Duke 教授说,跨物种的抗寄生虫药物的效用很难预估,而且我们"始终担心人类的一些种族会受到不利影响"。

在第三世界国家对人体有害或使用不当的个别案例也会引起一些令人不安的问题:药物会残留在人类吃的肉类上么?销售到第三世界国家的用于人类的伊维菌素会不会流往黑市,从而削弱兽用药物的销量?该药物是否会通过未知途径危害动物?

尽管存在这些风险,Vagelos 还是想知道拒绝 Campbell 的提议的后果会如何。默克公司已经为此建立研究团队,致力于减轻病患的痛苦。拒绝研发可能治疗河盲症的药物会对道德准则产生什么样的影响?

归根结底,是由 Vagelos 教授决定是否资助研发治疗河盲症的药物。

讨论题

1. 这个长案例主要讲述了什么伦理问题?
2. 默克公司是否应该继续研发这种药物?如何做出合理决策?
3. 受这个决策影响的利益相关者有哪些?
4. 假设默克决定继续研发该药,公司应该采取哪些措施减轻利益相关者的担忧?

第三章
建立个人伦理观

学习目标

- 了解个人伦理的概念
- 掌握形成个人伦理的诸多方面及因素
- 理解个人认识事物的伦理本质所需的道德意识
- 明确道德判断的概念
- 了解柯尔伯格（Kohlberg）的道德认知发展论、道德哲学以及道德理论
- 了解公司增强员工道德判断能力的培训
- 明确道德推脱的概念以及其他促使人们不道德行为的偏见
- 知晓企业为提高员工道德水平而采取的多种措施

商务伦理透视预览

个 人 与 伦 理

　　人们从事不道德及腐败行为的例子很多，比如安然公司（Enron）这个典型的案例。虽然安然公司案例经常被用来说明个人的不道德行为，但思考该公司如何从最令人敬仰的公司之一沦落到最后被人遗忘也是十分重要的。2001年，负债累累的安然公司宣告破产。一直以来，公司一些高层领导，包括首席执行官 Jeffrey Skilling、董事长 Ken Lay 以及首席财务官 Andrew Fastow，默许了一系列隐瞒债务的行为。比如，他们专门设立了一些独立的实体用来转移公司财产和损失，这样公司表面看上去还有现金流动。同时，Skilling 还在公司设立了等级系统，在该系统下，公司每6个月为员工重新排定职位等级，排在最后20%的员工会被开除。而正是由于这个系统，员工为

了保住工作而不断地撒谎。另外,公司内也出现了很多不正当的财务行为,这些行为误导了投资者。所有上述这些情况最终导致公司于2001年倒闭。

安然公司倒闭并不是唯一的案例。其他企业,如世界通讯公司(Worldcom)以及安达信会计事务所(Arthur Anderson),也曾因为个人的不当行为而遭受巨大损失。在这些企业内存在一些只追求个人私利的人,这些人最终会使企业走向衰落。

虽然个人从事不道德行为的例子很多,但是也有不少人甘冒风险来揭露这些行为,安然公司副总裁Sherron Watkins便是其中一例。当时公司首席执行官让她找出更多资产出售,她却在公司内部发现了许多财务违规行为。随后,她将情况报告给首席执行官Skilling。但是,Skilling已决定辞职,Watkins又将她的发现写进备忘录交给新任首席执行官Ken Lay。然而,公司并没有就她的发现进行调查。相反,她被降了职,从原本位于安然总部大楼顶层的豪华办公室搬到了底层的一个普通办公间,她的电脑硬盘也被公司没收。相比以前从事的高级项目工作,她现在的工作变得毫无意义。但最后,她的证言证明了安然公司几个高层领导的罪行。同样,很多其他公司内也存在这样的揭发人。

摘自 Herndon, N. 2011. "Enron: Questionable accounting lead to collapse." In Thorne, D.M, Ferrell, O.C., and Ferrell, L. 2010. *Business and society. A Strategic approach to social responsibility*. Boston: Houghton Mifflin.

上述"商务伦理透视预览"中强调了个人不道德行为的严重性。在很多例子中,个人或群体密谋并从事的某些行为会给他人造成巨大损失,比如,安然公司的倒闭给投资人以及员工造成了数百亿美元的损失。但是这个案例也表明,一些相关人士最终会决定站出来揭发。这些人通常会觉得,他们掌握的事情违背了自己的原则和信仰,他们不愿睁一只眼闭一只眼或干脆支持不道德行为,因而决定寻找途径终止不道德行为。

"商务伦理透视预览"也说明,公司内不道德的行为都是从个人开始的。按照惯例,我们将**不道德行为**(Unethical Behavior)定义为任何违背了公认社会规范的行为。[1] 很多人认为,企业文化对不道德行为的发生会产生很重要的影响,企业文化可能部分地支持了个人的不道德行为,使之形成一种不道德的风气。因此,了解个人如何以及为什么从事不道德行为十分重要。另外,有例子表明,有些人可能会按照自己的信仰和原则行事,而不会遵从于外部压力的要求。这也就解释了为什么有些人会从事不道德行为,而有些人却仍旧遵循自己的道德准则。

为什么企业要通过了解个人伦理来减少不道德行为呢?在第一章,我们讨论了道德行为给企业带来的诸多好处。企业会得到良好的财政收益以及其他一些附带效益,而Giacalone和Promislo提供了更多证据证明需要减少不道德行为。[2] 他们认为,无论是受不道德行为影响还是实施不道德行为,它们造成的创伤和压力会降低整体利益。了解员工个人伦理能够帮助公司保证员工福利,因此,从战略立场来看,减少不道德行为能够使员工变得更积极、更快乐。

本章我们将讨论个人伦理的几个重要方面。为了系统完整地介绍个人伦理,我们将根据 Rest 的几个道德决策阶段进行讨论。[3] Rest 认为,人们决定从事不道德行为时会经历几个阶段,我们将讨论相关的阶段以及了解个人伦理的意义。我们尤其会讨论道德意识以及道德判断的诸多方面,同时,还将讨论企业如何来解决这些问题。另外,有些持有很高道德标准的人仍旧会从事不道德行为,这种现象背后所反映出的道德推脱以及偏见也是本章讨论的内容。

3.1 道德意识

了解个人伦理,最重要的阶段之一就是道德意识。**道德意识**(Moral Awareness)指的是个人理解某种情景或行为所包含的伦理性的能力。道德意识是伦理决策最重要的一个方面,因为如果有能力判断某种情况符合伦理,表明可能会采取措施,保证随之发生的行为是符合伦理的。[4]尽管确定一个决策的伦理性很简单,但证据表明人们并不能一直准确地理解这种伦理性。参见本章的"商务伦理透视"。

全球商务伦理透视

侵入 MBA 招生系统

申请大学总是要经过漫长的等待才能得知是否被录取。然而,对一些申请美国几个最著名的 MBA(工商管理硕士)项目的人来说,情况却并非如此。当一些申请人在网上浏览《商业周刊》的留言板时,他们碰巧看到了某匿名黑客发布的黑客入侵指南。该指南指导他们如何侵入某些知名大学 MBA 项目的录取网页,这些大学包括哈佛、达特茅斯学院、杜克大学、卡内基梅隆大学、麻省理工学院以及斯坦福大学。这几所大学都使用同一个程序,所以学生只要修改一下 URL 地址,就可以添加自己的申请人信息。如此一来,申请人就可以侵入系统,了解自己是否被该项目录取,假如页面空白,则表明学校还未做出决定。

当时,约 200 名学生侵入了系统,运行该项目的公司不得不应用了补丁。这些大学很快得知了侵入系统的学生名单,哈佛大学立即表态,不会录取这 119 个侵入系统的申请人。哈佛商学院院长称,这种黑客行为完全是不道德的,这些申请人获取了不该获取的信息。随后,麻省理工学院以及斯坦福大学也采取了同样的措施,大部分学校的院长也认同这是不道德的行为。

然而，这些大学对此事件的处理，尤其是哈佛大学的决策，遭到了某些人的批评。他们认为，此事件的发生归咎于运行该系统的公司未能守护好系统，防止黑客攻击。另外有些人认为，这些申请人并不是真正的黑客，他们用自己的账号获取到信息，而且这些信息最终也是要发布的，而且这些申请人事实上也不能修改他们自己的档案。

侵入系统的申请人在被采访时也反应激烈，很多申请人都觉得受到了侵犯，因为他们的伦理观遭受了质疑。他们并没有觉得此事和伦理有什么相关，他们认为自己只是获取了自己的信息，并没有伤害到他人。有个申请人则向哈佛大学表达了歉意，认为一时的好奇驱使自己做出这样的行为，但这名申请人也不认为这种行为是不合伦理的。

摘自 Griffith, V. 2005. "Harvard hackers must await their fate." *Financial Times*, March 5, online version.

很明显，很多人认为上述行为是不道德的，但是申请人却不这么认为。侵入录取网页和非法进入受限网页的性质相同，这样的行为很明显是不符合伦理的。但是很多申请人都没有意识到这种行为所包含的不道德性质，这是为什么呢？难道是因为他们成长在网络时代，所以并不认为窥探网络上的信息是关乎伦理的问题？这个案例也说明，企业应该努力培训自己的员工，使他们能够识别自身行为的伦理性质。

个人如何评估行为中的道德强度或伦理性质？Jones 认为，人们会从六个基本因素来评估某种情况，[5]这些因素包括：(1) **结果大小**（Magnitude of Consequences），即非伦理行为可能造成的伤害程度；(2) **社会舆论**（Social Consensus），即社会对某行为是否道德的认同程度；(3) **效应可能性**（Probability of Effect），即该行为造成伤害的可能性；(4) **时间即刻性**（Temporal Immediacy），即该行为与行为结果之间的时间跨度；(5) **亲密性**（Proximity），即与行为受害者在心理或文化上的亲密度；(6) **效应集中性**（Concentration of Effect），即受该行为造成伤害的人数。Jones 认为，上述任何一个因素的加强都会导致行为的道德强度加强。[6]

为了更好地理解这个理论，我们可以把 Jones 的六个因素应用到上述黑客案例中。很多申请人都认为他们的行为并没有真正伤害到他人，因此结果大小这个因素可以忽略，该行为并非违反伦理。另外，针对申请人的社会舆论的一致程度很低。专家认为，很多申请人都成长在网络时代，他们并不认为登录网络是错误的行为。另外，该案例中效应可能性、效应集中性以及亲密性的程度都很低，因为大部分申请人都认为他们的行为并没有伤害到任何人。最后，时间即刻性这个因素的程度也非常低，同样是因为他们的行为没有产生什么危害。

正如前面所说，假如上述任何一个因素的程度很高，人们就会感受到道德强度。比如，其他的申请人也有机会侵入网站，但是他们没这么做，可能他们认为这种黑客行为是错误的。这些人在社会舆论这个方面的程度很高。另外,有些申请人在结果大小这个方面的程度可能比较高,因为他们认为,如果提早知道信息,他们就有机会比别人提早采取下一步行动。这种竞争优势可能伤害到其他申请人。有些申请人可能受亲密性因素影响,因为他们的好朋友可能也正在申请这个 MBA 项目,这样一来,他们的朋友就处于劣势。因此,有些人的亲密性程度可能比较高。

最近,人们对已出版的研究进行了评论,这些评论证明了 Jones 的观点,[7] 尤其表明了这六项因素确实与非伦理行为呈负相关。这个结果也与 Jones 的主要论断一致,即若上述六个因素保持低水平,那么非伦理行为就会减少。另外,参与评论的人员还针对这六个因素制定了综合测量方法。他们发现,综合因素也会减少非伦理行为的发生。

综上,企业可以采取必要的措施促进道德行为。首先,培训员工识别问题的道德含义对企业来说十分关键。[8] 例如,通过培训,员工能够了解自身行为可能造成的伤害(即结果大小),或意识到潜在受害人与他们的亲密关系(即亲密性)。其次,企业可以重点强调某些道德问题,使之形成一种规范,提醒员工此类行为是错误的。请看图 3.1,图上显示了道德资源中心(Ethics Resource Center)对全球各地员工所做的调查。

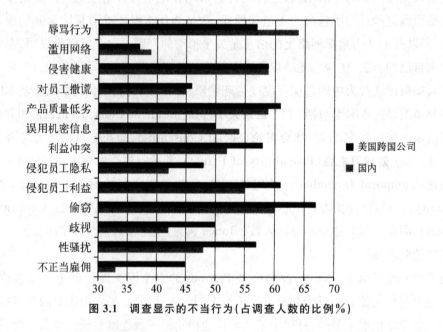

图 3.1 调查显示的不当行为(占调查人数的比例%)

如图 3.1 所示,大部分企业,无论是国内还是国际企业,都从事过不正当的行为。这种不正当行为既包括员工问题,如歧视和性骚扰,也包括信息技术问题,比如滥用网络。企业可以向员工提供培训,使他们能够对此类非伦理行为保持敏感。通过这样的培训,员工能够意识到这种行为的非伦理性。通过使员工更好地识别行为中非伦理的后果,企业能够降低此类行为发生的可能性。另外,对于所讨论的不正当行为,我们就可以清楚地了解该行为的道德强度。同时,我们也可以讨论该不正当行为的六个因素。

3.2 道德判断

一旦个人意识到某个问题的伦理含义,接下来就要理解个人如何处理这样的情况。道德判断(Moral Judgment)是指人们探寻如何处理伦理问题的过程。道德判断包含多个方面,其中三个主要方面与个人伦理观高度相关。因此,在本章节中,我们将讨论道德认知发展理论(Cognitive Moral Development)、理想主义/相对主义(Idealism/Relativism)以及伦理理论(Ethical Theories)。

3.3 道德认知发展理论

Kohlberg的道德认知发展理论是伦理判断理论中最重要的理论之一。[9]在研究该理论时,Kohlberg向儿童期到青年期的男性提出假设性的道德两难问题。[10]接着,他分析了受测人对道德两难问题所做出的自发反应。他发现,每个人在道德推理的过程中要经历六个时间阶段,并且每进入下一个阶段时,他们的伦理分析就会变得更加复杂。

第一个阶段指以惩罚和服从为价值取向的阶段(Authority/Fear of Punishment State),在这个阶段中,人们判断对错的依据是掌权者制定的规则。这个阶段的基本原理就是根据权威的期望规范自己的行为,从而避免受到惩罚。Kohlberg通过研究儿童行为得出了这个基本结论。在企业中,处于这个阶段的员工不会贿赂外国官员,因为他/她担心假如被老板发现,自己会受到惩罚。

第二个阶段指以个人的功利主义目的为价值取向的阶段(Self-interest Stage)。在这个阶段中,人们的行为将从满足自身利润最大化出发。人们的决策不再以服从权威为基本原则,而是根据自身利益做出决定。据此,有人为了提高收入,可能会向外国官员行贿来获取潜在订单。

第三个阶段指以他人期望为价值取向的阶段(Expectations of Others)。在这一阶段中,人们会根据他人或同伴的期望而判断事物的对错。[11]人们不再仅仅考虑个人利益,而是会顾及自身行为对他人产生的影响。比如,有些员工不会从事贿赂行为,因为这种行为可能会使公司遭受罚款或损害公司名誉,很多人会因此失去工作。

第四个阶段指以社会秩序与法律为价值取向的阶段(Rules and Laws Stage)。这一阶段中,个人的道德判断趋向考虑自身行为是否尊重法律以及政策。决策者判断事物对错的依据是该行为是否违反了法律法规。比如,员工决定不去贿赂外国官员,是因为他认为这种行为违反了公司的行为准则。

第五个阶段指以原则为价值取向的阶段(Principled Stage)。人们根据对错的伦理原则进行决策,并且会考虑决策对社会是否有益。在这一阶段,人们会考虑自身行为对社会所造成的影响,并且自身行为是否符合基本的社会期望。比如,个人反对贿赂行为,因为他们认为这种行为违反了当地的文化规范。

第六个阶段指以普遍伦理原则为价值取向的阶段(Universal Ethical Principles Stage)。在这一阶段中,决策者会根据大众遵循的普遍伦理原则判断一种行为的对错。这个阶段与第五个阶段的不同之处在于,本阶段讨论的原则适用于所有人群,而不仅仅局限于某个国家或某种文化。比如,员工个人决定不从事贿赂行为,因为人们普遍认为这种行为是错误的。

根据道德认知发展理论,随着人们逐渐成熟并接受伦理培训,他们的道德水平会在这六个阶段中慢慢进步。另外,每进入一个更高阶段,人们判断事物道德含义的水平就越高。调查显示,大多数成年人一般处于第三或第四阶段,[12]仅有20%的成年人进入了第五或第六阶段。另外,第六阶段由于缺乏充足的实验数据,因此更多地属于理论性阶段。

尽管Kohlberg的理论十分流行,但外界对其还是有不少批评。批评者认为人们的道德水平并不一定严格按照这六个阶段发展,[13]另外,有些人也批评了Kohlberg收集数据的方法,认为他研究的基本数据都是来源于自我报告的数据。由于调查对象可能不会透露自己的真实信息,因此自我报告的数据可能不太准确。在某些情况下,调查对象可能会夸大信息,或者为了迎合调查人的期望而给出相应的信息,这种情况下收集的数据存在缺陷。另外,Kohlberg研究此理论时,其研究对象仅局限于男性。有些人质疑这个理论是否也同样适用于女性。

对于这些批评,Kohlberg的学生Rest在其理论基础上发展出了一套新的理论。[14] Rest等人认为,可以把Kohlberg的六个阶段分成三个层次,把每两个阶段整合成一个层次。[15]在前习俗水平(Pre-conventional Level)中(阶段一和阶段二),个人行为决策取决于奖励或惩罚。在习俗水平(Conventional Level)中(阶段三和阶段四),个人根据来自家人、朋友、伙伴以及社会的外部原则和规范决定自己的行为。[16]最后,在后习俗水平(Post-conventional Level)中(阶段五和阶段六),个人行为遵循普遍的原则和价值观。为了更好地理解Rest的概念模型,表3.1中显示了当该理论运用于企业时,各个水平的特征和案例。

表3.1 Kohlberg的道德认知发展理论(Cognitive Moral Development),Rest的概念模型(Conceptualization)以及案例

Kohlberg(1969)	Rest(1986)	案　例
阶段一:以惩罚和服从为价值取向——为了避免惩罚,按规则行事	水平一:前习俗水平——强调自我	不从事贿赂行为,因为担心被老板发现后会受到惩罚

(续表)

Kohlberg(1969)	Rest(1986)	案　　例
阶段二：以个人的功利主义目的为价值取向——你帮我，我助你		从事贿赂行为，因为能获取个人利益
阶段三：以他人期望为价值取向——为了取悦他人或社会决定自己的行为	水平二：习俗水平——强调人际关系和他人利益	不从事贿赂行为，因为这种行为可能会危及公司利益
阶段四：以社会秩序与法律为价值取向——遵守法律法规		不从事贿赂行为，因为这种行为有违公司行为准则
阶段五：以原则为价值取向——根据对错的伦理原则行事	水平三：后习俗水平——强调普遍的原则和法规	不从事贿赂行为，因为这种行为违反了当地的文化规范
阶段六：以普遍伦理原则为价值取向——遵守普遍道德原则		不从事贿赂行为，因为这种行为违反了普遍伦理原则

Rest 等人对 Kohlberg 理论的改编获得了实验的验证。[17]它可以适用于不同的人群及文化。另外，个人的道德认知发展水平越高，其面临的道德选择就越少。[18]多项研究表明人们的道德认知会经历各个水平阶段，然后不断发展。更重要的是，研究还表明道德培训可以帮助人们进入更高水平的发展。

企业如何通过这些理论获益呢？请看本章的"商务伦理透视"。

"商务伦理透视"表明，企业可以通过"确定问题测验"(Defining Issues Test)来测量员工的道德发展水平。调查显示，道德培训可以帮助个人随着道德认知发展的各个水平进步，因此评估道德认知发展水平这一方法也得以使用。同样，理解各个阶段的道德认知发展水平十分有用，包括：[19]

- 企业可以在雇佣员工前评估其道德认知发展水平。这样，他们就能够排除道德认知发展水平较低以及诚实度较低的候选人。这些人更可能做出不合伦理的行为。事实上，Venezia 等人的研究显示，在接受调查的学生当中，处在前习俗水平的学生说谎的可能性大于处在后两个水平的学生。[20]这也证明了一点，即处在 Rest 等人提出的道德认知发展理论中低水平的人更可能卷入非伦理行为。
- 评估现有员工的道德认知发展水平。企业可以向道德认知水平较低的员工提供更为广泛的伦理培训。当前研究显示，短短几周的商务伦理培训就能够提高学生的道德认知水平。[21]在两个案例中，学生仅收到了与典型商务课程有关的信息，但其道德认知判断水平已经得到了提高。企业可以向其员工提供同类的伦理培训，定期评估员工的道德认知水平，确定其进步程度。
- 企业也可以向员工提供目标明确的培训，即让员工考虑实际存在的伦理难题，并评估员工对这些问题的反应。随后，企业通过让员工讨论需要考虑的因素，给出企业希望从员工身上看到的反应。

- 道德认知发展理论也得到了跨文化验证。这表示，伦理培训在跨国企业中也能奏效，并且可以在全球范围内使用。

> **全球商务伦理透视**
>
> **确定问题测验**
>
> Rest 等人的"确定问题测验"为企业评估道德认知发展水平提供了一个最好的方法。[22] 此方法通过向调查对象提供伦理难题以及可能的解决方案，促使他们激活自身的道德判断界线。在测试中，调查对象会面临六个伦理难题假说。比如，调查对象遇到这样一个案例：丈夫要购买一种新开发的药物来治疗妻子的癌症，但是药剂师的要价是药物成本的十倍，而这个丈夫只能借到一半药费。他请求药剂师将药费便宜一半，或者允许他以后付清药费，但药剂师拒绝了，说药物是他发明的，他要利用它赚钱。于是，这个丈夫就想去药房偷药。这时，调查对象面临三个选择：偷，不偷，犹豫不决。随后，调查方又向他们提供了有关这个问题的一些考虑因素，并要求他们在做决策时对这些因素进行评价和排序。这些因素包括：为濒临死亡的妻子偷药是否正确；药剂师如此贪婪，他的药被偷是否是罪有应得；是否要维护法律的尊严等。根据调查对象对这些因素的评价和排序，可以得出调查对象的道德认知水平。比如，处于后习俗水平的人选择不去偷窃，因为他们认为应该尊重药剂师的发明权（这是一个潜在的普遍原则）。
>
> 摘自 Kish-Gephart, J.J., Harrison, D.A., and Trevino, L.K. 2010."Bad apples, bad cases, and bad barrels: Meta-analytic evidence about sources of unethical decisions at work." *Journal of Applied Social Psychology*, 95, 1, 1–31; Narvaez, D. and Bock. T. 2002. "Moral schemas and tacit judgment or how the Defining Issues Test is supported by cognitive science." *Journal of Moral Education*, 31, 3, 297–314.

3.4 道德哲学：理想主义和相对主义

除了根据道德认知发展水平做出道德决策以外，有些人认为人们的伦理决策也受他们伦理决策方法的影响。[23] 在这点上，**道德哲学**(Moral Philosophies)是指个人做出伦理决策时所倾向的方式。换句话说，道德哲学"指为判断和解决存在伦理问题的行为提供指南……的伦理系统"。[24] 尽管道德哲学包含多个方面，但其中两个方面在商务伦理学中备受关注。因此，本章节讨论理想主义(Idealism)与相对主义(Relativism)这两个方面。Forsyth 认为，大多数人都可以被划分进这两大类型。

理想主义指个人在做决策时会最小化对他人的伤害并最大化对他人的益处。个人的理想化程度越高,就会越关注他人的利益,越注意减少对他人的伤害。例如,如果为表现好的员工升职可能会使其他员工下岗,那么理想主义程度很高的经理则不太可能会为其升职。[26]相反,理想主义程度相对较低的人就会认为,有些决策不可避免地会伤害到某些人。因此,这些人可能会做出"两害相权取其轻"的选择。[27]

相对主义则指个人决策时无条件遵循普遍原则、注重伦理后果的程度。相对主义程度最高的人认为,不存在必须遵循的普遍原则、法规及规范。[28]比如,相对主义者可能认为血汗工厂是可接受的,因为替股东追求利益,就需要员工在此等工作环境下尽力工作。相反,相对主义程度低的人认为,任何时候都须遵循普遍的道德原则。

为了更好地理解理想主义和相对主义,表3.2列出了进行这两个方面评价时,向调查对象提出的几个典型问题。

表3.2 相对主义和理想主义问题

相对主义问题
1. 明确自身行为不会丝毫伤及他人
2. 不能让他人冒任何风险,不管风险多小
3. 决不能在心理或生理上伤害他人
4. 绝不从事可能危及他人尊严和利益的行为
5. 任何伤及无辜的行为都应终止
6. 通过权衡某行为可能产生的好坏后果来决定是否从事这样的行为本身就是不道德的行为
7. 在任何社会中都应最大程度上关注人民的尊严及利益
8. 绝不牺牲他人利益
理想主义问题
1. 道德行为是指接近"完美"的理想行为
2. 没有任何一个伦理原则重要到在每个伦理规范都包含此原则
3. 从一种环境和社会转移到另一种环境和社会时,伦理会产生什么变化
4. 道德标准应该个性化,某些人认为是道德的行为在另一些人看来可能是不道德的
5. 不同类型的道德不可用来互相对比"正确性"
6. 规范所有人的伦理标准这个问题永远得不到解决,因为道德与否的判断标准因人而异
7. 道德标准只是个人的原则,用来规范个人行为但并不适用于评价他人
8. 人际关系的伦理因素十分复杂,因此应该允许个人形成自己的原则
9. 刻板地规范某个伦理立场来阻止某些行为会阻碍人际关系更好地发展
10. 关于撒谎的规范还未被制定出来,谎言是否"可行"完全取决于当时的情景
11. 判断谎言是否道德取决于当时的周围环境

最近一个研究综述显示,同预期一致,相对主义程度高的人更可能在工作中做出非伦理性的决策。[29]这表明这些人更容易利用现实状况来为自己的非伦理决策辩护。另外,同一研究综述也表明,个人的理想主义程度越高,在工作中做出非伦理性决策的可能性越小;同时,理想主义程度越高,越容易认识到自身行为对他人产生的负面影响。

其他研究也证实,了解理想主义和相对主义具有实用性。Henle、Giacalone 和 Jurkiewicz 研究了理想主义和相对主义如何对工作场所偏离行为产生影响。[30]工作场所偏离行为(Workplace Deviance)是指违反公司规范和政策的行为,同时该行为有可能威胁公司及员工利益。在对工作人员的研究中,Henle 等人表示,理想主义与工作场所偏离行为呈负相关,而相对主义会与工作场所偏离行为呈正相关。另外,研究还显示,高理想主义和低相对主义的人员卷入非伦理行为以及工作场所偏离行为的可能性更低。但是,这种情况在其他国家也是一样的吗?请看本章的"全球商务伦理透视"。

显然,上文表明理想主义和相对主义在跨文化环境中也能起同样的作用。对跨文化环境的进一步研究也证明了这一点。Forsyth 等人在来自 29 个国家的 30 230 个调查对象中抽取了 139 个样本,并对这些样本进行了评价。他们发现,理想主义和相对主义在全球范围内普遍存在,并且这两个概念在全球范围内变化可以预测。[31]

全球商务伦理透视

中国的理想主义和相对主义

当前,中国的从业风气中行贿送礼的现象。事实上,最近调查显示,贿赂官员不仅包括送钱和其他一些昂贵的家用电器,还包括送股票、房子、海外旅游。但是,中国政府已经开始打击贿赂行为,任何被抓到受贿的官员将被处以严重的惩罚。

毫无疑问,个人行贿的倾向取决其道德哲学。在这种情景下,最近的一项研究调查了理想主义和相对主义如何影响到 224 名中国大陆经理对行贿送礼的看法。行贿物品通常是一份足以影响到收礼人决策的大礼。但是,送礼反映出的是送礼人和收礼人的关系。

研究结果表明,相对主义对贿赂行为持肯定态度,而理想主义却是否定贿赂行为。换言之,相对主义程度较高的人更可能赞成行贿,但理想主义程度较高的人则更可能反对行贿。这项结果更加证明了理解相对主义和理想主义的实际意义。

但是,结果显示,理想主义和相对主义无法影响送礼行为。这表明,送礼是一种广泛接受的商业惯例,它表达了送礼人的感激以及双方的友情。在中国,送礼被广泛接受,因此这算不上伦理问题。

摘自 Tian, Q. 2008. "Perception of businesss bribery in China:The impact of moral philosophy." *Journal of Business Ethics*, 80, 437–445.

鉴于相对主义和理想主义的实用性,建议企业应该做到:

- 从基本层面上,研究提供了有力证据,证明具有低水平理想主义和高水平相对主义的人倾向于做出非伦理的行为。因此,企业使用表 3.2 中的问题来评估潜在新员工的相对主义和理想主义水平,并根据结果考虑聘用具有高理想主义水平、低相对主义水平的候选人,这可以保证新员工产生偏离行为的可能性很低。
- 尽管人们的相对主义和理想主义的水平相对稳定,但最近一项调查显示,短短一周的商务伦理培训会改变人的相对主义和理想主义水平。在一项研究中,约 100 名德国学生作为调查对象接受了商务伦理培训课程,与培训前的相对主义和理想主义水平相比,接受课程后,他们的理想主义水平得到显著提高,而相对主义水平也有明显下降。
- 如图 3.2 所示,经过商务伦理课程培训后,学生的相对主义和理想主义水平发生了相当大的变化。理想主义水平得到提高,而相对主义水平有所下降。虽然这种改变是否能持久还有待考察,但这也证明了商务伦理培训是有用的。特别是,如果企业通过提供培训,强调员工必须遵循普遍道德准则或公司的准则,并且要求员工不得在任何情况下伤害他人,那么企业能够提高员工理想主义水平并降低相对主义水平,至少在短期内可以实现这一点。

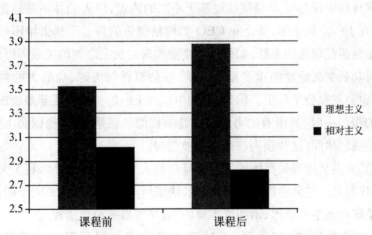

图 3.2 培训者参加商务伦理课程后相对主义和理想主义发生的变化

3.5 伦理理论

道德哲学的最后一个方面就是伦理理论。伦理理论是指以可以接受的方式解决伦理困境所考虑的因素。当经理们面对伦理问题时,伦理理论能够使其对伦理决策的整个过程有深入了解。通过了解经理们如何做出决策,企业能够理解做出此类决策的原因,并促进决策过程的改进。我们将深入讨论两个比较著名的伦理理论,即功利主义理论

（Utilitarian Theory）和康德伦理学（Kantian Ethics）。

功利主义伦理（Utilitarian Ethics）的基本前提是行为的道德价值取决于该行为的后果。[32]尤其在面临很多潜在选择时，个人会考虑行为可能造成的好坏后果才做出决策。个人做出的选择会使益处最大化、害处最小化。比如，某企业的 CEO（首席执行官）正考虑关掉德国的工厂而转去中国开厂。功利型的 CEO 会考虑此举的得与失：假如关掉德国工厂，那么企业能在中国提高效益，但却会因为关闭德国工厂而损失公司在该国的声望；假如继续经营德国工厂，长此下去会损害企业的竞争优势，但会加强与德国员工的关系。因此，根据功利主义伦理，该企业的 CEO 会选择能够获得最大净利润的做法。因此，功利主义伦理建立在利润最大化和损失最小化的前提之上。该理论也认为，任何决策都可能造成伤害，但强调行为产生的最好结果。功利主义伦理还认为所有事情都能够被评估。

综上所述，功利主义伦理对企业的决策有很多益处，它为企业估测决策后果提供了一个很简单的方法。功利主义伦理让决策者考虑各种决策可能带来的得与失，如此一来，决策者进行决策选择变得十分方便。另外，功利主义伦理不会偏向任何决策涉及的团体，这使决策变得更加客观。

然而，除此之外，功利主义伦理也遭到了一些最严厉的批评。首先，很多人认为并非总是能够精确地预测得与失。[33]预测往往基于不同的假设，但人们并不是总能做出精确的预测。比如，在上一个例子中，该企业 CEO 如何精确估测将工厂移去中国可能造成的声望损失？假如继续经营德国工厂，如何评估企业改善与员工之间的关系所得的收益？

另一个对功利主义伦理的重要批评就是，在估算得与失时，少数人的需求总是被忽略，人们往往也会忽视公平公正。例如，上例中德国工厂的员工可能都是德国人。当评估在中国开厂的得与失时，其所有的考虑因素是一样的。但是，假如德国员工失业，则所造成的损失会偏高。然而，这些损失往往容易被忽视。

最后，对功利主义伦理最严厉的批评就是忽视人们的权利。[34]对功利主义伦理学家来说，侵犯他人权利是无关紧要的，最重要的是，决策所产生的益处是否大于所产生的害处。为了更好地了解功利主义伦理，请阅读本章的"战略性商务伦理透视"。

"战略性商务伦理透视"表明，将功利主义伦理推向极限十分危险。福特公司（Ford）在面对竞争并想要实现自己的战略目标时，其员工做了一系列假设及估算，但到头来，这些假设及估算是有害的。

现存的证据显示，功利主义也有其他解读。康德伦理学指的是"遵循普遍规范，了解人们应该做什么，怎么做，哪些对，哪些不对"。[35]与功利主义伦理学不同，康德伦理学认为行为结果与行为本身是不相关的。任何行为的道德价值只在于行为本身，在于行为是否遵循普遍规定与法则。

康德认为，普遍通用的规定和准则（即他所指的"绝对命令"）应该建立在无条件的纯粹判断和逻辑基础上。[36]绝对命令概念所表现的形式是"你应当这样做"，并且这一规定中没有例外。因此，康德伦理学认为，行为的条件或者结果与所做决定的道德价值无关。

商务伦理战略透视

福 特 平 托

个人在做决定时如果仅仅是从功利主义伦理学出发,会出现什么后果呢?也许福特平托油箱爆炸案正是这样的案例之一。1968年,面对着严峻的竞争形势,福特公司决定投产福特平托车型。福特平托是一款超小型车,当时零售价为2 000美元。为了能在1971年做出生产样车,福特公司急切地把设计付诸生产。然而,必须在磨具生产过程中对设计作出修改。设计车型过程中,国家高速公路交通安全管理局就要求福特公司重视新安全标准中规定的车厢后部受到撞击后,每小时20英里无耗油。平托车型并没达标,虽然这个问题只需要在油箱上装一个橡胶囊就能解决,仅多花11美元,但福特公司仍决定不加改进。福特公司的工程师们从功利主义伦理学的角度出发,决定不添加橡胶囊。

福特公司基于功利主义伦理学的考虑,即成本效益分析,做出了决策。公司通过预测,为每辆车增加安全装置要花费11美元,1 100万辆轿车和150万辆卡车共将花费1.375亿美元。

为了判断获利多少,福特公司估算了一下如果不增加安全装置可能带来的损失。依据国家高速公路交通安全管理局的计算,交通事故每个死亡受害者造成的社会损失按为20.072 5万美元,公司还估算,重伤者每人赔偿6.7万美元,毁损车每辆赔偿700美元。假定180人因车辆起火死亡(20.072 5万美元×180),180人受重伤(67 000美元×180),2 100辆撞坏的车要修理(700美元×2 100),福特公司计算出收益总计是4 950万美元。

这样看来,维修用远远大于收益,所以福特公司决定不安装橡胶囊保护装置。因为福特公司所做的假定是错误的,这一决定使其损失惨重。因受害者受到了许多实质上的伤害,由此引发了许多诉讼案。更严重的是,在一起车祸中,由于车尾被撞,导致油箱爆炸,车上的三个少女当场死亡,福特公司差点因此面临谋杀的指控。

摘自 Shaw, W.H. and Barry, V. 2011."The Ford Pinto." In *Moral issues in Business*, Florence, KY: Thomson-Wadsworth, p.79.

康德伦理学提出了做决定时需要遵循的几个绝对命令。第一,所做的决定必须是能被普遍接受的。根据康德的理论,个人应当"按照你同时认为也能成为普遍规律的准则去行动"。[37]换句话说,如果个人可以以某种方式行动,并且有信心相信这一行为会被普遍接受,那么,康德认为这一行为就是道德的。例如,因为说谎永远都不会成为普遍法则,所以人们应避免说谎。一旦说谎可能被普遍接受,那么信任以及其他社会功能的重要方面将彻底瓦解。

第二，任何决定都应该尊重人类的尊严。你的行动，"要把你自己身上的人性，和其他人身上的人性，在任何时候都同样看作是目的，永远不能只看作是手段"。[38]具体说，康德伦理学相信，每个人类个体都拥有固有价值，应该受到尊重，有尊严地对待。

再看之前关闭德国工厂、将其搬迁到中国的案例。在康德伦理学看来，应该继续在德国开工厂。两个绝对命令都要求不能关闭工厂：关闭工厂的行为不可能是普遍行为；下岗员工会认为自己没有受到尊重和有尊严地对待。

康德伦理学为做组织决定提供了许多好处。首先，通过强迫决策者只考虑普遍法则，康德伦理学帮助产生了不受特定情景限制的普遍决定。其次，与功利伦理学不同，康德伦理学强调尊重人类。这一人文主义视角是该理论最受重视的一个方面。最后，康德伦理学注重原则，而不是行为的结果。因此，决定具有优越性。

尽管有上述好处，康德伦理学也受到了一些批判。康德伦理学没有提供像功利主义伦理学那样实用的指导。例如，不要把人看作是达到目的的手段是什么意思？我们再看德国工厂案例，新厂所在地以及那些可能成为新厂员工的中国工人却得不到工作了，那又如何解释呢？此外，忽略情景并不实际。例如，有这样一个案例：一家公司可能决定给老顾客提供额外福利或优惠待遇。单纯从康德的理论来看，可能认为这家公司的做法是不道德的。优惠待遇并不一定符合普遍的道德准则。因此，在这样的案例中，有必要将情景因素考虑在内。最后，康德伦理学把做出道德选择的责任放在了每个个人身上。也就是说，责任只在自身，并没有考虑社会共识和动态。

如上所说，功利主义伦理学和康德伦理学为做决策提供了不同的关注焦点。理解人们做决策时采取的是哪种理论是很有用的。从组织角度来看，可以培训员工掌握这两种方法，鼓励员工在做决定时综合使用两种方法。如上所述，两种方法都有明显的优点，这些优点都应该受到关注。特别是：

- 应该强调功利主义伦理学的优势时，就用功利主义伦理学来培训员工。成本与效益分析是很实用的工具，通常都能提供非常准确的决策。通过仔细考虑每个决定的成本与效益，决策者能够发现一些可能需要解决的意想不到的问题。此外，功利主义伦理学鼓励决策者全面考虑一项决定可能带来的影响。
- 也可以用康德伦理学培训员工，尤其是当决策涉及重要的人力成本时。具体说，康德伦理学强调遵循普遍原则，员工培训可以把普遍原则作为行为准则的一部分。例如，当一个决定可能会损害到其他国家人的利益时，康德伦理学可以提供解决方法。当决策涉及人力成本时，尊重人类的绝对命令非常适用。

3.6 道德脱离与偏见

对于影响个人伦理的因素，之前讨论的问题提供了一些视角。按照常规，企业会设计伦理培训,并针对这些因素规划相关项目,保证员工行为符合伦理。然而,尽管有这些培训,尽管人们也是出于好意,但不道德的行为依然常常发生。为什么还会出现非伦理行为呢?为什么自认为伦理意识的人会参与那些明显不合伦理的行动呢?要检查其中一些诱导有伦理意识的个人做出不道德行为的因素,我们先看看本章关于烟草行业决策者行为的商务伦理透视。

从有关内容可以看出,尽管有大量证据证明的错误行为,人们还是经常卷入其中。几十年的证据证明,吸烟和肺癌之间存在联系,但是烟草行业决策者们为什么否认这一联系呢?他们为何会选择一个销售有害产品的行业呢?他们怎么能否认香烟会使人上瘾呢?尽管有强烈的内在伦理准则,这些人还是情愿转变自己的伦理观,为自己的不道德行为辩护。因此,本章这一部分的重点,就是要理解为何人们会反复地做出不伦理的行为,尽管他们清楚地知道这样的行为是不道德的。为什么烟草行业的高管们会参与这些明显不合适的行为,并且坚决相信他们的行为是道德的?要理解为什么会出现这些情况,我们就需要考虑到道德脱离与偏见。

商务伦理透视

烟草行业决策者与烟草伦理

在众多经常会接受审查的行业中,烟草行业无疑是最多的。几十年来,人们一直在审查烟草公司的活动和行为,其高层也同样受到密切的关注。数年来对该行业高层决策的调查显示,存在一种欺骗和不诚信的商业模式。烟草行业决策者一直在用誓言为行业和产品辩护,这些决策者公开辩称,烟草产品不会使人上瘾,如果使用得当,对健康是无害的。他们还参与许多其他活动,说明他们在认知上认为这些非伦理行为是正当的。也就是说,这些决策者已经形成了一种机制,为其不合伦理的行为进行辩护。

专家称,这种欺骗模式始于1953年12月,当时,五大烟草公司的首席执行官开会讨论策略,以应对把吸烟与肺癌联系起来的科学研究。由于政府、消费者和控烟倡导者等利益相关人员都试图控制烟草,烟草行业决策者们认识到该行业正面临危机。所以,他们决定提供证据,证明统计关联并不能表示吸烟导致肺癌。从研究的层面上看,证明因果关系的唯一决定性方法就是做实验,在可控的试验状态下对吸烟者和非吸烟者进行对比。显然这样的实验无法操作,因此,烟草行业决高层反驳称,由于无法进行实验,统计关联结果应该大打折扣。

除了否认吸烟与肺癌存在联系以外,这些决策者们还参与了其他许多明显不合伦理的行为。例如,他们辩称,吸烟者有选择权,而且他们自己选择了吸烟。于是,在为

> 产品作辩护时,他们把责任都推到吸烟者身上,而不承认烟草行业的责任。在另一个例子中,在一次招待会上,当问到烟草行业决策者们为什么他们自己不吸烟时,回答是:"我们不吸烟,只卖香烟。我们把香烟省下来给年轻人、穷人、黑人和蠢人。"
>
> 摘自 Armenakis, A. and Wigand, J. 2010. "Stakeholder actions and their impact on the organizational cultures of two tobacco companies." Business and Society Review, 115, 2, 147-171.

道德脱离的目的是解释为什么某些人拥有道德标准,却还会做出不合伦理的行为。[39]然而,要理解道德脱离,就必须先理解社会认知理论。具体地说,班杜拉(Bandura)提出了社会认知理论,认为多数人都已经建立起"个人道德行为标准……指导良好行为,阻止不良行为"。[40]人们在考虑如何行动时,会用个人标准来监督其行为是否道德。如果他们感觉自己的行为不符合道德标准,就有可能不采取那样的行为。

但是,班杜拉认为,每个人都有激活或清除道德规范的能力。[41]道德脱离(Moral Disengagement)指的就是这种清除道德规范的过程,即,面对与他们自身的个人标准不同的潜在行为时;人们可能会选择清除原有标准,继续做出这一行为。因此,道德脱离帮助人们为违背其道德标准的行为做辩护。

班杜拉认为,道德脱离可以通过八种机制实现,这八种机制可以归纳为三类为不道德行为辩护的形式。第一类是行为的认知重建,即人们通过对行为的认知重建而使其为社会所接受。认知重建包括三种道德脱离机制,即道德证成(Moral Justification)、委婉标签(Euphemistic Labeling)和有利比较(Advantageous Comparison)。通过道德辩护,个体可以对某些行为进行重新解释,使之在道德上看似合理。比如,企业的高管可能会为其在国外工厂雇佣童工进行辩护,称如果这些儿童不在其工厂做工,他们可能会为了维持生计而做出其他更加不体面的行为。[42]委婉标签是指个体通过使用道德上中立的语言让原本应受谴责的行为变得似乎不那么有害。比如,因不明情况而射向友军的炮火被称为"友善之火",在战争中杀害平民被称为"附带伤害"。在决策者的看来,运用不同的术语可以减少行为不道德的本质。有利比较是指个体把不道德行为与更加有害的行为进行比较,进而使原先不可接受的行为变得看似可以接受。就像德特尔特等人所说的,一名学生可能会向另一名通过不正当途径获得考题的学生询问考试的大致内容,辩称询问大致内容要比询问具体考试题目的问题要小。

第二类道德脱离是指将不道德行为的责任影响最小化,包括责任转移、责任扩散和扭曲不道德行为结果。责任转移(Displacement of responsibility)指的是行为人把不道德行为的责任归咎于其他因素。例如,店员谎报某个季度销售额,并称该行为是老板授权的。在这些案例中,员工会将行为责任归因于老板。另外,集体的不道德行为可能会引发责任扩散(Diffusion of Responsibility),如董事会成员个人可能会认为关闭工厂这一决定应该是整个团体的责任,并不是个人决定。扭曲不道德行为结果(Distortion of

Consequences)指的是个人撇清其行为与行为所产生的危害。例如,顾客可能会把使用过的产品退回,理由是这种不道德行为明显不会影响出售该商品的大公司。

最后,第三组道德脱离机制包括非人化和过失归因,其关注的焦点在于所攻击对象的不利行为。当某项决策的对象被贬损为或被认为"非人类"时,便会产生非人化道德脱离(Dehumanization)。比如,一个公司全然不顾河中的野生生物的生死而将有毒污染物倒入河里,因为他们觉得这些被毒死的生物是低等生物,是非人的。过失归因(Attribution of Blame)是指决策者把决策产生的过失推给决策对象。正如德特尔特等人所讨论的,一些人认为折磨恐怖主义者这一行为是可以接受的,因为他们咎由自取。表3.3归纳了道德脱离机制的类型及烟草行业主管是如何运用不同的道德脱离机制来为自身行为进行辩护的。

如表3.3所示,道德脱离机制的使用太过极端会带来危险。表3.3及先前在商务伦理透视中的讨论表明,烟草行业的主管们靠道德脱离机制为他们的非伦理决策进行辩护。比如,主管们频繁使用结果曲解法来说明吸烟对人的身体无害,他们以统计相关性(吸烟程度与人体受害程度正相关)并不能说明两者具有因果关系(一件事情引起另一件事)为由,将几十年收集的有关吸烟对人体有害的证据推上了被质疑的浪尖。道德脱离机制的运用使得工作场所骚扰情况后果严重,而克莱伯恩的研究结果为此提供了进一步证明。工作场所骚扰指的是组织中的不良人际关系使得组织内的员工有受害感,目前此类骚扰似乎相当普遍。克莱伯恩发现,那些允许员工被骚扰的组织很有可能让他们的员工运用道德脱离机制,使其伤害和骚扰他人的行为正当化,这样,受害者的感受反而为伤害他人的行为提供了正当理由。

表3.3 道德脱离和烟草行业

道德脱离机制种类	以烟草行业为例
道德证成	烟草行业的员工把他们的工作性质重新定义为是在一种有回报的环境下工作,而非香烟销售。以下的引述很有代表性:"我必须跟你讲清楚,每天在你周围活动的那些人以及你所处的环境是你的良好生活质量的非常重要的组成部分……你否认那些问题……问题的关键在于乐于做你正在做的事情"
委婉标注	检查烟草行业的相关文件,你会发现他们竭力吸引未满18岁的顾客。然而,文件中并未使用"未成年吸烟者"这样的字眼,倒是使用了"新型吸烟者""超前吸烟者"和"初级吸烟者"等代名词
有利比较	烟草公司主管们会使用以下说法为自己的行为进行辩护,即"其他公司也是这么干的"
责任转移	烟草公司主管们以公司未违反任何规章制度为由,称其行为是获得允许的。如果非要把责任归咎于谁的话,那监管者首当其冲,因为他们未能制定相应的法规

(续表)

道德脱离机制种类	以烟草行业为例
责任扩散	顶级烟草公司的七位首席执行官出席美国国会,扬言吸烟不会上瘾
结果曲解	公开质疑"因果关系"假设。烟草公司主管们试图引起人们对"吸烟与肺癌有一定联系"这一假设的怀疑,尽管统计数据表明两者联系紧密
非人化	烟草公司主管们辩称自身并不吸烟,而是把"是否吸烟"这一选择权交给"穷人、黑人及蠢人"。一名男子在其妻子死于吸烟后,控告烟草公司却被告知其得不到任何赔偿,因为他的妻子曾承认自己很享受吸烟的过程,且吸烟赐给她无限魅力
过失归因	将责任归咎于吸烟者自身,因为这是他们自己的选择,享受的人也是他们自己,享受吸烟带来的魅力的人也是他们自己

总而言之,目前对道德脱离机制的研究表明,道德脱离机制会给公司带来灾难性影响。因此,对公司来说,找到限制道德脱离发生率的方法十分重要。该怎么做呢?以下是本书给出的建议:

- 公司应创造一种能让员工免遭骚扰的伦理文化。正如克莱伯恩认为的那样,如果员工在不正文化之风下工作的话,他们很有可能采用道德脱离机制伤害他人。在第十一章中,本书将详尽说明如何在公司创造伦理文化。
- 在筛选申请公司工作岗位的应聘者时,公司应慎重审查,确保所雇佣的人是道德脱离水平低的应聘者。怎样鉴定应聘者的道德脱离水平呢?表3.4给我们列出了一些可以用来评估不同的道德脱离机制的典型问题,公司可以此来评估新雇的员工。
- 对容易采用道德脱离策略的人进行一定的培训。可以根据个人工作环境的不同采取不同的培训方案,给员工提供能够准确地反应和描述各种道德脱离机制的例证,以使培训和他们的工作地点更加相关。培训内容应包括告知员工道德脱离机制潜在的危险,以及员工防范道德脱离行为的必要性。
- 公司委派道德规范官员,评审组织内项目的决策程序。道德规范官员应具有专门的能力,可以检查含有潜在伦理问题的项目,并确定项目是否使用道德脱离机制。道德规范官员应小心提防,仔细审查诸如"所有人都在做这样的事""它并没有对任何人造成伤害"此类的话,确保参与项目的人员不与道德脱离机制沾边。

此外,德特尔特等人的研究结果(2008)表明,同感能力强且不愤世嫉俗的人采用道德脱离策略的可能性比较小,公司应重点雇佣此类人。

表 3.4 道德脱离问题

道德脱离机制种类	道德脱离问题
道德证成	• 为保护朋友而打架,这一行为是可取的 • 为满足家人的需要,即使偷窃也是无可厚非的 • 攻击威胁家人荣誉的人是无可指责的 • 为了让朋友远离麻烦,撒谎也是可取的
委婉标注	• 让朋友分享试题是帮助朋友的一种方式 • 背后议论别人不过是游戏的一部分 • 未经允许而查看朋友的作业不过是"借用" • 偶尔"爽一下"也不是什么坏事
有利比较	• 跟其他人的作弊行为相比,平时学习不用功根本不算什么 • 与人们所做的其他违法事件相比,在商店买东西不付钱并不是那么严重
责任转移	• 如果人们的生活水平差,虽然他们有攻击性行为,也不该受到责备 • 如果教师不惩戒作弊者,那就不该怪学生作弊 • 不该责备那些被迫做某些事的人 • 行为不端的人不应该受到责备,如果他们是被朋友迫使才做出那些行为的话
责任扩散	• 团队造成的麻烦不应该只责备其中的某一个成员 • 如果其他同学不顾后果,做出违反规则的行为,不该责备提出违规建议的学生 • 如果一组人员共同决定做某件有害的事,责怪任何个人都是不公平的 • 如果一组人员给某人或物带来损害,不可责备一个在损害事件中只发挥很小作用的成员
结果曲解	• 撒点小谎无可厚非,因为它们未带来任何伤害 • 人们不介意被取笑,因为被取笑说明别人对他们有兴趣 • 取笑别人事实上伤害不了他们 • 侮辱性的话语或行为并不伤人
非人化	• 有些人就是活该被别人当畜生对待 • 对那些表现得像个"可怜虫"的人,对他们不好也无可厚非 • 那些让人讨厌的人不值得我们把他当人看 • 有些人本来就没心没肺的,什么话都伤不到他们,所以就该粗暴地对他们
过失归因	• 如果某个人东西乱放,被偷也是他们自己的错 • 那些被虐待的人通常都是之前做过什么不好的事情,因此遭到了报应 • 如果经理虐待员工,员工在工作中即使行为不端也不用承担责任 • 学生在课堂上有不当举止,那也是老师的错

3.7 无意识偏见

上一节讨论了一些具体的机制,说明个人是如何有意识地为非伦理行为进行辩解。

但对于上述做法有一些专家学者不予同意,他们认为有时候人们会在自己都不知道的情况下做出违背伦理的行为。正如上述所言,当"好心的人在犯糊涂的时候,会让无意识的思想和感觉影响表面上看起来比较客观的决定"[49]之时,**无意识偏见**(Unconscious Biases)就随之产生。在本章最后一节中,我们审视了某些无意识偏见,并讨论了公司如何能避免这一情况的发生。

根据 Banaji 等人,以及 Bazerman 和 Tenbrunsel 的说法,公司经理可能在几种潜在的偏见影响下产生非伦理行为[50]。如果人们在无意识偏见和看法的影响下评论别人,就会产生**隐性歧视**(Implicit Prejudice)。之所以会发生隐性歧视,是因为人们将员工的特点和公司的业绩挂钩,但没有意识到这两者的关系是不准确的。例如,Hopkins 诉普华永道一案中,一名女员工起诉公司无视她为公司优秀员工的事实,而不给予她合作伙伴的职位。这个案件表明,许多公司的评估人员因为固有的性别歧视而产生严重的隐性歧视。例如,有的评估人员会觉得他的女员工相比较于男员工而言不应拿到那么高的薪酬,并且认为她们应该去礼仪学校进行培训。所以,隐性歧视的代价是非常昂贵的,正如普华永道一案,最终公司给予员工 Hopkins 高达 2 500 万美元的赔偿。

另一个可能影响员工的无意识偏见还发生在**集团内部的偏袒**(In-group Favoritism)中。根据 Banaji 等人(2003)的研究,之所以会有集团内部的偏袒,是因为人们喜欢那些和自己有相同性格特点的个人,如两人来自同一所学校,同属一个阶级或是同信一种宗教等。例如,一个公司的经理可能会无意识地偏袒和自己来自同一所学校的工商管理硕士的应聘者,因此他们不是客观地考虑所有的应聘者适合什么岗位,相反,因为某个应聘人员的一些具体特点而给予偏袒。

另外一种非常重要的偏见称为动机性盲目。如果某种行为对自己有益,他们就会对于非伦理行为采取视而不见的态度[51],这时**动机性盲目**(Motivated Blandness)就会产生。例如,一个公司经理可能会对公司销售人员的假账投诉视而不见,仅仅因为这个销售人员在公司里的优异表现。在这种情况下,公司经理可能就会无意识地忽视非伦理行为,而对于员工的销售业绩更为重视。然而,正如我们在本章"商务伦理透视预览"中看到的一样,忽视不道德的行为可能会导致危险的后果。安然公司(Enron)对于审计不当不予重视,导致安然公司(Enron)和 Arthur Anderson 审计公司最终倒闭。

最后,另外一种影响决策的无意识偏见称为利益冲突。当采取决策时,如果决策者因为某种决策而深受其益,**利益冲突**就会产生。正如 Banaji 等人所说,尽管在 2000 年纳斯达克指数降低了 60%,但是大多数的股票经纪人建议他们的顾客购买或者不要抛售自己手中的股票[52],之所以会发生这样的事情,是因为大多数的经纪人的收入以与顾客的关系深浅为基础,若建议抛售自己手中的股票,经纪人与客户的关系就会结束。结果,经纪人会无意识地建议顾客购买或持有手中股票,以延长与顾客的业务关系,这样他们就可以得到报酬了。

鉴于无意识偏见的存在,对公司而言,采取措施防止类似事件的发生至关重要。公司非常有必要考虑以下步骤[53]：

- 首先，公司应该收集数据，以决定公司员工是否有隐性歧视的行为。如果决策制定机制与隐性歧视有直接关系，那么公司有必要为员工进行培训，帮助他们摒弃偏见。务必让员工自己知道这些偏见是如何影响他们的，这点至关重要，这样员工在今后决策的时候会更加小心。除此之外，专家学者还建议员工参加隐性关联测试，以决定自己是否存在偏见（见本章"网络活动"）。
- 公司还可以培训员工为别人着想的习惯。当决策制定完毕以后，员工应该考虑一下这样的决策对于其他少数群体或者其他处于劣势地位的群体而言会有什么样的影响，让员工意识到，如果自己处于不同的地位，是否会做出不一样的决定，这一点是非常重要的。
- 公司进行培训时，不应让员工仅重视公司效益或忽视非伦理行为，而应让他们知道决策制定背后的具体过程。公司应该实施一套体系，员工若想获得业绩，不得忽视非伦理行为。因此，公司需要感化员工，让他们知道伦理行为的重要性。
- 培训员工了解利益冲突的存在。虽然决策者可能会无意识地受利益冲突的影响，但是公司可以将其员工置于一种潜在的工作困境之中，并使其了解并避免此种利益冲突。让公司员工意识到利益冲突的存在会将这个问题转化为有意识的行为。

本章小结

本章探讨了理解个人伦理的众多因素。为全面讨论这些因素，图3.3展示了相关因素不同的类型。

如图3.3所示，第一部分的相关因素是道德意识。调查显示，人们并非总是能够理解各种情况的道德含义。为了更好地理解这些含义，读者应该掌握图3.3中六种构建道德意识的要素。研究还表明，高层次的特点适合构建高层次的道德意识。此外，还讨论了公司可以采取的加强道德意识的相关措施。

第二部分的相关因素与道德判断有关。具体来说，道德判断主要针对人们如何制定具有道德含义的决策过程。道德判断的第一个方面是Kohlberg关于道德发展的六个阶段。Kohlberg认为，人的一生中会经历各种各样不同的心理发展阶段，基本而言，更高层次的阶段隐含更高层次的决策。本章还论述了相对主义和理想主义，以及在此层面上更高的评定含义。本章最后探讨了道德理论，讨论个人是如何进行决策的。本章内容涉及功利主义学说和康德伦理学中的众多设想，并且讲述了如何将这些理论与更好的决策结合起来。

如图3.3所示，本章的第三部分即最后一部分讲到了道德脱离机制和无意识偏见。此部分主要论述了为何人们认为自己是道德的同时故意参与非伦理行为。道德脱离是指人们如何通过几种机制有意识地使非伦理行为合理化。与之相反，偏见主要与做出非伦理决定时的无意识影响有关。

总之，本章讨论了决定非伦理行为的主要因素。如果公司花费一些时间和精力来正确理解这些个人层面的伦理问题，就能够采取措施保证伦理行为的实施。然而，后面也会讲到，工作环境在伦理方面也起着至关重要的作用。为了鼓励伦理行为，有必要建立适当的体系来保证个人以及组织的伦理文化得到很好的处理。

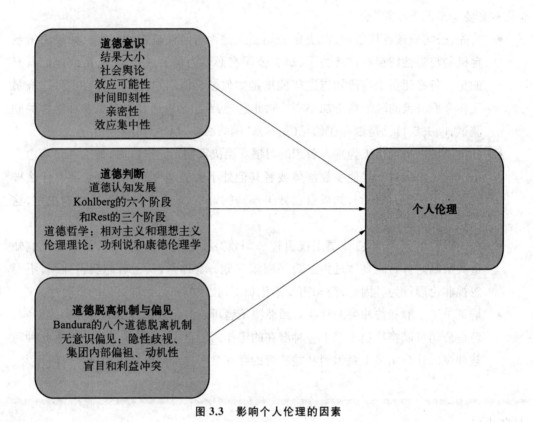

图 3.3 影响个人伦理的因素

尾注

1. Kish-Gephart, J.J., Harrison, D.A. & Trevino, L.K. 2010. "Bad apples, bad cases, and bad barrels: Meta-analytic evidence about sources of unethical decisions at work." *Journal of Applied Social Psychology*, 95, 1, 1–31.
2. Giacalone, R.A. & Promislo, M.D. 2010. "Unethical and unwell: Decrements in well-being and unethical activity at work." *Journal of Business Ethics*, 91, 275–297.
3. Rest, J. 1986. *Development in judging moral issues*. Minneapolis, MN: University of Minnesota Press.
4. Trevino, L.K., Weaver, G.R. & Reynolds, S.J. 2006. "Behavioral ethics in organizations: A review." *Journal of Management*, 32, 6, 951–990.
5. Jones, T.M. 1991. "Ethical decision making by individuals in organizations: An issue-contingent model." *Academy of Management Review*, 16, 366–395.
6. Jones, "Ethical decision making by individuals in organizations."
7. Kish-Gephart et al., "Bad apples, bad cases, and bad barrels."
8. Kish-Gephart et al., "Bad apples, bad cases, and bad barrels."
9. Kohlberg, L. 1969. "Stage and sequence: The cognitive-developmental approach to socialization." In Goslin, D.A. (Ed.), *Handbook of Socialization Theory and Research*. Chicago, IL: Rand McNally.
10. Trevino, L.K., Weaver, G.R. & Reynolds, S.J. 2006. "Behavioral ethics in organizations: A review."
11. Kish-Gephart et al., "Bad apples, bad cases, and bad barrels."
12. Trevino et al., "Behavioral ethics in organizations: A review."
13. Trevino et al., "Behavioral ethics in organizations: A review."
14. Rest, J., Narvaez, D., Bebeau, M.J. & Thoma, S.J. 1999. *Postconventional moral thinking: A neo-Kolhbergian approach*. Mahwah, NJ: Lawrence Erlbaum.
15. Rest et al., *Postconventional moral thinking*.

16 Narvaez, D. & Bock, T. 2002. "Moral schemas and tacit judgment or how the Defining Issues Test is supported by cognitive science." *Journal of Moral Education*, 31, 3, 297–341.
17 Rest et al., *Postconventional moral thinking*.
18 Kish-Gephart et al., "Bad apples, bad cases, and bad barrels."
19 Jones, D.A. 2009. "A novel approach to business ethics training: Improving moral reasoning in just a few weeks." *Journal of Business Ethics*, 88, 367–379; Jordan, J. 2009. "A social cognition framework for examining moral awareness in managers and academics." *Journal of Business Ethics*, 84, 237–258.
20 Venezia, C.C., Venezia, G., Cavico, F.J. & Mutjaba, B.G. 2011. "Is ethics education necessary? A comparative study of moral cognizance in Taiwan and the United States." *International Business & Economics Research Journal*, 10, 3, 17–28.
21 Jones, "A novel approach to business ethics training"; Ritter, B.A. 2006. "Can business ethics be trained? A study of the ethical decision-making process in business students." *Journal of Business Ethics*, 68, 153–164.
22 Rest et al., *Postconventional moral thinking*.
23 Forsyth, D.R., O'Boyle, E.H., Jr. & McDaniel, M.A. "East meets West: A meta-analytic investigation of cultural variations in idealism and relativism." *Journal of Business Ethics*, 83, 813–833.
24 Henle, C.A., Giacalone, R.A. & Jurkiewicz, C.L. 2005. "The role of ethical ideology in workplace deviance." *Journal of Business Ethics*, 56, 219–230.
25 Forsyth, D.R. 1980. "A taxonomy of ethical ideologies." *Journal of Personality and Social Psychology*, 39, 175–184.
26 Neubaum, D.O., Pagell, M., Drexler J.A., Jr., McKee-Ryan, F.M. & Larson, E. 2009. "Business education and its relationship to student personal moral philosophies and attitudes toward profits: An empirical response to critics." *Academy of Management Learning and Education*, 8, 1, 9–24.
27 Forsyth et al., "East meets West."
28 Neubaum et al., "Business education."
29 Kish-Gephart et al., "Bad apples, bad cases, and bad barrels."
30 Henle et al., "The role of ethical ideology in workplace deviance."
31 Forsyth et al., "East meets West."
32 Bentham, J. 1781/1988. *The principles of morals and legislation*. Amherst, NY: Prometheus Books; Mill, J.S. 1861/1979. *Utilitarianism*. Cambridge, U.K.: Hackett Publishing Company; McGee, R.W. 2009. "Analyzing insider trading from the perspective of utilitarian ethics and rights theory." *Journal of Business Ethics*, 91, 65–82.
33 McGee, "Analyzing insider trading."
34 McGee, "Analyzing insider trading."
35 Van Staveren, I. 2007. "Beyond utilitarianism and deontology: Ethics in economics." *Review of Political Economy*, 19, 1, 21–35.
36 Kant, I. 1785/1988. *Groundwork of the metaphysics of morals*. New York: Cambridge University Press.
37 Kant, *Groundwork of the metaphysics of morals*, p. 421.
38 Kant, *Groundwork of the metaphysics of morals*, p. 429.
39 Bandura, A. 1999. "Moral disengagement in the preparations of inhumanities." *Personal and Social Psychology Review*, 3, 193–209.
40 Bandura, A. 1986. *Social foundations of thought and action: A social cognitive theory*. Englewoods Cliffs, NJ: Prentice Hall; Detert, J.E., Trevino, L.K. & Sweitzer, V.L. 2008. "Moral disengagement in ethical decision making: A study of antecedents and outcomes." *Journal of Applied Psychology*, 93, 2, 374–391 (at 375).
41 Bandura, "Moral disengagement in the preparations of inhumanities."
42 Detert et al., "Moral disengagement in ethical decision making."
43 Detert et al., "Moral disengagement in ethical decision making."
44 Detert et al., "Moral disengagement in ethical decision making."
45 Claybourn, M. 2011. "Relationships between moral disengagement, work characteristics and workplace harassment." *Journal of Business Ethics*, 100, 283–301.
46 Claybourn, "Relationships between moral disengagement"; Detert et al., "Moral disengagement in ethical decision making."
47 Claybourn, "Relationships between moral disengagement."

48　Detert et al., "Moral disengagement in ethical decision making."
49　Banaji, M., Bazerman, M.H. & Chugh, D. 2003. "How (Un) Ethical are you?" *Harvard Business Review*, November, 56–64 (at 56).
50　Banaji et al., "How (Un) Ethical are you?"; Bazerman, M.H. & Tenbrunsel, A.E. 2011. "Good people often let bad things happen. Why?" *Harvard Business Review*, April, 58–65.
51　Bazerman & Tenbrunsel, "Good people often let bad things happen. Why?"
52　Banaji et al., "How (Un) Ethical are you?"
53　Banaji et al., "How (Un) Ethical are you?"; Bazerman & Tenbrunsel, "Good people often let bad things happen. Why?"

主要术语

有利比较(Advantage Comparison)：某人将更糟糕的行为和另一行为进行比较，且在此基础上将之合理化。

过失归因(Attribution of Blame)：决策人把决策的责任推卸给攻击对象。

权威/恐惧处罚阶段(Authority/Fear of Punishment Stage)：掌权者根据是否服从自己而判断正确与否。

效应集中性(Concentration of Effect)：受该行为造成伤害的人数。

利益冲突(Conflict of Interest)：决策受无意识影响时出现，因为决策者可能从决策选择中获利。

习俗水平(Conventional Level)：决策的制定受到来自家庭、朋友、同事和社会的外部规范影响。

非人性化(Dehumanization)：当决策对象被贬低或认为缺乏人性特质时出现。

责任扩散(Diffusion of Responsibility)：如果决策是由一个团队做出，则可以发生。

责任转移(Displacement of Responsibility)：非伦理行为的实施者把行为归因到其他因素上。

扭曲后果(Distortion of Consequences)：实施者切断其行为和行为有害后果之间的联系。

委婉标签(Euphemistic Labeling)：使用中性的道德语言降低某些事物违反道德的程度。

他人预期阶段(Expectations of Others Stage)：正确与否的判断基于其他重要人物和同事的期望。

理想主义(Idealism)：决策时达到对他人伤害最小化和利益最大化的程度。

隐性偏见(Implicit Prejudice)：当人们依靠无意识偏见评判其他人时出现。

集体内部偏袒(In-group Favoritism)：它的产生是由于人们倾向于喜爱和自己有相似特点的人，如同一学校、社会阶层或者宗教。

康德伦理学(Kantian Ethics)：有关人应该做什么、该如何处世、什么是对错的普遍规范的基本前提。

结果大小(Magnitude of Consequences)：即不道德行为可能造成的伤害程度。

道德意识(Moral Awareness)：个人理解某情景或行为所包含的道德性的能力。

道德脱离(Moral Disengagement)：当面临和个人标准相反的潜在行为时，停止原有标准而选择实施此行为的过程。

道德判断(Moral Judgment)：某人推论处理一个伦理情况的过程。

道德证成(Moral Justification)：为某些行为辩护以让它们看起来在道德上更能被接受的行为。

道德哲学(Moral Philosophies)：个人做出伦理决策时更喜欢的方式。

利益蒙蔽(Motivated Blindness)：人们对可以给自己带来利益的非伦理行为熟视无睹。

后习俗水平(Post-conventional Level)：个人受到普遍的原则和价值观的驱使。

前习俗水平(Pre-conventional Level)：决策典型地受到内部的奖赏或惩罚的驱使。

原则阶段(Principled Stage)：决策基于是非的伦理原则，并考虑到什么对社会的良好作用。

效应可能性(Probability of Effect)：任何导致给行为受害者带来伤害的可能性。

亲密性(Proximity)：与行为受害者在心理或文化上的亲密度。

相对主义(Relativism)：个人在做带有伦理后果的决策时，仍然遵守普遍规则的程度。

规则和法律阶段(Rules and Laws Stage)：道德判断外部倾向于并基于行为是否尊重规则和政策。

自我利益阶段(Self-interest Stage)：人们选择最大满足自己利益的行为。

社会舆论(Social Consensus)：他人判定某个具体行为错误的程度。

时间即刻性(Temporal Immediacy)：该行为与行为结果之间的时间跨度。

无意识偏见(Unconscious Biases)：最善意的人不经意地允许无意识的思想和情感来影响似乎客观的决策。

非伦理行为(Unethical Behavior)：任何违背了公认的社会规范的行为。

普遍伦理原则阶段(Universal Ethical Principles Stage)：决策者根据每个人都必须遵守的普世遍伦理原则来判断行为是否正确。

功利主义(Utilitarian Ethics)：基本的前提是行为的道德价值基于行为结果。

讨论题

1. 什么是道德意识？讨论道德意识的六个基本因素。
2. 简要讨论 Kohlberg 的道德认知发展理论。公司可以如何使用其理论更好地培训员工？
3. 讨论 Kohlberg 道德认知发展理论的第一和第二阶段。这两个阶段有什么不同？
4. 什么是相对主义和理想主义？讨论为什么公司理解员工的相对主义和理想主义很重要。
5. 什么是功利主义？功利主义理论有哪些假设？讨论这一方法的优缺点。
6. 讨论康德伦理学的基本假设。这一理论的优点和缺点是什么？
7. 什么是道德脱离？简要讨论三个道德脱离机制。
8. 通过认知重建机制讨论道德脱离。描述三个关于认知重建的机制。举例阐释你的答案。
9. 什么是无意识偏见？讨论四个最普遍的无意识偏见。
10. 根据本章内容，探讨公司建立个人伦理的方法。至少从两个方面来阐释你的答案。

网络任务

1. 登录哈佛大学内隐联想测验网址：http://implicit.harvard.edu/implicit/demo/。
2. 回顾背景资料，并与班级同学分享。
3. 在各项诸如 Disability-IAT、Religion-IAT 和 Arab-Muslim IAT 测试中挑选一项进行测验。
4. 你的测试结果是什么？它暴露了你的何种偏见？
5. 和其他人分享你的发现。

更多网络任务和资源，请访问该书的参考网站：http://www.routledge.com/cw/parboteeah/。

实战演练

销 售 员

最近你刚刚被一家知名公司聘为销售员,公司提供很多服务,包括发放制服、洗衣服务、文档分解和其他许多商业服务。你的工作任务要求你继续和常惠顾客建立联系,同时发展新顾客。你意识到你的区域经理对待你和其他同时进入公司的销售员工很不一样。他很喜欢你,想要确定你是否顺利,并且为你提供很多关于发展新客户和留住常惠顾客的技巧。

在公司工作几个月后,你意识到区域经理给你的很多技巧不符合伦理。例如,你发现有些顾客要求你把一些产品报告为次品,这样他们就可以获得赔偿,可是你知道这些产品并不是次品。另外,你知道可以通过常惠顾客获得新顾客。你发现你的前辈会经常把常惠顾客和他们的推荐人作为新顾客带到当地的脱衣舞厅,而且如果在同一会议上,这些前辈还经常带常惠顾客和他们的家人去昂贵的饭店用餐。

你意识到很多做法和公司政策相悖,但同时你也明白你的区域经理或导师默许这种做法。你会怎么做?是上报给区域经理还是什么也不做?为什么?

案例分析

瑞吉拉·加拉特纳姆和内部交易

之前,人们一直都认为瑞吉拉·加拉特纳姆(Raj Rajaratnam)是一位非常成功的对冲基金经理。他1997年建立了帆船集团(Galleon Group),并将公司资产增加到惊人的70亿美元。斯里兰卡人觉得他是英雄,也是该国最富裕者之一。然而,近来一次漫长的政府调查揭露了加拉特纳姆成功背后的真正原因。调查显示,加拉特纳姆在很多著名公司中都有广泛的联系人,他给这些公司联系人提供好处,以此交换用于投资的宝贵信息。

根据加拉特纳姆在沃顿商学院的同班同学库马尔(Kumar)和麦肯锡(McKinsey)的一位前任经理透露,这一切始于他和拉特纳姆一次晚会上的见面。晚会上,拉特纳姆把他拉到旁边,并主动买他的情报信息。久而久之,拉特纳姆在很多世界最大公司中,包括IBM、高盛(Goldman Sachs)、麦肯锡(McKinsey)和阿卡迈(Akamai),都和高管建立了有利的联系。尽管拥有一张联系人网不是非法行为,可是正是加拉特纳姆使用这张联系网的行为触发了此次调查。投资者通常利用公司信息做出投资决策,但是加拉特纳姆利用大量非私有信息来进行交易,并从中获利。例如,通过窃听他的电话交谈,联邦政府表示他能从高盛的一名董事会成员古普塔(Gupta)那里获得公司机密的盈利信息,然后,他利用这一信息进行交易,获取利益。调查揭露了类似的通过线人提供信息进行的内部交易,这些线人来自很多美国的最大公司,诸如AMD、穆迪公司(Moody)、IBM、Intel等。

经过七周漫长的审讯,加拉特纳姆承认于2011年5月进行内部交易。现在他面临将近19年的牢狱审判。而且,尽管专家知道很难证明内部交易,但是政府对他电话的窃听证明是非常有价值的。但很多人还不明白为什么加拉特纳姆是唯一被起诉的人。很多提供内部信息的公司官员同样违法了。

摘自 Anonymous. 2011. "The Fall of Raj." *Wall Street Journal*, May 12, A14; Scannell, K. 2011a. "Big names drawn into Galleon web." *Financial Times*, May 12, online version; Scannell, K. 2011b. "Rajarataram found guilty." *Financial Times*, May 12, 网络版; Scannell, K. 2011c. "Insider training was a drama worthy of Hollywood." *Financial Times*, May 12, online version. Rothfield, M., Pulliam, S., & Bray, C. 2011. "Fund titan found guilty." *Wall Street Journal*, May 12, online version.

讨论题

1. 读完本章，根据你的了解，说出加拉特纳姆可能卷入如此大范围的非伦理行为的几个原因。在这些案子中为什么会有这么多共犯？
2. 从道德意识来讲，陷入丑闻的人可能会怎么看待这一丑闻的道德层面？详细阐述道德意识的各个方面。
3. 道德脱离和这种情况有怎样的关系？讨论如何激活道德脱离的各个方面来为行为辩护。
4. 我们能做些什么来确保此类行为不再发生？

长篇案例

新闻集团

I. 引言

鲁珀特·默多克（Rupert Murdoch）被称为电视界最具影响力的人，他的新闻集团拥有超过1.1亿的观众，遍布全球四大洲。鲁帕特·默多克是出生在澳大利亚的报纸出版商和媒体大亨，是全球性媒体公司新闻集团有限公司的总裁，他旗下拥有以下公司：澳大利亚新闻有限公司、英国国际新闻有限公司、美国新闻集团。新闻集团经营的核心业务涵盖电影、电视节目的制作和发行，无线电视和有线电视广播，报纸、杂志、书籍出版以及数字广播、加密和收视管理系统开发。新闻集团的雏形只是默多克父亲去世时留给他的几个不知名的小报社，然而2010年默多克带领新闻集团盈利近330亿美元。集团持有许多大公司的股份，如福克斯新闻网、纽约邮报、福克斯影院和电视广播公司等。除此之外，该集团拥有超过175家不同的报纸和杂志，每周发表近40万篇新闻稿。

II. 鲁帕特·默多克（Rupert Murdoch）

1931年3月11日，鲁帕特·默多克出生于澳大利亚的墨尔本，父亲是澳大利亚有名的战地记者和出版商。正因如此，鲁帕特对媒体和新闻的兴趣盎然而生。鲁帕特最终就读于牛津大学的伍斯特学院，并担任比弗布鲁克勋爵创刊的《伦敦每日快报》的编辑。这是鲁珀特第一个真正与新闻有关的工作，也很大程度上为他的成功提供了灵感。

1954年父亲去世后，鲁帕特回到澳洲继承父亲的遗产：《星期日邮报》和《新闻报》。他热衷于大胆有趣的新闻报道，而《新闻报》实现了他的这个爱好。很快，报道性新闻和丑闻成为《新闻报》的主要内容，而报道的大多数标题都出自鲁帕特之手。该报的发行量急剧猛增，也成为鲁帕特收购悉尼、珀斯、墨尔本和布里斯班等多家报纸的资金来源。将这些报纸收入囊中之后，鲁帕特逐渐树立了自己的写作风格和变化。

1969年，默多克收购了他的第一家英国报纸——《世界新闻报（伦敦）》，一年后，又收购了另外一家伦敦报纸《太阳报》。两者继续他一贯行之有效的方式，关注犯罪、性、丑闻以及其他有关利益的故事。这种模式再次取得成功，这也成就了默多克的标签式的风格。

下一步则是进驻并占据美国市场。1973年，鲁帕特在美国初试身手，收购了两家圣安东尼奥日报，并将其中一家报纸的内容转向报道性新闻和丑闻，不久这家报纸就主导了这座城市的下午市场。在未来20年里，公司开始收购或者创刊许多小报、杂志和报刊，如《芝加哥太阳时报》《纽约市乡村之声》《纽约》《波士顿先驱报》《电视指南》《星小报》等，但并非所有杂志和报纸都沿用他发家的一贯风格。默多克1974年定居美国，1985年成为美国公民，定居纽约。

20世纪80年代和90年代，默多克开始涉足多个领域，最早收购的是电台和电视台的控股股份。1985年，他收购了20世纪福克斯电影公司，一并收购的还有都市媒体公司的几家独立电视台。随机将这几家公司合并成后来的福克斯广播公司，成为三大广播公司ABC、NBC和CBS的强劲对手。除此之外，默多克还收购了很多出版公司，如哈珀与罗出版公司（Harper & Row Publishers）、福尔斯曼公司（Foresman & Company）以及威廉·柯林斯公司（William Collins PLC）。

大量收购也使得公司资金周转出现问题，于是默多克卖掉《纽约》《十七》以及其他几家美国杂志以偿还债务。与此同时，新闻集团也开始涉足网络领域，并收购 MySpace 社交网站。2007 年，公司以 50 亿美元收购了《华尔街日报》的出版商道·琼斯公司。

如今，鲁帕特·默多克身价已将近 76 亿美元，位列福布斯世界亿万富翁排行榜的第 122 位，在美国排第 36 位。他继续住在纽约，在最有影响力人物排行榜排第 13 位。2010 年，他的总薪酬为 1 520 万美元。

III. 新闻集团结构

新闻集团是一家多元化的全球性公司，围绕八个不同的分部开展业务。这八个业务分部是：电影娱乐、电视、有线网络节目、直播卫星电视、整合营销服务、报纸与信息服务、图书出版、其他业务。另外一个分部为一家数字媒体公司，该公司业务涵盖广告、赞助、公司数字媒体的订阅（如 MySpace.com、IGN.com，以及福克斯受众网络），以及户外新闻网，主要在俄罗斯销售户外广告空间。2010 财年，该公司的总收入达 327 亿美元，净收入为 25 亿美元。

新闻集团的主要支柱是电影娱乐部，其效益来源为制作并销售特色电影和电视剧，当然也不乏受到剧院排片时间、家庭娱乐节目的发行等各种市场因素的制约。最新上映的影片有：《阿凡达》《鼠来宝：明星俱乐部》《冰河世纪 3：恐龙的黎明》以及《约会之夜》。有线网络节目是新闻集团的第二大支柱，创下集团最大的运营成本，其主要收入来自有线电视会员的会费，包括福克斯新闻频道、FX 网络、区域体育网、美国体育电视网、福克斯国际频道（FIC）以及星空传媒。

报纸和信息服务业务成为集团的第三大业务部门，也是与新闻集团联系最紧密的部门，其主要收入包括销售广告版面、报纸销售与订阅、印刷等。随着电子媒体日益成为主要传媒工作，该部分也面临着更大的挑战。

电影娱乐、有线网络节目、报纸和信息服务的收益占新闻集团总收入的 63%，集团中其他五项业务的收入占 37%，包括电视、卫星电视直播、整合营销服务、图书出版，及其他业务——约占剩余的 37%。详见附录 3.1。

新闻集团是一家双股制公司公司，包括没有投票权的 A 类股份和有投票权的 B 类股份。目前市场上有 18 亿 A 股，7.98 亿 B 股。默多克家族信托基金拥有 38.4% 的 B 股，这引起许多机构投资者的指责，认为新闻集团的公司管理不善。A 股投资者实际上并没有对 CEO 和董事会具有控制权，他们唯一能做的就是卖出自己的股票。目前针对这一问题，已有几个上诉案件。

IV. 新闻集团政治捐款

无论是在印刷还是在媒体报道方面，抑或是对政治候选人和组织的投入方面，新闻集团长期以来被认为偏见保守。新闻集团则认为：政府对公司的运行起到重要的作用，因此政府也要积极参与制定公共政策、保护公司利益。目前公司受到广播法规、在线广告、知识产权保护、州和联邦议员的制约，因此公司的运行受到制约。正因如此，新闻集团明确指出，在处理其与政府关系的策略中，需要采用三层结构策略（Three-tiered Approach），即政治行动委员会（Political Action Committee, PAC）、基层沟通（Grassroots Communication）和直接游说（Direct Lobbying）。

新闻集团的政治行动委员会（PAC）被称为 *News America-FOXPAC*，由集团合法员工自愿捐助，而集团将捐助资金向州和联邦政府捐款。在 2010 年的选举中，鲁帕特个人捐款的 100% 捐赠给共和党，而政治行动委员则将 58% 的款项捐给民主党，41% 的款项捐给共和党，共计捐款 485 909 美元。一直以来，新闻集团的头号受益者当属美国总统奥巴马。2009 和 2010 年的大部分捐款都捐给了通讯与科技分委会、知识产权、竞争与互联网分委会。这两个分委会所制订的条例对集团的运行、监管具有重要的指导意义。

在2010年中期选举期间，新闻集团因向共和党州长协会捐款125万美元、向美国商会捐款100万美元而引人注目。很多人说，麾下拥有《福克斯新闻报》和《华尔街日报》的新闻集团应该让捐款更加透明化，在报道每个组织的候选人时，应列出每笔捐款的明细。此举也被认为已经严重损害这些组织的公信力。很多股东认为：自己捐款的使用应按照正常的捐款流程，而非一定通过媒体获知详情。鉴于股东们的不断质疑，PAC在2011年的春天决定开始公开所有的政治捐款清单。

V.《世界新闻报》：电话窃听丑闻

1843年《世界新闻报》创刊，规模逐渐壮大，在英国市场的知名度也迅速增长。它被称为为"民族的创新和世界的奇迹"，定期揭露丑闻、犯罪以及各种恶习。至20世纪50年代，该报已成为世界上最大的英文报纸，每周销量超过850万份。1969年，鲁帕特·默多克成功收购《世界新闻报》，为他的商业帝国打下了基石，这也是他第一次将英国公司收入囊中。该报纸深得英国人心，受到一致好评。

然而，2011年夏该报纸因被爆曾使用电话窃听来获得私密新闻，而面临着巨大的谴责和社会舆论。"窃听门"的受害者包括社会名流、政客、阵亡军人和犯罪受害者家属，《世界新闻报》和新闻集团自身的高管也都牵涉其中。该报多次窃听名流、体育明星和王室人员的手机语音信箱。类似窃听事件没有引起过多的关注。即使被发现窃听，报方也采用承认错误、支付赔偿金的方式解决。

然而在2002年，13岁的英国女孩Milly在回家途中被绑架并谋杀，虽然警方最初并未能找到Milly，但是警方发现女孩手机语音信箱部分信息被删除，而因此判定Milly还活着，这也是家属仅存的一丝希望。后来才得知是《世界新闻报》雇佣的私人侦探侵入女孩的语音信箱并删除部分短信，这不仅阻碍了案件的调查，而且还给家属不实的希望，以为女孩还活着。这些细节最终于2011年7月4日曝光于众，并引发了世界范围内对《世界新闻报》以及新闻集团的调查。

2011年7月5日，有报道称来自《世界新闻报》的邮件证实：该报编辑Andy Coulson曾向警方出钱购买信息。购买名单包括2005年伦敦自杀性爆炸案的受害者以及2007年在葡萄牙失踪的Madeleine McCann。次日，即7月6日，消息称《世界新闻报》还曾窃听在伊拉克和阿富汗战争中阵亡士兵家属的手机。

VI. 管理层对窃听丑闻的认识

和许多公司丑闻一样，《世界新闻报》的高层管理者一律声称自己不知情，并表示彻底调查。鲁帕特·默多克和他的儿子詹姆斯·默多克（欧洲及亚洲区业务首席执行官）以及Rebekah Brooks（《世界新闻报》主编）都声明，直到2010年年末被提起民事诉讼之后才意识到有这些指控。Brooks曾公开声明，公司处理这些指控时采取了"迅速、果断"的行动，鲁帕特也说自己明显被员工误导了。此外，詹姆斯也表示除了收到一封无赖记者发来的电子邮件外，对其他一无所知。

随着丑闻浮出水面，众多证据表明，包括鲁帕特和詹姆斯在内的管理层其实对窃听事件心知肚明。随后《世界新闻报》的两位前高管也发表声明，说詹姆斯曾收到关于窃听的邮件。此外，Rebekah Brooks辞去主编的职位，并涉嫌电话窃听及向警方行贿，迅速被逮捕。鲁帕特却依然坚持说：并不知晓两名受害者分别收到的60万英镑和100万英镑。詹姆斯说自己虽然知道有这个事，却并不是很清楚这些付款的具体原因。Glen Mulcaire是《世界新闻报》的私人侦探，在2007年在窃听案中被定罪，鲁帕特和詹姆斯都说自己不知道有Glen Mulcaire的诉讼费，但其实诉讼费正是公司支付的。

除了Brooks,《世界新闻报》前任主编、首相David Cameron的通讯联络主管Andy Coulson也相继被捕。Glen Mulcaire被捕时，Coulson作为《世界新闻报》负责人，因涉嫌电话窃听被捕；该报的前任总编、工作了 29 年后于 2009 年辞职的 Stuart Kuttner 也被逮捕。所有这些前任员工现都被保释,尚未正式定罪。

VII. 丑闻余波

丑闻披露刚刚一个多月,新闻集团就已如坐针毡。丑闻的余波影响范围很大,牵扯到英国政客、商界交易、高管辞职、警方拘捕等。尽管受到公众、股东以及英国政府的强烈谴责,詹姆斯和鲁帕特依然自称清白。

迄今为止,最大的余波是公司放弃对英国天空广播公司(付费电视公司)的收购。该收购案可以追溯到 2010 年,是新闻集团在英国开发未来市场的关键,然而目前不得不搁浅。本次收购案的费用高达 80 亿英镑,这或许将是鲁帕特面临的最大困难之一。英国三大主要政党也要求新闻集团放弃此次收购。在公众及议会的多重压力下,公司做出撤销收购的决定。

丑闻还引起股东和投资者的强烈谴责,他们不仅批评丑闻本身和公司处理丑闻的方式,还指责这次拙劣的交易。詹姆斯最初负责应对丑闻,但鲁帕特却有意识地介入,父子一起收拾残局。这不仅有损詹姆斯的名誉,而且也使得人们怀疑詹姆斯是否有子承父业的能力,是否能够胜任目前的职位。

同样受损的还有鲁帕特的政治关系。长期以来,人们都认为鲁帕特具有运用强大政治力量的能力,然而,这次丑闻严重损害了他与当时英国首相卡梅伦的关系。因与默多克家族走得太近,卡梅伦受到巨大的谴责,特别是还雇佣了之后因丑闻被逮捕的 Andy Coulson。卡梅伦与 Rebekah Brooks 的关系也很亲密,Brooks 辞去了《世界新闻报》的职务,随后被逮捕。工党领袖 Ed Miliband 也因与默多克的密切关系遭到强烈批评,但是他也正好利用这次机会批评了首相卡梅伦以及这次英国天空广播公司的交易。

此外,伦敦大都会警察局也受到强烈谴责,导致大量员工辞职。《世界新闻报》的很多记者都和警局官员联系密切,一些警员还因提供受害者电话号码而受到指控。助理处长 John Yates 以及英国警察首脑 Paul Stephenson 都在争议中辞职。

VIII.《世界新闻报》的末日

《世界新闻报》已经停刊,新闻集团决定关闭该报,但该报依然处于巨大的国际丑闻中,牵涉人员包括高层主管、英国警方、英国政府以及公司董事长鲁帕特·默多克。这起丑闻使得新闻集团名声扫地,还引起人们对集团管理和结构的质疑。

附录 3.1

新闻集团操作纵观

年末小结	2010	2009	更改	%更改比
		(单位:百万美元)		
收入	32 778	30 423	2 355	8%
运营费用	(21 015)	(19 563)	1 452	7%
销售,整体,管理	6 619	6 164	445	7%
降价和摊销	1 185	1 138	47	4%
减值和重组费	253	9 208	8 955	**
附属公司的股权收益(亏损)	448	309	757	**

(续表)

	2010	2009	更改	%更改比
年末小结		（单位：百万美元）		
利息净支出	991	927	64	7%
利息收入	91	91	—	—
其他净收入	69	1 256	1 187	95%
税前收入(亏损)	3 323	5 539	8 862	**
所得税利益	679	2 229	2 908	**
净收入(亏损)	2 644	3 310	5 954	**
非控制性权益应占收入净额	105	68	37	54%
新闻集团股东应占净收入(亏损)	2 539	3 378	5 917	**
收入：				
电影娱乐业	7 631	5 936	1 695	29%
电视业	4 228	4 051	177	4%
有线电视	7 038	6 131	907	15%
直播卫星电视	3 802	3 760	42	1%
综合市场服务	1 192	1 168	24	2%
新闻信息服务	6 087	5 858	229	4%
书籍出版	1 269	1 141	128	11%
其他	1 531	2 378	847	36%
总收入	32 778	30 423	2 355	8%
分部运行收入(亏损)				
电影娱乐业	1 349	848	501	59%
电视业	220	191	29	15%
有线电视	2 268	1 653	615	37%
直播卫星电视	230	393	163	41%
综合市场服务	151	353	504	**
新闻信息服务	530	466	64	14%
书籍出版	88	17	71	**
其他	575	363	212	58%
分部运营总收入	3 959	3 558	401	11%

	2 010	2 009
	（单位：百万美元）	
分部运营总收入	3 959	3 558
减值和重组费	253	9 208
附属公司的股权收益(亏损)	448	309
利息净支出	991	927
利息收入	91	91
其他净收入	69	1 256
税前净收入(亏损)	3 323	5 539

案例参考书目

BBC News U.K.. *Q&A: News of the World Phone-Hacking Scandal*. 17 August 2011. 21 August 2011. http://www.bbc.co.uk/news/uk-11195407.

Benner, K. *News Corp's Post Scandal Future Dims*. 13 July 2011. 21 August 2011. http://finance.fortune.cnn.com/2011/07/13/news-corp-s-post-scandal-future-dims/.

Burr, B.B. *Shareholders' Hands Tied By News Corp. Structure*. 25 July 2011. 20 August 2011. http://www.pionline.com/article/20110725/PRINTSUB/307259968.

Business Daily. *In Corporate Scandals, The Fish Truly Rots from the Head Down*. 21 August 2011. 2011 August 2011. http://www.businessdailyafrica.com/Opinion@UNCODED:Duff, Gordon. *Who is Rupert Murdoch*. 17 July 2011. 18 August 2011. http://coto2.wordpress.com/2011/07/17/who-is-rupert-murdoch/.

Easley, J. *Follow the Money: Why News Corp Donated to So Many Democrats*. 19 July 2011. 21 August 2011. http://www.politicususa.com/en/news-corp-donate-democrats.

Encyclopedia Britanica, Inc. *Rupert Murdoch Biography*. 2010. 18 August 2011. http://www.biography.com/articles/Rupert-Murdoch-9418489?part=1.

Forbes. *Rupert Murdoch*. March 2011. 18 August 2011. http://www.forbes.com/profile/rupert-murdoch.

Graves, L. *News Corp Faces Criticism Over New Political Contribution Policy*. 19 May 2011. 20 August 2011. http://www.huffingtonpost.com/2011/05/19/news-corp-political-contributions-new-policy_n_864254.html.

Katz, G. *News of the World Hacked into Abducted, Murdered Girl Milly Dowler's Phone*. 5 July 2011. 21 August 2011. http://www.huffingtonpost.com/2011/07/04/news-of-the-world-hacked-milly-dowler_n_889809.html.

Lawless, J. *Police Arrest Ex*-News of the World *Executive Over Phone Hacking; Murdoch Pie Attacker Jailed*. 2 August 2011. 21 August 2011. http://www.newser.com/article/d9os1dmg0/police-arrest-ex-news-of-the-world-executive-over-phone-hacking-murdoch-pie-attacker-jailed.html.

Lyall, S. *Murdochs Deny that They Knew of Illegal Acts*. 19 July 2011. 21 August 2011. http://www.nytimes.com/2011/07/20/world/europe/20hacking.html?pagewanted=all.

Moore, A. *Guess Who Has Received the Most Campaign Contributions from News Corp*. 25 July 2011. 21 August 2011. http://moorecommonsense.com/2011/07/25/guess-received-campaign-contributions-newscorp/.

News Corporation. *Annual Report 2010*. Annual Report. New York City: News Corporation, 2010.

—. *Investor Relations*. 2011. 18 August 2011. http://www.newscorp.com/investor/index.html.

—. *News Corporation Political Activities Policy*. 2011. 20 August 2011. http://www.newscorp.com/corp_gov/politicalactivities.html.

OpenSecrets.Org. *News America Holdings*. 20 May 2011. 20 August 2011. http://www.opensecrets.org/pacs/lookup2.php?strID=C00330019&cycle=2010.

Reuters. *News Corp Mulling Future without James Murdoch*. 18 August 2011. 21 August 2011. http://news.nationalpost.com/2011/08/18/news-corp-mulling-future-without-james-murdoch/.

—. *Timeline: Phone Hacking Scandal Hits News Corp*. 2 August 2011. 21 August 2011. http://www.reuters.com/article/2011/08/02/us-newscorp-hacking-events-idUSTRE7713R120110802.

Robinson, J. *News Corp Pulls Out of BSkyB Bid*. 13 July 2011. 21 August 2011. http://www.guardian.co.uk/media/2011/jul/13/news-corp-pulls-out-of-bskyb-bid.

Sandle, P. *Quick Guide to the News Corp Hacking Scandal*. 18 July 2011. 21 August 2011. http://www.reuters.com/article/2011/07/18/us-newscorp-quickguide-idUSTRE76H5SA20110718.

Stelter, B. *News Corp. Will Disclose Its Political Donations*. 14 May 2011. 20 August 2011. http://www.nytimes.com/2011/05/15/business/media/15newscorp.html.

—. *News Corp. Will Disclose Its Political Donations*. 14 May 2011. 21 August 2011. http://www.nytimes.com/2011/05/15/business/media/15newscorp.html?_r=1.

Stockdill, R. News of the World *History: All Human Life Was There*. 10 July 2011. 21 August 2011. http://www.guardian.co.uk/media/2011/jul/10/news-of-the-world-history.

Teinowitz, I. *Democrats: News Corp's $1M Gift to GOP Kill's Fox News' Credibility*. 17 August 2010. 21 August 2011. http://www.thewrap.com/media/column-post/news-corp-donation-gop-raises-ire-dems-20206.

讨论题

1. 复习文中案例,哪个个人伦理概念可以用于鲁帕特·默多克?为什么?
2. 鲁帕特·默多克的公司经营策略是由于哪些因素所致?
3. 你同意案例中高管知晓电话窃听这个观点吗?为什么这些管理者会允许记者的不道德行为?
4. 哪些股东受到鲁帕特·默多克行为的影响?为什么?
5. 公司可以采取哪些措施以确保管理者的道德行为?

综合案例
萨蒂扬软件技术有限公司：印度财会诈骗

这一天天气十分温暖，在印度海德拉巴萨蒂扬总部里，Ramalinga Raju 坐在位于角落的办公室里，四下环顾这家他经营了 20 年的公司。他还记得，1987 年，他和自己的兄弟联合创办了萨蒂扬软件公司；1991 年，萨蒂扬与迪尔公司(John Deere & Co.)签约，获得第一个名列《财富》杂志 500 强企业的客户。Raju 一手把萨蒂扬从一家默默无闻的小公司打造成为印度第四大信息技术外包供应商。然而，Raju 并不是在回忆过去的辉煌，而是回顾着自己在职业生涯中获得的成就——因为他知道一旦自己把这封邮件发送出去，他的职业、他的声名都将毁于一旦。

但是，除此之外 Raju 别无选择。他已经用尽了一切手段掩盖自己的罪行，但都以失败告终。国外的投资者已经在抛售萨蒂扬的股票；Maytas 收购案也当即被撤销了，印度证监会也已经对萨蒂扬展开调查；美林公司(Merrill Lynch)也与萨蒂扬终止合作关系，并引证了萨蒂扬公司各种会计违规的材料。所以，Raju 开始写信交代自己是如何摧毁这家他一手经营起来的公司，并且做好了最坏的打算。

与此同时，在印度的普华永道会计事务所里，一位新员工冲进了 Thomas Mathew 的办公室。虽然 Mathew 很强调民主开放的管理，但作为公司审计部门主管，他仍希望员工在进他的办公室之前至少能够先敲门。Mathew 问助理发生了什么情况，助理便问他有没有听到有关萨蒂扬公司的消息。他说没有。虽然萨蒂扬软件技术有限公司是他们公司最大的客户之一，他对萨蒂扬也有大致的了解，但是他的确没有接到任何关于萨蒂扬公司的消息。助理把这条爆炸性新闻告诉了他：萨蒂扬公司的创建者兼董事长已经承认财务业绩造假，其中包括虚报现金余额 450 亿卢比(合计 10 亿美元)，现在萨蒂扬公司的股价正在暴跌。

Mathew 知道这将会对普华永道造成极坏的影响，因为普华永道印度分公司是萨蒂扬公司的审计师。再者，普华永道会计事务所经过一百多年的努力才在印度金融服务市场赢得了今天的良好信誉。他不知道萨蒂扬事件会对普华永道造成怎样的冲击。最令人忧心的是，如果普华永道印度分公司的合伙人也搅进了该丑闻中，他们将要承担怎样的后果。

萨蒂扬公司虚报的是现金余额,如有缺失,只要是尽职的审计员就一定能够检查出来,因为这是银行和公司能够说明资金用途的唯一账目。Mathew 用手掩面,心情十分沉重。他给负责审计萨蒂扬公司财务报表的合伙人打了电话,但只有秘书应答,告知他们已经被警方逮捕。这将是印度史上最大的金融欺诈案件,有人由此联想到 2000 年年初发生在美国的安然丑闻,称萨蒂扬事件为印度版"安然欺诈案"。目前还不能下定论,明确普华永道会计事务所是否和萨蒂扬同流合污,但是有一件事已经是板上钉钉:欺诈案已成事实,萨蒂扬和普华永道都必须对此做出回应。

I. 萨蒂扬公司创业历史

萨蒂扬软件技术有限公司(纽约证券交易所代码:SAY)是一家领先的全球性信息技术咨询与服务供应商,总部位于印度海德拉巴,核心竞争力在于它能够在全球众多行业中为客户提供咨询、系统集成和外包解决方案。[1]

2008 年,萨蒂扬的客户总数高达 690 位,涉及 20 种行业,遍布 65 个国家,其中包括 185 位名列《财富》杂志 500 强的企业。萨蒂扬拥有 52 000 名员工,他们具有卓越的软件工程和产品开发、供应链管理、客户关系管理、业务流程改进管理、商务智能化管理、企业整合、基础设施管理及其他关键能力。萨蒂扬公司的收入超过 20 亿美元,成为印度第一家利用快速通道机制,在阿姆斯特丹登录泛欧交易所,实现在欧洲和纽约交叉上市的企业。[2]

2008 年前,萨蒂扬公司发展迅速,前景一片光明。1987 年 6 月 24 日,B. Rama Raju 和 B. Ramalinga Raju 创立萨蒂扬软件技术有限公司[3],该公司是一家为大公司提供软件开发和咨询服务的私营有限公司。1991 年 8 月 26 日,萨蒂扬在孟买股票交易所上市,首次向公众发行股票,成为一家上市公司。同年,萨蒂扬第一次争取到名列《财富》杂志 500 强的企业客户:迪尔公司[4]。至 1999 年,萨蒂扬在 30 多个国家设立了分公司。2000 年,萨蒂扬的员工人数达到 10 000 人。2001 年,萨蒂扬在纽约证券交易所上市,代码为"SAY"。五年后,萨蒂扬公司的报道称收入超过了 10 亿美元。[5]

II. 萨蒂扬创始人

Byrraju Ramalinga Raju 是萨蒂扬软件技术有限公司的创始人兼董事长,1954 年出生于在印度西哥达瓦里,先后在印度安德拉邦的安德拉罗耀拉学院和俄亥俄大学获得商务学士学位和工商管理硕士学位,之后又参加了哈佛商学院的企业主/总裁管理课程。在创立萨蒂扬之前,Raju 曾尝试过纺织和房地产等其他行业。

成立初期,萨蒂扬公司只是一家仅有 20 名员工的 IT 公司,主要和美国几家公司有业务合同。一段时间后,萨蒂扬迅速发展成为员工上万、分公司遍布多国的跨国公司。[6]

在经营萨蒂扬期间,Raju 获得了多个奖项和荣誉,最近的一项是 2007 年的安永企业家奖[7]。同时,Raju 还是一位慈善家,他帮助建立了一个基金会,资助建设进步、自力更生的农村社区[8],同时还推进了几个非营利性机构的建设[9]。

然而,Raju 还有不为人知的另一面。被捕后,一些关于 Raju 的有趣细节也相继浮出水面,让 Raju 的贪婪本性一览无遗。据安德拉邦警方称,Raju 拥有 1 000 套品牌套装,321 双鞋子和 310 条皮带。Raju 崇尚奢侈的生活,在 63 个国家有自己的豪华别墅[10],过着真正亿万富翁的生活。

III. 普华永道印度分公司

普华永道会计师事务所是全世界最大的专业服务机构,分公司遍布 153 个国家,拥有 155 000 多名员工[11]。普华永道会计事务所由普华(Price Waterhouse)和永道(Coopers & Lybrand)两家事务所于 1998 年合并组建而成。这两家事务所都建立于伦敦,业务历史都可以追溯到 19 世纪。[12]

普华永道是美国的第三大私营机构,公司全称为普华永道有限合伙制企业。普华永道会计事务所和毕马威会计师事务所、安永会计师事务所、德勤会计师事务所并列为美国四大审计巨头。作为世界最大的专业服务机构,普华永道在 2008 年的全球收入高达 282 亿美元。公司主要业务是审计服务,2008 年公司全球收入中几乎有一半是审计服务带来的收入。[13]

目前,普华永道会计事务所提供以行业为重点的专业服务,业务分成三条服务主线,分别为审计服务、税务服务和咨询服务。审计服务主要包括财务报表审计;税务服务主要包括提供避税计划和帮助企业制定符合当地、国家和国际税收法律的税务服务;咨询服务则主要是为企业提供事务、企业并购、绩效改进、营业恢复和危机处理等方面的咨询服务。普华永道的客户不仅包括公司企业和大型商业机构,还帮助教育机构、政府部门、非营利性机构和国际救援机构等,解决它们各自特有的业务问题。[14]

普华永道印度分公司是普华永道会计师事务所旗下的一家上市公司,是印度最大的专业服务机构,拥有近 4 000 人的专业团队。普华永道印度分公司在印度已经有 128 年的悠久历史。1880 年,普华永道会计事务所在印度加尔各答设立了第一家分公司,此后,又在班加罗尔、布巴内斯瓦尔、金奈、艾哈迈达巴德、海德拉巴、孟买、德里首都区和普纳设立了办事机构[15]。最近的研究报道称,印度的经济总量到 2050 年才能达到美国的 90%。尽管如此,普华永道在印度却已经见证了惊人的经济增长。2007 年,普华永道印度分公司的收入比 2006 年增长了 36%,2008 年又在 2007 年的基础上增长了 44%[16]。普华永道会计师事务所意识到了印度经济的快速增长,并且希望能够保持其在印度领先的专业服务机构主导地位,竭力把握发展壮大普华永道的每一次机会。

IV. 印度企业概况

一直以来,印度是世界上经济管制最为严格的国家之一。印度对进口商品征收的税率高于 32%,对外国投资也设置了各种限制,因此在很大程度上印度被排除在国际贸易之外。2002 年,美国财政部长 Paul O'Neill 称:"印度是世界上对贸易和投资规则设置最为严格的国家之一。"[17]印度政府也认识到国家经济需要进行变革,因而实施了一系列的政策,对外开放,并实现贸易自由化。印度政府还当机立断,废除了针对外国直接投资设置的限制,并且大幅度降低国外商品的进口税。[18]印度政府在采取这些措施的同时,希望外国政府也能减少对印度商品和服务的进口税。事实证明,这些宽松的政策给印度的企业带来了极大的优势,信息技术外包产业也因此迅猛发展。印度的信息技术外包公司主要有威普罗(Wipro)、印孚瑟斯(Infosys Technologies)、塔塔咨询(Tata Consultancy Services)和萨蒂扬(Satyam)。这些公司的客户资源广泛,包括了《财富》杂志500强中的很多企业,其中包括通用电气(General Electric)和汉莎航空公司(Lufthansa Airlines)。

V. 萨蒂扬收购 Maytas 失败

2008年12月16日,萨蒂扬宣布将斥资13亿美元收购Maytas房产公司100%的股权,以及投资300亿美元收购Maytas基础设施公司51%的股权。Maytas房产公司和Maytas基础设施公司的主要业务是开发印度小城市的房地产,而Raju家族正是这两家公司的控股股东。(请注意,Satyam反过来拼写就是Maytas)。这项收购案实施前并没有征得萨蒂扬中小股东的同意,而在萨蒂扬,中小股东的人数达到股东总人数的90%。[19]

公司管理层做出该收购决策的理由是市场对IT服务的需求减少,因而要发展其他产业以降低公司单一商业模式的风险。据悉,该项收购案会让Raju家族捞得5.7亿美元,但会榨干公司现有的11亿美元现金,并且让公司负债4亿美元。投资者们纷纷开始抛售萨蒂扬的股票以示不满,在公司做出决策后短短一天内,萨蒂扬软件技术有限公司在孟买股票交易所的股价就下跌了30%。为此,公司决定立即放弃该收购案,但是损失已然造成,投资者对萨蒂扬公司的管理层失去了信心。[20]

VI. 印度证监会展开调查

印度资本市场主要调节者印度证监会决定就萨蒂扬收购Maytas一事对萨蒂扬管理层展开调查。证监会主席C.B. Bhave称:"我们不想立即对此事(即Maytas收购案引起投资者公愤一事)做出回应,但是我们会对此进行调查,并得出结论。"[21]

VII. 世界银行禁令

2008年12月22日,福克斯新闻网发布了一条爆炸性新闻:世界银行宣布禁止国际外包巨头萨蒂扬软件技术有限公司与其进行业务往来[22]。最初,报道称世界银行发布禁令是由于萨蒂扬员工未经允许在世界银行安装了后门软件以窃取世行动向,后来世行人员出面澄清,说明世行发布禁令的真正原因是萨蒂扬公司"向该行职员提供不正当的利益"。萨蒂扬和世界银行的合同价值高于1亿美元,是当时世行的首席信息官Mohamed Vazir Muhsin签订的。世行内部反腐部门对Muhsin进行了调查,发现当时他购买了几家公司的股权,这些股票都有"当前的或潜在的商业利益"[23],其中就有萨蒂扬公司的股权。同时,世行还发现了合理且充足的证据,表明"Muhsin在优惠条件下购买了其中一些股票"之后[24],便公然把合同给了萨蒂扬公司。消息发布后,萨蒂扬在孟买股票交易所的股价下跌13%,这是萨蒂扬公司在过去的四年半里股价的最低点[25]。

世行禁令是继投资者因Maytas收购案不满而抛售萨蒂扬股票后对萨蒂扬的又一重创,萨蒂扬的非伦理行为成了公司的一大污点。IT分析师Harshad Deshpande表示:"一家公司一旦被发现存在不道德行为,公司信誉就会遭到怀疑,其他客户也会再度考虑他们之间的合同。"[26]萨蒂扬发言人申明:"公司有规定,我们一般不评论个别客户、合同和关系。"[27]但是,这丝毫没有减轻市场对此的担忧,很多分析师都建议抛售萨蒂扬的股票,造成萨蒂扬的股价持续下跌,在52周里暴跌69%。[28]

VIII. 美林公司终止咨询服务

为平息投资者的愤怒,萨蒂扬软件技术有限公司聘用投资银行DSP美林为其提供提升股价的战略方针,然而一个星期后,美林公司发现萨蒂扬账目中存在会计违规情况,遂停止与萨蒂扬的合作。DSP美林发言人称:"2009年1月6日起,DSP美林有限公司终止向萨蒂扬软件技术有限公司提供各种战略性方案的咨询服务……因为在合作过程中,我们发现萨蒂扬公司账目中存在会计违规情况,因此才有此决定。"[29]

IX. Raju的辞职信

2009年1月7日,Raju向萨蒂扬董事会成员、孟买证券交易所及其他从事萨蒂扬股票交易的交易所发送了辞职信。信中,Raju详细坦白了自己犯下的巨额欺诈罪行,信中详述:

截至2008年9月30日的萨蒂扬资产负债表:

a. 虚报现金和银行存款余额504亿卢比(账目中数据为536.1亿卢比);
b. 虚报应计利息37.6亿卢比;
c. 由其安排的现金账户上少报债务123亿卢比;
d. 夸大债权49亿卢比(账目中数据为265.1亿卢比)。[30]

萨蒂扬公司在过去的几年里虚报的利润导致了资产负债表产生缺口。最初公司的实际营运利润与账面上显示的数据差距并不大,但后来缺口变大,Raju想方设法隐瞒事实,填补缺口,但都失败了,反而导致缺口越来越大。Raju称:"这就像骑在老虎身上,你不知道什么时候可以跳下来且不会被吃掉。"此外,他还表明:"Maytas收购案是用来填补萨蒂扬虚报资产的最后一招,但计划夭折了。"最后他在信中表明:"我已经准备好接受国家法律制裁,承担一切后果。"[31]

X. 普华永道卷入丑闻

自2000年起,普华永道会计师事务所开始负责审计萨蒂扬软件公司财务报表。普华永道印度分公司首席合伙人Subramani Gopalakrishnan于2000年签订合约,开始负责萨蒂扬公司的审计工作,最近一次合约的签订人则是合作负责人Talluri Srinivas[32]。在曝出欺诈新闻后,原萨蒂扬董事会解散,新董事会终止了与普华永道的合作,任命德勤和毕马威两家事务所负责公司的审计工作,两位合伙人Subramani Gopalakrishnan和Talluri Srinivas则被警方逮捕。

自Raju曝光欺诈事件以来,普华永道也受到了严密的调查。负责市场调节的印度证监会(SEBI)和企业监管局(RoC)对普华永道展开了深入调查,印度安德拉邦警方也对其位于海德拉巴的办事处进行了一系列搜查。普华永道受到审查的密度绝不低于萨蒂扬软

件公司。³³

普华永道公司发布申明称:"目前没有丝毫证据可以证明美国证券交易委员会对普华永道的指控属实。"³⁴ 普华永道印度分公司的两位合伙人 S. Gopalakrishnan 和 T. Srinivas 均已被警方逮捕,并被指控违反《印度刑事法典》³⁵,犯有欺诈罪、伪造罪、违反信托罪和共谋罪。起初,两位合伙人绝口否认所有针对他们的指控。S. Gopalakrishnan 和 T. Srinivas 被捕之后,普华永道国际首席执行官 Sam DiPiazzali 当即飞往印度首都新德里,与政府部门负责管理企业事务的部长就普华永道卷入萨蒂扬欺诈丑闻一事进行了讨论。³⁶

尽管普华永道声称自己无罪,有些人认为此次事件中普华永道不能完全免责。萨蒂扬软件公司首席财务官 Vadlamani Srinfvas 已被警方逮捕,他指责普华永道失职,没有指出萨蒂扬公司账目中的漏洞。此外,他还认为普华永道虽然发布了其审计结果,却并没有真正履行其审计职责。³⁷ 最近有报道称,虽然 T. Srinivas 和 S. Gopalakrishnan 没有明确承认其伪造了萨蒂扬公司的审计结果,但他们已经向警方说明,普华永道和萨蒂扬公司的审计会议日程非常明确,尽管没有使用"伪造"一词,但在场的每个人都知道这些会议的目的其实就是为了伪造萨蒂扬公司的账目。³⁸ 另外,T. Srinivas 和 S. Gopalakrishnan 还向印度刑事调查局说明,之所以会发生这种情况,是因为 Raju 非常"强势",账目一事他们根本没有向 Raju 提出质疑。"面对这样一位享有盛名的客户,我们没有胆量向他提出质疑。"³⁹

职责类似于美国会计师协会的印度特许会计师协会(The Institute of Chartered Accountants of India)宣布,将在接下来的 6 个月里对普华永道进行调查,届时再判断普华永道公司在萨蒂扬欺诈案中的涉案程度。印度特许会计师协会会长 Uttam Prakash Aggarwal 称:"调查结束后,普华永道会计师事务所是否犯有伪造账目的罪行将非常明确。"印度特许会计师协会的会计标准委员会会长 Amarjit Chopra 称:"如果政府决定在调查结束之前,禁止普华永道会计事务所提供咨询业务,那么普华永道的麻烦就大了。"⁴⁰

继萨蒂扬终止聘用普华永道会计师事务所为其外聘审计师后,同样聘用普华永道会计师事务所为其法定审计师的 Infotech Enterprises 和 Applabs 两家软件公司也在和其他会计事务所接洽,打算替换普华永道。有人援引 Infotech Enterprises 一位高管的话说:"虽然还没证据证明 S. Gopalakrishnan 与萨蒂扬合谋伪造账目,但是普华永道的声誉已经受损,而且显然没有公司会愿意与一家声名不佳的事务所长期合作。"与此同时,世界最大的软件测试公司 Applabs 也将终止与普华永道会计师事务所的合作。Applabs 创始人兼董事长 Sashi Reddi 表示:"我们正在慎重考虑改聘审计师,很快将与其他会计事务所进行接洽。"⁴²

不难想象,受萨蒂扬丑闻牵连,普华永道会计师事务所的信誉将严重受损,即使最后证明普华永道是清白的,或者说,该欺诈案完全是萨蒂扬单方面的犯罪行为,普华永道的损失已经造成,难以挽回。

XI. 印度政府的回应

经济告危,加之贷款标准又变得更加严格,萨蒂扬软件技术有限公司要再获得流动资金几乎难于登天,这让现金余额即将耗尽的萨蒂扬陷入了困境。企业部门开始转向政府,希望政府能出手援助,帮助萨蒂扬摆脱困境,因为只有政府及少数机构才能在短时间内筹集足够的资金。印度政府商业部长 Kamal Nath 对此做出回应:"我们正在权衡各种解决方案,并且将在短时间内宣布明确的措施,帮助萨蒂扬度过这次危机。因为帮助萨蒂扬公司也是在帮助大批员工免去失业问题,同时也是在挽救一个国际品牌。"[43] 政府采取的措施包括解散萨蒂扬董事会,任命新董事。新董事会成立后,第一项举措就是筹集现金用以支付萨蒂扬印度公司员工以及海外员工的工资。然而,几天之后,Nath 透露说政府部门没有向萨蒂扬施援,同时他提到尽管公司缺乏流动资金,但是他们已经聘用了几位投资银行家帮助萨蒂扬筹集现金,渡过难关。他表示:"萨蒂扬终将跳出困境,这是毫无疑问的。投行专家实力强大,将帮助萨蒂扬找到投资者。"[44]

XII. 小结

萨蒂扬软件技术有限公司处境堪忧。虽然萨蒂扬的客户遍布全球,并且很有战略性发展前景,但是公司缺乏流动性资金。政府任命了萨蒂扬老将 A.S. Murthy 为首席执行官,A.S. Murthy 保证将"重塑萨蒂扬应有的荣耀"。[45] 萨蒂扬公司设法获得了 60 亿卢比 (1.23 亿美元) 的贷款用于短期内的资金周转,然而,萨蒂扬原先的客户却在重新考虑是否和萨蒂扬续签合同,这对萨蒂扬今后能否继续生存意义重大。如果续签不成功,萨蒂扬的处境将变得非常危险。同时,萨蒂扬公司聘用的投资银行家也在为其寻找战略性合作伙伴,收购萨蒂扬这家处境不佳的外包巨头公司。政府部门申明:"政府的下一步措施是寻找合适的战略性投资者收购萨蒂扬公司。"[46]

在印度的另一边孟买,Thomas Mathew 清楚普华永道会计师事务所在印度的发展时日将屈指可数。尽管 Thomas Mathew 自身和萨蒂扬丑闻毫无瓜葛,但他还是认为需要给整个公司一个交代。他向公司递交了辞职信,辞去了普华永道印度分公司总代理一职。他希望此举能够让普华永道的员工们意识到:即使是高层管理人员,也要为公司的每一个人负责。

尾注

1. "Satyam: About us—About." Satyam Computer Services. 30 September 2008. http://www.satyam.com/about/about_us.asp.
2. "Satyam: About us—About." Satyam Computer Services.
3. "Satyam: About us—About." Satyam Computer Services.
4. "Company history—Satyam Computer Services." 2007. http://www.moneycontrol.com/stocks/company_info/company_history.php?sc_did=SCS.
5. "Satyam: About Us—About." Satyam Computer Services.

6. "Satyam stunner: Highs and lows of Raju's career." IBN. 7 January 2009. http://ibnlive.in.com/news/satyam-stunner-highs-and-lows-of-rajus-career/82183-7.html?from=rssfeed.
7. Seth, K. "Satyam's Raju is E&Y Entrepreneur of the year 2007." 21 September 2007. http://www.topnews.in/satyam-s-raju-e-y-entrepreneur-year-2007-26759.
8. Byrraju Foundation. http://www.byrrajufoundation.org/.
9. "EMRI looking for corporates, donors to replace Raju family." 2008. Headlines India. 19 January 2009. http://www.headlinesindia.com/business-news/satyam-fraud/emri-looking-for-corporates-donors-to-replace-raju-family-5422.html.
10. "Raju owned 321 shoes, 310 belts, 1000 suits." *Times of India*. 4 February 2009. http://timesofindia.indiatimes.com/articleshow/4073101.cms.
11. "Raju owned 321 shoes, 310 belts, 1000 suits." *Times of India*.
12. "PricewaterhouseCoopers Global home." PricewaterhouseCoopers.
13. "PricewaterhouseCoopers Global home." PricewaterhouseCoopers.
14. "PricewaterhouseCoopers Global home." PricewaterhouseCoopers.
15. "Empower poor." http://www.empowerpoor.com/pricewaterhousecoopers.asp.
16. "Empower poor."
17. "U.S. calls for reform in India." British Broadcasting Corporation. 22 November 2002. http://news.bbc.co.uk/2/hi/business/2501943.stm.
18. "U.S. calls for reform in India." British Broadcasting Corporation.
19. Aggarwal, A. "World Bank admits ban on Satyam for data theft." Merinews.com. 22 December 2008. http://www.merinews.com/catFull.jsp?articleID=154269.
20. Aggarwal, A. "World Bank admits ban on Satyam for data theft."
21. "Satyam fiasco puts Sebi on alert." *Telegraph*. 19 December 2008. http://www.telegraphindia.com/1081220/jsp/business/story_10278343.jsp.
22. Behar, R. "World Bank admits top tech vendor debarred for 8 years." 24 December 2008. http://www.foxnews.com/story/0,2933,470964,00.html'sPage=fnc/world/unitednations.
23. "Satyam: Govt looking for strategic investor, Hindujas interested." *Economic Times*. 12 February 2009. http://economictimes.indiatimes.com/Infotech/Software/Satyam_Govt_looking_for_strategic_investor_Hindujas_interested/rssarticleshow/4120147.cms.
24. "Satyam: Govt looking for strategic investor, Hindujas interested." *Economic Times*.
25. Aggarwal, A. "World Bank admits ban on Satyam for data theft." Merinews.com.
26. "Satyam: Govt looking for strategic investor, Hindujas interested." *Economic Times*.
27. "Satyam: Govt looking for strategic investor, Hindujas interested." *Economic Times*.
28. Aggarwal, A. "World Bank admits ban on Satyam for data theft." Merinews.com.
29. "Merrill Lynch snaps ties with Satyam." *Financial Express*. 7 January 2009. http://www.financialexpress.com/news/merrill-lynch-snaps-ties-with-satyam/407864/.
30. Raju, R. "Satyam Raju letter." Scribd.com. 7 January 2009. http://www.scribd.com/doc/9812606/Satyam-Raju-Letter.
31. Raju, R. "Satyam Raju letter." Scribd.com.
32. "Satyam scandal casts shadow over PwC India." *Accountancy Age*. 5 February 2009 http://www.accountancyage.com/accountancyage/news/2235787/satyam-scandal-casts-shadow-pwc-4463639.
33. "Satyam scandal casts shadow over PwC India." *Accountancy Age*.
34. Chatterjee, S. "Price Waterhouse India partners to remain in custody (Update1)." CAlclubindia. 3 February 2009. 6 May 2009 http://www.caclubindia.com/forum/messages/2009/2/24041_price_waterhouse_india_partners_to_remain_in_custody_updat.asp?quote=143753&.
35. "Two partners of PwC arrested, sent to judicial custody." Chennaionline New. 25 January 2009 http://news.chennaionline.com/newsitem.aspx?NEWSID=27acf181-f9dd-471d-9771-61c78a5c2579&CATEGORYNAME=NATL.
36. "Satyam scandal casts shadow over PwC India." *Accountancy Age*.
37. Kundu, S. "PwC dumped as Satyams auditors." *IT Examiner*. 22 February 2009. http://www.itexaminer.com/pwc-dumped-as-satyams-auditors.aspx.

38 "Raju's agenda: Cook the books." *Times of India*. 8 February 2009. http://timesofindia.indiatimes.com/Home/Satyam-A-Big-Lie/Rajus-agenda-Cook-the-books/articleshow/4094116.cms.

39 "Raju's agenda: Cook the books." *Times of India*.

40 "ICAI wants 6 mths to determine PwC's involvement in Satyam." *Economic Times*. 13 February 2009. http://economictimes.indiatimes.com/News/News_By_Industry/Services/ICAI_wants_6_mths_to_determine_PwCs_involvement_in_Satyam/articleshow/4123010.cms.

41 "PWC finds itself in deep waters after Satyam fraud." *Express buzz*. 28 January 2009. http://www.expressbuzz.com/edition/story.aspx?Title=PWC+finds+itself+in+deep+waters+after+satyam+fraud&artid=5rR7aIxyTBQ=&SectionID=XT7e3Zkr/lw=&MainSectionID=XT7e3Zkr/lw=&SectionName=HFdYSiSIflu29kcfsoAfeg==&SEO=PwC,+S+Gopalakrishnan+and+Srinivas+Talluri.

42 "PWC finds itself in deep waters after Satyam fraud." *Express buzz*.

43 Simpkons, J. "Indian government ponders Satyam bailout to salvage corporate image." *Seeking Alpha*. 16 January 2009. http://seekingalpha.com/article/115111-indian-government-ponders-satyam-bailout-to-salvage-corporate-image.

44 "Govt not to bail out Satyam, reiterates Kamal Nath." *Times of India*. 19 January 2009. http://timesofindia.indiatimes.com/No_question_of_bailing_out_Satyam_Kamal_Nath/articleshow/4001432.cms.

45 Kripalani, M. "Satyam's new CEO: asset or liability." *Business Week*. 6 February 2009. http://www.businessweek.com/globalbiz/blog/eyeonasia/archives/2009/02/satyams_new_ceo.html?campaign_id=rss_daily.

46 "Satyam: Govt looking for strategic investor, Hindujas interested." *Economic Times*. 12 February 2009. http://economictimes.indiatimes.com/Infotech/Software/Satyam_Govt_looking_for_strategic_investor_Hindujas_interested/rssarticleshow/4120147.cms.

讨论题

案件回顾

1. 自欺诈案曝光以来,萨蒂扬软件技术公司十分被动,应该采取什么措施减少媒体关注度?
2. 此次危机中,萨蒂扬软件技术公司是如何应对公司利益相关者的?其中哪些方面可以做得更好?
3. 在萨蒂扬丑闻中,萨蒂扬软件技术公司和普华永道会计师事务所的高管都饱受指责。根据你的分析,你认为谁应该真正为这起欺诈案件承担责任?
4. 如果你是卷入萨蒂扬丑闻的普华永道印度分公司合伙人,当时面对 Raju 的账目,你会怎么做?当时可以采用什么手段来处理该事件?
5. 印度政府和相关机构应该采取什么措施来减少萨蒂扬欺诈案件的影响?

展望未来

1. 展望未来,萨蒂扬将面临什么挑战?萨蒂扬能否再次立足世界市场,正常经营运作?
2. 普华永道会计师事务所将面临什么挑战?会因此而导致公司在印度信誉扫地吗?普华永道能否从这次事件中恢复过来,继续立足印度市场?
3. 萨蒂扬软件公司应该采取什么措施重新获得公司股东、客户以及印度政府的信任?
4. 作为世界的新兴市场,印度市场在萨蒂扬丑闻中将受到什么影响?印度是否应该再次加强国家调控?
5. 萨蒂扬的新董事会应该使用什么交流平台,告诉公司利益相关人萨蒂扬将渡过难关,继续发展壮大?普华永道会计师事务所可以采取何种措施向公司客户保证普华永道依然是一家值得信任的会计师事务所?

第二部分

利益相关方

第四章
首要利益相关方：员工

学习目标

- 将员工视为利益相关方，了解企业在招聘、辞退员工方面发挥的作用
- 了解多元化与平权行动的内涵及其作用
- 理解性骚扰行为的构成要素以及公司减少性骚扰行为的方法
- 了解举报的重要性
- 审视人力资源管理部门对于实施伦理举措的重要意义

商务伦理透视预览

《财富》杂志"最佳表现公司"排行榜

《财富》杂志每年都根据一系列指标对公司表现进行排名，并发布最佳表现公司排行榜。例如，该杂志每年都发布一份"全球最受赞赏公司"排行榜。多年以来，荷兰著名巧克力与咖啡制造企业雀巢公司一直在该排行榜占据显要位置（仅一年例外）。之所以能够取得这样的成就，是因为这家公司虽然规模庞大，但却始终能够针对当地小众市场的需求调整自己的产品。该公司授权员工根据自己的判断，生产最有可能在当地市场取得成功的产品。例如，该公司专为缺乏冰箱的市场开发出雀巢咖啡等产品。此外，雀巢还将相当一部分公司收入投入研发工作。由于公司对研发的重视，雀巢开发的产品对消费者的吸引力一直胜过其竞争对手。

《财富》杂志每年还发布《财富》500强企业排行榜，以营业收入为标准对这些企业进行排名。3M公司排名该榜单第106位，然而，真正让3M公司脱颖而出的则是其创新能力。该公司的产品种类多达55 000种，颇具人气的"报事贴"便签、"思高"胶带、

"新雪丽"保温棉等产品均出自3M旗下。远在谷歌公司开始为员工提供休闲时间、允许他们在工作场合思考自己感兴趣的问题之前,3M公司早已实施类似计划,允许员工将15%左右的工作时间投入此类活动。

另外,《财富》杂志每年还发布"最佳雇主100强"名单,根据企业对员工的吸引力对他们进行排名。著名的信用卡公司美国运通在该榜单排名第73位,美国运通能进入该榜单得益于该公司为员工提供的大量福利。为了提高公司客服水平,该公司决定集中力量提高26 000名客服中心员工的生活水平。公司首先对这些员工展开调查,并在此基础上提高薪酬水平,为员工提供更灵活的工作日程安排及更合理的职业发展规划。根据该公司实施的一项新制度,如果员工需要去看医生或带孩子去看病,他们可以远程调整自己的工作安排,其他员工可以及时补上空缺岗位,并在此后与缺勤员工进行工作时间调配。现在,运通公司还为员工提供现场医疗服务,让护士当场为员工看病、开处方。这些变化让美国运通受益匪浅,其服务利润率增长了10%。

摘自 Gunther, M. 2010. "3M's Innovation Revival." *Fortune*, September 27, 73-76; Kowitt, B. 2010. "Top Performers: World's Most Admired Companies. Nestle." *Fortune*, July 5, 20; Moskowitz, M., Levering, R., and Tkaczyk, C. 2010. "100 Best Companies: The List." *Fortune*, February 8, 75-88; Tkaczyk, C. 2010. "100 Best Companies to Work for: American Express." *Fortune*, August 16, 14.

上文所述《财富》杂志排行榜优秀上榜企业的例子足以证明员工对于企业的重要意义。大多数表现出色的公司都拥有出众的工作环境,能够有效地吸引并留住最优秀的员工。**员工**泛指一家公司在实现自身目标过程中可以利用的全部人力资源,很多此类公司的成功得益于出类拔萃的员工队伍。然而,最佳雇主100强排行榜让我们更加清楚地认识到,企业应该为提高员工幸福感做出巨大努力。主办方针对工作满意度、同事间情谊、薪酬福利、多元化水平等一系列问题对员工展开各种调查,并将调查结果作为排名的主要依据。在该榜单排名靠前的公司往往因其出众的员工福利和工作环境而名声在外。

《财富》杂志各类排行榜说明了员工对于公司的重要意义。虽然专家们经常围绕哪些利益相关方最为重要争论不休,但很多公司却将员工放在举足轻重的位置。从战略角度来看,大多数专家认为,雇佣合适的员工对于持续保持公司的竞争优势至关重要。正如我们在第一章中概括的那样,企业要取得成功,实现长期盈利,需要具备一系列重要能力和技术,而持续性竞争优势包括创造良好条件以获取这些能力与技术的潜能。如果缺少有助于实现企业使命和愿景的员工,企业很有可能走向覆灭。

因此,本章将探讨员工这一重要利益相关方。虽然在这方面有很多问题值得探讨(例如,职业风险、裁员、工作与生活平衡等),下文将重点围绕与跨国公司相关性最高的课题展开。在接下来几节中,我们将学习员工聘任与解聘、多元化与平权行动、性骚扰、举报、工会等内容。另外,第十章将针对两性平等、童工等与廉价劳动力雇佣相关的重要问题展开论述。

接下来,我们将探讨员工聘任与解雇问题。

4.1 员工聘任与辞退

4.1.1 聘任、招聘与选拔

聘任过程(Hiring Process)是公司与员工这一利益相关者建立联系的最重要途径之一。Collins 认为,打造伦理型组织的关键在于选拔具有较高道德水平的员工。[1] 存在不道德行为倾向的员工最终可能对其他员工造成不良影响并破坏企业的正派文化。因此,企业必须采取措施,尽最大可能录用作风正派的员工。鉴于此,Collins 建议企业开展一系列诚信测试,例如,询问员工是否有过不道德的职场行为或是否能容忍不道德行为、个性测试、面试及其他能够确保新员工具有较高道德水平的诊断性措施。可见,招聘与选拔过程至关重要。

招聘(Recruitment)指企业物色和吸引合格候选人应聘组织空缺职位的过程。针对不同职位的具体特征,美国企业开展招聘工作的方法多种多样,这些方法包括在报纸或互联网上发布招聘需求或招聘广告、内部职位发布(企业在其网站或内部发布一系列岗位需求)、借助私营或公共中介机构的力量、接受现有员工的推荐等,然而,这种倾向于接受公开应聘的做法并不适用于所有国家或地区。在日本、韩国、中国台湾等集体主义社会,朋友或家族成员的推荐往往重要得多。美国等个人主义社会注重个人表现,但集体主义社会非常重视朋友或家人的评价。集体主义社会非常重视和谐与忠诚,因而产生这种倾向不足为奇。

各国选拔员工的方法也各不相同。招聘过程旨在吸引人们应聘职位,而选拔则是指公司选择合适人员填补空缺职位的过程。在美国,法律因素是员工选拔过程的指导性要素,因为用人单位需要确保他们不会因为种族、肤色、宗教信仰、性别、族源、年龄或身体健全程度等因素对应聘者产生歧视。选拔过程的重点在于搜集有关应聘者任职资格的可靠信息。以往工作经历、测试表现、面试过程中对应聘者工作能力的评价有助于人事经理更加精准地评估应聘者的资质。

选拔过程还受到文化因素的影响。在这方面,集体主义社会与个人主义社会同样存在显著差异。如 Hofstede 所言,"在集体主义社会,员工录用总是会考虑内部人士。招聘方往往会优先考虑雇主或普通员工的亲戚,对录用对象所属家族的了解有助于招聘方降低风险。另外,由于事关整个家族的声誉,家族成员的不良行为往往能够在家族内部得到纠正。"[3] 因此,在选拔员工的过程中,集体主义文化传统对可信度、可靠性及忠诚度的重视程度超过与绩效相关的背景因素。家族成员更容易对公司尽职尽责,对老板忠诚,因而更值得信赖。因此,小型企业普遍倾向于招聘家族成员。

正因如此,对于那些致力于打造伦理型组织的跨国公司而言,聘任过程至关重要。企业必须对员工遵守伦理标准的潜质予以重视,并采取措施对其进行评估。表 4.1 介绍了 Collins 推荐的招聘选拔过程五大步骤。

表 4.1　招聘选拔过程五步骤

步骤	类型	措施
1	制定法律法规	• 确保公司不会因为种族、性别等因素对应聘者产生歧视 • 遵守有关招聘的法律法规
2	搜集行为信息	• 通过简历和背景调查获取更多翔实信息,对应聘者资料进行核查 • 进行背景调查 • 开展一系列诚信测试
3	确定个性特征	• 开展责任心测试,因为责任心强的员工具有较高道德水平 • 对组织公民行为的特征进行评估
4	组织面试	• 围绕应聘者以往工作中的伦理问题进行面试 • 向应聘者提问:是否见过不道德行为(员工偷窃、性骚扰等)及他们采取的措施 • 向应聘者提问:如果面临潜在的伦理困境,应聘者的处理方式 • 围绕如何摆脱伦理困境对应聘者进行面试
5	组织其他测试	组织其他测试,确定应聘者的道德水平 • 酒精检测 • 毒品检测 • 综合性诚信测试

然而,跨国公司还必须对各国员工招聘与选拔的具体做法予以足够重视。美国的招聘与选拔过程特别重视法律因素的指导作用,其他社会则可能兼顾其他相关因素。招聘方一定不能忽略这些问题。

4.1.2　辞退员工

另一个与员工息息相关的问题在于员工的辞退(Termination)。Bird & Charters (2004:205)指出,这种不是出于自愿的离职可能"会成为个人在其人生中遭遇的最重大事件之一"。[5]不论以何种形式出现,解聘都会对员工的正常生活及其家庭成员造成影响。自出现经济衰退以来,员工辞退已经成为美国职场的一个重要组成部分。详情请参阅本章的"商务伦理透视"。

商务伦理透视

裁员及其影响

自 2007 年 10 月出现经济衰退以来,美国平均每个月都有 1 900 多人失业。到 2010 年 8 月,已经有超过 198 000 名员工受到影响。然而,最近公布的数据显示,企业裁员的规模已经缩小。2010 年 8 月,美国全国裁员约 183 万人,而当年 7 月的裁员人数为 211 万人。

辉瑞(Pfizer Inc.)等大公司纷纷采取大规模裁员措施。为了实现 40 亿美元的成本削减计划,该公司关闭了多处生产设施,并裁员 6 000 人左右。该公司还计划削减研发成本约 30 亿美元。然而,裁员并不仅仅局限于大公司。2010 年第四季度,50 人以下小公司的裁员人数达到私营部门裁员总数的 62% 左右。最让人担心的是,小公司是净新增职位最重要的来源。由于较大规模企业也已停止招聘,美国将在很长一段时间内面临劳动力大量失业的挑战。

裁员会对职场产生哪些影响?如前文所述,失业者及其家人都会面临巨大压力。然而,Maertz 等(2010)[10]则通过研究证明,裁员还会对留任员工产生严重的消极影响。通过对 13 683 名员工展开抽样调查,他们发现,未被裁减的员工对组织绩效及工作稳定性的评价均有所降低。正因为如此,这些留任者感觉自己对公司的感情不如从前,跳槽的欲望则有所上升。

Thurm[11] 也为裁员的消极影响提供了证据。裁员力度越大,公司受到的影响就越严重。例如,受公司裁员 1/4 的影响,霍尼韦尔国际公司失去了大部分工业基地。现在,各类企业很少再像以前那样采取非常严厉的裁员措施。

摘自 Lahart, J., 2010. "U.S news: Layoffs ease but hiring sluggish." *Wall Street Journal online*, October 8; Murray, S. August 19, 2010. "U.S news: Small firms lagging, with bulk of job losses." *Wall Street Journal*, August 19; Maertz, C. P., Wiley, J.W., Lerouge, C., and Campion M. A. 2010. "Downsizing effects on survivors: Layoffs, offshoring, and outsourcing." *International Relations*, 49, 2, 275-285; Rockoff, J. D., 2010. "Corporate news: Pfizer details plan for 6, 000 job cuts." *Wall Street Journal*, May 19; Siegel, G.E. 2010. "Mass layoffs in July total 143, 703 lost jobs." *Bond Buyer*, 373,2.

如"商务伦理透视"部分所示,美国在过去几年中出现了大规模的裁员问题。经济衰退迫使众多企业削减成本,而裁员是降低成本的途径之一。然而,裁员对被裁减和未被裁减员工都会造成影响,因此了解裁员过程中的伦理问题非常重要。

在这方面,法律允许美国公司临时向员工发出裁员通知,但在有些国家企业解聘员工却没有这么容易。鉴于此,我们有必要对美国及其他国家的雇佣环境进行对比。

在美国,雇主可以依据任意雇佣原则辞退员工。任意雇佣原则(Employment-at-will)指"雇主能够以正当理由、不正当理由或在没有任何理由的前提下辞退员工"[6],因此,只要不属于法律明令禁止的各种理由(例如,以种族、宗教信仰、年龄等原因辞退员工),企业在执行解聘程序和解释辞退原因方面拥有很大自主权。[7] Werhne & Radin (2010)曾表示,私营部门 60%的雇员都适用任意雇佣原则。[8]

这种法制环境导致美国经常出现大规模裁员(如"商务伦理透视"所示)。此外,任意雇佣原则对于雇主而言还有另一优势:如果员工认为雇主的辞退决定不合法,他们必须自己举证。因此,虽然员工可以因为不合法的裁员行为获得数百万美元赔偿,但他们必须先承担高昂的诉讼成本。

任意雇佣原则的支持者为该原则的实施找出了各种理由。首先,任意雇佣原则从1871年以来就已根植于美国法律,并被视为自由市场经济(雇主和雇员都享有自由选择权)的精髓。雇主可以自由解聘员工,员工也有权自由选择雇主。员工可以凭借任何理由甚至在没有任何理由的情况下离职,且无须提前通知雇主。其次,公司应该享有自由雇佣和解聘任意员工的特许权。虽然知道自己随时可能被解雇,但员工乐意选择这样的职位。第三,支持者还指出,正当程序(即为员工提供辩驳的机会)往往会对公司的效率及生产率造成消极影响。最后,部分支持者还进一步指出,美国经济已经存在监管过度的问题,因而没有必要再扩大监管范围。

尽管任意雇佣原则受到各方支持,但批评者的数量也旗鼓相当。在根据自身需要自由行使雇佣和解雇员工的特许权时,雇主实际上是将员工视为没有生命的财产。因此,很多人认为,员工应该获得尊重和尊严,辞退他们时应该告知原因。另外,支持者总是搬出"雇主与雇员平等享有自由选择权"的惯常说法,以此认为任意雇佣原则可取。但在大多数情况下,被解聘员工将面临更大损失,这已经是不争的事实。雇佣关系需要员工的忠诚、信任和尊重,因而雇主也应该承担相应的责任,用类似方式对待员工。最后,Dannin还指出,任意雇佣原则未必总能够提高公司效率。由于针对雇主解聘问题提起诉讼的雇员越来越多,雇佣诉讼已经成为很多公司的一项重要成本来源。

任意雇佣原则在美国的应用非常广泛,但包括欧盟成员国和加拿大在内的众多国家则采取**正当理由辞退**原则(Just-cause Dismissal Approach)[15]。任意雇佣原则允许雇主以"任何理由或在没有任何理由的前提下"解聘员工,但根据正当理由辞退原则,雇主辞退员工需提前告知并提供正当理由[16]。换言之,雇主辞退员工必须具有法律依据。这些正当理由包括员工的不正当行为对雇主的业务造成了负面影响,而不正当行为包括"习惯性玩忽职守、不称职、故意违抗、不服从安排、不诚实、酗酒"等行为。[17]

为了实施正当理由辞退原则,雇主一般要在合理期限内提前告知员工,[18]采取这一做法是为了保证员工有足够时间找到新工作。正当理由辞退要求可以通过两种方式实现。雇主可以在合理期限内提前告知员工,并允许员工在这段期限内继续工作。然而,大部分员工倾向于选择后一种做法:员工立即离职,但雇主需为他们提供一笔与合理期限薪酬相当的赔偿。Bird & Charters 认为,合理期限取决于服务年限、员工性格、年龄、类似职位需求状况等因素,同时还应考虑到整体经济状况、行业惯例等一般性环境因素。[19]

有意思的是,根据正当理由辞退原则,如果员工被辞退,雇主有责任提供充分理由,因而举证责任须由雇主承担。鉴于此,大部分雇主都需要建立一项定期反馈制度,让员工了解自己的业绩水平。如果员工业绩不理想,雇主需针对如何改善业绩为他们提供反馈,并为他们提供改进的机会。改善业绩失败将成为正当辞退的理由。

可见,上述两种截然相反的辞退模式让公司面临不同的伦理困境,因此公司必须决定通过哪种模式顺应伦理规范的要求。部分人士认为,实施任意雇佣原则很有必要,因为它有助于公司自由参与资本主义制度。[20] 然而,另一部分人则认为,任意雇佣原则具有很多劣势,因而应该鼓励公司尽量采取正当理由辞退原则。[21] 值得注意的是,目前还有很多因素阻碍企业采取严格意义上的任意雇佣模式。接下来,我们将针对部分制约因素展开分析。

4.2 多元化与平权行动

在美国,尽管任意雇佣原则依然是企业辞退员工的主要原则,但最近实施的监管规定却让某些辞退理由丧失了法律依据,因为这些规定,企业不能再以种族、性别、年龄甚至员工身体健全程度为理由解聘员工。[22] 禁止歧视行为的相关法规包括《1964年民权法案》第七项(the Title VII of the 1964 Civil Rights Act)规定,禁止因为种族、肤色、宗教信仰、性别或原籍等因素歧视员工。[23] 这些新法规促使部分企业设法提高其员工多元化水平(Diversity)。可见,员工多元化指聘用来自不同种族、肤色和宗教信仰各异的员工,而不像传统模式那样仅聘用男性白种人。不过,正如本章"全球商务伦理透视"所示,实现员工多元化并不仅限于美国企业。

全球商务伦理透视

全球各地的平权行动

巴西是全球种族多元化最显著的国家之一。约有44%的人口认为自己是混血儿。然而,在这样一个多种族国家,国民的血统来源于意大利、德国、黎巴嫩等众多国家,而黑人却遭到严重歧视。非洲裔巴西人接受教育的年限少于白人,且薪酬仅相当于白人薪酬的一半。因此,部分巴西大学实施了配额制招生政策,为黑人提供更多入学机会。然而,在该国持续性经济发展热潮的影响下,巴西正在调查全球各地各种模式的平权行动,以此决定选择哪种模式。

在印度,持续了多个世纪的种姓制度导致社会等级森严,个人的成功与其与生俱来的种姓密切相关。出生于低级种姓家族的人("贱民"人口约为1亿)只能从事最低级的工作,而且很难改善自己的生存状况。因此,印度政府开始实施一项平权计划,为来自低级种姓家族的人提供各种优先待遇:为他们预留国会席位,并为他们提供更多大学入学机会和公共领域工作机会。这项计划原定实施10年,但至今仍然在印度社会中引起广泛争议。

南非的种族隔离制度导致黑人处处受到歧视。种族隔离制度废除之时,执政党非洲人国民大会(非国大)新颁布了一系列法律,力图消除这种歧视。不过,非国大在改善妇女权益方面做出的努力更加显著。由于南非存在父权传统,非国大认为,政府有必要颁布各种法律,为女性创造更多的成功机遇。借助这些平权行动计划,南非取得了显著进步,并大大改善了女性的生存环境。例如,女性在议会所占席位达到南非议会席位总数的44%左右,这一比例高居全球第三位。然而,在公司中,女性地位的提升速度则缓慢得多。

摘自 The Economist. 2010. "Walking several paces behind: Women in South Africa". 397, 8703, 68; Dalmia, S. 2010. "India's government by quota: The affirmative-action plan to eliminate caste discrimination was supposed to last 10 years. Instead it has become a permanent, and divisive, fact of life." Wall Street Journal online, April 30; Stillman, A. 2010. "Wealth is still unevenly distributed." Financial Times, November 15.

"全球商务伦理透视"显示,实现多元化并不仅限于美国跨国公司。Fearful & Kamenou 认为,降低各种形式的不公平性对于大多数社会而言都是一项非常重要的任务。[24] 例如,欧盟已经起草大量法规,旨在减少针对性别、宗教信仰、性取向及年龄的各种歧视行为。但是,这些因素也造就了各种"受保护群体",让美国企业不能对他们采取歧视态度。因此,我们将在本节探讨多元化以及与此相关的平权行动计划。

多元化可以表现为各种形式。然而,大多数美国企业侧重于从性别和种族层面提高员工多元化水平。这两类员工曾长期受到歧视,因而有必要通过多元化措施为他们提供更多成功机遇。

企业为什么应该重视员工多元化?详见本章的"商务伦理战略透视"。

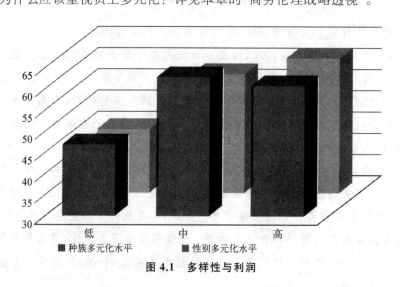

图 4.1 多样性与利润

多元化存在诸多益处,且相关法规鼓励企业提高多元化水平,因而大多数企业已经着手实施平权行动计划。**平权行动计划**(Affirmative Action)是"一系列法律、政策或指导方针的统称,这些法律、政策或指导方针具体规定应该采取哪些积极举措来聘任和提拔曾经或正在遭受歧视的群体成员"。[27] 具体而言,就是企业主动招聘曾长期受到歧视的群体成员。例如,包括 IBM 和江森自控(Johnson Controls)在内的很多企业都特别关注女性、少数族群及残障员工的招聘、培养和提拔工作。

为了帮助企业实施平权行动,美国平等就业机会委员会(the U.S. Equal Opportunity Commission)曾发布一系列《员工选拔过程标准指导方针》(*Uniform Guidelines on Employee Selection Procedures*)。这些指导方针的主要内容包括:企业须制定一项平权行动政策,体现出他们对于这项行动的大力支持。高级别员工的任命也应该体现出平权行动的重要性。企业还须评估其多元化水平,并针对自身在性别或种族多元化方面存在的问题来制定改进计划。

平权行动支持者认为,后一项措施对于抵制根深蒂固的歧视性行为很有必要。支持者还表示,为曾经受到歧视的人群提供补偿理所应当,而采取平权行动也同样必要。另外,由于受到"玻璃天花板"及其他障碍的制约,少数族群成员和女性员工都难以提高其薪酬和职场地位。平权行动是消除这类障碍的途径之一。

如上文所述,实施平权行动计划理由充分,但尽管如此,这类计划还是遭到严厉批评。在一部分批评人士看来,某一种族或性别受到优待,必然会破坏公平性原则。另外,也有人认为白人男性已经开始遭受歧视,并将这种倾向称之为"反向歧视"(Reverse Discrimination)。最后有人指出,要建立一个公平公正的社会,就应该对所有群体一视同仁。

虽然平权行动遭到批评,但却有人指出,很多公司的平权行动计划并未落实到位。[28] 例如,美国银行(Bank of America)实施了广为人知的多元化计划,但最近却因为不让黑人员工接触富裕的白人客户而被处以 6 000 万美元罚金。又譬如,毕马威公司(KPMG)的统计数据显示,少数族群成员在其新聘员工及新晋管理人员中的比重分别达到 28% 和 27% 左右。然而,多元化指标却显示,93% 的毕马威合伙人为白人。对美国劳工统计局的相关数据进行分析可以发现,美国劳动人口在种族和性别层面均存在巨大不平衡性。如图 4.2 所示,白人员工占企业员工总数的 2/3 左右,但却占据了 90% 的管理及高级职位。

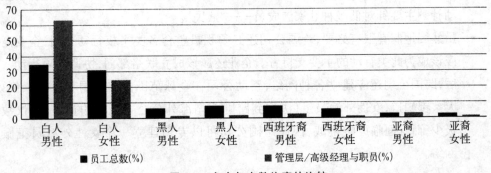

图 4.2 白人与少数族裔的比较

图 4.2 揭示了白人与少数族群成员在职场上的不平等状况。鉴于此,企业有必要实施强有力的平权行动计划。事实上,Combs、Nadkarni & Combs 甚至建议,跨国公司应该在其海外运营中实施平权行动计划。[29] 由于女性、少数族群等弱势群体在全球范围内都受到歧视,遵循这些建议确有必要。此外,正如本章"商务伦理全球透视"所示,英国、马来西亚、印度、尼日利亚、南非、加拿大等众多国家都已开始实施平权行动法规。实施平权行动及多元化计划有助于跨国公司主动出击,尽早面对可能出现的新法规。最后,全球性平权行动计划能够提高员工的多元化与创造力水平,不仅能让这些跨国公司从中受益,还有助于打造勇担社会责任的企业形象。

对于本土企业而言,实施平权行动计划不仅要遵循《平等机遇统一指导方针》,还要在以下方面付诸努力:(1)成立多元化顾问委员会,设立多元化主管;(2)建立多元化指导网络;(3)提供多元化培训;(4)开展积极的多元化招聘;(5)制定多元化记分卡,贯彻问责机制,评估实施进度。与此同时,大多数专家都认为,跨国公司在实施此类计划时还面临其他挑战,如并非所有文化都能接受平权行动计划的实施。[30] 例如,有关权利距离(Power Distance)的文化分析显示,在权力距离指数高的国家,其社会成员更有可能接受和服从权威。以往研究显示,在这些国家更容易实施平权行动计划。另外,法律框架也可能限制所实施平权计划的类型,如印度和马来西亚对某些职位都有配额限制。可见,跨国公司在实施此类计划前有必要先弄清楚当地相关要求。

鉴于上述限制,Combs 等学者表示,企业在实施全球性平权行动计划的过程中应该兼顾以下原则:[31]

- 平权行动计划的合理形式应该依据当地相关要求。这类计划包括两大类:(1)机遇强化计划——跨国公司积极聘任和提拔少数族群成员或女性员工而不关注严格的配额规定;(2)优先待遇计划——跨国公司遵照严格的配额规定,聘用员工时考虑到种族、民族及种姓因素。例如,印度曾通过立法鼓励企业侧重实施优先待遇计划。
- 跨国公司应该明确规定平权行动计划的受惠人群。例如,在加拿大,平权行动计划主要针对四类人群:女性、少数种族群体、土著人及残障人士。在印度,平权行动计划主要针对低级种姓家族成员——"贱民"。
- 虽然因地制宜很有必要,跨国公司还必须积极整合各类平权行动计划,企业高管应该成为此类行动的主要支持者。企业还应该成立联络部门,协调各项行动。最后,跨国公司还应建立各种网络,帮助公司在全球范围内培训弱势群体。例如,大家都知道,女性外派员工(决定到跨国公司海外分公司任职的员工)不仅数量极少,而且面临严峻挑战,因此跨国公司可以专门建立一个女性外派员工服务网络。

商务伦理战略透视

员工多元化及其益处

员工多元化的支持者认为,多元化对于企业发展大有裨益。员工多元化有助于实现工作场所多样性,视角各不相同的员工可以互相影响,共同解决问题,并提供更富创意的问题解决方案。多元化组织固有的思想碰撞有助于拓展视野,提高工作环境的复杂程度,为企业制定战略提供重要资源。从战略角度来看,这有助于企业找到解决问题的最佳途径,从而在竞争中战胜对手。

近期针对竞争性企业开展的研究进一步凸显了多元化的益处。Herring 利用国家组织调查(NOS)有关盈利组织的大量数据展开了研究,[25] 其研究结果显示,种族多元化能够"增加销售收入、扩大客户规模、提高市场份额并增加相对利润",而性别多样化则有助于"增加销售收入、提高市场份额、增加相对利润"。[26] 为了更详细地说明这些优势,展示了企业多元化水平与盈利水平之间的关系。

为什么多元化有助于提高企业盈利水平?多元化企业拥有更为广阔的视野,因而有助于企业找到更有效的组织问题解决方案。这不仅有助于提高员工敬业度,还有助于企业更全面地了解市场。例如,Guacamole Burritos、激浪(Mountain Dew)、红色代码(Code Red)等产品均源自百事公司的多元化举措,这些措施最终取得了理想效果:百事公司发现,大约 8%的收入增长得益于这些措施的影响。然而,多元化还有助于企业更全面地了解市场。例如,美国黑人市场增长速度比其他市场快 34%。与此同时,年收入超过 75 000 美元的非洲裔美国家庭增幅在过去 5 年中上升 47%以上。当员工构成也呈现出类似趋势时,企业才能够充分发掘这 8.6 亿美元的潜在购买力。这样的员工群体更有可能了解黑人客户群体的实际需求。

另外,多元化对于跨国公司也同样大有裨益。随着大多数企业进入海外市场并涉足这些市场的业务,多元化员工结构有助于企业更充分地了解多元文化与全球市场。

摘自 Lencioni, P., 2010. "Power of diversity." *Leadership Excellence*, 27, 1, 15; Toland, S. "The diversity payoff." *Fortune*, November 1, 58; *Stanford Social Innovation Review*. 2010. "Diversity brings the dollars." Fall, 9–10.

4.3 性骚扰

性骚扰问题与员工密切相关,因而成为大多数公司必须关注的一项重要问题。美国平等就业机会委员会将性骚扰(Sexual Harassment)定义为：

在以下三种情形下，不受欢迎的性戏弄、性要求及其他带有性色彩的言行构成了对员工的性骚扰：(1)是否屈从该行为是个体受聘的一项条件(隐形或显性条件)；(2)个人是否屈从该行为成为影响其就业决定的基础；(3)该行为的目的或结果会对个人的工作业绩造成不当影响，或导致工作环境具有胁迫性、敌意性或侵害性特征。[32]

基于以上定义，性骚扰通常表现为两种形式。一是交易式性骚扰(Quid Pro Quo)。通常，提出性要求者以其权势、地位之便，以工作上的利益(例如加薪或晋升)作为交换条件，含蓄地向他人提出性要求。[33] 二是敌意或恶劣的工作环境(Hostile/Poisoned Work Environment)。在这种环境中，与性相关的行为及风气让女性感到无所适从并受到欺压。这种性骚扰表现为多种形式：在工作场所说黄色笑话，通过起性绰号对被骚扰者进行贬斥，触摸对方臀或胸部，以及其他较为隐晦的性骚扰行为。表4.2列举了最常见的性骚扰形式。

表4.2 最常见的性骚扰行为

最常见的性骚扰行为	最常见的性骚扰行为
1.带有性色彩的戏弄、玩笑或言辞	5.有意触摸对方身体、倚靠或挤逼
2.向对方施压，要求与对方约会	6.向对方施压，迫使对方答应其性要求
3.带有性色彩的信件、电话或其他内容	7.强奸(或强奸未遂)、性侵犯(或性侵犯未遂)
4.性意味明显的手势或表情	

和平权行动一样，性骚扰也是一个全球性问题。本章"全球商务伦理透视"探讨了性骚扰在墨西哥与尼日利亚两国的普遍性。然而，根据国际劳工组织近期调查，全世界都存在性骚扰现象。表4.3对全球相关调查进行了总结。

表4.3 性骚扰在全世界的普遍性

国　　家	性骚扰普遍性
中国香港	2007年对员工进行的一项调查显示，近25%员工有性骚扰的经历。1/3被骚扰者为男性
意大利	据2004年一项报告，55.4%的女性(14—59岁)曾遭受性骚扰
欧　盟	40%—50%女性曾遭性骚扰
澳大利亚	据2004年一项调查，18%受访者称曾遭性骚扰
荷　兰	据1986年发布的一项研究，58%受访女性曾遭性骚扰
英　国	据1987年一项研究，73%受访女性称工作期间经历过性骚扰
德　国	据1991年一项调查，93%女性曾遭性骚扰
日　本	一项涉及6 762名员工的大范围调查显示，1/3人士称工作期间曾遭性骚扰

(续表)

国　　家	性骚扰普遍性
韩　国	据两份独立研究报告,64%—70%女性称曾工作期间遭性骚扰
菲律宾	据一份针对女性员工调查发现,至少17%的被调查公司存在性骚扰投诉
马来西亚	据调查,83%—88%的女性曾遭到不同形式的性骚扰

显然,性骚扰是多数跨国公司面临的问题,此外,性骚扰还会造成严重后果。最近一项对该方面研究的综述显示,性骚扰会造成以下毁灭性后果[34]。首先,性骚扰会对工作造成影响。这项研究显示,性骚扰对工作满意度(员工对工作的满意程度)与企业忠诚度(员工对所服务企业的认同感)带来消极影响。另外,Merkin在阿根廷、巴西与智利进行了一项国际研究,研究表明,员工感到遭性骚扰的程度越强,她们另谋职业的可能性就越大[35]。遭骚扰频率越高的员工更有可能无故迟到或缺勤。由于伴随无故迟到与缺勤而来的高成本,性骚扰对于跨国企业来说代价巨大。

全球商务伦理透视

墨西哥与尼日利亚性骚扰案

墨西哥拥有数量众多的边境加工厂,这类工厂隶属国外公司,并且多数员工为女性。这些工厂为女性提供了外出工作机会,有助于提高她们的经济独立性,但却导致这些女性员工在工作场所深受歧视并经常遭到性骚扰。这些工厂聘用女性员工时往往带有性别偏见,认为男性的角色特征是挣钱养家,女性则温顺淑雅、消极依赖、容易屈从,因此企业主经常对女性员工进行性骚扰。企业主管也将性骚扰作为控制和操纵女性员工的一种手段。譬如,企业主管经常邀请女性员工参加公司派对和晚宴,并以提薪或休假等福利要求对方屈从其性要求。此外,企业主管还怂恿女员工之间争风吃醋,降低她们形成统一战线可能性。由于同时肩负着履行女性社会角色的责任(比如照顾孩子、洗衣做饭等),这些女性无暇对性骚扰行为进行投诉。

Johnson曾针对尼日利亚的员工进行了一项实地调查,调查发现女性员工经常遭到性骚扰。[36]除此之外,多数女性因为对性骚扰缺乏正确认识,不愿意配合Johnson的调研。受教育程度越高的受访者越容易完成调查问卷。性骚扰在尼日利亚职场具有普遍性,大多数女性因担心失去工作而不敢举报。性骚扰包括提出性要求、做出挑逗性评论、捏掐臀部,或者亲吻被骚扰者。

性骚扰缘何在墨西哥和尼日利亚如此猖獗?这两个国家都认同传统性别角色,即"男主外,女主内"。此外,在尼日利亚,男性与女性对性行为的看法迥然不同。青年男

> 性乃至所有男性的性欲望及性行为受到鼓励,但若女性也发生类似情况,其名誉则会被玷污。受其影响,男性的性侵犯行为更加肆无忌惮,并成为司空见惯的社会现象。
>
> 摘自 Johnson, K. 2010. "Sexual harassment in the workplace: A case study of Nigeria." *Gender and Behavior*, 8, 1, 2903-2918; Tanner-Rosati, C. 2010. "Is there a remedy to sex discrimination in maquiladoras?" *Law and Business Review of the America*, 16, 3, 533-557.

Merkin 还发现,性骚扰给员工的生产力带来很大影响[37]。员工感到受虐或者权利被剥夺,往往会对其他同事心生怨隙,因此在这种工作环境下员工的生产力很难得到提高。[38] Roumeliotis & Kleiner(2005)也指出,有时员工为逃离被骚扰而无法尽心尽力地完成本职工作。此外,如果团队中某一成员遭到另一成员的性骚扰,该团队的工作将很难开展。

性骚扰不仅会对工作造成消极影响,还会对受害者本身造成恶劣影响。Willness 等学者表示,遭性骚扰的员工患有严重精神障碍[39],有些性骚扰行为给受害者造成巨大创伤,甚至出现"创伤后压力综合征"(Consequential Poor mental Health)。最近在亚洲与太平洋地区开展的一项调查显示,性骚扰不仅会造成受害者身体不适(恶心、食欲不佳、愤怒、恐惧以及焦虑)而且给她们带来心理创伤(耻辱、愤怒、无助、抑郁以及缺乏动力)。此外,调查显示,受骚扰女性可能意外怀孕、感染性疾病甚至艾滋病,甚至会选择自杀。国际劳工组织的研究显示,遭性骚扰女性在有些国家被视为"声名狼藉者"或"道德败坏者"。因此,在孟加拉国、尼泊尔、斯里兰卡等国,受害女性选择自杀的报道屡见不鲜。

一方面,员工因性骚扰行为深受其害;另一方面,研究显示,猖獗的性骚扰也同样困扰着雇主。在纵容性骚扰行为的公司,员工的生产力相对低下,而且这些公司很难留住员工。此外,因性骚扰问题造成的诉讼成本也居高不下。平等就业机会委员会(EEOC)公布的数据显示,该委员会 2008 年共受理 13 867 项投诉,成功解决 11 731 项,裁定赔偿 4 740 万美元。图 4.3 分别列出了今年所受理投诉、已解决案件的数量以及赔偿金额。

基于性骚扰带来的诸多负面影响,跨国公司很有必要采取以下措施减少此类事件的发生:[40]

明确现存问题的严重程度。通过对员工进行调查来确定是否构成性骚扰。公司应该慎重审视一些灰色区域,比如,讲超出合理界限的笑话,员工间的关系是否过于亲昵。对不当行为的合理认识有助于公司确定问题的严重程度,并确定其解决方案。

提供员工培训与教育。现存资料显示,公众对待性骚扰的态度与受害者不尽相同。员工可能对这一行为不太抵触或因为早有预见而消极接受,因此,应该让员工了解构成性骚扰的因素,并为员工提供制止此类行为的办法。性侵者可通过以下问题确定自己的行为是否合适,如:"你在自己配偶和父母面前会这样说吗?""如果你的母亲、姐妹、妻子或女

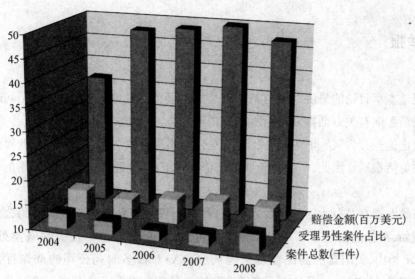

图 4.3 EEOC 性骚扰数据

儿也经历类似情况,您是什么感受?"或"这些话有必要说么?"让员工了解性骚扰的构成要素及其不良影响有助于营造健康的工作环境。

任命合适的反性骚扰计划负责人。 公司只有任命正确人选来贯彻"反性骚扰"政策,该计划才能达到预期目的。该人选需不断接受有关性骚扰问题的培训,此外,他/她应善于倾听、调查、调解并提供咨询。跨国公司的受害者应该愿意向这位负责人吐露心声,而无惧遭到报复的风险。此外,该负责人应接受有效培训,能针对性骚扰问题提出合理解决办法。

建立有效沟通机制。 跨国公司应制定清晰的报告程序,为遭受性骚扰的员工提供申诉渠道。公司经理与主管必须熟知这些程序,员工也应知晓这些程序,相关政策应及时传达给员工,确保让员工在遭到性骚扰时具有倾诉渠道。如果受骚扰员工通过公司以外其他途径进行申诉的话,跨国公司将面临灭顶之灾。

采取严厉的纪律处分。 要想"反性骚扰"行动达到预期目的,公司要让员工知道,该行动在保护他们不受欺辱的同时,还会严惩骚扰者。因此,如果进行相关教育后,性骚扰事件仍屡禁不止的话(尤其是在有严重性别偏见、女性经常遭到性骚扰的国家),跨国公司对骚扰者采取严厉的纪律处分将显得尤为重要。

贯彻国家法律法规。 在全球贯彻性骚扰法律法规过程中,跨国公司发挥着重要作用。虽然有些国家对性骚扰或多或少地存有包容性,但是大多数国家对此持否定态度,因此跨国公司严格执法有助于其国外分公司创造健康工作环境。

如上所述,性骚扰是很多公司面临的一个重要问题。企业应将员工视为公司利益相关方,合理对待员工,并为员工提供一个没有性骚扰的工作环境。下文我们就"举报"问题展开讨论。

4.4 举报

举报是本章讨论的最后一项与员工相关的重要问题。举报(Whistle-blowing)指"现任或离任员工向有关方面揭发自己所在公司不合法、不道德或不合理的商业行为,希望对方能够阻止这些行为"。[41]得益于举报者揭发公司不当行为,安然公司以及世界通信公司的丑闻才见诸报端。因此,举报是企业打造伦理型组织、处理企业与员工关系的一个重要因素。

举报是一项有益行为吗?多数人认为,举报不仅对社会而且对所涉及的公司都大有裨益。例如,举报能防止有害或存缺陷的产品进入市场,对整个社会都有益处。此外,Verschoor 指出,美国食品药品监督管理局(FDA)对很多制药公司的欺诈行为处以重罚,[42]如辉瑞制药(Pfizer)因对旗下未经批准的几种药品进行不当营销而遭到指控。此类揭发行为能为整个社会创造良好风气。

不仅如此,举报对企业也有益处。本书第一章指出,欺诈是很多公司面临的一个重要问题,举报往往是发现欺诈行为、减少损失的主要途径。此外,良好的内部举报机制能让公司妥善处理一些伦理问题,避免问题升级对公司造成巨大损失或导致公司声名狼藉。Miceli 等学者的研究发现,严厉的内部举报机制能创建一个良好的工作环境,努力实现人人遵纪守法的工作氛围。[43]这种工作环境能形成健康文化氛围,提高员工的忠诚度及工作满意度。另外,在美国,法律规定企业必须设立举报机制。《萨班斯—奥克斯利法案》(the Sarbanes-Oxley Act)对举报者提供了法律保护措施,确保他们不会因检举而遭到打击报复。

虽然举报有诸多益处,但仍有多人认为,举报对于员工来说是一项不道德行为。公司期望员工忠于职守、尽职尽责,维护公司利益。例如,莎朗·沃特金斯(Sherron Watkins)在揭发安然公司的财务欺诈事件后,人们认为她对公司背信弃义。然而,Varelius 最近指出,举报公司内部腐败问题与对公司忠于职守并非"水火不相容"[44],事实上,由于揭发举报可防止公司误入歧途、声名狼藉,这一行为对公司的发展颇有益处。因此,员工在对公司忠于职守的同时,可以揭发举报公司的不道德行为。

举报不仅是多数美国公司在贯彻实施伦理计划的一个重要突进,还受到世界各国的推崇。举报机制在世界很多国家的实施情况也有研究记载,这些国家包括澳大利亚、加拿大、克罗地亚、法国、中国香港、印度、冰岛、牙买加、日本、南非、冰岛等[45]。然而,尽管很多国家设有举报机制,但其普及度尚不及性骚扰相关政策的贯彻水平。事实上,欧盟就一直存有诸多问题,美国跨国公司在其欧盟分公司贯彻举报措施时面临重重困难。请参阅本章"**全球商务伦理透视**"。

全球商务伦理透视

欧盟举报制度

美国要求所有上市美国公司建立举报制度。若员工担心公司存在财务造假行为,他们可以通过该渠道进行匿名举报。大多美国跨国公司也要求其欧盟分公司建立内部举报制度,给予员工在必要情况下检举的机会。然而,多数欧盟成员国制定严厉的法律法规,禁止员工进行举报。此类禁令源于欧盟针对个人数据隐私权以及个人权利所持的不同观点,如收集、注册以及存储个人信息等行为将触犯欧盟个人数据隐私保护法案。

惧怕举报在一定程度上与欧洲的历史问题有关。例如,二战期间,纳粹政权强迫德国及其占领国的员工揭发公司内部的不当行为。由于担心政治同盟因素,法国与东欧国家对举报也心存芥蒂。此类历史问题使得他们与美国公司对举报行为持不同观点。

然而,并不是所有欧盟成员国都排斥举报行为。针对挪威公共部门开展的一项研究显示,大部分员工发现公司有违伦理时,会挺身而出,揭发不当行为。令人惊讶的是,多数人因揭发公司不当行为而受赞赏,而其揭发的行为也得以改进。研究人士认为,挪威的劳资关系模式以及注重集体行事的公司文化为员工创造了健康的工作环境,在这种工作环境下,员工可以对公司的不当行为畅所欲言,不用担心因揭发举报而遭到打击报复。

由于各国的法规条文各异,跨国公司很难对举报制度建立普适性行为规范。因此,精明的跨国公司须熟知当地的法规,建立与其规章制度相符的举报制度。

摘自 *Oprisk and Compliance*. 2009. "Global whistle blowing systems could fall foul of local rules." April, 11; Skivenes, M. and TRygstad, C. S. 2010. "When whistle-blowing works: The Norwegian case." *Human Relations*, 63, 7, 1072-1092; Wisskirchen, G. 2010. "the introduction of whistleblower systems in the European Union." *Defense Counsel Journal*, 77, 3, 366-383.

通过以上论述不难看出,跨国公司贯彻实施举报方案时,非常有必要通晓当地法规。在有些国家,人们可能对举报行为持否定态度。然而,举报者要承受的后果是关系员工切身利益的重要问题。Dasgupta & Kesharwani 认为,举报带来的一个最糟糕后果是举报者会惨遭报复[46]。比如,雷曼兄弟前副总裁 Lee 曾向公司 CEO 与 CFO 指出高层管理人员涉嫌违反公司行为守则,在资产负债表中粉饰公司几十亿美元的债务,然而公司并未认真对待 Lee 的检举,却认定他的指控子虚乌有、纯属虚构[47],Lee 也因此被公司解雇。报复的表现形式不一,雇主可能以质疑举报者的信誉与信息来源为由对其进行攻击,或对举报者给予表现不佳的业绩评定,甚至解雇举报者。研究指出,举报者可能会承受抑郁、离婚以及个人生活困境等诸多痛苦。

由于举报对于公司意义重大,美国近年来出台了一系列法规,保护举报者免遭打击报复。具体而言,《萨班斯法案》(Sarbanes-Oxley Act)(参阅第七章)为举报人的权益提供了保护措施。如果员工有充分理由认为其揭发的公司行为触犯了法律或会计制度,而公司却对举报者采取了不当行为,这就说明该公司违反了《萨班斯法案》。同时,该法案还为公共部门员工揭发金融证券或股东欺诈行为提供了保护措施。

举报已经成为一种全球现象,在这种现象的推动下,越来越多的跨国公司建立了举报制度。公司须首先建立内部举报机制,设立员工举报热线是较受欢迎的一种揭发举报方式[48]。公司应让员工了解此类内部举报机制,并对新进员工提供相关培训。公司应让员工知道,他们不会因举报揭发而受到惩罚或报复。有些专家甚至认为,相关方面应针对揭发举报行为设立奖赏制度。

跨国公司应明确规定员工投诉的流程,这一流程与举报制度是否行之有效息息相关。要有充分理由让员工相信,他们的投诉会得到认真处理,而且不用担心因举报投诉而遭打击报复。公司经理与主管应接受充分培训,以正确处理员工投诉,此外,所有参与违法行为者应受到惩罚。员工应知道,公司会认真对待他们的揭发举报行为。

4.5 伦理型组织中人力资源管理部门的战略作用

为了打造伦理型组织并确保公司将员工视为重要利益相关方,人力资源管理(human resource management:HRM)部门应该发挥战略性作用。Sloan & Gavin 指出,在《财富》500强上榜公司中,约1/3伦理制度由人力资源管理部门制定[49]。人力资源管理部是联系员工与公司的重要纽带,该部门负责落实员工福利政策,并确保员工的权益受到应有的尊重。譬如,前文曾提到,如果对招聘与选拔环节予以充分重视,公司更有可能录用伦理观念较强的员工。在伦理型组织中,确保潜在员工遵守伦理准则至关重要。因此,本章最后部分将简要介绍人力资源管理部的职能,以及在打造伦理型组织过程中该部门发挥的作用。

如前文所述,人力资源管理部负责员工招聘(Recruitment)与选拔(Selection)环节,如果合理把握该环节,公司会录用伦理观念较强的员工。此外,员工招聘与选拔环节在贯彻落实多元化与平权行动时发挥着重要作用。人力资源管理部可采取一系列措施,鼓励跨国公司向受歧视群体的应聘者"伸出橄榄枝",采取符合当地要求的方法(如通过不同渠道刊登广告)招聘该群体成员。另外,人力资源管理部应确保潜在员工与公司所倡导的伦理价值观相符[50]。该部门可对应聘者进行调查,评测他们对公司伦理价值观的认同度。新进员工应忠于伦理准则,并就伦理问题进行交流探讨。

绩效评估(Performance Appraisal)是人力资源管理部的另一重要职能。绩效评估是对员工业绩及其他绩效评价指标进行考核,在伦理型组织中,评估程序需体现伦理价值观[51]。评估制度应坚持公开透明原则,对员工的工作绩效给予客观评价。

薪酬制度(Compensation)也是体现公司伦理价值观的一个重要方面。Sloan & Gavin 认为,薪酬制度受到员工与社会的普遍关注[52],因此跨国公司应选择合理的薪酬福利分配模式。本书第十章指出,发展中国家的低薪一直以来是伦理争议的热点话题。公司可通过各种薪酬福利措施解决此类问题。

最后,我们将探讨人力资源管理部的一项重要职能——**培训**(Training)。培训是跨国公司为让员工掌握新的技术或能力而采取的措施。在打造伦理型组织的过程中,企业的很多方面都与培训有关。详情请参阅本章的"商务伦理透视"。

商务伦理透视

欧尚公司(Auchan)反歧视案例

1961 年,法国欧尚成立第一家超市,如今该公司已发展成为一家大型跨国商业集团。该集团以经营超市和超级大卖场为主,业务范围现已遍布全球 12 个国家,销售额达 350 亿欧元。2004 年,法国出台《多元化宪章》时,欧尚公司采取行动,检查多元化理念在各个部门的落实情况。初步调查结果表明,公司貌似不存在任何有悖于多元化理念的问题。调查显示,来自全世界约 30 个国家的员工在欧尚工作,75% 的员工认为自己没有受到不公平待遇。

然而,公司决定在签署《多元化宪章》前对多元化原则落实情况进行深入调查,并由人力资源管理部牵头实施内部调查。调查发现,公司的确存在不同程度的歧视问题。欧尚继而通过一系列实验进一步证实这一结论。一家外部顾问团针对两个职位招聘向 35 家超市递交了 280 份虚假求职简历,招聘职位包括一个与顾客鲜有接触的技术性岗位和一个是与顾客频繁接触的收银岗位。调查显示,北非姓氏应聘者获取面试机会的概率往往小得多,这一歧视倾向对于收银岗位更加显著。因此,顾问团断定,该公司确实存在一些歧视问题。

多元化调查团队发现相关证据,证实公司存在隐形歧视问题。为解决这一问题,欧尚随即启动了一项雄心勃勃的多元化建设方案,该方案的一项核心措施是对员工进行培训,让他们更关注无意识歧视。公司投入约 100 万欧元,为 5 500 名员工开展 130 期半天培训课程。培训期间,员工通过角色扮演等形式直面公司固有偏见;具有不同移民背景的员工、同性恋及残障员工一起交流探讨处理歧视现象的方法。

摘自 Demuijnck, G. 2009. "Non-discrimination in human resources management as a moral obligation." *Journal of Business Ethics*, 88, 83-100.

"商务伦理透视"所讨论案例说明,员工培训是人力资源管理部的一项重要职责。Howard 建议,很多公司就如何察觉性骚扰问题对员工进行培训,却并未告诉员工如何制止此类问题或处理性骚扰问题的方法[53]。为确保本章讨论的一系列内容(平权行动、性骚扰、举报等)与伦理型组织倡导的价值观相吻合,员工培训发挥着不可或缺的作用。另外,培训应坚持公开透明的原则,充分考虑员工能力、学习风格等个体差异,因材施训[54]。

最后,Krell 指出,人力资源管理部门应负责开展伦理审计工作[55],确保公司不存在违背伦理规范的行为。最近一份报告显示,最常见的伦理审计包括对"利益冲突、获得个人信息权限、招标及奖赏措施、馈赠与收受礼品、员工歧视等问题"的审核。因此,人力资源管理部可建立伦理审查机制,衡量上述行为与公司价值观的匹配度。

表 4.4 对人力资源管理部的职能及其在伦理建设中发挥的作用进行了总结。

表 4.4　人力资源管理部职能及伦理实践

人力资源管理部职能	伦 理 实 践
招聘与选拔	• 选拔员工时应遵守法律法规,确保传统上受歧视群体(种族、性别)在公司的比重,达到多元化以及平权行动计划的目标 • 招聘与选拔环节应遵守当地法律法规 • 进行多种测试(诚信测试、面试、测谎等),确保新进员工符合伦理标准 • 确保新进员工的价值观与公司的伦理观相契合
绩效评估	• 建立伦理制度,体现跨国公司的伦理规范与价值观 • 确保伦理制度对员工业绩进行客观评价并提供反馈 • 确保绩效评估的公平性与客观性
薪酬与福利	• 公平合理分配薪酬与福利 • 考虑当地法律法规,合理制定薪酬标准 • 解决发展中国家低薪引起的争议
员工培训	• 提供充分员工培训,确保员工的职业生涯发展 • 就性骚扰、举报及其他亟待解决问题提供培训 • 培训应坚持公开透明原则,考虑员工个体需求及能力差异,因材施训 • 确保员工经培训能辨别歧视行为和/或对受保护群体持个人偏见态度
其他	• 开展伦理审计工作 • 收集与公司伦理相关的数据(如,性骚扰发生率,有关歧视问题的数据)

本章小结

本章针对企业处理员工关系所涉及的一系列关键问题展开论述。虽然人们意见不一,但员工仍然可能是企业最重要的利益相关者。员工有助于实施企业战略,因此有效处理此类员工问题至关重要。本章围绕企业—员工关系的四个方面展开:聘任与辞退、多元化与平权行动、性骚扰及举报行为。

对于任何组织而言,聘任流程都是处理组织—员工关系的一个重要方面,该流程是企业与潜在员工间的首个接触点,因此跨国公司有必要了解所在国家的文化需求。然而,聘任流程还是最容易给员工生活带来创伤的环节。鉴于此,我们还应该了解美国通行的任意雇佣原则以及与此形成鲜明对比,但在加拿大、欧盟等国更为常见的是正当理由辞退原则。

由于大多数跨国公司都在努力实现某种形式的多元化(种族、性别等),本章还分析了员工多元化的重要性。本章还论述了平权行动以及企业实施此类计划的重要意义,与此同时,我们还介绍了制定此类计划时应该注意的众多事项。

性骚扰依然是跨国公司处理员工关系过程中需要面对的最重要问题之一。本章介绍了不同类型的性骚扰,分析了性骚扰可能对受害者、雇主及社会产生的消极影响,还探讨了跨国公司处理此类问题可以采取的措施。

此外,本章还介绍了举报行为及其重要意义。同其他员工相关问题不同的是,我们在论述过程中介绍了跨国公司处理这类问题时兼顾当地法规的必要性。我们还介绍了跨国公司实施有效举报制度应该采取的措施。

最后,本章分析了人力资源管理部门对于企业实施和推行伦理准则所产生的重要作用,探讨了人事部门的关键职能,并着重分析了这些职能对于打造伦理型组织的重要意义。

尾注

1. Collins, D. 2009. *Essentials of business ethics*. Hoboken, NJ: John Wiley and Sons.
2. Collins, *Essentials of business ethics*.
3. Hofstede, G. 1997. *Cultures and organizations: Software of the mind*. New York: McGraw-Hill, pp. 64–65.
4. Collins, *Essentials of business ethics*.
5. Bird, R.B. & Charters, D. 2004. "Good faith and wrongful termination in Canada and the United States: A comparative and relational inquiry." *American Business Law Journal*, 41, 2/3, 205–250 (at 205).
6. Bird & Charters, "Good faith and wrongful termination," 205.
7. McCall, J.J. 2003. "A defense of just cause dismissal rule." *Business Ethics Quarterly*, 12, 2, 151–175.
8. Werhane, P.H & Radin, T.J. 2009. "Employment at will and due process." In Beauchamp, T.L., Bowie, N.L. & Arnold, D.G. (Eds.), *Ethical theory and business*, Harlow, U.K.: Pearson Publishing, pp. 113–120.
9. Werhane & Radin, "Employment at will and due process."
10. Maertz, C.P., Wiley, J.W., Lerouge, C. & Campion, M.A. 2010. "Downsizing effects on survivors: Layoffs, offshoring, and outsourcing." *International Relations*, 49, 2, 275–285.
11. Thurm, S. 2010. "Recalculating the cost of big layoffs." *Wall Street Journal Online*, May 4.
12. Dannin, E. 2007. "Why at-will employment is bad for employers and just cause is good for them." *Labor Law Journal*, 58, 1, 5–16.
13. Werhane & Radin, "Employment at will and due process."
14. Dannin, "Why at-will employment is bad for employers."
15. McCall, "A defense of just cause dismissal rule."
16. Dannin, "Why at-will employment is bad for employers," 5.
17. Kaiser, D.M. 2005. "The implications of at-will versus just-cause employment." *Proceedings of the Academy of Organizational Culture, Communications and Conflict*, 10, 2 (at 34).
18. Bird & Charters, "Good faith and wrongful termination."
19. Bird & Charters, "Good faith and wrongful termination."
20. Werhane & Radin, "Employment at will and due process."
21. Dannin, "Why at-will employment is bad for employers."
22. Beauchamp, T.L., Bowie, N.L. & Arnold, D.G. 2010. *Ethical theory and business*. Harlow, U.K.: Pearson Publishing.

23 Owens, J.M., Gomes, G.M. & Morgan, J.F. 2008. "Broadening the definition of unlawful retaliation Under Title VII." *Employee Responsibility and Rights Journal*, 20, 249–260.
24 Fearfull, A. & Kamenou, N. (2010) "Work and career experiences of ethnic minority men and women." Introductory chapter for special issue, *Quality, Diversity and Inclusion: An International Journal*, 29, 4, 325–331.
25 Herring, C. 2009. "Does diversity pay? Race, gender, and the business case for diversity."*American Sociology Review*, 74, 2, 208–222.
26 Herring, "Does diversity pay?" 208.
27 Beauchamp et al., *Ethical theory and business*, p. 185.
28 Hansen, F. 2010. "Diversity of a different color." *Workforce Management*, 89, 6, 23–26.
29 Combs, M.G., Nadkarni, S. & Combs, M.W. 2005. "Implementing affirmative action plans in multinational corporations." *Organizational Dynamics*, 34, 4, 346–360.
30 Combs et al., "Implementing affirmative action plans."
31 Combs et al., "Implementing affirmative action plans."
32 Willness, C.R., Steel, P. & Lee, K. 2007. "A meta-analysis of the antecedents and consequences of workplace sexual harrasment." *Personnel Psychology*, 60, 1, 127–162 (at 131).
33 Smolensky, E. & Kleiner, B.H. 2003. "How to prevent sexual harassment in the workplace." *Equal Opportunities International*, 22, 2, 59–65.
34 Willness et al., "A meta-analysis."
35 Merkin, R.S. 2008. "The impact of sexual harassment on turnover intentions, absenteeism, and job satisfaction: Findings from Argentina, Brazil and Chile." *Journal of International Women's Studies*, 10, 2, 73–91.
36 Johnson, K. 2010. "Sexual harassment in the workplace: A case study of Nigeria." *Gender and Behaviour*, 8, 1, 2903–2918.
37 Merkin, "The impact of sexual harassment."
38 Roumeliotis, B.D. & Kleiner, B.H. 2005. "Individual response strategies to sexual harassment." *Equal Opportunities International*, 24, 5/6, 41–48.
39 Willness et al., "A meta-analysis."
40 Hunt, C.M., Davidson, M.J., Fielden, S.L. & Hoel, H. 2010. "Reviewing sexual harassment in the workplace—An intervention model." *Personnel Review*, 39, 5, 655–668; Johnson, "Sexual harassment in the workplace"; Smolensky & Kleiner, "How to prevent sexual harassment in the workplace."
41 Miceli, M.P., Near, J.P. & Dworkin, M.T. 2009. "A word to the wise: how managers and policy-makers can encourage employees to report wrongdoing." *Journal of Business Ethics*, 86, 379–392.
42 Verschoor, C. 2010. "Increased motivation for whistleblowing." *Ethics*, 16, 18, 61.
43 Miceli et al., "A word to the wise."
44 Varelius, J. 2009. "Is whistle-blowing compatible with employee loyalty?" *Journal of Business Ethics*, 85, 263–275.
45 Miceli et al., "A word to the wise."
46 Dasgupta, S. & Kesharwani A. 2010. "Whistleblowing: A survey of literature." *IUP Journal of Corporate Governance*, 9, 4, 57–70.
47 Jennings, M. 2010. "The employee we ignore, the signs we miss and the reality we avoid." *Corporate Finance Review*, 14, 6, 42–46.
48 Sweeney, P. 2008. "Hotlines helpful for blowing the whistle." *Financial Executive*, May 24, 28–31.
49 Sloan, K.A. & Gavin, J.H. (2010) "Human resources management: Meeting the ethical obligations of the function." *Business and Society Review*, 115, 1, 57–74.
50 Sloan & Gavin, "Human resources management."
51 Sloan & Gavin, "Human resources management."
52 Sloan & Gavin, "Human resources management."
53 Howard, L.G. 2007. "Employees poorly equipped to deal with sexual harassment." *Canadian HR Reporter*, 20, 6, 31.
54 Sloan & Gavin, "Human resources management."
55 Krell, E. 2010. "How to conduct an ethics audit." *HR Magazine*, 55, 4, 48–51.
56 Krell, "How to conduct an ethics audit," 49.

主要术语

平权行动(Affirmative Action)：一系列法律、政策或指导方针的统称，这些法律、政策或指导方针具体规定应该采取哪些积极举措来聘任和提拔曾经或正在遭受歧视的群体成员。

多元化(Diversity)：聘用来自不同种族、肤色和宗教信仰各异的员工，而不像传统模式那样仅聘用男性白种人。

员工(Employees)：公司在实现自身目标过程中可以利用的所有人力资源。

任意雇佣原则(Employment-at-will)：公司能够以正当理由、不正当理由或在没有任何理由的前提下解聘员工。

聘用(Hiring)：公司与员工(利益相关者)产生联系的一个重要渠道。

敌意/恶劣的工作环境(Hostile/poisoned Work Environment)：与性相关的行为及风气让女性在工作场所感到无所适从并受到欺侮。

人力资源管理(Human Resource Management，HRM)部门：联系员工与公司的重要纽带。

正当辞退(Just-cause Dismissal)：雇主辞退员工时必须提供正当理由。

交易式性骚扰(Quid Pro Quo Sexual Harassment)：以工作上的利益(例如，加薪或晋升)为交换条件，含蓄地向他人提出性要求。

招聘(Recruitment)：寻找并吸引合格候选人应聘组织空缺职位的过程。

选拔(Selection)：公司选择合适人员填补空缺职位的过程。

性骚扰(Sexual Harassment)：不受欢迎的性挑逗、性要求及其他带有性色彩的言行。

解雇(Termination)：在员工不愿意的情况下让其离开公司。

培训(Training)：跨国公司为让员工掌握新的技术或能力而付出的努力。

举报(Whistle-blowing)：现任或离任员工向有关方面揭发不合法、不道德或不合理的组织行为，希望对方能够阻止这些行为。

讨论题

1. 何为招聘与选拔？各国的招聘与选拔方式有何区别？
2. 任意雇佣原则的主要特点是什么？如何看待任意雇佣原则支持者的观点？
3. 讨论正当辞退的方法，解释正当辞退与任意雇佣的不同之处。
4. 何为多元化？讨论多元化给公司带来的益处。
5. 何为平权行动？讨论企业如何贯彻落实平权行动计划。
6. 何为性骚扰？讨论并举例说明性骚扰的不同类型。
7. 讨论企业如何贯彻落实反性骚扰计划。
8. 何为举报？举报有哪些益处？讨论企业如何贯彻落实举报方案。
9. 讨论人力资源管理部的职能。说明各项职能在践行伦理原则时发挥的作用。
10. 解释并举例说明人力资源管理部在公司打造伦理型组织时发挥的重要性。

网络任务

1. 访问国际劳工组织（ILO）网站：http://www.ilo.org。
2. 了解该组织及其主要职能。讨论其职能以及该组织发挥的重要作用。
3. 进入"主题"版块。举例说明国际劳工组织从事的主要活动。
4. 选出四项主题。阅读有关这四项主题的最近报道。逐一说明每项主题涉及的主要工作领域。
5. 阅读"童工"版块。说明全世界童工劳动现象。国际劳工组织就解决童工问题提出了哪些方案？

更多网络任务和资源，请访问网站 www.routledge.com/cw/parboteeah。

实战演练

竞争对手的产品

你刚刚毕业于一所知名大学，并获得营销学学位。你应聘了多个与营销相关的职位，最终如愿以偿，拿到了自己最青睐的职位。你将成为一家药品公司的销售人员，而该公司最近在药品研制方面取得多项突破。你知道这项工作能够让你获得非常重要的经验，但同时你也非常清楚，这份工作非常辛苦，且工作时间相当长。面试过程中，你的表现给这家公司的多名高管留下了非常深刻的印象。

工作数周后，营销副总裁开始接近你，并邀请你下班后一起喝酒。你还发现，几位与你一同入职的员工也和你一样，经常收到此类邀请。不过，你不知道自己该不该参加这样的活动。经过仔细考虑后，你决定接受邀请。

在当地酒馆举行的这次活动开展得颇为顺利，你和同事及数名公司高管玩得非常开心。你在谈话中向大家透露，你最好的朋友就职于公司的竞争对手企业。然而，你很快发现，有几位同事喝得酩酊大醉，并做出一些让你感到不舒服的亲密之举，营销副总也对你动手动脚，并且表示你在公司很有发展前途。此外，在谈话过程中，这位副总裁还询问你从好友那里获取了哪些信息，他似乎对竞争对手正在开发的新产品很感兴趣。

你会采取什么样的举措？是离开聚会场所，并忘记这里发生的一切，还是在次日举报这些冒犯你的人，即使面临丢掉新工作的风险也在所不惜？

案例分析

沃尔玛及医疗保健福利

2011年10月20日，周五，沃尔玛集团举办新闻发布会，宣布了一些令人震惊的决定，声明旗下所有一周工作不满24小时的员工将不再纳入沃尔玛公司的医疗福利计划，1996年沃尔玛曾倡导大型公司为其所有正式员工和兼职员工提供医疗服务，此次决定与之大相径庭。迫于来自工会和各州的巨大压力，沃尔玛最终同意为工作满一年的兼职员工提供医疗计划。沃尔玛此举受到称赞，因为有一半以上大型公司没有为兼职员工提供任何医保措施。

沃尔玛表示，不断增长的医疗费用以及盈利不断减少是导致公司决定削减医疗服务的主要原因。报告显示，2011—2012年，雇主资助的健康保险保费预计将上浮9%，而沃尔玛一些员工的保险费到2012年将上浮40%。尽管保险费不断增长，沃尔玛员工依然比其他公司员工的医疗保险花费要少。

另外颇有争议的是，沃尔玛推出的最新医疗计划中规定，抽烟的员工将支付一笔罚款。具体来说，吸烟员工将不得不在每个薪资周期外支付大约10—90美元的费用，对某些员工来说，这意味着他们将支付不起公司提供的医疗保险。

摘自 Greenhouse, S. and Abelson, R. 2011. "WalMart cuts some healthcare benefits." *New York Times*, online edition, October 20；Kliff, S. 2011. "The health insurance plight of part-time workers." *Washington Post*, online edition, October 23.

讨论题

1. 公司为员工提供医疗福利属于道德指责吗？为什么？
2. 沃尔玛削减兼职员工的医疗福利这么做公正吗？
3. 公司要求吸烟的员工支付更多的医疗保险费这么做符合商业道德吗？公司这么做是否侵害了员工的权利？
4. 沃尔玛应该如何应对批评者指责该公司没有支付其公平份额的医疗保健费用？

长篇案例

万豪(Marriott)的人力资源部：廉价劳动力管理

1989年，万豪成为餐饮住宿业的龙头老大。万豪历史悠久，又是品质的保证，很少有公司能达到它的高度，更别说是家族企业。在62年的发展历程中，万豪赢得了股东的极大信任，在整个酒店业还没有其他哪家公司能获此殊荣。然而作为一流的服务公司，万豪的成功实际上依托于酒店里的服务人员——女佣、门卫、厨师、行李员、服务员、投递员、电话销售员和前台，这些是全美就业人数增长最为快速的工种，但却最不为人所理解。为了取悦追求高性价比的顾客们，重压下的万豪不得不在员工选拔培训方面下足功夫，以确保普通员工都能面带微笑提供优质服务。随着当今社会等级观念的日益模糊和对服务期望值的愈加提高，万豪需要的不是受过高等教育、拥有丰富经验或技术专长的员工，而是一批对薪资要求不高但灵活能干、可以填补低水平服务岗位空缺的人员，在以前这可是选拔经理的标准。20世纪90年代，万豪遭遇用工荒，当时很少有人愿意从事低收入低福利的工作，因此万豪不仅很难招到新员工，连老员工都难以留住。

克利福德·欧利希是万豪人力资源部高级副总裁，他的首要任务就是招进大批接受过培训、忠诚、知足又肯为公司的全面发展奉献自我的员工。这个任务并不简单，作为人力资源经理，在20世纪80年代欧利希经历了工作上的一系列变革。他说：

"十年前大部分员工都安分守己（遵守政府法令要求），遵守工资与工时规定和《国家劳动关系法》⋯⋯后来情况开始改变⋯⋯虽然员工还是要遵照一定的标准，但是你也要思考怎样才能创设良好的工作环境，有效激发员工的工作热情。⋯⋯由于商业策略发生了改变，所以你得调整人力资源工作加以适应。"[1]

欧利希在波士顿学院法学院读的夜校，是家里的第一个大学生，他的父亲是纽约电话公司的一名工会组织者。欧利希的家庭和个人价值观如辛勤工作、个人担当和自主自立都与万豪的企业文化相契合，这些文化是受到公司的创办人、信奉摩门教的约翰·威拉德·玛里奥特启发而形成的。20世纪90年代，欧利希的价值观为万豪制定人力资源政策做出了突出贡献，但是他本人陷入了两难境地，一方面要优化公司的人力资源政策以吸引并留住大量廉价劳动力，另一方面又不能违背企业文化，不能损害万豪作为一家高规格的家族企业长期享有的盛名。

I. 万豪历史

1927年5月，约翰·威拉德(比尔)·玛里奥特在华盛顿开了家仅有9张座椅的艾德熊乐啤露小店，这就是万豪的前身。后来这家小店发展为家族连锁餐厅，起名为"热卖店"。1937年，"热卖店"打入航空餐饮业。1957年，万豪上市，并在弗吉尼亚州的阿灵顿镇创办了第一家酒店。接下来的几年里，万豪又开了多家酒店和"热卖店"。1964年，万豪旗下已有45家"热卖店"，4家酒店，经营的其他业务也都非常成功。彼时，老玛里奥特将公司交由儿子小玛里奥特打理，自己则留任首席执行官。

小玛里奥特将发展重心转移到住宿业，加快了公司发展的步伐。1946—1970年，通过收购和开设新店，万豪的规模扩大了3倍，收入和盈利均超越了两大竞争对手豪生集团和希尔顿酒店。1966年，万豪收购了委内瑞拉首都加拉加斯的一家航空餐饮公司，实现了国际化。1967年，万豪收购大男孩连锁餐厅。1968年,万豪新开了罗伊·罗杰斯快餐连锁店。

1972年,小玛里奥特接替父亲成为公司的首席执行官,他引入新的管理理念,将公司分为三个半自治的子公司,分别负责三方面的业务:食品生产、航空服务以及酒店特色餐厅,各个子公司的总裁直接向小玛里奥特汇报工作。后来,三个子公司又被细分为16个部门。如此一来,万豪开启了全方位的掘金之旅。

1975—1984年,小玛里奥特实施了一项新政,即建造酒店然后卖掉,但通过签订管理合同,公司仍然掌握酒店的所有权,由此万豪的客房数量由14 000间增加到60 000多间。这项措施帮助万豪实现了利润的快速增长,降低了风险,并确保了服务标准的统一化,这在以前根本不可能实现,因为传统的特许经营协议很难达到这种效果。20世纪80年代,万豪收购了吉诺披萨店、国际服务公司(在机场从事食品和销售服务)、美国度假集团(度假村分时享用权运营商)、霍华德·约翰逊公司、克劳迪公司、服务系统有限公司和世家公司,扩大了规模。万豪预料到豪华酒店业供过于求,于是在20世纪80年代末创立了万怡酒店连锁和万豪套房酒店,进军中端酒店市场。

20世纪90年代初,由于房价下跌和酒店业发展放缓,万豪面临着新的挑战。万豪在20世纪80年代的发展主要是通过负债融资实现的,其产权比率由1979年的1∶1上升到1989年的4.5∶1。不包括资产出售在内,每股负超额现金流达7.84美元。小玛里奥特的应对策略是缩小规模和调整结构,从而放慢新酒店的建造步伐,缩减资本支出,1991年的支出由1990年的15亿美元减少到10亿美元。[2]为了减轻负债压力,万豪一分为二,房产归万豪地产主管,万豪国际主要负责服务业的拓展。

II. 企业文化

尽管玛里奥特家族非常富有(拥有公司将近30%的股份),但他们总是以家族强烈的工作伦理观为荣。小玛里奥特说:"跟父亲一样,我也教我的孩子如何工作。"在小玛里奥特和他的兄弟姐妹们小时候,老玛里奥特和他的妻子就希望他们帮着做家务,稍微大点就出去打暑期工。小玛里奥特的弟弟史蒂夫是公司的销售总监,16岁开始他就在家族企业工作,那时他在罗伊·罗杰斯快餐店做汉堡。史蒂夫不仅将税前收入的1/10捐给耶稣基督后期圣徒教会,还存了些钱用于婚后的生活开销。在他看来,自己不可能凭借家族身份成为公司的总裁,唯一的途径只有工作奋斗,这也能为他赢得尊重。在福布斯1987年的一次采访中,小玛里奥特称他以一种强烈的工作伦理观管理企业。[3]

玛里奥特家族的摩门教信仰有时会与公司的经营决策相冲突。20世纪60年代,经过深思熟虑后,玛里奥特家族最终决定在酒店出售酒精饮品作为商业尝试。但在20世纪70年代,由于不想与赌博扯上关系,玛里奥特家族放弃进军蓬勃发展的博彩业。

III. 工会

和他的父亲一样,小玛里奥特家庭观念强,坚持成本控制,同时他还继承了老玛里奥特关于工会对企业和员工都毫无益处的观点。万豪有个传统,即竭尽所能确保工会在公司无立足之地。公司高层认为,没有工会,万豪的管理将更为灵活,而节省下来的劳动成本可用于改善员工的福利。小玛里奥特曾说过:"为我们工作的那些人必须得喜欢我们才行。只有喜欢你,尊重你,他们才会愿意为你做几乎任何事,才会尽力让顾客满意,公司才会洋溢在友好和睦的氛围中。"

万豪制定了分红方案和奖金激励制度来阐释企业理念。为了促进员工和经理之间的沟通,万豪提出公平待遇保障性政策,取代了先前的工会申诉处理委员会。新政策要求经理定期与员工交流,了解员工的志向、生活条件、工作动机,以及让员工参与到对员工自身有所影响的决策的制定中。1990年,万豪500多家酒店中只有两家设有工会。万豪认为,员工从没想过设立工会恰恰证明了他们受到的待遇公正合理。

在万豪内部,反工会文化十分盛行。1992年,工会组织者甚至还找到了人力资源部的一份反工会指南,并将其公之于众。该指南概括了一些面试技巧,以帮助人力资源经理从应聘者中剔除潜在的工会支持者。它提醒经理要特别关注衣服或首饰上带有工会标志的应聘者,还表示只要多加观察,就会有意外的发现。[4]

20世纪80年代末,万豪将触角伸至工会势力强大的北部工业化重地如纽约、芝加哥和波士顿时,社区和工会领袖结成联盟强烈反抗。联盟控诉万豪优先录取其他城市市郊的应聘者,而不是来自那些之前已向万豪保证只要招聘本市人口,就可提供税收鼓励的城市的应征者。1989年,波士顿一个由社区建设特别小组、建筑业女性组织和黑人立法预备会议共同组成的联盟,抗议万豪在招聘中歧视女性和少数族裔,偏爱来自无工会组织的南方各州的应聘者。

IV. 美国劳动力的结构变化

美国劳动统计局(Bureau of Labor Statistic)1994年的报告显示,低技术含量行业的从业人数增长最快,如餐饮服务人员、商店售货员、卡车司机、儿童保育员、护工和门卫。服务业人口占美国劳动力总数的79%,经济贡献达美国国内生产总值的74%。1994年,仅旅游酒店业的从业人数就有1 050万,占美国劳动力总量的8%。

20世纪80年代末,由于对服务人员的需求增大,没有一技之长的劳工供不应求,劳动力储备不断下降。随着婴儿潮出生的那代人逐渐退休,再加上美国20世纪60年代和70年代的低出生率,没有足够多的新人填补空位,劳动力市场出现了很大的空缺。此外,还有许多新人由于受教育程度过低或经验不足很难找工作。据估计,美国有25%的高中毕业生阅读写作达不到八年级水准,大城市高中生的辍学率为35%(纽约)到50%(华盛顿)。女性占劳动人口的44%以上,且大多数处在育龄阶段,这一数值在2020年有望达到64%。育有6岁以下儿童的女性是美国劳动力中增长最为快速的群体。

到了20世纪80年代末,万豪找到了一个简便的方法满足其对无技术特长的劳工的需求。在洛杉矶和迈阿密,万豪的货车定期开到几个常去的街角,载着几车的小时工到当地酒店帮忙布置宴会,刷盘子和送毛巾。曾于1987年担任万豪人力资源部经理的佩吉·皮菲尔说:"这是非常有用的资源。那些人需要工作。"但是,万豪找来的小时工中有许多非法移民。不幸的是,1987年的《移民改革与控制法案》(Immigration Reform and Control Act)提出,雇佣4个或4个以上非法移民的公司将受到刑事处罚,同时法律也要求公司核实新员工的身份。万豪的短期应对策略是寻找私人临时承包商,把工作从非法移民手中转移到第三方,以此满足公司在迈阿密、洛杉矶和纽约对低技能劳工的需求。[5]

随着美国劳动力市场对劳工技能的要求越来越低,以及战后传统的高薪蓝领职业越来越少,廉价劳动力的储备量开始扩大。然而由于工资过低,这些新员工对雇主和从事的工作几乎无忠诚可言。当时的趋势是员工频繁跳槽,从一个低工资行业跳槽到另一个,因为像这样的服务行业有很多,他们有许多选择。

20世纪90年代,万豪面对的难题不仅是要招到廉价劳动力,而且还要留住他们。在酒店和餐饮业,人员年流动率达到100%甚至更高都属于常态。直到1990年,人们还倾向于把第一线的服务人员看成是一次性商品,而非经济资源。万豪招聘和培训一个新员工的费用高达1 100美元,每年仅这一项开支总额达几百万美元。欧利希的当务之急是想如何在无须大幅提高工资的前提下,从传统意义上不可靠的低技能劳动力储备中招到并留下高效劳动力。

《人事杂志》将1993年的"重塑美国挑战"(Rebuild America Challenge)大奖颁给克利福德·欧利希

的公司,以鼓励芝加哥万豪的革新措施,该措施有针对性地解决被哈德逊研究所称作与"劳动力2000"(*Work Force 2000*)有关的问题。[6]对此克利福德·欧利希很是自豪。在欧利希的领导下,万豪制定了一系列特定的计划,打破了那些束缚"入职困难户"(前社会福利金领取者、单亲、青少年、应届大学毕业生、高中辍学者和残疾人)找到工作的障碍。万豪人力资源项目注重向上述这类员工灌输强烈的工作伦理,着重强调工作培训、职业发展、报酬激励还有家庭服务,这些措施不仅吸引了新员工还留住了老员工。

在欧利希的领导下,万豪的人力资源部制订出一套营销方法,前提是万豪要向潜在的员工推销自己,而不是传统意义上雇主选择雇员的模式。欧利希改编了营销人员做生意常用到的一些技巧,如问卷调查、焦点小组和有助于提升公司在消费者中声誉的项目,并把这些技巧用到当前和未来的员工身上。"我们对外称有工作要出售,而潜在的劳动力就是买家。"他还指出万豪不会把所有的精力和金钱都花在新员工身上,而是会拨出相当部分的预算用于留住老员工。欧利希觉得自己的主要任务就是让员工喜欢上在万豪工作的感觉,他说:"只有这样他们才会留下来,万豪的口碑才会一传十,十传百……如果员工都带着点额外的小动力开始一天的工作,那么他们就乐于为雇主付出更多,不会仅仅机械地照着工作合同上的要求做事。"他又指出,所谓的"额外努力"能否被激发出来主要取决于雇主。管理的诀窍就是"创造适宜的工作环境,激发员工付出额外努力……激励员工为了公司的前途而奋斗"。[7]欧利希力图挑战传统的带有家长式作风的企业管理模式如"我们照顾员工",取而代之的是"我们为员工提供自我照顾的机会"。欧利希表示:

"这不仅能将公司从一些原本就不必承担的义务中解脱出来……而且员工能享有更多权利,他们被视为对自己的工作和生活有管理能力的成人。"[8]

他也承认由于劳动力市场不断变化,相比前些年,近年来万豪员工的工作保障度有所下降。尽管如此,欧利希还是声明,"我们需要忠诚。我相信人们都是本着忠诚来工作,而且能换来忠诚的是参与,不是保障。"他认为自己的工作能帮助万豪从过去家长式的员工管理理念过渡到强调个体自助的新理念。

20世纪90年代中期,万豪的人力资源计划广为宣传,广受赞誉。万豪的新政与当时席卷全国的"取消社会保障金"的呼吁不谋而合,还把传统意义上很难找到工作的那部分人带入就业市场,如此一来,万豪的人力资源部不仅成为行业领头人,还为其他依赖无技术特长的劳动力而运作的行业树立了榜样。尽管万豪设法提高员工的约满留任率,但这一比率从未超过60%。虽然万豪的新计划宣言很快就传播开来,但是其中有些计划并没有完全实施。来自劳联—产联的酒店及餐饮业员工开始瞄准万豪为维持其无工会传统而采取的手段,结果万豪陷入多起官司。虽然1996年欧利希的革新计划为他本人赢得颇多荣誉,但是他也怀疑这项策略能否长久走下去。

V. "通往自立之路"计划

1990年,万豪制定了"通往自立之路"计划(Pathways to Independence Program),这个计划将对员工进行为期6天的培训,课程包括自尊培训、基本交流和服务技巧的传授,目的是帮助他们自食其力,不用再领社会救济金。计划最早在新奥尔良开展,到了1990年已扩展到包括亚特兰大、坦帕和华盛顿在内的11个城市。600名之前靠社会救济金过活的员工已经完成了培训。培训的结果就是员工的约满留任率提高,人员流动率降低,但这个计划也不是毫无争议,培训资金来自政府补助这一点更是遭到诸多诟病。附录A为1997年对华盛顿劳联—产联下设的酒店及餐饮业工会执行财务处长约翰·波特曼的采访。波特曼强烈抨击万豪的反工会立场和"通往自由之路"计划。

VI. 万豪的"劳动力 2000"计划

新员工定位。筛选出至少能干满 3 个月的员工是万豪面对的最大难题之一。直到 1993 年,万豪 40% 的离职员工是在入职后的前 3 个月内离开,于是万豪开始关注工作经历中最容易被忽视的部分——定位。新员工不再像以前一样直接开始 3 个月的试用期,而是参加 8 个小时的入职培训课程,课程重点是享受老员工为他们奉上的一顿精美午餐。新老员工搭配成对(伙伴),在接下来的 3 个月里,老员工会给予新员工工作上的指导。两个月后,所有新员工还要参加进修课程,工作满 3 个月后,酒店会为他们举办盛大的欢迎宴会。这项计划的基本原理是"雇主首先得让员工满意,员工才会尽力让顾客满意"。[9]

VII. "职业管理搭档"计划

1994 年,万豪创立了名为"职业管理搭档"(Partners in Career Management)的工作坊,意在将经理培养成能对员工的职业选择给出意见和指导的"职业教练"。6 000 名管理层的雇员参加了这次培训。工作坊向万豪的经理和主管传授四步法,协助他们做好自己的职业管理,以及做足准备迎接与员工的职业探讨。培训结束后,万豪的经理将能完成以下任务:

1. 帮助员工发现技能、价值、兴趣,并回答:"我是谁?"
2. 持续不断地给予员工反馈,帮助他们回答:"我做得怎么样?"
3. 帮助员工树立现实的职业目标和回答:"我还能做什么工作?"
4. 帮助搭档制定行动方案,并回答:"怎样做我才能实现目标?"

另外,经理还要学会利用组织内有效的职业资源,常与员工开展职业探讨,带领员工参与到发展活动中,丰富员工经历,帮助他们收获知识技巧和改善服务质量。

万豪通过设立工作坊,把职业管理的责任从公司手中转交给员工自己。因此,员工将对以下各事项负责:

- 评价自我技能,价值,兴趣和发展需求;
- 确定长短期发展目标;
- 与经理商议制定职业发展计划,实现发展目标;
- 按照发展计划行事;
- 学习并利用万豪的其他职业管理资源,如网上工作招聘通告;
- 定期与经理会面,商讨职业发展事宜;
- 理解职业探讨并非做出承诺或保证;
- 认识到职业发展直接取决于万豪的需求和机会、个人表现和能力。

VIII. 威拉德·玛里奥特优秀员工奖

为了在少花钱的前提下激发员工表现出最好的一面,万豪设立了威拉德·玛里奥特优秀员工奖,获奖员工会收到一枚奖章,其一面刻有公司创始人的肖像,另一面则是公司的基本价值观,如奉献、成就、品德、努力和坚毅。该奖项不设物质奖励,评选标准为提名人的评价和被提名人的工龄。获奖人来自万豪各个部门,如洗碗工、厨师、领班和商品经理。颁奖礼设在华盛顿,宴会盛大奢华,领奖人、员工家属、提名人和公司高层均会出席。

IX. 工作与家庭生活协调部门

1989 年,万豪成立了工作与家庭生活协调部门,帮助员工取得工作与家庭生活间的平衡。同年,《哈佛商业评论》刊登的一篇文章指出,70% 以上的育有 6—17 岁子女和超过 50% 的育有 1 岁以下子女的妇女都加入了劳动力大军。随着有助于缓解经济压力的双职工家庭越来越普遍,万豪开始意识到生产力与"利于家庭"的政策间的关系。《商业周刊》称:

"工作—家庭策略不仅与企业的主流价值观相契合,还能提高企业竞争力。相比十年前,现在的职业母亲能享受更多福利,包括老年人护理援助、弹性工作制、轮班制、领养福利、夏令营、员工帮忙热线,甚至还有宠物照理和割草服务。"

万豪强调,员工的家庭冲突,尤其是儿童照管问题,与公司的人员结构稳定度和员工旷工率有直接关系。除此之外,万豪还表示,虽然以前公司也实施过协调工作与家庭生活的计划,但关注焦点都集中在满足管理层员工的需求上。

万豪力求为低薪劳动力量身定制家庭服务项目。一项内部问卷调查显示,去年19%的小时工因工作与家庭的冲突想过离开公司。小时工还做了粗略的估算,由于要照看孩子,去年他们平均有4天旷工和7天迟到。

基于以上种种原因,万豪的工作与家庭协调部门发展出了一套全面计划,覆盖家庭财政、研究和教育服务。万豪的首创计划中还包含一项全国性的转介服务——托儿选择,它帮助家长在所生活的社区内寻找合格的托儿机构,代为照看家里13岁以下的儿童。到了20世纪90年代中期,万豪80%的员工都通过这项服务解决了托儿问题。部门还为员工开立了家庭护理支出账户,以减轻抚养子女和赡养老人的经济压力。有了这些账户,员工就可以从工资中抽取税前扣除金额来支付托儿和老年人的护理费用。

X. 万豪加入 IAM CARES

1985年,万豪加入 IAM CARES。IAM CARES 是总部设在马里兰的一个国际性非营利机构,它与雇主合作,一起培训残障人士,并保障他们的工作权利。IAM CARES 的首个项目在芝加哥万豪开展,1987—1994年,通过项目培训的残障人士超过131名。

芝加哥万豪通常每年在酒店培训30人,随着项目的不断推进,其他特殊利益组织也积极参与进来,如芝加哥市长办公室(残障事务)、伊利诺斯州康复服务部门和芝加哥公立学校。IAM CARES 的资金主要来自康复服务部门的Ⅰ类和Ⅱ类基金,还从芝加哥市长办公室(就业培训事务)获得《职业培训协作法》专项资金。参加培训的残障人士每小时会有4.25美元的补贴,由 IAM CARES 支付。[10]

XI. 万豪加入私营企业委员会

私营企业委员会(Private Industry Councils)几乎遍布美国各地,是美国劳工部下设的合法机构,是将私营企业和当地失业人口联系在一起的纽带。私营企业委员会不仅帮助个人找工作,还根据《职业培训协作法》的相关规定拨出培训资金。1982年,《职业培训协作法》(JTPA)取代了《全面就业与培训法》(CETA)。1996年,JTPA成为联邦政府规模最大的工作技能培训计划,年预算达40亿美元。它要协助上千家像万豪这样的企业寻找当地的残障劳动力,这些残障人士需要就业培训援助,而且接受培训后基本上就可以胜任工作。计划的主要目标是将失业人员重新带入劳动市场,并对他们的工作加以保障。

这个计划的关注对象是受教育程度较低和可替代性较高的青年与成年人,尤其是女性、少数族裔和残障人士。应征者一旦被转介,雇主就要与私营企业委员会签订强制性合同,合同规定了专项培训的时间、培训内容以及公司将收到的补偿金额。一般而言,只有新员工入职1个月后(通常是3个月),雇主才能提交发票,拿到工资补偿。[11]

公司可以签订个人培训合同,也可以签订小组培训合同。小组合同又称个性化培训合同(Customized-training Contract),补偿也会高一些,因为雇主的前期支出也要算在补偿范围内,如培训师工资和直接培训费用。

XII. 万豪加入"目标工作税收抵免计划"

"目标工作税收抵免计划"(Targeted Jobs Tax Credit, TJTC)采取奖励措施,鼓励万豪这样的公司雇佣和培训那些原本只能依靠救济金过活的人。万豪估计培训一名入门级别的员工大概要花1 000美元。如果受教育程度不够,工作经验也不足,那么费用会更高。对万豪而言,TJTC的补助使得公司能从目标群体中招到水平相近的应聘者。通过TJTC,万豪与许多社区建立了合作关系,确保充足庞大的劳动力后备军。

后来有人指责一些雇主借此大发横财,因为"合格"这一标准实在太过主观(雇主可能会把潜在员工列入"高风险"名单,然后就可以拿到补助),于是联邦政府中止了TJTC。取而代之的是"工作机会税收抵免计划",新计划更加明确地规定了下列各类学员的合格标准:救济金领取者、有前科者、低收入户、领食品券的年轻人和残障人士。[12]

万豪是"工作机会税收抵免计划"的主要参与者,该计划不仅为低薪和存在找工作障碍的员工提供工资补助,还帮助万豪招到并留住廉价劳动力。

附录 A

案例注释:

有组织的劳动力

对华盛顿特区酒店及餐饮业工会(Treasurer of the Hotel and Restaurant Employees Union)、AFL——CIO"本地25"组织(Local 25)的执行财务处长约翰·波特曼的采访报道。

工会

1997年,Local 25组织的酒店及餐饮业员工协会中共有6 000多名成员在华盛顿的酒店、餐厅、私人俱乐部和酒席承办机构工作。50多年来,Local 25组织一直秉承"公正待遇、尊严、尊重和良好工作条件"的宗旨,为酒店和餐饮业员工争取权益。除了组织工会活动外,Local 25还活跃于华盛顿的政治圈中,他们游说立法者,宣传民权议题。

集体谈判

工会化步骤包括特定领域的劳工推选Local 25作为代表参加"集体谈判"。一经选上,工会将在Local 25和雇主间斡旋,促成双方签订合约,在工资率、福利和工作条件方面达成共识,合约有效期一般为3年。谈判之前,劳工要列出商议事项,尽管他们明白不是所有的要求都能得到满足。谈判是个互谅互让的过程,只有Local 25和雇主达成协议,员工也投票赞成,双方才可签订合同。如果合同没通过,员工就可能投票罢工,只有参加合同签订会议的大多数人都投了赞成票时,罢工才会实施。

为了维持工会的日常运转,成员要交会费。会费还要支付律师、仲裁员和工会代表(代表工会谈判的人)的工资;成员和工会主管的教育培训费;游说费用(游说立法者制定有利于工会成员和他们工作的社区的法律)。

福利

根据集体谈判达成的协议,工会成员入职 3 个月后即可享受谈判争取来的福利。所有福利均有雇主埋单,部分福利由一家联合工会管理委员会代为管理,还有些可直接从供应商处买到。福利包括:

- 口腔护理
- 眼科诊疗
- 个人法律服务
- 养老金
- 信用合作社福利
- 医疗保健
- 短期和长期残疾保险
- 人寿保险
- 401k 计划

Local 25 和万豪

作为一家以没有工会组织而自豪的公司,长久以来,万豪与当地酒店及餐饮业工会的成员一直保持着剑拔弩张的关系。很多时候,尤其是在传统的工会城市,为了获得旅馆建造和经营方面的减税优惠,万豪会与市政府签订"中立协议"(承诺不会干涉员工成立工会),但是一拿到好处,万豪就不再理睬先前的协议。

Local 25 的执行财务处长约翰·波特曼把万豪称作"公共关系专家"。一直以来,万豪都辩称公司的反工会立场能实现员工利益的最大化。对万豪而言,工会化意味着要在员工身上花更多的钱,公司的开销会变大。万豪宣称没有了工会,公司就可以把省下来的钱用在提高员工时薪上。虽然波特曼承认,万豪的工资率与有些公司的工会工资率相当(这些公司的工会签过合同),但除此之外,两者再无相似之处。

万豪拒绝支付工会福利,所以万豪的福利资金基本上都是员工自己出的。[13]在万豪,原本需要集体谈判的申述程序被"工友观察"申诉系统所取代,这项系统包含在"管理搭档"计划里。但是,在波特曼看来,万豪的内部观察系统存在缺点,即管理层能左右所有的决定,特别是人员去留。最后,尽管万豪的"劳动力 2000"计划受到颇多赞誉,Local 25 还是断言万豪廉价劳动力的人员流动性极高,与有工会组织的企业相比更是明显。

最让波特曼头疼的还是万豪的"通往自由之路"计划,它明确针对救济金领取者和长期找不到工作的群体,万豪还能从联邦政府领到补助用于这类员工的招聘和培训。波特曼和 Local 25 的其他人士都认为,这项计划意在培养"听话的劳动力"。虽然"通往自由之路"计划确实把"入职困难户"带进了劳动力市场,但事实上联邦政府根本就没必要给万豪发补助,因为万豪的员工本来就是从这类劳动力储备中招来的(低技能、缺乏教育)。此外,由于该计划的资助人群拿的是最低工资,所以如果没有政府干预(根据自由市场的供需关系),所有无技能劳工的工资标准自然会被拉高。《福利改革法》的通过更是雪上加霜,它创造了一个由"应征士兵"构成的劳动力储备。

在约翰·波特曼眼中,万豪管理廉价劳动力的方式极具家长作风和极端反民主。万豪把低技能劳工当成小孩一样来"关爱",而且不是普通的孩子,而是一群忘恩负义、老想着成立工会的小孩。

行业标准

波特曼说,凭借恐吓员工和背弃协议这两招,万豪总能挫败员工的工会化尝试,屡试不爽。令波特曼沮丧的是，万豪的成功引得其他连锁酒店纷纷效仿，它们借鉴万豪模式，触犯法律。波特曼称在过去20多年里，一个名为"劳工顾问"的团体逐渐兴起，每当工会选举，这些顾问就会出现。他指控"劳工顾问"行事手段不正当，还恐吓员工。此外，就算劳工投票要求加入工会，雇主也能搬出《国家劳动关系法》，利用司法制度延缓事件进程，把工会给拖住，一拖就是很多年。有时，工会好不容易打赢了这场持久战，酒店却已被卖掉，它们就不得不与酒店的新主人再来一场同样的战争。

波特曼和其他的劳工组织者开始采取新的应对措施：跳出国家劳动关系委员规定的程序步骤，本着"如果组织工会都不算战争，那什么才是?!"的精神，转投其他的战术，如到公司董事家里抗议，向酒店客人发传单和代理权争夺战。[14]

案例尾注

1. Finney, M.I., "Fair Game: 'At Marriott, Clifford Ehrlich Bases Decisions on What's Fair,'" *Personnel Administrator* (February 1989): 46.
2. Raffio, R., "Company at the Crossroads: Marriott Corp.," *Restaurant Business* (June 10, 1991): 84.
3. McGough, R., "My son, I brought him up like an Immigrant," *Forbes 400* (October 26, 1987): 74.
4. "Labor's Love Lost," *Washington Post*, 17 February 1992, F3.
5. Walsh, S.W., "Firms Brace for New Law," *Washington Post*, April 30, 1987, 1.
6. Shannon Peters, "Personnel Journal Announces Grant Recipients," *Personnel Journal* (October 1993): 34.
7. Finney, 46.
8. Finney, 46.
9. Henkoff, R., "Finding, Training, and Keeping the Best Service Workers," *Fortune* (October 3, 1994): 116.
10. Laabs, J., "Individuals with Disabilities Augment Marriott's Workforce," *Personnel Journal* (September 1994): 46.
11. Laabs, J., "How Federally Funded Training Helps Business," *Personnel Journal* (March 1992): 35.
12. Prepared statement of Janet Tull, Marriott International, before the House Government Reform and Oversight Committee and Subcommittee on Human Resources and Intergovernmental Affairs on Work Opportunities Tax Credit as related to job training, April 18, 1996.
13. In Washington, union workers enjoy a 40–45% wage and fringe package advantage over their non-union counterparts. This is almost exclusively the result of the benefits provided in the collectively bargained agreements.
14. Perl, P., "Workplace Democracy American Style," *Washington Post Magazine*, April 6, 1997.

讨论题

1. 万豪在员工管理方面遇到了哪些特殊的道德义务和责任？
2. 万豪认为工会对公司和员工不一定有用，你是否赞同这一理念？
3. 万豪利用了"目标工作税收抵免计划"，它的做法是否有违伦理道德？为什么？政府为什么要中止这个计划？
4. 约翰·波特曼(酒店及餐饮业工会执行财务处长——见附录A)把万豪称作"公共关系专家"，你是否同意他的观点？万豪对待员工的方式是否符合伦理道德？
5. 你觉得在员工管理方面万豪还将面对哪些伦理问题？

第五章
主要利益相关方：客户

学习目标

- 理解市场营销的四大要素(4P)，在此基础上分析与客户相关的伦理问题
- 了解产品或服务定价中的伦理问题
- 理解虚假广告的构成要素，并掌握识别虚假广告的技巧
- 了解广告中涉及伦理因素的敏感问题，例如，将性元素引入广告或以儿童为广告对象
- 从"买者自负"原则、契约观、合理注意义务、严格责任理论等角度了解企业提供安全产品的义务
- 了解日益复杂的消费者隐私问题

商务伦理透视预览

儿童广告：潜在伦理风险

根据美国儿科医学会（American Academy of Pediatrics，AAP）最近的一项报告，儿童和青少年每年在电视、网络、杂志和广告牌上看到的广告超过30万条。在美国，儿童是商家吸引的一个重要目标群体，因为12岁以下的儿童每年大约消费250亿美元，而比他们大一点的青少年每年消费额则达到1 550亿美元。此外，据该学会预测，美国父母每年因受其未成年子女的影响的支出达2 000亿美元。许多欧洲国家限制甚至禁止向儿童打广告，美国却没有相关规定，因而很有可能产生不良后果。

作为医学领域的协会组织，AAP学会尤其关注因广告而产生且与健康相关的各种问题。

- 烟草广告。AAP学会援引的相关研究显示,近三分之一的青少年吸烟行为与烟草广告有关。该研究还显示,烟草公司的部分广告还特别针对青少年群体。
- 酒类广告。在美国,年轻人每年接触到的啤酒和葡萄酒广告多达2 000条,调查显示,青少年饮酒者更常接触酒类广告。AAP学会对于过早接触酒类广告而引发过早饮酒的现象感到担忧。该学会还指出,在青少年喜欢观看的体育节目中,酒类广告出现的频率越来越高。
- 药物广告。通过广告直接向客户宣传处方药是美国独有的现象,其存在颇具争议。有些人质疑成年人是否有能力做出或影响购买处方药的决定,而这个问题对于儿童来说就更为复杂。AAP学会担心,儿童和青少年会认为世界上存在可以治愈一切病痛的万能药物。
- 食品广告与肥胖症。年轻人每年在电视上看到约4万条广告,其中半数是食品广告。这些广告大都宣传含有糖分的谷物和高热量的零食,而正是这些食品导致儿童肥胖症的发病率不断上升。还有人担忧玩具赠品的问题,比如,近20%的快餐广告都通过赠品发放吸引消费者。
- 广告中的性元素。AAP学会援引的研究显示,观看带有性画面的广告会导致青少年过早发生性行为。此外,他们还担心,广告中过多使用那些看似患有厌食症的女模特形象会导致年轻女性对自己的外在形象产生错误的认识,从而养成不正常的饮食习惯。

摘自 Committee on Communications. 2006. "Policy statement, children, adolescents, and advertising." *Pediatrics*, 118, 2563-2569.

本章将客户视为企业利益相关方。客户之所以是主要利益相关方,是因为客户是交易完成的必要前提。作为利益相关方,客户通过购买产品或服务,为公司生存并服务其他利益相关方提供必要的资金。

本章重点分析当今企业中可能引发重大伦理问题的企业—客户接合点。上述商务伦理透视预览介绍了其中一个问题——儿童广告:对于儿童消费所蕴藏的巨大盈利潜力,企业趋之若鹜。但在另一方面,儿童属于弱势群体,他们很容易因为商家的不正当影响而购买对其健康有害的产品。

接下来的几个部分将逐一介绍公司与客户之间的三个重要接合点。第一节侧重分析市场营销以及真实广告、公平定价等问题;第二节讨论产品安全和产品缺陷的责任追究等相关问题;第三节围绕客户隐私及获取、保护客户个人信息的法律义务和伦理责任展开。企业在与客户这一利益相关方产生联系时如何作出正确的伦理抉择?这一问题有时候并没有明确的答案,因而需要针对不同观点展开讨论。

5.1 市场营销

本节介绍市场营销影响客户这一利益相关方的方式。**市场营销**(Marketing)是公司与客户互动的第一步。市场营销有多种方式,但我们最常关注的是如何展现产品的特性,如何识别客户的需求,以及如何交付产品,确保客户与公司之间建立交换关系。[1]营销的正式定义包括:

营销是创造、传播、传递和交换对顾客、客户、合作伙伴乃至整个社会有价值的产品和服务的一系列活动、机制和过程。[2]也包括:

营销是洞察、预测并满足客户需求的营利性管理过程。[3]

市场营销的功能通常被概括为营销组合——有时又被称为"4P"组合,即产品(Product)、价格(Price)、促销(Promotion)、渠道(Place)四大要素的组合。客户被视为利益相关方时,每一种要素都蕴藏着不同的伦理风险。这四大要素分别概括如下:

产品:公司为满足客户需求所提供的产品或服务;

价格:为产品或服务制定价格的过程;

促销:商家使用营销手段使潜在客户了解公司的产品或服务以及购买这些产品和服务所带来的好处;

渠道:销售区域以及销往市场的渠道。例如,公司可以直接针对终端客户进行销售,也可以通过经销商将产品或服务售予用户。

表 5.1 美国市场营销协会的营销伦理观

诚实——能够坦诚地处理与客户和利益相关方的关系。为此,我们应该: • 在任何时候、任何境况下尽可能保持真诚 • 提供与宣传相符的有价值的产品 • 如果产品与所宣传的功效不符,要对产品负责 • 兑现明确或暗示的承诺
责任——能够承担营销决策和策略所带来的后果。为此,我们应该: • 努力满足客户需求 • 避免强迫任何利益相关方 • 承认在营销及经济能力不断增强的同时,承担对利益相关方的社会责任 • 重视我们对于市场中弱势群体的承诺,例如,儿童、老人、穷人、对市场一窍不通的人以及其他可能处于极度劣势的人士 • 决策时考虑环境管理
公平——公正地权衡买方的需求和卖方的利益。为此,我们应该: • 无论是销售、打广告还是开展其他形式的宣传,都要清晰地描述产品,避免虚假的、误导性及欺骗性宣传 • 反对破坏客户信任的市场操纵和销售策略 • 拒绝参与价格垄断、掠夺性定价、哄抬物价或诱导转向策略 • 避免故意参与利益冲突 • 尽力保护客户、雇员和合作伙伴的隐私

(续表)

敬重——承认所有利益相关方的基本人格尊严。为此,我们应该: • 尊重个体差异,避免对客户产生思维定式或通过消极、不够人性的方式描述特殊群体(如,特殊性别、种族或性取向群体) • 倾听客户需求,尽可能密切关注并不断提高他们的满意度 • 尽全力理解、尊敬买方、供应商、中间商以及来自不同国家的经销商 • 对营销工作做出贡献的咨询顾问、雇员和同事给予认可与肯定 • 以我们期望别人对待我们的方式来对待包括竞争对手在内的所有人
透明度——在市场运营中塑造开放的理念。为此,我们应该: • 努力与所有支持者沟通 • 接受客户和利益相关方有建设性意义的批评 • 针对重大产品或服务风险、零部件替换或其他可以预见且能影响客户购买行为的问题做出解释并采取适当措施 • 公开价格表、融资条款以及现有的价格协议和调价情况
公民义务——履行经济、法律、慈善及社会责任,为利益相关方服务。为此,我们应该: • 在营销活动中努力保护生态环境 • 通过志愿者活动和慈善捐赠回馈社会 • 整体提升市场营销及其知名度 • 敦促供应链各成员,确保所有各方(包括发展中国家的生产商)公平参与交易

总体而言,表 5.1 总结了美国市场营销协会所倡导的营销伦理观。我们会从产品、价格、促销和渠道等角度考虑一系列具体问题,因为这对于客户这一利益相关方而言至关重要。由于大部分"渠道"决策涉及公司与其他公司的业务往来,因而对于客户这一利益相关方而言,这些方面并不是非常重要。

与产品相关的客户问题主要集中于与产品安全相关的各类问题,我们将在下文专设一节讨论这一问题。除此之外,还有另外两个与产品相关的重要问题会引发伦理关注。

第一个问题是产品是否满足客户的合理需求。许多人认为赌场服务、烟草、低里程SUV 汽车和快餐等备受争议的产品或服务有违道德,因为这些产品或服务虽然满足了消费者某些需求,但这些需求并不合理、合法。对消费者而言,这些产品的价值尚存疑问;如果这些产品对弱势客户群体具有吸引力,其价值就更值得怀疑。

一个典型的案例就是雀巢公司向第三世界国家的母亲推销奶粉。一些免费试用装和扮成医疗人员模样的雇员让妈妈们相信,喂食奶粉比母乳喂养更好。对于第三世界国家的母亲来说,奶粉价格昂贵,为了节约用量,她们冲泡奶粉的水量往往超过标准用量。此外,当地供水不符合卫生标准,因而不适宜喂食婴儿,但这些水却被用来冲泡奶粉。尽管雀巢因该产品获利颇丰,却造成许多婴儿忍饥挨饿甚至死亡,这样的损失雀巢公司是无法弥补的。你认为雀巢应如何在一开始就避免这一问题?

另一个问题是管理者需保证所售产品符合宣传功效。不欺骗客户是一项伦理责任。[4]有些产品的广告宣传与事实不符,健身器材就是一例。即便许多产品宣称能减掉身体某个部位的脂肪,但其科学依据实则不足。[5]广告中经常出现与欺骗客户相关的伦理问题，下文将详细分析这类问题。

5.1.1 定价中的伦理问题

有道德的营销者关注定价，因为我们希望以**"公道价格"**出售产品。"公道价格"(Just Price)这一概念出自 Thomas Aquinas。Aquinas 认为，卖家不能仅因产品需求大而抬高价格。[6]因此，在 Aquinas 看来，发薪日贷款公司收取高利息是不道德的。因为卖方(贷方)是在利用客户急需现金的心理。在资本主义市场，"公道价格"并无明确定义。然而，将客户视作利益相关方时，与定价相关的几个问题都会引发伦理思考。

这些问题包括：

- **哄抬价格**(Price Gouging) 哄抬价格指卖方利用国难或物资紧缺等特殊情况提高价格。卡特里娜飓风过后，沃尔玛、家得宝和洛斯公司不但没有提高急需物品的价格，反而免费发放物品，甚至动用运输渠道将物品送到急需的人手中。不过，有人却认为，公司应该抓住任何机会实现利益最大化，而无须考虑具体方式。对此，你有何看法？

- **掠夺性定价**(Predatory Pricing) 掠夺性定价就是将产品价格压得比竞争者更低，甚至导致竞争者无法在市场中生存。作为利益相关方，客户最终会尝到这一举措所带来的苦果，因为掠夺性定价会让公司拥有垄断市场的实力，并因此获取产品定价权。

- **价格垄断**(Price Fixing) 价格垄断的一种形式是水平价格垄断，即所有卖方同意以高于自由市场的价格来出售产品或服务，并由此产生垄断效果。另一种形式是垂直价格垄断，即卖方规定零售商以具体价格将产品卖给客户。水平价格垄断在大多数国家都是不合法的，但垂直价格垄断是否合法目前尚无定论。在大多数情况下，若竞争性定价受到限制，客户就需要承担更高价格。

- **价格歧视**(Price Discrimination) 价格歧视即对不同消费群体执行不同价格。年轻人折扣、老年人折扣或夜总会的"女生之夜"促销活动都属于价格歧视行为。虽然大部分价格歧视被视为符合伦理的合法行为，有些价格歧视的伦理性却颇具争议。例如，在高档男装店，西服的剪裁通常是免费的，而同样的剪裁服务在女装店却要收费。这种做法是否合乎伦理？是否公平？

- **不公开全价**(Failure to Disclose the Full Price) 这种行为指所列价格没有将客户所需支付的全部费用包含在内。2010 年，美国航空公司曾因此被罚 40 000 美元，因为"消费者根据日程安排搜索该航空公司单程票时，美航既没有列出乘客需要额外缴纳的税费，也没有提供任何有关这些税费警示信息"。此举违反了美国的定价法规。[7]

- **诱导转向策略**(Bait-and-switch) 这种销售策略以低价宣传产品，但客户前往时却发现产品已售罄(店中往往只备了一件产品)，或在销售人员的影响下将目光转向同类高价产品。

5.1.2 促销中的伦理问题

促销(Promotion)的目的是让客户了解你的产品。促销包括一系列宣传手段,包括发布广告、提供赞助、发放优惠券和销售点展示等形式。在处理与客户有关的伦理问题时,最应该关注的是广告这一宣传方式。广告的目的是让客户了解产品并说服他们购买产品。广告可以吸引客户关注自身利益(例如,如果使用该产品,你会更健康、更迷人),或者巧妙地赋予产品情感属性。(如在 CK 备受争议的牛仔裤广告中,15 岁的 Brooke Shield 身穿 CK 牛仔裤,对着镜头说:"想知道我和 CK 牛仔裤中间隔着什么吗?我们之间亲密无间。")公司有什么理由不以美为卖点来进行促销呢?

接下来,我们将聚焦符合伦理规范的广告行为,探讨与该行为的特性及管理相关的若干问题。

符合伦理规范的广告必须真实而且不带有欺骗性。联邦贸易委员会(FTC)[8]确定了虚假广告的识别标准,这些标准包括:从普通消费者的角度来审视广告并作出判断;了解广告中的字、词及图片向消费传达的信息。联邦贸易委员会指出,判断广告的合法性需要综合考虑**显性信息**(Express Claims)与**隐性信息**(Implied Claims)。显性信息在广告中直接表达出来。例如,"ABC 胶囊让你一周减两磅"就属于显性信息,意即如果你服用 ABC 胶囊,你就会变瘦。产品的隐性信息是间接发出的,须经推理才能得出。例如,"XYZ 胶囊能抑制你对于高脂肪食物的欲望。"尽管广告中没有直接宣传药物的减肥功效,但一般客户都可以从宣传语中推理出产品的减肥功能。

美国法律规定,广告商必须提供证据,支持其在广告中对客户提供的隐性或显性信息。如果广告宣传有关健康和安全的内容,公司必须提供经该领域专家或科学家评估的科学依据。

虚假广告经常使用的手段包括:[9]

- **模糊**(Ambiguity)**语言**:在模棱两可的广告中,广告的措辞非常具有迷惑性,导致客户对产品的属性产生错误认识。萨莉牌"Light Classic"系列甜点就是一个典型的例子。大多数客户认为"Light"指的是低热量。然而,爱荷华州的消费者发现"Light Classic"产品与其他甜点所含热量相同,便就"light"的真正含义向该公司提出质疑。但在消费者要求对方提供证明低热量的要求时,萨莉公司指出,"light"指的是产品的口感清淡。

- **隐瞒**(Concealing)**事实**:隐瞒事实的广告通常在一开始做出有关产品积极属性的真实声明。例如,公司可能会做出这样的宣传:"这种车蜡中的成分能让你的汽车光亮如新。"但这则广告并未指出,其他车蜡生产商也使用同样的原料。再来看看拜耳(Bayer)阿司匹林的广告词:这种药物"富含医生极力推荐的某种成分"。这个广告曾播放多年,其目的是让消费者相信,拜耳阿司匹林比其他品牌的产品更好。但拜耳并没有说明,医生极力推荐的成分其实就是阿司匹林。

- **夸大其词（Exaggeration）**：Trident 口香糖是夸张宣传的典型例子。该产品号称口腔护理的"牙科仪器"，这显然夸大了 Trident 口香糖的功效：一方面，Trident 口香糖中的替代成分会导致蛀牙；另一方面，所有无糖口香糖都能通过唾液流动和持续的咀嚼来预防牙菌斑的形成。比夸张更为夸大的宣传叫做"吹捧"。**吹捧**是极端的夸张方式，以至于任何一个有理性的人都不会相信诸如宝马绝对是"性能最强大的汽车"这样的宣传。尽管如此，大多数政府决策者仍允许广告商吹捧产品。研究表明[10]，尽管客户能够识别夸大其词的广告宣传，但长期接触到此类广告，还是会对相关产品产生好感。

符合伦理规范的广告也不应该带有操纵性。也就是说，广告不该利用错误或具有误导性的暗示来操纵客户心理。有人指出，米其林轮胎广告曾连续多年使用该策略。广告的画面显示一个婴儿坐在轮胎上，并配上简单的广告标语："因为米其林可以承受如此之重。"显然，这则广告蕴含着这样的意思：如果不购买米其林公司的轮胎，就无异于将自己的孩子置于危险之中。另一则保险公司的广告则包含这样的内容：家庭主要收入者没有购买人寿保险使得全家陷入经济困境。这则广告试图告诉消费者，如果你不买我们的保险的话，你会因此而辜负家人。

此类打情感牌的广告非但没有被斥为"有悖伦理"，反而被誉为有效宣传手段。然而，这类广告进入了一个灰色地带，既不像普通广告那样通过提供明确产品信息让客户决定是否购买产品，也没有走上诱迫消费者的另一个极端。[11] 从 Kantian 的伦理哲学角度来看，这种操纵性策略有违道德，因为这是卖方为实现自己的目的而将消费者当作操纵对象的一种手段。Kantian 反对在广告中打情感牌，对此，你有何看法？表 5.2 列出了一些例子，说明减肥产品广告中存在夸大其词甚至操纵消费者的问题。

表 5.2 减肥产品广告中值得怀疑的宣传

如果产品号称具有以下功效，说明其宣传言过其实	举 例
一个月或更长时间不节食或不运动，每周也能瘦两磅甚至更多。	• "虽然继续吃各种喜爱的食物，我还是在 30 天内减掉 30 磅。" • "不节食，不运动，一天也能瘦两磅。"
无论客户吃多少，也能瘦很多。	• "我的'生活秘诀'是想吃就吃：汉堡、热狗、薯条、牛排、冰淇淋、培根、鸡蛋和奶酪。吃了依然瘦！" • "吃光你爱吃的食物，你还是会瘦（药片会发挥它的功效）。"
让客户一直瘦下去（即使不再使用该产品）	• "成千上万的减肥者都在使用本产品，其效果比他们之前使用的产品更佳……而且体重一直在减。" • "15 年了，Marry Yo-yo 减肥从未成功过，厌倦绝望的她突然发现了可以轻松、永久减肥的神奇产品。"

(续表)

如果产品号称具有以下功效，说明其宣传言过其实	举 例
抑制脂肪或热量的吸收，使客户瘦下去。	• "每天至少瘦两磅。作为一种活力酶，苹果果胶可以吸收超过自身重量900倍的脂肪，因为这是绝妙的脂肪阻挡器。" • "抑制76%的脂肪，藤黄果提取物能迅速、显著地减轻体重。"
确保客户每周能减掉三磅以上，效果持续四周以上。	• "减掉30—40—50磅。没错！每周减三磅。自然无副作用。" • "海神魔力药水安全、有效。"经客户证实，每日至少瘦身12磅。
使所有客户都大幅减轻体重。	• "减肥比增肥快。你不会失手，因为减肥不需要意志力。" • "减掉10—15—20磅。适用于所有人，不论你之前尝试或失败了几次。"

5.1.3 其他与伦理相关的敏感问题：广告中的性暗示以及将儿童作为营销对象

根据 Reichart 等人的定义，广告中的**性暗示**（Sexual Appeals）指"在广告宣传情境下……传达与性相关的品牌信息。"[12]电视观众和杂志读者们都知道，广告中的性暗示非常普遍。但对于某些人而言，这种宣传手段有违道德或是性骚扰的一种表现形式。Mark Levit[13]是 Partner & Levit 广告公司的执行合伙人，也是纽约大学的市场营销学教授。Levit 认为，广告中的性元素有助于吸引客户的注意并因此强化宣传效果，因为这是人的本性。但是如果使用不当，公司会因此付出沉重代价。例如，Abercrombie & Fitch 公司曾因广告目录中裸体和半裸体的画面招致消费者的联合抵制。

在 Levit 看来，用充满吸引力的模特代言产品可以得到客户的积极反馈。但是，过多的性画面除了能够吸引眼球外，很难再产生其他效果。调查显示[14]，同浓重的暴力内容一样，露骨的性元素有助于吸引消费者注意，但同时也会降低消费者的购买欲望。

商务伦理透视

在中国，性暗示广告有效吗？

随着中国的逐步开放以及越来越多的西方媒体（例如 MTV）进入中国，中国的平面和电视广告带有越来越多的性色彩。从某种程度上来看，这说明跨国公司试图在所有国家采取同样的宣传手段，以此提高宣传效率。但是，喜力啤酒委婉的性暗示广告在西方效果显著,但在充满东方文化传统底蕴的新兴经济体,其效果尚待验证。

中国香港两位市场营销学教授最近开展的研究对性暗示广告在中国内地的有效性提出质疑。他们发现,无论是消费者对广告的态度还是购买产品的意愿,中国消费者更喜欢不带有性暗示的广告。他们还发现,不论广告是否大量使用性暗示,相比白人模特而言,中国消费者更加青睐中国模特。研究者建议,向中国的客户传递性暗示时要谨慎,因为研究表明,中国客户认为那样的广告有悖伦理。

摘自 Cui, Geng and Yang, Xiaoyan. 2009. "Responses of Chinese consumers to sex appeals in international advertising: A test of congruency theory." *Journal of Global Marketing*, 22, 229-245.

喜力啤酒(Heineken)"就只是啤酒"宣传活动中有一句成功的广告语"倾倒过早"。在这则广告中,一个男人在极具诱惑的女人面前惊慌失措地倒啤酒,由于速度过快,酒一下子溅了出来,并溅到自己身上和桌上。广告中的性暗示非常明显,广告也起到了理想效果。喜力啤酒以年轻男性为目标客户,它在美国市场的销量因此攀升10%以上。

要在广告中使用性暗示,必须考虑到不同文化对这类广告的接受程度。要了解中国客户如何看待带有性暗示的广告,请参阅上文的"**商务伦理透视**"。

5.1.4 广告中易受影响的群体:儿童

广告中最敏感的伦理问题之一就是以儿童为宣传对象。前文中的**商务伦理透视**阐述了有关这类广告的几种担忧。另外,Gunilla Jarlbro[15]根据儿童广告相关文献,总结了四种常见问题。第一个问题是儿童对广告这一营销手段的识别能力。儿童在几岁时能够区分广告和普通节目?虽然针对这一问题所得出的研究结论各不相同,但有一点已经得到普遍认可,即大多数儿童到8岁才开始具备区分广告与普通节目的能力,10—12岁的儿童几乎都具备这项能力。广告商需要注意的是,这种能力的形成因个人和文化背景而异,正如调查所示,不同国家儿童的区分能力有所不同。

第二个让人担忧的问题在于多大年龄的儿童具备理解广告内容的认知能力。然而,在这个问题上,儿童感知能力的发展程度是最重要的因素,而目前尚无法确定其具体年龄。专家们普遍认为,儿童年纪越大,就越能理解广告背后的含义。

第三个问题在于儿童影响家庭购买行为的程度,也被称为"儿童消费力"。针对现行研究[16]的一份综述显示,至少食品广告会导致儿童左右父母的购买行为,使得父母购买那些热量高、容易导致肥胖的不健康食物。研究人员发现,这与广告行业中"儿童消费力"作用极其有限的论断并不相符。

第四个问题在于广告如何通过影响儿童群体间接地发挥作用。专家们[17]认为,同广告相比，家人、朋友和兄弟姐妹更能影响儿童对产品的看法。然而，电视商业广告可能会成为在校学生们普遍谈论的话题，因此，针对特定年龄群体的广告能够引起其他年龄群体的兴趣，从而间接地发挥作用。另外，芭比俱乐部的宣传活动也会促使不同年龄群体讨论并购买与该俱乐部相关的产品。

表 5.3 列举了儿童广告的一般标准。这些标准来源于世界各国专业团体的各类准则。在下一节中，我们将讨论与产品安全相关的一系列问题。

表 5.3 儿童广告标准举例

问　题	建　议
危　害	• 除非宣传安全知识，否则儿童不应该出现在危险的场景中或做危险动作 • 不得出现儿童使用或靠近危险物品的画面；不得出现儿童在没有成人直接监管的情况下使用或接近危险设备的画面 • 应该警告儿童不要模仿广告中的危险行为
盲从和不合理的压力	• 不能让儿童因为不购买广告中的产品而感到低人一等或不受欢迎 • 不能让儿童因为不购买广告中的产品而感到缺少勇气、缺乏责任感或忠诚度 • 确定目标年龄群的儿童能够判断广告产品的尺寸、特性和性能，且能够区分真实场景和非真实场景 • 应在成年人的许可下购买复杂或昂贵的产品 • 不能夸大宣传普通儿童使用广告产品的效果
价　格	• 不应该让孩子对产品的价值产生错误的理解 • 不能宣传每个家庭都有能力购买广告产品
父母权威	• 不能影响父母的权威和决定权 • 不能引导孩子劝说父母购买广告产品
技能与年龄	• 不能低估产品组装和操作对于技能和年龄的要求
社会价值观	• 不得暗示产品会给孩子带来身体和心理方面的优越感

此外，跨国公司还应注意，某些国家针对儿童广告做出了其他限制，详见表 5.4 所列实例。

表 5.4 不同国家对于儿童广告的相关规定

国　家	有关儿童广告的规定
奥地利	儿童节目中不允许插播广告
比利时	针对 12 岁以下的儿童节目，播放前、后 5 分钟均不得插播广告
丹　麦	节目间隙不允许插播广告
希　腊	上午 7 点至晚间 10 点禁止播放玩具广告，禁播战争玩具广告
意大利	动画片放映不插播广告

(续表)

国　　家	有关儿童广告的规定
卢森堡	儿童节目前后不插播广告
挪　威	禁止针对儿童做广告宣传或在儿童节目中插播广告
瑞　典	禁止针对儿童做广告宣传或在儿童节目中插播广告

5.2　产品安全

我们购买的许多产品在使用时都存在一定危险。无论是汽车还是草坪专用肥料,消费者使用产品时,尤其是使用不当时,都有可能受到伤害。让人感到为难的是,就算产品(例如,汽车)的安全性能能够提高,消费者是否能够承担其高昂的价格呢?因此,大部分产品都有可能对客户造成伤害。既然如此,谁应该为这类伤害承担责任?

缺陷产品如何对用户造成伤害?针对这一问题,有几个方面需要特别注意。产品缺陷不仅包括设计缺陷、材料缺陷及制造缺陷,还包括没有提供有关产品潜在缺陷的警示信息,没有告知用户产品未来是否可能出现问题。未提供警示信息有时也被称为营销失败。

影响丰田公司多个车型的油门踏板设计问题属于典型的**设计缺陷**(Design Defect)。受这一缺陷的影响,丰田被迫在全球召回数百万辆汽车。在美国,法庭评估的罚金总额达4 880万美元。消费者起诉丰田公司一开始隐瞒油门踏板的设计缺陷,认定这一缺陷是造成一系列重大车祸的原因,丰田公司因此被迫支付1 640万美元赔款。2010年年初,丰田公司总裁及公司创始人的孙子丰田章男亲自前往美国,为丰田处理这些问题的方式向美国国会、丰田员工和经销商道歉。[18]而在此之前,还没有一名日本公司总裁采取过这样的举措。

再举一个有关**材料缺陷**(Material Defect)的例子。2007年,玩具制造商费雪(Fisher-Price)公司发现2 100万件玩具铅含量超标,而这可能会危及儿童的生命。短短三年后,该公司又遭遇产品设计缺陷问题:因儿童碰到产品凸起部位时容易受伤而被迫召回幼童脚踏车和高脚椅子。另外,费雪公司还曾遭遇制造缺陷问题:从玩具上掉落的小物件可能导致儿童窒息,公司因此召回300万件产品。[19]

公司要为其产品缺陷担负多长时间的责任,各国及美国各州的法律分别有不同的规定。在美国,飞机制造商对制造缺陷和设计缺陷的责任时限长达18年,汽车和轮船制造商要担负5年的责任。缺陷产品一经发现,将由政府强制召回或由公司自行召回。

不论是从伦理上还是从法律上看,公司都有义务提醒用户产品所存在的潜在风险。鉴于此,几乎所有产品的组装和使用说明书中都包含"请先阅读"的警示信息。产品售出后,厂家仍然有义务继续提醒消费者。换言之,制造商在产品售出后发现产品存在缺陷或使用不当的可能,他们仍需对此负责。[20]

厂商应该提醒消费者注意哪些事项呢?专家给出以下建议[21]:
- 注明潜在危险的严重性(如死亡);
- 注明危险属性(如中毒);
- 说明危险的后果(如可能导致窒息);
- 说明如何避免危害(如戴防护手套)。

另外,评价产品使用的警示信息时应考虑以下几个问题[22]:
- 产品造成危害的可能性有多大?越危险的产品越需要提供更多警示信息。
- 客户以警示信息中未注明的方式使用产品并由此产生伤害的几率有多大?若有可能,公司应该考虑重新设计产品,避免出现使用方法不当。
- 潜在危害有多大?潜在危害越大,公司就越有义务警告用户。
- 消费者对产品应该了解多少?例如,有驾照的飞行员应该基本了解与飞行相关的危险。不过,使用化肥的人可能不了解接触化学物质的潜在危险。
- 一般用户能看得懂警示信息吗?有些公司没有使用专业术语或几种语言的译文,取而代之的是警示图片,例如,宜家(IKEA)家具的组装指南和警告信息都是通过图片来表达的。

5.2.1 有关产品责任的若干观点

谈及公司是否应该为其产品承担责任以及如何承担责任,人们的观点各不相同。这些观点主要包括"买者自负"原则、契约观、合理注意义务及严格责任理论。

5.2.1.1 "买者自负"原则

买者自负(Buyer Beware)有时也被称为"*Caveat Emptor*",在拉丁语里表示"客户留心"的意思。其法律定义如下:买家在购买产品前有义务检查产品属性并对产品状况负责。该原则尤其适用于那些不受严格质量保证约束的产品。[23]

根据买者自负原则,一旦客户购买产品,制造商不再为其产品所带来的危险承担责任。因为这是自由交易,所以买方(而非生产商)应自行承担使用产品所造成的任何损伤。在购买之前,买方有责任调查产品及其危害。反对"买者自负"原则的人则认为,客户在识别产品危险方面不具备足够的知识和专业能力。

5.2.1.2 契约观

根据**契约观**(Contract View),制造商和客户的关系完全基于双方的合同。合同会对产品做出明确(如书面)和隐含规定。隐含规定与客户对产品的期望相关,具体包括产品的可靠性(产品正常运行的可能性)、使用寿命(对产品使用年限的要求)、易维护性(保持产品运转的难易程度)以及产品安全性(使用产品可能带来的风险)。此外,虽然没有明确规定,但买方有理由相信该产品适宜销售且质量能够满足正常使用。

合同中隐含着卖方应该承担的伦理责任,具体包括:

- 不强迫义务——买方必须在自愿的基础上订立合同；
- 遵守合同中关于产品可靠性、使用寿命、可维护性及安全性的明确或隐含规定；
- 不以任何方式歪曲产品；
- 公开产品属性。

类似于产品安全"买者自负"原则，契约观也存在一个问题，即假设客户在签订合同时已经充分了解产品。例如，你从汽车商那里购买汽车，那么就认定你充分了解汽车，知道该汽车可以安全驾驶。但在很多时候，在理解合同所需要的知识方面，买方和卖方并不完全对等。

5.2.1.3 合理注意理论

合理注意理论(Due Care Theory)弥补了买者自负原则的不足，承认买方与卖方在对产品的了解及专业水平方面存在差异。随着产品技术含量的不断提高，这一理论的适用性越来越强。例如，很少有人具备评定 ABS 刹车系统、防震车筐、气囊等汽车部件所需的工程专业知识。同样，既然制造商比客户更了解产品，他们有责任采取合理措施防止产品伤害消费者。对产品的了解越多，所应承担的责任就越多。

法律条文强调"普通""理性"的人为保护他人安全应该采取的行动。如果生产商没有尽到合理注意的义务，它就得承担过失责任。反之，受害方就不能以过失疏忽指责生产商。换言之，尽到合理注意义务的"理性之人"不存在过失责任。但法庭中最常见的问题在于如何确定"普通""理性"之人应该采取哪些行动。除了制造商，零售商和批发商也应尽到合理注意义务。

反对合理注意观点的人认为，要判断公司是否完全尽到合理注意的义务难度非常大。此外，还有另一个相关问题有待解决：如果制造商遵守所有法律和行业安全标准，他们如何在消费者使用产品之前发现它们存在的问题？如果制造商无法预见产品的危险性，无法预见用户可能会以某种危险方式使用产品，能否以此认定制造商存在过失疏忽？

请参阅本章的"**商务伦理透视**"，了解两家轮船制造商如何通过履行法律规定以外的义务保护客户安全。

商务伦理透视

履行合理注意义务：两起主动召回的案例

尽管美国法律没有强制要求，两家重要轮船制造商依然主动发起产品召回行动，对数百艘轮船进行检查和修理。皇冠/S2 游艇公司和巴哈海洋公司分别向它们制造的 31—33 英尺"皇冠"和"探索"系列轮船及 36 英尺"亡徒"系列轮船的船主发出警告，告知对方这些船只可能存在安全隐患。

同其他很多产品一样，如果船只的制造缺陷可能造成"威胁人身安全的巨大风险"，美国联邦法律要求制造商召回相关产品。皇冠/S2 公司的相关产品可能会因油箱泄漏而起火，而巴哈公司的相关产品会因为压力过大导致船体破裂。

根据美国的法律，轮船公司对缺陷产品的责任期为5年（从开始建造之日算起）。皇冠/S2公司同意修理超过5年期限的轮船，这显然已经超出了法律规定的义务。虽然部分皇冠/S2公司的客户愿意签署免责声明，但该公司代表指出："我们并不建议采取这种做法，这次召回全为维护客户利益。任何免责声明都不能解决安全问题。"

巴哈公司做的同样让人刮目相看。用户将36英尺"亡徒"系列轮船的原装发动机换成重量更重、马力更大的发动机，且发动机"已经超过船只原始设计的承重上限"，但巴哈公司仍然主动对这些船只的船体进行了加固。

巴哈公司总裁Doug Smith本打算用更大马力的引擎提高轮船动力，结果却导致船体开裂，并因此发现了上述问题。"我们重新检查了生产线，发现轮船符合设计要求和安全标准。但我们决定提高产品的安全系数"，巴哈公司客服经理James O'Sullivan向《美国轮船》杂志解释道："即使我们无法强制客户走这个程序，但我们强烈建议尽快启动这一程序。"公司对发动机舱下的船体进行了加固，每只轮船花费5 000美元，但公司没有让船主支付任何费用。

摘自 *BoatUS Magazine*，May 2000. http://my.boatus.com/consumer/TaleRecalls.asp.

5.2.1.4 严格责任理论

按照**严格责任理论**(Strict Liability)，如果产品缺陷导致使用者受伤，即使制造商尽到了合理注意的义务，他们也必须承担赔偿责任。换言之，按照当时的知识水平，即使制造商在生产产品时不存在过失疏忽问题，上述原则也同样适用。例如，火炉制造商用石棉制造火炉之前，并不知道这种物质的危害，但根据严格责任理论，制造商须对石棉中毒引起的患病和伤亡问题负责。

许多人认为，严格责任原则对公司不公平，尽管公司很多时候都要履行合理注意的义务，这一原则还是会增加他们在消费者身上的支出。但试想一下，如果生产商按照安全标准设计制造产品，而你的家人却因为该产品而受伤，你愿意原谅生产商的过失吗？

表5.5是美国法院支持严格责任原则的几个重要案例。Traynor大法官曾明确指出，公司对缺陷产品应承担的责任比其他任何担保都重要。在著名的Greenman诉Yuba Power公司产品案尘埃落定后，加州最高法院将严格责任承担者扩大到制造、经销和销售缺陷产品的所有相关方。[24]

严格责任原则的支持者认为，迫使生产商内化所有成本后，制造商需要承担所有生产成本。否则，制造商只需承担自己的生产成本，而不用对其他人的失业、伤残甚至死亡负责。支持者还认为，严格责任原则有助于激励制造商为降低成本而尽全力生产安全系数最高的产品，由此降低消费者的风险。另外，如果公司不承担因产品缺陷而产生的伤残成本，客户就必须完全承担这部分费用。

表 5.5　美国法律中的严格责任原则：Robert Traynor 大法官的判决

Greenman 诉 Yuba Power 公司产品案
在该案中，Traynor 大法官引用其在 Escola 诉可口可乐装瓶公司案中的原话，声明如下： 　　然而，即使不存在疏忽问题，公共政策也要求明确责任归属，通过最有效的方式，降低流入市场中的缺陷产品对消费者生命和健康带来的危害。很明显，制造商能预见某些危险并防止其发生，而公众却做不到这一点。因缺陷产品而受伤的人对于不幸后果往往猝不及防。 　　对于受害方而言，身体上的损伤以及时间和金钱上的损失是巨大的不幸，但却可以设法避免，因为生产商可以事先为潜在伤害投保，为公众分担损失，并将其作为经营成本的一个组成部分。避免营销会对社会产生威胁的缺陷产品有助于保护公众利益。而这样的产品流入市场，从维护公众利益的角度来看，即使制造商在生产过程中并无过错，也应为这些产品的入市负责。然而，这样的伤害时常发生，无规律可循，其风险长期存在，而且较为普遍。针对这样的风险，我们应该采取持续的、常规性的保护措施。

但是，严格责任原则可能会增加各方的成本，因为制造商只有两种选择：购买责任保险或承担潜在伤害所带来的损失，且两种选择都可能导致产品价格上涨。更为严重的是，公司可能因此停止生产该产品。例如，美国小型飞机航空市场就曾出现这情况，详见本章的**商务伦理透视**。

也有人认为，严格责任原则对于那些尽到合理注意义务的生产商是不公平的。[25] 也就是说，制造商没理由对不可控事件负责，他们不该因不可预见的缺陷以及由此引发的伤害而受到惩罚。另外，还有人认为，即便制造商尽到合理注意义务，某些缺陷仍无法避免。虽然履行合理注意义务可以减轻制造商的伦理责任，但却改变不了制造商生产缺陷产品的事实。因此，有人认为，制造商应该为此负责且有义务对受害者进行赔偿。

下文中的"**商务伦理透视**"显示，严格责任原则的实施几乎导致美国通用航空公司停业。它还分析了公司应对其产品承担责任的期限问题。在下节中，我们将关注隐私问题如何影响客户与公司的关系。

商务伦理透视

从美国通用航空业案例分析严格责任原则的缺陷：
公司需要承担多久的责任？

由于每年在产品责任诉讼上的花费高达 2 000 万美元（有些涉案飞机的服役年限超过 40 年），同时还要承担急剧增长的高额保费，Cessna 航空公司最终于 1986 年停止螺旋桨飞机的生产。作为一家年产 6 500 架小型飞机的公司，Cessna 航空公司的突然停产对航空业造成了巨大冲击。与此同时，其他小型飞机制造商也面临同样的产品责任挑战。在短短的 4 年中，Beech 飞机公司面临 203 项产品责任诉讼，并因此支出 1 亿多美元诉讼费。此外，Piper 飞机公司也在这一时期被迫宣告破产。

到1994年，美国小型飞机制造商仅生产了444架飞机。但是，由于国会通过了《通用航空复苏法案》，这一行业迎来了转折点。该法案将产品责任年限缩短为自生产日起的18年。这样一来，产品若在超过这一年限后出现安全问题，制造商就无须承担责任。1994年，Cessna航空公司又开始生产小型飞机。2011年，该公司生产了六种不同型号的单引擎飞机。Beech公司不再生产小型飞机，但Piper公司生产7种不同型号的单引擎飞机。

在法律上，将限制产品严格责任的存续时间称为**除斥期间法**（Statute of Repose）。美国唯一一个全国性的除斥期间法是《通用航空复苏法案》。在美国，有些人建议将全国的产品责任期限统一定为15年。但有些州的相关规定则不相同，产品责任期限从7年到20年不等。有些州则没有除斥期间法。日本和欧盟的产品责任期限为10年。

摘自 http：//www. globalsecurity. org/military/world/general-aviation. htm； http：//www. cessna.com/single-engine/stationair.html.

5.3　隐私

随着现代经济的发展，消费者个人信息无处不在。消费者每点击一次鼠标，每刷一笔信用卡，每申请一笔贷款或每一次就医，都会产生大量个人信息。诚然，为了保护消费者利益，大多数公司会合理使用这些信息，但也存在盗窃身份信息等非法利用个人信息的违法及不道德行为。在日益发达的数字化商业时代，公司在如何使用消费者信息方面面临诸多灰色领域。

保护消费者隐私的呼声由来已久。早在1890年，Samuel Warren和前美国最高法院首席大法官Brandeis在《哈佛法律评论》的一篇文章中就曾提出以下观点：

新的发明及商业模式要求我们采取措施来保护个人隐私，维护Cooley法官所宣称的"不受干扰"的权利……法律是否承认和保护消费者隐私权的问题应尽快提上议事日程，供法庭审议。我们认为，保护消费者隐私权的必要性与合理性毋庸置疑。[26]

尽管此观点很早就已提出，且至今影响深远，然而，美国仍未建立一项全国性综合立法来保护消费者隐私。保护隐私的相关立法只限于特定行业或具体交易类别，如医疗保险行业（《医疗保险及责任法》）（*Health Insurance Portability and Accountability Act*）、征信行业（《公平征信法》）（*Fair Credit Reporting Act*）、电话营销业（《美国谢绝来电计划》）（*National Do Not Call Registry*）以及《儿童在线隐私保护法》（*Children's Online Privacy Protection Act*，COPPA）。各州的法律规范不尽相同，而加州的隐私保护法最全面。

在美国，负责监督消费者隐私保护情况的主要机构是联邦贸易委员会（Federal Trade Commission，FTC）。然而，联邦贸易委员会仅通过间接手段实施监管，其主要职责是保护消费者免受市场上各种不公平或欺骗性行为的侵扰。该机构通过监督公司履行消费者隐私保护的承诺来维护消费者隐私权。虽然这一方法的效力不及综合性法律，但联邦贸易委员会开出的罚单足以令未履行承诺的公司望而生畏。详见本章的**"商务伦理透视"**。

同美国相比，世界上大部分国家，尤其是欧盟、澳大利亚、新西兰和加拿大，都拥有更加完善的顾客隐私立法。在欧洲，隐私权是最基本的权利。但在美国，对于消费者个人信息的支配权的归属问题，相关各方仍然存在分歧。本章的**"商务伦理透视"**显示，在隐私权方面的观点分歧导致美国和欧洲之间互相迁就。随着跨国交易的便捷性日益增长，协调双边隐私权标准的迫切性也日益凸显。

商务伦理透视

违反消费者隐私权的后果：
美国联邦贸易委员会对来爱德药店（Rite Aid）的判决

来爱德（Rite Aid）是美国第三大医药连锁经营企业，拥有4 900家零售药店和一家网上药店。据报道，来爱德将带有消费者个人信息的废弃物（如药品标签）弃于敞开式大垃圾桶内。美国联邦贸易委员会对其展开了调查。与此同时，美国卫生部就药店如何处理消费者健康信息（这些信息受到《美国医治保险携带和责任法案》的保护）展开调查。

"若公司承诺保护个人信息，就不应该将病人的处方及相关人员的求职申请随意丢弃在敞开式垃圾桶内，"美国联邦贸易委员会主席Jon Leibowitz说道，"我们希望其他公司能引以为戒，从美国联邦贸易委员会对来爱德公司所采取的行动中吸取教训，认真履行保护消费者个人信息的责任。"

根据美国联邦贸易委员会对来爱德的投诉，该公司在以下方面未遵守正当程序：
- 对个人信息的处理；
- 对员工进行充分培训；
- 对遵守信息处理政策及程序的遵守情况进行评定；
- 采取合理程序洞察并纠正可能泄露个人信息的风险。

来爱德就其隐私政策申明如下："来爱德认真保护您的个人健康信息，绝不泄漏……当然，您有权不透露您的病史，但来爱德仍向您承诺：我们尊重并保护您的隐私。"美国联邦贸易委员会声称这份申明具有欺骗性,而且该公司的隐私保护做法有失公允。

美国联邦贸易委员认为,关于保护其客户及员工的财务、医疗等敏感信息方面,来爱德未尽其责,因而违反了联邦法规。来爱德对该指控供认不讳。在另一项相关法律诉讼中,来爱德公司也同意赔付100万美元,以此了结美国卫生部对其"未能充分保护客户医疗及其他敏感信息"的指控。

根据美国联邦贸易委员会判决,来爱德应建立一项全面的信息安全保护计划,确保客户和员工个人信息的安全性、机密性和完整性。同时,在未来二十年内,来爱德每隔两年都必须接受一系列审核,确保其隐私保护行为符合判决要求。此外,判决书还揭露,来爱德在隐私保护行动方面存在虚假陈述之嫌。根据该判决,来爱德药店应该就如何处理医疗隐私信息建立规章制度,开展病人信息处理与处置的培训课程,加强内部监控,并在三年内就其落实规章制度的情况进行独立评估。此外,来爱德还要向美国卫生部赔付100万美元。

摘自 Press Release, "Rite Aid Settles FTC Charges That It Failed to Protect Medical and Financial Privacy of Customers and Employees." July 27, 2010（FTC File No. 0723121）.

5.3.1 消费者隐私保护的伦理学基础

保护消费者隐私信息的伦理学理论依据有哪些？在这个问题上,学者们往往观点不一。[27]功利主义主张从公司的角度来分析这一问题。在他们看来,通过使用消费者相关信息,公司能够更有效、更迅速地满足消费者需求,所以对消费者和公司双方都大有裨益。

从义务伦理学角度来看,康德的"绝对命令"[28]认为,在双方就信息使用的平等权利和保护措施达成共识的前提下,公司可以收集和使用消费者信息。言下之意,只要公司给顾客提供详细的隐私保护及信息使用说明,公司使用消费者信息的行为就合乎伦理。社会契约论的观点与此相似[29]。社会契约论认为,消费者与公司之间是公平交易的关系。消费者向公司提供个人信息,公司使用此类信息时应向消费者提供回报。由于双方对于信息使用持有相同的规范性期待,因而这种关系属于社会契约的范畴。

此外,有关公平正义的伦理视角也适用于消费者信息的使用。如果消费者认为公司在使用他们的个人信息时遵循隐私保护惯例,那么收集与使用此类信息从程序上来说就是合理的。从分配正义的角度来看,消费者必须相信,公司提供产品和服务与他们向公司提供个人信息是一次公平交换。通过向消费者介绍其隐私保护政策并遵守这些政策,公司能赢得消费者的信任,并推动公司与消费者之间的互动公平。

全球商务伦理透视

欧美隐私观

尽管美国贸易委员会要求公司遵循其隐私权声明,但欧洲有关隐私的文化规范及更为严格的法律仍令一些在欧洲经营的美国企业感到震惊。在美国,隐私保护属于消费者权益保护的范畴,而在欧盟,个人隐私保护属于一项基本人权。欧盟对个人隐私权采取的措施源于欧洲的历史及法律传统。在欧洲,个人隐私信息保护主要通过立法手段来实现,以此防止个人遭受潜在危害,尤其是涉及社会问题的危害。因此,在欧洲经营的公司必须保护个人隐私信息。在美国,除了银行业等特定领域外,很多美国公司的行为都建立在以下观点之上:一旦他们获得了相关信息,就享有其所有权,并能随心所欲地利用这些信息。

然而,在欧洲经营的企业必须遵守欧盟的标准。2 000多家美国企业都使用一项名为《安全港协议》的自我认证机制。为响应欧盟要求,达到欧盟《个人数据保护指令》所规定的"充分性隐私保护"标准,美国商务部起草了《安全港隐私保护原则》。2000年,《安全港隐私保护原则》得到欧洲委员会认可,并于同年生效。

《安全港》协议由企业自愿参加,但如果获《安全港》认证的企业违反相关条款,联邦贸易委员会则会在长达20多年的时间里对该企业进行越来越严格的审查,甚至处以罚金。然而,乔治城大学法学院的 Adam Levitin 等一些批评人士指出,该协议的执行力度极其有限,美国企业仍然随意使用个人数据。同样,布鲁克林法学院的 Edward Janger 指出,"航空业中没有任何企业加入《安全港》协议:达美航空(DAL)、美国航空公司(AMR)都还按兵未动。我敢保证,他们在欧洲获得的信息很快就会传到(美国)亚特兰大。"

摘自 Pop, Valentina. "U.S. firms get privacy lessons from Europe." Business Week. http://www.businessweek.com/print/globalbiz/content/jul2010/; *The Economist*.2010. "Legal confusion on internet privacy: Sharply differing attitudes towards privacy in Europe and America are a headache for the world's internet giants." July 17; U.S. Department to Commerce. http://www.export.gov/safeharbor/eu/eg_main_018474.asp.

5.3.2 最新挑战

随着现代技术的不断发展,信息采集的便捷性也带来了诸多问题,这就要求企业从伦理角度看待客户这一利益相关方。企业可以通过**行为定向**(Behavioral Targeting)技术监测用户的网站浏览行为。例如,亚马逊(Amazon.com)等公司可以使用这项技术,根据用户喜好投放广告并推广产品。使用这一技术的公司认为,他们可借此更好地满足客户需求，因而消费者可以从中受益。然而，从伦理的角度来看，在客户毫不知情且公司未告知用户信息使用方法的情况下，公司收集用户个人信息的行为有悖伦理。评论人士指出，即便网站上含有隐私保护政策，客户也很少阅读这些政策，而只是点击一下确认复选框后继续浏览网站。如果商家打算利用客户个人更好地为客户提供服务，那么，在他们毫不知情的情况下获取这些信息是否合乎伦理？

射频识别技术（Radio Frequency Identifiers，RFID）将带有微型天线的电脑芯片嵌于标签内，射频阅读器可以扫描目标对象上的标签获取相关数据。这些数据可以通过几英尺或更远的距离（若标签上拥有电源）传输到电脑上。虽然这项技术在追踪药品、供应链及有毒物质等领域的使用合乎伦理，但美国隐私权信息交流中心[30]发现，该技术会给个人的隐私权和自由权带来了诸多威胁。例如，这种标签可能被隐藏在商品中，如将标签缝在衣服里面，而使用产品的人却不知情。而且射频阅读器也有可能被隐藏起来。问题的关键在于，如果这类产品的使用与移动信息与消费者的其他个人相关，公司就能在消费者毫不知情的情况下获得其个人信息。

美国隐私权信息交流中心严禁企业实施以下行为：
- 强迫客户接受他们所购买产品上的射频识别标签；
- 阻止人们销毁射频识别标签和阅读器；
- 在未获得消费者书面同意的情况下追踪消费者。

另一个敏感领域是儿童个人信息的使用。美国制定了专门法律（即儿童在线隐私保护法）（Children's Online Privacy Protection Act，COPPA），对采集13岁以下儿童个人信息的公司进行规范。[31]这项法律要求运营商：
- 在网站的主页上公布隐私政策，并在每个采集个人信息的网页上提供隐私政策的链接；
- 告知家长网站信息收集的做法，收集儿童个人信息前必须征得家长或监护人的同意；
- 确保父母有权选择是否将儿童的信息提供给第三方；
- 父母有权进入儿童的个人信息系统，有权删除儿童的个人信息，有权拒绝公司继续采集和使用这些信息；
- 公布儿童参加游戏、比赛或其他活动的条件，且儿童无须提供与活动本身无关的其他信息；
- 确保儿童个人信息的机密性、安全性和完整性。

对于企业而言，使用儿童个人信息时遵守上述指导方针应该是一项明智之举。与此同时，美国联邦贸易委员会也制定了与英国皇家特许市场营销协会[32]相似的隐私保护基本指导方针。表5.6概括介绍了这些方针，它们可以成为企业践行隐私保护伦理准则的指导方针。

表 5.6　美国联邦贸易委员会的隐私权原则

原　则	说　明
告知/理解	在收集任何个人信息前,信息采集方都必须告知消费者信息采集与使用的相关情况,具体包括: ● 明确收集信息的实体; ● 明确信息的使用方式; ● 明确信息的所有潜在接受者; ● 所采集信息的性质以及信息采集方法; ● 告知对方信息提供属自愿行为还是必要行为,以及拒绝提供信息将产生的后果; ● 数据采集者将采取哪些措施确保数据的机密性、完整性与可信度。
选择/同意	选择指消费者享有个人信息使用方法与用途的选择权。具体而言,选择权与信息的二次使用相关——即使用必要信息之外的其他信息完成拟进行交易。"选择性加入"制度要求消费者采取积极行动,允许信息采集和/或使用。"选择性退出"制度要求消费者采取积极行动,防止个人信息被采集和/或使用。
访问/参与	访问指消费者既有权访问自己的个人信息(浏览企业文件中的数据信息)还可以对数据的准确性和完整性提出质疑。
完整性/安全性	为确保数据完整性,数据采集者必须遵循合理步骤,例如,仅采用可靠的数据来源,交叉引用来自不同渠道的信息,为消费者访问数据提供便利,销毁过时信息或者将其转为匿名格式。

本章小结

公司处理客户关系时要面临很多重大问题,本章重点分析其中三个问题。这三个与客户相关的重要问题分别为营销、产品安全与隐私保护。

营销这一节主要介绍了营销的四大基本要素,即产品、价格、促销和渠道,每一要素都涉及其独特的伦理挑战。很多与产品相关的问题都牵涉到产品安全,本章用一节内容专门探讨这一问题。

关于价格,本章引入了"公平价格"这一概念。所有的公司都需要盈利才能生存。然而,在定价方面也存在一些不合乎伦理的做法。"诱导转向法"就是一例:顾客因为低价的吸引前往商店,而商店却提供另一种价格更高的产品。"哄抬物价法"是另一种有悖伦理的定价方法,指商家利用自然灾害等特殊情况,在客户急需产品时提高物价。

至于广告宣传,本章曾提到,根据美国法律规定,广告商必须有足够证据证明其对顾客所做宣传的准确性(包括显性和隐性宣传)。美国法律规定,广告商必须提供证据,支持其在广告中对客户所提供显性和隐性声明。如果广告宣传有关健康和安全的内容,公司必须提供经该领域专家或科学家评估的科学依据,未能经过验证的广告会被视为欺骗性广告。虚假广告经常使用的手段包括语言歧义、隐瞒事实和夸大其词等。

广告中还有两个需要特别注意问题:广告中的性暗示以及将儿童作为营销对象。广告中适当运用性元素有助于吸引客户的注意,并有可能提高销量。不过,在广告中添加性元素并不一定适用于任何文化背景。

以儿童为广告对象是营销伦理中一个更具争议性的问题。有关儿童广告的争议主要集中于以下四个方面：儿童在多大年纪能够识别广告；在多大年纪能够理解广告内容；儿童对父母购买决策的影响有多大；以及其他年龄群体的间接影响。儿童不到十岁就能区分广告并看懂广告内容，而且这种能力会随着年龄的增长而增长。儿童广告似乎真的能够吸引父母去购买产品。同样，儿童广告也能够通过同伴压力来间接影响不同年龄群体的儿童。表5.3列举了儿童广告的一般标准。

我们曾在产品安全这一节中指出，虽然汽车等产品的质量可以提高，但我们几乎不可能生产出完美无缺的产品，也很难让所有消费者承担其高昂成本。因此，大部分产品都会对消费者构成潜在伤害。既然如此，谁应该为这类伤害承担责任？这一节介绍了很多有关如何确定产品责任的理论。这些理论包括买者自负原则、契约观、合理注意理论及严格责任理论。其中，严格责任理论最为严格。根据该理论，不管制造商有没有对产品安全做出应有的努力，也不管消费者如何使用产品，制造商都要对产品的安全权负责。此外，产品责任期限也是一项重要问题。

本章最后一节探讨客户隐私问题。技术的进步不仅能提高商业交易的速度、降低交易难度，还能收集到大量客户信息，因而客户隐私问题成为人们的关注重点。与欧盟不同的是，美国虽然有一些保护个人隐私或特殊消费群体（例如儿童）的立法，但却没有一部一般性隐私保护法。隐私权是不是人的一项基本权利？公司是否在一定程度上享有客户信息的所有权？人们对于这些问题的辩论还在继续。本章最后一节介绍了美国联邦贸易委员会制定的客户信息管理准则。

尾注

1. Zinkhan, G.M. & Williams, B.C. 2007. "The New American Marketing Association definition of marketing: An alternative assessment." *Journal of Public Policy & Marketing*, 26, 2, 284–288.
2. American Marketing Association. 2007. http://www.marketingpower.com/AboutAMA/Pages/DefinitionofMarketing.aspx.
3. Chartered Institute of Marketing (CIM). 2011. http://www.cim.co.uk/resources/glossary/home.
4. Wicks, A.R., Freeman, E., Werhane, P.H. & Martin, K.E. 2010. *Business ethics*. New York: Prentice Hall.
5. Bryant, C.X. 2004. *ACE Fitness Matters*. January/February.
6. Friedman, D.D. 1980. "In defense of Thomas Aquinas and the just price." *History of Political Economy*, 12, 234–242.
7. U.S. Department of Transportation. 2010. "DOT fines US airways for violation of price advertising rules." Press Release, DOT 44–10 March 8.
8. U.S. Federal Trade Commission. 1998. "Children's Online Privacy Protection Act of 1998." http://www.ftc.gov/privacy/privacyinitiatives/childrens.html.
9. Shaw, W.H. 2008. *Business ethics*. Belmont, CA: Thomson.
10. Cowley, E. 2006. "Processing exaggerated advertising claims." *Journal of Business Research*, 59, 6, 728–734.
11. Beauchamp, T.L. 1984. "Manipulative advertising." *Business and Professional Ethics Journal*, 3, 1–22.
12. Reichert, T., Heckler, S.E. & Jackson, S. 2001. "The effects of sexual social marketing appeals on cognitive processing and persuasion." *Journal of Advertising*, 30, 1, 13–27 (at 13–14).
13. Levit, M. 2005. "Sex in advertising: Does it sell?" *Business: Advertising*, February 15.
14. Bushman, B.J. 2005. "Violence and sex in television programs do not sell products in advertisements," *Psychological Science*, 16, 9, 702–708; Prendergast, G. & Hwa, C.H. 2003. "An Asia perspective of offensive advertising on the web." *International Journal of Advertising*, 22, 393–411.
15. Jarlbro, G. 2001. *Children and television advertising: The players, the arguments and the research during the period 1994–2000*. Stockholm: Konsumentverket.

16 McDermott, L., O'Sullivan, T., Stead, M. & Hastings, G. 2006. "International food advertising, pester power and its effects." *International Journal of Advertising*, 25, 4, 513–539.
17 Jarlbro, *Children and television advertising*.
18 Associated Press. 2010. "Toyota's chief apologizes for global recalls." http://www.msnbc.msn.com/id/35254001/ns/business-autos/ February 5; Vartabedian, Ralph & Bensinger, Ken. 2010. "Doubt cast on Toyota's decision to blame sudden acceleration on gas pedal defect." *Los Angeles Times*, January 30.
19 Birchall, J. 2010. "Mattel forced to recall 11m products." *Financial Times*, September 30, 20, 40.
20 Schwartz, V.E. 1998. "Continuing duty to warn: An opportunity for liability prevention or exposure." *Journal of Public Policy & Marketing*, 17, 124–126.
21 McAlpin, R.J. 2000. "Failure to warn: A product liability issue." Speech presented at Boating Week. 2000, Annual meeting of the Recreational Boat Builders Association, Orlando, FL. http://www.rbbi.com/folders/show/bw2000/sessions/failure.htm.
22 McAlpin, "Failure to warn: A product liability issue"; U.S. Food and Drug Administration. 2002. "Determination of intended use for 510(k) devices; Guidance for CDRH staff (update to K98–1)." December 3. http://www.fda.gov/downloads/MedicalDevices/DeviceRegulationandGuidance/GuidanceDocuments/ucm082166.pdf.
23 Cornell Law School Legal Information Institute. 2011. *Greenman v. Yuba Power Products*, 59 Cal. 2d 57 (1963).
24 *Elmore v. American Motors Corp.*, 70 Cal. 2d 578 (1969).
25 Piker, A. 1998. "Strict product liability and the unfairness objection." *Journal of Business Ethics*, 17, 885–893.
26 Warren, S. & Brandeis, L.D. 1980. "The right to privacy." *Harvard Law Review*, IV, 195–96.
27 Caudill, E.M. & Murphy, P.E. 2000. "Consumer online privacy: Legal and ethical issues." *Journal of Public Policy & Marketing*, 19, 1, 7–19; Lanier, Clinton D. & Saini, Amit. 2008. "Understanding consumer privacy: A review and future directions." *Academy of Marketing Science Review*, 12, 2. http://www.amsreview.org/articles/lanier02–2008.pdf.
28 Kant, I. 1959. *Foundations of the metaphysics of morals*. Indianapolis: Bobbs-Merrill Company.
29 Dunfee, T.W., Smith, C.N. & Ross, W.T. 1999. "Social contracts and marketing ethics." *Journal of Marketing*, 63, 14–32.
30 Privacy Rights Clearing House. 2003. "RFID Position Statement of Consumer Privacy and Civil Liberties Organizations." http://www.privacyrights.org/ar/RFIDposition.htm.
31 U.S. Federal Trade Commission. 1998. "Children's Online Privacy Protection Act of 1998." http://www.ftc.gov/privacy/privacyinitiatives/childrens.html.
32 Chartered Institute of Marketing. 2011. (CIM) http://www.cim.co.uk/resources/glossary/home.aspx.

主要术语

4ps：产品，价格，促销和渠道。

广告中的歧义(Ambiguity in Advertisement)：在模棱两可的广告中，广告的措辞非常具有迷惑性，导致客户对产品的属性产生错误的认识。

诱导转向策略(Bait-and-switch)：以低价宣传产品，但消费者前往时却发现产品已经售罄或在销售人员的影响下购买其他高价产品。

行为定向技术(Behavioral Targeting)：通过监控用户的网站浏览习惯来追踪消费者行为的技术。

买者自负(Buyer Beware)：买家在购买产品前承担判断产品价值、安全性及产品特征的责任。

隐瞒事实(Concealing Facts)：在广告宣传过程中隐瞒产品的相关信息。

设计缺陷(Design Defect)：产品的设计和制造过程中存在潜在缺陷。

契约观(Contract View)：制造商和客户的关系完全基于双方的合同。

合理注意理论(Due Care Theory)：制造商有责任采取合理措施防止产品伤害买方。

夸大其词(Exaggeration)：广告中夸大产品的优点。

显性信息(Express Claim)：直接在广告中阐述的产品预期性能。

不公开全价(Failure to Disclose the Full Price)：所列价格没有将客户所需支付的全部费用包含在内。

隐性信息(Implied Claim)：广告中间接说明或通过推理获知产品的预期性能。

公道价格(Just Price)：这一概念由 Thomas Aquinas 提出。Aquinas 认为，卖家不能仅因产品需求大而抬高价格。

市场营销(Marketing)：公司与顾客互动的第一步。

材料缺陷(Material Defect)：由于生产过程中的材料选择导致产品具有潜在危害性。

掠夺性定价(Predatory Pricing)：将产品价格压得比竞争者更低，甚至导致竞争者无法在市场中生存。

价格歧视(Price Discrimination)：对不同消费群体执行不同价格。

价格垄断(Price Fixing)：所有卖方同意以高于自由市场的价格来出售产品或服务，并由此产生垄断效果。

哄抬价格(Price Gouging)：卖方利用国难或物资短缺等特殊情况提高价格。

促销(Promotion)：采取一系列宣传手段，如打广告、提供赞助、发放优惠券和销售点展示等形式让顾客了解你的产品。

吹捧(Puffery)：过分夸大其词，以至于任何有理性的人都不会相信此类宣传。

射频识别技术(Radio-frequency-identifiers)：将带有微型天线的电脑芯片嵌入标签内，射频阅读器可以扫描目标对象上的标签获取相关数据。

性暗示(Sexual Appeals)：在广告和促销中传达与性相关的信息。

除斥期间法(Statute of Repose)：规定产品的严格责任期限。

严格责任(Strict Liability)：即使制造商在生产过程中尽到了合理注意的义务，但因产品缺陷导致使用者受到伤害，制造商仍负有赔偿责任。

讨论题

1. 如何识别客户对您的产品具有合理需求？您是否应该关心他/她的购买意愿？
2. 请从供求关系视角比较"公道价格"与定价的概念，并从伦理角度阐释两个概念。
3. 讨论哄抬价格是否有错？
4. 举例说明隐瞒事实的广告。顾客是否被这些隐瞒的事实欺骗？
5. 举例说明夸大其词的广告。不同的顾客群体是否能识别言过其实的广告？
6. 广告中的性暗示是性骚扰的一种形式么？讨论性骚扰的种类并举例说明。
7. 如果广告对象为儿童，我们应该添加哪些特别条款？从伦理的角度来说明为什么要添加这些条款？
8. 制造商对产品缺陷的责任期限应为多久（在美国，汽车与飞机制造商的责任期限分别是 5 年和 18 年）？请运用合理注意和严格责任理论来确定责任期限。
9. 保护消费者信息是否是消费者应该享有的基本权利，请给出答案并说明理由。
10. 你认为哪些儿童广告应该被禁止？

网络任务

1. 在网上搜索有关广告的伦理准则。你会发现不同行业协会及不同国家(包括梵蒂冈)制定的各种规章制度。
2. 比较不同国家的规章制度并分析它们的异同点。
3. 对于计划在全球范围内使用相同广告文案的跨国公司,你有何建议?他们会面临哪些不同标准?是否会冒犯当地消费者?

更多网络任务和资源,请访问参考网站 www.routledge.com/cw/parboteeah

实战演练

巴西的产品安全问题

你所在的美国公司已经开始针对南美市场在巴西生产全地形车(ATV)。该公司的战略是先在巴西市场站稳脚跟并获得足够市场份额,然后再向其他国家拓展业务。你在这家公司承担的首项海外任务是担任制造工厂的经理,其销售人员均为巴西人。

你上任一年后,制造工厂的运行井然有序,销售额开始增长。你相信,这段工作经历一定会成为你的职业生涯中浓墨重彩的一笔,回到美国后,你的职级和薪酬都将大幅提升。

一天傍晚,工厂营销主管 Marcus Alves 来到你的办公室。他表示,他很荣幸为公司服务,但却担心销售增长放缓,如果这一现象持续下去,公司可能会放弃在巴西的投资。他还指出:"问题的根源在于产品定价对于巴西市场而言太高了。"他和销售团队已就这一问题展开讨论,而且认为公司可以通过削减制造成本将价格降到消费者可以承受的水平。

Alves 建议停产四轮全地形车,转而生产公司曾在 20 世纪 80 年代生产过的三轮车型。除去一个车轮及相应的悬挂系统不仅能够降低成本,还有可能降低车辆的重量,提高其速度,从而迎合年轻男士这一目标市场的需求。

你提醒 Alves,由于三轮汽车曾引发很多车祸并夺去很多人的性命,整个行业都已停止生产这种车型。但 Alves 却反驳道,"在巴西销售这类车型完全合法。我们只要贴个警示标签并鼓励司乘人员戴好头盔就行了。"你非常清楚,你的客户并不热衷戴头盔,但 Alves 继续向你施压:"我们有必要通过这种方式继续生存下去,员工们也需要这些工作岗位。"

你会采取什么样的举措?是生产消费者能够负担的廉价产品,还是坚持执行发达国家通行的安全标准?哪些利益相关方会受到这一决策的影响?

案例分析

制药行业的利润与人

制药行业在所有行业中利润率最高,这早已司空见惯。其中很大一部分利润来自美国,而美国是少数几个没有规范药品价格的大国之一。

特别是在经济萧条期,不少美国人因住在离加拿大很近的地区而经常到加拿大购买处方药。据悉一家跨国医药公司在加拿大销售生产的药品价格比美国要低很多,大约低25%—80%。尽管从技术层面而言,在美国进口处方药是合法的,但是由于美国联邦药物管理局担心无法控制药品质量,而没有实施相应的法律条则,因此在实际操作时往往是模棱两可的。

尽管如此,许多美国老人依旧热衷于乘车前往边境地区购买药品,有些地方政府的做法甚至使得这种采购更加容易。美国CBS新闻节目《60分钟》最近调查了前马萨诸塞州Springfield市市长Michael Albano设立的一个项目,该项目旨在与加拿大某药房合作,为Springfield市的工作人员提供药品。

当时Springfield市预算赤字较为严重,Albano被迫解雇部分消防员、警署官员以及老师。与此同时,他也意识到:如果3 000名雇员、退休人员及家庭成员都能够去加拿大购买药品,而不是在当地药房购买,那么该市就可以节省一大笔医疗费用。Albano说:"如果每个市民都参加这个项目,大家都去加拿大买药,那么每年可以节省400万—900万美元。这可是一笔巨款。这笔节省下的巨款可用于改善市警署、消防局以及公共教育,同时减少本市的财政赤字。"Albano自己也积极参与这一计划,为患有糖尿病的儿子从加拿大购买胰岛素。

美国人每年在加拿大购买药品所花费惊人,占加药房收入的30%,这无疑严重挫伤了美国制药公司,同时很多供应商也开始减少对加药房的供货。为Springfield市提供药品的药店曾说:"我们收到过来自好几家大型跨国公司的来信,威胁说如果我们再向美国病人供应药品,就要果断切断对我们的药品供应。"

为什么药物价格会如此之高?一些大型制药商给出的最有说服力的理由就是公司用于开发新药的研发成本很高,而且并非所有的药品都能研发成功;即使研发成功,药品从试用、政府批准到上市使用也要历时几年。

有些人对这个说辞表示质疑。美国银行最近的一份研究显示,很多制药公司花巨资用于支付股东红利和回购股票,从而提高公司股票价格。这些费用远远超过药品的研发费用。因此,真正从中获益的是股东,而非那些真正需要药物的病人。事实证明美国银行提供的数据非常有力。世界上最大的制药公司辉瑞公司在回购股票和红利上花费222亿美元,这个数字是该公司研发费用的2.1倍。无独有偶,英国制药业大鳄葛兰素史克(GlaxoSmithKline)用于回购股和红利上的费用是研发费用的1.22倍,而默克公司(Merck)为1.43倍。

消费者健康组织"美国家庭"(Families USA)在最近的一篇报告中,也质疑了高药价源于研发成本的说法。该研究发现:制药公司用于管理、广告、营销的费用是研发费用的两倍多。所调查的九家公司,包括默克(Merck)、辉瑞(Pfizer)、百时美施贵宝(Bristol Myers Squibb)、法玛西亚(Pharmacia)、美国雅培(Abbott Laboratories)、美国家用产品公司(American Home Products)、礼来制药(Eli Lilly)、先灵葆雅(Schering-Plough)、爱力根(Allergan)中,只有礼来公司(Eli Lilly)花在市场、广告和营销的费用低于研发费用的2倍。报告公布的同年,这9家公司中有6家公司的净利润超过研发费用。

并非所有关于大型制药商的新闻都是负面的。从历史上看,制药公司始终积极利用专利来保护对药物开发的知识产权,防止其他公司仿造并生产价格相对低廉的仿冒品。这么做也是为了能够收回用于投资的研发成本。

然而，类似做法却也将很多制药公司置于伦理困境，人们指责其不向急需用药品的人群提供药品，尤其是贫困国家的人。一直以来，保健专家们都批评药品专利剥夺了穷人的基本用药需求。因此，近年来，无论是出于外部压力还是人文关怀，许多制药公司都放宽了药品的专利限制。例如：英国制药公司葛兰素史克（GSK）允许其他公司仿制其抗艾滋病毒的药物，并销往贫困国家。非盈利研发机构美国人类健康研究所（the Institute for OneWorld Health）与瑞士诺华公司（Novartis）合作，研发治疗分泌性腹泻的药物，用于治疗贫困国家的患病儿童；同时该组织也与瑞士罗氏公司（Roche）合作，研发针对贫困国家常见疾病的药物。不难看出，很多国际大型药品公司正在逐步取消对药品的专利限制。

摘自：Off the Charts：Pay, Profits and Spending by Drug Companies. http：//www.actupny.org/reports/drugcosts. html；http：//www. cbsnews. com/stories/2004/03/12/60minutes/main605700. shtml；*The Economist*. "All together now, new initiatives to cure diseases of the poor world." July 16，2009；Oliver Wagg, "Drug companies：Consumers or shareholders?" Ethical Corporation，November 18，2004.

讨论题
1. 制药行业面临着一个复杂的情况：平衡公司股东和用药人之间的利益。站在公司的立场上，反驳案例中提到的观点。
2. 诸如美国这样的大国需要给药物定价吗？
3. 从公正的角度讨论：如果让人们根据收入来购买药物或其他生活必需品，这是否公平？

长篇案例

2007年美泰(Mattel)玩具召回事件：
对质量控制、服务外包以及客户关系的启示

在2007年夏秋之间的数周，国际玩具制造巨头美泰公司(Mattel)以及儿童最爱的"芭比娃娃"(Barbie)和"埃尔莫智能娃娃"(Elmo)占据了各大媒体的头条，然而报道内容并非圣诞新品预告或者销量突破，而是召回铅中毒以及致命磁铁。仅一个月，就有2 100万件玩具被召回，其原因或是涂了有毒的含铅油漆，或是含有设计不佳的小磁铁，尺寸刚好容易被好奇的孩子吞食。

自愿召回(Voluntary Recalls)使得美泰成为有效处理短期危机沟通策略(Short-term Crisis Communication Strategy)的典范。美泰与美国消费品安全委员会(Comsumer Product Safety Commission, CPSC)共同启动了加快召回的沟通程序。美泰在官网上用20种不同语言发出通知、向数据库中所有客户发送个人信件、向零售商发送信件和海报、开通人工热线、在主要报纸上投入整版广告，并与媒体保持密切联系。

然而，CPSC随后却揭露美泰早在2007年6月初，即8月4日首次宣布召回之前整整两个月，就已经怀疑玩具存在铅污染。这让声称做出正确处理的美泰蒙上了阴影，人们也开始对美泰把顾客利益以及产品质量都置于公司利益之上的说法产生质疑。根据CPSC的规定，公司必须在发现隐患的24小时内就向安全委员会报告，然而很多公司都做不到这一点。例如，2001年美泰推迟了三年才报告旗下产品四驱赛车的瑕疵；这么多年过去了，消费者和投资者都不禁要问：为什么美泰还是不遵守联邦报告的规定，为什么还是缺少程序和机制来防止此类事件的再次发生。

令美泰召回事件雪上加霜的是，产品是在中国制造的，当时中国正因出口有毒产品(如宠物食品、牙刷等)而备受诟病。鉴于此，美泰事件必须针对如何对外包产品的质量控制、产品安全、产品检验等进行有效的监控进行研究。这不仅可以兑现企业的承诺，而且可以重获消费者、投资商与国际社会的信任。

I. 伦理荣誉

20多年来，美泰始终将社会责任纳入公司发展的重要目标之一。《商业伦理》杂志每年在全美1 000家上市公司中评选"企业公民100强"(Top 100 Best Corporate Citizens)，在2007年的评选中美泰位居第92位。[1] 评选致辞高度赞扬了美泰的全球制造原则(Global Manufacturing Principles, GMP)，即1997年开始采用的一系列外部监管的伦理生产标准，即美泰的供应链合作伙伴在工作环境、员工健康、薪资公平以及环保意识上，坚持严格各项标准。至今，美泰依然是唯一一家制订并执行监管机制的玩具公司。

公司每年向投资者提供"企业年度社会责任报告"，尤其说明产品是否达到或超过CPSC的规定。[2] 此外，美泰还优先考虑有利于儿童利益的慈善事业。1978年，公司与非营利机构共同合作，共同成立了"美泰儿童基金会"(Mattel's Children's Foundation)，借助部分税前利润资助儿童慈善项目。[3]

II. 财政业绩和年终报告(2006)[4]

作为世界上最大的玩具制造商，美泰一向保持良好的财务业绩，比如：2005—2006年公司销售和利润保持持续增长，如表1所示。

表 1 2005—2006 年度财政对比

	2005	2006	增长额
净销售额	51.8 亿美元	56.5 亿美元	4.7 亿美元
净收入额	4.17 亿美元	5.929 亿美元	1.759 亿美元
销售成本	28.1 亿美元	30.4 亿美元	2.322 亿美元
产品成本	22.1 亿美元	24.2 亿美元	2.049 亿美元
毛利润（占净销售额的百分比）	45.8%	46.2%	0.4%

http://www.shareholder.com/mattel/annual.cfm, Annual Reports: 2005 and 2006.

据公司 2006 年的报告，美泰旨在继续焕发芭比品牌的品牌效应，继续促进核心与非传统品牌的发展，进一步完善制造—分配—销售的供应链生产过程，从而保持公司的长期、持续的增长。[5]

III. 美国的玩具安全问题

在美国，玩具安全问题由 CPSC 监管。尽管安全委员会只要求企业遵守相关标准和规定，但却鼓励企业能够像美泰一样制定并执行更加严格的产品标准。本节将探讨 CPSC 的标准和美泰的独立标准。

IV. 消费者产品安全委员会（Consumer Product Safety Commission, CPSC）标准

CPSC 由国会建立，是 1972 年颁布的《消费者产品安全法》（*Consumer Produt Safety Act*）的一部分。为杜绝意外伤害与意外死亡事件的发生，这个独立的联邦机构对包括从割草机到儿童玩具的 5 000 多种产品制定了严格的规范。[6] 食品、药物、武器、汽车以及摩托车则不在此范围内。2007 年，CPSC 参与协商了 472 起合作性和自愿性召回事件，涉及近 1.1 亿件产品，[7] 其中将近 2 100 万件都是美泰的产品。

CPSC 要承担诸多社会责任，包括：制定、颁布并实施自愿性和强制性行业标准；召回产品、监管售后维修；禁止销售因行业标准不完善而易公众危险的产品；负责检查可疑产品，观测具有潜在危险产品；向媒体传递产品消息，等等。[8] 消费者通过 CPSC 网站或者免费热线，不仅可以获知产品的安全信息，而且还可举报不安全产品。

包括美泰在内的玩具公司和国外供货商都必须遵守 CPSC 的规定和召回协议，其中最重要的一条规定是：公司必须在发现产品存在安全隐患的 24 小时内报告。[9] 然而，很多公司往往忽略这条规定。例如，1998 年美泰召回 Power Wheels 时就没有遵守该规定，2007 年的召回事件也是如此。

有些规定专门针对产品所使用的原材料。比如：有毒物质铅一旦被摄入，极易造成儿童的神经受损、学习障碍以及听力问题。为了防止此类严重事件的发生，CPSC 要求所有美国制造商、供应商、进口商以及零售商都遵守《联邦危害物质法》（*Federal Hazarous Substances Act*，FHSA）的条款，禁止生产任何铅含量超标的玩具。[10] 根据《铅基油漆中毒防治法》（*Lead Based Paint Poisoning Prevention Act*），CPSC 在 1977 年进一步要求铅含量从 0.5% 降低到 0.06%。[11]

还有一些规定专门适用于玩具零件。1995 年，CPSC 明确规定：在美销售的所有产品都执行《儿童安全保护法》（*Child Safety Protection Act*，CSPA），[12] 该法令严格限制儿童玩具中含有小零件和小球，以避免误食后窒息死亡。一旦发现违反规定，CPSC 将追究其民事责任并申请处罚。2007 年，仅因没有严格执行 24 小时内提交隐患报告而收到的罚款金高达 275 万美元罚款，其中 97.5 万美元来自美泰，其产品 Fisher-Price's Little People Animal Sounds Farm 存在缺陷。[13] 2001 年，美泰因为推迟了三年多才报告其产品 Power Wheels 的火灾隐患而被罚款 110 万美元，这几乎是 2007 年总罚款金额的一半。

包括前任 CPSC 执行总监 Pamela Gilbert 在内的很多专家都指责 CPSC 的罚款制度太过宽松,以至于不少公司有恃无恐地违反产品安全法规。[14] 还有人说 CPSC 管理不善,企业自愿执行的制度不完善。不仅如此,CPSC 缺少对产品进入市场的提前监管,这就意味着直到产品进入市场后才能测试产品。[15] 基于上述原因,美国国会正在酝酿提高罚款上限,打击违规企业。

V. 美泰的独立标准

尽管过去总是被罚款,美泰却坚称公司遵守了 CPSC 的规则,并符合公司的行为准则以及国际制造原则。[16] 下文摘自该公司 2003 年实行的产品质量和安全的行为准则:

> "美泰产品质量和安全的良好声誉是公司最有价值的资产之一……儿童的健康、安全和幸福始终是公司最为关注的问题。如果生产出不合格的产品,将严重损害消费者对我们的信任。我们对产品质量和安全做出承诺,这也是产品设计、制造、测试和销售过程中不可分割的一部分。我们努力达到甚至超过客户和消费者对我们的期望。任何有违产品质量和安全的事件都要立即向全球质量保证机构报告。"[17]

为了信守承诺,美泰公司定期从玩具生产线上进行抽样检查;原材料,比如油漆,都会在到货时进行检验。[18] 美泰还为一些承包商建立了检验实验室。但具有讽刺意义的是,美泰在 2007 年的含铅油漆事件中,美泰供应商已建立了检验实验室。这也说明:即使进行定期检查,供应链中违反违规的情况也几乎是不可避免的。[19]

一些玩具分析师不愿将含铅油漆危机的矛头指向这家玩具制造巨头。来自《企业社会责任亚洲周刊》的 Richard Welford 说:"美泰有行业中最严格的标准,如果这样的事都能发生在美泰身上,那么这对其他类似产品的制造商意味着什么?"[20] 美联社补充说:"召回事件尤其令人震惊,不仅因为美泰一向以严格的质量监控而赢得市场,而且公司还因在中国的运营方式而被认为是玩具制造行业中的典范。"[21] 事实上,就在八月份召回事件的前几个星期,美泰是仅有的两家允许《纽约时报》参观其中国工厂的玩具公司之一。[22]《纽约时报》2007 年 7 月 26 日发文,赞扬了美泰的产品安全监管流程,公司也表示自从四驱赛车召回事件之后,产品安全监管已经有所改善。[23]

VI. 作为世界工厂的中国

如今在美国销售的玩具中,大约有 80% 都是由中国东部沿海的工厂制造的。"尽管美国公司可能在中国拥有几家工厂,"《亚特兰大月报》记者 James Fallows 在文章《中国制造,世界需要》中写道,"但是他们基本上都是委托当地承包商进行制造。"

表 2　2005 年中国玩具出口

地　区	制造商总数	主　要　出　口　业　务	出口额(2005 年)
广　东	>5 000	毛绒玩具、电子玩具、塑料玩具	119.34 亿美元
浙　江	>1 000	木质玩具、儿童自行车	8.71 亿美元
江　苏	>700	毛绒玩具	8.5 亿美元
上　海	>700	儿童自行车、婴儿车	5.49 亿美元
山　东	>550	毛绒玩具	3.67 亿美元
福　建	>500	电子玩具、塑料玩具	2.26 亿美元

来源:中国玩具协会,http://www.toy-cta.org/en/Introduction_1.asp。

表3　中国2006年主要出口目的地　　　　　　　　　　　　　　　　单位：美元

排名	目的地	出口额	排名	目的地	出口额
1	美国	6 553 321 398	5	日本	718 578 989
2	德国	1 469 936 169	6	法国	230 893 819
3	英国	1 055 340 703	7	俄国	216 180 371
4	英格兰	1 040 271 120	8	澳大利亚	213 071 333

来源：http://www.toy-cta.org/en/Introduction_3.asp.

中国东南部的广东省生产能力最大。2005年，广东省5 000多家生产商出口了近120亿美元的毛绒、电子和塑料玩具（见表2）。接下来是浙江、江苏、上海、山东和福建，这些地区同年总共出口了价值超28亿美元的玩具产品。据中国玩具协会估计，其中大约有价值65亿美元的玩具都是出口到美国，排名第二三位的分别是德国和荷兰。

VII. 质量控制的挑战和影响

监管在国外生产的产品质量一直是个难题。例如，2006年美国的177起召回事件都涉及在中国生产的产品，这也许是由于运行与文化差异所致，也因此成为企业面临的挑战。

Fallows写道："要找到合适的生产商、制定合适的生产体系、保证合格的零件和原材料供应、实行正确的质量标准、制定完善的信任和可靠关系，这些都不是件容易的事。"[24]他认为：供应链的重要性等同于知识产权，有效供应链的建立专属于公司，竞争对手无权获知。[25]

但是一些专家也认为，在涉及好几百家供应商以及成千上万员工的情况下，企业不应该为失误承担全部责任。[26]还有专家表示，公司不可能做到对每一批玩具产品都进行检测。公司做得最多的是仔细挑选供应商，加强沟通，严格检查，对没有遵守要求的供应商施压，可与其终止合同。

VIII. 美泰在中国的运营

美泰在中国已经有25年的生产历史，[27]美泰拥有5家工厂，[28]其中每年将50%的生产任务外包给第三方，即经过质量控制检查的生产商。[29]这些工厂的生产总量占到美泰公司玩具总生产量的65%。

最近几年，美泰将很大一部分的产品检测责任交给生产商，其中包括批量测试。早在10—15年前，质量检测由美泰总部实施，而今为了减少成本，公司把检测外包给了供应商和生产商。但是，行业专家也因此担心他们会偷工减料，掩盖事实。[30]

这些专家还声称，美泰与中国密不可分。在《华盛顿邮报》的一篇文章中，来自达特茅斯学院的管理学教授和中美玩具行业专家Eric Johnson说，"美泰的玩具生产依赖于中国的生产力……而且美泰投资巨大，他们不想亏本……"[31]他总结说，美泰计划进军中国市场，获取高额利润，因此与中国保持良好的关系。

IX. 国际交流

在平静期和危机期如何处理复杂的国际关系，从沟通角度而言，对美泰这样的企业具有挑战性。比如，这就要求"适应东道国文化和管理方式，在资金、技术、管理技能和就业等方面实现互惠互利"。[32]此外，企业必须在双方互相尊重的前提下，培养与其他国家的跨文化关系。[33]企业必须让东道国相信，企业的目的不是占领与剥削。[34]同时必须注意到，因为企业的名誉很容易受到其供应商的商业惯例的影响，所以必须实时与供应商进行沟通。

在促进中国和西方交流方面有几家贸易团体，其中之一就是中国玩具协会（China Toy

Association),其主要职责是与中国国家标准委员会(China National Standard Committee)一起修订玩具安全标准,与国际媒体保持沟通,组织国际玩具博览会及贸易展。同样,玩具行业协会(Toy Industry Association, TIA)对中国和其西方合作伙伴在危机情况下进行斡旋,举办诸如 2007 年 11 月 15 日广州举办的玩具安全大会。

行业专家声称,中美双方须加强企业合作,但是最终对进口货物的质量负责的还是美国进口商。

X. 美泰的召回历史

每年在美国销售的 30 亿件玩具中,被召回的不到 1%,[35] 但一次召回就可能造成巨大的损伤:公司销量下降,声誉受损,资源分流,昂贵的客户支持费用,以及高昂的诉讼支出。显然,公司要尽量避免此类危机。[36] 尽管美泰有一整套严格的质量控制制度,但是自 1998 年以来,仍然经历了 36 次召回事件,以及 2 次来自 CPSC 的正式警告。[37] 本节将回顾美泰 2007 年以前最具有争议的召回事件。

XI. 四驱赛车产品召回(1998—2001)

四驱赛车的危机始于 1995 年,当时家长们开始向 CPSC 进行投诉。在收到的家长投诉中,总共有 71 起是由于刹车失灵而导致的事故,116 起是因电线故障引起的火灾,1 800 起因电线短路和融化所导致的事件,九名儿童在事故中烧伤。[38] CPSC 1995—1998 年对这种可以开动的玩具汽车进行了独立调查。调查发现,涉及的车型早在 1986 年就已经生产,而且美泰明知道有人投诉,却推迟了三年多才向 CPSC 报告。[39]

美泰甚至在 CPSC 介入之后,仍摆出不合作的态度,拒绝承认任何过错。CPSC 时任主席 Anne Brown 告诉《华尔街日报》:"他们不想召回……因为这要花很长时间。"[40] CPSC 当时的执行总监 Pamela Gilbert 补充说:"在调查期间,美泰并不合作,拒绝向 CPSC 提交关键性文件。"[41] 最终,CPSC 强制美泰实施召回。然而,美泰仍然把责任推到消费者身上,指责消费者使用不当、胡乱拨弄玩具。[42] 美泰还强烈表示,在 24 小时内提交报告是不合理的,公司更愿意先进行内部调查,再向公众报告。[43]

XII. 竞争的环境

尽管每年只有不到 1%的玩具产品被召回,但是一次召回就能导致整个行业的盈利严重受损,这也意味着竞争者同样会受到影响。[44]

XIII. 玩具行业纵览

仅在美国,每年就售出将近 30 亿件玩具,[45] 年销售额预计达到 220 亿美元,[46] 而且这些数字在不断增长。根据表 4,2006 年 7 月到 2007 年 6 月的玩具年度总销售额由前一年的 221 亿美元增至 225 亿美元。

表 4 玩具行业的状况:2005—2006 及 2006—2007

分 类	2005 年 7 月—2006 年 6 月(美元)	2006 年 7 月—2007 年 6 月(美元)	增长百分比(%)
动作人物模型及配件	13 亿	12 亿	-7
手工品	25 亿	27 亿	8
玩具积木套装	6.868 亿	6.843 亿	0
玩偶	27 亿	27 亿	1
游戏和拼图	24 亿	24 亿	0
婴幼儿/学龄前儿童玩具	32 亿	33 亿	4
青少年电子玩具	9.621 亿	11 亿	17

(续表)

分 类	2005年7月—2006年6月（美元）	2006年7月—2007年6月（美元）	增长百分比（%）
户外&体育玩具	29亿	28亿	-5
毛绒玩具	13亿	14亿	3
汽车	20亿	22亿	9
其他	21亿	20亿	-4
总合	**221亿**	**225亿**	**2**

来源：《行业状况报告》.http://www.toyassociation.org/AM/Template.cfm? Section = Industry_Statistics, accessed November 26, 2007, sourced from The NPD Group/Consumer Panel Tracking.

XIV. 美泰产品召回（2007）

在美国玩具制造商RC2召回旗下150万涂有中国含毒性铅油漆的几周之后，前文提供了美泰2007年8月后的四次自愿召回事件的背景。让此次事件升级的是，跟RC2一样，美泰召回的产品也是在中国制造的。美泰意识到要快速做出回应，于是和老对手CPSC合作，一起实施了一项全球性危机沟通活动。本节概述了美泰沟通策略的优缺点，及受影响群体的反应，如竞争对手、投资商、家长以及政府。

XV. 召回时间表

要了解美泰的沟通策略，可以回顾在召回期间被曝光的事件。根据表5，召回事件始于8月，并延续至11月，正好是在节日来临之前。由于假期是玩具公司盈利最大的时期，所以每个财年的第三、四季度的销售额最多。因此，企业的应对决策必须迅速且透明。[47]

表5　召回时间表（2007年6—11月）

日 期	事 件
6.8	美泰第一次接到产品可能存在含铅油漆污染的警告。
6.9	美泰应向CPSC（美国消费者安全委员会）报告的时间。
6.10	超过CPSC规定的上报时间；美泰没有采取行动。
7.26	美泰公司向CPSC提交召回的完整报告。
8.2	美泰自愿召回150万件涂有含铅量可能超标的油漆的Fisher-Price®玩具。
8.7	美泰确认中国工厂是污染丑闻的源头。
8.14	美泰再次自愿召回1740万件含有容易被儿童误吞的松动螺母的产品。（美泰游戏套装和芭比®娃娃&鞋匠）
9.4	美泰继续因含铅油漆污染而召回另外85万件玩具（芭比饰品系列，*It's a Big Big World*™和*GeoTrax*™轨道套装）。
9.11	CEO Robert A. Eckert在《华尔街日报》发表了一份意见声明。
9.21	美泰副总裁Thomas Debrowski为曾指责中国供应商导致召回事件而向中国道歉。
10.25	美泰自愿召回铅油漆含量超标的Go Diego Go!™ Rescue Boats产品。
11.6	美泰自愿召回产自墨西哥，并有窒息危险的15.5万件Laugh&Learn™和Learning Kitchen™玩具产品。

表 6 "快车道"战术

	美泰的"快车道"召回战术
1	组成呼叫中心,创建经 CPSC 批准的程序代码
2	在网站上建立召回专栏
3	向零售商发送通知和海报
4	提前给零售商发召回通知,使其在召回物流确定之前就将产品全部下架
5	向媒体发送新闻稿
6	开通免费且多语种的互动语音应答热线,协助求助者确定他们的产品是否属于需召回产品
7	在其网站上推出一个超过 20 种语言的网络召回识别工具
8	在网站上发布 CEO 的视频
9	允许客户在网上或通过电话注册召回产品
10	邮寄通知信给那些因过去召回事件而建立的客户关系数据库中的顾客
11	2007 年 8 月 14 日和 9 月 5 日,在报纸上发布整版广告:《今日美国》《纽约时报》《洛杉矶时报》《芝加哥论坛报》《华盛顿邮报》
12	进行报社、在线以及卫星电视采访
13	在家长们常去的网站上发布广告,比如雅虎、迪士尼、尼克网以及卡通网络
14	为客户提供预付邮资标签,以方便其退回产品
15	为那些购买的产品等于或大于零售价的客户提供补偿优惠券

XVI. 美泰的应对:成功的外部沟通

2007 年 7 月 26 日,美泰向 CPSC 发送了一份官方正式召回报告,监管机构同意帮助美泰向市民发出提醒通知。通过合作,美泰实施了 CPSC 的"快车道"计划,[48] 通过出版、电子和新媒体结合的方式与家长和零售商进行沟通。表 6 是对该计划的概述。

由于网络通信能够方便快速地提供企业的回应,因此美泰公司的网站起到了主要作用。比如,公司在网上发布了 CEO Robert Eckert 就家长们关于美泰产品安全的担忧发表讲话的视频。[49] 他的发言强调了几个关键点。

1. 他强调了公司对儿童的责任。Eckert 说:"没有什么比儿童的安全更为重要的了……我很自信地说,我们的玩具产品的安全性是有史以来最好的。"

2. 他强调了公司致力开放与公众的沟通。"永远都会有进步的空间……我们正在频繁和公开地进行沟通。"

3. 他缓解了家长们对于公司监制系统的担忧,"所有的油漆在用到玩具上之前都要经过测试,没有例外。我们已经大幅度增加生产各阶段的测试和突击检查……我们正在测试每一件成品的生产过程,以确保它们到达顾客手中时都是符合标准的产品"。

4. 然后他表扬了美泰最新的"三点检查系统",并表示这一系统已经被其他玩具公司效仿。

5. 最后,他报告说美泰没有进一步出现含铅油漆的问题,这都要归功于在 8 月危机之后实施的更严格的检查体系。

Eckert 反复提到的问题包括信任和儿童安全,他以个人名义向那些信任美泰的家长们表示感谢,并再次重申:儿童安全是美泰的首要问题。

网站还在"我们在做什么,你需要知道的是什么"板块回答了家长的问题。"玩具在假期期间会安全吗?""我应该如何相信美泰的产品是安全的?"诸如此类的问题再次强调了 Eckert 在视频中重点提出的主题:安全、责任以及信任。因此引发的一个新话题称为"家长的自我效能"。比如,"作为家长,我应该如何做到确保孩子的安全?"[50] 网站中一个名为"假日买安全玩具的提示"的页面指导家长们如何购买玩具。显然,这次美泰没有像在四驱赛车事件中那样,把责任推给消费者。[51]

XVII. 美泰的应对:内部重组

除了执行外部信息战,美泰还对公司内部运作进行重组,强调对产品安全的承诺。在召回事件后的几个星期里,美泰建立了一个企业社会责任部门,负责向 Eckert 提交报告。这个含有 500 名员工的部门负责监控国内和国际供应商和制造商是否遵守美泰的玩具安全标准。Eckert 还宣布了一项最新的产品审核制度,"由内部审计机构和独立审计机构共同监控美泰和供应商的设施是否符合美泰的产品标准"。[52] 此外,公司还建立了"三点安全监测系统":

1. 美泰公司将仅使用经认证的油漆产品。每个供应商的每一批油漆都将经过检测。没有通过检测的油漆将无一例外地被丢弃。
2. 美泰还将增加对制造过程中的每一阶段进行突击测试和检查。
3. 美泰也将检测每个生产线的成品玩具,确保它们在运往商店之前符合铅含量标准。[53]

Eckert 发表在《纽约时报》上的一篇文章证实此系统的成功:

> "美泰正在进行一项彻底的调查,通过梳理产品,确保识别并召回任何含铅油漆的产品,无论受污染的零件有多么小。比如,我们曾在一个三英寸长的火车玩具的前灯中发现了含铅油漆,然后我们也召回了。即使是大海捞针,我们也要找到它。我鼓励其他公司也这么做。"[54]

为了加强这种承诺,美泰计划将美国铅含毒量标准应用到欧盟国家,即使欧洲当地的标准并没有这么高。[55]

分析师对美泰的未来保持乐观。美国银行分析师 Michael Savner 的研究报告预测,此次召回的总费用只有"不起眼的"2 400 万美元。其他人则预测,因为美泰宣传了更严格的检测机制,家长们会继续购买他们的产品。[56] 比如,尽管 2006 年 11 月将近 240 万件有缺陷的 Polly Pocket™ 娃娃被召回,但是 Polly Pocket™ 的销量并没有下降。[57] 该品牌不仅经受住了考验,美泰甚至还扩大了生产。[58]

XVIII. 美泰的应对:缺陷

美泰成功的应对策略并不能完全掩盖其过错。首先,公司数次违反了 CPSC 的报告要求。即使在 2007 年 6 月 8 号就接到对 Fisher-Price® 产品油漆污染的警告,但是美泰直到 2007 年 7 月 26 日才向 CPSC 提交完整报告,拖延超过一个半月。

其次,评论家们指责美泰公司将过多精力花在维护公司声誉上。比如,随后的报告中揭露了美泰误导公众,让大家认为中国供应商和制造商应该为含铅油漆和小磁铁负责,但小磁铁危害其实是公司内部设计的缺陷。这种推诿却并没有达到预期效果,中国开始反击,于是在 2007 年 9 月 21 日,美泰的国际运营执行副总裁向中国产品安全部门承认,磁铁召回和中国无关。他还为此向中国消费者道歉。[59] 评论家声称这种迎合企业利益的行为暴露了公司在公共关系与道德底线问题上的过度投资。

美泰有待提高的第三个领域是对召回产品的补偿。哈佛商学院的高级副院长 John Quelch 说, "美泰目前正在提供等值的其他美泰产品的优惠券,用来交换召回的产品。鉴于对消费者造成的不便以及鼓励消费者返还问题产品,仅仅是这种补偿可能是远远不够的。"[60]

XIX. 行业回应

为了应对危机,行业组织向利益相关者提供了客观的玩具安全分析,还启动了国际间交流活动,推动了法规的修订。玩具行业协会(TIA)主席 Carter Keithley 说: "我们对所发生事件的分析结果是,我们的玩具安全检测标准一如既往地完善;但是对玩具安全检测和监管的过程却并不尽如人意。这么多年来,美国玩具产业一直都和中国制造商合作愉快。含铅油漆及其他用于儿童玩具的有害材料也只是其中极少部分制造商的失误和疏忽所致。"他说,这并不能够反映"绝大多数"制造商履行的标准。[61]

为了迎合消费者的关心,TIA 网站上发布了标语"玩具安全是我们的首要任务,始终如一"。对于 2007 年的节假季,该组织还向家长们提供额外的服务,比如开通新的网站(www.toyinfo.org)和免费热线(1-888-88-4TOYS),同时提供安全提示、专家建议以及客观召回信息。

玩具行业的成员还与中国政府的国家质量监督检验检疫总局(Chinese government's General Administration of Quality Supervision,AQSIQ)合作,共同对中国制造商实施更加严格的监测。[62]比如,2007 年 11 月 15 日,TIA 联手中国政府,共同主办了一场在中国广州举行的玩具安全大会,300 名中国玩具制造商代表参与了大会。在会上,TIA 提出一项"合格评定"程序,以确保所有出口美国的玩具都"符合美国安全标准特别条款"。[63]该程序包含以下措施:

- 与美国国家标准协会(American National Standard Institute,ANSI)共同创建安全程序,对生产线上的产品进行抽样监测;
- 完善检测实验室或者监管机构的标准,只有符合标准,才能有资格执行上述的合格检测程序;
- 起草联邦法律,要求所有在美出售的玩具都要通过产品测试,确保产品符合安全标准。[64]

行业分析师说,如果玩具企业不执行严格此项标准,那么还会有更多的召回事件。因此玩具企业必须严格执行本规定。

XX. 投资商的回应

不出所料,召回事件动摇了投资者的信心,召回期间逐渐下降的股价也证实了这一点。比如 2007 年 8 月,美泰的股票价格持续走低,这种趋势早在 7 月就已经开始。之后,股价在 9 月份缓慢回升,甚至就在 2007 年 9 月 4 日被爆出召回事件之后也在回升,只不过后来再次下跌(见图 1)。

此外,一家大型养老基金会于 2007 年 10 月对美泰股东提起诉讼,指控美泰的董事会和高管故意拖延对外宣布毒玩具事件是为了销售更多的问题产品,从而提高股票价格。他们声称美泰公司内部人员在召回事件前抛售股票,召回事件后股价随即下跌 20%。[65]

XXI. 监督机构的回应

含铅油漆的涉及范围已经不止出现在玩具产品上,而且已经蔓延至珠宝和家具等产品。召回事件后,生态中心、卫生中心以及环境和司法中心检测了 1 200 件儿童产品,发现 35% 的产品含有铅,不含铅的产品只占到 20%。生态中心的环境卫生项目主任 Tracey Easthope 说,这些儿童产品中有 17% 都可以因含铅量超标而导致召回事件。然而,珠宝的含铅量普遍超过了儿童玩具。[66]

XXII. 家长/消费者的回应

根据 2007 年发布的一项哈里斯民意调查(Harris Poll),召回事件或将损害 2007 年节假季的玩具市

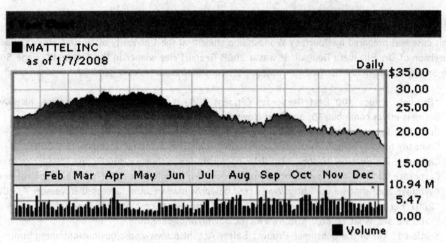

图 1　美泰股票价格（2007）

场。报告显示,越来越多的美国消费者开始警惕中国制造的产品。三分之一的人说会减少购买玩具,同时 45%的人表示会直接拒绝购买产自中国的玩具。曾经经历召回产品的消费者中,68%的人声称会在节假季避免购买中国制造的玩具。[67]

XXIII. 政府的回应

召回事件发生后,美国政府提升了产品的安全标准等级。美泰的领导层出席一系列的国会听证会,众议院发言人 Nancy Pelosi 在 2007 年 11 月呼吁美国产品安全监管机构人员辞职,这些都证明对玩具生产商提出了更加严格的规定。

2007 年 9 月 12 日,Eckert 出现在参议院财政委员会,为美泰产品外包进行辩护。2006 年以来,中国产品有 177 种被召回,中国台湾产品有 12 种被召回,墨西哥产品 6 种被召回。参议员 Sam Brownback 认为,尽管美泰声称有严格的安全检测程序,但是美国消费者已经受够了问题产品。[68]

2007 年 9 月 12 号,CPSC 和美泰同时出席众议院能源和商务委员会调查铅污染儿童玩具和产品召回的听证会。[69] 在听证会上,美泰受到国会议员的严厉批评。CPSC 也将调查美泰,以确定美泰是否应该对玩具制造商征收罚款。

根据审议结果,即将出台的法规包括:联邦政府将授权外部相关方审查违规企业,甚至处以高额罚金。令人意外的是,这一规定广泛认可,其中包括涉嫌违规的企业。ABC 援引业内人士的消息,美泰和孩之宝(Hasbro)将支持由一个独立的国际监管机构来实施更为严格的法规。[70]

XXIV. 当前困境

美泰因未能履行 CPSC 规则且多次召回事件而受到公众的指责,家长们因此担心玩具的质量。在与中国供应商和玩具行业机构的密切合作下,美泰将制定更为严格的质量控制方案。同时,公司也面临着诸多挑战,包括如何重获消费者的信心,如何控制产品安全,如何平衡供应商、客户、政府、媒体和投资者之间的关系,等等。

案例尾注

* This case was prepared by Courtney Woo while a student at the University of North Carolina under the supervision of Dr. Elizabeth Dougall. It was a 2008 Grand Prize winner in the Arthur W. Page Society Case Study competition. http://www.awpagesociety.com/site/resources/case_studies/.

1. "Business Ethics 100 Best Corporate Citizens 2007." *Business Ethics Magazine*, http://www.business-ethics.com/node/75, accessed November 17, 2007.
2. Corporate social responsibility, http://www.mattel.com/about_us/Corp_Responsibility.
3. Company history, http://www.mattel.com/about_us/history, accessed November 17, 2007.
4. Corporate information, Hasbro, http://phx.corporate-ir.net/phoenix.zhtml?c=68329&p=irol-news.
5. Corporate information, Hasbro, http://phx.corporate-ir.net/phoenix.zhtml?c=68329&p=irol-news.
6. "Who we are, what we do," http://www.cpsc.gov/pr/whoweare.html, accessed November 4, 2007.
7. "2007 Performance and Accountability Report," http://www.cpsc.gov/2007par.pdf.
8. "Who we are, what we do," http://www.cpsc.gov/pr/whoweare.html.
9. Section 15 (b) of the Consumer Product Safety Act, http://www.cpsc.gov/businfo/unreg.html.
10. "Guidance for lead in consumer products," http://www.cpsc.gov/businfo/leadguid.html.
11. "CPSC announces final ban on lead-containing paint," September 2, 1997, http://www.cpsc.gov/CPSCPUB/PREREL/prhtml77/77096.html, accessed November 4, 2007.
12. "For kids' sake: Think toy safety," http://www.cpsc.gov/CPSCPUB/PUBS/281.html.
13. O'Donnell, J., "Mattel recalls more toys for lead," *USA Today*, September 4, 2007, http://www.usatoday.com/money/industries/manufacturing/2007-09-04-mattel-toy-recall-lead_N.htm.
14. Jayne, "Mattel recalls more toys for lead."
15. Kavilanz, P.B., "Blame U.S. companies for bad Chinese goods," *CNNmoney.com*, August 14, 2007, http://money.cnn.com/2007/08/14/news/companies/china_recalls/index.htm.
16. "About us, product safety," http://www.mattel.com/about_us/Corp_Responsibility/cr_productsafety.asp.
17. "Code of Conduct," http://www.mattel.com/about_us/Corp_Governance/ethics.asp.
18. Barboza, "Toymaking in China, Mattel's way," *NYTimes.com*, July 26, 2007, www.nytimes.com/2007/07/26/business/26toy.htm?pagewanted=all.
19. "The stories behind the Mattel recall," *CSR Asia Weekly*, Vol. 3 Week 32, August 8, 2007, http://www.csr-asia.com/upload/csrasiaweeklyvol3week32.pdf
20. "The stories behind the Mattel recall," *CSR Asia Weekly*.
21. Associated Press, "Fisher Price recalls 1M toys," *CNN.com*, August 1, 2007, http://edition.cnn.com/2007/US/08/01/toy.recall.ap/index.html.
22. "The stories behind the Mattel recall," *CSR Asia Weekly*.
23. Fallows, J., "China makes, the world takes," *Atlantic Monthly*, July/August 2007, 48–72.
24. James, "China makes, the world takes."
25. Barboza, "Toymaking in China, Mattel's way."
26. James, "China makes, the world takes."
27. Media Statement, September 21, 2007, http://www.shareholder.com/mattel/downloads/09-21-07%20China%20Meeting%20Media%20Statement.pdf, accessed November 29, 2007.
28. Merle, R. & Mui, Y., "Mattel and China differ on apology," *The Washington Post*, September 21, 2007, http://www.washingtonpost.com/wp-dyn/content/article/2007/09/21/AR2007092100330.html.
29. Kavilanz, "Blame U.S. companies for bad Chinese goods."
30. Kavilanz, "Blame U.S. companies for bad Chinese goods."
31. Merle & Mui, "Mattel and China differ on apology."
32. Cutlip, S., Center, A. & Brown, G. (2006) *Effective public relations*, Upper Saddle River, NJ: Prentice Hall, p. 407.
33. Fallows, "China makes, the world takes."
34. Cutlip et al., *Effective public relations*.

35 "Toy Info.org frequently asked questions," http://www.toyinfo.org/toy-safety-facts/faq.html#Q18, accessed on November 29, 2007.
36 "2006 Annual Report," http://www.shareholder.com/mattel/downloads/ar2006.pdf, p. 27, accessed November 29, 2007.
37 "Product Recalls," http://service.mattel.com/us/recall.asp.
38 News from CPSC, http://www.cpsc.gov/CPSCPUB/PREREL/prhtml01/01167.html.
39 Casey, N. & Pasztor, A., "Safety agency, Mattel clash over disclosures," *Wall Street Journal*, September 4, 2007, accessed on Factiva at http://wsjclassroomedition.com/monday/mx_07sep10.pdf.
40 Casey, N. & Pasztor, A., "Mattel takes a combative stance defending power wheels safety," *Wall Street Journal*, http://online.wsj.com/article/SB118885453709216163.html, accessed November 11, 2007.
41 Casey & Pasztor, "Mattel takes a combative stance."
42 Casey & Pasztor, "Mattel takes a combative stance."
43 "Mattel seen facing safety probe," *CNNmoney.com*, September 4, 2007, http://money.cnn.com/2007/09/04/news/companies/mattel_cpsc/index.htm.
44 "Toy industry stock prices as a whole decreased after the Mattel recalls in 2007," Toy Industry Association, Inc., http://www.toyassociation.org/AM/Template.cfm?Section=home&pagetype=home, accessed November 26, 2007.
45 Toy Industry Association, Inc., http://www.toyassociation.org/AM/Template.cfm?Section=home&pagetype=home.
46 Richtel, M. & Stone, B., "For toddlers, toy of choice is tech device," *New York Times*, November 29, 2007, http://www.nytimes.com/2007/11/29/technology/29techtoys.html, accessed November 29, 2007.
47 "2006 Annual Report," http://www.shareholder.com/mattel/downloads/ar2006.pdf, p. 6.
48 "Fast track product recall program brochure," http://www.cpsc.gov/businfo/fasttrk.html.
49 "Consumer Relations Answer Center," http://www.mattel.com/safety/us/ accessed November 4, 2007.
50 "Consumer Relations Answer Center," http://www.mattel.com/safety/us/.
51 Quelch, J., "Mattel, getting a toy recall right," *Harvard Business School Working Knowledge*, August 27, 2007, http://hbswk.hbs.edu/item/5755.html, accessed December 8, 2007.
52 "Mattel tackles crisis with solid communication," http://www.mmm-online.com/Mattel-tackles-crisis-with-solid-comms/article/96308/.
53 "Message from Bob Eckert," http://www.mattel.com/message_from_ceo.html, accessed November 29, 2007.
54 "Message from Bob Eckert," http://www.mattel.com/message_from_ceo.html.
55 Media statement, September 21, 2007, http://www.shareholder.com/mattel/downloads/09-21-07%20China%20Meeting%20Media%20Statement.pdf, accessed November 29, 2007.
56 Rooney, "Mattel's recall rebound," http:money.cnn.com/2007/10/12/markets/spotlight.mat/index.htm, *CNNMoney*, October 12, 2002.
57 Casey, N. & Zamiska, N., "China's export problems," *Wall Street Journal*, August 15, 2007, http://online.wsj.com/article/SB118709567221897168.html?mod=googlenews_wsj.
58 Quelch, "Mattel, getting a toy recall right."
59 Story, L., "Mattel official apologizes in China," *New York Times*, September 21, 2007, http://www.nytimes.com/2007/09/21/business/worldbusiness/21cnd-toys.html.
60 Quelch, "Mattel, getting a toy recall right."
61 "Toy safety conference opening remarks," http://www.toyassociation.org/AM/Template.cfm?Section=Toy_Safety&Template=/CM/ContentDisplay.cfm&ContentID=3811, accessed November 26, 2007.
62 "Toy safety facts," http://www.toyinfo.org/toy-safety-facts/faq.html#Q18, accessed November 29, 2007.
63 "Opening remarks, toy safety conference," http://www.toyassociation.org/AM/Template.cfm?Section=Toy_Safety&Template=/CM/HTMLDisplay.cfm&ContentID=3810, accessed November 26, 2007.
64 "Strengthening the toy safety assurance process," Toy Safety Conference, http://www.toyassociation.org/AM/Template.cfm?Section=Toy_Safety&Template=/CM/ContentDisplay.cfm&ContentID=3812.

65 "Grant & Eisenhofer brings investor suit in Delaware against Mattel over company's lapses in reporting problems with defective/hazardous toys," http://www.gelaw.com/Mattel.cfm.

66 "Cutting through the lead: New report says tainted paint very common on toys—Including those on retailers' shelves," *Bulldog Reporter*, http://www.bulldogreporter.com/ME2/dirmod.asp?sid=&nm=&type=Publishing&mod=Publications%3A%3AArticle&mid=8F3A7027421841978F18BE895F87F791&tier=4&id=599C3CE23A8E44D0BCE4233B560D8B6F.

67 "Recent toy recalls threaten sales of Chinese products this holiday season," http://www.harrisinteractive.com/harris_poll/index.asp?PID=833, accessed November 26, 2007.

68 Dart, B., "Mattel CEO defends toy manufacturing occupations in China," *Cox News Service*, September 13, 2007, http://www.coxwashington.com/hp/content/reporters/stories/2007/09/13/BC_CHINA_TOYS13_COX.html.

69 "Committee questions Consumer Product Safety Commission, Mattel on lead-tainted products and toy recalls," http://energycommerce.house.gov/Press_110/110nr89.shtml, accessed November 11, 2007.

70 Reuters, "EU, U.S. seek new global toy safety standards," *ABC.com*, November 9, 2007, http://www.abc.net.au/news/stories/2007/11/09/2086097.htm.

讨论题

1. 假定美泰危机级别很高,需要重建战略。美泰是否恰当地运用了这一战略?如没有,应该有什么不同的策略?
2. 这一事件是否经很长时间酝酿产生?
3. 美泰如何将召回危机的负面新闻转变为竞争优势?
4. 假设2008年发现中国的美泰生产商使用含铅油漆,从公司危机沟通的角度,阐述美泰应如何应对。
5. 美泰是否从历次错误如四驱赛车事件中吸取了教训?鉴于其历史,美泰2007年控制危机的沟通计划是否合适?
6. 为避免重复性的召回,美泰应如何处理外包问题?美泰应如何管理中国供应商和分包商?

第六章
主要利益相关方：股东与公司治理

学习目标

- 理解股东类型与代理理论
- 了解公司治理的重要性
- 理解董事会的作用以及组建董事会应采取的合理步骤
- 了解有关高管薪酬的争议性问题并合理制定薪酬方案
- 理解股权结构在公司治理中的作用
- 了解世界各国文化对公司治理的影响
- 了解公司治理以及股东权利的发展前景

商务伦理透视预览

北电网络的衰败

北电网络公司是 20 世纪 90 年代电信业的领头羊。公司总部设在加拿大，至 2000 年 7 月，公司资产超过 3 500 亿加元。虽然北电是一家多元化公司，业务涉及面很广，但其重心在电信业。北电采取积极收购策略，迅速在全球收购主营业务与其相似的其他公司，又因经营有道而备受赞誉，又因其"稳定的可持续性发展"而受业内人士吹捧。公司 CEO 在北电发展历程中展现出的远见卓识、灵活机敏也为人称道。公司不断"攀登高峰"，是加拿大人心中的骄傲。公司股价在四年内增长了两倍，2000 年股价峰值达 200 加元。

然而，到了 21 世纪初北电公司资产急剧缩水，随即遭到重创。如此蒸蒸日上的发展模式为何会迅速崩溃？公司的股价为何从 200 加元跌至 0.67 加元？一方面，成千上万的工人面临着失业；另一方面，公司还在竭尽全力阻挠其英国子公司动用公司资产填补退休金缺口。

重新审视该公司行为后发现，诸多问题导致其公司骤然崩溃。然而，北电公司衰败的一个重要原因在于公司治理结构不健全。首先，公司估值过高，具体而言，该公司财务造假，股票价格远远高于其实际价值。另外，公司管理人员对公司盈利进行了处理，使其增长趋势看上去更加平稳。另外，财务分析师也同样难辞其咎。对于北电高价收购估值过高的公司，财务分析人士并没有提出任何质疑；相反，他们还认为高价收购完全合理。因此，更多投资者上当受骗。

北电存在的第二大问题是，董事会管控不到位。董事会由股东大会选举产生，对公司的经营管理活动予以监督。此外，董事会应安排具备精通金融专业知识的人员来监督公司财务，不幸的是，北电的董事会成员皆缺乏金融专业知识。而且很多董事会成员还在其他公司董事会兼职，因此，在既没有时间也没有专业知识的情况下，他们无法在北电采取战略性行动时尽职尽责。

北电崩溃的第三个原因是公司的股权结构不合理。多数公司的投资者由个人投资者和机构投资者构成。然而，北电的大部分机构投资者开展的是短期投资，尤其看重短期收益。为了迎合他们的短期投资需求，公司管理层实施了财务造假，不断向投资者传递公司蒸蒸日上的假象。

最后，高管薪酬也是北电分崩离析的重要原因之一。决定高管薪酬水平的一项重要因素是股票期权。由于股票期权的价值与公司的股票市价密切相关，因此持有股票期权的管理者竭尽所能将公司股票的短期收益最大化。北电的管理层也正是如此，他们对公司的健康发展持过于乐观的态度，采取各种措施推动北电股价持续增长。

摘自 Cohen, T. 2010a. "Regulator acts as recession hits pensions." *Financial Times*, February 23; Duffy, J. and Greene, T. 2009. "Nortel's fall took years to hit bottom." *Network World*, January 19, 26, 3; Forgarty, T., Magnan, M.L., Markarain, G. and Bohdjalian, S. 2009. "Inside agency: The rise and fall of Nortel." *Journal of Business Ethics*, 84, 165-187.

如本章"商务伦理透视预览"所示，管理层所采取的行动会对投资者利益产生影响。北电以及其他备受瞩目的案例，如安然、世通及全球不计其数的其他公司，大体揭示了投资者所面临的伦理问题。投资者或股东向公司出资，希望以红利与股价增值的形式获得收益。公司管理者受雇于股东，并采取必要措施确保股东获得这些利益。然而，如上述案例所示，管理者并非始终关注股东的最佳利益。此类案例表明，管理者会为了谋取私利而导致股东财富损失。

因此，本章将探讨股东这一重要利益相关方以及股东与公司的关系，并将探讨股东在公司中扮演的角色以及公司应对股东承担的责任。此外，我们将介绍一系列能够确保管理者代表股东利益的制度，介绍股东应享有的各种权利。

接下来,我们将学习代理理论并探讨公司与股东之间的关系。

6.1 股东类型与代理理论

股东(Shareholders)是企业的法定所有者。如前所述,股东将资金投入企业是为了获得投资收益,他们相信这些投资能够获得比其他投资形式更高的收益,因此公司可以决定将部分利润以股息的形式回报股东。然而,股东还享有"公司资产与利润的剩余索取权,即其他权利人,如员工及其养老保险基金、供应商、政府税收部门、债务持有人及优先股东(如果存在),获得应有分成后,所有资产和利润均归属股东"。换言之,股东所持股份的价值相当于扣除所有必要支出后的未来现金流总量。可见,如果股东认为公司的未来现金流量会超过资金支出,并由此实现股价上涨,股东便会购买这些公司的股票。如果未来以更高的价格出售所持股票,他们便能盈利。

股东主要有两种类型:个人股东(Individual Shareholders)与大型股东(Large Shareholders)。个人股东包括购买和出售任何公司股份的普通个人投资者,此类交易一般通过股票经纪人完成,且交易资金一般由经纪人账户持有。个人股东一直在股东群体中占据很大比例,但在过去十年中,大型股东的重要性急剧增长。大型股东一般又被分为大股东和机构股东,大股东指"直接(而不是通过投资实体)购买公司股份的个人或机构"。[3]在美国,大股东指持股比例超过5%的所有投资者。下文将对大股东作更深入的探讨。

相反,机构投资者是互惠基金、银行、养老基金和保险公司等代表其他人开展投资的实体。当前研究显示,这些机构投资者在美国企业的持股比例为65%左右。那么,是不是只有美国的机构投资者在持股比例方面具有这样的优势?图6.1显示了1995—2006年部分国家中机构投资者持股比例的增长情况。

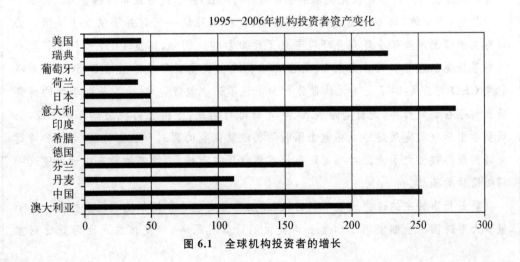

图6.1 全球机构投资者的增长

如图 6.1 所示,全球范围内的机构投资者持股比例都出现了显著增长。大型股东(包括大股东)已经成为全球企业所有权结构中的重要构成要素,这一局面对于企业的运营方式具有重要意义。我们还将在下文中发现,大型股东能够对公司的运营方式产生重大影响,这类股东可以占据一部分董事会席位,由此直接影响公司。不过,其他大型股东也可能以出售股份相威胁,以此对公司产生间接影响。

鉴于股东的性质、股东的多样性以及管理人员受雇于股东来经营公司这一现实,股东与管理人员这两大群体之间存在利益冲突,并因此产生一系列比较棘手的问题。具体而言,代理理论有助于我们了解这些问题是如何产生的。代理理论(Agency Theory)认为,公司是"一个将不同个体之间所签订的一系列复杂契约关联到一起的法律实体"。[5] 根据这些契约,委托人聘请代理人代表他们行使某些权力,更具体地说,股东(委托人)聘用高层管理人员及 CEO(代理)管理公司。股东和公司管理层之间的这种关系导致代理问题的产生,即股东利益未必与高层管理人员的利益保持一致。[6]

在 Tosi 看来[7],公司所有者,尤其是股东,面临两个与公司管理层及 CEO 相关的问题。第一个问题为道德风险问题,即管理层为了自身利益而未能采取合理举措,或滥用公司资源。本章的商业伦理透视更深入地探讨了近些年出现的道德风险问题。

商务伦理透视

近期出现的"道德风险"案例

很多专家认为,近期出现在美国的金融危机与道德风险有关。多数金融机构(如摩根大通、摩根士丹利、高盛等)的高层管理人员支持复杂证券及有毒证券的出售。银行高管允许为个人和公司提供贷款,即使这些借款人几乎无法提供借款所需的资产担保。这一道德风险使得人们非常担忧美国金融市场的稳定性,并最终导致市场的崩溃。

然而,本章的"商务伦理透视预览"显示,道德风险这一问题并不仅限于美国。公司存在的道德风险给全球商业环境带来了严重影响。例如,印度 IT 外包行业领军企业萨蒂扬电脑服务公司曾为很多《财富》500 强企业提供计算机系统服务,该公司董事长兼 CEO 对公司 14.7 亿美元的欺诈行为供认不讳。他曾坦言,公司每一季度的财务数据均存在造假行为,通过虚增收入、夸大公司利润额、虚报公司现金储备等手段,公司显示出乐观的发展趋势。在他企图收购其亲属拥有的两家企业之时,萨蒂扬公司财务漏洞最终被公之于众。对公司财务状况进行仔细审核后,愤怒的股东终于识破这一精心设计的骗局。

萨蒂扬事件中的道德风险不仅对该公司,而且对整个印度都造成沉重打击。由于很多大型跨国企业都依赖于印度公司提供的计算机服务,印度信息产业因此受到重创,这些公司声名狼藉、信誉扫地。然而,由于股东失去大笔投资,而萨蒂扬仍在努力摆脱丑闻的阴影,该公司因此一蹶不振。声誉受损的萨蒂扬让跨国企业望而却步,而其竞争对手,如 Infosys 公司和塔塔咨询服务公司,则乘机而上,抓住了外包服务市场的复苏机遇。

摘自 Leahy, J. 2009. $1bn fraud at India IT group. *Financial Times*, January 8, 13; Mehra, P. and Sharma, E.K. 2010. "The enemy within: Corporate fraud pops up across India suggesting corruption is rife and regulation needs strengthening." *Business Today*, December; Morrow, R. 2009. "Satyam scandal leaves no place for India to hide." *Asiamoney*, February; Thoppi, D.A. 2010. "Satyam sees U.S. revenues rising." *Wall Street Journal* online, November 29; Tripathi, S. 2009. "India faces an 'Enron moment'." *Wall Street Journal*, January 9, A11.

  正如"商务伦理透视"所示,道德风险可能会给公司和股东均造成毁灭性影响。在前文的"商务伦理透视预览"中,北电公司也曾因为道德风险而遭遇重创。此外,企业所有者还会面临另一个问题,即逆向选择问题。Tosi 指出[8],逆向选择就是 CEO 对开展工作的能力做出虚假陈述,例如,企业聘任新 CEO 时就有可能出现这一问题。一般而言,CEO 候选人对于自身能力的了解比招聘企业更加全面,因此他们有可能为了获得这份工作而做出虚假陈述。正如研究所示,很多公司都曾发现,新任 CEO 曾对其能力做出虚假陈述,因此很多这类人士会在公司获悉其虚假陈述行为后被迫离职。[9]

  如上文所述,由于现代企业存在所有权与管理权分离的问题,企业所有者往往会面临重大问题的考验。出现此类问题主要是因为信息不对称,即 CEO 掌握更多企业所有者无法获得的信息,此外,CEO 和其他高管可能会为了获取自身利益而实施损害所有者利益的行为。但是,由于所有者不一定知晓管理者的不端行为及其不良影响,通过制度有效协调股东与管理者利益就显得非常重要。鉴于此,我们应该针对公司治理的不同方面展开分析,并探讨如何从这些方面着手,妥善解决代理问题。

商务伦理战略透视

公司治理的战略意义

  当前,大多数企业和国家都需要强有力的公司治理,以此保护投资者,并防止高层管理人员实施不当行为。事实上,经济合作与发展组织(由世界上 34 个最富裕的经济体构成的一个全球性机构)认为,公司治理是伦理型组织的关键要素。可持续性和伦理行为的重要性日益凸显,因而对于企业而言,贯彻落实有效的公司治理方案具有战略意义。公司治理的一个重要方面是确保股东的需求和权利得到尊重。

  本章前面的很多例子都说明,因缺乏良好的公司治理,美国银行业已遭受严重影响,且这种影响几乎蔓延到所有行业,如汽车业和建筑业,包括印度萨蒂扬电脑公司(Satyam Computers)和加拿大北电(Nortel)公司等众多企业均在经济方面遭受重大损失。由于缺乏有效的公司治理,投资者和社会也遭受灾难性的后果。因此,公司治理对于战略成败(企业层面)以及整个行业的兴亡(社会层面)都至关重要。

最近一项研究进一步显示,"不理想的"公司治理会对企业战略的健康发展产生影响。投资者为企业提供资金,公司须通过有效管理来维护投资者利益。然而,如果违反上述原则,股东有权将公司告上法庭。Bauer & Braun[10]的研究显示,大型集体诉讼会给公司带来严重后果,例如,股价迅猛下跌,公司从此一蹶不振。此外,集体诉讼会导致公司的短期表现和长期业绩双双下滑。

再譬如,Lu、Xu 和 Liu[11]针对中国企业开展了一项大型研究。该项研究表明,公司治理具有重要战略性意义。研究还发现,公司治理越健全(如吸纳较多的外部董事,或合理的高管薪酬制度),出口额也越高。这表明,外部董事对于国际化的重要性在于具有前瞻性的见解。此外,在薪酬制度合理的情况下,如果高管和股东的利益达到一致时,CEO 们更能理解企业国际化对于企业发展的重要性。该研究还指出,在公司的国际化进程中,健全有效的公司治理对公司战略的健康发展至关重要。

摘自 Bauer, R. and Braun, R. 2010. "Misdeeds matter: Long-term stock price performance after the filing of class-action lawsuits." *Financial Analyst Journal*, 66, 6, 74-92; Lu, J., Xu, B., and Liu, X. 2009, "The effects of corporate governance and institutional environments on export behavior in emerging economics." *Management International Review*, 49, 455-478; Organization for Economic Co-operation and Development. 2010. "OECD Principles of Corporate Governance." http://www.oecd.org.

6.2 公司治理

公司治理(Corporate Governance)指确保管理层的利益与公司所有者利益保持一致的诸多机制,具体而言,公司治理指控制和指导公司管理层行动的体制。公司治理制度在全球层面的重要性到底有多大呢?如"商务伦理战略透视"所示,公司治理具有重要战略意义,而且企业需要实施合理有效的治理制度。下文将探讨公司治理的关键要素。

6.2.1 董事会

公司治理的主要目标之一是解决代理问题,此类问题产生的根源在于委托人(股东)和代理人(高层管理者)之间的利益冲突。所有权和经营权的分离往往导致管理人员的权力越来越大。

董事会(Board of Directors)往往被视为监管和解决利益冲突的主要机制之一。董事会应将股东的利益放在优先地位,并对股东忠诚。事实上,本章提到的许多公司治理问题都源于董事会未尽其责,如萨蒂扬电脑和北电网络。因此,董事会需履行多项职责,具体包括以下几个方面:

- 审查并针对战略管理的各个方面予以指导,例如,审查企业战略,监测与实施企业绩效方案,并对重大战略决策(如主要资本支出、公司收购、资产剥离)提供指导
- 针对企业战略和运营规划提供指导(例如年度预算和业务计划),根据绩效指标设定目标并审查其执行情况
- 充当高层管理人员和CEO的咨询顾问,并就上述战略、战术和经营等问题提供指导
- 追踪公司的其他治理行为并适时进行修改
- 提供人力资源管理方面的专业背景知识,例如,CEO、高管及其他管理人员的选拔、招聘与绩效考核
- 承担重要任务,确保高管薪酬分配体系与公司的长远利益一致
- 协助涉及高管诚信问题的特别调查,例如,惠普公司最近针对前CEO开展的调查、性骚扰行为或CEO及高管实施的其他有悖伦理的重大问题
- 具备充分的财会专业背景知识,确保公司财务会计报告的准确性和完整性
- 采取措施确保公司在透明、规范的机制下选举新董事会成员
- 按照尽职调查的要求搜集和分析相关重要信息,尽最大努力确保公司做出影响股东福利的决策
- 最近开展的调查还显示,越来越多的董事会在风险管理中发挥了更大作用。例如,协助了解公司在许多领域面临的风险,寻找降低风险的方法
- 定期开展自我评估,确保董事会履行职责

因此,董事会是确保股东利益得到保护的一项重要公司治理机制。如果董事会履行上述职责,大多数公司及其股东均可避免管理方面的问题。然而,董事会的构成也是其发挥有效性能的关键因素。接下来我们将讨论有关董事会效能的诸多问题。

全球商务伦理透视

马来西亚企业的董事会结构与公司业绩

人们普遍认为,包括外部董事的独立董事会对企业有利。外部董事与管理层之间的利益冲突较少,且能够为董事会带来新的专业经验。Ameer、Ramli与Zakaria[14]针对277家马来西亚公司开展了一项颇为有趣的研究,探讨董事会对公司业绩的影响。

该研究分析了几种不同类型的董事,即内部董事(持有5%以上股份且可能与公司创始人有关联的人士)、非独立董事(曾在公司或者任一关联公司任职的人士)、外部董事(与公司无任何关联、但代表某一大型机构股东的人士)以及外籍董事(具有外籍身份的董事)。

研究结果显示,对内部董事或非独立董事占据主导地位的公司而言,外部董事或外籍董事在董事会中比重越大,公司的业绩越理想。如果董事会多数成员为独立董事与外籍董事,以上结果更加显著。因此,该研究说明,外部董事是充分解决代理问题的有效机制。该研究还表明,外部董事与代表机构投资者的独立董事能更好地引入外界专业知识,确保公司的管理层不会脱离正轨、误入歧途。

摘自 Ameer, R., Ramli, F., and Zakaria, H. 2010. "A new perspective on board composition and firm performance in an emerging market." *Corporate Governance*, 10, 5, 647-661.

董事会构成的第一个关键问题是**董事会的独立性**(Board Independence)。具体而言,外部董事更能有效地监督公司管理,并代表股东利益,因此许多国家规定,董事会中必须包括独立董事。外部董事具有显著独立性,他们与当前企业高管有密切关联的可能性较小。得益于这种独立性,董事会可以有效监督高管行为,却不用担心董事本身与高层管理人员的关系。实证研究是否能证实董事会的独立性有助于保护股东利益?请参阅"全球商务伦理透视"。

可见,董事会独立性的优势显而易见。然而,董事会的第二个关键因素是**董事会成员多元化**(Board Diversity)。当前,全球大多数公司的治理改革均强调,董事会成员必须包括不同的利益相关方。[15]要求董事会成员多元化的一个重要方面,是增加董事会中女性董事的比重。事实上,最近针对 4 200 家国际公司的研究显示,董事会中女性董事仅占 9.4%。此外,最近一项针对《财富》全球 200 强企业的研究表明,77.5%以上的董事会中至少包括一名女性董事。2006—2009 年的数据显示,董事会中女性董事的比重已从 1% 上升到 12.2%。在全球最知名的企业中,男性仍占据 87.8%的董事会席位。此外,该研究还发现,亚洲企业的董事会中女性成员的数量较少。《财富》全球 200 强美国公司中,女性董事占比为 19.5%左右,遥遥领先于世界其他国家。

图 6.2 列举了《财富》全球 200 强企业中董事会女性成员占比最高的公司名称及其隶属国家。

专家指出,董事会吸纳女性成员对于企业大有裨益。世界和平基金(Pax World)不仅是一家知名的投资企业,还是最早开展此类调查的公司。该公司 CEO 认为,女性往往能在讨论中提出更丰富的见解,促使公司管理更有效、更具创新性。女性董事具有不同的经验,这些经验有助于更好地了解不同消费群体。此外,女性能更仔细地审查管理层采取的行动,确保行动的正确性。

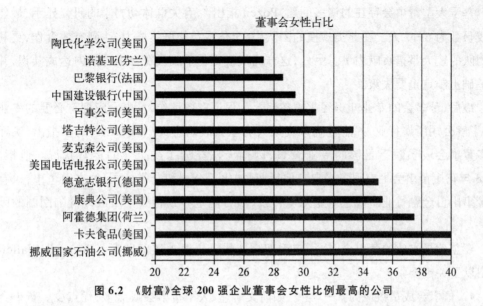

图 6.2 《财富》全球 200 强企业董事会女性比例最高的公司

人们普遍认为,董事会吸纳女性成员将对企业业绩产生积极影响。然而,尽管现有的实证研究不能充分支持这一观点,但在新加坡开展的最新研究表明,提高女性董事比重有助于优化公司业绩。该研究还发现,在新加坡,公司宣布让女性加入董事会时,投资者的反应非常积极。投资者也认为,增加女性董事的比重将对公司的长远发展产生积极影响。

董事会的第三个关键因素是董事会规模。董事会规模指董事会的成员数量。Pozen[19]指出,标普 500 强企业董事会人数平均为 11 人。大型董事会具有很多优点。例如,O'Connell & Cramer[20]认为,大型董事会拥有更丰富的专业知识和经验。此外,大型董事会有助于建立更广泛的人际关系,并为董事会和公司提供更强大的外部联系。

尽管大型董事会具有诸多优势,但 Pozen 发现,最近表现不济的很多金融机构都拥有规模庞大的董事会,例如,花旗集团的董事人数多达 18 人。大型董事会确实存在一些缺点。[23]首先,大型董事会中更容易出现社会惰化倾向。换言之,庞大的董事会可能导致部分董事滥竽充数,不积极参加董事会的活动。其次,大型董事会中也可能发生较多冲突,冲突则会使团队成员之间更难形成必要的凝聚力,难以有效地履行职责。最后,大型董事会的团队成员较难实现有效沟通,并因此制约决策制定过程。董事会规模较大的情况下,成员之间达成共识时也显得困难重重。

人们不禁要问,大型董事是否会给公司业绩带来负面影响?O'Connell & Cramer 针对在爱尔兰证券交易所上市的很多爱尔兰公司开展了一项研究[24],该研究发现,董事会规模越大,公司的业绩则越糟糕。不过,公司规模越小,这种负面影响就越小。由于大型董事会存在诸多缺点,该研究发现,大型董事会确实给公司业绩带来了不利影响。然而,对于小型公司而言,董事会规模较大有助于公司充分利用大型董事会构建的人脉优势。

基于大型董事会存在的诸多问题，Pozen 指出[25]，有关群体动力学的研究显示，最佳团队成员数为 6—7 人。在此类规模的团队中，个体成员能群策群力，达到有效合作，更利于为团队的较大举措贡献力量。另外，这样的规模更易于成员在合理时间内达成共识，并在此基础上制定重要决策。

最后，董事会的专业知识经常被忽略。为保证有效运作，董事会应拥有必要的专业知识，了解公司所属行业，并能够确保决策具有重大战略意义。Pozen 进一步指出，实际上很多董事会成员缺乏足够的专业背景，因而无法充分了解企业的运营状况。他指出，2008 年花旗董事会拥有很多来自其他行业（如化工公司和电信公司）的杰出董事，只有一名董事出自金融行业。缺乏专业知识背景，很可能是导致花旗集团最终身陷囹圄的因素之一。

要创建最有效的董事会，公司应采取哪些措施应对上述问题呢？Pozen & Waller 总结出以下关键要素：

- 董事会成员数应为 6—7 名。如前文所述，大型董事会缺点多，优点少。董事会规模较小，成功的机会越大。
- 吸纳拥有最新专业知识的董事，确保董事会成员构成合理有效。成员性格的合理互补及技能的有效协调至关重要。此外，董事会中独立董事占合理比重，有助于公司从外部人士的视角客观考量公司的决策。
- 董事会成员应具备足够的专业知识，能够充分了解行业背景，并提出合理的问题。新兴领域或小众市场往往被当前管理层所忽视，而拥有专业知识的董事会成员能在这些方面拥有真知灼见。
- 董事会成员应代表公司的利益相关者。董事会成员应包含足够的女性董事。
- 董事会成员应具备财会方面的专业知识，因为在制定决策过程中，往往要考虑相关举措在财务方面的影响。因此，理解现金流量表及其他财务报告至关重要。
- 探索聘用董事会成员的新渠道。公司应该利用在专业领域的关系网络，确保聘请合适人选。
- 鼓励董事拨冗参加会议，并集思广益，提高会议的效率。只有投入必要的时间，董事会成员才能够充分了解企业，理解内部和外部因素如何影响公司的发展。只有通过认真研究，董事会才能深刻理解公司。

上文介绍了理想董事会应该具备的一些特点。为确保董事会的有效运作，公司也应履行以下职责：首先，公司应及时向董事会提供所需信息，董事会应充分了解公司的经营状况和战略发展方向。其次，公司应明确界定董事会的职责和角色，确保董事会成员了解其角色及相互沟通的方式。最后，公司应在整个过程中发挥积极作用。董事会成立的目的并非在不经审查的前提下批准决议，相反，董事会成员应该了解行业及公司的发展方向。

6.2.2 高管薪酬

高管薪酬(Executive Compensation)指公司高管享有的工资、奖金与福利,是公司治理的第二大重要因素。如前文所示,投资者以提供投资的形式赋予公司高管管理其资产的权利。受到信息不对称因素的影响,投资者可能会被企业高管利用。[27] 具体而言,高管能够获取有关公司状况及发展方向的信息,而投资者往往无法获取这些信息。因此,企业高管可以利用这种信息不对称,操纵股价,向投资者展现更加乐观的公司状况。可见,高管薪酬是一套可以协调股东利益与高管利益的机制。

高管薪酬仍然是公司治理中最具争议的一个方面。批评人士一再表示,高管们的薪酬太高了。相关调查结果显示,虽然银行已经在接受政府救助,但银行业高管依然享受高额奖金。这一状况与最近发生的银行业危机,导致人们对高管薪酬的质疑进一步加剧。一项针对美国高管薪酬的最新调查有助于我们更深入地了解这一问题。图6.3列举了美国薪酬最高的CEO年薪。

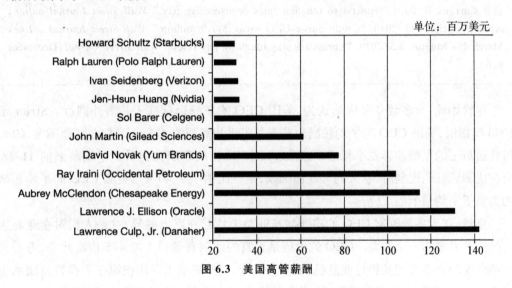

图 6.3 美国高管薪酬

现有信息显示,高管薪酬水平过高并不仅限于美国企业。详情请参照本章的"全球商务伦理透视"。

全球商业伦理透视

高管薪酬全球概览

高管薪酬在美国受到高度关注,但高管高薪的问题并不仅仅局限于美国。实际上,瑞信集团的股东与批评人士最近纷纷谴责该公司CEO杜德恒(Brandy Dougan)

薪酬过高。2009年,杜德恒获得价值1 790万美元的现金和股票。然而,尽管瑞信辩称其CEO曾帮助该银行摆脱财务困境并提升其市场地位,批评人士还是指出,高管薪酬过高是导致最近一次金融危机的主要原因。鉴于此,瑞士立法者开始讨论如何通过立法限制高管薪酬。

无独有偶,澳大利亚政府也决定针对高管薪酬实施更加严格的规定。该国计划实施一系列改革,以此限制高管薪酬。例如,股东将拥有更多高管薪酬投票权。此外,如果企业发放奖金时的财务报表具有误导性,该国将通过相关措施,迫使高管返还所得奖金。最后,如果股东对薪酬存在疑虑,但企业却未做出反应,这些企业将会面临处罚。

欧盟对于企业高管,尤其是银行高管的薪酬问题保持强硬立场。欧洲银行监管委员会还帮助有关方面草拟新的立法,如银行支付给高管的奖金最多只能预付20%。此外,欧洲还通过其他规定确保高管薪酬更加合理。

摘自 Curran, E. 2010. "Austria to toughen rules on executive pay." *Wall Street Journal online*, April 16; Mijuk, G. 2010. "Credit Suisse CEO earns $17.9 million." *Wall Street Journal online*, March 25; Munoz, S.S. 2010. "Europeans stay tough on pay rules." *Wall Street Journal*, December 1, B3.

尽管如此,大多数专家依然认为,美国CEO的薪酬远远高于其海外同行。Strier于2006年指出,美国CEO的平均薪酬为普通员工平均薪酬的475倍。[28]但在其他国家,CEO与普通员工的薪酬差异要小得多。[29]例如,日本CEO的薪酬约为员工平均薪酬的11倍。而在法国、德国、比利时、意大利等欧洲国家,这一比例小于40∶1,英国CEO的平均薪酬约为员工平均薪酬的22倍。

显然,在大多数国家CEO的薪酬与普通员工均存在巨大差异,这是人们对企业高管薪酬批评最多的一个方面。CEO的价值是否真的达到普通员工的475倍?此外,考虑到近期出现的众多丑闻及银行业危机,很多人认为,这些极端事件的根源在于高管薪酬水平过高。具体而言,高额薪酬诱使CEO为保持公司持续增长而铤而走险。[30]

从战略层面上来看,CEO薪酬过高有损公司股东利益。正如Strier所言,高管获得高额薪酬意味着股东的股息与投资收益会相应减少。[31]此外,CEO与普通员工间的巨大薪酬差异可能会导致员工士气下降,并因此降低员工生产率。很多员工目前都面临着薪酬减少甚至失业的风险,而CEO却继续享受高额薪酬与优厚福利,这让普通员工非常不满。

尽管批评之声不绝于耳,还是有人认为,高管享受高薪理所应当。例如,Farid等学者指出,股票价值在过去25年中出现暴涨,这与高管的努力是分不开的,因而高管薪酬也应该相应上调。[32]另外,很多人认为,CEO与企业高管拥有杰出的能力,并将自己的全部心血投入到公司。这些因素也成为高管享受高薪的理由。

尽管如此,若要全面理解针对高管薪酬的各种批评,还有必要了解 CEO 薪酬的形式。大多数 CEO 和高管都拥有一份底薪,除此之外,他们还享有数额可观的奖金及其他福利,例如,俱乐部会员资格、使用公司商务机、报税等。图 6.4 罗列了美国薪酬最高的 11 位 CEO 的奖金及其他福利在其底薪中所占比重。

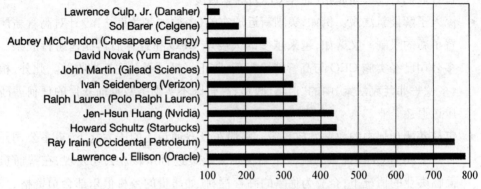

图 6.4　美国薪酬最高的 11 位 CEO 奖金和其他福利在底薪中占比

如图 6.4 所示,CEO 的薪酬总额远远高于其底薪。专家们认为,如此丰厚的奖金收入是 CEO 们采取极端冒险措施的主要原因之一。除底薪之外,股票期权是高管薪酬的一种主要表现形式。**股票期权**(Stock Options)是公司授予 CEO 的股票,获得股票期权的 CEO 有权在将来某一时刻将这些股票出售。然而,很多公司允许 CEO"倒签"这些股票期权,让 CEO 在出售这些股票时赚取更多收益。换言之,授予 CEO 股票期权时,公司允许他们将授权日期提前。实际上,Colins、Gong 和 Li 曾指出,联合健康公司(United Health)董事会允许其前任 CEO 自行选择股票期权授权日期,且多份股票期权的授权日期被倒签为当年股价最低的日期。[33] 随后,这名 CEO 以高得多的价格将所持股票售出,并因此获得巨额利润。

Strier(2010)表示,股票期权为 CEO 的不法行为提供了诱因,激励 CEO 通过在会计数据上做文章("做假账"),刺激短期股价。[34] 这一因素激励 CEO 实施盈余管理、倒签股票期权,并开展没有盈利空间的并购交易。这类短期行为会损害公司的长期盈利能力与增长潜力,虽然有可能在短时间内提高股价,但这些行为将减少股东的财富。

由于批评人士抨击这种无节制行为,因而高管薪酬将继续受到相关方的关注和质疑。因此,设计一套合理的高管薪酬计划,既能够留住最优秀的 CEO,又不至于招致太多批评,是跨国公司必须解决的一项重要课题。不过,同普通员工相比,高管的薪酬依然会优厚得多。尽管如此,在制定高管薪酬计划时,公司还需要解决下列一系列问题:[35]

- 使 CEO 激励机制与公司的长期健康发展与盈利能力保持一致。虽然实现这一目标依然具有难度,很多公司已经摈弃可能导致相关方面追求短期收益的薪酬计划。例如,更多企业不再使用股票期权,而是优先考虑递延股票单位。据称,递延股票单位更有助于协调投资者与 CEO 的利益,因为一旦公司股票价值缩水,高管将面临与投资者相同的损失。相比之下,实施股票期权计划时,高管们的损失就没有这么明显。

- 大多数薪酬决策由董事会做出,因此,要求董事会在确定 CEO 及高管薪酬时做到公平、负责、客观、透明的呼声越来越强烈。专家们一致认为,选拔主管人员时应该看他们对于公司股东(而非 CEO)的忠诚度。
- 深入了解最新法规。例如,美国新近颁布的《多德—弗兰克法案》针对高管薪酬设置了新的限制。又譬如,越来越多的人要求 CEO 在退休后再抛售所持股票。很多公司已经实施 CEO 与高管持股指南,防止高管过于关注短期收益。此外,根据《多德—弗兰克法案》中的"追索"政策,高管因不实财务数据而获得的任何薪酬都应该退还企业。
- 审核薪酬计划中的津贴发放政策。在股东及普通员工的压力之下,更多公司开始针对公司为 CEO 提供的巨额津贴及相关政策进行审核。公司发现,在普通员工面临失业的情况下,企业为优厚的高管福利(如昂贵的乡村俱乐部会员资格、公司商务机使用权等)买单已经变得越来越难。
- 针对形势变化调整薪酬计划。即使公司业绩不理想,企业高管依然能够获得事先商定的薪酬,因而这样的薪酬计划相对僵化。例如,美林证券前 CEO 斯坦利·奥尼尔(Stanley O'Neal)在任时,该公司遭遇最严重的一次亏损,但斯坦利离职时仍然获得价值 1.6 亿美元的补偿。
- 为股东提供投票决定 CEO 与高管薪酬的渠道。在为高管提供优厚的薪酬计划及"金降落伞"计划方面,股东应该拥有一定发言权。此外,股东还应该有机会表达他们对于高管薪酬的赞成或反对意见。

6.2.3 股权结构

大多数公司将董事会与高管薪酬作为主要的公司治理机制,并以此为研究重点,此外,股权结构也是控制管理人员的一项重要机制。**股权结构**(Ownership Structure)指公司股权的主要构成方式,协调股东权益与管理者权益的一个途径,就是让股东成为公司最主要的所有者。Connelly 等学者的研究显示,这类股东往往会成为促进企业实现关键财务目标的中坚力量。[36] 公司股权结构有多种类型,因而本节内容侧重于分析股权结构的几种主要形式,以及可能对公司产生的影响。

第一种形式的股权结构为**大股东持股**(Blockholders)。本章一开始的时候曾经指出,大股东指在公司中的持股比例超过 5% 的股东。一份有关全球公司治理的综述显示,大股东主要包括三种类型:企业大股东、家族大股东与国有大股东。这三种形式的股权结构都是为了让所有者更有效地监督管理层。然而,部分大股东还能够获取中小股东无法获取的私人利益。

在 Connelly 等学者看来,企业经常通过收购某家公司大量股权成为其**企业大股**

东（Corporate Blockholders），并以此作为实际收购目标公司的前提。例如，法国奢侈品企业 LVMH 集团最近收购法国著名丝巾生产商爱马仕 17% 的股份，并希望最终收购爱马仕。然而，企业也可能先收购一家公司的少数股权，然后将其出售。这两种所有权形式都能够为目标公司提供新鲜资本。不过，通过收购目标公司股份有可能获得对方的更多控制权，因此收购方可能会为了谋求自身利益而改变目标公司的资源用途。

第二种全球范围内常见的大股东类型为**家族大股东**（Family Blockholders），即公司的多数股权属于某个家族。在英、美等盎格鲁系国家，大多数企业的股权结构都具有分散性特征，大量股东持有一小部分公司股权。但在很多欧洲国家，家族控股则是更加常见的股权所有制形式。Lazarides 等学者曾指出，只有 11% 的美国企业由家族所有，但在欧洲这一比例达到 35%，而在德国和意大利家族所有制比重分别达到 43% 和 68%。[37]

家族所有制会对上文提及的公司治理问题产生影响。在英、美两国，股权分散意味着公司需要协调股东与管理者的需求，而家族所有制则会引发其他一系列问题。[38] 家族所有者经常通过投票权控制管理人员，部分家族企业还由家族创始人管理，由此让所有者与管理者的利益达成一致。此外，家族所有者还可以利用内幕信息，购买其他前景广阔的公司股票，或将利润转移到他们自己的下属企业中。

与家族所有制相关的一项重要挑战在于保护中小股东利益。正如 Johnson 等学者所言，对于公司的管理方式及战略发展方向，中小股东往往没有投票权。此外，大股东能够通过利润再分配、资产设置、以低于市场水平的价格将公司部分权益售予其他公司等多种形式占用公司收益。因此，与家族所有制相关的公司治理挑战，就在于确保中小股东利益不会因为大股东需求而受到侵害。尽管如此，Johnson 等学者表示，家族对于家族企业的影响或掌控非常难以控制，中小股东需要经常忍受这种局面。[39]

具体实例请参考本章的"全球商务伦理透视"。

全球商务伦理透视

家族企业与股东

大多数印度公司都是家族企业。然而，家族所有制会给外部股东带来巨大风险。这些公司的股东往往希望在全球范围内寻找资金来源，但公司创始人却不愿意将公司控制权交予他人，且大多希望在现金流方面拥有最终决定权。因此，他们经常会虚报财务数据，并参与复杂交易，导致分公司之间出现可疑的业务往来。另外，外部审计人员或外部董事均由创始人家族任命，因而不愿意保护中小股东利益。

前文中的萨蒂扬公司就存在这样的问题。该公司董事长窃取公司利润,并试图收购他儿子手上其他几家债台高筑的公司。此外,尽管该公司损失数亿美元,审计机构(普华永道)却对这些违规行为视而不见。结果,这类不道德行为给股东造成15亿美元损失。

在日本,家族所有制也在企业所有制形式中占据主导地位。东京证券交易所2009年开展的一项调查显示,54%的上市公司董事会中都没有外部董事,因此,日本的商业文化一直非常封闭,且企业始终对自己的真实情况讳莫如深。不过,最近出台的各种规定已经对这些企业造成压力,迫使他们进行更有效的权力制衡。

精工(Seiko)公司的案例显示,因家族所有制而蒙受损失的不仅仅是股东。精工公司成立于1881年,其所有权和控制权在过去120年中一直属于公司创始家族。仔细了解精工的内部文化便会发现,该公司的一名高级主管鹈浦女士专制独裁,据说还经常欺压其他管理人员。即便如此,也没有人敢对她提出质疑,因为她一直受到她的导师、精工创始人的曾孙及该公司董事长服部先生的庇护。只要鹈浦女士与其他高管意见不一,她都会向服部先生发牢骚,服部先生便会听从她的意见,开除对方或让对方降职。因此,该公司士气低迷,优秀的管理人员很快都离开这家公司。受到这些因素的影响,精工公司唯一的外部董事与该公司创始家族第四代成员服部真治结成统一战线,罢免了服部先生和鹈浦女士。事实证明,实施这些变化虽然异常艰难,但对精工公司而言却非常必要。

摘自 Kripalini, M. 2009. "India Inc.'s murky accounting." *Bloomberg Business Week online*, January 15; Osawa, J. 2010. "Shake-up at Seiko reflects changing culture." *Wall Street Journal*, June 23, B1.

第三种大股东持股形式为**国家所有制**。国家所有制指政府掌握公司相当一部分股权,这种形式在新兴国家尤为常见。如在中国经济改制过程中,政府依然在很多公司中享有所有者权益,这一举措有助于政府掌握国家重要行业领域的控制权。

然而,在美国和英国等发达国家,国有制也越来越常见。例如,受金融危机的影响,美国政府决定收购通用汽车的部分股权,通用汽车公司因此出现一部分国有股权。在Johnson等学者看来,政府决定获取企业一部分股权的主要动机在于纠正市场失灵问题。[40]市场失灵问题可能出现于人们眼中的"大而不能倒"行业,如美国银行业或汽车行业,也可能出现于具有垄断特征的行业。

现有研究表明,国有制通常会引发公司健康发展的问题。众多研究显示,国有制一般会面临软预算约束问题,Connelly等学者曾针对这些研究展开讨论。[41]此外,国有企业还经常面临缺乏创新、财务表现不理想、腐败等问题。

Su、Li和Li探讨分析了中国国有企业出现上述问题的原因。中国拥有大量国有企业，政府安排部分官员监管这些国有企业。然而，由于这些官员人数较少，他们几乎没有可能密切监管这些企业的资产及其管理人员，结果，国家对于企业高管的监督往往不到位，而这些政府官员普遍没有将企业利润最大化作为工作重点，因此这些国有企业高效运营的可能性相对较小，而管理人员利用企业谋取私利的可能性却比较高。

除了大股东持股外，另一种可用于公司治理目的的企业所有权形式是**私募股权投资**（Private Equity）。[43]私募股权投资指可供未上市交易企业使用的各种形式的私人资金。由于企业所处阶段各不相同，其对应的私募股权投资形式亦存在巨大差异。虽然私募股权投资的类型多种多样，但Bruton、Filatotchev、Chahine和Wright仅将他们分成两大主要类型：天使投资（Business Angle）与风险投资（Venture Capital）。[44]

如果企业规模太小或风险过大，往往会有"天使投资者"为他们提供私募股权基金。天使投资者往往认识企业主，因而可能将自有资金投入对方企业，他们的投资更有可能建立在他们对企业主的信任之上。此外，天使投资者更加有耐心，不一定会设定严格时间表，也不确定何时从企业中收回投资。

相反，风险投资者是那些代表其他公司对某家公司进行投资的个体。天使投资者倾向于依赖非正式监管方式，风险投资者则侧重于更加正式的合约监管方式。此外，此类专业投资者的主要动机大多是资本收益。[46]Bruton等学者也指出，风险投资者既是委托人（他们将自有资金投入公司，并希望其管理层有效运营公司），又是代理人（充当其投资者的代理人）。[47]作为代理人，他们抓住恰当时机退出被投资公司，并实现投资收益最大化。同时，他们也面临未来筹资的长期压力。

鉴于天使投资者与风险投资者之间的差异，公司治理的具体形式取决于每种私募股权投资预期实现的目标。因此，由于天使投资者一般更加注重公司的长期成就，他们更有可能以其长期承诺和信任为基础，对公司管理层施加影响。相反，风险投资者更有可能直接控制管理层，因为企业对这类资金来源具有依赖性。鉴于此，风险投资者依赖更加正式的监管形式。

6.3 公司治理与全球化

随着跨国公司不断实施全球扩张，并与越来越多的国家建立贸易关系，了解全球各国的公司治理变得更加重要。公司治理将始终是有效管理公司、确保公司高效运转的一个重要因素。[48]此外，公司治理将成为确保所有利益相关方和股东的需求均得到满足的一种手段。本节中，我们将分析公司治理的全球差异。

相关研究将大量注意力转向各国在公司治理方面的差异。然而，此类研究的一个重要方面在于公司治理结构及董事会构成的国际差异。鉴于董事会在公司治理中的重要作用,出现这种倾向不足为奇。在这一背景下,相关研究分析了全球范围内国家文化如何影响各国在董事会方面的差异。国家文化指一个国家的信仰、规范及个体价值观,且这种价值观、规范和信仰可能会影响董事会的构成方式。

Hofstede 认为,文化可以通过多种形式展现出来,且各国在这一方面存在差异。[49] 在 Hofstede 看来,权力距离是国家文化的一个重要方面,指一个社会在多大程度上认同权力差异的存在,以及在何种程度上认同权力距离存在分布不均的问题。在某些社会中,人们认为,某些个体拥有更多权力和权威,而且有权行使这种权力。

在一项涉及 399 个跨国公司的大规模研究中,Li 和 Harrison 发现,权力距离指数高的国家更有可能出现领导结构集中的董事会,即 CEO 兼任董事长。[50] 这一发现与下述观点相吻合:在权力距离指数高的国家,很少有人拥有他人所认可的权威或特权。让 CEO 兼任董事长,就是要让 CEO 用其权威和声望影响其他董事会成员。此外,在权力距离指数高的国家,外部人士在董事会中占有较高比例的可能性更大,这一点则与下述观点吻合:公司内部应该有适当的权力分配。聘用外部董事,反映了外部强势个体在公司内部的影响力。

研究人员关注的另一个文化层面是不确定性规避。不确定性规避指数反映一个国家中的个体在多大程度上坦然对待语意模糊及不确定性。在不确定性规避指数高的国家,人们坦然面对不确定性的可能性更低,因此人们更倾向于利用规则和程序减少不确定性和未知情况。

研究显示,在不确定性规避指数高的国家,CEO 兼任董事长的可能性更大,[51] 这一发现与下述观点相吻合:让 CEO 兼任董事长有助于减少立场模棱两可的现象。此外,不确定性规避指数还与董事会中外部董事数量呈正相关关系。外部董事人数增加不仅能够为公司提供更丰富的专业知识,还有助于降低风险及模糊性。

国家文化的另一个重要方面是个人主义。[52] 个人主义倾向更显著的国家往往更加重视个人自由;相反,个人主义倾向不太显著的国家更加注重人际关系,且群体归属感特别受到重视。

研究显示,在个人主义倾向更显著的国家,企业董事会往往体现出以下特征:规模较小、CEO 兼任董事会主席,外部董事比例较低。[53] 这一研究发现与此类国家强调个人自由(一人同时担任 CEO 和董事会主席)但却不太重视群体归属感(内部董事比例更高)的观点完全吻合。

最后,学者们研究的另一个文化因素是男性化特征。男性化特征更显著的社会倾向于接受典型的男性价值观。因此,男性化特征更显著的社会更加重视侵略性、竞争、野心、自信心及物质资料的获取。相比之下,男性化特征不太显著的社会更加关注生活品质及和谐的人际关系。

通过对大量跨国公司展开研究,Li & Harrison(2008,2010)发现,男性化特征更显著的国家具有以下特征:外部董事在董事会中的比重更高(反映出对权力与野心的重视)、

CEO与董事长由一人担任(反映出对个人主导地位及侵略性的重视)、董事会规模更大(与"董事会规模越大说明对权力和野心的重视程度越高"这一观点相吻合)。[54]

上述研究结果表明,各国在公司治理方面存在显著差异。由于跨国公司开展跨境交易的机会越来越多,只有了解这方面差异,他们才能够更有效地实现全球运营。表6.1举例分析了各国或地区在上述几个文化维度的差异以及这些差异对于董事会的影响。

表 6.1 文化维度及其对公司治理之影响

文化维度	程度	典型国家或地区	公司治理高水平表现特征
权力距离	高	马来西亚　危地马拉　墨西哥　印度	领导结构高度集中——公司CEO兼任董事长
		新加坡　巴西　法国　中国香港	外部董事在董事会中的比重较高
	低	奥地利　以色列　丹麦　爱尔兰	
		瑞典　挪威　芬兰	
不确定性规避	高	希腊　葡萄牙　危地马拉	领导结构高度集中——公司CEO兼任董事长
		乌拉圭　西班牙　法国　智利　以色列	外部董事在董事会中比例较多
	低	新加坡　牙买加　丹麦　印度	
		中国香港　英国　美国　加拿大	
个人主义	高	美国　澳大利亚　英国　加拿大	董事会规模较小
		意大利　比利时　法国　挪威	领导结构高度集中
	低	厄瓜多尔　秘鲁　中国台湾　韩国	
		新加坡　智利　中国香港	
男性化特征	高	日本　奥地利　意大利　墨西哥　英国	领导结构高度集中
		德国　美国　澳大利亚　牙买加	外部董事在董事会中比重较高
			董事会规模较大
	低	瑞典　挪威　荷兰	
		丹麦　韩国　智利	

6.4 公司治理的发展趋势

公司治理的重要性将持续增长。随着越来越多的新兴国家致力于营造理想的商业环境,这些国家将越来越依赖于公司治理去实现这些目标。例如,印度已经实施了许多新出台的公司治理政策,确保股东不会因为管理人员的不当行为遭遇投资失败。同样,家族所有制结构占据主导地位的国家也在采取措施,确保少数股东的需求能够得到理解和尊重。还应当指出的是,经济合作与发展组织认为,大多数西方社会的经济危机根源于公司治理的失败。采取适当的公司治理措施被视为防止此类灾难再次上演的重要途径。

很多国家都曾出现投资者因管理人员行为不检而投资失败的问题。因此,更多国家在实施新的公司治理措施是会考虑到股东利益。正因为如此,跨国公司考虑股东权益显得越来越重要,而股东权益主要包括以下几个方面[55]:

- 股东有权购买股份。他们应该享有所持股份的过户权,并可以自由买卖这些股份。
- 股东有权从公司获取及时、准确的信息。这些信息应足以确保股东能够针对自己所持股份做出明智决策。
- 股东有权分享公司利润。
- 股东有权参加与公司新的战略方向相关的重要决策。公司应该为股东提供准确、及时的信息,帮助他们做出此类决策。
- 股东应享有在董事会会议上投票的权利。公司应告知他们会议时间及议程,并让他们有机会针对相关决策表达意见。
- 股东有权决定高管的薪酬。如果股东认为高管薪酬过高,应该有权通过有效的方式表达反对意见。实际上,越来越多的国家还赋予股东对董事薪酬的投票权。表6.2 列举了部分国家股东目前享有的权利。
- 股东有权参与董事会成员的提名和选举。公司应及时向股东提供有关新董事会选举的相关信息。
- 根据美国最近实施的监管规定,大股东现在有权提名至少 25% 的公司董事会成员。这类权利(例如代理参与权)让大股东享有董事会职位的提名权。
- 股东有权自由行使其所有者权益,且公司应该为股东行使这些权益提供便利。

最后,公司治理也被投资者和政府视为遏制腐败的一种重要方式。具有较强治理机制的公司更有可能建立有效体制,以防止资产被挪用或滥用。例如,强有力的公司治理有助于防止腐败(如高管倒签股票期权及内幕交易)。[56] Halter 等学者也曾就巴西公司股东如何推进公司治理体系的建立展开了探讨。[57] 在巴西,由于腐败问题非常猖獗,投资者格外关注不道德行为给公司带来的风险。股东也因此激励更多公司建立有效的公司治理体系。

表 6.2　部分国家与股东权益

国　　家	董事会薪酬投票权	管理层薪酬投票权	股票和期权计划投票权
奥地利	✓		✓
丹　麦	✓		✓
法　国	✓		✓
德　国	✓		
荷　兰	✓		✓
挪　威	✓		✓
瑞　典	✓		✓
瑞　士			
加拿大			✓
美　国			✓
澳大利亚			
日　本			
英　国			✓
意大利	✓		✓

本章小结

本章首先探讨了公司治理的第一个方面——董事会。这一部分分析了董事会的重要作用以及与董事会相关的各方面问题，例如董事会的独立性、董事会多元化、董事会规模及董事会成员的专业知识。很多专家认为，董事会多元化，尤其是提高董事会中的女性成员比重，是建立有效董事会的重要条件。本部分还探讨了公司在开展董事会设计工作时应该注意的一系列问题。

本章还针对公司治理的第二个重要方面展开分析——高管薪酬。本部分探讨了与高管薪酬相关的几个颇具争议的问题：CEO薪酬与普通员工薪酬差距过大、福利待遇过高、股票期权等，以及这些问题在全球范围内的严重程度。本部分还列举了支持和反对高管享受高薪的理由。最后，本部分还探讨了公司在制定高管薪酬计划时应该注意的一系列问题。由于高管薪酬在全球范围内吸引了越来越多的关注，我们必须对这些问题予以重视。

本章还分析了公司治理的另一个重要方面——股权集中度。本部分介绍了大股东的不同类型（公司大股东、家族大股东及国有大股东）。此外，本部分还分析了很多与家族大股东及国有大股东相关的棘手问题，分别是少数股东权益得不到尊重，及缺乏创新、腐败。最后，本部分还探讨了所有权的一种重要形式——私募股权。

鉴于公司治理在全球范围内的重要性，本章还分析了文化对于公司治理的影响。本部分介绍了不确定性规避、个人主义和男性化倾向等不同形式的文化因素，以及这些因素对于公司治理的影响。本章最后一部分探讨了公司治理的未来发展。公司治理在全球范围内的重要性将持续增长。随着越来越多的新兴国家致力于营造理想的商业环境,这些国家将越来越依赖于公司治理去实现这些目标。此外,由于众多股东在上一轮经济危机中受到重创,本部分总结了全球各国对于股东权益的规定。最后,本章最后一节还分析了公司治理对于遏制腐败的重要意义。

尾注

1. Martin, R. 2010. "The age of customer capitalism." *Harvard Business Review*, January–February, 58–65 (at 61).
2. Johnson, R.A., Schnatterly, K., Johnson, S.G. & Chiu, S. 2010. "Institutional investors and institutional environment: A comparative analysis and review." *Journal of Management Studies*, 47, 8.
3. Pergola, T.M. & Verreault, D.A. 2009. "Motivations and potential monitoring effects of large shareholders." *Corporate Governance*, 9, 5, 551–563 (at 553).
4. Connelly, B.L, Hoskisson, R.E., Tihanyi, L. & Cresto, T. 2010. "Ownership as a form of Corporate Governance." *Journal of Management Studies*, 47, 8.
5. Fama, E.F. & Jensen, M.C. 1983. "Separation of ownership and control." *Journal of Law and Economics*, 26, 2, 301–325.
6. Nyberg, A.J., Fulmer, I.G., Gerhart, B. & Carpenter, M.A. 2010. "Agency theory revisited: CEO return and shareholder interest alignment." *Academy of Management Journal*, 53, 5, 1029–1049.
7. Tosi, H.J. 2008. "Quo Vadis? Suggestions for future corporate governance research." *Journal of Management and Governance*, 12, 153–169.
8. Tosi, "Quo Vadis?"
9. Zhang, Y. 2008. " Information asymmetry and the dismissal of newly appointed CEOs: An empirical investigation." *Strategic Management Journal*, 29, 859–872.
10. Bauer, R. & Braun, R. 2010. "Misdeeds matter: Long-term stock price performance after the filing of class-action lawsuits." *Financial Analysis Journal*, 66, 6, 74–92.
11. Lu, J., Xu, B. & Liu, X. 2009. "The effects of corporate governance and institutional environments on export behavior in emerging economies." *Management International Review*, 49, 455–478.
12. Aguilar, M.K. 2010. "Special investigations 101: The board's role." *Compliance Week*, November, 48–49; Whitehouse. T. 2010. "Boards turn to self-evaluation to regain trust." *Compliance Week*, 49–50; Yammeesri, J. & Herath, S.K. 2010. "Board characteristics and corporate value: evidence from Thailand." *Corporate Governance*, 10, 3, 279–292.
13. Wagner, A.F. 2011. "Board independence and competence." *Journal of Financial Intermediation*, 20, 71–93.
14. Ameer, R., Ramli, F. & Zakaria, H. 2010. "A new perspective on board composition and firm performance in an emerging market." *Corporate Governance*, 10, 5, 647–661.
15. Francouer, C., Labelle, R. & Sinclair-Desgagne, B. 2008. "Gender diversity in corporate governance and top management." *Journal of Business Ethics*, 81, 83–95.
16. Governance Metrics International. 2010. "Women on boards." http://www.gmiratings.com.
17. GlobeWomen. 2010. http://www.globewomen.org.
18. Governance Metrics International. "Women on boards."
19. Kang, E., Ding, D.K. & Charoenwong, C. 2010. "Investor reaction to women directors." *Journal of Business Research*, 63, 888–894.
20. Pozen, R.C. 2010. "The case for professional boards." *Harvard Business Review*, December.
21. O'Connell, V. & Cramer, N. 2010. "The relationship between firm performance and board characteristics in Ireland." *European Management Journal*, 28, 387–399.
22. Pozen, "The case for professional boards."
23. O'Connell & Cramer, "The relationship between firm performance"; Pozen, "The case for professional boards."
24. O'Connell & Cramer, "The relationship between firm performance."
25. Pozen, "The case for professional boards."

26 Pozen, "The case for professional boards."
27 Ryan, L.V., Buchholtz, A.K. & Kold, R.W. 2010. "New directions in corporate governance and finance: Implications for business ethics research." *Business Ethics Quarterly*, 20, 4, 673–694.
28 Strier, F. 2010. "Runway CEO pay? Blame the boards." *The IUP Journal of Corporate Governance*, 3, 8–27.
29 Strier, "Runway CEO pay?"; Martin, "The age of customer capitalism."
30 Farid, M.; Conte, V. & Lazarus, H. 2011. "Toward a general model for executive compensation." *Journal of Management Development*, 30, 1, 61–74.
31 Strier, "Runway CEO pay?"
32 Farid et al., "Toward a general model for executive compensation."
33 Collins, D.W., Gong, G. & Li, H. 2009. "Corporate governance and backdating of executive stock options." *Contemporary Accounting Research*, 26, 2, 403–445.
34 Strier, "Runway CEO pay?"
35 Chodhury, D.S. 2009. "Director compensation: the growing popularity of deferred stock units." *Ivey Business Journal* online, January/February; Lynn, D.M., Parris, B.C. & Thorpe A.D. 2010. "Revisiting your key corporate governance and disclosure policies." *Corporate Governance Advisor*, 18, 6; Ryan, L.V., Buchholtz, A.K. & Kolb, R.W. 2010. "New directions in corporate governance and finance: implications for business ethics research." *Business Ethics Quarterly*, 20, 4, 673–694.
36 Connelly et al., "Ownership as a form of Corporate Governance."
37 Lazardies. T., Drimpetas, E. & Dimitrios, K. 2009. "Ownership structure in Greece: Impact of corporate governance." *IUP Journal of Corporate Governance*, 8, 3 & 4.
38 Johnson et al., "Institutional investors and institutional environment."
39 Johnson et al., "Institutional investors and institutional environment."
40 Johnson et al., "Institutional investors and institutional environment."
41 Connelly et al., "Ownership as a form of Corporate Governance."
42 Su, Z., Li, S.Y. & Li, L. 2010. "Ownership concentration and executive compensation in emerging economies: Evidence from China." *Corporate Governance*, 10, 3, 223–233.
43 Morrell, K. & Clark, I. 2010. "Private equity and the public good." *Journal of Business Ethics*, 96, 249–263.
44 Bruton, G.D., Filatotchev, I., Chahine, S. & Wright, M. 2010. "Governance, ownership structure, and performance of IPO firms: The impact of different types of private equity investors and institutional environments." *Strategic Management Journal*, 31, 491–509.
45 Bruton et al., "Governance, ownership structure, and performance of IPO firms."
46 Connelly et al., "Ownership as a form of Corporate Governance."
47 Bruton et al., "Governance, ownership structure, and performance of IPO firms."
48 Strange, R., Filatotchev, I., Buck, T. & Wright, M. 2009. "Corporate governance and international business." *Management International Review*, 49, 4, 395–407.
49 Hofstede, G. 1980. *Culture's consequences: International differences in work-related values*. Newbury Park, CA: Sage.
50 Li., J. & Harrison, J.R. 2008. "Corporate governance and national culture: A multi-country study." *Corporate Governance*, 8, 5, 607–621; Li., J. & Harrison, J.R. 2008. "National culture and the composition and leadership structure of boards of directors." *Journal of International Corporate Governance*, 16, 5, 375–385.
51 Li & Harrison, "Corporate governance and national culture"; Li & Harrison, "National culture."
52 Hofstede, *Culture's consequences*.
53 Li & Harrison, "Corporate governance and national culture"; Li & Harrison, "National culture."
54 Li & Harrison, "Corporate governance and national culture"; Li & Harrison, "National culture."
55 Organization for Economic Co-operation and Development (OECD). 2009. "Corporate governance and the financial crisis: key findings and main messages." http://www.oecd.org; Ryan et al., "New directions in corporate governance and finance"; Steinberg, R.M. 2010. "Shareholders, be careful what you wish for." *Compliance Week*, December, 46–47.
56 Bishra, N.D. & Schipani, C.A. 2009. "Strengthening the ties that bind: Preventing corruption in the executive suite." *Journal of Business Ethics*, 88, 765–780.
57 Halter, M.V., Coutinho, M.C. & Halter, R.B. 2009. "Transparency to reduce corruption?" *Journal of Business Ethics*, 84, 375–385.

主要术语

代理理论(Agency Theory)：该理论认为，公司是一个将不同个体之间所签订的一系列复杂契约关联到一起的法律实体。

大股东(Blockholders)：在公司中的持股比例超过5%的股东。

董事会成员多元化(Board Diversity)：公司治理改革强调，董事会成员必须包括不同的利益相关方，尤其是增加董事会中女性董事的比重。

董事会的专业知识(Board Expertise)：董事会应拥有必要的专业知识，了解公司所属行业，并能够确保决策具有重大战略意义。

董事会独立性(Board Independence)：规定董事会的多数成员与公司保持独立。

董事会(Board of Directors)：往往被视为监管和解决利益冲突的主要机制之一。

董事会规模(Board Size)：董事会的成员数量。

公司治理(Corporate Governance)：确保管理层的利益与公司所有者利益保持一致的诸多机制。

高管薪酬(Executive Compensation)：公司高管享有的工资、奖金与福利。

家族大股东(Family Blockholders)：公司的多数股权属于某个家族。

个人股东(Individual Shareholders)：包括购买和出售任何公司股份的普通个人投资者。

大型股东(Large Shareholders)：直接(而不是通过投资实体)购买公司股份的个人或机构。

股权结构(Ownership Structure)：公司股权的主要构成方式。

私募股权(Private Equity)：可供未上市交易企业使用的各种形式的私人资金。

股东(Shareholders)：企业的法定所有者。

国家所有制(State Ownership)：政府掌握公司相当一部分股权。

股票期权(Stock Options)：公司授予CEO的股票，获得股票期权的CEO有权在将来某一时刻将这些股票出售。

讨论题

1. 请简要阐释股东这一概念。股东分为哪两种不同类型？哪种类型对公司具有更大的影响力？原因何在？
2. 何为代理理论？股东面临哪两个与公司管理层相关的问题？
3. 何为公司治理？合理健全的公司治理制度具有哪些益处？
4. 何为董事会？请阐述董事会的五大作用。
5. 请阐述董事会的三大关键要素。每一要素对于提升公司业绩有何作用？
6. 公司组建董事会时需考虑哪些重要因素？请详尽阐释。
7. 为什么高管薪酬在全球范围内都颇具争议性？请阐述高管享受高薪的两大理由。
8. 何为股权集中度？请简要说明大股东的三种不同类型，以及这三种类型大股东对于公司治理构成的挑战。
9. 各国在公司治理方面存在哪些差异？请详尽阐释国家文化如何影响公司治理。
10. 何为股东权益？请说明股东应享有的五项权益。

网络任务

1. 访问经济合作与发展组织（OECD）网站：http://www.oecd.org。
2. 找到公司治理总体报告以及特定区域（如非洲、亚洲或拉丁美洲）的公司治理报告。
3. 总体报告说明公司治理有何重要意义？
4. 介绍你研究区域的现状，并阐述该区域公司治理情况。
5. 讨论 OECD 为改善该区域的公司治理现状提供的一些建议。你有何建议？请与同学分享。

更多网络任务和资源，请访问参考网站 www.routledge.com/cw/parboteeah

实战演练

国际谈判

你到美国留学，并获得国际商务专业学士学位。毕业后，你在当地一家公司谋得一职，且该公司有意在你们国家拓展业务。你第一年的表现相当出色，因而很快收到邀请，与 CEO 探讨公司在你们国家开展投资的机遇。你会说当地语言，而且可以为公司提供值得信赖的口译服务，因而对于公司而言非常有价值。

公司 CEO 表示，你们国家的一家公司已经联系过他，这家公司的所有者有意出售公司，因此，CEO 让你安排本公司与该公司所有者进行谈判。你们公司的 CEO 及其他相关人士已经针对对方公司做了充分的研究，且坚定地认为收购该公司对本公司非常有利。这家公司的某些技术能够帮助你们公司提升新领域的专业水平。

双方之间的谈判进展顺利，你感觉这项交易很快就要尘埃落定。然而，当地公司的所有者开始接近你，并用你的母语告诉你，如果你们愿意向其私人账户转账 100 万美元，这项交易便能达成。他还辩称，自己经营这家家族企业多年，理应获得比其他股东更多的利益。他表示，如果得不到这笔钱，他就不会签字。

你会采取什么样的举措？是否会向 CEO 提及这 100 万美元？还是单方面同这位企业所有者交涉？

案例分析

奥林巴斯丑闻

2011 年 2 月 10 日，奥林巴斯公司宣布了一个令人震惊的消息：在经历了数次国内高管人员的更迭后，这家日本相机制造公司决定委任 50 岁的英国人 Michael Woodford 为公司总裁。时任总裁性格外向，认为 Woodford 能够帮助奥林巴斯削减运行成本，并为公司带来更加国际化的视角。然而，在 2011 年 10 月 14 日举行的董事大会上，Woodford 被革去总裁一职。董事会只持续了 10 分钟，会上 Woodford 甚至无权发言。其中一个董事会成员还甚至让他"坐车去机场吧"！为什么奥林巴斯这么快就解雇了刚上任不久的 Woodford？

在任职期间，Woodford声称发现了一些不规范的地方，并决定调查这些事件。比如，他发现奥林巴斯花了28.8亿美元收购了四家中小型公司，但是这些公司的业务与奥林巴斯的核心相机业务无关。然而，奥林巴斯高度预测这几家企业会给公司带来很大盈利，于是签下了收购合同。最麻烦的是，奥林巴斯花了20亿美元收购了一家研发"非侵入式"手术相机的英国公司。然而，Woodford却声称，在此次交易中，奥林巴斯向一家财务咨询机构支付了6.78亿美元的酬金，以协助交易的完成。这笔费用非同寻常，因为这几乎达到奥林巴斯2010年盈利的7倍。他甚至认为这笔钱其实流向了一些犯罪机构。

对于这些指控，奥林巴斯主要的股东们显然非常不安。消息一经曝光，公司的市值就减少了一半。大股东们要求调查这些收购案件，以及为什么公司要为这些收购支付天价费用。例如，奥林巴斯最大的股东日本生命保险公司(Nippon Life Insurance)(拥有8.3%的股份)要求查看这些交易的明细。诸如此类的质疑在日本很少见，因为在日本，国内投资者普遍都比较消极被动。

尽管发生了丑闻，很多人认为，日本人在企业治理方面进展依然非常缓慢。奥林巴斯仍然否认有任何过错，并声称开除Woodford是因为他没能掌握日本文化。此外，丑闻在日本很少被提及，而且日本证券交易中心没有把奥林巴斯列为退市的候选企业。然而，没有一个日本政府官员对该事件发表任何观点。

摘自：*Financial Times*，2011. "Olympus."Online edition，October 22；Inagaki, K.2011. "Olympus is under pressure." *Wall Street Journal*，online，October 21；Soble, J., Soble, L., and Whipp, J. 2011. "A camera-maker obscurer：The Olympus affair." *Wall Street Journal* online，October 22.

讨论题

1. 你认为奥林巴斯解雇Woodford合理吗？要判断这一点你还需要什么其他信息？
2. 为什么评论家认为日本人不是很情愿采取渐进式的企业治理行为？什么样的日本文化元素让这种改变非常困难？
3. 这个案例中，企业治理的哪些因素比较弱，使得丑闻得以发生？
4. 你认为什么样的改变能够让类似企业过失不再发生？

河北大午集团：建立中国第一个"立宪制家族企业"

I. 背景

2008年12月16日，在公司第三次董事会换届选举成功举行之后，河北大午集团创始人孙大午笑了。多家媒体共同见证了选举过程。选举是在大午温泉餐厅举行的，第二天，《中国企业家》杂志记者陈建芬就看到刘金虎让一个客户跟董事长说自己的工资和福利太少了。刘金虎是前一天被民主选举进入董事会的饲料公司经理。在选举期间，孙大午利用自己的优惠提名权，提名孙二午和刘平分别担任公司CEO以及总经理一职。尽管那些有异议的人能给其他候选人投票，但最终这两个人都全票当选。这个结果引起了现场专家和记者们的热议。面临突如其来的挑战，已将功成身退的孙大午再次思考他建立的在中国唯一的"立宪制家族企业"。

2004年6月6日，孙大午庆祝了自己的50岁生日。他写了一首诗以表达自己的心情："风雨过后留心痕，日行中天赖众神。天命不知归何处，祝福大道赶路人。"

一年前，因为他的"谷物银行"涉嫌非法集资，孙大午被剥夺了人身自由，他在狱中度过了自己的49岁生日。大午集团所有的高级管理人员都被逮捕，政府甚至一度勒令公司更改法人。然而，6个月后，孙大午最终还是被释放。为什么他在50岁生日的时候要如此多愁善感？孙大午被释放是各方之间达成一致协议的后果，这一点似乎已经是公认的事实。实际上，孙大午3年有期徒刑、缓期4年执行的判决暗示着对非法集资的政策有些放松，也被认为是中国金融业改革的一个讯号。

面临孙大午突如其来的牢狱之灾，孙氏家族中包括孙萌在内的年轻一辈的成员，决定为未来计划做出一些重大改革。孙萌是孙大午的长子，刚大学毕业不久，已经拿到7月份去澳洲留学的签证。然而，父亲入狱，母亲在逃，25岁的孙萌不得不在关键时刻担任代理董事。他坚持要在父亲出狱后立即归还该职位，但是这个想法被孙大午拒绝了。很明显，孙萌子承父业是早晚的事情，这也是中国家族企业历来的传统。然而，对于并没有多少工作经验的孙萌来说，要掌管一个价值几亿元的公司是个艰巨的任务，巨大的压力也随之而来。于是，几个月后孙萌便辞去了职位，决心要获得更多的一线经验。

孙大午意识到问题不仅仅是自己儿子职位上的改变，还关乎遴选和培养公司接班人的这一关键问题，这对整个立宪制家族企业能否可持续发展起着重要作用。大午集团在2003年经历几场关键变革，但都幸存了下来。回首自己所经历的一切，自2004年起，孙大午关心的就是继承问题以及整个家族企业的前景和未来。大午集团正处于重大改革的边缘。

II. 大午集团的发展

大午农牧集团有限公司（大午集团）位于河北省徐水县郎五庄村，距离北京110公里，开车需要90分钟。该集团是高科技民营企业，拥有多家公司。创始人孙大午最初从事养殖和饲料加工行业。作为孙氏家族的领导者，孙大午在历经20多年的努力奋斗后，已成功带领大午集团跻身中国私营企业500强。包括中华全国工商业联合会（全国工商联）在内的多家行业权威机构连续五年（2004—2008）将大午集团评为"中国最具生命力百强企业"之一。

然而，使大午集团成为传奇的不仅仅是因为它是一个成功的立宪制家族企业，还因为其著名的特有体制——"家族制企业"。在中国传统儒家思想以及西方政治体系的共同影响下,孙大午创造了这个体制。该体制不仅运行良好,还因为持续的发展和进步而受到当地甚至国际媒体的不断关注。

A. 起步阶段:始于妻子的承包以及丈夫在夫妻事业中的推动

1970 年,16 岁的孙大午开始了他八年的军旅生涯。由于表现突出,两年后就加入了中国共产党,并最终成为一名营长。1978 年,孙大午退伍转业到徐水信用社工作,之后在农村信用合作社(RCC)担任公务员。

1985 年,中国经济执行当时流行的"承包制",投标征求大片闲置土地。在孙大午所在的村子里,承包价格降低至 6 元每亩(一亩≈667 平方米)的消息已经传开有三个月了,但是仍然没有人愿意投标。孙大午说服妻子刘慧茹抓住时机,在集资了 10 000 元并另外贷款 20 000 元之后,夫妻俩以刘慧茹的名义做了承包商,合伙投资的还有另外四个农民。

同时,他们建立了郎五庄农场以及一家小型饲料加工厂,雇了十几个工人,养殖 54 头猪和 1 000 只鸡。但是由于管理不善,农场第一年亏了 16 000 元。其他四个股东决定撤股,但是孙大午坚持让自己的妻子接管业务。农场里鸡的数量由 5 000 只逐渐增加到 10 000 只,后来达到最高峰时的 30 万只。于是,刘慧茹不仅还清了 20 000 元贷款,还得到了 10 000 元初始的净利润。

当时,孙大午还在农村信用合作社工作。看到自己的事业日渐壮大以及巨大工作量之下日益劳累的妻子,他决定辞职帮助妻子。1989 年,他申请了无薪行政假,并最终于次年辞职。很多孙大午身边的人都认为他这么做很傻,但是孙大午和妻子都决心要建立自己的事业。

B. 扩张和迅速发展:从一家小型家庭企业发展成为庞大的家族式集团

1992 年 1 月 18 日至 2 月 28 日,邓小平在南巡过程中做了一系列演讲,鼓励中国人民结束公有企业和私有企业之间的斗争。孙大午的事业在那个时候走向繁荣。最初,夫妻二人将几十万元的盈利放在保险柜里,之后他们就把钱存到银行。随着时间的推移,他们的企业获得了成功。孙大午的两个弟弟也依次在当地成了有影响的人物。弟弟孙二午成功经营了一家小型公司,另外一个弟弟孙志华担任容城县副县长,前途一片光明。

在孙大午看来,他们三兄弟不应该仅满足于这些小成就,而应该有更大的梦想。他对两个兄弟说,"我们一起干一番大事业!个人财富永远比不上社区的繁荣,所以我们应该让这里的村民都富起来。"孙大午的两个弟弟在 1992 年加入了集团。其他家族成员也紧随其后,于是,大午集团便形成了。

眼下孙氏企业已经从一家小型家庭企业一跃成为快速发展中的家族式企业。1994 年,孙大午成立大午技校,为培训本地人才提供免费教育。这样一来,孙大午的企业形成了先富的人帮助不富有的人的模式。在不到三年的时间里,就有 3 000 余人接受了养殖技术培训。1995 年,孙大午被评为"河北省养鸡状元",并担任保定市蛋鸡养殖协会会长。中华全国工商业联合会将大午集团排在"中国 500 强民营高科技企业"第 224 位。孙大午认为:"民营企业不应该仅仅追求私有资产。实际上这些企业只有生产和管理模式是私人的,民营企业创造的财富也应该转化为社会财富。"于是他形成了自己的理论:不看重利润,而是看重发展。

直至 1998 年,大午技校都是一所省市级模范学校,国家培训基地以及联合国教科文组织(UNESCO)农村教育研究与培训中心联系基地。同年,大午学校成立。三年内,学生数量由 165 人上升到 1 800 多人,且学校成为一所集合了幼儿园、小学、初中和高中的综合性学校。学校新建了很多建筑,包括一个能容 1 000 人的餐厅,一个食堂以及教学楼和宿舍楼。也就是从那时起,一些媒体开始把大午集团所在的村庄称为"大午村"。

C. 突如其来的危机和关键的转折点：大午集团的挣扎和重生

自1985年建立以来的18个年头，孙大午的企业从来没有出现过任何亏损。至2002年，大午集团有1 500多名员工，净资产达到1亿元人民币，还有980万元的利润。2003年5月27日，因"谷物银行"涉嫌非法集资，孙大午被捕并被关押了158天。

孙大午的离开使得公司停止运营，工人们纷纷被迫辞职。孙大午的家族企业似乎正面临着一场灾难。酒厂和玉米淀粉厂不得不关闭；饲料公司的客户大幅度减少。更糟的是，大午学校的招生显著下降，一年级只有6个学生，这也导致学校和加拿大联合主办的教育项目停了下来。随着公司走向下坡，一些员工找了其他的工作。甚至是那些选择留下来的员工也不得不被降薪。实际上，每个部门都有三分之二的员工下岗，施工人员被解雇，在酒厂的100多名工人也被迫离开自己的岗位。

经过调查，政府的清算和审计报告显示大午集团的固定资产价值1.1亿元。不过，就在孙大午被捕后，公司亏损了584万元，这也是自公司建立以来的第一次亏损。大午集团总共亏损达到近2 000万元。孙大午的业务也急剧暴跌。

为了振兴自己的事业，孙大午在出狱后开始思考公司的改革计划。2004年11月，他酝酿已久的"私企立宪制"计划，投入试行阶段。同年，大午集团的销售上升至8 400万元，其中600万元是净利润。次年，公司成功通过了ISO9001：2000国际质量管理体系认证，并在包括全国工商联在内的四家行业权威机构颁布的"中国最具生命力百强企业"中排名52位，其产品也被誉为"河北省名品牌产品"。20多名科学家和技术专家组成了大午集团"939鸡"养殖小组。农场养殖了5.5万套"大午京白939"祖鸡，年提供大午京白939父母代种鸡150万套，销往中国北部、东部、东北和西北的十多个省市和地区。2008年，大午孵化场自豪地声称拥有国内最先进的孵化出雏设备100余台，年提供商品代健母雏1 800万只。仅2007年上半年，大午养殖公司就出售了1 100万"939养殖种鸡"，销往106个城镇以及15个省。

III. 社会财富的增加：从一个农村梦想成为城市传奇

2008年，大午集团旗下共有8家附属公司以及17家工厂，包括大午饲料有限公司、大午种禽有限公司、大午食品有限公司、大午肥业有限公司、大午农业育种有限公司、大午学校、大午温泉度假村和大午建筑工程有限公司。集团还成立了一所技校、一家医院，还拥有公司轿车和卡车车队。至2010年，大午集团的综合性服务已经成功覆盖了小学、中学和高等教育行业。

孙大午将自己的事业战略分为四个阶段：(1) 通过结合育种、养殖和加工而获取利润；(2) 通过整合畜禽养殖、饲料生产和食品公司而发展；(3) 通过覆盖小学、中学和高等教育而提升；(4) 为社会谋福利，即建设一个新家园——大午城，在这个城市社区中人们可以享受安逸和谐的生活。孙大午希望自己的员工可以在大午城消费，而不是把钱都存在银行里。这样一来，人们就可以将个人财富转化为由大家共享的社会财富。他还想吸引大午城之外的新消费者，因为这将大大地增加大午城的财富。

企业有盈有亏；然而，人们一致认为大午城一旦建成，将是个小型但很稳定的社区。大午温泉度假村建成于2006年；大午科幻公园，一家3D影院和一家4D影院都已投入使用。另外，一家球幕影院和一个高尔夫球场也将在2009年完工。孙大午实行的所有这些项目都让他离自己理想中的社区更近一步，大午城的特点是"劳动力和资本、穷人和富人、政府和公民之间的和谐"。

IV. 家族企业的继承："立宪制"

大午集团的"立宪制私营企业"这个想法最初是孙大午在2003年服刑期间想出来的。当时，由于市场对谷物的需求强劲，而孙大午主要还是从事养殖业和饲料加工行业。但是，由于风险太大当时没有一家当地银行愿意贷款给孙大午。在中国的银行业曾经有这么一句流行语："无论是多么大的家族企业，绝不要考虑那些带有皮和羽毛的。"因此，筹集资金便成了孙大午最大的障碍。

为了缓解饲料短缺，孙大午开始向当地村民借谷物。这些村民于是号召别的村的村民把自己的粮食存到孙大午的企业中去，这样就可以为当地村民形成一个便利的"谷物银行"。孙大午向村民们保证，村民可以在三个月内随时撤回自己的谷物，超过三个月后还在的谷物就会被当作是集团向村民们的借贷，也就是说，村民们可以得到利息。此外，如果谷物存进来的时候市场价是1元每千克，那么三个月后，将涨到1.6元每千克，撤回的时候收到的钱就变成了1.6元每千克。如果，三个月后市场价跌到了0.4元每千克，那么谷物银行仍然会按照1元每千克支付给村民。贷款凭证（或借据）会经过人民法院的确认，作为"存款收据"的证据。

随着孙氏企业的规模日益壮大，公司员工也开始将自己的工资和谷物存到公司里，这样也就鼓励了更多的村民来孙氏企业存钱。于是，孙大午决定从市场中筹集更多的资金。大午集团招募了代理机构，并设立了一些融资机构。从2000年1月至2003年5月，大午集团通过提供比银行高的利率，发行了1 627张借据并筹集资金13 083 161元，总共涉及611人。

2003年5月29号，作为大午集团的董事长，孙大午被当地警方指控"非法吸收公众存款"，遂被逮捕。这种借款活动后来被徐水县人民法院判定为在"没有经过中国人民银行批准"的情况下变相地向公众收集资金。大午集团以借据的名义发行凭证，这在本质上其实就是"存款收据"。集团不仅提供比银行高的存款利息，还向公众保证不会征收任何"利息税"。徐水县人民法院根据《中华人民共和国刑法》中的条款作出一审判决：河北大午农牧集团有限公司犯"非法吸引公众存款罪"，判处罚金30万元。孙大午也因非法集资被判处有期徒刑3年，缓刑4年，罚款10万元。

在服刑的158天中，孙大午无时无刻不在担忧大午集团的未来。当时，包括孙大午两个弟弟在内的所有的高级管理层都被判入狱，公司暂时交由政府掌管。然而，三个月后政府指派的管理者由于健康问题退休了。于是，孙大午的长子孙萌，当时只有25岁刚从大学毕业的他不得不在这危机时刻接管集团。同时参与管理的还有孙萌的表姐刘平（孙大午妻子的侄女，当时担任大午种禽有限公司总经理）。

当孙大午半年后被释放后，他很惊讶地发现公司高层管理人员没有一个人离开集团；而且当公司账户再次开通时，几乎没有什么失误。孙大午和妻子被深深感动。在企业经历垮台和重生后，孙大午意识到必须建立一个更加适合大午集团的管理体系。只有这样公司才能长久发展。孙大午花了一年的时间制定了集团的未来计划，包括体制的改革。

A. 艰难的选择："分割"还是"完整"？

在孙大午制定新管理体系的同时，他的家族成员对集团未来的意见有很多分歧。孙大午当时还在服刑，所以不能担任集团总裁的位置，他不得不在49岁的时候就退位。

年轻并缺少经验的孙萌自觉无力掌管资产几千万的企业，巨大的压力让他最终还是拒绝继续担任该职位，他曾好几次试图辞职。同时，孙大午的两个弟弟和集团中其他元老都支持股份合作制，不同意孙大午继续保持企业私有制。孙大午还试图引进合股制和家庭股份制这样的体系，但是发现这些制度都很难实施，因为总是会有很多个人利益和责任之间的冲突。由于公司元老的要求以及家庭成员间的矛盾，一旦企业传承到下一代，很多家庭合股制最终都将瓦解。在孙大午看来，股份合作制将分割企业的资产，不仅将导致家族成员的疏远，还会导致集团流失很多发展机遇。如果事情发展到这个地步，集团会蒙羞。孙大午感觉到自己处在一个进退两难的境地：是该把公司传给自己的儿子，还是传给其他家族成员。

孙大午的妻子问他，"你能让公司保持现状，绝不要让公司分裂么？如果儿子们能够建立他们自己的事业，那就让他们去干吧。如果他们没能力，那就让他们在家族企业里过安稳的日子吧。"刘慧茹这番诚恳的话启发了孙大午，让他进一步思考公司是要保持完整，还是采取股份合作制。

B. 从国内外的历史参考中受到启发

孙大午一直都对中国历史研究很感兴趣，其实他受到了古代中国儒家思想的深深影响。"宣武门"事件给了他启发。唐朝第一位皇帝李渊，有三个儿子：大儿子李建成，二儿子李世民和小儿子李元吉。按照中国传统的皇位世袭制，李渊将皇位传给了大儿子李建成。然而，李渊的二儿子李世民对新帝国的建立做出巨大贡献，并获得众多将军和官员的支持。李世民杀了两个兄弟，逼迫父亲退位，然后自己登上王位。

这起历史上发生在皇室家族的不合事件让孙大午想到了自己的家族企业。他把自己的家族看作是一个国家：家族企业和君王的国家有很多共同之处。回首很多国家和家族的继承问题可以发现，这些问题几乎都是围绕到底是该把王位继承给自己的长子还是继承给最有才能的人。孙大午认为家族企业，特别是那些中大型企业，都是社会不可分割的一部分。同时，这些企业也折射出这个社会的每一面。虽然社会是一个永恒的企业，但人们始终认为家庭是社会的缩影。一个企业只有摒弃不适当的条条框框，不再在长子和人才之间选择，并结合社会现状，才能健康并可持续性地发展。

孙大午还仔细研读英国的"君主立宪制"以及古代中国隋朝的"三省六部的中央集权制"。"君主立宪制"提倡所有权与管理控制权的分离，限制皇权并将管治权归还人民。同时，"三权分立"在不同权利集团之间相互制衡，以保证治理国家时维持稳定的体系。古代中国的"三省六部的中央集权制"采用类似的分权体系，在制约丞相和尚书省的同时，保护君权（即中书省起草皇室法令，交由门下省审批，再由尚书省执行皇帝的指令）。

孙大午全面透彻地研习历史上其他公司有关继承问题的事件，以作参考。他还考虑到了大午集团的特殊情况。于是，一个崭新的概念开始在他的脑子里浮现，这就是他 2004 年 11 月创造并建立"私企立宪制"的过程。

V. "立宪制家族企业"的结构和内容

孙大午的"立宪制家族企业"的核心概念是所有权、决策权和操作权的分离，从而创造一个稳定的三权分立，同时又互相制衡的稳定体系。该体系是基于法规之上的，监事会，董事会及理事会分别是三权对应的实体。三权的最高机构是三会联席会。这三方都在管理体系的管辖范围之内，各自享有独一无二的权利，他们还对集团员工负责，对企业负责，对社会负责。他们的奖金取决于公司的利润。立宪制企业只有经过权益拥有人、三会以及超过 70% 的任期 5 年以上的员工一致同意之后才能修改。孙大午和妻子刘慧茹共同拥有产权，将来会继承给他们的后代。立宪制的内容还包含生产管理以及会议制度。

A. 三会的成员、职能、权利、利益以及条例

在立宪制的规定下，三个委员会的成员、职能、权利、福利以及条例如下：监事会主要由孙氏家族成员组成，负责起草和修订整体规定和章程，同时从法律、制度和道德方面监管董事会和理事会。监事会成员还负责监管财务和股票。同时作为其他两个委员会的监管者，监事会的成员可以享受津贴、年终奖励以及绩效提成。监事会虽然享有公司所有权，然而却无权控制决策和操作。监事会换届选举每三年举行一次，会长、副会长以及其他监事会成员都可以参加再次竞选。会长有权抽取集团毛利的 10% 作为公益基金，且须尊重公司 CEO（董事长）的决策权和总经理（理事会会长）的经营决策。监事会成员的行政开支预算和其他两个委员会相同。

董事会的成员都是由公司员工选举产生的。所有董事负责制定战略目标和发展方向，以及为本集

团附属公司做出投资决策。他们还负责选举各附属公司的高层领导人,决定每年的利润目标以及制定奖金分配计划。董事会成员可以同时享有董事津贴以及使用公司的公车和私家车。连任或累计担任两届的董事长以及担任八届以上的副董事将享有退休福利。大午集团还鼓励董事会成员的孩子出国留学,自己创业。公司设立董事(干部)子女出国留学、外出创业基金,数额为 30 万—100 万元。董事会可以做出行政决策和战略决策,但没有所有权或经营权。董事每届任期为两年,董事长为四年,他们都可以参加再次竞选。此外,董事长可以任命几个副董事作为他的助手。董事长可以使用的资产不得超过集团上一年总利润加折旧。董事长由监事会监管,且须尊重总经理的经营决策,董事长无权罢免总经理。

理事会由集团内各分公司一把手组成。所有理事会成员须参与协调资金的筹集和使用,以确保项目和任务的有效实施,一切遵守董事会的决策。理事会成员享有绩效提成奖金和年终奖金。退休后,担任三届以上的总经理依然享有同等福利。有突出贡献的成员还能享有董事会成员的工资待遇。理事会成员只享有经营权,没有所有权和决策权。总经理每届任期为四年,可以参加再次竞选,且可以任命几个副经理作为他的助手。总经理可以部署的资金上限为 30 万元。如果要使用的资金超出 30 万元至 100 万元,就需要两个委员会同时签字批准。如果超过 100 万元,则需要经过三个委员会会长的一致同意。

B. "立宪制家族企业"的实施

在这三个委员会中,董事长和总经理是选举产生的,而监事会会长则是按照孙氏家族内部的继承体制而任命的。至 2008 年,孙大午担任监事会会长,他的弟弟孙二午担任董事长,刘慧茹的侄女刘平担任总经理。大午集团都是在十二月份举行选举,也正是在这个"选举月"里进行三个委员会的选举。至 2008 年,监事会已经连续三年负责组织选举大会。

首次选举于 2005 年 2 月 28 日举行,大会采取了平等提名制。集团被分为五个选区,每个选区独立进行提名和投票。大会选举了 15 人组成董事会。在接下来的首次董事会议中决定董事长和总经理的人选。此次选举标志着大午集团"私企立宪制"的正式实施。在董事大会上,孙二午和刘平分别当选董事长和总经理。

在 2006 年 12 月 16 日举行的第二次选举分三步进行:大众选举、代表选举和精英选举。在 26 名候选人中最终脱颖而出了集团的 13 名董事、2 名候补董事以及集团 7 个子公司的一把手。(董事长和总经理仍然在任。)选举中的三个步骤确保了由高级人才管理公司,他们反过来也要接受公司所有员工的监督。来自《中国工商时报》的记者贾林男和李爱明见证了整个选举过程,并随后发表了标题为《目击大午"私企立宪制"选举》的新闻稿。在报道中,他们写道,"曾经辞职的孙萌获得了 425 票(仅次于他的叔叔孙志华)于是再次被任命为董事会成员之一。行政部门经理王才金、饲料公司总经理李思绪以及大午种禽公司副经理卢会杰成为当选董事会成员中最年轻的成员。董事会成员的年龄呈正态分布:大多数都在 30—50 岁,25—30 岁和 50—60 岁的人数差不多。"

第三届选举在 2008 年 12 月 16 日举行,同样采取选区制度。在公司任职 3 年以上有资格投票的员工总共有 661 人。选举最后,13 名董事中有 11 名连任。剩下 4 名是从 14 名候选人中选举出来的。这些人组成董事会的 15 名成员。还选举出了两名候补董事。在这次选举期间,孙大午保留作为监事会会长的提名权。包括孙大午在内的董事会 9 名成员都没有给孙大午的次子孙硕投票,认为孙硕应该再积累几年经验。然而,大众投票最终将其选为董事会成员。在选举地——由孙硕管理的大午温泉度假中心有投票权的只有 20 个人,但是选举结果是他获得了 300 多张投票,其中大多数都是来自其他附属公司的普通员工。

C. **家族成员的规则**

为了确保在继承时资产和财产的完整性,孙大午设立了一系列家族成员规则。该规则指出,监事会是孙氏家族的代表和监管部门,负责维护家族成员的法律权利和利益,比如住房、医疗、教育、出国旅游以及企业活动(100万元)。

家族成员每月也享有津贴,数额达到员工平均工资的两到三倍。孙氏家族中的女性成员婚后依然享有终身同等福利,但是她们的孩子并不享有福利。一直以来,家族成员在遵守和实施私企立宪制方面都起到模范的作用,公司也鼓励他们竞选董事长、总经理和监事会会长。家族成员拥有和职位相应的奖励和奖金的所有权。所有家族成员都负责监督监事会会长。至于只是作为权益象征的遗产将传给年轻一代,这也就意味着他们需要通过选举成为董事会成员才能获得决策权。目前,孙二午的两个儿子一个在国外留学,另一个正自己创业,他们都是家庭成员获得集团支持的例子。

VI. **"立宪制家族企业"将面临的挑战**

2010年是实行私企立宪制的第六个年头,大午集团的产出翻了一番,年利润以30%的速率快速增长。然而,对于孙大午来说,他关心的并不全是企业扩张。这些天来,他一直在考虑企业和家族未来的发展方向。作为一个思想传统的人,他认为无论如何家庭都不能离散。他曾说过,他希望看到自己的父母健康终老,兄弟关系和睦,以及后代受到培养。然而,家族成员不应该依赖企业吃老本,他们必须积累一线工作经验,并为逐渐赢得员工和投票者的支持和信赖而努力。

这种选举制度也有待改善。董事会成员的换届选举每两年举行一次,董事长和总经理是每四年一次,允许连选和连任。如果有董事遭到弹劾,他/她的评估报表也会向所有员工代表公布。每两年就会有三分之一的董事会成员被替换,集团采用差额选举机制以维持董事会成员职位的生命力和持续性。孙大午也考虑过"退出"机制。他设想一旦一家附属公司倒闭,那么两个董事席位就将被去除。万一整个企业倒闭,那么所有的董事席位都将自动消失。

除了这些在第三届选举后出现的意料之外的内部和外部挑战,有些中级管理人员还认为,在目前的形势下,有才能的职业经理人是不可能进入集团的,而且公司也留不住这些人。此外,三权分立削弱了实现可持续增长的动力。正如孙大午自己承认的一样,"这种体系无法摧毁整个企业,同样,个人想要突出也不是那么容易"。因此,孙大午又一次担心企业未来的命运。

讨论题

1. 哪些因素鼓舞了孙大午对河北大午集团实行私企立宪制?
2. 私企立宪制想要解决什么问题?这些问题是内部还是外部的,为什么?
3. 讨论私企立宪制的关键因素。基于你对这一章的阅读,对这些因素进行批判性评估。
4. 新的企业体制是如何解决家族企业中的问题的?你认为该家族企业立宪制有与中国文化相悖的方面吗?
5. 你认为该公司在未来企业管理上面临着什么样的挑战?

第七章
次要利益相关者：
政府、媒体和非政府组织

学习目标

- 了解政府概念以及政府影响企业的方式
- 了解公司通过企业政治活动影响政府的策略
- 了解媒体作为次要利益相关者所扮演的角色
- 掌握媒体分析以及管理媒体的重要意义
- 了解非政府组织（NGOs）的重要作用及其影响企业时所采取的战略
- 了解管理非政府组织以及与之合作的重要意义

商务伦理透视预览

耐克与血汗工厂

2008年，一位澳大利亚电视台记者化装成时尚买家混进了耐克在马来西亚的一个工厂，这家工厂的工人大部分是外国移民。经过调查发现，工厂的工作和生活环境极其恶劣，多数工人住在非常拥挤而且肮脏不堪的宿舍里，共用一个卫生间。不仅如此，工人们还必须缴纳雇佣费才能得到这份工作。一旦被雇佣，护照就会被没收，以防他们逃跑。除此之外，工人的工资非常低，仅够支付雇佣费。

耐克在马来西亚工厂的事件让人们不由得记起了20世纪90年代耐克曾遭遇过类似的伦理危机。众所周知，耐克的大部分产品都是以外包形式、由位于发展中国家的工厂承包生产的。然而，在20世纪90年代外包工厂一经披露，耐克即刻成为血汗工厂和恶劣工作环境的代名词。媒体和非政府机构也揭露了耐克在巴基斯坦雇佣童工的丑闻,由此还引发了大学校园里以及耐克门店外的抗议活动。在后来的很长时间里,耐克一直是公众抗议的对象。公司很快意识到,这些抗议会让公司付出代价。1998年耐克的利润相比较前一年,下降了50%。

此外,一些致力于改善工人工作环境的非政府组织也开始关注耐克。例如,致力于援助与发展问题的英国非政府组织Oxfam便开始将矛头指向耐克。耐克的澳大利亚分公司开展了耐克监管活动(Nike Watch Campaign),号召耐克的服装公司和鞋业公司改善工作环境。由此耐克公司在公众中树立了负面形象。

20世纪90年代,耐克最初被曝光时,公司并不想承担任何责任,并狡辩说其子承包公司才是罪魁祸首。然而,很快耐克就意识到要想挽回受损的公司形象,自己必须出面负责。为此,耐克采取了一系列措施,例如完善销售规则,同时建立监督体系。但是,2008年澳大利亚电视节目披露耐克并没有彻底解决此事。在面临新一轮的指责时,耐克马上做出回应,为其子公司的严重事件承担责任。不仅如此,耐克还对员工进行补偿,帮助想要回家的员工在附近安排工作。公司还与其子公司建立会面机制,制定员工规范。

虽然耐克承认公司不可能完全解决血汗工厂的问题,但是自从首例案件被曝光后,公司已经取得不少成就。现在公司不仅建立了专门致力于工作环境问题的网站,而且定期公布工厂名单、工作环境和财务状况。此外,耐克公司在可持续发展和减少垃圾排放等方面方面都处于世界领先水平。

摘自Brenton, S. and Hacken, L. 2006. "Ethical consumerism: Are unethical labour practices important to consumers?" *Journal of Research for Consumers*, 11, 1-4; Drickhamer, D. 2002. "Under Fire." *Industry Week*, 251, 5; Levenson, E. 2008. "Citizen Nike." *Fortune*, 158, 10, 165-170.

本章"商务伦理透视预览"展示了耐克公司应对媒体和非政府组织(NGOs)的经验,在披露耐克和其他服装鞋业巨头虐待工人事件中,媒体和非政府组织起到了非常重要的作用,而这两者都是次要利益相关者。本书第二章中,次要利益相关者(Secondary Stakeholders)定义为"与公司的生存及战略活动有间接关系的群体或实体"。因此,尽管次要利益相关者不一定对公司产生直接影响,但对公司的运营仍有重要作用。例如,耐克和其他服装鞋业巨头如彪马(Puma)、锐步(Reebok)均在改善工人条件方面做出回应,次要利益相关者敦促公司制定积极的战略决策,对制定基本原则起到了重要的作用。

一个公司若想成功并获得战略性竞争优势,需要在战略上管理次要利益相关者,因此本章将深入研究次要利益相关方。因对公司产生间接作用的群体和实体众多,我们仅关注对公司最重要的三个次要利益相关者。首先是政府作为次要利益相关者的作用,介绍政府的调节能力,及公司应对这些规则的方法。鉴于政府作为次要利益相关者的重要地位,本章中很大篇幅将探讨这一主题。其次,将分析媒体作为次要利益相关者的影响。最后将探讨非政府组织(NGOs)在商务伦理方面的作用。

7.1 政府规定

政府是次要利益相关者的重要组成部分。**政府**(Government)是可以限制、规范行为和行动的调控机构,其方式是通过自身能力来制定规则,检查并复审落实情况,操控并强化行为。换言之,政府可以通过**规定**(Regulation)来制定法律和规则,并依此强制公司做出道德行为。此外,政府还可以对违反规定的公司进行制裁。

那么,这样的规定有必要吗?许多人认为,最近一次世界性经济危机就是太多公司违反规定的后果。市场似乎总充斥着贪婪与不道德行为,[1]而政府恰好就是这些毒瘤的有效解药。市场可能不会总是按照需求进行有序的作业,这时政府就要出面干涉,让市场朝着积极的方面发展。同时,公司的行为可能会对外界产生诸如污染等消极影响,而这些消极影响最终会让消费者和整个社会买单。但是,政府的规定恰恰可以消除外界消极因素为其他利益相关者的影响。为鼓励伦理行为,政府应首先为公司提供一个倡导伦理行为的环境,而这个假设是可行的。例如,政府可以制定规定和规则来保证合同的完全实施,在此种情况下,政府的规定可以保证政府和其他实体单位能够对所有公司一视同仁。其次,政府的规定还可以强制公司遵循依据伦理要求承担应有的企业社会责任。在下面我们将从两方面详细论述。

就伦理环境而言,跨国公司应该考虑哪些方面呢?世界银行营商环境项目(World Bank Doing Business)研究了世界范围内的企业环境,从企业环境的伦理层面提出了一些见解。此项目原本关注不同社会对企业发展有益的环境事宜,但是在研究的九个方面中,有三个方面与政府推进伦理环境的规定有直接关系,所以我们重点关注这三个方面。

关于创造伦理环境,政府规定的第一个方面是产权登记制度。**产权登记**(Registration of Property)指的是"企业从其他企业购买产权并将所有权转至买方名下的一整套程序"。[2]公司拥有正式产权是衡量此公司经营符合伦理要求的一个重要指标。正式产权可以让公司以资产作为保证,申请贷款和其他金融基金,促进企业成长。同时,正式产权可以保证企业合法地拥有资产。如果一个国家的环境仅仅保证非正式产权,那么,公司不容易以此为保证获取公司的发展资金,公司也就不可能成长和发展。

世界银行指出,产权登记对于女性创业尤为重要。在许多发展中国家,女性对家庭收入的贡献占据很大比例。但是,如果产权登记非常困难的话,女性在申请贷款创立企业时会遇到很多困难。在一些国家,仅就抵押产权或是拥有产权而言,女性和男性的权利大相径庭。

鉴于以上几点,跨国公司应该尽力在可以申请产权登记的国家开展业务。图7.1向我们展现了不同地区产权登记的三个有关方面,即程序数目、产权登记所需时间、产权登记费用。跨国公司可据此选择不同的地区开展业务。

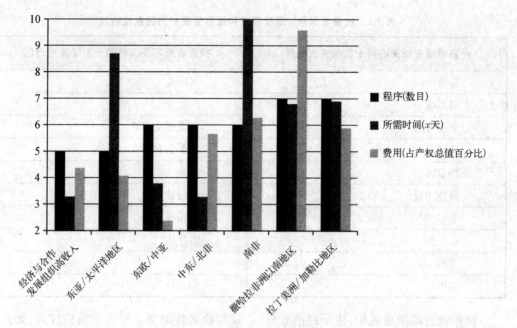

图 7.1 世界范围内产权登记

世界银行项目与伦理有关的第二个方面是**投资者保护**(Protection of Investors)。第六章中讲到,公司可以通过向投资者售卖股票进行融资,反过来,投资者也希望了解有关公司运行的透明化信息和公司的责任。然而,公司内部人员却往往可以利用公司资金或财产谋求个人利益。集权制企业,例如家族企业,可能通过控制家庭成员股东来滥用公司财产。股东一旦被控制,公司的财产就可以以低价售卖,从而危害公司和小股东的经济利益。在这种情况下,股东的权利就会被滥用。这也正是世界银行项目审视政府规定是否到位的重要方面,以保证次要利益相关者的利益。

政府规定的三个主要方面对投资者的保护起到重大作用。第一,政府可以保证相关方交易的透明性。例如,如果一个公司决定将公司财产转售给相关公司,那么公司股东就必须对此交易有知情权。第二,政府规定促使公司管理者对自己参与的交易承担相应的责任。例如,如果公司管理者利用公司财产获得个人利益,政府规定要求他们对这样的交易负责。最后,政府规定确保股东易于起诉公司管理不善的问题,这也是保护投资者的一个重要方面。小股东也有权利用有效的法律渠道为自己的案件辩护,并且在合理的时间内取得赔偿。

表 7.1 列出了世界上投资者保护等级最高与最低的国家。当公司考虑到在世界范围内扩展业务时,这些数据可作为外企投资的参考。

最后,世行营商项目中影响企业环境伦理性的第三个方面是**合同实施**(Enforcement of Contract)。一旦签订了合同,合同双方都希望合同的条款能够得到尊重,双方开展业务交易的前提是确信双方会遵守约定的合同。如果一旦感觉没有足够的规章保证合同的实施,任意一方都不愿与对方进行业务往来。

表 7.1 投资者保护：最受保护和最不受保护的国家或地区

投资者最受保护的前十位国家或地区	投资者最不受保护的十个国家或地区
新西兰	几内亚
新加坡	冈比亚
中国香港	密克罗尼西亚
马来西亚	帕劳共和国
加拿大	越南
哥伦比亚	委内瑞拉
爱尔兰	吉布提共和国
以色列	苏里南
美国	老挝
英国	阿富汗

世界银行的项目说明，由于经济危机，合同纠纷案件增多。许多大的债权人，如公共设施公司，都已经进行起诉，试图拿回所欠他们的债务。因此，拥有一个高效的系统来确保此类纠纷得到顺利解决是至关重要的。

保证合同实施包括哪些因素呢？世界银行考察了三个指标，即解决合同纠纷所费时间、提出商业诉讼所经历的程序、解决纠纷的费用占整个诉讼的百分比。图 7.2 展示了这三个方面各地区的实施情况。

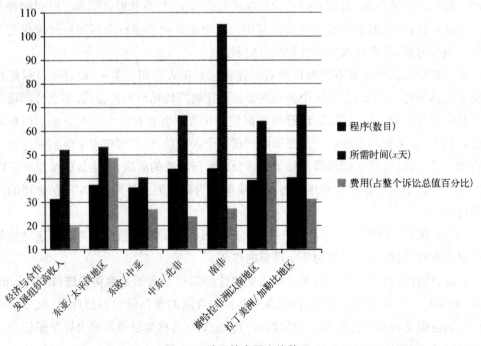

图 7.2 地区性合同实施情况

和其他图表一样,数据显示,经济与合作发展组织(OECD)的富裕社会群体拥有较好的伦理环境。平均而言,在三个方面中,经济与合作发展组织的指标都是最低的。非洲国家指标最高,表示那里的伦理环境不是很好。

上述各项规定是针对建立和维护伦理环境的而言的。在这样的环境中,公司相信,政府和其他实体集团会以符合伦理的方式对待他们。然而,政府规定也可以以法律法规的形式,强制公司行为符合伦理。例如,近来许多美国的立法,如《萨班斯·奥克斯利法案》(*Sarbanes-Oxley Act*,SOX)以及《沃尔克法》(*Volcker Act*)规定就明确提出,如果公司行为违反伦理,则是违法行为。具体参阅本章伦理可持续性透视。

正如伦理可持续性透视所示,政府可以进行立法,规范公司的伦理行为。劳伦斯(Lawrence)和韦伯(Weber)认为,政府规定有两种,即经济规定(Economic Reluation)和社会规定(Social Regulation)。[3]经济规定要求根据自由市场进行调节,以应对市场不良情况。这类规定的目的是处理市场失调的地方,如公司垄断,或者公司行为产生的不良后果。例如,如果一个公司占据垄断地位,那么,就可以限制产量并上涨价格。同样,公司的活动有时候也会带来不良后果,如空气污染或水污染。针对这两种情况,政府都可以介入,根据相关规定进行修正。

伦理可持续性透视

在欧洲和毛里求斯的企业社会责任

企业社会责任(CSR)表明公司有责任平衡股东之间的利益,并且考虑其行为对环境的影响。这部分将在第十二章中详细讨论。欧盟在 2001 年发表了《企业社会责任:公司对可持续发展的贡献》(*Corporate Social Responsibility: A Business Contribution to Sustainable Development*),鼓励公司积极面对自己的企业社会责任。这份报告在经欧盟成员公开讨论的基础上产生的,为在欧盟国家履行企业社会责任提供一个平台。欧盟的许多国家随即开始推行企业社会责任项目。事实上,最近一份调查显示,《财富》全球 250 强的欧洲企业中,90%的企业已经出版了可持续报告。这一结果表明,欧盟所倡导的企业社会责任价值观已经鼓励大多数企业履行企业社会责任。

欧盟推行企业社会责任的做法是相对积极的,但是毛里求斯政府却采取了一种更为强势的姿态,迫使企业接受企业社会责任。毛里求斯坐落于马达加斯加东海岸外的一个非洲小岛上,是经济繁荣的非洲岛国。2009 年毛里求斯出台了一项法律,规定以营利为目的的公司必须上交税后利润的 2%作为企业社会责任的支出。政府规定不参与企业社会责任项目的公司是违法企业。此外,政府对于上交的 2%的金额还制定了明确的标准,说明这些金额会用在企业社会责任的那些具体方面。例如,政府提供了一张清单,列出一系列将会受益于此款项的非政府组织。政府还明确指出,宗教活动和政治活动不能属于企业社会责任清单。所以，毛里求斯政府对于企业社会责任的构成进行了非常明确的规定。

摘自 Canto-Mila，N. and Lozano，J. M. 2009 "The Spanish discourse on corporate social responsibility" *Journal of Business Ethics*，87，157-171；http：//www.nef.mu/csr；Liederkerke，L.V. and Dubbink，W. 2008. "Twenty years of European business ethics — past developments and future concerns." *Journal of Business Ethics*，82，273-280.

Steiner 认为，历史上美国的大部分规章都是属于经济范畴。[4] 例如，在18世纪后期和19世纪早期，美国公众要求增加针对大企业的法规，这也是各种法规相继出台的原因，包括铁路规定、反信托法等。直到20世纪50年代，美国类似经济法规的制定都非常顺利，但是自20世纪60年代以来，经济立法开始日渐减少。

尽管如此，2002年还是通过了一项重要的经济法规。由于安然集团（Enron）和世界通信公司（WorldCom，简称世通）曝出财务丑闻，《萨班斯-奥克斯利法案》（*Sarbanes-Oxley Act*，SOA）在2002年得以通过。该法案主要用于改进财务报告制度，保证审计工作有章可循。此措施也旨在重塑投资者信心。针对越来越多的新问题，《萨班斯-奥克斯利法案》要求公司首席执行官和首席财政官审查财务报告，并确保报告是真实、透明的。同时，该法律要求公司内部管控要进行审计并记录在案。表7.2列举了《萨班斯-奥克斯利法案》的主要内容。

表7.2 萨班斯-奥克斯利法案总结

萨班斯-奥克斯利法案的主要规定
公司首席执行官和首席财政官需要审查财务报告
财务报表应很好地展现公司的财务状况
预计财务报表不允许包含欺骗性陈述或误导性信息
及时填写申报表
内部管控进行审计并记录在案
禁止审计员向其消费者提供未经审计的服务
资产负债表中的项目适度公开
董事会应有独立成员
受到不良行为调查时，公司不应销毁、更改或伪造证据
公司保护检举人免受打击报复

20世纪60年代，美国制定了第二种规章形式，即社会规章。社会规章主要致力于改善人们的生活水平，其社会目标包括：保护消费者、为员工提供安全健康的工作环境、为员工提供平等就业机会。经济规定主要修正市场合理运行方面出现的问题，而社会规章则强调改善社会个人、员工与消费者的生活品质。为了更加详细地了解社会规定，表7.3总结了欧

盟最近出台的有关规章。总的来说,政府在强制公司执行此类法律法规方面发挥着巨大的作用。但是,公司总能回应这些规定吗?下一节将审视公司对法规的回应。

表 7.3 欧盟社会规范

消费者	• 消费者有权要求使用安全产品。安全产品是指在按照产品的常规方法使用时,不会产生危害的产品。 • 生产商应该向消费者提供相关信息,以便消费者评估使用某种产品的潜在威胁。 • 消费者不应被广告误导。若广告在消费者购买产品前为消费者提供该产品的最基本信息,则为误导广告。 • 禁止使用非法传销、诱饵广告、社论式广告(广告伪装成社论)等广告手段。
员　工	• 员工不应因残疾、年龄、性取向、宗教或者信仰而受到歧视。 • 遭遇大规模裁员时员工需要咨询国家政府部门。应就裁员原因、裁员时长、裁员标准以及被解雇职员的赔偿金问题进行说明。 • 男、女员工应该在各方面受到平等对待,尤其是在待遇方面。 • 员工有权要求在安全健康的环境下工作。
环　境	• 成员国应评估空气的污染程度。必须采取措施以确保"欧洲纯净空气"。 • 成员国同意要求汽车制造商逐步减少碳排放。比如,到 2015 年,所有的小汽车每行驶 1 公里只产生 130 g 二氧化碳。 • 所有成员国采取必要措施测量境内噪声水平,必须采取措施减少或者管理噪声水平。
人　权	• 所有成员国都应强调人权,并以以下六项原则为基础:(1) 尊严(尊严权和生命权);(2) 自由(自由和安全的权利、私人生活和家庭的权利、保护私人信息的权利);(3) 平等(法律面前、人人平等、无歧视、儿童的权利);(4) 独立(集体谈判权、公平公正的工作条件、免于不合理裁员的权利);(5) 公民权利(投票权、良好的管理权、知情权);(6) 公正(公正审判权、无罪推定、同一罪责不得重复惩罚)。
信息社会	• 成员国应该努力增加媒体素养。媒体素养指民众认识、理解以及审慎评估媒体信息的能力。 • 成员国应该确保所有公民平等享用电脑、电话、电视、在线管理、网上购物、呼叫中心、自助终端以及自动取款机。 • 所有成员国应努力创立同一的网络市场。比如,目标之一就是创造统一的网上音乐、电影和游戏的市场。

7.2 政府规章和公司的政治活动

政府制定规章后,公司主要有两种选择,或遵守这些新规则,或降低这些规则的有效性,甚至推迟执行新规则的时间。公司若接受新规定,则是有效合法的行为,可避免起诉。制度理论认为,政府是现代社会强制公司执行政府命令、追求合法性的关键组成部分。[5] 就此而言,合法性(Legitimacy)是与普遍接受的价值观和规范一致的行为方式。

为什么公司通过接受政府命令来追求合法性?从战略管理的角度看,合法性非常重要。第一,此类行为能够帮助管理者辨识合适行为。随着越来越多的公司开始执行政府规定,这些规定便成为制度,为人们所接受。这些规范减少了管理者参与复杂决策过程的需求。第二点也是最重要的一点,合法性表示公司遵守政府法规。这不仅使得关键利益相关者不断提供支持,同时能从关键部门获取宝贵的资源。因此,合法性保证了企业的生存。更多有关合法性过程的详情,参见本章"商务伦理透视"。

商务伦理透视

加拿大政府公共卫生部门的政府改革

1994年,加拿大艾伯塔省开始对其公共卫生体系进行改革。改革和法规的通过旨在鼓励公共医院能够像"企业"一样运营。大约合并了200个医院董事会和卫生单位,最终形成9个地区卫生管理局。这些新单位压力重重,通过有效的管理,在四年多时间里节约了7亿多美元。

这些地区卫生管理局必须服从政府命令,必须在政府的严格规定下运营,并接受政府资金支持,不遵守政府规定意味着违反国家法律。为了应对降低成本的合法需求,其行政职能高度集中或重组,减少数千工作岗位,以进一步节约成本。

与此同时,地区卫生管理局却忽视了其他利益相关者的需求。尽管支出是减少了,但是病人满意度和医疗卫生质量也下降了。社区、护士和病人的不满越来越强烈,护士开始组织游行,医生也开始抗议,希望得到更高薪水以及在使用卫生保健设施时享有更多的权利。

尽管加拿大当局最初无视这一情况,但很快就做出妥协,以防止该系统出现更大的混乱。加拿大政府同意增加资金,并满足各方利益相关者的需求。

摘自 Sonpar, K., Pazzaglia, F., and Kornijenko, J. 2010. "The paradox and constraints of legitimacy." *Journal of Business Ethics*, 95, 1-21.

"商务伦理透视"显示了加拿大地区卫生管理局向政府寻求合法性的一次尝试。但是,追求合法性时,管理局忽视了其他利益相关者的需求,因此合法性也明显具有局限性。此外,在有些情况下,公司会积极想方设法地改变规定或者推迟新规定的执行时间。接下来我们将讨论公司公共活动。

公司公共活动(Corporate Public Activity,CPA)指公司影响或者管理政治团体和政府的举措。[6] 公司公共活动包括游说、竞选捐款、政府关系办公室管理以及向行业贸易团体捐款等活动。勒克斯等人(Lux et al.)认为近年来美国的商务捐款大幅增长,如2004年共和党全国委员会和众议院、参议院竞选委员会的商务捐款高达7.82亿美元,比1994年的3.58亿美元增长了220%。

公司进行公共活动有许多原因。第一,公司参与公共活动以影响与公司运营相关的立法。比如,人们一般认为游说可以影响政府在制定公共利益规定时考虑到公司的私利。[7]

第二,公司进行公共活动以便获得政府资源。设想国有企业获得政府的支持,就意味着能获得政府的资金支持。此外,许多国家的政府也是商务活动的重要参与者,能够给公司提供销售机会,通常是政府官员决定把某个商业奖项颁发给某个公司。[8]因此,公司公共活动可能是影响这些政府官员的直接方式。

公司参与公共活动的最后一个原因是能够对公司业绩产生积极影响。与政府建立关系不仅可以帮助公司消除负面影响,而且也可获得政府的资源支持。最近已有研究证明这一观点。在一份包含78个研究报告的大型汇编中,Lux的研究证明公司公共活动的确能为公司带来更好的业绩。[9]欧克马托夫斯基(Okhmatovskiy)的研究更揭示了政府与公司业绩之间的微妙关系。[10]欧克马托夫斯基的研究不再局限于调查公司与政府之间的直接关系,而是研究了约600个俄罗斯银行,结果发现:公司通过与国有企业的联系而与政府产生的间接关系,能够让公司产生更好的业绩。但是在这个案例中,公司与政府的直接关系并没有提升公司业绩。

本节介绍政府作为次要利益相关者的重要性。面对最近发生的经济危机,许多人认为,政府在未来应该发挥更大的作用,这也就意味着公司在制定策略时,要与政府不断扩大的影响力竞争。此外,在许多新兴市场政府起主导作用,对商业环境有重大影响。

7.3 媒体

媒体(Media)指多种信息渠道,如报纸、电视和因特网,也是重要的次要利益相关者,具有强大的影响力,是获取公司信息的重要渠道。[11]多伦(Donlon)甚至认为媒体可以制造不少热点事件,瞬间击垮企业,[12]因为公众往往是通过媒体了解企业的。因此,本节将关注媒体的影响力,而互联网媒体,诸如社会媒体,也是一种重要的媒体形式。因特网和社会媒体伦理的内容将在第八章探讨。

媒体力量究竟有多大?"商务伦理透视战略"中揭示出媒体对公司和企业运行的巨大影响,甚至对一个产业的生存产生深远的影响。毫无疑义,医药行业已经出现了非伦理行为,但是该研究也提出了以下疑问:医药产业有没有得到相关问题的公正报道?科尔梅尔(Kollmeyer)在另一项研究中,对媒体如何"描述"企业进行了深入的分析。[13]此外,科尔梅尔选取了《洛杉矶时报》(*Los Angeles Times*)中加利福尼亚州的企业新闻,并与加州的客观业绩指标进行对比。研究表明,《洛杉矶时报》更倾向于报道公司和投资者等经济精英的负面新闻。尽管加州的工人面临着巨大的挑战,但《洛杉矶时报》还是倾向于用短篇故事的形式对工人进行报道,并且一般刊登在副刊。显然,媒体采用了非客观的报道形式。公众依赖媒体提供的信息获取企业信息,而非客观的媒体报道往往与事实不符。因此,企业必须在媒体中树立良好的企业形象。

商务伦理战略透视

美国医药行业的报纸和伦理问题

医药行业毫无疑问是一个非常重要的行业,对美国经济影响巨大,同时对不同人群的健康幸福也具有重大的影响。一直以来,该行业立足于服务人类健康,始终致力于治疗新发疾病,研发新型药物。

尽管如此,美国医药行业却一直为公众所诟病。一项针对美国医药行业的媒体分析也印证了这一点。报纸的影响很大,即使在关闭了广播和电视之后,人们还能读到报纸上的文章。通过对美国五大报纸的调查,研究人员就这些报纸中对医药产业的报道进行了研究,包括相关报道中的标题和报道内容。研究人员还将标题分为对该行业的肯定、否定或中立三种态度,也将报道内容分为对该行业的肯定、否定或者中立三种态度。

研究结果表明,2004年和2005年的标题和文章大多对该行业持否定或者中立态度。2004年持肯定态度的标题仅占18.1%;2005年持肯定态度的标题仅有9.2%。在内容方面,2004年持肯定态度的文章仅有20%,2005年持肯定态度的文章则占19.2%。这些数据清晰地证明了该行业的观点:报纸对该行业的报道非常负面,有失公正。

报纸对医药行业的报道果真具有负面作用吗?实际上,该行业出现了许多不合伦理的行为,如定价、送礼、销售以及市场营销手段等问题。不可否认的是,该行业也有许多正面的行为,但是报纸却对正面行为没有过多的报道。例如,对默克公司(Merck)关节炎止痛药(Vioxx)安全问题的报道远多于其为撒哈拉以南非洲地区艾滋病人提供治疗的报道。

摘自 Sillup. P. G. 2008. "Ethical issues in the pharmaceutical industry: An analysis of U. S. newspapers." *International Journal of Pharmaceutical and Healthcare Marketing*, 2, 3.

最近媒体对政界的报道可以为企业提供借鉴。[14]比如有关选举的报道,媒体更倾向于关注竞选中的冲突问题,制造竞选中更多争议性问题,而非对候选人进行公正客观的报道。那么,为什么媒体会关注争议呢?里道特(Ridout)和史密斯(Smith)认为,商业压力常迫使媒体关注轰动事件,而非常规事件。为了吸引更多读者,为公司获得更多的广告赞助,媒体更倾向于关注吸引公众的轰动事件。在报道企业时,媒体也采取了同样的策略,更倾向于聚焦诸如某公司管理层的不道德行为等事件,而不是聚焦在另一个公司所参与的慈善活动。

因此,了解媒体对公众的影响是非常重要。安迪娜·迪亚兹(Andina Diaz)认为,"媒体力量很强大,媒体不仅向公众传递信息,而且可以自由决定强调哪些问题、忽视哪些问题,制定公共生活的议程,并在某些问题上形成共识或者产生分歧。"[15]虽然媒体的影响力涉及各个层面,在此我们仅关注与商务伦理相关的部分。对此,巴伯(Barber)和埃克辛(Axinn)(2004)提供了一些关于媒体如何影响公众对公司看法的观点。[16]第一,增加商务伦理方面的知识,媒体可以影响公众的态度和行为。但是正如安迪娜·迪亚兹所说,此类信息有时也会强化公众的既有态度。[17]比如,若公众认为某些公司行为属于非伦理行为,新闻报道则会强化公众的态度,继而接受这一观点。第二,若公众认同传播信息的电视或者广播名人,媒体也会因此影响公众。比如,若相关信息来源于一个致力于提升公众环境意识的名人,则人们更可能改变他们对全球变暖的态度。

基于以上几点,显然媒体会影响公众对某些行业或者企业的看法。上文讨论了媒体对企业与公众的直接影响,同时媒体也可能产生间接的影响。解释媒体间接影响的最重要理论是"第三人称"效应(The Third-person Effect)。[18]第三人称效应指接触到信息的人一般认为此类信息对别人造成的影响比对自己造成的影响大,但是此类信息也同样影响接收信息的人本身。已有研究证明,如果青少年认为支持吸烟的媒体信息影响了同伴,那么他们也很可能会吸烟。与此类似,如果医生知道直接面向消费者的药物广告会对顾客造成负面影响,则不大可能开此类药物。就商务伦理而言,也会产生第三人称效应。比如,有人从新闻中知道某个公司欺骗了一个消费者,就会决定不再光顾该公司以防自己受骗。

7.3.1 媒体分析和商务伦理

尽管媒体有时可能会不公正地报道企业,但媒体仍然是大部分人获得信息的重要来源。研究显示,公司在遭到公众揭露非伦理行为后,常常能够渡过难关,专家认为这与媒体监控不无关系。[19]公司的声誉是一笔非常重要的资产。随着时间的流逝,媒体的报道常常决定了人们到底信任公司什么。[20]如果媒体认为公司声誉不良、行为不端,那么会对该公司产生严重的负面影响。此外,媒体还为公众提供信息,公众据此判断是否可以信任该公司。[21]不难看出,信任对公司的生存是非常重要的。

尽管媒体的作用非常重要,但是最近有研究表明,并非所有公司都定期进行媒体分析(参照图7.3)从图中可以看出,在此次样本中,仅27%的公司以某种形式进行正式的媒体分析。但是,这种**媒体分析**(Medial Analysis),即企业"定期观察媒体,并了解媒体对企业的看法",对企业而言非常重要。[22]媒体分析能够帮助公司评估媒体报道公司的方式,并解决相关矛盾。媒体分析也能帮助公司了解其对手的行为。从战略管理的观点看,对竞争对手进行媒体分析也是获取竞争信息的重要来源。[23]

媒体分析一般由专门从事媒体搜索的第三方公司完成。同时,公司也会花费大量资源,以了解人们在社交媒体上对公司的评论,如脸谱(Facebook)和推特(Twitter),详细内容见第八章。此外,社交网站以及社会媒体上的信息传播很快,因此公司也要对负面信息迅速做出回应。

道林(Dowling)和威克斯(Weeks)认为,媒体分析的形式一般有三种。首先,媒体分

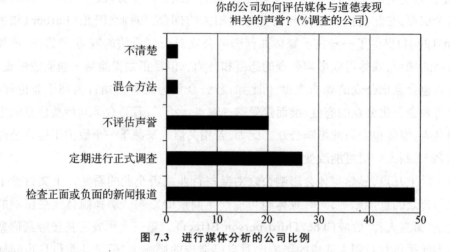

图 7.3　进行媒体分析的公司比例

析可以采取**突显分析和情感分析**(Salience and Sentiment Analysis)的形式。[24] 突显分析(Salience Analysis)是指通过公司在所选择对象中被提到的次数来衡量。如果将媒体的地位也考虑进去,则还可以有一种更精确的形式。情感分析(Sentiment Analysis)指媒体采用正面、中立还是负面的方式来报道公司。因此,有些突显和情感分析能够提供一些人们对该公司的大致看法。这种分析形式一般与公司具体事件相结合,同时也反映出某类事件对媒体的影响。

第二种形式是**主题和矛盾分析**(Theme and Contradiction Analysis)。在很多情况下,企业可以通过对媒体连续报道的分析,获知公司在某个主题事件中的公众形象。比如,道林(Dowling)和威克斯(Weeks)认为,最近媒体报道反映出电脑巨头苹果公司的客户满意度在下降,主要是因为未能对客户的需求做出迅速回应。[25] 苹果公司获知这些问题后,没有掩饰问题,而是制定了积极的公关策略,解决棘手问题。此外,矛盾分析(Contradiction Analysis)是指将媒体对问题的描述与公司自己的说法进行对比。比如,在回应取消抵押赎回权的问题上,银行业说他们更加关注哪些房子被取消赎回权,但媒体报道似乎对这一决定不感兴趣,这是银行业最近正在解决的矛盾。

最后,媒体分析也可以采取**问题和方法分析**(Problem and Solution Analysis)的形式。具体来说,这两种分析形式能够为公司梳理媒体报道中的系列问题,如:媒体说了什么,是正面报道还是负面报道,报道了哪些主题,公司怎样与对手竞争。这些都可以看作是需要处理的问题。按照道林和威克斯的看法,从战略管理的观点看,公司应该从以下四个方面进行媒体分析:[26]

- **强化大公司信息。**公司应该将其优势与媒体信息相联系。比如,美国 GE 公司通过不断的"生态想象"的广告主题,将公司主题从利益驱动变成绿色公司。
- **处理负面信息。**如果媒体用不公正的负面方式报道公司,那么首先应该分析媒体这样报道的原因。这种描述背后公司有可能确实存在问题。然后,公司要解决这些问题,逐渐将新信息传达给媒体。比如,梅赛德斯—奔驰没有否认报道中的可靠性问题,而是通过满足客户需求,来避免公共关系危机(参见本章短篇案例)。否认负面信息只会导致滚雪球般的灾难。

- **感谢混合信息。**公司应该仔细分析为什么媒体上会同时出现正面信息和负面信息。负面信息有时能揭露一些需要处理的道德领域的重要问题。因此,公司需要解决这些矛盾。
- **了解缺失信息。**公司进行主题分析时,需要考虑为什么一些公司的核心信息缺失了。比如,如果一个公司最近开始了一项新的环境任务,但发现媒体没有对此进行报道,于是公司就应与媒体联系,着手新闻报道。与此类似,如果媒体没有对企业的伦理策略进行报道,那么有必要填补此类空白。

以上内容讨论了公司进行媒体分析后能够采取的措施。公司有必要将正确的信息传达给媒体。一致性的交流对打造企业的伦理形象是非常必要的。此外,这种情况也往往出现在公共关系活动中。我们将在本章后面部分讨论公共关系问题。

7.4 非政府组织

本章探讨的最后一个有影响力的次要利益相关者是**非政府组织**(Non-governmental Organizations, NGOs)。因为一些跨国公司和企业已遍及全球,非政府组织已经成为一种重要的平衡力量[27]。比如,我们可以从本章"商务伦理透视"中看到,许多非政府组织对耐克公司施以强压,要求该公司处理好劳工和其他人权问题。如果没有一些非政府组织长时间、强有力的关注,耐克公司很可能不会对其虐待劳工的问题做出如此迅速的反应。

"非政府组织"是一个涵盖面很大的术语,包括"特别利益集团、激进组织、社会运动组织、慈善组织、宗教团体、反抗组织以及其他非营利性组织",[28]这些团体组织起来,并致力于某些共同的信仰和原则。表7.4显示了一些非政府组织以及组织目标。

如表7.4所示,这些非政府组织关注以下问题,如童工、血汗工厂、人权、可持续发展、油污染、公平贸易,以及对子孙后代的关注。[29]因此,非政府组织也称作"有特殊目的"的非政府组织,一般是指解决上述问题的组织。[30]这些非政府组织一般也称"非会员制"组织,因为其会员的利益即是捐钱、捐时间者个人的利益。同时,还有另一种非政府组织,称为"会员制非政府组织",这些组织代表其会员的利益。此类非政府组织为同业公会、行业组织和工会。同样值得注意的是,非政府组织的规模和结构差别很大。一些非政府组织规模较小,不太正式,但却是具有活力的草根型组织。其他非政府组织结构正式,规模更大,更加成熟。

表 7.4 非政府组织及其目标

组　　织	说　明　和　目　标
大赦国际 （Amnesty International）	• 成立于 1961 年，会员约 300 万名，来自全球约 150 个国家； • 致力于按照《世界人权宣言》结束侵犯人权行为并保护人权； • 详见 http：//www.amnesty.org。
保护国际 （Conservation International）	• 成立于 1987 年，全球共有 30 多个办公室，约 900 名职员； • 使用强有力的科学基础来影响全球的发展，认为从内心关爱和珍视自然对人类非常重要； • 详见 http：//www.conservation.org。
公平劳工协会 （Fair Labor Association）	• 成立于 1999 年，该协会是有社会责任感的公司、大学以及民间社会组织的集体力量； • 致力于在全世界范围内结束血汗工厂，提升工人权利及其工作环境； • 详见 http：//www.fairlabor.org。
国际绿色和平组织 （Green Peace International）	• 成立于 1971 年，现今在全球 30 多个国家有办公室，由其全世界范围内 2 800 万名会员资助； • 主要任务是通过解决全球变暖、原始森林破坏、海洋土地化和核灾难的威胁，来保护地球； • 详见 http：//www.greenpeace.org。
国际乐施会 （Oxfam International）	• 由一些非政府组织于 1995 年成立，包含在 99 个国家工作的 14 个组织的联盟； • 与 3 000 多个本土组织合作，致力于帮助贫困人群行使人权，维护尊严。主要任务是寻求解决全球范围内贫困和不公正的问题的方法； • 详见 http：//www.oxfam.org。
透明国际 （Transparency International）	• 成立于 1993 年，是一个拥有 90 多个分会的全球性网络； • 致力于通过提高腐败意识，降低对腐败的冷漠和容忍度，采取措施结束全球的腐败问题等手段反腐； • 详见 http：//www.transparency.org/。

商务伦理战略透视

非政府组织及其影响

在过去几十年间，非政府组织对跨国公司的经营活动产生了巨大影响。许多专家都认为，推动企业社会责任（CSR）的主要原因是由于是非政府组织持续不断施加压力的结果。例如，在一份对西班牙企业社会责任的发展进程研究中，阿里纳斯等人（Arenas et al.）明确认为，虽然非政府组织有时受到争议，但是它们在推动西班牙企业采纳企业社会责任政策时起了重要作用。[31] 此外，索布查克（Sobczak）和马丁斯

(Martins)还说明了非政府组织在法国和巴西等国推动企业社会责任过程中起的关键作用。[32]这种关键作用并不让人惊奇,因为非政府组织在坚持关注气候变化问题上也起到重要作用。卡朋特(Carpenter)指出,越来越多非政府组织参与世界很多气候,这些组织有自己明确的目标。[33]随着全球《京都议定书》(Kyoto Protocal)谈判的继续,这种谈判越来越需要应对日益强大的非政府组织。

以上内容表明,在各国坚持对气候变化和企业社会责任的讨论中,非政府组织所起的作用。但是,非政府组织也可能对某些公司造成冲击。在一份纵向研究中,希帕里(Skippari)和帕尤宁(Pajunen)说明了芬兰的跨国公司梅采-博特尼亚公司(Metsä-Botnia)如何因为忽视了非政府组织的要求,而无法在乌拉圭进行外商直接投资的事件。博特尼亚公司希望在乌拉圭投资兴建一个纸浆厂。尽管该公司评估表明,纸浆厂不会对环境造成太大危害,并且还能为经济发展做贡献,但是激进组织很快就开始反对建厂。受纸浆厂影响的人们组成了非政府组织。激进组织在国家层面上开始关心自己的群体。博特尼亚公司对其评估深信不疑,于是继续推进纸浆厂建设。但是,这样的行为导致公司与非政府组织之间产生了更多矛盾。在某些地方,矛盾无法控制甚至无法协调。后来博特尼亚公司认为,他们早就应该听取非政府组织的要求。

摘自 Arenas, D., Lozano, J.M., and Albareda, L. 2009. "The role of NGOs in CSR: Mutual perceptions among stakeholders." *Journal of Business Ethics*, 88, 175-197; Skippari, M. and Pajunen, K. 2010. "MNE-NGO — Host government relationships in escalation of an FDI conflict." Business Society, 49, 619; Sobczak, A. and Martins, L.C. 2010. "The impact and interplay of national and global CSR discourses: Insights from France and Brazil." *Corporate Governance*, 10, 4, 445-455.

非政府组织对公司的战略到底有多大影响?参见本章"商务伦理透视"中的案例分析。

"商务伦理透视"简要描述了非政府组织对公司战略造成的影响。芬兰的博特尼亚公司因为在早期忽视了非政府组织的要求,最后不得不放弃一个战略项目。因此,与其他利益相关者类似,非政府组织也需要得到适当的管理。但是,要了解如何满足非政府组织的需求,就必须了解非政府组织所采用的影响公司的各种策略。我们将在下文研究这些问题。

7.4.1 非政府组织策略

非政府组织所做的事情看起来有很大不同。大多数专家都认为,非政府组织既可以积极合作并参与活动,也可以从事具有威胁和敌对的活动。合作型非政府组织一般认为与其合作的跨国公司会自愿采纳某种形式的行为准则。[35]在对西班牙公司与非政府组织的互动研究中,瓦勒(Valor)和美丽诺(Merino)证明了非政府组织采用的是合作战略。[36]研究结果表明,在西班牙,非政府组织和公司都积极与对方建立合作关系。事实上,许多公司都希望与非政府组织建立合作关系,非政府组织也同样希望与公司合作。在选择合作公司时,非政府组织会明确公司必须关注的重点领域。这种合作和参与一般会给公司和非政府组织带来双赢的局面。

但是,不可否认非政府组织也可能采取**对抗策略**(Confrontational Strategy)。主要是指当非政府组织认为这些违规的跨国公司改变或修正目标的可能性不大时而采取的策略,因为非政府组织认为采取性对抗策略很可能影响到这些违规跨国公司的经济利益,从而可以敦促其改变目标。在采取对抗策略时,非政府组织可能依赖象征性的破坏战略,如负面报道,或者实质性的损坏战略,如联合抵制。在极端情况下,非政府组织也可能采取故意损坏财产的策略。

以上内容讨论了非政府组织与公司互动的一些较为直接的方法。法桑(Fassin)认为,非政府组织也可能间接影响公司。[37]在这种情况下,非政府组织往往依靠公司的利益相关方和媒体来影响公司。具体说来,非政府组织可以通过三个层次的操作间接影响公司:第一,非政府组织可以针对主要利益相关者,如消费者和员工。比如,若公司出现非伦理行为,则可以要求消费者抵制该公司。第二,非政府组织可以通过公共舆论来间接影响公司。在这种情况下,可以利用媒体改变公众对公司的看法。写信、谴责以及其他道德谴责方式都是可能采取的手段。第三,非政府组织可以通过监管者和立法者间接影响公司。此前讨论过的"游说"是非政府组织采取的一种典型的方式,从而支持监管者通过新的法规将公司的某些行为划定为非法行为。

尽管非政府组织在平衡公司对社会的行为方面起着重要作用,但是我们也要注意到非政府组织有时也会出现不当行为。在一份关于非政府组织行为的案例研究中,法桑(Fassin)发现了以下不当行为的证据:

- **扭曲传播**。非政府组织可能依赖未经核实的信息,或者为了证明自己的观点而扭曲信息。媒体公开此类错误信息后,有时很难更改这些错误。
- **随意攻击**。跨国公司因为其规模、影响力较大,可能成为易受攻击的目标。比如,道达尔(Total)燃油有限公司在1999年布列塔尼出现燃油灾难时遭到环保主义者的攻击。尽管此次灾难的主要责任应由运输公司负责,道达尔公司却被谴责在选择运输其产品的公司时缺乏判断力。
- **利益冲突**。非政府组织并非总是为所有的相关利益相关者斗争。实际上,有一些同业公会和行业组织只支持个别利益相关者。比如道康宁公司(Dow Corning)面临的乳房假体丑闻,因为假体里的硅渗透到了女性身体里。事件中一个拥护者是代表整形手术利益的非政府组织,该组织辩称此行为是女性所必需的。
- **诈骗**。非政府组织之所以能够存在,是因为他们能够从不同源头获取资金支持。

法桑认为,有许多案例表明,非政府组织可以在同一个项目中获取多种资金来源。此外,有些非政府组织还为同一个项目提交重复发票,并从世界银行和欧盟等处多次获得资金。

尽管非政府组织有这些不当行为,但其在现今的商业环境中仍然起着重要作用。本章最后一节将考察公司管理非政府组织的方法。

7.4.2 非政府组织管理

非政府组织与其他利益相关者类似,也必须进行管理。本章所讨论的诸多案例表明,非政府组织对公司有重大影响。比如,本章"商务伦理透视预览"解释了耐克公司是怎样因为受到了负面新闻的报道,最终影响到公司利益。于是,耐克不得不逐步解决工人的工作环境,以达到非政府组织的要求。此外,本章"商务伦理透视策略"中,梅采博特尼亚公司因为忽视了非政府组织的要求,不得不终止了造纸厂项目。因此,有必要对非政府组织的存在和行为进行分析和管理。

非政府组织应该怎样管理呢?第二章中讨论的技巧和方法在这里也非常适用。跨国公司应该执行第二章中所讨论的诸多步骤。具体说来,公司应该识别利益相关者(哪些非政府组织对公司有影响),利益相关者的优先顺序(哪些利益相关者是集权力、合法性和紧迫性于一体),利益相关者可视化和映射(哪些非政府组织最具权力和紧迫性),利益相关者的参与(怎样通过对话与合作使非政府组织参与进来),以及利益相关者的监督(非政府组织行为的本质)。更多与此相关的细节,参见第二章。

商务伦理战略透视

非政府组织与合作

几十年来,公司和非政府组织一直都有矛盾,具有影响力的学者普拉哈(C.K. Prahalad)将该情形称为"共存"。但公司现在面临着新的挑战,并且努力开始承担企业社会和环境责任,也在不断增强与非政府组织之间的合作。产生于这个时代的"共存"一词也预示着公司和非政府组织之间新的发展方向。例如,达能集团(Danone)与发展中国家的非政府组织合作,以期进一步了解这些国家低收入消费者的生存状况。与此类似,联邦快递(FedEx)与总部在华盛顿特区的美国环保协会(Environmental Defense Fund)合作成立混合电动卡车车队。这些形式的合作无疑对公司的发展战略产生了积极的影响。

阿莱曼(Aleman)和桑迪兰兹(Sandilands)关于星巴克与非政府组织合作的研究也表明,合作和参与有利于其中的利益相关方。[38] 早在1994年,非政府组织就开始针对该公司施加压力，要求星巴克制定供应商"工资、福利、住房和健康状况标准"。最初星巴克抵制了非政府组织的激进行为，但最终与代表咖啡供应商利益的不同非政府组织建立了合作关系。具体说来，星巴克通过与"保护国际"（Conservational Internation）这个非政府组织（详细说明参见表7.4）的合作，最终提高了全球范围内咖啡供应商的生活水平。这种合作关系也帮助星巴克走出了问题困境。星巴克在与这些非政府组织合作时，与咖啡供应商积极互动，制定了标准与解决方案。比如，星巴克的供应商应该知道他们所花的钱有多少真正流向了种植咖啡的农民。星巴克现在购买的咖啡大部分来自可持续、进行公平贸易的供应商。

不难看出，不少公司在与非政府组织合作中获益匪浅。比如，达能集团了解到：40亿低收入人群每天的收入不到2美元。通过更好地了解这些人，达能集团就能开发出更适合低收入人群的产品。公司在获取市场利益的同时，也提升了公司声誉与知名度。

摘自 Auriac, J. 2010. "Corporate social innovation." *Organisation for Economic Co-operation and Development*, May, 279; Aleman, Perez P. and Sandilands, M. 2008. "Building value at the top and the bottom of the global supply chain: MNC-NGO partnerships." *California Management Review*, 51, 1, 24-49.

专家认为，公司在进行利益相关者分析时应该采取的一个关键步骤，就是利益相关者的参与。瓦勒和美丽诺甚至认为，大部分非政府组织已经从与公司的对抗走向了合作。[39]人们认为非政府组织现在更加实际、灵活，并且意识形态色彩不再那么浓厚。非政府组织也似乎更倾向于通过与公司合作来找到解决问题的方法。非政府组织认为与公司的合作不仅可以获得决策层的信任，而且可以提高声誉。因此，跨国公司与非政府组织的合作可以更加主动、积极、平等。本章的"商务伦理透视策略"说明了公司与非政府组织合作的好处。

本章小结

本章介绍了三个重要的次要利益相关者。公司要生存就必须充分分析其环境，次要利益相关者是对公司战略环境极为重要的因素。尽管有许多利益相关者可能间接影响公司策略，但是我们主要强调了其中三个重要的利益相关者。

第一，政府是一个有影响力的次级利益相关者。政府在以下两方面起作用：创建伦理环境、制定法规以强化道德行为。本章介绍了世界银行"全球营商环境项目"以及各种商业环境道德指标。同时，也介绍了政府规定的两种方式，即社会规定和经济规定，以及公司如何回应政府，即接受这些法规，或者通过公司公共活动推迟执行这些法规。

第二个次要利益相关者是媒体。媒体对公司具有很大的影响，直接影响公众对公司的看法。本章介绍了"第三人称效应"，以及媒体对公众的间接影响，探讨了媒体分析和媒体分析中不同措施的重要性,以便充分管理媒体。此外,还介绍了公司运用的基于媒体分析的各种可行性选择。

最后,非政府组织是一个重要的次要利益相关者。非政府组织的各种战略能够影响公司。非政府组织是从积极合作到公开对抗的统一体,他们的不同战略基于不同的假设。但是,非政府组织也有一些不当行为,如错误信息、利益冲突和诈骗。与其他次要利益相关者类似,对非政府组织的管理,以及跨国公司和非政府组织之间的积极合作也具有重要的意义。

尾注

1. Verschoor, C.C. 2009. "Can government manage more ethically than capitalism?" *Strategic Finance*, October, 91, 4, 14.
2. World Bank. 2011. http://www.worldbank.org, 32.
3. Lawrence, A.T. & Weber, J. 2011. *Business & society: Stakeholders, ethics, public policy*. New York: McGraw-Hill Publishing.
4. Steiner, G.A. & Steiner, J.F. 2010. *Business, government and society: A managerial perspective, text and cases*. 12th ed. New York: McGraw-Hill.
5. DiMaggio, P.J. & Powell, W. 1983. "The iron cage revisited: Institutional isomorphism and collective rationality in organizational fields." *American Sociological Review*, 48, 147–160.
6. Lux, S., Crook, T.R. & Woehr, D. 2011. "Mixing business with politics: A meta-analysis of the antecedents and outcomes of corporate political activity." *Journal of Management*, 37, 1, 223–247.
7. Scheppers, S. 2010. "Business-government relations: Beyond lobbying." *Corporate Governance*, 10, 4, 475–483.
8. Okhmatovskiy, I. 2010. "Performance implications of ties to the government and SOEs: A political embeddedness perspective." *Journal of Management Studies*, 47, 6.
9. Lux et al., "Mixing business with politics."
10. Okhmatovskiy, "Performance implications of ties to the government and SOEs."
11. Dowling, G. & Weeks, W. 2008. "What the media is really telling you about your brand." *MIT Sloan Management Review*, 49, 3.
12. Donlon. J.P. 2009. "The criminalization of corporate conduct." *Chief Executive*, 241.
13. Kollmeyer, C.J. 2004. "Corporate interests: How the news media portray the economy." *Social Problems*, 51, 3, 432–452.
14. Ridout, T.N. & Smith, G.R. 2008. "Free advertising: How the media amplify campaign messages." *Political Research Quarterly*, 61, 4, 598–608.
15. Andina-Diaz, A. 2007. "Reinforcement vs. change: The political influence of the media." *Public Choice*, 131, 65–81 (at 65).
16. Barber. J.S. & Axinn.W.G. 2004. "New ideas and fertility limitation: The role of miss media." *Journal of Marriage and Family*, 66, 5, 1180–1200.
17. Andina-Diaz, "Reinforcement vs. change."
18. Tal-Or, N., Cohen, J., Tsfati, Y. & Gunther, C.A. 2010. "Testing casual direction in the influence of presumed media influence." *Communication Research*, 37.
19. Reuber, R.A. & Fischer, E. 2010. "Organizations behaving badly: When are discreditable actions likely to damage organizational reputation?" *Journal of Business Ethics*, 93, 39–50.
20. Dowling, G. & Weeks, W. 2011. "Media analysis: What is it worth?" *Journal of Business Strategy*, 32, 1, 26–33.
21. Ingenhoff, D. & Sommer, K. 2010. "Trust in companies and CEOs: A comparative study of the main influences." *Journal of Business Ethics*, 95, 339–355.
22. Dowling & Weeks, "Media analysis: What is it worth?".
23. Cullen, J. 2003. "A rounded picture: Using media framing as a tool for competitive intelligence and business research." *Business Information Review*, 20, 2, 88–94.
24. Dowling & Weeks, "Media analysis: What is it worth?"

25 Dowling & Weeks, "Media analysis: What is it worth?"
26 Dowling & Weeks, "Media analysis: What is it worth?"
27 Fassin, Y. 2009. "Inconsistencies in activists' behaviours and the ethics of NGOs." *Journal of Business Ethics*, 90, 503–521.
28 Fassin, "Inconsistencies in activists' behaviours," 503.
29 Arenas, D., Lozano, J.M. & Albareda, L. 2009. "The role of NGOs in CSR: Mutual perceptions among stakeholders." *Journal of Business Ethics*, 88, 175–197; Fassin, "Inconsistencies in activists' behaviours."
30 Arenas et al., "The role of NGOs in CSR."
31 Arenas et al., "The role of NGOs in CSR."
32 Sobczak, A. & Martins, L.C. 2010. "The impact and interplay of national and global CSR discourses: Insights from France and Brazil." *Corporate Governance*, 10, 4, 445–455.
33 Carpenter, C. 2001. "Business, green groups & the media: The role of non-governmental organizations in the climate change debate." *International Affairs*, 77, 2, 313–328.
34 Skippari, M. & Pajunen, K. 2010. "MNE-NGO: host government relationships in escalation of an FDI conflict." *Business Society*, 49, 619.
35 Fassin, "Inconsistencies in activists' behaviours."
36 Valor, C. & Merino, A. 2009. "Relationship of business and NGOs: An empirical analysis of strategies and mediators of their private relationship." *Business Ethics: A European Review*, 18, 2.
37 Fassin, "Inconsistencies in activists' behaviours."
38 Aleman, P.P. & Sandilands, M. 2008. "Building value at the top and the bottom of the global supply chain: MNC-NGO partnerships." *California Management Review*, 51, 1, 24–49.
39 Valor & Merino, "Relationship of business and NGOs."

主要术语

公司公共活动(Corporate Public Activity)：公司采取的意在影响或管理政治实体和政府的行为。

合同实施(Enforcement of Contract)：合同的条款和条件受到尊重的期望。

政府(Governments)：通过制定规则、检查和审查合格度、操作结果以强化行为的方式来约束和规范行为和行动的机构。

媒体(Media)：多种信息渠道，如报纸、电视和因特网。

媒体分析(Media Analysis)：媒体的例行检查，以发现与公司有关的报道。

非政府组织积极合作(NGO Active Cooperation)：与利益相关者合作，以找出解决方案。

非政府组织对抗策略(NGO Confrontational Strategy)：象征性的损坏战略，如负面报道，或者实质性损坏战略，如联合抵制。

非政府组织(Non-governmental Organization)：为一个覆盖面很广的术语，包括特别利益集团、激进组织、社会运动组织、慈善组织、宗教团体、反抗组织以及其他非营利性组织。

问题和方法分析(Problem and Solution Analysis)：采用突显和情感分析与主题和矛盾分析得出的信息，解决存在问题的方法。

投资者保护(Protection of Investors)：投资者对公司经营者保持透明度和问责的期望。

产权登记(Registration of Property)：公司从其他公司购买财产并将产权转移到购买者名下时所需的手续。

规定(Regulation)：强制公司以更道德的方式运营的法律法规。

突显和情感分析(Salience and Sentiment Analysis)：公司被提到的次数以及公司是被正面描述还是负面描述。

次要利益相关者（Secondary Stakeholders）：对公司的生存和战略活动有间接影响的组织或者实体。

主题和矛盾分析（Theme and Contradiction Analysis）：分析媒体以确定媒体的持续报道是否在某特定主题下描述公司。

讨论题

1. 什么是次要利益相关者？与主要利益相关者有何不同？
2. 讨论政府作为次要利益相关者的作用。它们影响公司的方式有哪些？
3. 就政府作为次要利益相关者而言，合法性是什么？公司怎样达到合法性？
4. 什么是公司公共活动？描述公司公共活动的不同形式。公司公共活动的目的是什么？
5. 简要定义媒体。媒体怎样影响公众对公司的看法？详细说明其直接影响和间接影响。
6. 描述媒体分析包含的各种活动。讨论针对媒体分析结果可能产生的回应。
7. 讨论突显和情感媒体分析。突显和情感分析与主题和矛盾分析有何不同？以上分析的结果如何应用在问题和方法分析中？
8. 什么是非政府组织？讨论非政府组织可以采用的影响公司的策略。
9. 讨论非政府组织有时进行的不当行为，并加以实例详细说明。
10. 为什么现在有些公司与非政府组织合作？此类非政府组织参与和合作有什么好处？

网络任务

1. 访问世界银行网站：http://www.worldbank.org.
2. 找出2011年"全球营商环境报告"。
3. "全球营商环境报告"项目的十大指标是什么？其中哪些指标与道德相关？你认为"纳税"应该包含在道德环境中吗？
4. 搜索"实施合同"（Enforing Contracts）。在世界范围内，合同实施方面有哪些主要趋势？哪些地区合同实施率最高？为什么？
5. 搜索"保护投资者"（Protecting Investors）。哪些是主要趋势？哪些地区在保护投资者方面取得的进步最大？

更多网络任务和资源，请访问网站 www.routledge.com/cw/parboteeah。

实战演练

非 政 府 组 织

你本科学习阶段在一所知名大学专攻商务管理。但是，你一直都有环保意识，并且发现很多公司最终都对环境造成了严重的污染，因此感到沮丧不已。你对现行的环境法规在全国大部分地区被削弱感到不满，因而对商务管理领域非常灰心，并发誓要有所改变。

毕业后,你加入了一个著名的非政府组织,该组织的主要目的就是检查跨国公司在环境方面的行为,然后公开跨国公司的违规行为。但是,与许多非政府组织的工作类似,你觉得得到的薪水不如在私营企业多。你也清楚,你的职位有很大的不确定性,如果该组织没有得到类似水平的捐款,你很容易就会失去工作。你一直努力调查一家总部设在你家乡的大型跨国公司,后来发现该公司环境记录很差,并且他们的诸多行为都给当地造成了严重的污染。这种行为公开之前,该组织一般会告知该公司这些调查结果,这样做可以让违规机构有机会对此类指控作出回应。

你被要求与该公司分享调查结果,并安排与公司总裁见面。总裁实际上很欣赏你的工作和调查结果,并询问你在这个组织里的角色以及学历,然后邀请你去他们公司工作,并向你保证将会更加注重环境保护,也认为公司需要你这样的人来决定哪里需要改变,以及需要哪些改变。

你会怎么做?你已经发过誓不在大型公司工作,但是你知道在公司薪水会更高,工作也会更稳定。但是,你若接受这份工作,就是在出卖你在非政府组织的朋友。你会去接受这份工作吗?为什么?

案例分析

梅赛德斯在中国

随着中国人日益富裕,奔驰轿车正逐渐成为地位和奢侈的重要象征。高层管理人员将梅赛德斯-奔驰作为买车首选,而普通中国百姓把奔驰车看成是豪华轿车。奔驰车通常被用作主婚车,因此奔驰车成为国内外售价最高的奢侈车品牌也就不足为奇了。

2002年,梅赛德斯-奔驰面临重大媒体噩梦,威胁到奔驰在中国奢侈品的形象。噩梦的导火索源于一场大约50名记者参加的新闻发布会。在发布会期间,6名年轻人用大锤对奔驰车进行破坏。不到10分钟,车就完全被毁了。接下来的几个月里,梅赛德斯不得不处理媒体不断播放该画面所带来的影响。

这6个人为什么要毁了那部奔驰车?经过对该事件的仔细调查,其原因初露端倪。梅赛德斯-奔驰和中国消费者之间的冲突始于武汉野生动物园购车事件,动物园管理人员发现新买的奔驰车有好几处缺陷。为了维修,奔驰轿车拖到北京修理厂。他们称在北京遇到了推迟维修的情况。更为糟糕的是,尽管车价高达十几万美元,但是梅赛德斯-奔驰方拒绝支付维修费。此外,梅赛德斯方在承认车子存在缺陷后保持了沉默,于是车主开始爆发了。梅赛德斯方不仅没有试图解决问题,还把责任推到消费者身上,声称车子没有按照要求保养,汽油质量不达标,不能带动高马力引擎。

此次事件表明了不能适当解决新兴市场的顾客需求所带来的危险。最初受到媒体大力宣传的破坏事件导致类似事件不断发生。随着越来越多同样怀着不满情绪的消费者找奔驰公司讨说法,冲突事件也越来越多。此外,媒体也还在不断地对这些事件进行捕风捉影的报道。于是,在人们心中梅赛德斯-奔驰成了一个对待不同国家消费者时有双重标准且态度傲慢的公司。中国消费者认为自己没有受到西方国家消费者的同等待遇,因此非常不满,再加上媒体的煽风点火,就导致了更多的争议和愤慨,认为这是对中国文化认同的蔑视。

摘自 Tan, J. and Tan. A.E. 2009. "Managing public relations in an emerging economy: The case of Mercedes in China." *Journal of Business Ethics*, 86, 257-266.

讨论题

1. 导致梅赛德斯此次媒体噩梦的主要因素有哪些？
2. 为什么消息传播如此迅速？为什么其他消费者也开始进行类似破坏事件？
3. 西方国家的公司在对待新兴市场消费者时态度傲慢吗？为什么？
4. 要确保类似事件在未来不再发生，梅塞德斯应该怎么做？请用本章概念进行阐述。

长篇案例

宝洁公司和 PETA 的对抗

2003 年 3 月 25 日,善待动物组织(PETA)举行新闻发布会,宣布对爱慕斯(Iams)公司的一个独立实验室虐待动物事件的调查结果。PETA 称这些发现都是对一家独立研究实验室经过九个月的秘密调查得来的。新闻发布会在爱慕斯公司所在地俄亥俄州代顿市召开,且与其母公司——总部位于辛辛那提的宝洁公司(P&G)在一条路上。[1]

发布会源于 2001 年 9 月份起的一系列事件,当时爱慕斯公司行政人员与 PETA 见面,针对 PETA 提出的消费者担忧在爱慕斯公司独立实验室所做的试验进行讨论。[2]虽然爱慕斯公司获得过很多机构的赞扬,比如美国动物保护协会(Humane Society of the United States)和美国兽医医学协会(American Veternity Medical Association),PETA 还是认为爱慕斯公司所做的实验完全没有意义,实验过程对"动物助理"——用于实验的动物非常残忍。2002—2003 年,一名 PETA 的代表入职爱慕斯公司,在位于密苏里州哥伦比亚的公司独立实验室"辛克莱尔研究中心"工作。尽管作为她员工身份备受质疑,但是她还是对公司涉嫌虐待动物的行为给出了意见。[3]PETA 声称有 27 名"动物助理"在实验操作过程中被毁,而且还实施了其他不人道手段,比如剥皮程序和肌肉切除手术。爱慕斯声称这些不人道程序都和那个调查员有直接联系,而 PETA 却否认了这一点。[4]

在双方就该调查员真实身份以及动物虐待程度(如果有)而争执不下时,很明显爱慕斯"作为真诚关心动物福祉的高品质宠物食品造商"的声誉受到了质疑。对此,爱慕斯必须立即对 PETA 指控的真实性作出回应,同时采取适当措施保护独立实验室中"动物助理"的安全。为了保护爱慕斯的声誉,当务之急是要适当公布公司阻止虐待动物的记录、PETA 指控的真实性以及采取对这些指控的相应措施。

I. 一家爱护动物的公司

爱慕斯公司是由一个动物营养专家于 1946 年成立的。Iams 先生最初从代顿市市郊的一间简陋饲料作坊起步,1970 年,他和 Clay Mathile 成了合伙人。最终,Mathile 于 1982 年收购了该公司。[5]

爱慕斯公司旗下有两个品牌:Eukanuba(优卡)和 Iams(爱慕斯)宠物食品。公司宗旨是"通过提供世界一流品质的宠物食品和宠物护理产品,从而改善猫狗的健康生活"。公司作为狗、猫以及动物爱护者而引以为傲。爱慕斯公司将自己宣传为高质量品牌制造商,产品在专业的宠物商店、兽医诊所、宠物食品和谷物商店、美食店、宠物寄养和仪容所以及商业杂货店出售。[6]

公司在保罗爱慕思科技中心进行产品的研发。研究主要围绕猫狗"动物助理",用来协助新产品或合成产品的营养成分测试和试吃。爱慕斯遵守美国《动物福利法》、美国农业部以及欧盟 86/609/EEC 规定共同提出的标准,进行用猫狗做实验的研究。[7]

II. 合作关系的产生

宝洁公司的历史可以追溯到两个试图在美国西部定居的欧洲移民。但是,由于某些不能预见的因素,这两个人最后在俄亥俄州的繁忙城市辛辛那提定居了。当时 William Procter 从事蜡烛制造手艺,James Gamble 是肥皂制造工。多年以后,他们因为娶了一对姐妹 Olivia Norris 和 Elizabeth Norris 而结识。他们的岳父劝说两人成了生意伙伴,两人于 1837 年成立了宝洁公司(Procter & Gamble)。[8]

最初宝洁只卖蜡烛和肥皂。在美国内战期间,公司成为联盟士兵的展品供应商。随着士兵们回来都带着宝洁产品,两人的名声大增。1890年,宝洁组建公司,并为公司筹集额外资金。Procter的儿子William Alexander Procter担任董事长,并建立一个用来研究和改善肥皂制造过程的分析实验室。这也是美国历史上第一个研究实验室,也因此铸就了宝洁创新者和行业领导者的名誉。[9]

经历了研发、创新以及国际扩张,宝洁在之后的120年里不断发展壮大。公司不仅开发了新的产品线,比如汰渍洗涤剂和佳洁士牙膏,还在全球范围内收购了几家同类公司。宝洁成了真正的国际化公司,至1993年,公司销售额高达300亿美元,其中一半销量都是来自国外。1999年9月,宝洁收购了宠物食品加工商爱慕斯公司,从那时起,爱慕斯就发展成为美国首屈一指的宠物食品制造商。而且,由于旗下类似爱慕斯这样的品牌,宝洁公司也发展为大型跨国企业,拥有9 800名员工,遍布世界上将近80个国家。宝洁旗下的品牌数量也让很多企业心生妒忌。这些品牌受到世界广泛认可,其中16个品牌的年收入超过10亿美元。宝洁2003年的总收入超过510亿美元,净收入高达65亿美元。[10]

III. PETA:善待动物组织

"善待动物组织"通常被称为PETA,是个成立于1980年的非营利组织,总部位于弗吉尼亚诺福克市。PETA奉行的原则是"动物不是供我们食用、穿戴、做实验或娱乐的"。该组织致力于维护动物权益已有24个年头,工作内容包括公众教育、虐待动物行为调查、做研究、拯救动物、设立法案、举办特别活动、邀请名人参与和直接的抗议活动。[11]

PETA首次获得国家认可是在1981年,因为揭露了实验中对动物的虐待现象。该组织的卧底调查也导致"银泉猴案"成为首例。该事件最终导致美国首个对动物实验员的逮捕和定罪,指控罪名是虐待动物,这也是首次对受虐实验动物进行没收,同样是美国最高法院首次针对实验室动物的胜诉案件。这样一来,PETA便对美国企业开展业务的方法产生重要影响。20世纪90年代,PETA发起了一次国际运动,反对化妆品公司使用动物来做化妆品测试。他们说服贝纳通(Benetton)停止了动物测试,其他大化妆品公司也随即纷纷效仿。PETA已经列出了550家不使用动物做实验的化妆品公司。越来越多的企业意识到PETA的威慑力和影响力。麦当劳、通用汽车、CK,还有最近的汉堡王,都在某种程度上默许了PETA发起的运动所提出的要求。[12]

PETA最近大获娱乐圈人士和好莱坞名流的支持。PETA录制了两张关于维护动物权益的专辑,《动物解放》和《驯服你自己》,出演艺人有Chrissie Hynde、Indigo Girls、Michael Stipe,以及Belinda Carlisle等。此外,PETA还举办过好几场以"反皮草摇滚""毛皮是累赘"为主题的义演演唱会,出场明星有The B-52、k.d.lang等。作为长期支持者,Paul McCartney邀请PETA在自己的世界巡演中搭建宣传展台。[13]

这股好莱坞影响力重击了皮草行业。PETA发起了一项名为"我宁愿赤裸也不愿穿皮草"的运动,参加的模特有Christy Turlington、Tyra Banks和Marcus Schenkenberg,演员有Kim Basinger。他们和其他人一起为该运动造势。包括Oliver Stone、Martin Scorsese以及Rob Reiner在内的电影导演还向他们承诺,拒绝在电影中使用皮草。根据《旧金山纪事报》报道,"诸如PETA这样的组织所举行的抗议已经阻碍了皮草行业"。在一大批好莱坞支持者的影响下,PETA的影响力与日俱增。事实上,英国 *Time Out* 杂志将动物权益称为是最"潮流的事业"。该报道称,这在很大程度上要感谢"潮流引领者PETA"高调的抗议活动。[14]

IV. 动物实验规则

1966年,国会颁布《公法》(*Public Law*,PL89-544),也称《实验室动物福利法》(*Laboratory Animal Welfare Act*),该法案为从事猫狗买卖者以及使用猫、狗、仓鼠、豚鼠、非人类的灵长类动物做研究的实验室制定了行为规范。[15]

1970年通过了《实验室动物福利法》第一次修订(PL 91-597)，并更名为《动物福利法》(Animal Welfare Act, AWA)。此次修订授权农业部部长对如何对待其他用于研究、展览以及宠物批发贸易的温血动物进行规范。[16]

1985年《动物福利法》加入一项新的修订法，即《改善实验室动物标准法》(Improved Standards for Laboratory Animals Act)，是《食品安全法》(Food Security Act)的一部分。这些修订法案要求农业部部长发布动物实验的附加标准。这个标准对诸如辛克莱尔研究中心的机构进行管制。[17]

美国农业部(United States Department of Agriculture, USDA)负责制定并实施法规，支持《动物福利法》(AWA)。这些法规不仅要求对合法的动物销售商、展览商以及动物拍卖销售的主办方发放授权许可证，还要求所有非联邦研究机构在农业部部长处注册。[15]

所有获得许可者以及注册人必须为所经营的动物提供符合或超过农业部关于兽医护理和畜牧业标准的照料。这些标准包括处理、房屋、喂养、卫生、通风、避雨、极端天气、兽医服务，以及必要时将不同品种分开的要求。[16]

多年来，美国农业部对《动物福利法》(AWA)法规进行了多次修改。20世纪80年代末期，美国农业部修订了动物实验的要求。这些修订响应了《改善实验室动物标准法》，制定了对待狗和心理健康的非人类灵长类动物的标准。还制定了相应标准，将动物痛苦和抑郁最小化，确保麻醉剂、止痛剂、镇静剂的适当使用。法规还要求研究人员尽量考虑用其他方法代替会让动物产生痛苦的过程。[17]

为了确保这些标准的实施，该修订法要求每个科研机构设立一个"研究机构的动物管理和使用委员会"(Institutional Animal Care and Use Committee, IACUC)，以批准和监督机构中所有研究项目。修订法中的条例于1991年2月15日发布。[18]

V. 公布于众的调查

虽然PETA针对宝洁附属的爱慕斯公司的正式指控是在2003年3月25日，但该行动早在几年前就开始了。20世纪90年代末期，英国一家与PETA联系密切的动物权益组织非囚禁运动(Uncaged Campaign)在欧洲抗议爱慕斯公司。该组织根据爱慕斯公司13年来发布的对猫狗实施安乐死的研究进行抗议，这起事件受到了欧洲媒体的大力报道。在会见了Uncaged Campaign组织之后，爱慕斯于1999年宣布，将停止任何会导致对猫狗安乐死的新研究。[19]

作为Uncaged Campaign在欧洲受到大力宣传的回应，PETA开始调查爱慕斯的研究政策。他们会见了时任爱慕斯公司全球对外关系副主任Brian Brown以及爱慕斯公司研究和技术开发总监Dan Carey。离开时，PETA对爱慕斯公司在改善实验室猫狗的条件方面努力的进度表示不满。[20]

于是，就有了后来众所周知的卧底调查。PETA的研究和卧底调查主任Mary Beth Sweetland称，该非营利组织2002年用于卧底调查的预算达到将近300万美元，这次对密苏里州哥伦比亚该机构的调查得到了PETA的大力支持和资金赞助。Sweetland在2003年的一次采访中说："我们认为这种卧底调查是在帮助政府履行职责。美国农业部的调查只用一天，而我们要待上好几个月。"[21]

PETA卧底代表的真实身份饱受双方争议。爱慕斯声称该代表在公司的职务是"动物福利专家"，[22]专门负责改善实验环境和实验对象的生活。爱慕斯声称该代表有"明显的利益冲突"，因为是PETA花费了时间和金钱帮助她进入辛克莱尔研究中心的，她为了达到PETA的目的而制作动物受虐的视频，因此她对大部分动物受虐过程都有责任。实际上，爱慕斯的技术研究和开发总监Dan Carey在2003年的一次采访中说："是PETA的间谍告诉爱慕斯说剥皮行为是可以接受的。"[23]

PETA 极力否认这些说法。他们称,该代表是直接由辛克莱尔研究中心聘用的"研究监督员",任何形式的动物护理都不在她的职责范围内。PETA 说该代表是个动物爱好者,并试图联系爱慕斯该项目的总监 Liz Fuess,提醒她要注意剥皮过程。PETA 还说,剥皮过程是该机构主管 Guy Bouchard 下达的命令。[24]

PETA 还称,除了剥皮过程和杀死 27 只狗,爱慕斯的实验狗在被切除大量大腿肌肉组织后,被倒在冰冷的水泥地上。PETA 指控说,那些实验猫狗由于被囚禁在"没有窗户的、像地牢一样的楼里"而导致精神失常。据称,有同事指示 PETA 的卧底代表在狗不能呼吸的时候打狗的胸部,还有一个同事曾说过发现一只爱慕斯的试验用狗在笼子里,嘴里流血,已经死亡。PETA 称爱慕斯公司进行了很多残忍的研究项目,包括将导管插入狗的喉咙,强迫它们摄入植物油。这些指控只是 PETA 调查结果中的一部分。[25]

爱慕斯和宝洁对这些指控进行了反驳。他们坚称,PETA 打着动物保护者的幌子,拍摄了耸人听闻的视频,而视频内容并不是她职责中应该做的有关社交和多样化活动的场景。此外,还声称她拍摄的视频还包括一些并不是爱慕斯研究用的猫狗的画面和故事。公司明文规定:"爱慕斯绝不杀害猫狗!这有悖于公司多年来实行的政策。"[26]

VI. 宝洁公司的回应

宝洁公司是一家跨国集团,在对外关系方面早已不是新手。爱慕斯是极有价值的品牌,也是国际领先的宠物食品供应商。但自从树立了"爱慕斯是一家充满了宠物爱好者的公司,他们致力于帮助猫狗能够健康长寿地生活"这一理念后,该品牌的名誉就一直处于风险之中。[27]

案例尾注

1. Wilkinson, N., "Focus: PETA vs. Iams," *Dayton City Paper,* September 25, 2003.
2. Wilkinson, N., "Focus: PETA vs. Iams," *Dayton City Paper,* September 25, 2003.
3. Bolinski, Jayette, "PETA Calls for Boycott of Iams Over Allegations," *State Journal-Register* (Springfield, IL), November 4, 2003, Local; p. 11.
4. www.iamstruth.com.
5. www.iams.com.
6. www.iams.com.
7. www.iams.com.
8. www.pg.com.
9. www.pg.com.
10. Hoover's Company Records, "The Procter & Gamble Company," 2004.
11. www.peta.org.
12. Young, S.C., "PETA's Principles," *The Harvard Crimson,* March 8, 2004, Opinion Section.
13. www.peta.org.
14. www.peta.org.
15. Crawford, R.L., "Animal Welfare Act Interpretive Summaries," United States Department of Agriculture. www.nal.usda.gov.
16. Crawford, R.L., "Animal Welfare Act Interpretive Summaries," United States Department of Agriculture. www.nal.usda.gov.
17. Brown, J., "Animal Testing—The Facts and the Figures," *Independent (London),* July 30, 2004, NEWS, pp. 12–13.
18. Crawford, R.L., "Animal Welfare Act Interpretive Summaries," United States Department of Agriculture. www.nal.usda.gov.
19. Telephone correspondence with Kelly Vanasse, Associate Director for Global External Relations, The Iams Company.

20. Telephone correspondence with Kelly Vanasse, Associate Director for Global External Relations, The Iams Company.
21. Wilkinson, N., "Focus: PETA vs. Iams," *Dayton City Paper,* September 25, 2003.
22. Telephone correspondence with Kelly Vanasse, Associate Director for Global External Relations, The Iams Company.
23. Wilkinson, N., "Focus: PETA vs. Iams," *Dayton City Paper,* September 25, 2003.
24. Wilkinson, N., "Focus: PETA vs. Iams," *Dayton City Paper,* September 25, 2003.
25. www.iamscruelty.com.
26. www.iamstruth.com.
27. Telephone correspondence with Kelly Vanasse, Associate Director for Global External Relations, The Iams Company.

讨论题

1. 受到影响的利益相关者有哪些？哪个最重要？宝洁公司应该首先和谁沟通？如何才能达到沟通目标？
2. 这只是外部问题吗？宝洁应该对内部交流做出何种强度的回应？
3. 在 PETA 这样的非营利机构工作有哪些风险和潜在回报？在不牺牲产品质量和商业目标的前提下，爱慕斯和宝洁有可能令 PETA 完全满意吗？
4. 你相信哪一方的说法，宝洁关于 PETA 的卧底陷害了公司的说法，还是 PETA 的说法？为什么？
5. 企业应该如何与非营利机构合作才能满足自身需求？

综合案例
百时美施贵宝：专利、利润和公众监督

I. "世界是舞台"

挂上办公室电话，Bob Zito 长舒了一口气。这是一个周六上午的 11:07，当天的天气对举行这学期校园第一场足球赛来说堪称完美。他打开办公室窗户，迎接 2006 年 9 月 2 日的第一缕秋风，像是好几个星期以来第一次尝试休息。他的企业法律顾问之前打电话通知他，纽约州南区的美国地方法院刚刚授予百时美施贵宝公司对加拿大的仿制药生产商 Apotex 公司的初步禁令。

Zito 靠在椅子上，为终于能松口气而感到欣慰。百时美施贵宝旗下的血液稀释剂 Plavix 每年的销售额达 40 亿美元，但仅在过去一个月内，Apotex 的仿制药就抢走了其 75% 的市场份额。很多药店已经囤积了好几个月的该药品，但是这项禁令将阻止 Apotex 公司继续运输更多的仿制药，直到专利保护问题得到解决。

Zito 非常感激这个暂时的缓解期，希望利用这段时间来制定并实施一种企业沟通策略，以帮助陷入困境的制药巨头。这种策略必须全面且无比详细，涉及广为传播的 Apotex 协议丑闻，公司最畅销药品的专利保护（和收入）的潜在损失，以及百时美施贵宝公司 CEO 岌岌可危的职位，同时转移人们对公司过去道德问题的注意力。Zito 打开笔记本电脑，查了一下时间。他叹了口气，因为意识到自己来不及赶回家看比赛了。

II. 百时美施贵宝的历史

百时美施贵宝公司是世界领先的抗癌疗法供应商，在研发和制造创新药物以治疗心脏疾病、脑卒中和传染疾病（包括 HIV/艾滋病）方面，同样处于世界领先地位。其专业领域包括大多数制药领域，从肿瘤、心血管疾病，到传染性疾病（包括 HIV/艾滋病），再到精神疾病。公司享有杰出的历史：20 世纪 60 年代初，百时美公司生产了第一款抗癌药品（至今仍在使用），而在 20 世纪 80 年代，施贵宝公司在市场上推出了一款重要的新药品，称为 ACE 抑制剂，用于治疗高血压。1989 年，这两家公司强强联手，成为企业历史中最大的合并之一。20 世纪 90 年代，百时美施贵宝推出首款专门针对 HIV/艾滋病治疗的药物，同时推出的还有被誉为"20 年来最重要的抗癌药物"的突破性疗法。[1]

A. 百时美(Bristol-Myers)公司

1887年,William McLaren Bristol 和 John Ripley Myers 向位于纽约州克林顿的一家制药公司投资了 5 000 美元。该公司于 1887 年 12 月 13 日正式成立,并于 1898 年 5 月更名为 Bristol, Myers 公司(公司 1899 年成为股份公司的时候名称中间的逗号改为连词号)。

两个合伙人努力在充满挑战的商业环境中发展公司业务,始终坚守两条最高准则:坚持高品质产品,同时不惜一切代价维持公司良好的财务状况。将这两个目标放在首位后,百时美公司在 1900 年首次盈利,1903—1905 年公司的销售额增加了十倍。百时美公司由一个地区性公司转变为国家性公司,很快便成为一家国际公司。公司产品销往 26 个国家,总利润于 1924 年首次突破 100 万美元。同时,"John Ripley Myers 的继承人持有的股份可供出售,引发了一系列的举动,最终致使公司于 1929 年在纽约证券交易所上市"。[2] 后续的业务决策中,Bristol-Myers 公司通过明智的收购,接管小型但管理良好的制药企业,这种战略也一直延续到今天。[3]

B. 施贵宝(Squibb)公司

施贵宝公司是由 Edward Robinson Squibb 医生于 1856 年在纽约的布鲁克林创立的,致力于生产"纯净药品",这也是他耗费一生心血的事业。1906 年,即 Edward Squibb 去世 6 年后,美国国会通过了《纯食品和药品法案》。该法案和公司宗旨一致,体现了 Edward Squibb 毕生追求安全、可靠的医药产品的理念。[4] 1921 年,Squibb 采用一句反映了公司创始人理想的标语:"每件产品最无价的成分是制造者的信誉和正直。"该公司增长迅猛,很快扩张到了南美和欧洲。施贵宝国际公司(Squibb International)成立于 1946 年,在墨西哥、意大利和阿根廷都建有生产厂家。1975 年,施贵宝公司的研究取得了重大突破,研发了开博通(Capoten)这一新型血管紧张素转换酶抑制剂类降压药。

C. 百时美施贵宝公司(BMS)

百时美公司与施贵宝公司于 1989 年合并为百时美施贵宝公司,成为全球医疗保健行业的领头者。此次合并成就了当时世界第二大制药企业。BMS 的核心产品包括:Videx(1991),Monopril(1991) 和 Pravachol(1991,食品及药物管理局于 1995 年准予其延伸使用范围),TAXOL 注射剂(1991),Glucophage(1993),Avapro(1997),Plavix(1997),Excedrin(1998),Sustiva 胶囊(2001),Coumarilic Crystalline(2001),Ability(2002),Reyataz(2004),Orencia(2005),EMSAM 透皮贴剂(2006),SPRYCEL(2006),以及 ATRIPLA(2006)。1998 年,百时美施贵宝公司获得美国"国家技术奖"。该奖项被视为美国科技创新领域的最高荣誉。BMS 公司因其"通过创新药物研发而延长和改善人类寿命"而受到高度认可,并试图作为良好的国际企业公民,通过外延项目达成创始人的理想。

1999 年,公司宣布了"安全和未来"计划,这是一项价值 1 亿美元的资金,致力于在五个南部非洲国家开展 HIV/艾滋病的研究和社区外延项目。2000 年,BMS 与其他四家制药公司和国际机构共同加入联合国艾滋病规划署(UNAIDS)的药品可及性倡议(Drug

ACCESS Initiative),致力于制造广泛适用于非洲国家的抗逆转录病毒药物和疗法,且已制定了一项清晰的国家艾滋病战略。[5] 作为该项目的一分子,BMS 公司提出将这些国家的艾滋病药物价格降低 90%。

近期,百时美施贵宝公司在其倡议活动中又迈出了一步,向非洲提供低于成本价的艾滋病药品。公司还确保其专利不会阻止其廉价艾滋病药物在非洲的出售。公司 2005 年的收入将近 190 亿美元,其中利润 30 亿美元。相对 2004 年来说,分别减少 7.6% 和增加 25.6%。[6] 2005 年的研发费用为 27 亿美元,较 2004 年增长 10%,[7] 这包括用于引进和发展项目的 25 亿美元。2006 年第一季度的研发费用达到 7.5 亿美元,较上一年增长 22%。

BMS 决定要保住其药物研发领域领军者的地位。目前的战略包括:内部发展和合作,收购小型有活力的制药公司,剥离非核心资产(包括 2005 年 5 月 BMS 的肿瘤治疗网络分销业务以及剥离美国和加拿大的消费者药品经营业务给诺华制药公司)。

百时美施贵宝对未来的预测谨慎且乐观。新研制出来的重磅药物可能会改善公司的财政状况。2003 年上半年,两大药物通过批准:Abilify,一种抗精神病药物;以及 Reyataz,用于治疗艾滋病的第一种每天服用一次的蛋白酶抑制剂。食品及药物管理局还快速审批通过了 Erbitux,一种由 BMS 公司作为副业,与 ImClone 共同研发的抗癌药物。据太阳信托罗宾逊汉弗公司(SunTrust Robinson Humphrey)的分析师估计,Erbitux 的销售额达到峰值时可能超过 7 亿美元。这些有前景的药物预示着公司潜在的新开端。国际权威评级机构晨星网(Morningstar)预计其 2007 年的平均收入增长率为 3%。然而,不断有仿制药制造商进入市场,而且在 BMS 的核心领域内还受到来自几家大型药物制造商(默克公司、诺华公司以及辉瑞公司)的重重压力。

按照第一季度的趋势预测,2006 年对 BMS 来说将会获利更多:公司第一季度的利润增长了 34%,达到 7.14 亿美元,这得益于治疗心脏疾病和高血压药物的销售增长;此外,还有 2 亿美元的资产销售收入。Erbitux 的销售额为 4.13 亿美元,涨幅 58%。Plavix、Abilify 以及 Reyataz 的销售分别增长 15%、54%、68%,这对公司来说绝对是个亮点。然而,总收入只增长了 3%,为 47 亿美元,而美国制药行业的平均收入增长 7%,为 21 亿美元。[8] 2001 年 2 月,《财富》杂志命名百时美施贵宝公司为"美国最受推崇的制药公司"。一个月后,Peter R. Dolan,公司 13 年的元老,取代 Charles A. Heimbold 担任公司行政总裁。[9]

III. PETER R. DOLAN

Peter R. Dolan 1956 年 1 月 6 日出生于美国马萨诸塞州塞勒姆市(Salem),1978 年获得塔夫茨大学文学学士学位,1978 年从达特茅斯学院获得工商管理硕士学位。[10] 1983—1987 年,他的职业生涯开始于通用食品公司,但是 1988 年转行去了百时美施贵宝公司担任营销副总裁。[11]

1995—1996 年,Dolan 担任美赞臣营养品集团总裁。在他的带领下,该公司在四个国家建立了相关的生产设施,截至 1996 年,公司的国际销售增长为公司收入的 40%。[12]

2001 年 2 月,Dolan 被任命为公司总裁,并于 2002 年成为董事会主席。他在公司内的声誉不是很好,因为他在公司设置了"宏伟、艰难和大胆的目标",比如 2001 年的时候承诺要在五年内将 BMS 的收入翻一番。此事可能令他后悔,因为 2002 年的销售总额为 181 亿美元,比 2000 年还下降了 1%。

IV. ROBERT ZITO 以及 BMS 的企业沟通

Robert T. Zito 于 2004 年加入百时美施贵宝公司,担任公司首席通讯官(CCO)。Zito 在费尔菲尔德大学获得英语学士学位,是 1998 年埃利斯岛荣誉勋章获得者。他负责实施外部和内部的通讯,也负责为 BMS 制定长期的企业战略通讯计划。公司所有沟通和公关都由他监管,包括企业品牌管理、广告、媒体关系、员工和政策沟通、行政准备和沟通、创意服务和社区事务。

在接受现在 BMS 的职位之前,Zito 是纽约证券交易所的通信执行副总裁,负责纽交所的品牌开发和建设。他也曾担任索尼公司北美地区企业传讯部副总裁、CN 通讯公司副总裁,以及伟达公共关系顾问公司客户经理。

V. 什么是 Plavix?

Plavix(硫酸氢氯吡格雷)是一种经美国食品及药物管理局批准的抗血小板日服药,能降低已确诊的外周动脉疾病(PAD)患者的心脏病发作、脑卒中或血管性死亡的风险。[13] 经证明,该药物可以减少外周动脉疾病和脑卒中的发生。Plavix 是由百时美施贵宝和法国制药商塞诺菲—安万特公司(Sanofi-Aventis)(世界第三、欧洲第一大制药公司)共同合作推向市场的。

A. Plavix 的功能

凝块的形成是在身体受伤的情况下,身体防止失血过多的自然防御机制。[14] 当皮肤受伤时,人体血液中那些称为血小板的颗粒粘结在一起形成血块。在动脉壁上由胆固醇或者其他物质的堆积而形成的斑块;一旦破裂,也会导致血块凝结。当血小板在斑块附近聚集时,可以形成凝块,限制或彻底停止血液流动到身体各处。如果凝块在连接心脏的动脉中形成,那么很可能导致胸口疼痛或者心脏病的发作。如果凝块在通连接大脑的动脉中形成,会导致脑卒中。而 Plavix 可以防止血小板粘连在一起形成血块,使血液流通,并防止心脏病或中风的发生。

B. Plavix 的销售额

2005 年 Plavix 在全球范围内的销售额为 59 亿美元,自 2004 年以来增长超过 15%。据制药业务收入和数据监控显示,2011 年,也是 Plavix 专利快到期的时候,其销售额有可能达到 60 亿美元。百时美施贵宝公司 2005 年的总收入为 192 亿美元,也就是说 Plavix 的销售额占到公司总收入的 30%。

VI. 制药行业

2005 年全球药物市场的销售额为 5 650 亿美元,并以每年 7% 的速度不断上升。[15] 目前品牌制药商所面临的主要威胁是仿制药品的竞争。2006—2010 年,美国至少有 70 种创新品牌药物的专利到期。其中有 19 种药物都是重磅级药品,即年销售额都超过 10 亿美元,占到总收入中的 450 亿美元,粗略估计,约占国际市场的 8%。[16]

VII. 仿制药品竞争

在药物剂型、强度、性能特点和用途上,仿制药可能与品牌药品媲美。[17]品牌药物专利保护有效期通常是自专利申请提交后的20年。专利保护在药物的研究、开发和市场营销中花费成本的制药商。一旦药物专利过期,任何一家制药公司都可以仿制其药物,售价比品牌药物便宜很多,仅是品牌药物的20%—70%。

VIII. 食品及药物管理局的批准:品牌药物和仿制药物

所有新型药物都要经过美国食品及药物管理局(FDA)的批准才能用于人体。审核过程包括:实验、动物和人体试验。其中,人体试验分三个阶段完成,可能包括从成千上万的患者身上收集来的数据。对于药物来说,花上八年的时间才通过审核不足为奇。[18]仿制药品也必须获得FDA的审批。然而,仿制药品审批过程大大缩减,不需要提交用于动物或者人类试验的仿制药物,因为该药物的安全性和有效性都已经在之前的临床实验中得到证实了。

IX. 会计违规:DOLAN 的麻烦来了

2003年3月10日,也是Dolan担任公司总裁的两年后,百时美施贵宝宣布公司三年的销售额达到25亿美元。这种对盈利的夸大其实是由于百时美施贵宝采用的"填塞分销渠道"计划,公司使用财政奖励的方式奖励那些购买和持有较大处方药库存的批发商。这一计划导致批发商价值将近20亿美元的多余库存。百时美最终承认该奖励计划旨在帮助公司达到其预计的季度销售额。[19]

公司的会计问题麻烦不断,前首席财务官 Frederick S. Schiff 和前执行副总裁 Richard J. Lane 遭到起诉,指控其证券欺诈,通过"填塞分销渠道"计划人为地抬高销售额。Schiff 和 Lane 还被指控签署并提交给美国证券交易委员会的文件不准确,以及通过新闻发布和电话会议遮掩不断增多的零售药物库存,故意误导投资者。两人于2001年被公司辞退。

丑闻最后,百时美施贵宝公司将2001年的净销售数字减少了14亿美元,2000年的减少6.78亿美元,1999年的减少3.76亿美元。[20] BMS 因欺诈行为向受牵连股东共支付8.39亿美元。司法部同意撤销针对该公司的刑事指控,前提是该公司配合法律调查,承认不法行为,并采用严格的内部合规控制。

X. Plavix 仿制药协议

2006年7月,百时美施贵宝公司发表通告,宣布美国司法部正在调查公司2006年3月与加拿大仿制药生产商 Apotex 公司签订的协议。该协议旨在延迟 Apotex 公司廉价仿制药 Plavix 的发布。此次调查中,联邦调查局的警员在通告发布的前一天搜查了 Dolan 在纽约的办公室。

按照百时美施贵宝与 Apotex 制定的违规协议条款,为了将仿制药 Plavix 的生产延迟到2011年6月1日,BMS 要向 Apotex 公司支付4 000万美元。这个日期也是 Plavix 药物专利到期之前的5个月。[22]百时美施贵宝还同意,直到 Apotex 公司开始销售该血液稀释剂的仿制药的6个月后,才会发布自己的非品牌 Plavix 药物。[23]当百时美施贵宝申请批准该协议时，美国联邦贸易委员会和各州的检察长都反对，指出百时美公司的让步违反竞争规则，因为公司确保了 Apotex 公司在 6 个月内将是市场中 Plavix 廉价仿制药的唯一供应商。百时美施贵宝公司同意从合同中删除反竞争条款。然而，美国联邦贸易委员会开始就修订后的协议质询 Apotex 公司，期间 Apotex 向联邦监管机构透露，百时美施贵宝公司曾私下向 Apotex 承诺，不会在市场发布 Plavix 的仿制药。[24] 这些说法都和百时美施贵宝向联邦贸易委员会提交的说法相反，导致美国联邦贸易委员会要求对被拒绝的合同进行刑事调查。

协议尚未通过批准时，Apotex 公司很快发布了 Plavix 的仿制药，该药同年早些时候获得了食品及药物管理局的批准。2006 年 8 月，该药已上市。当美国销售的 Plavix 价格是每单位剂量为 4 美元时，Apotex 的仿制药价格是其八折到九折。Apotex 公司的 Plavix 仿制药很快就获得了新处方药 75% 的市场份额。[25] 同一月内，百时美施贵宝公司将会获得美国地方法院法官的临时禁令，停止进一步销售 Plavix 的仿制药。[26] 然而，法官并没有下令将其召回。地方法院法官 2007 年 2 月 22 日开始对该专利案件进行审判，法院要求百时美施贵宝和赛诺菲—安万特公司(Sanofi-Aventis, BMS 的 Plavix 药物研发合伙人)向法庭提交 4 亿美元的债券，一旦法院裁定 Apotex 公司拥有出售 Plavix 仿制药的合法权利，该债券将保障 Apotex 的安全。

Plavix 仿制药竞争刚过去一个月，BMS 就被迫将其 2006 年的收入预估降低 25%。百时美施贵宝下调后的每股盈利预计低于公司的股息，意味着百时美要支付给股东的钱比公司实际收入还要多。[27] 根据仿制药竞争的威胁，穆迪投资者服务(Moody's Investor Services)将 BMS 的债务评级从 A1 下调至 A2。BMS 的董事会表示，公司仍将申报其通常每股 28 美分的季度股息，但是有些分析家猜测，Plavix 的销售损失将迫使百时美施贵宝将股息削减一半。总的来说，在 Dolan 过去五年的任期中，百时美施贵宝的股价跌幅已超过 60%。[28]

XI. 董事会决定采取行动

2006 年 9 月 12 日，公司首席执行官 Peter Dolan 和法律总顾问 Richard K. Willard 被百时美施贵宝董事会解雇。公司董事、Guidant 公司前任执行官 James M. Corneliusl 被任命为百时美施贵宝公司的临时首席执行官。董事会坚称，公司会从内部和外部寻找合适人选长期担任该职，但是 Dolan 的解雇更加强化了华尔街的猜测：百时美施贵宝公司会被收购。

XII. 百时美施贵宝前路漫漫

就在 Dolan 的坎坷任期接近尾声时，公司首席文化官(CCO)Zito 正在思考，他需要与股东谈些什么才能解决公司过去五年来的财政和执行问题。眼看收购的威胁不断逼近，Zito 开始集思广益，制定一个能够帮助这家制药巨头留住投资者、员工以及顾客信赖的沟通战略。

随着 2007 年 1 月 22 日的专利案件审判日益临近，Zito 也知道自己必须考虑企业沟通是否或者如何帮助百时美施贵宝公司赢得与 Apotex 公司的专利纠纷。如果百时美败诉,将有可能失去收入的 30%,此外按照美国地方法院的规定,还要没收其 4 亿美元的债券。

案例尾注

1. BMS Official Site: Company History. Last updated: August 2006. Website: http://www.bms.com/aboutbms/content/data/ourhis.html.
2. BMS Official Site: Company History.
3. BMS Official Site: Company History.
4. BMS Official Site: Company History.
5. BMS Official Site: Company History.
6. Paraphrased from: Bristol-Myers Squibb Homepage. Last updated: August 2006. Website: http://www.bms.com/aboutbms/content/data/ourhis.html.
7. CNN Money.com, *Fortune* 500 2006 rankings.
8. Website: http://www.contractpharma.com/articles/2006/07/bristol-myers-squibb.php.
9. Quote from BMS Official Site: Company History. Last updated: August 2006. Website: http://www.bms.com/aboutbms/content/data/ourhis.html.
10. Biography of Robert Zito. Last updated 2006. Website: www.bms.com/news/pressroom/content/data/zito.pdf.
11. Biography of Robert Zito. Last updated 2006. Website: www.bms.com/news/pressroom/content/data/zito.pdf.
12. Adapted from Biography of Robert Zito.
13. Plavix Website (Bristol Myers Squibb). Last updated: 2006. Website: www.plavix.com.
14. S&P Market Insight: Pharmaceuticals Industry Survey.
15. S&P Market Insight: Pharmaceuticals Industry Survey.
16. Medco Health Solutions Inc. & S&P Market Insight.
17. Generic Drugs: Questions & Answers. Website: http://www.fda.gov/cder/consumerinfo/genericsq&a.htm.
18. "Solving The Drug Patent Problem." Last updated: May 2, 2002. Website: http://www.forbes.com/2002/05/02/0502patents.html.
19. "Bitter Pill? Bristol-Myers Squibb Off by $900 Million." Last updated: March 11, 2003. Website: http://www.cfo.com/printable/article.cfm/3008682?f—options.
20. "Bitter Pill? Bristol-Myers Squibb Off by $900 Million." Last updated: March 11, 2003. Website: http://www.cfo.com/printable/article.cfm/3008682?f—options.
21. "Bristol's Former CFO Indicted." Last updated: June 17, 2005. Website: http://www.cfo.com/article.cfm/4096065?f—related.
22. "Bristol Stock Hurt by Generic Plavix." Last updated: August 8, 2006. Website: http://money.cnn.com/2006/08/08/news/companies/plavix/index.htm?postversion=2006080812.
23. "Bristol-Myers Probed for Deceiving U.S. Regulators." Last updated: July 29, 2006. Website: http://www.investmentsmagazine.com/ManageArticle.asp?C=160&A=17351.
24. "Bristol-Myers Probed for Deceiving U.S. Regulators." Last updated: July 29, 2006. Website: http://www.investmentsmagazine.com/ManageArticle.asp?C=160&A=17351.
25. "Battle Over a Blood Thinner Goes to Court." Last updated: August 18, 2006. Website: http://www.npr.org/templates/story/story.php?storyId=5673477.
26. "Bristol-Myers Ousts CEO Dolan, Willard." Last updated: September 12, 2006. Website: http://www.wtopnews.com/?nid=111 &pid=0&sid=909672&page=2.
27. "Bristol-Myers Chief Fired Over Patent Dispute." Last updated: September 12, 2006. Website: http://www.nytimes.com/2006/09/12/business/13bristolcnd.html?pagewanted=l &ei=5088&en=829899f2la96a8a2& ex=1315713600&partner=rssnyt&emc=rss.
28. "Bristol-Myers CEO Forced Out." Last updated: September 12, 2006. Website: http://news.yahoo.com/s/nm/20060912/bs nm/bristolmyers_dc.

讨论题

1. 在这个案例中,百时美施贵宝公司面临的关键性问题是哪些?
2. 这个案例中谁是主要的利益相关者?专利案的成败会如何影响利益相关者?
3. Zito 需要和股东们沟通哪些问题?他应该如何向股东们传达这些信息?
4. 百时美施贵宝公司是否需要聘请外部公司帮助它制定有效应对 Dolan 的解聘或专利纠纷的公开回应?
5. 如果可能,董事会应采取其他什么样的行动应对会计及专利保护的丑闻?
6. Dolan 在和 Apotex 协商时犯了哪些错误?他本来可以怎么做,从而保护 Plavix 的专利?
7. 企业沟通可以帮助百时美施贵宝公司赢得即将到来的专利保护案件的审判吗?Zito 和他的团队能做些什么?

第三部分

环　境

第八章
信息技术与伦理

学习目标

- 了解使用信息技术引发严重伦理后果的方式
- 了解社交媒体的不同形式及其为企业利益相关者带来的伦理后果
- 认识正确管理社交媒体伦理影响的必要性
- 了解电子商务在全球范围内的发展及其带来的伦理问题,如电子商务隐私、安全和信任
- 学习其他类型的信息技术伦理问题
- 充分认识信息技术产生的电子垃圾及企业为降低其危害而采取的措施

商务伦理透视预览

社交网络和商务伦理

请思考以下短篇案例:

- 达恩玛丽·苏扎(Dawnmaire Souza)是康涅狄格州一家救护车服务公司的员工,曾经因工作遭到客户的质疑而被起诉,上司要求她就此写一份调查报告。在准备调查报告之前,她要求工会为其出面作证,但遭到了拒绝。回到家后,她就在人气很高的社交网站脸谱网上发表了一个关于她上司的负面评论,之后其同事也纷纷评论表示支持,引出了更多关于其上司的负面评论。然而,当她去上班时,却遭到了停职处分,并最终被公司开除。
- 2010年8月,在加拿大一家马自达汽车经销商要加入当地工会的前几周,该车行的两位员工开始散播不利于其老板和上司的言论。其中一位员工对

上司恶语相向,另一位员工则不仅四处诋毁公司,甚至在脸谱上鼓动朋友圈不再光顾该车行。不久之后,两人均被开除。公司认为他们的言行不仅将公司置于不利境地,而且损害了公司的名誉和商业利益。

- 一家世界五百强企业最近陷入了一场严重的公关危机,因为该公司雇佣了两位自由撰稿人,让他们假装公司客户,在网上发布公司产品的心得。无独有偶,纽约一家公司也同样要求员工在产品评价网站上发表虚假评论,好评公司的产品。两家公司都由于同样的行为,出现了严重的公关危机。

- 不少公司发现,如果他们能提供便捷的途径,让公众和顾客与公司总裁进行互动,企业将拥有更好的形象。因此,现在不少公司的总裁都开始撰写个人博客,不仅可以代表公司门面,也可以同客户分享美好愿景,为客户提供反馈。然而,很多时候总裁们日理万机,无暇顾及博客的更新,不少公司就雇人代笔,冒充总裁发表博文。

摘自 Aguilar, M.K.2011. "Facebook firing tests social media polices." *Compliance Week*, 35, 71; Crawshaw, C. 2010. "Status update: You're fired." *Canadian HR Reporter*, 23, 21.

以上四个商务伦理案例皆起因于**信息技术**(Information Technologies, IT)。互联网的普及和新型社交媒体的出现为企业带来了一系列全新的伦理难题:企业在享受着新技术带来的巨大收益的同时,也要时刻保持小心谨慎,因为成千上万的网民通过互联网可以随时了解公司的所作所为,企业一旦利用信息技术做出不当行为,就会面临巨大损失。

要正确掌握信息技术对商务伦理的影响,首先要了解当今社会信息采集和存储方式的巨大变化。当然,信息采集早已不是新鲜的概念,根据比彻姆(Beauchamp)等人的研究,政府和私人机构始终都在参与数据的采集和记录工作。[1] 然而,信息技术的出现却极大地改变了数据采集和存储方式。首先,可采集和存储的数据量大幅增加。信息技术出现之前,我们只能从传统的纸质资料中采集数据,而现在得益于信息技术的发展,数据采集和存储的成本已降至极低,比如,任意一台电脑即可存储任何个人的网页导航信息。其次,可采集的信息种类与过去大不相同。现在,人们可以很容易地采集到邮件和上网记录等信息,因此企业会例行浏览员工的这些信息,以采取相应的整治措施(相关内容之后会详谈)。最后,企业信息交流变得更加便利。公司可以在客户毫不知情的情况下,非常容易地将其收集的信息与其他公司共享,以制定各自不同的营销策略。

随着越来越多的企业开始与其商业伙伴、员工、客户及其他利益相关者交流业务信息,一系列的伦理问题也随之而来。[2] 今天,大多数公司都要面临处理信息技术连带的伦理问题,如对于客户的网上交易信息保守秘密,保证数据的完整性,维护员工和客户的隐私,保护专有组织的敏感信息。因此,如何处理信息技术带来的伦理问题已经成为所有企业伦理项目的一个关键部分,而本章将从伦理角度探讨相关问题。

从战略角度来看,信息技术的伦理问题已然成为企业发展必须面临的关键问题。"商务伦理透视预览"讲到的第一个案例中,救护车服务公司开除了达恩玛丽·苏扎之后,就遭到了国家劳工审查委员会(National Labor Review Board)的指控,委员会声称该员工在脸谱网发表的言论是受美国《国家劳资关系法案》(*National Labor Relations Act*)保护的,并且指出公司对社交媒体的约束过于严格,这显然已经违反了法律。迫于各方压力,公司不得不与达恩玛丽·苏扎达成了和解协议。除此之外,从其他案例中我们也不难发现,若企业不能正确认识信息技术运用中包含的伦理内涵,其战略发展就可能会受到损害。伦理问题处理不当,会给企业带来极大的损失,声誉和财政状况都将陷入危难之中;反之,若能合理利用信息技术的伦理问题,恰当处理问题,同样能为企业带来竞争性优势。

考虑到上述情况,我们将着重审视信息技术给跨国公司带来的伦理影响。首先,我们将探讨使用社交媒体将会给企业带来的种种两难问题;其次,我们将关注电子商务的发展和由此产生的伦理问题;最后,我们将从全球化的角度讨论信息技术及与此相关的伦理问题,并重点介绍全球电子商务和全球数字鸿沟的道德准则,以及信息技术产生的电子垃圾。

8.1 社交媒体及伦理学

"**社交媒体**"(Social Media)指已广泛实现互联网用户共同合作的、先进的互联网技术及应用,社交媒体网站已经成为全新 Web 2.0 现象的一部分。在 Web 1.0 中,很少有实体能够控制到网站建设和信息流,而 Web 2.0 则是由用户生成的,千万用户可通过网络自由交互,它的一个重要特点是在线社交网络,即用户能够通过网络建立虚拟社区,而虚拟社区则使"人与人之间丰富的在线互动成为可能,这在互联网史上是前所未有的"。[3] 由此可见,Web 2.0 的大部分应用都是以在线交换个人信息为基础的。目前,较流行的社交媒体平台有博客、YouTube、脸谱网(Facebook)、LinkedIn、维基百科(Wikipedia)、推特网(Twitter)和 Yammer。表 8.1 列出了一些较受欢迎的社交媒体网站及其功能。

表 8.1 社交媒体种类

社 交 媒 体	功　　能
博客	博客即"网络日志",互联网用户通过交互模式进行交流,博主可以通过博客发表博文,读者可以就此发表自己的意见,并回复他人评论
视频共享网站	互联网用户可通过 YouTube 等视频共享网站发布、浏览和分享视频
社交网络	脸谱网、LinkedIn 等社交网站为互联网用户提供了相互联系、分享个人信息的平台

(续表)

社交媒体	功能
维基	在维基站点上,用户可以非常容易地创建编辑网页内容。例如,维基百科就是一个自由、免费、内容开放的网络百科全书,任何用户均可编辑更新其中的词条
增强实境	该技术能将虚拟世界和现实世界融合为一体
微博	通过推特等微博平台,用户可以同他人共享信息,但对博文字数有一定限制
大型多人在线角色扮演游戏	网络游戏的一种,大批用户可在一个虚拟世界中进行交互,如魔兽世界
维基解密	专门公开解密政府和企业秘密信息的网站

企业为何要重视社交媒体的伦理影响呢？请参阅本章"商务伦理战略透视"。

正如"商务伦理战略透视"所示,社交媒体对企业至关重要,充分利用社交媒体能帮助企业增强品牌形象,以更符合伦理的方式满足利益相关者的需求。鉴于目前很少有企业真正注意到社交媒体的这一作用,该问题就显得更为突出。[4] 关于社交媒体的伦理影响,企业需重点关注隐私和透明度这两个关键问题。

商务伦理战略透视

社交媒体的伦理影响

本章"商务伦理透视预览"的四个简短案例表明,正确认识社交媒体对企业经营的影响具有重要的战略性意义；反之,将会给企业财政状况和声誉带来极大损害,并且一旦由于此类问题而声誉受损,企业将会面临困境。

然而,最近也有证据表明,合理使用社交媒体同样能为企业带来极大的利益。康卡斯特(Comcast)和美捷步(Zappos)两家公司是这方面的典范,它们通过推特成功吸引顾客,美捷步还以在推特上迅速回复顾客投诉而著称。除此之外,还有一些案例也表明社交媒体的重要性,著名电影导演凯文·史密斯(Kevin Smith)曾投诉美国西南航空公司(Southwest Airlines),称该公司的一架航班以超重为由拒绝其登机,西南航空则立即对该投诉给予了反馈。Monsoon是一家服装零售企业,曾有传言称其在供应链中使用童工,对于这一虚假消息,公司在推特官方微博和脸谱网上迅速做出回应,驳斥了这一不实传言。

以上三个简短例子进一步证明了社交媒体的重要性。在前两个例子中,企业通过社交媒体迅速处理了顾客投诉,第三个例子中,Monsoon通过社交媒体回击了谣言。其实,不论是大型企业还是小型公司,社交媒体对其经营都具有重要意义。2010 年

> 12月，纽约发生了一场暴风雪，一家甜品烘焙坊被掩埋于雪中，生意全无。为了吸引顾客，经营者并没有守株待兔坐等客人上门，而是通过脸谱网、推特和博客等网络渠道推出半价热饮活动，并且为到店顾客提供电脑，方便他们将自己的品尝心得与朋友圈分享。通过这些方法，烘焙坊的销售额增长了15%—20%，获得了巨大的经济效益。
>
> 摘自 Baker, R. 2010. "Monsoon uses social media to fight claims." *Marketing Week*, November 25, 4; Brandel, M. "Are you listening?" *Computerworld*, July 12, 44, 13, 13.

隐私（Privacy）指个体控制或限制他人获取自己信息的能力。蕾切尔（Rachels）曾在一篇颇有影响的文章中指出，隐私之所以重要是因为它有利于保持人们所珍视的社会关系的多样性。[5] 例如，每个人都扮演着不同的社会角色，工作时应该有工作的样子，所提供的信息也只能是与专业有关的内容，而下了班后的私生活就不一定非得与工作相关了。然而，除此之外，如果个体的其他社会关系信息遭到了泄漏（比如参加派对的习惯），其隐私就受到了侵犯。比如，员工在脸谱网上传了参加派对时的照片，而公司却据此判断是否要将其开除或升职，那我们不禁要问，派对照片与人力资源管理的决定有关系吗？

在莫里迪恩（Mooradian）看来，计算机已大大改变了人们的隐私，[6] 为充分认识隐私与社交媒体的关系，他将个人信息分为三类，分别是：第一类是与社会公共机构相关的个人信息，如个人的医疗、财务信息等；第二类是社会敏感性个人信息，如一些尴尬事件等；第三类则是传记式个人信息，如个人日常生活中的点滴细节。莫里迪恩同时指出，目前美国对于与社会公共机构相关的个人信息有着非常严格的保密措施，但对于传记式个人信息的保密仍缺乏严格的管控措施，致使企业可以轻易地获取并使用个人信息。

此外，莫里迪恩进一步指出，社交媒体的大多数内容都是有关传记式个人信息的。就拿博客来说，在通常情况下人们发表的博文都是有关个人生活信息的，博主们必须明白，这些博文是向公众开放的，成千上万的互联网用户都可搜索到他们的个人信息。同样，社交网站的个人主页也会包含大量的用户个人信息。然而，社交媒体中的个人信息并没有特殊的保密服务，因此，企业可通过博客和社交网路轻易地获取大量的用户个人信息，并加以利用。

通过以上各种案例介绍我们可发现，对企业来说，社交网络存在着严重的伦理风险，并且这些风险会牵涉到众多利益相关者，而涉及程度最高的是企业员工。因此，企业应该保护员工的隐私，规避伦理风险及其引起的法律后果。可是，最近一项调查却发现，现在很少有公司会关注社会媒体。请参看图8.1。

正如图8.1所示，在接受调查的企业中，仅有三分之一的企业对员工在上班和下班时使用社交媒体做出了具体规定。前面已经讲过，触犯社会媒体伦理不仅会损害企业形象，还会给企业带来不必要的损失。因此，管理社会媒体的使用对企业来说至关重要。专家就如何应对因员工使用社会媒体给企业带来的伦理后果给出了如下建议：[7]

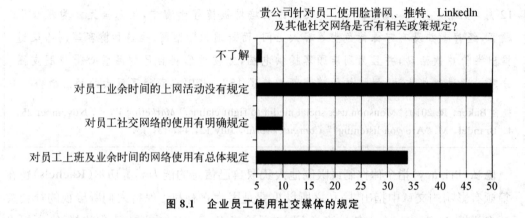

图 8.1　企业员工使用社交媒体的规定

- 企业应告知员工,出于遵纪守法和保护公司的目的,企业会始终监控他们在社交媒体上发布的信息。由于这些信息是公开于众的,因此不属于个人隐私,但是公司不应通过其他渠道获取不对外公开的员工个人信息,否则就会触犯隐私法。
- 密切关注社交媒体,确保员工没有以公司名义在社交媒体上发表言论,并且告诫员工,如果在社交媒体上发表言论,应事先声明此言论仅代表其个人观点,与公司无任何关系。另外,为了避免任何可能发生的冲突,企业应鼓励员工在网上评论公司产品或服务时,对外告知自己是该公司职员。
- 企业应告诉员工,他们发表的所有信息都是公开的,因此其所发表的言论应体现出个人思想,符合公司的价值观。比如,企业可规定员工不得侮辱同事,不得诋毁竞争对手。此外,企业还应告知员工,有关员工沟通的政策规定同样适用于社交媒体,因此他们不得骚扰或歧视他人。但是,员工也应明白自己享有的权利,在商谈入职条款和加入公会等劳动合同条款时,他们有权发表自己的言论。
- 企业还应提醒员工不要发表敏感性言论。专家建议,员工应尽量避免在社交媒体上谈论或指责他人,如竞争对手和同事。员工应保证自己发布的任何消息都不侵犯他人的版权,另外上传至网络的内容基本上是无法删除的,对于这些信息应全力保护,明白这一点对员工来说很重要。
- 企业应禁止员工在工作时间使用社交媒体。另外,为避免出现任何潜在的伦理冲突,公司应提醒员工与下属或上级"交朋友"是存在一定风险的,有些公司已经明令禁止了此种"朋友关系"。

除了上文中提到的员工使用社交媒体引发的伦理问题之外,许多专家认为,社交媒体伦理的另一个重要方面则是**信息透明化**(Information Transparency)。[8] 事实上,有些人甚至认为"(信息)透明才是本世纪伦理问题,而非隐私"。[9] 信息透明化指将信息公开,供利益相关者查看的过程。比如,图瑞里(Turilli)和弗洛里迪(Floridi)都认为,对于绿色且富有社会伦理的银行来说,透明度就意味着它们必须对外公开有关其投资和客户服务的信息。[10]

瓦卡罗(Vaccaro)和马德森(Madsen)建议,各公司在信息透明化过程中应采用整体合作的方法。[11]具体说来,他们认为,在同利益相关者打交道的过程中,将会有更多的企业需要向外界提供获取其相关信息的渠道。同样,随着越来越多的企业想要赢得利益相关者的信任,从而谋求双方的合作,信息透明化也变得越来越重要。实际上,第六章已经提到了这种现象。为了展示公司在改善劳工环境方面付出的努力,现在许多跨国公司在供应商问题上都变得越来越透明,而这些举措在促进企业与非政府组织等利益相关者的合作中发挥着必要的作用。

企业如何通过社交媒体和信息技术贯彻信息透明化政策呢?瓦卡罗(Vaccaro)和马德森(Madsen)提供了三种方法:第一,可以利用因特网和社交媒体储存重要信息,这样利益相关者就可以非常容易地了解到自己所需要的信息。第二,可以通过共享和交换的方式实现信息透明化,就像强生公司一样,在推特、脸谱网和YouTube上注册会员,然后通过这些平台分享产品信息,了解客户反馈。[12]第三,企业可同时使用以上两种方法,通过实践摸索出更适合自己的信息透明化道路。

从近期来看,企业对社交媒体的使用仍将呈上升趋势。前面讲到,为了监管员工对社交媒体的使用情况,公司会制定相关政策,同样,为了规范其他利益相关者浏览企业各类社交媒体网站的行为,企业也应该制定一些规章制度,对此,专家提出如下建议:[13]

- 大多数专家认为,企业应该真实透明。通过社交媒体误导大众对其公司和产品看法的行为会引火烧身,产生事与愿违的后果。因此,在对外公开信息时,企业应遵循真实透明的原则。
- 企业应明确告知用户所收集数据的使用方式。对于企业收集的用户个人信息,无论是共享还是出售给其他公司或实体,企业必须向客户及其他网站浏览者做出明确解释。
- 社交媒体回应要及时。目前,微博的使用量已经大大提升,推特等微博平台的使用者大大增加,在如今这个高速发展的社会,消费者当然希望企业能迅速回应他们所提出的问题。若企业未能在短时间内给出答复,即使是很小的问题,微博上成千上万条的评论也会迅速将小事件扩大成公众事件。比如,达美乐比萨(Domino's Pizza)事件中,一段视频披露了制作比萨的糟糕过程。针对此事件,达美乐比萨未能在24小时内通过社交媒体出面回应,从而陷入了严重的公关危机。
- 落实规章制度,规范社交媒体的使用。强生公司就对微博实时更新做出了严格的规定,虽然在现场事件中,微博直播可以为公司活动带来人气,但若使用不当,却有可能带来灾难性后果。专家建议,微博上所有的内容,在发布之前都必须经过公司法务部门的审核,确保符合现有法律规定。企业在回复顾客微博时,也需谨慎小心,既要做到能坦诚相告,又要保守机密。同时,微博上还应提供相关信息在公司官网上的链接,以方便顾客搜寻。
- 最后,面对顾客或其他利益相关者的投诉,员工应恭敬有礼,灵活应对。对于顾客的投诉,员工不得置之不理,也不得斥责投诉者,而应该以礼待人,认真对待并处理顾客的投诉。

8.2 电子商务及伦理学

电子商务(E-commerce)是一种通过互联网实现物品和服务的买卖与交易的新型商业运营模式。电子商务的形式多种多样,有些商家只在网上经营,如亚马逊,顾客可登录Amazon.com选购商品;有些商家则拥有网店和实体店两种经营方式,如百思买集团,顾客网上订货后,商家将货物邮寄给顾客;除此之外,还有些电子商务是完全在网上进行的,比如购买软件。网上交易基本上只有两种模式:一种是企业对企业的电子商务模式,即B2B,适用于企业之间的电子商务;另一种是企业对消费者的电子商务模式,即B2C,适用于企业与消费者之间的电子商务。

电子商务同样为企业带来了许多伦理问题,为了充分认识解决电子商务伦理问题的必要性,首先需要对电子商务在美国及全球的大规模发展有所了解。请阅读本章"全球商务伦理透视"。

全球商务伦理透视

全球电子商务活动

据预测,未来一段时间的电子商务仍将迅猛发展,请参阅以下信息:

- 弗雷斯特研究公司(Forest Research group)预测,未来几年内,网上零售业将继续保持两位数的增长速度;2011—2015年,美国销售增长率将达到10%,到2015年,销售额将达到2 790亿美元。
- 弗雷斯特研究公司还对西欧14个国家进行了研究,据此预测这些国家网上零售业的增长速度同样能达到10%,到2015年,销售额将达1 340亿欧元。
- 最新研究表明,截至2015年,中国互联网用户达7.5亿人。在这7.5亿用户中,有15%的人是长期用户,主要包括居住在大城市的18—24岁的年轻人,以及花费大量时间在数字媒体的网民;还有25%的人是普通用户,主要包括高收入职业者和企业管理者。这40%的人群将会是营销组织和公司的重点目标客户。

- 近年来,韩国的整体经济增长放缓,但网络销售却增速惊人。2010 年,韩国电子商务销售额比前一年增长了 23%,企业对企业电子商务贸易额也在 2009 年的基础上增长了约 23%。
- 尽管非洲电子商务增速缓慢,但始终在稳定发展,因此非洲也被视为全球最后一批大型新兴市场之一。2005—2008 年,消费性开支以 16% 的复合增长率在增加,网上购物呈可持续发展态势。著名咨询公司麦肯锡(McKinsey)预测,未来将有 2.2 亿非洲人达到中产阶级的消费水平。其实透过南非就可将整个非洲的发展潜力窥见一斑。近期一份报告显示,2004—2008 年,南非网上零售业的增长率已经达到了 48%,2010—2013 年间,网上零售业仍将保持强劲势头,增长率将达到 34%。
- 专家预计,未来拉丁美洲的电子商务将迅猛发展。尽管拉丁美洲目前的互联网普及率仅达 34%,但该比例定将以稳定的速度持续攀升。此外,虽然该地区的电子商务尚处于起步阶段,但其网上零售业始终在发展当中。

摘自 Anonymous. 2011a. "More double-digit growth ahead for online retail in U.S. And Western Europe." *Business Wire*,February 28;Anonymous. 2011b. "South Korea Q4 e-commerce jump amid economic recovery." *Asia Pulse*,February 25;Anonymous. 2011c. "Netizens will reach 750 million in China 2015." *Asia Corporate News*;Carrey, B. 2010. McClatchy. "Tapping Latin Americans who click." *Tribune Business News*,October 6;Childress, S. 2011. "Africa rising:Telecom giants battle for Kenya — India's Bharti, U.K.'s Vodafone trade barbs in fight for cellphone subscribers." *Wall Street*,January 14,B.1.

正如"全球商务伦理透视"所示,据预测,电子商务在未来会飞速发展。图 8.2 显示的是目前全球各地区的互联网普及率及其在 2000—2010 年的增长率。

正如图 8.2 所示,不论是在发达国家、新兴国家、还是发展中国家,所有企业都必须与不断发展的电子商务进行竞争。因此,对跨国公司来说,现在是时候要认真考虑电子商务带来的伦理影响了。在本节中,我们将讨论电子商务客户隐私、电子商务安全及电子商务信任这三个相互关联的问题。

8.2.1 客户隐私

在社交媒体部分,我们讨论了隐私对员工的意义,同样,电子商务也会给客户隐私带来巨大的伦理影响。**客户隐私**(Customer Privacy)指客户保护个人信息的期望,但客户为什么要担心自己的隐私问题呢?大多数人都认为浏览网页是匿名的,但事实并非如此,我们在上网时每点一次鼠标,每浏览一个网页,每发一封邮件,都是在市场营销人员的监控下完成的。由此,网络观察员可收集大量的用户信息,通过对这些信息的分析,得以了解该网络使用者的个人信息、兴趣爱好以及家庭住址。若能同时使用全球定位系统,网络

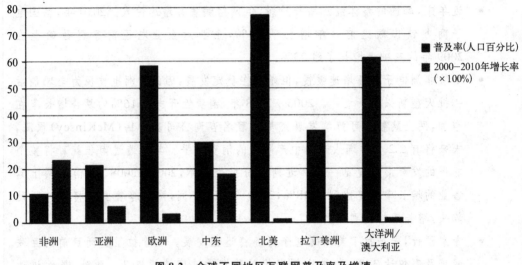

图 8.2　全球不同地区互联网普及率及增速

观察员甚至可以对任何地方的网民进行精确定位。这些信息给市场营销人员提供了巨大的商机,因为他们的主要工作就是通过监控用户的网页浏览过程对其进行行为定向,并据此信息针对不同客户分类投放广告。

波拉赫(Pollach)认为隐私的泄露对客户来说尤其危险。[14]举例来说,大多数网上交易都需要提供确认个人身份的数据;使用信用卡则会泄露网购者的家庭地址,也就是说,很多电子商务都需要用户提供其个人信息,而通过采集用户的 IP 地址,企业可以轻松将收集来的网页浏览信息与消费者在网购时提供的更为私密的信息匹配结合,从而获取用户的个人档案。

数据开发公司主要负责分析数据模型,而现代企业对这些数据开发公司的依赖性越来越强。以帕兰提尔科技公司(Palantir Technologies)为例,该公司主要从事数据软件开发,所开发的软件能对不同渠道获取的数据进行整合,并根据终端客户的需求对整合后的数据进行过滤或映象。[15]再拿银行来说,通过数据挖掘,银行可以迅速发现很多没有准时还贷的客户都集中在某个具体的地理区域内,如果银行据此对该地理区域内的客户收取更高的利率,那这种做法是否合乎伦理呢?

此类数据收集行为产生的伦理影响主要取决于企业如何使用这些数据。[16]企业可以利用这些数据来识别用户,促进电子商务贸易;企业也可将这些数据与其他公司共享,或者利用这些信息向客户发送广告邮件,进行营销推广;或者,得益于此类数据的可得性与易流动性,企业也可进行买卖。比如,脸谱网最近决定禁止一些应用开发商使用其网站,因为这些开发商利用自己开发的应用软件收集脸谱网用户的个人身份信息,并出售给数据代理商,脸谱网认为这种行为有违公司规定,于是停止了与这些开发商的合作。

需要重点指出的是,全球不同地区对隐私的认识也各不相同。在美国合法的事情在其他国家未必行得通。请参阅本章"全球商务伦理透视",了解欧盟各国对隐私的看法。

全球商务伦理透视

德国与欧盟的隐私保护观

如前文所述,既然可通过网页收集到很多潜在数据,那就意味着企业行为存在着触犯顾客隐私法的风险。实际上,在保护顾客隐私问题上,欧盟现在的立场非常坚决。最近德国政府同脸谱网签署了一项协议,该协议将为非脸谱网用户提供更多的保护。在美国,脸谱网用户通常可以通过雅虎等其他邮箱网站获取非脸谱网用户的邮箱地址,然后发送邮件邀请其加入脸谱网,而在德国,非用户的资料会得到严格的保护,所以脸谱网很难得到这些非用户的信息。更确切地说,非脸谱网用户在收到加入脸谱网的邀请邮件后,还可自主决定是否继续通过该邮箱接受此类邀请。这一改善措施非常必要,因为一些非常担心此事的德国人曾给位于汉堡的数据保护机构发邮件,投诉在从未将邮箱地址告知脸谱网的情况下,他们竟然收到了脸谱网的注册邀请。另外,德国将成为世界上唯一一个允许居民选择退出谷歌街景地图服务的国家,该决定在街景地图服务启动之前就已出台。

在欧盟,其他的电子商务网站同样面临着越来越严格的审查。2010年11月,欧盟通过了一项立法,要求脸谱网、谷歌等社交媒体无论出于何种目的,在使用用户个人信息之前必须征得用户本人的同意。与其他国家相比,这些新出台的政策将更好地保护欧盟互联网用户的隐私权。

摘自 Lawton, C. 2011. "Facebook alters tool in German privacy deal." *Wall Street Journal*, January 24.

最近一项研究显示,虽然大多数企业都声称从伦理道义角度讲,处理好隐私问题势在必行,但实际上却极少有企业针对这个问题制定全面的政策规定,由此可见,隐私问题亟待解决。在该项研究中,波拉赫(Pollach)对全球大型IT公司中已公开的企业社会责任状况进行了总体论述,[17]发现尽管大多数公司都认为保护客户隐私是道德需要,但很少有公司真正制定全面的网络隐私保护方案,并且在解决网络隐私问题时,大多数企业都是被动顺从,并非主动积极。

综上所述,保护客户隐私是企业的一项重要工作。专家建议,客户有权了解企业采集的数据类型及其使用方法,企业有义务告知客户采集来的数据是否已出售或与其他公司共享。除此之外,如前面"全球商务伦理预览"所示,世界各地对隐私的理解不尽相同,因此,在实施有关客户隐私的政策时,企业必须尊重当地法律和传统。那么,企业处理隐私问题的方式有哪些呢?表8.2将进一步探讨企业隐私保护的具体实施方案。

表 8.2 企业隐私保护具体策略

对 内 举 措	对 外 举 措
数据实物保护	发布隐私保护内部通讯(客户刊)
制定隐私保护政策	提供父母指南、儿童安全相关资源
开展隐私保护员工培训	制定员工指南
成立隐私保护委员会	公布隐私保护检举邮箱
严惩侵犯隐私行为	开通隐私保护博客
员工监督	邀请利益相关者共同制定隐私保护政策
设立隐私保护办公室	同企业、政府和贸易集团合作
开通隐私保护热线	发布隐私保护研究文章
在线发布隐私权声明	开展信息安全教育
定期修改隐私保护政策	与非政府组织及智囊团合作
开展内部隐私保护活动	隐私认证
发布隐私保护内部通讯(员工刊)	遵守并修正隐私法
为员工提供隐私保护网络资源	自我监管

8.2.2 电子商务安全

电子商务安全(E-commerce Security)指利益相关者对企业在线采集数据的安全程度的认知。电子商务交易通常需要客户提供非常私密的个人信息,如信用卡信息、家庭地址和电话号码,而企业确保这些私人信息安全性和私密性的程度就反映了企业在电子商务安全方面做出的努力。

关于电子商务安全所涉及的内容,戈登(Gordon)和罗卜(Loeb)提出了如下见解。[18]在他们看来,企业需要考虑的电子商务安全内容包括:(1)**保密性**(Confidentiality)(确保个人信息受到保护,并且未获授权方无法获得此类信息);(2)**可得性**(Availability)(确保授权用户可及时获取受保护信息);(3)**完整性**(Integrity)(保护并确保所采集信息的正确性、可靠性与真实性);(4)**身份认证**(Authentication)(确保数据使用者的真实身份);(5)**不可否认性**(Non-repudiation)(确保授权用户对数据的使用不会被不正当地拒绝)。

随着网络诈骗的增多,电子商务安全的重要性日益突出。贝尔(Bell)指出,2009—2010年,美国网上购物增长率为30%,但诈骗案却增加了78%。[19]犯罪分子盗取信用卡等个人信息的手段越来越高超,最近发生的一起网络诈骗案中,三名诈骗犯从7-11便利店等五家公司中盗取了1.3亿多张借记卡和信用卡的信息,[20]这得益于网络购物的匿名性。这些诈骗犯可以毫无后顾之忧地使用盗窃来的借记卡和信用卡信息进行网络购物。然而,电子商务安全问题不仅包括这些从企业盗取信息的网络罪犯,还包括很多其他类型的犯罪,请参阅下面的"商务伦理透视"。

商务伦理透视

维基解密(WikiLeaks)与电子商务安全

维基解密是一个大型文档泄露及分析网站,因致力于揭露政府及企业的腐败行为而广受关注,这引起了不少企业的担忧,它们逐渐意识到,自己很可能会成为下一个被揭露的对象,比如壳牌石油。据最近消息披露,壳牌公司在尼日利亚正面临着失去石油经营许可证的危机,并且尼日利亚政府可能已经将壳牌石油的公司信息转给了中国和俄罗斯。除此之外,情报还透露壳牌公司可能已经在尼日利亚许多相关部门里安插了其公司员工,这一系列信息的披露一度将壳牌公司置于十分尴尬的境地,并且很可能会阻碍他们获取尼日利亚石油经营许可证的进程。

另外一个被维基解密盯上的公司是美国银行。维基解密的创始人暗示说,他们掌握了有关美国银行的极度负面的信息,而该信息一旦泄露,可能会直接导致行长下台。关于该信息,维基解密已多次威胁要公之于众。

摘自 Herron, J. and Connors W. 2010. "Wikileaks touches Shell." *Wall Street Journal*, Decemeber 9; Ryst, S. 2011. "Wikileaks fuels data breach fears." *Business Insurance*, 45,1,1.

以上各案例充分说明了企业需高度重视电子商务安全的必要性,除此之外,最近一项研究还表明,电子商务安全漏洞会给公司带来战略性损害。近期,雅拉(Yayla)和胡(Hu)就股票市场对信息安全漏洞的反应进行了研究,[21] 他们发现无论是传统的实体商店,还是电子商务公司,信息安全漏洞都会给其股票市场带来负面影响,而对电子商务公司来说,该影响会更为强烈,并且通过拒绝访问网站而实施的"拒绝服务"攻击对股票市场产生的负面影响最大。因此,该研究表明,由于信息安全漏洞会对企业的股价及财务健康状况造成毁灭性影响,及时处理该问题对企业来说具有重要的战略意义。

表 8.3 电子商务安全漏洞及损失

安全漏洞问题	损 失
拒绝服务攻击,网络服务器及订单处理速度减慢	收益损失
病毒攻击,电子邮件系统及网络瘫痪,必须重装系统	生产力下降
病毒攻击,损坏硬件及文件服务器	重置软件或硬件
拒绝服务攻击或病毒攻击,客户认为公司不具备保护数据的能力,失去对其的信任	收益损失,客户信任度、忠诚度下降

(续表)

安 全 漏 洞 问 题	损　　失
病毒攻击,客户源流向竞争对手	收益损失,竞争力下降
安全漏洞导致投资者出售现有股票,并不再购买相关股票	投资者信心缺乏

由上所述,电子商务安全漏洞会给企业带来灾难性后果,表8.3列出了部分信息漏洞问题及其造成的损失。

正如表8.3所示,电子商务安全漏洞会给企业带来重大损失,因此,解决该问题最关键的第一步就是确定电子商务信息安全漏洞的类别,然后对症下药。雅拉(Yayla)和屈(Qu)在他们的研究中探讨了电子商务安全漏洞的多种不同形式。[22]基本来说,当未经授权的用户能够获取有关顾客、公司或员工的数据时,电子商务就出现了安全漏洞,而这些漏洞通常会带来非常严重的后果,因为诈骗犯可以利用这些信息谋取个人私利,利用顾客信息进行非法网购,利用企业数据盗取公司专有信息。除此之外,当未经授权的用户通过拒绝服务攻击,拒绝外界访问企业网站或设法篡改企业网站时,电子商务也会存在安全漏洞。这两种漏洞会将公司置于严重的公关危机中。

为更好地保护电子商务安全,专家强烈建议,企业应采取战略性措施管理数据。简单地使用防火墙或杀毒软件是远远不够的,而应该通过建立数据收集目录,实施全面的防范措施,对此,专家建议如下:[23]

- 建立数据库并保存所需数据——便于企业了解采集数据的内容及其存储路径。企业采集的信息数量通常会多于其真正所需,因此,在今天这个信息超载的时代,企业更应该决定自己真正需要什么信息,并且某些数据一旦不再需要,就应该立即清除,因为信息存储越少,信息泄露带来的损害就越小。

- 保护数据——必须尽力保证数据处于安全保护当中。可以使用传统的防火墙和杀毒软件保护数据,但最近证据表明,保护数据的方法其实有很多,绝不仅限于这两种。内容管理系统可以帮助企业更好地控制数据采集、分类过程及访问使用权;数据丢失防护则采用不同的方式保护数据,此种系统通常安装在公司的网络边界,用来监控数据输出,如果系统发现有敏感信息正在向外输出,它会立即锁定该信息防止泄露。最后,网络取证系统会对企业的数字运行情况进行实时监控,一旦发现任何不同于往常的可疑行为或模式,就向系统报告。以上三种方法,企业应根据自身实际情况选择最合适的方法。

- 严控数据访问权限——数据的访问权限需严格控制。企业应决定哪些员工可以访问何种数据,这一安排决定非常关键,而数据访问权限控制主要包括用户账户管理(提供恰当的用户名和密码)、密码管理(密码设置及保护)、数据加密(保护公司网络数据)、用户访问限定(管理用户责任)和监控权限。除此之外,数据的存储媒介,如磁带,也需要严格控制,比如,可以把数据保存在安全建筑物内,保证只有特定人员才可接近。
- 制定数据管理政策并对员工进行培训——虽然数据泄露通常是由恶意行为导致的,但随着企业外部数据交流形式的增多,如员工协同软件、移动设备、电视会议和网上聊天,很多数据泄露也都是无意而为的。因此,企业应提醒员工,在公司外部使用数据资料时,应担负起保护数据的重任。为了避免数据泄露,企业应采取适当的预防措施,比如,员工可能会用自己的智能手机下载公司内部重要数据,此时,就需要有相应的政策确保该信息的安全,尤其在员工手机丢失之后,更要采取相应的保护措施。为了避免这种情况的出现,有些公司可能会制定相关制度,禁止员工使用智能手机下载公司数据。
- 做好应急预案——企业应完善应急系统,保证随时应对任何电子商务安全漏洞。由于电子商务安全漏洞问题必须以最快的速度加以解决,所以企业应建立完备的应急机制,以随时应对任何紧急情况。

8.2.3 电子商务信任

关于电子商务,本章讨论的最后一个问题就是**电子商务信任**(E-commerce Trust)。电子商务信任指购物者对网上交易能如期进行的一种信心。假设消费者决定在亚马逊网站上购买由第三方卖家提供的商品,此时电子商务信任就是指消费者相信自己付款后将按期收到商品。迈克寇尔(McCole)、拉姆齐(Ramsey)和威廉姆斯(Williams)[24]都认为,电子商务信任包含三方面主要内容:(1)信任互联网——相信互联网具备完成所交任务的能力,如网速和系统完整性;(2)信任商家——相信出售商品的企业;(3)信任其他方,如担保商家诚信的第三方。

为什么电子商务信任如此重要?大多数专家认为,顾客只有在信任该企业的情况下,才会愿意同其进行网上交易。[25]与此同时,考虑到现如今企业面临的众多新型电子商务问题(如信息漏洞、拒绝服务攻击、身份盗窃等),为了吸引利益相关者与自己合作,企业就必须让他们相信自己是值得信任的。因此,从战略角度来看,电子商务信任在电子商务中发挥着决定性的作用,因为它是企业对消费者电子商务模式的中坚力量。

最近一项学术研究对影响企业电子商务信任的因素进行了研究,认为以下各项要素有利于提升企业电子商务信任度:[26]

- 以往交易体验——网购经历越丰富的人,对电子商务的信任度就越高。
- 信任倾向——有些人好像天生就更容易信任他人。
- 安全保护认知——顾客对安全性的感知度。
- 熟悉程度——顾客对网站的熟悉程度如何?对网站越熟悉,对电子商务的信任度就越高。
- 企业信誉/品牌形象——企业是否享有良好信誉?
- 客户推荐及口碑——他人对与该公司的交易有何评价?良好的口碑有助于提升

电子商务信任度。

- 隐私问题——该企业是否能妥善处理所有隐私问题？
- 值得信任的第三方——是否有组织提供隐私认证,减少网上安全隐私问题？隐私及其他认证有利于激发顾客对电子商务的信任。
- 社会影响力——对于朋友或家人曾经打过交道的企业,使用者更容易信任。
- 结构保证——基本的网络结构必须正常运转,因此企业需要提供数据加密等技术保护措施。

最近一项研究指出,购物网站的伦理认知同样是伦理学的一部分。[27]研究者们发现,有优良伦理记录的网站,更容易赢得顾客的信任。若要给外界留下良好的伦理印象,对于已制定的保密政策,企业就应明确贯彻落实,并要合理诚实地宣传产品和服务性能。该研究表明,顾客对网络公司伦理表现的认知会影响其对该公司电子商务的信任程度。

更为近期的一项实践研究进一步证明,以上各要素对提升电子商务信任度具有重要作用。[28]研究发现,这些因素中最为重要的一项是企业是否有名,84%的应答者表明,他们更倾向于将自己的个人信息告诉那些他们有所了解的公司,因为他们相信这些企业会保护他们的个人信息;第二个比较重要的因素是企业网站是否具有明显的安全特性,81%的调查对象表示,他们更倾向于将个人信息交给那些网站具有明显安全特性的公司。图8.3对该项研究结果进行了总结说明。

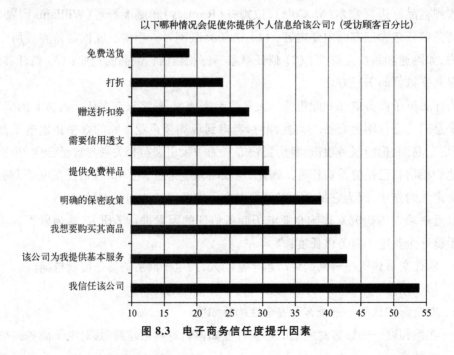

图8.3 电子商务信任度提升因素

综上所述,建立电子商务信任是企业战略发展的一个关键方面。与传统实体商店相比,网上交易的投资规模相对较小,收益相对较高。因此,想要真正取得成功的企业就不得不发展网络销售，提升电子商务信任度。电子商务信任最为关键的一项内容就是公司要向用户保证，把信息交给他们非常安全。因此，数据保密与电子商务安全是相互关联的，前文论述的保护客户隐私和增强电子商务安全性的措施同样适用于此。另外，正如图 8.3 所示，逐步打造网络品牌也非常关键，企业必须通过透明且符合伦理的网上交易，树立良好的声誉，打造优秀的品牌形象。

8.3 其他 IT 伦理问题

本章最后一部分将探讨剩余的三个 IT 伦理问题：首先，我们将介绍全球电子商务及其相关的伦理问题，其中将重点关注与具体特定文化相关的伦理问题；其次，我们将研究全球数字鸿沟及跨国公司在该领域扮演的角色；最后，我们将探讨信息技术的使用产生的垃圾及企业处理这一问题的方式。

8.3.1 伦理与全球电子商务及全球数字鸿沟

IT 产业全球化经营存在着巨大的风险，企业必须遵循当地文化和规则，否则就会被视为不守伦理。第十章全球伦理学部分将讲到，跨国企业在异国他乡经营时，可以通过两种不同的途径：一种是通用透镜(Universal Lens)，即在所有国家都推行统一经营准则；另一种是相对主义(Relativist Approach)，即遵循当地情况因地制宜。现阶段研究表明，不同文化背景中的 IT 行业之间存在着很大差异，这就突出了相对主义原则的必要性。接下来，我们将介绍不同文化环境中信息技术产业所包含的不同内容。

同在本土进行网络交易一样，企业在其他国家经营时，同样需要赢得当地顾客的信任，进而激发他们的购买欲望，[29] 而构建顾客信任的因素中，有一个非常关键的部分是顾客在使用企业网站的过程中建立的。之前的大多数研究都表明，不同文化间网上信任的建立机制都基本相同，而西雅(Sia)等人最近的一项研究却认为，网上信任的形成会因文化的改变而改变。在该项研究中，研究者们调查了企业建立顾客信任时使用的两种最主要的方法，即**附属知名网站**(Reputable Website Affiliation)(无名网站附属于知名网站，赢得网上信任)和**客户认可**(Peer Endorsement)(现有客户提供反馈，赢得新客户对网站的信任)，结果发现像美国这样崇尚个人主义的国家，通过附属知名网站的方法更容易赢得他人的信任，而像中国香港和韩国这些集体主义文化更加盛行的地方，集体需求和价值观要优先于个人主义，因此客户认可就显得更加重要。该研究建议，企业应根据不同的文化选择不同的网站经营策略，从而更好地遵循当地伦理，赢得消费者信任。

进一步研究表明，企业要为消费者提供与当地规范和文化相一致的网站元素，[30] 比如，最基本的一点，网站中一定不能出现有违当地规范的内容，也不能放置与当地文化不相符的图像。然而，网站的文化定制还远不止这些表面内容，还有许多微妙的细节也需要考虑。

关于建设文化定制网站的其他很多要素，伍尔兹（Wurtz）进行了非常深入的研究。[31] 开展此项研究时，麦当劳在全球119个国家开有分店，伍尔兹对麦当劳在这些国家的网站进行了研究。为了总结这些网站的文化适宜性，她探讨了高语境文化国家（如日本、阿拉伯国家、希腊、西班牙、意大利）与低语境文化国家（如讲德语的国家、斯堪的纳维亚各国、美国）之间的差异，发现在高语境文化中，人们在沟通交流时经常使用非语言，如肢体语言、沉默和手势，而在低语境文化中，人们在沟通交流时会更加直接坦率。

通过研究，伍尔兹发现，与低语境文化国家相比，麦当劳在高语境文化国家的网站会有更多的动画，而这也是与高语境文化较复杂的沟通方式相一致的，因为较多的动画就意味着更加重视情境在信息传递过程中的作用。另外，在高语境文化国家的网站中也有更多的链接，便于浏览者搜寻相关信息；相比之下，低语境文化国家的网站首页就会有更多明确的信息。除此之外，伍尔兹还发现，在更加推崇集体主义的国家中，麦当劳还会在其网站上特写一些有关家庭、朋友和与他人之间的活动；而在崇尚自由主义的国家中，其网站则更加突出一些个人活动，如享受音乐、放松休闲等。

通过以上内容，我们可以明确看出，为了保证不破坏当地规范，遵守地方伦理，一定形式的文化定制对企业来说确实是必要的。当然，网站文化定制并非本章重点内容（如欲了解更多，请参阅 Singh 等人就如何定制与文化相匹配的36个网站元素进行的研究[32]），在此提起只是为了说明企业在跨国经营时，需要明白他们的电子商务政策及实践是否符合当地规范，顾客隐私、网站设计、数据维护等事宜均需考虑处理。然而，除此之外，在全球电子商务大背景下，跨国公司还需应对另外一件难题，即全球数字鸿沟。

数字鸿沟（Digital Divide）指"有权获取信息和通信技术的群体与无权获取信息和通信技术的群体之间的鸿沟"。[33] 由于互联网通信技术在经济发展和人际互动方面发挥着越来越重要的作用，世界各国和各大企业都在不断努力缩小数字鸿沟。

为什么缩小数字鸿沟如此重要呢？大多数专家认为，互联网科技的普及率与经济发展有着密切联系。[34] 互联网为大多数社会提供了基本的结构，这个结构可以将产品及服务的成本和分配的不确定性降至最低，比如，印度乡村地区的一位农民在确定自己粮食的要价前，可以迅速上网查询农产品的平均价格，从而给出更合理的报价。不仅如此，互联网还具有强化公民社会的社会性功能，因为人们可以通过互联网获取有关宪法权利、社会运动的信息，而这些信息对民主社会的正常运转起着至关重要的作用。[35]

最近一项研究发现，世界各国间的数字鸿沟正在缩小。图8.4列出了1995年和2007年世界各地区互联网用户与北美互联网用户之间的不平衡率，比值越高，就表明该地区与美国和加拿大的互联网获取和使用关系越平衡。

正如图8.4所示，全球数字鸿沟的差距确实在减小，比如，北非地区每千人中互联网用户的数量已经增加了104 007%。值得一提的是，数字鸿沟并不仅仅存在于个体当中，Chang、Wu 和 Cho 等人认为，企业之间同样存在数字鸿沟。[36] 他们对台湾中小型制造企业进行了调研，发现在这些企业中同样存在数字鸿沟。从战略角度来看，企业间的数字鸿沟

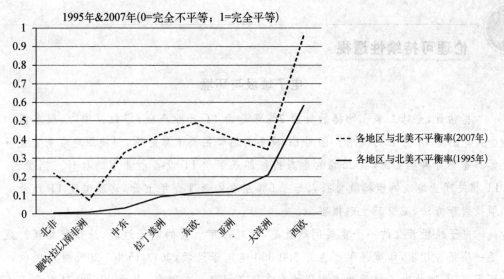

图 8.4　各地区互联网用户比率/北美互联网用户比率

就意味着,那些无权接触使用数字科技的企业可能会处于更加劣势的地位,无法享受信息技术战略带来的好处。并且,对大多数国家来说,中小型企业在创造就业、促进创新方面都发挥着重要作用,它们之间的数字鸿沟必定会阻碍科技创新与经济发展。

鉴于上述情况,跨国公司应充分发挥其关键作用,缩小数字鸿沟。2010 年,Chen、Lin 和 Lai 对中国城乡数字鸿沟情况进行了调研,发现虽然政府通常会提供互联网,但有些用户由于缺乏网络文化知识和计算机技能,无法享用这一基础设施带来的好处。[37] 因此,专家建议跨国公司应创造机会,为员工提供互联网培训。此外,为尽量缩小全球数字鸿沟,跨国公司还应为欠发达地区提供互联网设备,比如为当地社区中心捐赠电脑设备,保证该地区的弱势群体能接触到最基本的互联网世界。另外,Wresch 在一篇文章中还建议,跨国公司可以扮演好另外一个角色,即鼓励创建本土网站。[38] 本土网站不仅可以成为记录当地信息的储藏室,也可以通过世界各地用户的访问,提升本土知名度。目前,网络和网络文化主要由西方国家网站主导,本土网站的创立可以逐渐改善这一状况。

8.3.2　电子垃圾

本章最后一部分将介绍电子垃圾。**电子垃圾**(Electronic Waste)指企业在使用信息科技过程中产生的废物流。Davis 和 Heart 表示,据预测,电子垃圾将以每年 3%—5% 的速度增长,[39] 如此连续不断的增长速度,主要原因就是拥有更好设计和技术的新产品不断涌现,产品更新换代的速度不断提升,电脑的生命周期已经从 1992 年的 4.5 年降至 2005 年的 2 年。在过去十年间,IT 设备的价格也不断下降。据此,专家估计全球每年大约产生 4 000 万吨的电子垃圾。[40] 企业为何要关心电子垃圾呢?请参阅本章"伦理可持续性透视"。

伦理可持续性透视

电子垃圾与环境

据估计，全球二氧化物排放量的 2% 都是由 IT 产业产成，即数据中心、服务器和个人电脑等 IT 产品的使用。因为 IT 设备的运营主要依靠能源，而能源通常来自化石燃料等不可再生资源，且 25% 的生态损害都来源于 IT 设备所使用的材料。据预测，IT 相关产业造成的碳排放量将以每年 6% 左右的速度逐年上升，这就迫使 IT 产业必须找到新方法，减少其生态损害。

电子垃圾涉及的一个重要问题就是，面对每年大量的电子垃圾，应如何处理？最近一项报告指出，印度每年产生约 300 000 吨电子垃圾，其中 15%—20% 得以回收再利用，但是回收电子垃圾的方式仍然存在很多问题。在印度，大约 80 000 名在非正式部门工作的员工参与回收和拆卸电子垃圾，在此过程中，大多数工作都是手工完成的，不需要任何安全设备，因此工人们会接触到很多有毒的副产品。大多数 IT 设备都含公认的致癌和有毒物质，如铅、汞和镉。由于工人们都是在无保护的情况下直接处理电子垃圾，就会因此接触到这些有害物质，对儿童的大脑和肾脏产生危害，甚至可能导致荷尔蒙功能失常。另外，该项工作的不正式性意味着这些有毒产品在回收利用过程中就会被直接丢弃在环境中，根本没有采取任何保护环境的措施，比如使用过的电路板通常会被扔在明火中，让它自己融化，而这一过程产生的有毒火焰就会被直接释放到环境中去。

电子垃圾导致的另外一个伦理问题是，发达国家制造的大部分电子垃圾都被出口到发展中国家进行回收利用。最近一项报告显示，美国回收的电子垃圾中，80% 都已出口。随着欧洲和美国制造电子垃圾速度的提升，出口到欠发达地区的电子垃圾量也随之增加，而这一方面意味着贫苦工人们要在极度危险的环境中不断饱受有毒物质的侵害，另一方面也意味着环境要承受更多的危害。

摘自 Davis, G and Heart, S. 2010. "Opportunities and constraints for developing a sustainable e-waste management level in Australia." *Waste Management & Research*, 28, 705-713; Lawhon, M., Manomaivibool, P., and Inagaki, H. 2010. "Solving/understanding/evaluating the e-waste challenge through transdisciplinarity?" *Futures*, 42, 1212-1221; Rahman, N. and Akhter, S. 2010. "Incorporating sustainability into information technology management." *International Journal of Technology Management & Sustainable Development*, 9, 2, 95-111; Sohrabji, S. 2010. "End of life" India-West, San Leandro, 35, 19, A1, 5.

正如"伦理可持续性透视"所示，为了减少 IT 运营对环境及人类产生的影响，跨国公司非常有必要加强管理。为了实现这一目标，越来越多的专家开始鼓励企业加入绿色 IT

行动,[41]这一行动旨在降低IT设备的能源消耗,提高现有设备的使用效率,主要内容包括:[42]

- 更多的公司开始尝试使用新方法,降低与IT相关的能源消耗,较常见的新技术包括虚拟化、云计算和个人电脑电源管理软件。虚拟化技术允许一个平台同时运行多个操作系统,在减少硬件需求量的同时降低对能源的使用量。云计算技术可以把数据直接存储在网上,不必像之前那样只存储在内置服务器里。如果公司把邮件服务转移至云计算机,就无需使用服务器了。另外,有些企业还会购置一些能控制并减少其网络中枢能源消耗的软件,通过优化能源使用率,企业可在节省能源的同时,保证不影响生产力水平。
- 分析自身数据,仅保留所需数据。企业通过删除多余数据,整合冗杂数据库,减少对服务器的需求量,从而节省大量服务器运转和冷却所需的能源。
- 寻求新方法,延长产品使用寿命。越来越多的公司开始对个人电脑进行翻新重组再利用,对于那些通过更换零部件可容易升级的个人电脑,也越来越得到电脑制造商的关注。
- 更多的公司在做采购计划时,回收利用已成为一个备选项。电子产品设计中,最近的一个进步就是秉持了可持续发展理念,该理念要求产品在生产过程中要保证零浪费,使用过的所有材料在产品生命周期的每一个环节均可分解回收再利用,从而大大减少了垃圾的产生。
- 绿色IT倡议还呼吁企业合理管理IT循环过程。企业需跟踪了解其产品的循环利用率,并且在做采购时,也只能购买那些由可回收材料制成并且可回收材料使用量最小的产品。

本章小结

本章主要介绍了信息技术及其相关的伦理问题。目前,越来越多的企业在业务经营中开始依赖信息技术,人类生活的很多方面也都出现了信息技术的影子,因此,信息技术的伦理性逐渐突出,再加上信息收集渠道和规模的大大改变,了解和管理信息技术伦理问题就显得更为重要。

首先,我们讨论了社交媒体的类型及其伦理影响,其中介绍了社交媒体管理的重要性及由社交媒体引起的内在隐私问题。此外,还就企业如何管理员工使用社交媒体这一问题,提出了一些解决方法。最后,讨论了企业利益相关者使用社交媒体的不同方案。

本章第二部分介绍了电子商务及其在全球的迅猛发展,其中探讨了一些电子商务伦理问题,如客户隐私、电子商务安全和电子商务信任,以及企业在处理这些伦理问题时可采取的措施。

本章最后一部分介绍了一些其他的信息技术伦理问题。首先,介绍了获取信息技术使用权的重要性,以及该使用权在促进个人及经济发展中的作用;然后,介绍了全球数字鸿沟及跨国公司在缩小这一鸿沟中扮演的角色;最后,讨论了中小型企业之间存在的数字鸿沟,以及这一差距对企业战略发展产生的负面影响。

本章最后一部分还介绍了电子垃圾。由于硬件价格不断下降，使用周期不断缩短，电子垃圾正在以惊人的速度逐年增加。电子垃圾的伦理含义就是要采取恰当的方法处理回收这些电子垃圾。西方发达国家产生的大部分电子垃圾都被转移到了欠发达国家，让那里的贫苦人民对其加工处理。因此，对大多数跨国公司来讲，减少并管理电子垃圾已经成为当今主题。

尾注

1. Beauchamp, T.L., Bowie, N.L. & Arnold, D.G. 2010. *Ethical theory and business*. Harlow, U.K.: Pearson Publishing.
2. Sipior, J.C. 2007. "Ethically responsible organizational privacy protection." *Information Resource Management Journal*, 20, 3, i–iii.
3. Grabner-Krauter, S. 2009. "Web 2.0 social networks: The role of trust." *Journal of Business Ethics*, 90, 4, 505–522 (at 505).
4. Aguilar, M.K. 2009. "How companies are coping with social media." *Compliance Week*, 56, 57, 71.
5. Rachels, J. 1975. "Why privacy is important." *Philosophy and Public Affairs*, 4, 323–333.
6. Mooradian, N. 2009. "The importance of privacy revisited." *Ethics Information Technology*, 11, 163–174.
7. Aguilar, "How companies are coping with social media"; Aguilar, M.K. 2011. "Facebook firing tests social media policies." *Compliance Week*, 35; 71; Palm, E. 2009. "Securing privacy at work: The importance of contextualized consent." *Ethics Information Technology*, 11, 233–241.
8. Turilli, M. & Floridi, L. 2010. "The ethics of information transparency." *Ethics Information Technology*, 11, 105–112.
9. Vaccaro, A. & Madsen, P. 2009. "Corporate dynamic transparency: The new ICT-driven ethics?" *Ethics Information Technology*, 11, 113–122 (at 113).
10. Turilli & Floridi, "The ethics of information transparency."
11. Vaccaro & Madsen, "Corporate dynamic transparency."
12. Aguilar, M.K. 2010. "Compliance and social media: Yes, it can be done." *Compliance Week*, 50–51.
13. Aguilar, "How companies are coping with social media"; Brandel, M. 2010. "Are you listening?" *Computerworld*, July 12, 44, 13, 13; Kaplan, A.M. & Haenlein, M. 2011. "The early bird catches the news: Nine things you should know about micro-blogging." *Business Horizons*, 54, 105–113.
14. Pollach, I. 2011. "Online privacy as a corporate social responsibility: An empirical study." *Business Ethics*, 20, 1, 88–102.
15. Chiang, O. 2011. "Super Crunchers." March 14, Forbes.com.
16. Pollach, "Online privacy as a corporate social responsibility."
17. Pollach, "Online privacy as a corporate social responsibility."
18. Gordon, L.A. & Loeb, M.P. 2006. "Budgeting process for information security expenditures." *Communication of the ACM*, 49, 1, 121–125.
19. Bell, S. 2011. "Shopping rises online, as do attempts to commit fraud." *Cardline*, January 28, 11, 4, 3.
20. Krol, C. 2009. "Breached spotlight data security." *DM New*, August 31, 2.
21. Yayla, A.A. & Hu, Q. 2011. "The impact of information security events on the stock value of firms: The effect of contingency factors." *Journal of Information Technology*, 26, 60–77.
22. Yayla & Hu, "The impact of information security events on the stock value of firms."
23. Anderson, S. & McClendon, T. 2011. "Data, data everywhere." *Risk Manager's Forum*, February, 30; The Economist. 2011. "The leaky corporation: Companies and information." *The Economist*, February 26, 398, 8722, 75; Nash, K.S. 2011. "Forget WikiLeaks: Your CEO maybe paranoid about Wikileaks, but his mobile device and cloud computing are the real threats to corporate security." *CIO*, 24, 10; Stelter, L. 2011. "Physically protecting data." *Security Systems News*, 14, 1, 15.
24. McCole, P., Ramsey, E. & Williams, J. 2010. "Trust considerations on attitudes towards online purchasing: The moderating effect of privacy and security concerns." *Journal of Business Research*, 63, 1018–1024.
25. McCole et al., "Trust considerations on attitudes towards online purchasing."

26 Kim, Y.H., Kim, D.J. & Hwang, Y. 2009. "Exploring online transaction self efficacy in trust building in B2C e-commerce." *Journal of Organizational and End User Computing*, 21, 1, 37–59; Sinclaire, J.K., Simon J.C. & Wilkes, R.B. 2010. "A prediction model for initial trust formation in electronic commerce." *International Business Research*, 3, 4, 17–27.

27 Yang, M., Lin, B., Chandlrees, N., Lin, B. & Chao, H. 2009. "The effect of preceived ethical performance of shopping websites on consumer trust." *Journal of Computer Information Systems*, 50, 1, 15–24.

28 Mortimer, R. 2010. "Customer data: Only trust can overcome data privacy fears." *Marketing Week*, 26.

29 Sia, C.L., Lim, K.H., Leung, K., Lee, M.K.O., Huang, W.W. & Benbasat, I. 2009. "Web strategies to promote internet shopping: Is cultural-customization needed?" *MIS Quarterly*, 33, 3, 491–512.

30 Cyr, D., Head, M., Larios, H. & Pan, B. 2009. "Exploring human images in website design: A multi-method approach." *MIS Quarterly*, 33, 3, 539–566; Singh, N., Zhao, H.X. & Hu, S. 2003. "Cultural adaptation on the Web: A study of American companies' domestic and Chinese websites." *Journal of Global Information Management*, 11, 3, 63–81.

31 Wurtz, E. 2005. "A cross-cultural analysis of websites from high-context cultures and low-context cultures." *Journal of Computer-Mediated Communication*, 11, 13–40.

32 Singh et al., "Cultural adaptation on the Web."

33 Huang, C. & Chen, H. 2010. "Global digital divide: A dynamic analysis based on the bass model." *Journal of Public Policy and Marketing*, 29, 2, 248–264 (at 248).

34 Chen, D., Lin, Z. & Lai, F. 2010. "Crossing the chasm—Understanding China's rural digital divide." *Journal of Global Information Technology Management*, 13, 2, 4–34.

35 Robinson, K.K. & Crenshaw, E.M. 2010. "Reevaluating the global digital divide: Socio-demographic and conflict barriers to the internet revolution." *Sociological Inquiry*, 80, 1, 34–62.

36 Chang, S., Wu, H. & Cho, C. 2011. "The development of digital divide assessment mechanism for SMEs: A perspective from the Taiwan manufacturing industry." *Journal of Global Information Technology Management*, 14, 1, 6–34.

37 Chen et al., "Crossing the chasm."

38 Wresch, W. 2009. "Progress on the global digital divide: An ethical perspective based on Amartya Sen's capabilities model." *Ethics Information Technology*, 11, 255–263.

39 Davis, G. & Heart, S. 2010. "Opportunities and constraints for developing a sustainable E-waste management system at local government level in Australia." *Waste Management & Research*, 28, 705–713.

40 Davis & Heart, "Opportunities and constraints."

41 Jain, R.P., Benbunan-Fich, R. & Mohan, K. 2011 "Assessing green IT initiatives using the balanced scorecard." *IT Pro*, January/February, 26–32.

42 Jain, R.P. et al., "Assessing green IT initiatives"; Rahman, N. & Akhter, S. 2010. "Incorporating sustainability into information technology management." *International Journal of Technology Management & Sustainable Development*, 9, 2, 95–111.

主要术语

身份认证(Authentication)：确保数据使用者的真实身份。

可得性(Availability)：确保授权用户可及时获取受保护信息。

保密性(Confidentiality)：确保个人信息受到保护，并且未获授权方无法获得此类信息。

客户隐私(Customer Privacy)：客户保护个人信息的期望。

数字鸿沟(Digital Divide)：有权获取信息和通信技术的群体与无权获取信息和通信技术的群体之间的鸿沟。

电子商务安全(E-commerce)：利益相关者对企业在线采集数据的安全程度的认知。

电子商务信任(E-commerce Trust, E-trust)：购物者对网上交易能如期进行的一种信心。

电子垃圾(E-waste)：企业在使用信息科技过程中产生的废物流。

电子商务(Electronic Commerce, E-commerce)：一种通过互联网实现物品和服务的买卖与交易的新型商业运营模式。

信息技术(Information Technology, IT)：互联网与新型社交媒体。

信息透明化(Information Transparency)：将信息公开,供利益相关者查看的过程。

完整性(Integrity)：保护并确保所采集信息的正确性、可靠性与真实性。

不可否认性(Non-repudiation)：确保授权用户对数据的使用不会被不正当地拒绝。

客户认可(Peer Endorsement)：现有客户提供反馈,赢得新客户对网站的信任。

隐私(Privacy)：个体掌控或限制他人获取自己个人信息的能力。

附属知名网站(Reputable Website Affiliation)：无名网站附属于知名网站,赢得网上信任。

社交媒体(Social Media)：已广泛实现互联网用户共同合作的先进互联网技术及应用。

讨论题

1. 过去十年,信息采集方式发生了什么主要变化？新型数据采集程序中包含哪些伦理问题？
2. 什么是社交媒体？企业使用社交媒体过程中面临哪些伦理问题？
3. 什么是隐私？为什么保护隐私很重要？企业可采取什么措施保护员工隐私？
4. 什么是客户隐私？信息技术如何威胁客户隐私？企业可采取什么措施保护顾客隐私？
5. 讨论电子商务安全的五个组成要素,即保密性、可得性、完整性、身份认证和不可否认性,并举例说明这五个安全要素是如何被破坏的。
6. 电子商务安全的关键内容是什么？破坏电子商务安全的代价有哪些？企业可采取什么措施保护电子商务安全？
7. 什么是电子商务信任？电子商务信任为什么重要？促进电子商务信任的主要因素有哪些？
8. 什么是全球电子鸿沟？为什么要缩小全球电子商务鸿沟？跨国公司可采取什么措施缩小电子鸿沟？
9. 什么是电子垃圾？据预测电子垃圾将大幅增加,为什么？
10. 电子垃圾产生哪些伦理影响？企业可采取什么措施减少电子垃圾的产生？

网络任务

- 请访问世界互联网使用统计网站：http://www.internetworldstats.com。
- 分析世界不同地区互联网使用情况统计数据。
- 哪一个地区的互联网使用量发展最快？有哪些因素促进了其发展？
- 观察互联网使用量前20强榜单,有哪些国家上榜？哪一个国家的普及率最高？什么原因导致了如此高的普及率？
- 分析宽带互联网统计数据,哪些国家宽带普及率最高？为什么宽带普及率是衡量互联网普及率的重要指标？

更多网络任务和资源,请访问 www.routledge.com/cw/parboteeah。

实战演练

信息技术工作

假设你已取得计算机专业学士学位,毕业后在当地一家公司工作,主要职责是对储存公司重要数据和邮件的服务器进行日常管理。该公司规模中等,进去之后有机会接触公司各方面工作,而且公司崇尚诚信经营,重视职业道德以及工作和家庭的平衡,所有这些条件都符合你的要求,于是,你心满意足地踏上了工作岗位。

几个月后,公司总裁要求与你面谈。在谈话中,总裁讲到她最近听说有一种软件,可以帮助公司监控生产力水平,还能监测员工访问非工作网站,如脸谱网和新闻网站的频率。最后,总裁让你去调查安装该软件的可行性。

除此之外,在谈话中你也发现,总裁还怀疑某些员工存在不道德行为,虽然你不清楚这些不道德行为到底是什么,但总裁要求你提供获取这些员工邮件的方法,而这些员工中有很多都与你有私交。

遇到这种情况,你会怎么做?会赞同安装软件并监视员工的上网情况吗?会给总裁提供获取这些员工邮件的方法吗?为什么?

案例分析

阿里巴巴网站及网络诈骗

阿里巴巴网站始建于 1998 年,是中国 B2B 贸易市场中的领军者,主要为销售商和批发商搭建交易平台。阿里巴巴网站是中国知名企业家马云创建的第一家公司,在此之前他曾是一名英语教师,之后又继续创建了淘宝网,成为中国最大的网上购物网站。最近一项报告显示,淘宝网交易量已占据中国网上购物交易总量的 75%。

然而,2011 年年初,阿里巴巴网站却陷入了巨大的丑闻风波。公司一名员工发现一些可疑行为,将其上报给公司,之后公司开始对内部员工展开调查,结果发现 2 300 多名卖家都进行了网络诈骗,并且有些诈骗还是在阿里巴巴网站员工的帮助下进行的。虽然供应商在阿里巴巴网站开店之前,都必须提供工商登记材料,但这 2 300 名卖家却在约 100 名阿里巴巴网站内部员工的帮助下,避开了应有的商业审核文件,绕过了认证程序,直接进驻了阿里巴巴网站。甚至还有些公司提供虚假文件,可网站员工却视而不见欣然接受,导致很多公司在没有经过验证的情况下,就直接开了网店。这一行为的直接后果就是很多买家上当受骗,同这些诈骗公司进行交易,付款之后却没有收到任何产品。

当然,马云深受此次丑闻事件的困扰。对于自己的公司,他始终强调"诚信、道德、承诺、激情"的价值观,这次丑闻事件对阿里巴巴网站来说是迎头一棒,严重损害了公司信誉,其不再是可靠的商品来源,加之阿里巴巴网站目前正面临着前所未有的竞争压力,此次丑闻事件无疑是雪上加霜。对此事件,马云发誓要加强公司内部诈骗审查程序,而受此次事件影响,两名未直接参与诈骗事件的高级执行官也引咎辞职,其中包括公司长期战略策划者卫哲,在阿里巴巴发展成为领先的 B2B 网上交易平台的过程中,卫哲曾立下汗马功劳。

摘自 Chao, L. 2011. "Alibaba starts to repair reputation." *Wall Street Journal*, online edition, February 23; Chao, L. and Lee, Y. 2011. "Alibabaa.com CEO resigns in wake of fraud by sellers." *Wall Street Journal*, online edition, Feburary 21.

讨论题

1. 导致此次丑闻事件的因素有哪些?其中哪些可以归咎于网络环境问题?
2. 你认为公司同意卫哲等高级执行官的辞职是否合理?若下属在上司不知情的情况下做出了不合伦理道德规范的行为,你认为上司应该为此辞职吗?
3. 为防止类似诈骗事件再次发生,阿里巴巴网站决心严整内部审查程序,对此你有何建议?
4. 为重获人们对阿里巴巴网站的信任,马云应该做些什么?

第九章
环境及可持续发展

学习目标

- 了解可持续发展的含义
- 探究企业支持与反对可持续发展的原因
- 认识环境及环境恶化的主要表现方式
- 学习打造可持续发展企业的不同方法
- 认识可持续发展为企业带来的效益

商务伦理透视预览

沃尔玛（WalMart）与可持续发展

在外界眼中，沃尔玛只是一个日销售额高达十亿美元、全球员工多达200多万名、与世界10万多家企业建立了业务关系的庞大企业，但并不知它也是一个环保模范企业。因此，当得知沃尔玛是世界五百强企业中带头走可持续发展道路、勇于承担环保责任的领先企业时，很多人都深感意外。事实上，沃尔玛所倡导的很多环境标准已成为不少行业的环保指标，并且受其影响，沃尔玛的很多合作伙伴也都开始向环境友好型企业发展。

沃尔玛"可持续发展"为企业战略目标始于2005年，当时沃尔玛百货公司总裁兼首席执行官李·斯科特（Lee Scott）发表了一次演讲，在演讲中李·斯科特表示，沃尔玛已具有一定规模和利用这种规模向世界传递正能量的能力，所以他想把沃尔玛打造成为全世界最绿色的企业，这一想法让环保主义者们大为吃惊。沃尔玛绿色事业的终极目标是：企业生产仅使用可再生能源，废物排放减少至零，仅出售环保友好型产品。

为了完成可持续发展任务,沃尔玛开始同许多世界领先的环保组织合作,如落矶山研究所(Rocky Mountain Institute)、Patagonia公司和第七时代(Seventh Generation)公司,甚至聘用了塞拉俱乐部(Sierra Club)前主席帮助公司提高环保水平。在这些组织和个人的帮助下,沃尔玛制定了全行业可持续发展标准。

2009年,沃尔玛对几千家供应商开展了一次问卷调查活动,通过发放问卷的形式,从能源使用到废物排放,对供应商的每一个经营环节进行调研,然后根据调研信息,制定了"产品可持续发展指数",对所售产品进行绿色指标排行,要求供应商不断改进生产技术,提高产品的"可持续发展指数"。

沃尔玛曾在加拿大艾伯塔省的巴尔扎克开设了一个40万平方英尺(约3.7万平方米)的仓库作为生鲜食品配送中心,为企业绿色发展迈出了重要一步。该配送中心被视为绿色建筑的典范,据估计在五年内,该中心就为沃尔玛节省约500万美元的开支。从表面看来,该中心与沃尔玛其他大型建筑毫无区别,但其内部拥有很多特殊设备,可以降低能耗,减少废物排放。比如,该中心照明设备均由发光二极管(LED)灯泡制成,与荧光灯及其他灯泡相比,LED灯不仅节能,而且使用寿命更长,并且大多数都能自动感应,这样就避免像大多数仓库那样,只能始终开启或关闭照明设备。对于仓库来说,照明开支通常占总开销的75%—90%,因此这些新设备将为沃尔玛节省一大笔电力开销。另外,在通往冷藏区的大门上装有空气帘,防止冷藏室内的冷空气在大门开启时向外流失。装卸口处的大门上同样安装有自动感应器,只有在卡车停到进料台上时才会自动开启,防止冷空气流失,从而节省能源。与此同时,为仓库提供冷气的大型制冷设备释放的废热也会排放到需要热量的地方,并加以利用。仓库内还有两个风力涡轮机和太阳电池板,用于对仓库所需水源进行加热。同样,为了保护环境,仓库内使用的车辆全都靠氢气驱动,并且这些氢气全都通过可再生能源获取,而非传统的煤等高污染能源。最后,为减少吸热量,仓库房顶全部刷成了白色。

摘自 Turner, C. 2010. "How WalMart is saving the world." *Canadian Business*,November 23 - December 6,83,20,44 - 49;Dutton, G. "Sustainable Warehousing." *World Trade* 100,November, 28-34.

本章"商务伦理透视预览"讲述了沃尔玛在可持续发展及保护环境方面做出的努力。**可持续发展**(Sustainability)可以指"健康生态体系能够永久性运转的能力",[1] 也可以指"既满足当代人的需求,又不损害后代人满足需求能力的经济增长模式"。[2] 因此,可持续发展的核心内容就是合理利用现有资源,保证该资源在未来仍可继续使用。

目前,全球都面临着气候变化、大气污染、水污染等众多环境问题,可持续发展的重要性日益突出。**可持续发展或环保组织**(Sustainable or Environmentally Responsible Organization)是指那些不断改进自身运作模式,在提高能源使用率的同时,减少对环境影响的组织。然而,如前文"商务伦理透视预览"所示,对沃尔玛来说,可持续发展已经不再是仅仅流于形式,真正的绿色组织会对其所有操作流程进行严格检查,设计各种方法,将自身对环境的影响降到最低。

但是,企业真的需要承担特殊的环保义务吗?鲍伊(Bowie)在一篇重要文章中讲到,除法律规定的义务外,企业无需承担任何特殊的环保义务。[3] 无独有偶,这一看法与另外一种观点完全一致,即企业的唯一责任就是在遵守法律的同时追求利润最大化。在鲍伊看来,企业唯一的道德义务就是保证不干预政治,不违反或削弱环保法的规定,也就是说,企业只要遵守法律规定即可,除此之外,无需承担任何特殊的保护环境的义务。另外,鲍伊还认为,企业只有在具备相关专业技能的情况下,才能帮助解决环保问题,而现实情况是,大多数企业并非环保领域的专家,因此就应该投入更多的精力遵守法律法规,避免产生过失行为。除此之外,消费者也应该为环境保护负起相关责任,如果想要购买更加注重环保的产品,就要支付更高的价格。

很多专家认为鲍伊的观点是基于错误的假设基础上的。德斯贾丁斯(Desjardins)指出,[4] 鲍伊提出的解决环境污染的方法完全依赖消费者及立法者。但是,用户至上主义者的行为已经给地球生物圈带来了巨大压力,随着新兴经济体的不断发展,排放出大量二氧化碳,地球已经无力承担。此外,并非所有国家都设有法律执行民主机构,敦促企业增强环保意识。有些观点认为,推行可持续发展会产生额外花费。德斯贾丁斯认为恰恰相反,可持续发展其实可以为企业带来利润,因此企业应该自觉增强可持续发展意识。

就目前情况来看,大多数专家都支持德斯贾丁斯的观点。企业高管已经意识到,应该把可持续发展和环保责任定为企业发展的最重要目标之一。[5] 2011年在坎昆召开的世界气候大会上,各国领导人就如何减少对气候的影响并未达成一致意见,但企业领导者们却在环境保护方面取得了空前的一致。他们意识到在未来的发展中,要想满足利益相关者的需求,就必须加大在环境可持续发展事业中的投入,在降低碳排放量、减少废物排放量的同时,保持不断盈利。[6] 另外,最近有一项调查,调研汽车、日用品、建筑、金融服务等行业的从业者对可持续发展的看法,在问及"为增强企业竞争力,是否有必要追求可持续发展"时,大多数人都认为,要获取持续的竞争优势,实施可持续发展战略是极为关键的。图9.1为调研结果。

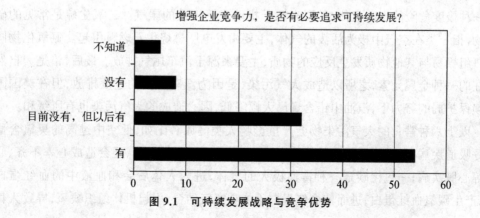

图9.1 可持续发展战略与竞争优势

鉴于可持续发展具有如此关键的作用,本章将就其中几个重要方面进行讨论。首先,介绍大气污染、土地污染和水污染问题,并在此基础上,就水资源问题展开讨论,因为很多人都预测在未来发展中,水资源短缺的局面将不断恶化,亟需加强管理。然后,介绍一些可持续发展模范企业,从战略发展的角度探讨成功转变为战略环境可持续发展企业的特点。最后,讨论通过可持续发展,企业可获得的好处。

9.1 环境恶化

目前,跨国公司的环保表现之所以会引来如此广泛的注意,其中一个最为重要的原因就是企业会对环境产生很大的影响,是导致环境恶化的罪魁祸首。因此,在本节中,我们将着重讨论环境恶化,特别是大气污染、土地污染和水污染三方面的问题,同时还将就关键的水资源问题进行讨论。

9.1.1 大气污染

大气污染(Air Pollution)通常指排放至大气中的物质通过自然过程无法安全分解时产生的污染现象,由自然和人为两种原因造成。虽然森林火灾、火山爆发等自然现象也会产生大气污染,但大部分大气污染都是由人类活动造成的,而其中很大一部分又是由企业活动造成的。最近一项研究对标准普尔500家企业中的230家进行调查,结果显示这些公司的二氧化碳排放量达14亿吨,占美国工业二氧化碳排放量的30%。[7]

到底是什么造成了大气污染呢?美国环境质量监控单位国家环境保护局(EPA)列出了六种常见的**大气污染物**,[8]包括颗粒物、臭氧、铅、一氧化碳、二氧化硫和氮氧化物。颗粒物指尘土和烟雾引起的微小颗粒状物质。臭氧是大气中氧气的同素异形体,由氧分子在太阳紫外线辐射和闪电作用下部分分解的氧原子与氧分子结合而成。在高层大气中,臭氧可以保护地球免受过多太阳紫外线的伤害,被誉为"地球的保护伞",而在低空由于机动车辆和工业污染物排放生成的臭氧则是造成烟雾的元凶,有很强的危害性。一氧化碳是一种极度危险的无味气体,主要来源于机动车辆排放的尾气。二氧化硫是常见的硫氧化物,指一类在空气中极为活泼的气体,主要由发电厂燃烧化石燃料引起。氮氧化物同样是一组极易与其他物质发生反应的物质,主要来源于汽车尾气排放。最后,铅是大自然中存在的一种金属元素,之所以造成大气污染,是因为汽车尾气的过度排放,但在美国国家环境保护局的努力下,汽油中铅含量已大幅降低,因之造成的大气污染也有所缓和。

以上六种常见的大气污染物会严重影响人类健康。比如,低空中过高的臭氧含量会致呼吸道疾病;长时间暴露在颗粒物中,不仅会造成呼吸道疾病,还会造成心率不齐、心脏病等心脏疾病;一氧化碳是一种毒性极大的气体,进入人体后会和血液中的血红蛋白结合,产生碳氧血红蛋白,进而使血红蛋白不能与氧气结合,引起机体组织缺氧,导致人体室息死亡。关于这些污染物对人体健康造成的危害,请参阅表 9.1,其中对不同种类污染物的来源及可能造成的健康危害进行了详细介绍。

表 9.1 污染物种类、来源及对人类健康的影响

污染物	来　源	健　康　危　害
臭　氧	工业设施废物、机动车辆尾气、汽油蒸气及其他化学溶剂	臭氧浓度过高时,肺部疾病患者、儿童及老年人会出现如下症状: • 户外运动时,出现呼吸困难; • 深呼吸时刺激气道,出现咳嗽等症状; • 长期处于高浓度臭氧环境中会对肺部造成永久性损害
颗粒物	尘土飞扬的公路、烟雾及霾	• 气道发炎,咳嗽,呼吸困难; • 肺部功能减弱,哮喘加重; • 心血管疾病及慢性心脏病 • 心脏病及肺病患者早逝
一氧化碳	燃烧释放	• 血液对器官供氧能力减弱 • 大脑及心脏供氧不足,对机体造成严重损害 • 心脏病患者更易受害 • 一氧化碳含量过高可导致死亡
氮氧化物	机动车、发电厂、越野设备等的排放物	• 健康人群气道发炎 • 哮喘患者呼吸困难加重 • 氮氧化物浓度增高可导致突发呼吸道疾病 • 对儿童、老年人及呼吸道系统疾病患者尤为不利
二氧化硫	发电厂及其他工业设备燃烧矿物燃料释放的尾气	• 损伤呼吸系统,引发支气管疾病,加重哮喘症状 • 与空气中颗粒物发生作用,损伤肺部功能,导致心脏病患者早逝
铅	过去主要来源于汽车尾气排放;现在主要来源于铅锌冶炼厂	• 摄入进人体后,沉积于骨骼; • 对神经系统、肾功能、免疫系统、生殖和发育系统及心血管系统造成损害

通过表 9.1 我们不难发现,常见的大气污染物会给人类造成严重危害,导致呼吸道疾病、心脏疾病等诸多健康问题。然而,除此之外,这些污染物还会带来另一危害,即酸雨。**酸雨**(Acid Rain)是指 PH 值小于 5.6 的雨雪或其他形式的降水,雨、雪等在形成和降落过程中,吸收并溶解了空气中的二氧化硫、氮氧化合物等物质,形成了 PH 低于 5.6 的酸性降水。酸雨会导致湖水酸化,腐蚀建筑物。

与大气污染相关的另一重要问题是**温室气体**(greenhouse gases)。据科学研究,正是得益于太阳热量,地球上才有了人类。地球在吸收太阳热量的同时,也会将部分热量反射回太空,而大气中温室气体的出现则拦下了其中的一部分并将其又重新反射回地球表面,从而帮助地球保留了足够的热量。如果没有温室气体,地球温度将下降约 60 华氏摄氏度,生命也就不复存在,因此适量的温室气体是无害的。遗憾的是,近年来由于人们大量

使用天然气、煤、石油等化石燃料,导致大气中二氧化碳和甲烷等温室气体含量急剧升高,进而造成了全球气候变化。

尽管对于全球气候是否正在变化仍有争论,但科学证据已经表明,地球确实在不断变暖。据美国国家环境保护局(Environmental Protection Agency)的数据统计,地球温度每十年上升约0.29℃,并且冰雪的大规模融化及随之而来的海平面上升都是不争的事实,这些都足以说明地球在不断变暖。

全球气候变化会对地球产生直接和间接两方面的影响。美国国家环境保护局指出,气候变化对个体的直接影响就包括高温热浪天气会越来越多,而寒冷天气则越来越少。[9] 这种天气不仅会直接导致年老体弱者死亡,高温热浪还会加重雾霾的危害性。气候变化的间接影响就是引发更多极端天气事件。虽然目前科学研究尚不能断定气候变化与极端天气之间存在必然联系,但已有数据显示飓风、酷热和洪水等自然灾害正逐渐增多,并且有些地区的干旱天气也愈发频繁。同样,气候变化也会导致地球生态系统发生变化,从而对物种生存产生影响。

鉴于气候变化会对地球产生如此可怕的影响,大多数公司都迫于压力开始采取措施,减少温室气体的排放量。正如前文所述,温室气体排放量中企业活动是一大源头,[10] 而这些温室气体的直接来源就是企业生产过程中燃烧的燃料以及其他工业生产释放的二氧化碳。除此之外,企业活动也会间接释放二氧化碳,比如购买矿物燃料燃烧发出的电,为企业提供产品和服务的供应商释放的二氧化碳。图9.2列出了标准普尔500强企业中,不同行业中单家企业二氧化碳排放量平均值。

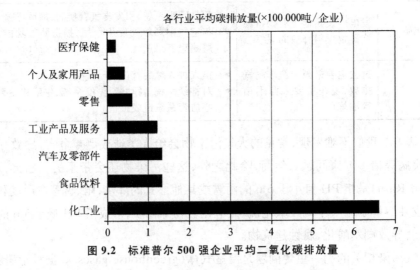

图9.2 标准普尔500强企业平均二氧化碳排放量

正如图9.2所示,化工行业的碳排放量最高,这并不奇怪,因为化工产品加工过程需要使用大量能源;其次是食品饮料业和汽车及零部件行业,其中食品饮料业直接碳排放量的主要来源是能源使用和制冷剂。

由于企业活动中二氧化碳排放量在总排放量中的比例较高,很多国家都在尝试对此进行管控,以降低二氧化碳排放量,"总量管制与排放交易"(Cap-and-trade)计划就是其中一种方法。所谓"总量管制与排放交易",指政府首先为碳排放的总量确定一个上限,然后将此上限划分成若干份排放权,分配给不同的排放源,同时允许各个排放源之间买卖排放权。近来,美国尝试将"总量管制与排放交易"计划列入法律范围,[11]拟定了《瓦克斯曼—马凯气候变化议案》(Waxman-Markey Bill)。该法案提出,至2020年,温室气体排放量要比2005年下降17%。然而,反对者表示美国经济对矿物燃料具有高度依赖性,这些规定将造成大量人口失业,[12]所以这一法案以失败告终。尽管如此,专家预计"总量管制与排放交易"计划仍有可能执行,那些致力于减少温室气体排放的企业将享有巨大优势。

9.1.2 土地污染

环境恶化的另一表现就是土地污染。土地污染(Land Pollution)指土地中本没有的有毒废物及其他废料被丢弃到土地上造成的污染,这些被丢弃到土地上的废物随即被动植物吸收,进而为人类所使用。同样,经过长期的沉淀,有毒物质渗入土壤,损害土质,也会造成土地污染,对居住于此的居民的影响将长达数十年。

造成土地污染的原因有很多。比如,为满足人类对食物的需求,化肥、农药和杀虫剂的使用不断增多,土壤和植物所吸收的化学物质也随之增多,致使人类在食用了这些已被污染的植物后,出现不孕不育及其他各种疾病。重金属也是造成土地污染的另一元凶,这些重金属(如镉等)通常混入工业废料中被直接倾倒在土地上,在被动植物吸收后进而被人类所食用,人体内重金属的不断累积会造成癌症等多种不同的疾病。

土地污染的另一大来源是垃圾。随着印度、中国、俄罗斯等诸多经济体的快速发展,由此产生的废弃物也不断增多。在这些工业化国家中,随着居民购买力的不断增强,人们对多种多样产品的消费也随之加剧,[13]但是随着新产品生命周期的不断缩短,产品的淘汰速度不断加快,废弃产品数量也不断增长,如何处理这些垃圾就变得更为复杂,请思考"全球商务伦理透视"中的案例。

全球商务伦理透视

马来西亚及印度尼西亚的可持续垃圾填埋

马来西亚和印度尼西亚都是国土面积不大但人口密度很高的国家,随着两国生活水平的不断提高,越来越多的居民的购买力不断增强。遗憾的是,随着产品使用量的不断增大,由此制造的垃圾也不断增多,但两国并没有找到有效的垃圾处置方法。马来西亚日均垃圾产出量达3万多吨,印度尼西亚而2006年垃圾产出量则约3 850万吨。

20世纪70年代,两国的人口密度都还相对较低。虽然大多数垃圾填埋池都非常简单,仅在四周围上栅栏,周围铺好排水沟而已,但对于当时的人口来说已经能保证基本需求了。而现在,随着垃圾数量的不断增多,对垃圾填埋池的需求也不断增大,由于旧的垃圾填埋池体积过小,很多垃圾都因此流到了河流及其他水域中,对环境造成了严重污染。更为糟糕的是,两国都没有出台相应的管控措施,个人和企业在倾倒垃圾时都不会考虑废物排放对环境的影响,比如在马来西亚许多垃圾填埋场都存在着非法倾倒的现象,许多企业都直接把有毒废品或其他腐蚀性材料直接倾倒在这些非法垃圾场中。

面对此种情况,两国最近都出台了一些法律规定,旨在管理废物处置问题,但是在推行法律的过程中却面临着重重困难。近期一份报告显示,马来西亚的普通民众对于这一全新环保措施并不看好,并且由于缺乏政府资金支持,仅少量拥有资金来源的垃圾填埋场可以执行规定。总而言之,两国在推行环保法规时必定面临诸多困难。

摘自 Agamuthu, P. and Fauziah, S.H. 2011 "Challenges and issues in moving toward sustainable landfilling in a transitory country." *Waste Management and Research*, 29, 1, 13-19; Meidiana, C. and Gamse, T. 2011. "The new waster law: Challenging opportunity for future landfill operation in Indonesia." *Waste Management and Research*, 29, 1, 20-29.

正如"全球商务伦理透视"所示,垃圾处理也是土地污染的一大元凶。如第八章讲到的,在欠发达国家中,电子垃圾的处理不仅威胁底层劳动力的健康,还会污染土地,而高收入国家产生的一些垃圾同样会污染贫穷国家的土地。

同时,韦伯(Weber)、沃特森(Watson)、福特(Forter)和欧利艾(Oliaei)还认为,从长远来看,垃圾填埋场的使用也会带来诸多问题。[14]持久性有机污染物(Persistent Organic Pollutants, POPs)指环境中经过人工合成的化学物质,通过生物食物链(网)累积,对人类健康造成有害影响,较常见的如多氯联苯(PCPs)和六氯化苯(HCH)。这些持久性有机污染物在各种消费品中得到广泛应用,而当消费品最终被倾倒至垃圾填埋场处理后,其含有的持久性有机污染物却不能很快降解。随着垃圾场中含有此类污染物的废品的数量不断增多,其中持久性有机污染物的浓度也不断升高,由于动植物长期暴露在这种环境中,食物链中持久性有机污染物也会不断累积,并最终影响人类。

总之,同空气污染一样,企业也是土地污染的一大源头,无论是其生产方式,还是生产过程制造的废弃物都会对土地造成污染。不仅如此,跨国公司还经常打法律的擦边球,利用法律法规的漏洞为自己谋利,随意倾倒垃圾,因而饱受指责,如壳牌公司驻尼日利亚分公司因为管理不善,对当地土地造成严重污染而备受批评。[15]在尼日利亚,壳牌公司经营管理不善,在尼罗河三角洲地区进行破坏性的石油开采,对当地土地和水道造成了严重损害,给周围社区带来了极大的负面影响,很多渔村社区因此消失,当地社区的居民也在贫困中挣扎。因此,企业也必须承担起自己的责任,减少对土地的污染。

9.1.3 水污染

水污染(Water Pollution)指有害物质对海洋、湖泊、河流、地下水等水资源造成的污染。水是维持生命所需最关键的一种物质，人类每天都需饮用清洁水，没有了水，人类将无法生存。报道显示，目前每天大约有5 000名儿童因饮用脏水而死亡，每年因缺乏清洁水资源，而饮用脏水致腹泻死亡的人数约为180万名。[16] 由此可见，保证水资源供给，保护水资源免受污染，是一项迫切且关键的任务。

同大气污染和土地污染一样，企业也是造成水污染的一大源头，对于新兴市场来说，这一点尤其显著。请参阅本章"全球商务伦理透视"。

全球商务伦理透视

中国的水污染

近年来，中国经济持续迅猛发展，但随之而来的环境问题也日益严重。专家表示，在中国由于污染所造成的经济损失占国民生产总值的10%左右，每年约有40万人口因各种污染而死亡。水污染则是中国面临的最严重的污染问题之一。

中国面临的水资源问题主要体现在两个方面。第一，中国的环境管制非常薄弱，企业污染水资源现象屡见不鲜。曾经有一个很有影响力的中国环保组织发布了一个造成水污染的跨国公司名单，包括百事可乐公司、杜邦公司、雀巢公司和日本铃木公司。最近诸多事件表明，一些本土公司同样也存在水污染问题，如2010年，福建紫金矿业集团股份有限公司发生含铜酸性废水泄漏事故，240万加仑污水外渗引发汀江流域污染，导致2 000吨鱼类死亡，60 000名群众失去安全饮用水源。同样，在吉林市发生的一场化学品溢漏事故中，约相当于3 000桶的化学物质倾泻至松花江中，江面40%的水域受到污染，江水无法使用。

中国面临的第二个水资源问题是如何保障供水量。随着对可用水需求量的增加，中国正面临着严重的水资源短缺问题。据报道，中国650多个城市中，三分之二的城市供水量不足。并且，随着中产阶级规模的扩大，居民对水资源的需求量也不断增加，除了满足日常生活需求外，较为富足的家庭还需要灌溉花园，洗碗机和洗衣机等家用电器也需要耗费水资源。除此之外，中国的水资源浪费现象也较为严重，在水资源输送过程中，由于管道漏水，四分之一的水被白白浪费。

综上所述，中国在未来面临着非常严峻的水资源问题。为了改善现状，中国已经加大努力，采取了相关措施，比如，越来越多的环保组织开始采取行动，给水污染企业施加压力，政府也不断出台政策，加强环保立法。尽管如此，专家仍然表示，想要真正避免水资源灾难的出现,我们还要付出更加强大的努力。

摘自 Economy, E. and Lieberthal, K. 2007. "Will environmental risks in China overwhelm its opportunities." *Harvard Business Review*, June, 88-96; Oxford Analytica Daily Brief Service. 2010. "China: Awareness is up but pollution is problematic." September 22, 1; Spencer, J. 2007. "Chinese activists launch drive to shame polluters." March 28, online edition.

"全球商务伦理透视"揭示了大多数国家在处理水资源问题时面临的两大主要问题,水污染是其中的一大难题。[17]由于管控不严,对于那些破坏水资源的污染物,企业不管不顾,随意倾倒。另外,水资源短缺问题也是大多数国家面临的一大难题。虽然专家们普遍表示目前地球上的水资源并不会耗竭,但全球相当大一部分人口都面临着水资源短缺的现状。[18]因此,企业同样应该发挥其关键作用,带头保护水资源。

为了更好地了解水资源短缺问题的严重性,请参阅以下相关数据:[19]

- 虽然地球表面被液态水所覆盖,但大部分都是不可饮用的海水,能直接饮用的淡水还不足3%。而这3%的淡水中,2.5%都分布在高山冰川等地区,因此人类可使用的淡水资源还不足0.5%。
- 水资源分布不平衡。全球不足十个国家(巴西、加拿大、中国、哥伦比亚、刚果民主共和国、印度尼西亚、印度、俄罗斯和美国)拥有全球60%的淡水资源。并且,全球各国的水资源消费情况也千差万别。
- 由于安全水资源短缺,每年有180万人因腹泻及其他与水污染相关的问题而死亡。图9.3列出了全球各地区无干净水资源可用的人口数量。
- 人类的各项活动严重加剧了水资源供给的紧张现状,包括过度用水、水污染和水资源使用效率低下。除此之外,全球大约五分之一的人口都居住在水资源短缺的地区。
- 最近一项研究预测,截至2030年,人类对水资源的需求量将从现在的日均45亿立方米增加至69亿立方米,超出现有水资源存储量的40%。
- 在发展中国家,农业用水占据可利用水资源总量的90%以上,其次是工业用水。
- 水道通常被废弃物品占用。虽然有些废物可以在自然环境下自行降解,但就目前情况来看,水资源生态系统正在面临严重威胁。

通过以上数据分析,我们更加深刻地体会到了水资源问题的严重性,因此将会有越来越多的企业开始采取行动,在保护水资源工作中发挥自己的关键作用。最近,多家企业联合发起了一项水资源保护活动,称为"CEO水之使命"(CEO Water Mandate),由联合国全球契约组织(United Nations Global Compact)、瑞典政府以及一批关注水资源短缺及卫生状况的企业与专业机构协作发起,旨在通过自愿性和激励性的行动倡议,共同解决水资源问题。[20]活动主要涵盖6个关键领域,包括:(1)直接运营(通过水足迹了解水资源使用情况,并寻求方法降低水资源消耗);(2)供应链及水域管理(寻求方法与供应商合作,

以提高水资源利用率);(3)集体行动(与当地及国际组织合作,共同应对水资源挑战);
(4)公共政策(与政府合作,为水资源政策制定建言献策);(5)参与社区建设(与当地社
区合作提高水资源利用率);(6)透明度(公开透明水资源的使用情况及其政策)。在认识
到当今社会水资源问题的紧迫性和广泛性后,更多的公司开始参与该倡议活动。

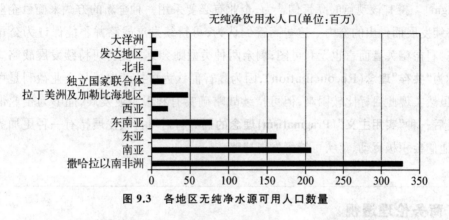

图 9.3 各地区无纯净水源可用人口数量

以上内容介绍了环境恶化的各种表现,以及企业目前所面临的艰巨的环保责任。既
然企业是环境恶化的主要元凶,那么它们就必须承担起解决环境问题的重任。接下来我
们将探讨如何打造可持续发展企业。

9.2 打造环境友好型可持续发展企业:战略方针

本章第一节通过对环境恶化中三个污染问题的介绍,进一步证明了企业提高环保敏
感意识的迫切性。在本节中,我们将主要讨论企业可采取哪些措施增强环保敏感性,同时
提出打造可持续发展企业的战略方针。

9.2.1 高层管理支持

现有研究表明,在落实可持续发展战略时,**高层管理支持**(Top Management Support)尤
其重要。[21] 若没有高层管理的支持,企业员工及其他工作人员将很难真正付诸行动,大多
数成功的环保组织都拥有负责的领导,鼓励员工增强环保意识,支持可持续发展倡议活
动。请参阅本章"商务伦理透视"。

"商务伦理透视"再次表明,高层管理的支持对于可持续发展战略的落实发挥着关键
性作用。最近在英国进行的一项研究表明,高层管理有关可持续发展的理念会直接影响
战略实施的效果。通过对电信、食品批发和银行业等多个行业执行者的采访,研究人员发
现,高层管理有关可持续发展的理念可以分为四种类型,[22] 了解了这些理念,将有助于人
们更好地推行可持续发展战略。

埃亨(Ahern)认为,[23] 高层管理对可持续发展的理念可以分为四种类型。第一种是**"企业传统"理念**(Corporate Conventionality)。这种理念过于重视利润,认为企业唯一的目标就是赚钱,而通过可持续发展战略,企业并不能从中获益,如果为了追求可持续发展而致使公司破产,则毫无意义。第二种是**"可持续发展新典范"理念**(New Sustainability Paradigm)。持有该观点的高管们认为,企业有必要采用一种全新的方式来衡量企业为推行可持续发展而付出的努力。这些高管们认为,可持续发展战略并不能保证为公司带来利润,对利益相关者而言也无利可图;剩余两种类型则会更加支持可持续发展战略。第三种被称为**"共存"理念**(Reconciliation),因为高管们认为可持续发展与企业盈利是可以共存的,虽然实现此目标比较困难,但可持续战略确实有利于企业发展,能够为企业带来利润。最后一种**"实用主义"**(Pragmatism)**理念**的倡导者对可持续发展持有一种更加务实的观点,他们会积极行动,落实可持续发展战略。

商务伦理透视

高层管理者与可持续发展

大量证据表明,很多成功推行可持续发展战略的企业,其高层管理者们都会非常坚定地拥护可持续发展事业,比如本章的"商务伦理透视预览"提到的沃尔玛公司,之所以走上可持续发展道路,就完全得益于其首席执行官发表的一次十分有影响力的演讲,之后他还专门聘请了顾问和其他利益相关者,共同推进可持续发展事业。因此,沃尔玛的成功在很大程度上都取决于这一领导支持。

再如百事可乐公司首席执行官卢英德(Indra Nooyi),在成为首席执行官之前,她就一直积极支持百事可乐公司的环保事业。公司执行委员会成员们清楚地记得,她刚进百事不久就在一次重要的会议上宣布,公司将降低有关节水节能项目资金审批的要求。在担任首席执行官之后,卢英德开始推行一项全新的"目的性绩效"长期战略,该战略主要是将公司环保政策与盈亏底线紧密联系在一起,鼓励员工积极参与,将百事可乐公司打造为绿色企业。比如,土豆中的水分含量达80%,通过与当地大学和研究所合作,百事公司试图寻求新方法,将位于莱斯特的薯片加工厂中的蒸汽冷凝成水,供工厂循环利用。百事公司的运输车队规模全世界排名第七,最近又新购置了176辆电动汽车。如果没有首席执行官的支持,这些环保措施将很难付诸实践。

另一个正在努力推进可持续发展事业的是壳牌石油公司。在最近的一个采访中,壳牌石油公司总裁马文·奥德姆(Marvin Odum)详细介绍了迫使壳牌石油推行可持续发展战略的诸多因素。虽然公司还处于可持续发展事业的起步阶段,但毫无疑问,总裁的支持必定会为此注入强大动力。

摘自 Hopkins, M.S. 2011. "From 'trust me' to 'show me': Moving sustainability from 'priority to 'core value.'" *MIT Sloan Management Review*, March, 1-6; Morris, B. 2008. "The Pepsi Challenge." *Fortune*, March 3, 54-66; Stanford, D. 2011. "Why sustainability is winning over CEOs." March 31, online edition.

尽管以上关于可持续发展理念的研究颇为实用，但对大多数企业来说，仍然需要明白的一点就是，如果其高层管理人员能够摆脱单纯靠经济指标衡量企业效益的观念，那他们对可持续发展理念就会有更好的认知，因为支持可持续发展理念的高管们都深知，可持续发展对人类的影响是无法用金钱来衡量的。然而，要想全面理解可持续发展的影响，还需从社会和环境两个方面来考虑，这与传统思维模式下衡量成功的标准完全不同。

与高层管理支持相关的另一重要方面则是公司高级财务主管能否扮演好其角色，保障可持续发展战略按计划实施。比如"生物多样性"互补措施，即企业通过保护其他地区自然栖息地，补偿自己对当地环境的影响。壳牌公司最近就在施行这一策略，一方面在卡塔尔某地区进行天然气勘探与开发，另一方面对另一地区的藏羚羊及自然栖息地开展保护。[24]要想准确权衡此项目的得失，就要求高级财务主管具备相关能力，能够对可持续发展具体项目进行评估，制订预算，并实时跟踪项目进展。最后，企业还需要沟通能力较强的人员，负责对外宣传企业推行可持续发展所做出的努力，及其对环境保护产生的影响。

9.2.2 可持续发展现状评估

在获得高层支持后，企业就需对自己的可持续发展现状进行仔细评估，也就相当于企业战略管理实践中"我们身处何地？"这个问题。在这一阶段，企业需要对自身业务的各个方面进行审核，从而发现落实可持续发展战略的潜在途径。

专家认为，企业在最初审核自己业务、制定可持续发展战略时，可从减少废弃物和提高资源效率两方面着手，[25]制定切实可行的目标，切不可好高骛远。以沃尔玛为例，该公司之所以能顺利推行可持续发展战略，其中一个重要原因就是找到了处理生产垃圾的合适方法。沃尔玛发现，为了处理全球4 400个营业点产生的垃圾，每年都需要花费数千万美元的资金，使用十吨级的垃圾捣碎机将其捣毁。在意识到这一点后，沃尔玛决定寻求解决方法，减少垃圾的产生。通过这些最实际的容易施行的活动，既可以减少废物的产生，提高能源使用效率，又可增强他人对可持续发展必要性的认识，这一点在高乐氏公司身上也得到了很好的体现。

在对企业可持续发展现状进行评估时，同样需要了解不同企业对可持续发展所持的态度。最近一项报告显示，有些企业属于**"热情拥护者"**类型(Embracer Types)，完全拥护可持续发展战略；[26]有些则属于**"谨小慎微者"**类型(Cautious Adopters)，只注重那些能在短期内带来效益的策略。"热情拥护者"会从可持续发展角度考虑企业的运作，并且将可持续发展视为公司竞争优势的关键，因此，他们更加看重的是可持续发展、盈利及市场份额之间的长期关系。相比之下,对于"谨小慎微者"而言,若是无利可图,他们对可持续发展也就没什么太大的兴趣,更谈不上什么热情了。

企业对可持续发展所持态度不同,对自身发展现状的认识和评估也就各不相同。持谨慎态度的企业更倾向于制定较为容易实现的目标,因为这些目标容易量化;而持拥护态度的企业则更多地会从公司发展的战略角度出发,寻找能够帮助公司实现可持续发展的方法。以沃尔玛为例,该公司聘请环境顾问和专家,共同探讨公司可以从哪些方面着手落实可持续发展战略,专家们对沃尔玛公司的运行做了系统分析,帮助企业实现环境保护的目标。

价值链分析是系统分析公司运行的方法之一,根据战略管理专家甘布尔(Gamble)和小汤普森(Thompson Jr.)的观点,**价值链**(Value Chain)是指企业内部为顾客创造价值所包含的主要活动。[27] 多种多样的价值链分析为我们提供了一个系统的方法,以认识生产最终产品过程中的各个环节和各种活动。为了能够更好地了解价值链的概念,图 9.4 以知名服装品牌 Gap 为例,具体说明了价值链的构成。

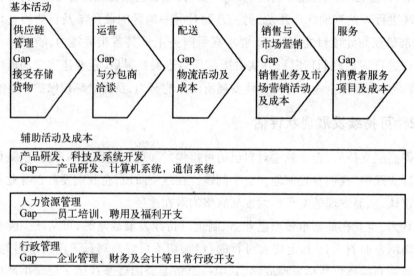

图 9.4 普遍价值链构成及 Gap 价值链

正如图 9.4 所示,价值链由基本活动和辅助活动两部分构成。**基本活动**(Primary Activities)指与产品制造直接相关的活动,主要包括:

- 供应链管理。保障生产所需原材料及能源所产生的业务及其成本。由于 Gap 公司的大多数生产活动都已外包出去,所以在此环节无须投入过多,但是如何与外包商合作以实现可持续发展则是 Gap 需要解决的问题。
- 运营。将原材料转变成最终产品所产生的业务及其成本。对于 Gap 来说,这也不是关键环节,但对于宝洁及类似公司来说,这一环节在整个价值链中相当关键。
- 配送。配送产品给买家所产生的业务及其成本。对于 Gap 来说,配送主要是通过水运及陆运将服饰运送到各个直营店。

- 销售与市场营销。对 Gap 来说，产品销售与市场营销所产生的业务及其成本这一环节主要涉及广告及销售人员培训。
- 服务。为消费者提供售后服务所产生的业务及其成本，对 Gap 来说主要涉及大量的产品退换货业务。

价值链同样包括**辅助活动**（Support Activities），指为辅助基本活动所开展的业务，主要包括：

- 产品研发、科技及系统开发。对于 Gap，产品研发及信息系统开发所产生的业务及其成本，主要包括使用计算机进行数据分析，以得出消费者结构特征。
- 人力资源管理。对 Gap 来说，员工聘用及解雇所产生的业务及其成本主要包括员工培训等辅助性活动。
- 行政管理。对于 Gap，企业日常管理所产生的业务及其成本主要包括财务、会计、日常管理等保障公司正常运行所开展的业务。

由上可知，通过价值链这一系统分析方式，企业可以对各个环节的业务进行深入剖析，从而找出最适合落实可持续发展战略的环节。然而，要注意的是，对于不同的行业，其价值链也是有所区别的，比如，制造业可能更加关注基本活动中的供应链管理及配送环节，而酒店业则更加关心基本活动中的销售与市场营销环节。

全球商务伦理透视

大众汽车（Volkswagen）及其可持续发展

对德国汽车制造商大众来说，价值链中的供应链是其运营当中的重要一环，因此大众采取了很多措施，降低供应链环节对环境产生的不利影响。通过对自身价值链的深入分析，大众发现供应链是其生产环节中的重要一环，从而决定在此环节推行可持续发展战略。为此，大众汽车不仅对供应商提出了可持续发展的要求，还为他们提供相关的环境和可持续发展培训。另外，大众还意识到，物流环节也会对环境造成很大的影响，由此，在产品物流环节，大众目前正逐步减少对陆路交通的依赖，转而使用更加高效的铁路和海洋运输，并且还开发出了相关软件，减少运输过程中出现空集装箱的概率。除此之外，通过对其内部供应链的分析，大众目前正在改善其内部物流，以期减少零部件运送过程中塑料等包装材料的使用量。不仅如此，大众还采取了很多措施，旨在减少水资源使用量及大气污染物排放量，开发出了大型循环系统，不仅能保证加工环节产品的循环利用，还能促进废旧汽车的循环使用。目前，大多数废旧汽车最终都被弃置在垃圾填埋场，该循环系统的目标就是将95%的废旧汽车回收加工再使用。

摘自 Nunes, B. and Bennett, D. 2010. "Green operations initiatives in the automotive industry." *Benchmarking: An International Journal*, 17, 3, 396–420.

尽管行业各不相同,但对于任何企业来说,价值链分析都是一个非常关键的机制,它有助于企业深入了解自身活动,找出造成环境恶化的真正节点所在。请参阅以下"全球商务伦理透视"。

通过"全球商务伦理透视",我们可以明显看出,准确剖析企业价值链对于落实可持续发展战略具有关键作用,大众公司正是在对自身价值链进行深入剖析后,才锁定重点,各个击破。

9.2.3 设定可持续发展目标

落实可持续发展战略的另一重要环节就是设定**可持续发展目标**(Sustainability Goals),目标的确定有利于企业明确自身努力的方向,并能进一步影响具体步骤的制定与落实。"热情拥护者"通常会从全局角度制定可持续发展目标,而"谨小慎微者"则会更加关注一些具体环节,设定一些降低运营成本的目标。比如,作为可持续发展的积极拥护者,个人护理产品制造商伯特小蜜蜂(Burt Bees)设定的发展目标就是:到2020年,运营实现"零废弃物,零碳排放,全程使用百分之百可再生能源"。[28]

从战略角度来看,企业落实可持续发展工作的一项重要内容就是设定战略远景。**战略远景**(Strategic Vision)可以清楚地阐明企业要向何处发展,并引导企业朝设定方向努力。战略远景的设定是建立在企业对自身可持续发展现状的正确评估基础之上的,只有充分认识到自身现状,企业才能更好地决定从哪些方面下手,解决可持续发展问题。综合不同类型企业对可持续发展所持的不同态度,"积极拥护者"通常会将可持续发展纳入公司的战略远景中,以确保该战略能够在公司运作的各个方面得以实施;而"谨小慎微者"则不太会制定战略远景,其可持续发展目标通常只关注细小问题。

为实现可持续发展目标,企业必须自上而下推行可持续发展理念,保证每一个员工都能落实到位。比如,为了体现公司对可持续发展理念的支持,伯特小蜜蜂鼓励员工带薪参加可持续发展志愿服务活动;为了实现零废弃物的目标,公司每年都会举行"搜索垃圾箱运动",要求员工对公司生产过程中产生的各种垃圾进行过滤筛查,寻找是否仍有可循环利用的物品。该活动自2007年开始推行,当时伯特小蜜蜂每月产生垃圾约40吨,通过"搜索垃圾箱运动",到2009年公司已基本实现零废弃物的目标。[29]

然而,在设定了相关目标后,企业同样需要设定一个标准,衡量自己为可持续发展所做出的努力。**可衡量可持续发展目标**(Measurable Sustainability Goals)为企业提供一定的基准,帮助企业判断自己的可持续发展工作是否成功,激发人们对关键事宜的关注,并将重心向之倾斜。衡量过程同样要基于价值链分析结果,对企业运转中的每一个环节,每一项活动中的能源消耗、用水量和废物排放量,甚至是土地资源使用情况进行评估。

那么,企业究竟应该设立怎样的可持续发展目标呢?设定什么种类的目标,主要取决于企业对可持续发展战略持有的态度,积极拥护此战略的企业会设定更加全面的目标,涵盖企业运作的各个方面,而谨小慎微的企业则只选择个别能提高效率或减少浪费的活动。此外,还有不少组织也就可持续发展战略提出了一些指导措施,如国际标准化组织(Global Reporting Initiative, ISO)提出了一些具体的环境指标,帮助企业考量环保目标的实现进程;

全球报告倡议组织(GRI)也给出了类似的可持续发展指标,表9.2对此进行了详细论述。

表9.2 可持续发展指标

种　类	指　标　内　容
物料	所用物料的重量或体积
	采用经循环再造的物料的百分比
能源	直接及间接能源消耗
	通过节约和提高能效节省的能源
	替代能源渠道获取的能源
水	按源头说明总耗水量
	循环且再利用水的百分比及总量
生物多样性	机构在环境保护区或其他具有生物多样性意义的地区或其毗邻地区,拥有、租赁或管理土地的位置及面积
	受保护或经修复的栖息地
	管理对生物多样性影响的战略、目前的行动及未来计划
废气排放	按质量或体积说明直接与间接温室气体总排放量
	按质量或体积说明主要污染物排放量
	按质量说明臭氧消耗性物质的排放量
废物排放	按类别及处理方法说明废弃物总重量
	按重量及排放目的地说明污水排放总量
	按数量和体积说明主要泄露事释放的污染物量
产品及服务	降低产品及服务的环境影响的计划及其成效
遵守法规	违反环境法律法规被处重大罚款的金额,以及所受非经济处罚的次数
交通运输	产品运输产生的环境影响
	机构员工交通产生的环境影响

9.2.4 报告与反馈

及时报告是可持续发展工作的另一项内容。**可持续性报告**(Sustainability Reporting)指企业就可持续发展工作及进展所做的报告。通过报告,企业不仅可以为所采取的可持续发展具体措施进行解释说明,也可以满足利益相关者的需求,因此该报告对企业来说非常必要。[30]如今很多企业都已开始了这项工作,对外报告自己在解决利益相关者所关心的可持续发展问题中所做出的努力。在报告过程中,企业同样需要依赖第三方机构为其证明报告的合法性,如国家标准化组织和全球报告倡议组织。

除此之外,企业还应向所有有关人士提供**可持续性反馈**(Sustainability Feedback),指出哪些方面仍有待改正提高。本章所介绍过的很多企业都会让员工充分了解目前公司在可持续发展方面的所处的现状及将来的发展方向,从战略管理角度来看,反馈有利于企业提高进步,形成良性循环机制。

9.2.5 其他成功要素

以上内容从战略角度介绍了成功的企业可持续发展项目应该具备的要素,而实践证明,除此之外还有很多其他因素同样会影响可持续发展事业的进程,这些因素包括:[31]

- 做第一推动者。调查显示,企业要想在可持续发展方面取得成功,努力成为第一推动者是非常必要的。成为先驱者之后,在如何落实可持续发展战略问题上就拥有更多的发言权与掌控权,其他竞争者只能模仿先驱者的做法。
- 平衡战略远景与短期目标之间的关系。对于认真对待可持续发展的企业来说,长期的战略远景固然必要,但专家建议最好的方法则是将短期计划与长期计划相结合,短期计划可以实现即时利益,能够证明可持续发展战略的可行性,进而说服那些对此持怀疑态度的怀疑者。
- 平衡自上而下和自下而上两种管理方法。虽然总裁及高层领导对可持续发展的支持非常重要,但专家同时认为,在推行可持续发展战略的过程中,员工同样需要参与其中,因为他们通常会更加清楚公司运作的哪些地方可以做到可持续发展。比如,在伯特小蜜蜂中,有关可持续发展的很多想法都是员工们提出来的。[32] 鼓励员工加入其中,可以更好地激励他们拥护可持续发展战略。
- 衡量评价无形效益。大家可能已经意识到,可持续发展带来的效益很多时候可能都是无形的,因此对公司来说,制定有效的衡量无形效益的标准显得尤为关键。比如,联合利华曾经开发出一款节水产品,该产品也许不能带来直接效益,但这一行动却有助于提升企业商誉,带来一些无形效益,此时就需要企业建立相应的评价机制,以充分量化可持续发展效益。
- 教育顾客。观察在可持续发展事业中取得成功的企业,我们发现这类企业都热衷于向顾客宣传可持续发展的好处。比如,沃尔玛现在仅销售荧光灯,并向顾客讲解与传统灯泡相比荧光灯的优点;联合利华也鼓励消费者使用环境友好型产品。
- 发挥人力资源管理部门的作用。专家们一致认为,人力资源管理部门在塑造可持续发展文化中发挥着关键作用。一方面,人力资源管理部门可以在聘用员工时,选择那些更加支持可持续发展战略的人才;另一方面,又可对现有员工进行培训,让他们认识到可持续发展的重要性及其给社会带来的种种益处。

9.3 可持续发展效益

在上一节中,我们重点讨论了如何打造成功的可持续发展企业,但企业为何要推行可持续发展战略呢？因为，我们今天面临的很多环境问题都是由企业造成的，它们理应用实际行动应对这些挑战。很多大型跨国企业对自己造成的种种环境影响不理不顾，从而成了公众批评指责的对象，要求他们对自己的活动负责，比如壳牌尼日利亚分公司和英国石油公司，都因为破坏环境受到了公众的指责，面临着保护环境的巨大压力。接下来我们来介绍**可持续发展效益**（Sustainability Benefits）为企业带来的众多优势。

可持续发展为企业带来的第一个好处是，避免因破坏环境而陷入公关危机。还以英国石油公司为例，该公司耗时多年终于在公众心中树立起了环境友好型企业的形象，而石油泄漏事故却瞬间暴露了其环保政策的脆弱性，引发了很多国家消费者的强烈抗议，如今为了重塑公司形象，英国石油又要费一番周折。

可持续发展为企业带来的第二个好处是，避免因违反法律法规而遭受处罚。目前，为促进环境可持续发展，很多国家都制定了严格的法律法规，违反这些环保法律的企业不仅要接受严厉的处罚，有时甚至还要接受相关部门的审查，直至整改合格。那些抗议罚款的企业则会因冗长的庭审程序而浪费大笔法律开支，而环保企业则无需担心出现此类损失。

可持续发展为企业带来的第三个好处是降低成本。正如本章"商务伦理透视预览"所示，绿色仓库的使用为沃尔玛节省了大量的运营成本。追求可持续发展的过程有助于企业更好地认识自身运营过程中，哪些环节可以减少废弃物的排放，哪些环节可以提高资源使用率。传统观点认为，关心环境问题既费时又费力，并且对企业毫无利益而言，[33]然而陶氏化学公司（Dow Chemical）和联合科技公司（United Technology）等大型公司的经验却表明，投资绿色科技有助于企业降低成本，提升效益。霍普金斯（Hopkins）报告称，有些绿色投资的回收期仅仅为两三年，比传统技术投资的回收期都要短。实际上，可持续发展不仅能为加工制造业及服务业降低成本，同样能为农业领域带来益处，请参阅本章"商务伦理透视"。

商务伦理透视

农业中的可持续发展

截至目前，本章所讨论的案例都是与企业有关的，其实农业领域同样面临着可持续发展的问题。以化肥的使用为例，传统观念认为，化肥撒得越多，作物产量就会越高，然而随着化肥价格的不断上升，越来越多的农民开始关注化肥的使用效率。此外，化肥残留物会流入河流等水域中，造成水污染。

有一个研究小组在科罗拉多州进行了一项有趣的农作物种植研究，从农作物轮作、施肥及灌溉三个方面,对种植蔬菜、西瓜、玉米和苜蓿的农民进行了调研,结果令人颇为吃惊。首先,研究人员发现洋葱等作物仅仅吸收了所施化肥的12%—15%,鉴于如此低的吸收率,研究人员预测大部分的化肥都残留在了土壤当中,因此他们建议第二年在未施肥的土地上种植玉米,结果产量却出乎意料地高,这主要是因为多年来过度的施肥致使土壤中积聚了大量的亚硝酸盐。之后,研究人员建议下一年只施加少量的肥料,仍然在这片土地上继续种植苜蓿,相对于施加的化肥量来说,产量仍然非常可观。

为了解决水资源短缺的问题,研究人员将滴灌与传统喷灌进行了对比研究,发现就洋葱而言,滴灌可以在减少用水的情况下,得到与喷灌相同的产量。综上所述,该项研究帮助农民走上了可持续发展的道路,在减少化肥及水资源使用量的情况下,保持农作物产量不变。若在农业种植领域大规模推广此方法,必将大大节省生产成本。

摘自 McGinnis, L. 2009. "Lowering nitrogen rates to increase profit, environmental sustainability." *Agricultural Research*, February, 20-21.

如上所述,可持续发展对企业成本有明显的影响,不仅有助于降低企业运营成本,还能提高企业收入。研究表明,相比于可持续发展认知较低的企业,消费者更愿意购买那些在他们看来更注重可持续发展的企业制造的产品。[34] 研究还表明,对于开展可持续性实践活动的企业,消费者的忠诚度会更高,因此可持续性能够影响企业收益。除此之外,我们在第一章中曾经做过一个实验,结果显示消费者愿意花更多的钱购买绿色产品。[35] 这一研究进一步证明,可持续发展有利于增加企业销售额,这也是可持续发展对企业的第四个好处。

可持续发展对企业的第五个好处是改善企业与利益相关者的关系,提升品牌形象。如今,公众对跨国企业的监督审查越发严格,采纳可持续发展战略可以给利益相关者留下良好的印象。比如第七章中提到的次级利益相关者,如非政府组织等利益相关者,其积极参与有助于企业更加积极主动地应对潜在环境问题。另外,可持续发展战略还能帮助企业塑造良好的社区形象,巩固企业与当地社区之间的关系。韦克斯勒(Wexler)认为,坚持可持续发展的企业能给其所在行业带来积极影响。[36] 比如李维斯品牌(Levi's)通过与宜家公司和玛莎百货公司合作,在生产过程中大量使用可持续棉(减少水使用量,减少杀虫剂使用量,改善工人工作环境),从而带动整个棉花行业走上可持续发展道路。

可持续发展对企业的第六个好处是增强企业与员工的关系。对于关心地球与环境的企业,员工会拥有更强烈的归属感与使命感。比如伯特小蜜蜂公司致力于生产纯天然个人护理产品,可持续发展理念已成为其生存之道。[37] 在一年一度的"搜索垃圾箱运动"中,员工们认真搜寻每一个垃圾箱,以期找出更好的方法减少垃圾的产生。对于环境的关心增强了员工自身的使命感,而且这种追求可持续发展的激情也激励员工想出更好的方法,推动伯特小蜜蜂的可持续发展进程,为公司带来更多利润,与此同时,员工也开始改变自身行为,减少浪费。

可持续发展的最后一个好处是巩固企业与利益相关者之间的关系。更多的证据表明,投资者对企业环境表现的关注越来越多,任何可能发生的环境灾难都会重创股价,相反,致力于可持续发展道路的企业则拥有更加稳定的股价。

从战略管理角度来看,上述各项效益有利于增强企业竞争优势。一方面,追求可持续发展不仅能帮助企业发现全新的经营方式,还能帮助企业开发新市场,是一个很好的创新源头;另一方面,通过降低成本,提高资源使用率,在市场中可以获得成本领先,而这些都有助于提升企业的竞争优势。

图9.5列出了企业管理人员对可持续发展各项效益的认可程度,据此可以更好地了解这些益处。

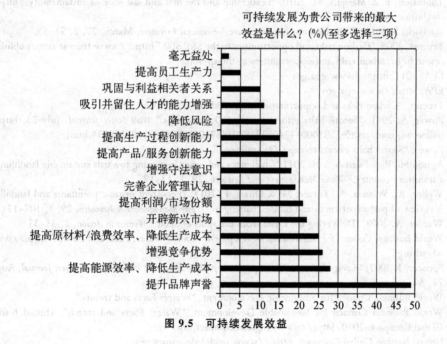

图 9.5　可持续发展效益

本章小结

本章第一部分介绍了可持续发展对企业的重要性,经营环境的巨大变化突出了可持续发展对企业的关键作用。我们首先介绍了大气污染、土地污染及水污染等多种环境问题,通过分析得出跨国公司是造成这些环境问题的罪魁祸首,因此应承担起相应责任,主动解决这些问题。

本章第二部分介绍了该如何建立可持续发展企业。首先,介绍了高层管理及财务支持对企业落实可持续发展战略的重要性;其次,介绍了对企业目前可持续发展水平准确评估的方法,以及设定并衡量可持续性目标的必要性;最后,介绍了可持续发展报告及反馈的重要性,以及其他影响可持续发展事业进程的成功因素。

本章最后一部分主要讲述可持续发展效益,共包括七种好处:避免因当破坏环境陷入公关危机;避免因违反法律法规而遭受处罚;降低成本;提高企业收入;改善企业与利益相关者的关系,提升品牌形象;增强企业与员工的关系;巩固企业与利益相关者之间的关系,并最终提升企业竞争优势。

尾注

1. Unruh, G. 2008. "The biosphere rules." *Harvard Business Review*, 86, 2, 111–117 (at 111).
2. Epstein, M.J. 2008. *Making sustainability work*. Sheffield, U.K.: Greenleaf Publishing, p. 20.
3. Bowie, N. 1990. "Morality, money, and motor cars." In W.M. Hoffman, R. Frederick & E.S. Petry (Eds.), *Business ethics, and the global environment*. New York: Quorum Books, pp. 89–97.
4. Desjardins, J.R. 2007. "Sustainability: Business's new environmental obligation." In *Business, ethics, and the environment: Imagining a sustainable future*. Upper Saddle River, NJ: Prentice Hall.
5. Thomason, B. & Marquis, M. 2010. "Leadership and the first and last mile of sustainability." http://iveybusinessjournal.com.
6. Starbuck, S. 2011. "Why business needs to care." *Financial Executive*, March, 27, 2, 52–55.
7. Trucost. 2009. "Carbon risks and opportunities in the S&P 500." http://www.trucost.com/published-research/6/carbon-risks-and-opportunities-in-the-sp-500.
8. EPA. 2011. http://www.epa.gov.
9. EPA, http://www.epa.gov.
10. Trucost. "Carbon risks and opportunities in the S&P 500."
11. Power, S. 2011. "Senate halts efforts to cap CO_2 emissions." *Wall Street Journal*, July 23, http://online.wsj.com/article/SB10001424052748703467304575383373600358634.html.
12. Power, "Senate halts efforts to cap CO_2 emissions."
13. Agamuthu, P. & Fauziah, S.H. 2011 "Challenges and issues in moving towards sustainable landfilling in a transitory country." *Waste Management and Research*, 29, 1, 13–19.
14. Weber, R., Watson, A., Forter, M. & Oliaei, F. 2011. "Persistent organic pollutants and landfills—A review of past experiences and future challenges." *Waste Management & Research*, 29, 1, 107–121.
15. Warder, A. 2009. "Delivering the Delta from the spills of Shell." *Women in Action*, 2, 33–35.
16. World Business Council for Sustainable Development. 2009. "Water: Facts and trends." http://www.wbcsd.org.
17. Spencer, J. 2007. "Ravaged rivers. China pays steep price as textile booms." *Wall Street Journal*, August 22, A1.
18. World Business Council for Sustainable Development. "Water: Facts and trends."
19. World Business Council for Sustainable Development. "Water: Facts and trends"; United Nations Global Compact. 2010. http://www.unglobalcompact.org.
20. United Nations Global Compact. http://www.unglobalcompact.org.
21. Epstein, *Making sustainability work*, p. 20.
22. Ahern, G. 2009. "Improving environmental sustainability in ten multinationals." *Corporate Finance Review*, 13, 6, 27–31.
23. Ahern, "Improving environmental sustainability."
24. Etzion, D. 2009. "Creating a better environment for finance." *MIT Sloan Management Review*, Summer, 50, 4, 21–22.
25. *MIT Sloan Management Review*. 2011. "Sustainability: the 'embracers' seize advantage: the survey." Winter, 23–27.
26. *MIT Sloan Management Review*. "Sustainability."
27. Gamble, J.E. & Thompson, Jr. 2011. *Essentials of strategic management*. New York: McGraw-Hill.
28. Thomason & Marquis, "Leadership."
29. Shaw, S., Grant, D.B. & Mangan, J. 2010. "Developing environmental supply chain performance measures." *Benchmarking: An International Journal*, 17, 3, 320–339.

30 Thomason & Marquis, "Leadership."
31 *MIT Sloan Management Review*. "Sustainability"; Thomason & Marquis, "Leadership"; Sroufe, R., Liebowitz, J. & Sivasubramaniam, N. 2010. "HR's role in creating a sustainability culture: What are we waiting for?" *People and Strategy, 33*, 1, 34–42.
32 Thomason & Marquis, "Leadership."
33 Hopkins, M.S. 2009. "8 reasons sustainability will change management." *MIT Sloan Management Review*, 51, 1, 27–29.
34 Manget, J., Roche, C. & Munnich, F. 2009. "Capturing the green advantage." *MIT Sloan Management Review*, online edition, http://sloanreview.mit.edu/special-report/for-real-not-just-for-show/.
35 Trudel, Remi and Cotte, June. 2009. "Does it pay to be good?" *MIT Sloan Management Review*, 50, 2, 61–68.
36 Wexler, E. 2010. "Talking 'bout my (green) reputation." *Strategy*, May 1, 13.
37 Thomason & Marquis, "Leadership."

主要术语

酸雨(Acid Rain)：PH值小于5.6的雨雪或其他形式的降水,雨、雪等在形成和降落过程中,吸收并溶解了空气中的二氧化硫、氮氧化合物等物质,形成了PH低于5.6的酸性降水。

大气污染物(Air Pollutants)：包括颗粒物、臭氧、铅、一氧化碳、二氧化硫和氮氧化物。

大气污染(Air Pollution)：排放至大气中的物质通过自然过程无法安全分解时产生的污染现象。

"谨小慎微者"类型(Cautious Adopters)：只注重能在短期内带来效益的策略。

"企业传统"理念(Corporate Conventionality)：这种理念过于重视利润,认为企业唯一的目标就是赚钱。

"热情拥护者"类型(Embracer Types)：完全拥护可持续发展战略。

温室气体(Greenhouse Gases)：大气中锁住热量的气体。

土地污染(Land Pollution)：土地中本不含有的有毒废物及其他废料被丢弃到土地上造成的污染。

可衡量可持续发展目标(Measurable Sustainability Goals)：为企业提供一定的基准,帮助企业判断自己的可持续发展工作是否成功,激发人们对关键事宜的关注,并将重心向之倾斜。

"可持续发展新典范"理念(New Sustainability)：持有该观点的高管们认为,企业有必要采用一种全新的方式,来衡量企业为推行可持续发展而付出的努力。

"实用主义"理念(Pragmatism)：倡导者对可持续发展持有一种更加务实的观点,他们会积极行动,落实可持续发展战略。

基本活动(Primary Activities)：与产品制造直接相关的活动。

"共存"理念(Reconciliation)：高管们认为可持续发展与企业盈利是可以共存的。

战略远景(Strategi Vision)：可以清楚地告诉我们企业要向何处发展,并引导企业朝设定方向努力。

辅助活动(Support Activities)：为辅助基本活动所开展的业务。

可持续发展(Sustainability)：健康生态体系能够永久性运转的能力。

可持续发展效益(Sustainability Benefits)：企业努力推行可持续发展享有的众多优势。

可持续性反馈(Sustainability Feedback)：企业就可持续发展目标实现情况向有关方面提供的反馈。

可持续发展目标(Sustainability Goals)：企业设定的可实现的有关可持续发展的目标。

可持续性报告(Sustainability)：企业就可持续发展工作及进展所做的报告。

可持续发展或环境保护型组织(Sustainable or Environmentally Responsible Organizations)：不断改进自身运作模式,在提高能源使用率的同时,减少对环境影响的组织。

高层管理支持（Top Management Support）：高层管理对可持续发展的支持。
价值链（Value Chain）：企业内部为顾客创造价值所包含的主要活动。
水污染（Water Pollution）：有害物质对海洋、湖泊、河流、地下水等水资源造成的污染。

讨论题

1. 什么是可持续发展？企业是否有保护环境的特殊义务，为什么？
2. 请论证"企业没有保护环境的特殊义务"。
3. 什么是大气污染？造成大气污染的六种污染物是什么？分别产生怎样的危害？
4. 什么是土地污染？导致土地污染的因素有哪些？
5. 为什么解决水污染问题迫在眉睫？联合国全球契约如何应对这一挑战？
6. 打造环境友好型企业的关键因素有哪些？哪一因素最重要，为什么？
7. 什么是价值链？价值链的关键组成部分是什么？价值链如何帮助企业评定自身可持续发展水平？
8. 企业高管对可持续发展所持理念可分为哪四种？不同理念会对企业造成怎样的影响？
9. 什么是可持续发展目标？为什么衡量及设定可持续发展目标对构建可持续发展企业如此重要？
10. 讨论可持续发展的五大效益。

网络任务

1. 请访问国际标准化组织官网：http://www.iso.org。
2. 了解 ISO14000 国际标准化组织环境管理规定。
3. 描述 ISO14000 标准，该标准有何特点？
4. ISO14000 标准主要涵盖那些领域？
5. 企业如何通过 ISO14000 认证？需采取什么步骤？
6. 讨论通过 ISO14000 认证企业的优势。

更多网络任务和资源，请访问 www.routledge.com/cw/parboteeah。

实战演练

环境管理

假设你被一家跨国公司聘作环保经理，主要职责就是对企业在推行可持续发展过程中所开展的活动进行评价，并提出改进建议。在做了可持续性分析后，你很快就提出了很多"低层次"建议，比如，将公司商店中的水龙头换成节水水龙头，以减少公司耗水量；开展节能运动，鼓励员工随手关灯，切断电脑电源；推出自行车骑行项目，鼓励员工骑车上下班；开发全新软件项目，为员工拼车提供便利。

在你开始寻求更加复杂有效的措施时，了解到一种新型包装材料，该材料重量更轻，能够大大降低企业的碳排放量，更利于保护环境，但是该材料成本要高于现用包装材料。与此同时，你想到了麦当劳快餐公司曾经的经历。麦当劳曾经用纸质包装代替聚苯乙烯(泡沫塑料)包装,但结果却是,生产纸质包装需要消耗更多的能源,并且相比于泡沫塑料,纸质包装更难回收,所以此次转变遇到了很大的问题。尽管有如此担心,你还是相信这一全新材料可以把该跨国公司带进环保企业的行列。

面对此种情况,你会怎么做?你会推荐使用这一新型包装吗?如何处理新材料的成本及其使用可能带来的各种问题?

案例分析

联合利华(Unilever)及其可持续发展

联合利华集团是由荷兰 Margarine Unie 人造奶油公司和英国 Lever Brothers 香皂公司于 1929 年合并而成,总部设于荷兰鹿特丹和英国伦敦,分别负责经营食品及洗剂用品,在全球 180 多个国家开展业务,知名品牌包括多芬、力士、旁氏和立顿。一直以来,联合利华都是可持续发展计划的坚定支持者,最近联合利华首席执行官宣布,公司已经制定出一项庞大的发展计划,并设定了大量的目标,保证不能以牺牲世界稀有资源为代价而谋求企业的发展。就在近期,联合利华发布了其"可持续行动计划",争取至 2020 年实现环境损害减半的目标。为了实现这一目标,联合利华已经对其价值链中的 1 651 种产品及其在 14 个国家的使用情况进行了分析,根据分析结果划定这些产品对环境影响的区值,从而制定了企业的可持续发展目标。

联合利华设定的第一个可持续发展目标是:到 2020 年,产品使用周期内的温室气体排放量减少一半。通过对价值链的全面分析,联合利华发现公司释放的大部分二氧化碳都来自消费者使用其产品时消耗的热水,所以决定要减少用户使用产品时释放的二氧化碳含量。为了达到此目标,联合利华一方面竭力减少产品生产厂家的碳排放量,使用对能源需求量更小的原材料,另一方面鼓励消费者行动起来,比如洗熨衣服时使用冷水。

联合利华设定的第二个可持续发展目标是:到 2020 年,产品的废弃物减少一半。针对包装和产品剩余物,联合利华对消费者的人均浪费量进行了评测,据此设定了这一目标,之后采取了一系列的措施,在加工过程中减少包装使用量与废物排放量,重视再利用与循环使用。表 9.3 列出了联合利华的具体目标及实现方式,据此可更好地了解其总体可持续发展目标、分目标及衡量指标。

表 9.3 联合利华可持续发展目标

联合利华总体目标:到 2020 年,实现产品生产及使用环境损害减半		
温室气体: 到 2020 年,产品生命周期内的温室气体排放量减少一半。	水: 到 2020 年,单位产品的用水量减少一半。	废弃物: 到 2020 年,单位产品的废弃物量减少一半。
如何实现以上分目标?		
提供能够降低用水量及能源使用量的产品	关注水资源匮乏国家	减少包装
说服 2 000 万名消费者每次沐浴缩短一分钟时间	减少农业方面的用水	使用轻型材料用于包装

（续表）

提供能源耗费量最小的洗熨产品	使用滴灌及低压灌溉技术	减少不必要的包装
研制浓缩产品，以减少包装	雨季收集雨水，供日后使用	提高包装回收利用率
生产设备选用可持续能源	改进所有产品，减少耗水量	鼓励循环使用最初产品包装
新建工厂排放量较旧工厂缩减一半	告知消费者最高效的产品使用方法	让消费者了解循环使用产品包装的好处
运输过程使用小排量机动车	让消费者了解减少水足迹的好处	尽可能多地增加循环材料的使用
使用火车、轮船等更加环保运输方式	说服消费者缩短沐浴时间，减少沐浴次数	使用最适合废弃物回收处理设备的材料
冰箱使用气候友好型制冷剂	持续研发降低生产过程耗水量新方法	鼓励消费者将可循环使用材料交至回收中心

材料来源：http：//www.sustainable-living.unilever.com。

讨论题

1．联合利华的可持续发展目标有哪些主要内容？如何实现总体可持续发展目标？
2．讨论各个不同目标之间的联系。
3．联合利华为什么要重点关注消费者教育？你认为他们的这些努力会成功吗？
4．尝试为联合利华绘制一条价值链。其中还有哪些环节可以帮助其实现可持续发展目标吗？
5．通过可持续行动计划，联合利华得到了什么效益？

长篇案例

宝洁公司：儿童安全饮用水

自1995年以来，宝洁公司科技研发人员不断探索新方法，力求通过水处理技术解决水资源匮乏地区的饮水问题。作为全球最大的消费产品生产商，宝洁公司始终致力于向全球边远地区推广先进的水处理技术，因为在一些发展中国家，洁净水资源匮乏的情况已经相当令人担忧。[1]

20世纪90年代后半期，全球56亿人口中，接近11亿人口无纯净饮用水及卫生设施可用，[2] 每年约600万名儿童死于痢疾、十二指肠病、颗粒性结膜炎等由水污染引起的疾病。[3] 一项报道曾经预计，"在发展中国家，每小时约有400个不足五岁的儿童死于由水传播的痢疾，"[4] 并且"在任何给定时间内，由水供给不足及水质过差引起的六大类疾病中，发展中国家约一半的人口都在经受着其中一种甚至多种疾病"。[5]

I. 宝洁公司[6]

宝洁（Proctor & Gamble）创建于1837年，是全球最大的日用消费品公司之一，总部位于美国俄亥俄州辛辛那提。宝洁公司的两位创始人是蜡烛制造者威廉·普罗克特（William Procter）和肥皂制造者詹姆斯·甘布尔（James Gamble），他们分别来自英国和爱尔兰，因为娶了一对姐妹而相识。在岳父的建议下，1837年双方各出资3 596.47美元，开始共同生产销售肥皂和蜡烛。到1859年，宝洁年销售额首次超过100万美元，拥有80名员工。在美国内战期间，公司为联盟军队提供肥皂和蜡烛。甘布尔的儿子是一位训练有素的化学师，他在1879年研制出了一种与当时的进口橄榄香皂质量相当但价格适中的香皂，并根据《圣经》中"出自象牙宫殿"（Out of ivory palaces）一语，将其取名为"象牙香皂"（Ivory），该香皂后来成为美国国内首批广告促销的产品之一。19世纪80年代后期，美国劳动力市场出现大动荡，宝洁首创启动了一项公司员工获利分配的计划，让员工持有公司股份，避免出现大罢工现象。截至1890年，宝洁所售肥皂种类已达30多种，并创建了美国首批产品研究实验室。1911年，宝洁推出首创的纯植物性烘焙油克里斯科（Crisco），这是一种由棉花籽油混合棉花籽硬脂所组成的实用酥油，比黄油便宜又健康。

1915年，宝洁公司首次在美国以外建立工厂。加拿大生产厂拥有75名员工，并设立了化学制品部门，规范研究程序，开发新产品。1919年，宝洁公司章程中加入"公司与员工的利益休戚相关"的条款。20世纪20年代，宝洁的营销手段进行了大规模创新：克里斯科赞助了电台烹饪节目；公司创建了市场调研部，研究消费者的喜好及购物习惯；创立了品牌管理体系。

随着时间的推移，20世纪接下来几十年中，宝洁成功推出了大量的新产品，有些产品经过长时间考验，已经成为家喻户晓的品牌，有些产品虽然知名度还比较低，但却具有巨大的发展潜能。随着产品知名度的不断提升，宝洁的生产线规模也不断扩大。主要产品包括：1926年"佳美Camay"香皂；1933年"德芙特Dreft"，第一款人工合成家用洗衣粉；1934年"Drene"，第一种合成洗发香波；1946年"汰渍Tide"洗衣粉及"普瑞尔Prell"洗发水；1955年"佳洁士Crest"，第一款含有氟化物的牙膏；1957年收购"Charmin"卫生纸；1960年"唐尼Downy"衣物柔软精；1961年"帮宝适Pampers"；1963年收购"福吉世Folgers咖啡"；1968年"品客Pringles"薯片，根据辛辛那提一条街道命名；1872年Bounce织物柔顺剂；1983年Always/Whisper（护舒宝），优质妇女个人卫生用品；1984年液体汰渍；1985年收购Rechardson-

Vicks 公司及 Olay 玉兰油;1986 年 Pert Plus 洗护二合一产品;1986 年"超级帮宝适 Ultra Pampers"及"乐芙适 Luvs"超级婴儿纸尿裤,较传统纸尿裤更薄;1989 年收购诺塞尔(Noxell)公司及旗下品牌 Cover Girl、Noxzema、Clarion;1998 年 Febreze、Dryel、Swiffer,仅用 18 个月引进并全球推广;1999 年收购"爱慕斯 Iams"犬类食品;2002 年 ThermaCare 气动热敷带。

1937 年,宝洁创立一百周年纪念时,年销售额达到 2.3 亿美元。1987 年,创立一百五十周年纪念时,宝洁成为《财富》五百强前五十强企业,并且是这五十家企业中发展历史位列第二的企业。1943 年,宝洁首次涉足医药产品,并于 1978 年推出了首款药用产品依替膦酸钠,用于治疗佩吉特氏病。宝洁公司还是环保及预防固态垃圾计划的领头羊,1988 年,宝洁公司推出液体产品回填包装,减少了 85%的包装使用量,被德国零售商评为"年度发明"。20 世纪 90 年代初期,宝洁公司开始在越来越多的产品中使用可回收塑料,1992 年获得了由世界环境中心颁发的国际企业环保成就金质奖章;1994 年,因推行平权举措获得了美国劳工部颁发的"机会 2000"大奖,鼓励企业提供公平的就业机会,建立多元化的员工队伍。1998 年,宝洁开始执行 2005 机构改革方案,旨在"推动一向慢节奏的宝洁公司进行改革创新,加快产品开发及市场营销的步伐,进而提升销售额、收益及股东价值"。[7]

II. 全球水资源危机

20 世纪末期,世界主要发达国家的主要特征也渐趋一致,主要包括"人均寿命延长、婴儿死亡率降低、健康、生产力、物质财富",[8] 但是如果没有充足的安全饮用水,没有完善的家庭及工业废品(经常污染发展中国家饮用水资源)处理系统,所有这一切终将难以实现。

实际上,如果水资源消毒产品配以有效的教育及销售系统,很多因水资源污染而导致的死亡案例完全可以避免。但是,多数纯净水资源匮乏的地区都没有相应的基础设施,无法建立大型的市政水处理设备。在通常情况下,即便有了这些设备,也很难维持正常运转,因为这些地区的居民通常会用井水或地表水洗漱、饮用和烧饭,而动物(包括驯养牲畜及野生动物)也会经常光顾这些水源地,将粪便直接排泄至水中,从而污染水源。还有些人口密集的地区还经常受到自然灾害的影响,发生洪水、季风、地震等自然灾害时,大量的泥石流会沉积至城市主供水流域,覆盖正常的沉淀及过滤渠道,导致人们无法正常取水,从而造成安全饮用水危机。[9]

水中的金属污染物会影响儿童的心智发展,饮用污染水引起如下主要疾病。

- 痢疾,主要由食物及水中的微生物及病毒病原体造成。痢疾是非常厉害的杀手,严重时可致死亡,一般情况下也会导致身体无法吸收重要的营养成分,造成营养不良,影响儿童正常成长。
- 蛔虫、麦地那龙线虫病、十二指肠病及血吸虫病,是由不同种类的蠕虫感染引起的疾病。通常情况下,会导致患者出现残疾、并发症,严重时甚至会出现死亡。
- 颗粒性结膜炎,由细菌引起,严重时会导致失明。

不安全饮用水不仅会导致死亡及身体疾病,还会造成很严重的经济后果,比如,"妇女及儿童从遥远的污染水域取水所耗费的时间及精力,造成年均 1 000 万美元的经济及健康损失"。[10] 当家庭的主要支柱因水污染生病后,全家都将面临经济压力。若每次饮水前都要先煮沸消毒,每天会耗费数小时的时间,而成人则完全可以利用这些时间来种植农作物,孩子则可以去读书。简言之,安全饮用水的匮乏不仅会造成儿童营养不良,影响儿童发育,还会阻碍地方发展。

III. 寻求解决途径

20 世纪 90 年代中期,水净化行业已经出现了一大批公司,包括 Mioxx 公司、Innova 纯净水(Innova Pure Water)、颇尔公司(Pall)、坤诺公司(CUNO)、密理博公司(Millipore)、Ionics 公司、高乐氏 Brita,它们的产品涵盖家用、市政及军用各个领域。然而，随着全球供水危机的不断升级，尽管科技不断进步，研发出了全新的水净化产品，但在解决发展中国家水资源匮乏问题中，我们仍面临巨大压力。对于任何水净化项目，成功的关键都在于制定出有效的分销模式，并配合必要的教程，保证当地居民掌握产品的使用方法。

一个成功的项目，其产品应该具有如下特点：
- 价格便宜，终端处理；
- 使用简便，只需简单演示，用户即会使用；
- 适用于长期可持续分销系统，使用灵活，可用于赈灾活动。

长久以来，200多名科学家始终在保健、卫生及营养领域进行科学研究与创新活动，经过不断的努力，宝洁公司最终在千禧年来临之际，找到了缓解安全饮用水危机的方法。联合国也一直在起草千年发展目标(Millennium Development Goals)，并在2000年联合国大会上进行表决，该文件初稿拟定，到2015年将无法持续获得安全饮用水和基本卫生设施的人口比例减半。虽然宝洁公司拥有众多成功产品，但无论是在美国还是在发展中国家，都没有研发出任何水净化产品，而在发展中国家，生活贫困、基础设施匮乏及遥远地区的交通不便更加大了水净化产品的推广难度。

1999年，宝洁公司以2.65亿美元收购了Recovery工程公司及其PUR品牌水过滤终端系统。Recovery公司由哈佛大学毕业生布莱恩·沙利文(Brian Sullivan)创建于1986年，截至1999年，公司拥有550名员工，1998年销售额达7 700万美元，其水净化产品在美国仅次于高乐氏Brita品牌，位居第二。[12]沙利文曾说过，Recovery公司的宗旨始终都是"解决全球饮用水问题"[13]，而宝洁公司的市场影响力则有助于拓展其产品在全球的销量。PUR产品之前只在美国国内市场出售，沙利文说"我们还需要很长一段时间才能具有全球影响力，这个科技非常强大，具有无限潜力，通过与全球消费品产品公司合作，我们的产品将更好地发挥功效"。[14]

宝洁公司发言人表示，这是宝洁公司全新的洗衣粉、护发及护肤产品目录，但是"我们的水资源管理事业已经开始很久了，我们看到了很多关于水资源的现状，也学会了如何更好地管理水资源，所以我们将产生协同作用"。[15]通过收购Recovery公司，宝洁在向世界各地提供饮用水进程中又向前迈进了一大步。

IV. PUR发展

PUR水过滤系统将硫酸亚铁凝聚剂与次氯酸钙混合，硫酸亚铁凝聚剂可以将颗粒物悬浮在水面，凝聚后形成沉淀物，然后由次氯酸钙消毒剂进行杀毒。在收购了该系统后，宝洁公司开始对其做进一步研发。过去几年内，PUR开始生产家用水龙头净水器、冰箱净水器及滤水器、手持净水壶以及多口味净水包，经过特殊滤水器的过滤，该产品可创造出大量的风味纯净水。除此之外，宝洁还在试验生产一种小型"净化器"，即小包的凝聚消毒剂，每包体积与咖啡奶精的包装相当，生产成本非常低廉，但一小包净化粉剂却可以"吸出10公升污水中的灰尘、细菌和寄生虫"。[16]净化粉使用方便，成本低廉，价格便宜（每包约1美分），容易推广，使用者只要把粉末跟污水混合，不断搅动，之后污染物就会散开，变成肉眼可见的沉淀物沉积到容器底部，这些污染物包括"灰尘、杀虫剂、砷、铅等有毒重金属，细菌、病毒及具有抗氯特性的原生动物"。[17]宝洁称这种净化粉剂为"宝洁纯净水(Purifier of Water)"。

V. 战略合作

2001年，为了将一系列保健研究并入同一个研究机构，[18]并拓展慈善事业，宝洁成立了"宝洁公司营养科学研究所"(Procter & Gamble Health Sciences Institute, PGHSI),该机构"致力于识别、开发并使用顶级的卫生保健技术,为发展中国家和发达国家生产高效产品"。[19]宝洁公司营养科学研究所与非营利组织国际护士理事会(International Council of Nurses, ICN)和美国疾病控制与预防中心(US Centers for Disease Control and Prevention, CDC)合作,改进应用于发展中国家的各项技术。国际护士理事会总部设在瑞士,是全球124个国家护士学会的联盟,代表着全球上百万名护士。该组织始终将全球干净水资源饮用问题作为自己工作的重点,并做出如下声明:

> "国际护士理事会相信,人类使用水资源的权利是不可侵犯的,保证安全水资源供给是一项普遍需求,也是最基本的人权;是满足人类基本需求,维持生命与发展的必要资源。
>
> 国际护士理事会同样相信,通过政府及各界人士的许诺与政治意愿,在适当科技的帮助下,所有人都可以非常低的价钱获得纯净安全的水资源。"[20]

美国疾病控制与预防中心是美国卫生及公共服务部所属的一个机构,总部设在佐治亚州亚特兰大,该中心的"安全水系统(Safe Water Systems, SWS)"项目"采纳适用于发展中国家的简便、有利且廉价的技术,对水质进行干预"。[21]这一干预项目包括污染水源终端处理、集装箱安全水存储及行为技术,用以教育受影响地区公众卫生及恰当使用储水容器的重要性。

2001年4月,在美国疾病控制与预防中心的年度流行病情报会议上,"宝洁公司营养科学研究所"揭开了净化粉剂"宝洁纯净水"的神秘面纱。2001—2003年,宝洁的战略合作伙伴们在危地马拉和海地部分匮乏纯净应用水的地方,参与测试了PUR。这些组织开展的研究证明了PUR产品在大规模缓解水危机项目中的效用性。经过多年的检验,一项效果研究发现,4克重的PUR净化粉剂确实有效地降低了痢疾的发病率。该项研究历时20周,对600多个家庭进行了调研,发现在使用过PUR净化粉剂后,这些家庭中不满两岁儿童痢疾的发病率降低了25%。[22]《美国热带医学卫生杂志》(*The American Journal of Tropical Medicine and Hygiene*)曾发表一篇文章,该文章基于在危地马拉进行的研究,介绍了PUR产品在减少儿童痢疾发病率方面取得的巨大成功。2003年1月,《水与健康杂志》(*Journal of Water and Health*)同样发表了一篇名为"关于消灭饮用水中微生物及砷的新兴终端家用产品水处理系统的评估"的文章,其中也介绍了PUR系统的效能。PUR产品不仅能消除微生物污染物,还能消除铬、铅、砷、镍等重金属污染物。

截至当时,为了开发推广PUR品牌产品,宝洁已经投资了2 000万美元,[23]但宝洁声明该产品"不仅仅是一项商业活动,更是社会营销的一个突破"。[24]随着有关"宝洁纯净水"报道的不断增多,大批的非营利组织开始购买其产品,并运往全球各地。2003年,伊拉克大部分供水系统都因战争受到了不同程度的损坏,国际救援委员会因此为其运送了350 000包净化粉剂,救济机构"美国爱心"(AmeriCares)向位于乍得的苏丹难民捐助了100万包净化粉。2003年,该产品还在博茨瓦纳、马拉维、利比里亚和津巴布韦等国家发挥了重大作用。

VI. 儿童安全饮用水项目

2003年,在PUR水过滤系统取得成功后,"宝洁公司营养科学研究所"及其合作伙伴创立了"儿童安全饮用水"(Children's Safe Drinking Water, CSDW)项目,[25]但是在发展中国家进行项目推广时,却遇到了极大的阻力,很难劝说这些地区的民众接受该项目,所以,"宝洁公司营养科学研究所"随后寻求"国际人口服务组织"和"Aquaya协会"的帮助,这两个组织在社会营销方法及赈灾计划方面都具有丰富的经验。

(1) 国际人口服务组织(Population Services International, PSI)

国际人口服务组织成立于1970年,作为一个非营利性组织,主要关注计划生育及生殖健康,并不断向发展中国家拓展项目,推广口服补液疗法,提升艾滋病意识。国际人口服务组织利用社会营销模式,推广可改善贫困人口健康状况的产品,而其社会营销模式就是"通过私营企业资源和技术,鼓励健康行为,发挥市场在贫困人口中的功效",主要将可测量的结果与私营业经营效率结合起来。[26]这些工作通常需要从目标地区挑选一些居民,充当项目联系人,在当地推销水处理系统,这些本土联系人更了解当地习俗,可以接触到潜在用户,因此产品验收效果更好。国际人口服务组织使用效能指标和审核过程,可以为营利型企业创出效益。该组织在23个国家开展水处理项目,并且运用社会营销模型,在5个国家成功的分销了PUR水处理净化粉。[27]

(2) Aquaya协会及PURelief

Aquaya协会主要负责为计划实施安全水项目的组织提供咨询服务,对安全水项目的技术、分销体系及影响进行原始研究。在宝洁公司基金的赞助下,该协会开始研发一种地理信息系统,帮助那些对地表水有强烈依赖作用的社区制定销售战略。2004年,Aquaya协会与美国约翰霍普金斯大学公共健康学院(Johns Hopkins University School of Public Health)合作,在宝洁公司基金(Procter & Gamble Fund)的赞助和支持下,共同研究在印度尼西亚营销及分销PUR产品的策略。当2004年12月26日印度洋海啸发生之后,当地水资源短缺现象急剧恶化,该项目则顿时被派上了用武之地。宝洁公司联合当地政府及主要的非政府组织,通过PUR水处理产品,为灾区提供救援。在印度尼西亚灾区,宝洁公司共计捐助了1 500万包PUR净水份,拯救了几千民众的生命。后来,在2007年,Aquaya协会同国际人口服务组织合作,在肯尼亚进行PUR产品推销计划。[30]

例证1　婆罗洲纪实博客[28]

格雷格·奥尔古德博士(Dr. Greg Allgood)是一名工业毒理学家,现任"宝洁公司营养科学研究所"执行理事,在2004年南亚海啸发生之后,他亲自到受灾地区了解实情,2005年开始用博客记录他的所见所闻。2004年12月26日的海啸造成几十万人员伤亡,受灾地区水资源严重匮乏,几百万人口无饮用水可用。作为"宝洁公司营养科学研究所"儿童安全饮用水项目的一份子,奥尔古德帮助那些在面临灾难、无法维持水资源卫生的地区,提供安全、干净的饮用水。与此同时,他还对灾区人民进行安全饮用水教育,告诉大家饮用不安全水资源的危险。之后三年,奥尔古德又相继到了斯里兰卡、巴基斯坦、印度、非洲部分地区、越南,直到2007年年底,最终到了印度尼西亚。

2007年11月,奥尔古德同来自Aquaya研究所(专门从事研究及咨询的非政府组织)和Dian Desa基金会(组织完善的印度尼西亚非营利组织)的代表一起进入印度尼西亚婆罗洲岛,此次"旅程"旨在加强婆罗洲岛农村地区的安全水资源教育,调查当地人民对水处理产品的接受程度。面对当地的倾盆暴雨,奥尔古德和他的团队一起,跋涉数英里被雨水冲垮的道路,最终抵达巴都利金镇及附近村庄,向村民演示PUR水过滤系统的使用方法。

奥尔古德同当地PUR产品分销商Heini一起,来往于附近所有村庄,向村民们展示PUR产品的净化水。Heini是当地一位村民,被Dian Desa基金会选中,协助奥尔古德和Aquaya协会的杰夫·艾尔伯特(Jeff Albert)调研当地居民对PUR产品的接受能力。Heini从附近一条被污染的河中取了一些样本水,经过净化粉处理后,污水变得非常干净,展示结果令很多村民折服,开始使用

PUR 产品对他们的饮用水进行消毒净化。遗憾的是,仍有很多潜在客户无法接受 PUR 产品,继续使用数十年前老旧的净化技术。

经过沿途的一个村庄时,奥尔古德观察到,当地村名都是从灌溉水渠中直接取水,虽然看起来很干净,但奥尔古德仍然担心这些水也受到了污染。令人惊奇的是,一项盲样味道测试结果显示,相比于过滤水,村民们更加喜欢未净化水的味道。期间,奥尔古德及其团队成员曾到当地一家清真寺,与当地村民一起参加了一场赦免仪式,"他们用灌溉水渠中的水清洗净化嘴巴,"奥尔古德回忆道,"希望他们不会因此生病。"

为了展示产品效果,Heini 从当地一个污染水源中取了 10 公升污水,分别放到不同的容器中,在反复讲述了不安全水产生的威胁后,Heini 在每一个容器中倒进了一包 PUR 净化粉,并邀请当地村民参与观察整个净化过程,在搅拌了 5 分钟后,在把净化水放置 5 分钟,先前浑浊的污水竟然变得清澈透明,接着再把这些水通过一块棉布过滤倒进另外一个容器中,放置几分钟后,即可将这些过滤水倒进干净的水杯。[29] 面对 PUR 产品,各地区的反应各有不同,一些迟疑不定的居民仍然偏好另一种口味的水,因此,在有些地区,不愿放弃传统的净化方法,以及对熟悉水味道的留恋将成为 PUR 产品推广的一大障碍。

当地网络

奥尔古德在婆罗洲岛的最后一站是一个小村庄,这个村庄直到最近才引进了 PUR 产品。该村庄位于沼泽地区,所有的井水里面都是泥浆,所以当地有一个传统,饮用水在使用前必须先煮沸消毒。当地居民对 PUR 产品的反应非常复杂,有些人喜欢保持旧习惯,继续把水煮沸才能使用;另外一些人则更偏好使用这种相对简单的全新水净化方法。Sutyami 是当地一名茶叶及快餐零售商,习惯用煮沸的方法为水消毒,面对 PUR 产品,她最初也不能完全接受,但为了节省时间和资金,她还是决定尝试一下。在试用了 PUR 产品一周后,Sutyami 决定成为该产品的"宣传大使",在她的商店里出售净化粉。同很多农村地区的分销商一样,Sutyami 也是一名很好的本土联系商,为当地提供净化粉,并从中获取了额外收入。在"宝洁公司营养科学研究所"儿童安全饮用水项目的帮助下,Heini 和 Sutyami 等本土分销服务商能够顺利地在所在地区创立可持续水安全产品经销店,为最有需要的人提供买得起的安全水产品。

在国际人口服务组织及 Aquaya 协会的协助下,宝洁公司将 PUR 产品推广到了很多发展中国家。除此之外,宝洁公司还同另外一些组织和非营利性机构合作,提供并分发水净化产品,包括约翰霍普金斯大学公共健康学院、美国援外合作署、联合国艾滋病规划署、世界卫生组织及联合国儿童基金会。例证 1 介绍了"宝洁公司营养科学研究所"执行理事格雷格·奥尔古德博士的"环球旅程",以观察 PUR 产品的推广情况及反响。

(3) PUR 价格

大部分 PUR 项目的运营方式可分为两种:一种是部分成本回收,用户只需为产品付费,其他项目开支由捐赠基金补贴;另一种是完全补贴免费分发,这种方式只适用于紧急情况,如南亚大海啸、海地洪水和非洲霍乱。总之,用于赈灾及提供给非政府组织的每一包 PUR 净化粉成本仅需 0.035 美元,但项目开支还包括"交通、分销、教育及地区推广"。[31] 所以,大多数情况下,为了回收产品成本,每包净化粉销售价格为 0.1 美元,也就相当于每净化一公升水需要 0.01 美元。

VII. PUR 全球计划

2004 年 6 月,宝洁纯净水(Purifier of Water)赢得了国际商会(International Chamber of Commerce, ICC)拥护千禧年发展目标世界贸易奖(World Business Award),这是为了"表彰在履行联合国千禧年目标中做出杰出贡献的企业"而设立的首批年度全球贸易奖。宝洁公司的儿童安全饮用水项目还赢得了很多其他奖项,如 2005 年的斯德哥尔摩工业水奖(Stockholm Industry Water Award)、2007 年罗恩·布朗企业领导奖(Ron Brown Presidential Award for Corporate Leadership)、2007 年环境保护局儿童健康卓越奖(EPA Children's Health Excellence Award)、2007 年固安捷挑战铜奖(Grainger Challenge Bronze Award)。自 2003 年推出儿童安全饮用水项目以来,直到 2007 年,宝洁公司始终不惜任何代价分销净化粉,可公司非但没有从 PUR 产品销售中获利,还为很多相关项目提供资金赞助。2003—2007 年的四年里,宝洁公司共售出 8 500 万包净化粉,治理了 8.5 亿公升污水,在多项应急救援中作出贡献,通过社会营销项目进行出售。在不同战略伙伴的帮助下,"宝洁公司营养科学研究所"已将该产品推广至全球 23 个国家。

案例尾注

1 "Safe Drinking Water," P&G Health Sciences Institute, http://www.pghsi.com/pghsi/safewater (accessed 15 February 2008).
2 U.S. Census Bureau, International Data Base, "Total Midyear Population for the World: 1950–2050," 16 July 2007, http://www.census.gov/ipc/www/idb/worldpop.html (accessed 28 February 2008).
3 Hawkes, N. and Nuttall, N., "Seeds Offer Hope of Pure Water for the Developing World," *The Times* (London), 15 September 1995.
4 Gadgil, A., "Drinking Water in Developing Countries," *Annual Review of Energy and the Environment* 23 (November 1998): 254.
5 Gadgil, 254.
6 "Our History," P&G website, http://www.pg.com/company/who_we_are/ourhistory.jhtml (accessed 15 February 2008).
7 Nugent, M., "P&G CEO Sees Transformation in Five Years," Reuters News Service, 12 October 1999.
8 Gadgil, 264.
9 Gadgil, 264.
10 Gadgil, 256.
11 P&G had sales of $38.1 billion and net earnings of $3.76 billion in 1998.
12 In the first quarter of 1999, PUR had 21.2% of the market, compared with Brita's 66.2%, and had gained 49% of the market in the month of July 1999, according to Susan E. Peterson, "Pretty Price for Recovery Engineering," *Minneapolis Star-Tribune*, 27 August 1999, 1-D.
13 Peterson, 1-D.
14 Peterson, 1-D.
15 Peterson, 1-D.
16 Coolidge, A., "P&G Water Purifier Aids Third World," *Cincinnati Post*, 19 June 2003, B6.
17 Procter & Gamble Press Release, "New P&G Technology Improves Drinking Water in Developing Countries," 24 April 2001, http://www.pginvestor.com/phoenix.zhtml?c=104574&p=irolnewsArticle&ID=628966&highlight= (accessed 25 February 2008).
18 "Global Joint Program Partners," Health Communication Partnership, http://www.hcpartnership.org/Partners/gjpp.php (accessed 25 February 2008).

19. "Mission," P&G Health Sciences Institute, http://www.pghsi.com/pghsi/mission/ (accessed 25 February 2008).
20. "Universal Access to Clean Water," ICN Position Statement, 1995, http://www.icn.ch/pswater.htm (accessed 25 February 2008).
21. "Safe Water System," Centers for Disease Control and Prevention, http://www.cdc.gov/safewater/ (accessed 25 February 2008).
22. Crump, J.A., Otieno, P.O., Slutsker, L., Keswick, B.H., Rosen, D.H., Hoekstra, R.M., Vulule, J.M. & Luby, S.P., "Household Based Treatment of Drinking Water with Flocculant-Disinfectant for Preventing Diarrhoea in Areas with Turbid Source Water in Rural Western Kenya: Cluster Randomised Controlled Trial," *British Medical Journal (BMJ)*, 2005, 331; 478, published online 26 July 2005, http://www.bmj.com/cgi/reprint/331/7515/478 (accessed 19 February 2008).
23. Coolidge, B6.
24. "Financial Express: P&G May Test Waters With PUR," *Financial Express*, 26 May 2004.
25. "Children's Safe Drinking Water," Procter & Gamble, http://www.pg.com/company/our_commitment/drinking_water.jhtml (accessed 25 February 2008).
26. "About PSI," Population Services International, http://www.psi.org/about_us (accessed 21 November 2007).
27. In 2006, PSI estimated that it had treated over 8.6 billion liters of water, averted 4.1 million cases of diarrhea, and prevented 6,000 child deaths that year. "Water/Child Survival: Safe Water and Diarrheal Disease Control," http://www.psi.org/child-survival (accessed 18 December 2007).
28. Source: Greg Allgood blog at http://childrensafedrinkingwater.typepad.com/pgsafewater/2007/11/boiling-in-born.html (accessed 20 November 2007).
29. A video of a typical PUR product demonstration, produced by members of the non-profit Other Paths, may be seen at http://www.youtube.com/watch?v=mij0-3hBKs8&feature=related (accessed 25 February 2008).
30. "Aquaya to Assist PSI in Community Targeting for the Social Marketing of PUR in Kenya," Aquaya Institute press release, http://www.aquaya.org/news.php#010807 (accessed 4 December 2007).
31. "Household Water Treatment Options in Developing Countries," Centers for Disease Control, January 2008, http://www.ehproject.org/PDF/ehkm/cdc-options_pur.pdf (accessed 15 February 2008).

讨论题

1. 宝洁公司解决全球水问题的因素是什么？
2. 缺少纯净饮用水将带来哪些后果？
3. 宝洁公司认为那些业已成功的净水项目具有哪些基本特征？为什么这些特征非常重要？
4. "儿童安全饮用水项目"是一项高成本低回报的项目。假如你是宝洁公司的一名股东，你会反对这个项目吗？为什么？
5. 宝洁公司"儿童安全饮用水项目"有哪些非经济优势？
6. 在网址 http://www.csdw.org/csdw/index.shtm 浏览"儿童安全饮用水项目"。这一项目有哪些新的特点？

第十章
全球商务伦理

学习目标

- 认识全球商务伦理的概念
- 明白全球商务伦理产生差异的原因
- 掌握构建全球商务伦理的方法
- 认识当前跨国公司面临的主要伦理问题
- 了解企业应对全球伦理问题的方法

商务伦理透视预览

耐克及丰田的伦理丑闻

早在20世纪90年代,耐克就因其艰苦的劳工环境饱受外界指责。据说,耐克许多工厂的工作环境非常艰苦,在巴基斯坦甚至还存在雇佣童工的现象。1998年,甚至连其创始人都承认,耐克已经成为奴隶工资、强迫加班和滥用童工的代名词。此后,耐克开始实施多项措施,力争成为更具社会责任感的优秀企业。但是,这些措施真的有效吗?情况能够有所改观吗?随着澳大利亚某电视台的广播节目答案就此揭开面纱。一位澳大利亚记者曾假装成一名时尚买手,潜入耐克在马来西亚的一家工厂,极度糟糕的工作环境令这名记者十分震惊。工人们每天要工作很长时间,并且工资极低,更糟糕的是,他们很多人都是孟加拉人,来到马来西亚打工。一到工厂,护照就被没收,并且要以长时间工作来支付所谓的招聘费。透过该节目,我们可以看出耐克似乎仍未解决先前的劳工问题。该节目制作于2008年,这就进一步表明,这么多年来,耐克在解决备受指责的劳工问题方面没有任何进展。

> 丰田公司创立于第二次世界大战之前,多年来这家日本汽车生产商对品质与细节的追求令许多竞争对手望而生畏,现已成为可靠、高质、高效与耐用的代名词。殊不知,在成为汽车行业老大的过程中,丰田在各方面都做出了巨大努力,提出了诸多创新措施,而这些措施也成了很多竞争者竞相效仿的内容。丰田公司首创了很多新型生产管理模式,如准时化生产方式(JIT)、精益生产,甚至为汽车行业引进了许多突破性技术。然而,近期不断爆出的丰田汽车安全问题,已开始严重损害丰田的品牌形象,甚至整个汽车行业都开始质疑丰田汽车多年来取得的种种成绩。
>
> 近期有报告显示,丰田之前已经意识到部分型号的汽车存在踏板粘滞问题,还有些报告表示,不仅仅只有出售到美国的丰田汽车存在此类问题,出售到英国的丰田汽车也存在类似的踏板问题。虽然早已发现了这些问题,但丰田公司直到问题爆出后才向英国政府报告,并且这些问题在英国出现的时间大约比美国早半年。最初,丰田坚持认为踏板粘滞问题纯属个别现象,无需启动召回程序,但随后关于踏板粘滞及车辆在时速 100 英里时失控的报告不断增多,丰田最终启动了大规模的召回行动,此次召回涉及多种车型,而目前普锐斯的刹车系统也爆出存在问题,接下来几个月,如何应对这些难题将是丰田公司面临的全新挑战。
>
> 摘自 Booth, R. 2010. "Toyota under fire for its handling of safety recall." *Guardian* online; Levenson, E. 2008. "Citizen Nike." Fortune, 158, 10, 165 - 170; Reed, J. and Simon, B. 2010. "Toyota's long climb comes to an abrupt halt." *Financial Times*, 9; Reed, J. and Simon, B. 2010. "Viral element spins events out of control." *Financial Times* 16; Shirouzu, N. 2010. "The Toyota recall: Toyota acted first in Europe — scarcity of complaints is blamed for lag in fixing sticky gas pedals in U.S." *Wall Street Journal*, B2; Shirouzu, N. 2010. "Why Toyota took longer to fix pedal flaw in the U.S. than Europe." *Wall Street Journal* online; Takahashi, Y. and Kachi, H. 2010. "The Toyota recall: Action is likely on Prius." *Wall Street Journal*, B2.

"商务伦理透视预览"表明,全球商务伦理管理对企业至关重要。以耐克公司及其在马来西亚开设的工厂为例,虽然这些工厂的工人并不是耐克总公司直接雇佣的,但是对于工厂内恶劣的工作环境,大众媒体仍然会将矛头指向耐克总公司。所以我们需要考虑一个问题:如果恶劣的工作环境是分包商造成的,那总包商耐克公司是否应该为此负责呢?大部分耐克品牌的鞋子都是在越南、印度尼西亚和泰国等新兴国家制造的,面对这些国家不完善的法规造成的影响,耐克公司应如何应对呢? 人们对耐克公司的持续关注及不时爆出的负面新闻都表明,跨国公司在生产经营过程中必须加倍努力,维护商务伦理。耐克公司承认,公司有责任也有义务监督并确保供应商为工人们提供人性化的工作环境。

"商务伦理透视预览"还提到了日本丰田汽车的案例,该案例进一步证明了大型跨国公司维护商业伦理的重要性及必要性。由于对外宣称汽车意外加速问题只是个别现象,并非安全问题,丰田公司在公众心中留下了麻木怠慢的形象。另外,如里德(Reed)和西蒙(Simon)所说,当今社会信息传播速度相当之快,[1] 虽然汽车的大量召回会相当麻烦,但丰田公司最终也决定进行大规模的召回。尽管如此,最初否认刹车问题是严重的安全隐患,之后又宣布进行大规模召回,这一前后矛盾的举动像病毒一样迅速蔓延并失控,给丰田公司带来了严重影响。通过该案例,我们进一步看到了大型跨国公司恰当管理商务伦理的迫切性。

10.1 什么是全球商务伦理?

在第一章中我们讲到,商务伦理就是指导商业行为的原则和标准,而**全球商务伦理**(Global Business Ethics)则是商务伦理在全球环境中的应用,适用于任何企业在全球环境运营中遇到的各种伦理问题。在世界不同国家经营中,许多企业都要面对以下难题:"如果明知不贿赂就拿不到合同,那我们还要贿赂吗?""如果明知在当地河流中倾倒废物不合法,那是否还要这么做呢?"针对这些问题,不同跨国公司会给出不同的答案,而通过这些答案,我们则可看到各公司对商务伦理所持的态度。

为什么企业要关心全球商务伦理呢?在第一章中,我们曾讲到遵守本国伦理道德为企业带来的众多好处,而遵守全球商务伦理同样可以享有这些好处。但是,正如本章"商务伦理透视预览"所示,目前,大型跨国公司的伦理表现始终是人们关注的焦点,任何有违伦理道德的行为都会很快遭到媒体的曝光,严重损害企业声誉。由于经营规模庞大,跨国企业经常成为舆论焦点。图10.1将部分大型跨国公司的收入和部分国家或地区的国民生产总值做了比较。

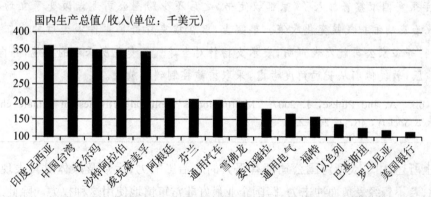

图 10.1　大型跨国公司收入 vs 部分国家或地区国内生产总值

正如图10.1所示,很多大型跨国企业的收入甚至已经超过某些国家或地区的国民生产总值,获取了巨大的财政、资本及人力资源,以及一定的权利,而这些权利又相应地会削弱发展中国家对这些大型企业的管控能力。在某些情况下,为了争取外资,有些发展中国家的政府甚至放弃管控,任由这些跨国企业在其国内发展。由于拥有强大的权利和影响力,跨国公司通常会成为公众关注的焦点,因此跨国公司应推行积极的伦理策略,以避免不必要的审查。

除此之外,我们在第一章中还讨论了很多内资公司应该遵守伦理道德的原因。然而,社会公众同样期望跨国公司展现出高度的伦理价值观,而部分期望则来源于跨国公司拥有的强大实力。实际上,还有很充分的证据表明,有些跨国公司甚至拥有巨大的政治影响力,可以左右国家的政策。请参阅以下"伦理可持续性透视"。

伦理可持续性透视

跨国公司及其对气候变化产生的政治影响力

对于气候变化的接受程度,跨国公司在其中扮演着重要角色。曾有新闻报道显示,美国最初在气候变化上的态度立场主要取决于全球气候联盟(Global Climate Coalition),而进一步的分析调查更显示,埃克森美孚公司是该联盟中的一名重要成员,这就进一步证实了很多人的疑虑,他们认为美国政府之所以不愿意加入《京都议定书》(Kyoto Protocal)减少温室气体排放量,埃克森美孚(Exxon-Mobile)在其中发挥了重要作用。

最近,柯克(Kolk)和平克斯(Pinkse)对《全球财富》杂志世界500强企业进行了一项调查,结果进一步证明了跨国公司的政治影响力。[2] 调查结果表明,在20世纪90年代,气候变化开始逐渐成为热点问题时,许多跨国公司对这一问题持反对态度,同时投入了巨大的财力及人力资源,组织一场旨在反对推行气候变化举措的辩论。然而,在1997年很多国家签署加入了《京都议定书》之后不少跨国公司逐渐改变了立场,开始使用政治影响维护气候变化政策。事实上,就在埃克森美孚事件曝光后的第二天,惠普、福特等多家公司就发表声明,表示支持针对全球气候变化所采取的措施,并向八国集团施压,敦促他们从长远角度考虑,采取措施控制碳排放量。

摘自 Kolk, A. and Pinkse, J. 2007. "Multinationals' political activities on climate change." *Business & Society*, 46, 2, 201-228.

如上所述,由于大型跨国公司拥有强大的政治影响力,大众及媒体对其表现极为关注,因此,若不想经受负面冲击力,跨国企业最好非常审慎地使用这种权力。除此之外,人们要求跨国企业增强伦理意识的另一个原因是,企业间的伦理实践越来越相似,表现出了所谓的"**趋同性**"(Convergence),专家们认为,包括伦理实践在内的很多企业管理实践都越来越趋向一致。

之所以出现趋同性,其中存在很多驱动因素。举例来说,国与国之间签订的协议,如区域贸易协定和世界贸易组织成员协议,提供了一个超越国家种族的监管环境,进而影响伦理实践。跨境竞争、贸易、并购及收购也为企业提供了更多的机会,可以学习世界各地成功企业的优秀管理模式。另外,客户及产品的全球化和经济的不断发展同样促进了企业的趋同性。

因此,本章将为大家详细介绍有关全球商务伦理的背景知识。为了了解全球商务伦理,首先我们必须确定世界各地的伦理观念是否存在差异,如果存在差异,这些差异的本质又是什么?比如,为什么在有些文化中,人们对贿赂的容忍度要高于其他文化?然后,我们将讨论为解决伦理问题,跨国伦理所采取的各种措施。最后,本章将介绍一些目前最为紧迫的全球伦理问题,为企业制定全球伦理项目提供些许建议。

10.2 伦理差异的实质是什么?

本章的"商务伦理透视预览"介绍了耐克公司的伦理丑闻事件。虽然为了监管供应商,耐克公司已经采用了非常严格的政策,但 2008 年的丑闻事件表明,要想对所有供应商进行监控仍然存有很大难度。事实上,李文森(Levenson)指出,耐克公司的很多工厂都设立在政府监管较弱的发展中国家,[3] 在缺乏严格法规的情况下,企业就必须采取更为有力的措施,确保其供应商遵守伦理道德规范,这就意味着企业必须了解不同国家伦理道德规范的差异,以及这种差异的本质。比如,为什么有些地方能够容忍员工在如此恶劣的环境中工作?为什么有些国家能够忍受并参与贿赂?这些例证都表明,人们对非伦理行为的定义存在很大差异。在本节中,我们将讨论伦理差异的程度及其本质。

跨国伦理差异(Ethics Cross-nationally)的本质是什么呢?全世界不同国家对很多与伦理相关的内容都进行过研究,接下来,我们将重点介绍一些主要的伦理方法,并讨论这些方法之间存在差异的原因。

美国校际政治及社会研究联盟(Inter Consortium for Political and Social Research,ICPSR)曾就全球商务伦理问题开展过多项调研,在最近的一次关于世界价值观的调查中,来自 40 多个国家及地区的受访者对骗取国家福利、偷税漏税、收受赃物等涉嫌不道德行为的接受程度做出回答,图 10.2 列出了部分国家的调研结果。

通过图 10.2 我们可以看出,不同国家对伦理嫌疑行为的接受程度确实存在很大差异,那为什么会存在如此明显的差异呢?Cullen、Parboteeah 和 Hoegl 认为,民族文化差异(人们对正确行事方式的认知差异)和社会制度差异(教育制度、宗教等的差异)很可能会诱使人们打破常规,为有违伦理道德的可疑行为辩护。[4] 民族文化维度包括高成就文化(即重视个人成就)、高度个人主义文化(即重视个人自由)、高度普世主义文化(即个体期望得到公平对待,具有更远大的抱负)和高度经济唯物主义文化(即崇尚物质追求),由于这种文化中的某些价值观鼓励人们要有远大的追求和抱负,对成功的渴望更加强烈,而在追求成功的过程中,就更可能打破常规,所以在推崇民族主义文化的国家中,从事犯罪等反常行为的人数会更多。除这些民族文化因素外,研究人员还发现,具有以下特征的社会

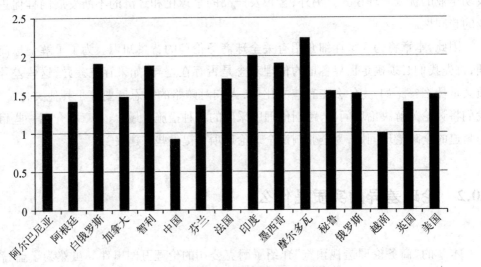

图 10.2　部分国家对伦理嫌疑行为的辩护度

也更容易诱发反常行为,主要包括工业化程度较高的社会、资本主义制度社会、家庭破裂率较低的社会、教育机会较多的社会。研究者们对来自 28 个国家的 3 450 名管理人员进行了调查,调查结果证实了他们大多数的假设。

以上研究表明,民族文化及社会制度的差异确实会导致人们对非伦理行为不同的容忍程度。除此之外,还有另外一些研究将目光投到了商业伦理的其他方面,如在第一章中,我们就曾讨论了全球各国腐败程度的差异,为什么了解腐败差异如此重要呢?请参阅本章"全球商务伦理透视"。

全球商务伦理透视

英国宇航系统公司(BAE Systems)及其贿赂案

英国宇航系统公司是一家总部设在英国伦敦的跨国军火工业与航空太空设备公司,目前因为受到腐败指控,正在接受调查。英国重大欺诈案件调查局(Britain's Fraud Office,BFO)指控英国宇航系统公司为获取项目合同,曾行贿数百万英镑。虽然此次指控尚未得到核实,但这无疑给始终推行社会责任项目的英国宇航系统公司带来了很大的麻烦。

为什么说了解腐败程度至关重要呢?看一下英国宇航系统公司被指控行贿的国家就明白了。具体来说,该次控诉主要是指控英国宇航系统公司贿赂坦桑尼亚、捷克共和国、罗马尼亚和南非等国的官员,通过观察这几个国家的"清廉指数"(http://www.transparency.org),我们就会发现,这些国家都是腐败程度较高的国家。因此,跨国企业在这些国家开展业务时,必须采取更多的措施,避免出现腐败行为。但英国宇航系统公司似乎没有类似的防控措施,现在面对指控,只得奋力搏击。

摘自 http://www.transparency.org and *Professional Engineering*. 2009. "BAE looks set to face prosecution on corruption charge." October 7, 8.

正如"全球商务伦理透视"所示,从跨文化角度正确认识腐败及其差异的本质是十分重要的。塞勒姆(Seleim)和邦迪斯(Bontis)就文化对腐败程度的影响提出了自己的见解。[5] 他们对62个国家的"清廉指数"(见第一章图1.2)进行了调研,并分析了民族文化维度对各国"清廉指数"的影响。研究发现,某些具体的文化价值观,如不确定性规避(人们在生活中对确定性及条理性的偏好程度)、个人主义(人们对自我的关注程度)和未来导向(人们对未来的关注程度)都会诱使腐败现象的发生。相比之下,性别平等(重视男女平等)等文化维度中腐败的发生率就相对较低。

以上两项研究解释了各国伦理观念差异的本质。正如研究结果所示,文化及社会制度,如工业化程度、经济发展情况、财富规模、宗教等因素都会对人们的伦理认知产生重要影响。对于致力于减少非伦理行为的跨国公司管理者来说,这些发现至关重要。特别是负责区位决策的管理人员,他们需要仔细评估各地的文化特征,以确定当地文化对非伦理行为的接受程度。研究非常明确地表明,男性主义价值观(强调工作而非生活品质)、成就取向价值观(强调成功与成就)和不确定性规避等文化因素与高腐败率紧密相连,管理人员可以通过评估以上文化维度,确定当地民众的伦理观念。另外,管理人员还可以通过自身对某个国家社会制度及文化的了解,帮助自己了解不同伦理问题的重要程度,从而确定处理这些问题的方法。

全球商务伦理透视

全球伦理相对论

有证据表明,在某些国家开展业务时,遵从伦理相对主义原则也许是唯一的途径,比如,在有些国家,宗教会对商务伦理产生重要影响。伊斯兰教是全球第二大宗教,其信徒主要分布在非洲、中东、中国、马来西亚及远东地区。在这些地区,伊斯兰教对企业经营提出了很多伦理要求,比如,伊斯兰教禁止收取利息,有些地方还不允许雇佣女工,甚至要求性别隔离。因此,若是跨国公司需要委派女性职员前往这些地区时,必须谨慎为之。

再以印度教为例,其信徒达7.6亿人,主要分布在印度、尼泊尔、斯里兰卡等国家。印度教同样对企业经营提出了特殊的伦理要求。在奉行印度教的国家,种姓制度是普遍存在的社会体系，并以婆罗门为中心，划分出许多以职业为基础的内婚制群体，即种姓，该制度规定各等级在法律上是不平等的，在印度教徒心中种姓制度神圣不可侵犯。因此，在这些国家开展业务时，跨国公司需要慎重考虑是否能够让一个来自低等级的人领导来自高等级的人。尽管自从印度独立以后，废除了种姓制度，印度宪法明文规定不准阶级歧视，但是种姓制度对今天的印度社会，特别是印度农村，仍然有巨大的影响。

除此之外，宗教也是间接影响商业环境的因素，如环太平洋地区十分盛行的"关系"。具体而言，"关系"指企业为发展业务创建的社会关系网，企业间的这种社会关系并不是一蹴而就的，需要经过多年的苦心经营，彼此间才能形成真正的互信、互利、互助的关系。"关系"在中国的发展历史已有2 500多年，已经成为中国社会的鲜明特征，而这主要起源于中国儒家思想和谐、忠诚、仁爱与信任的道德价值观。

许多专家都认为，对任何跨国公司来讲，若要在环太平洋地区经营业务，构建良好的"关系网"是非常必要的。但是，来自西方国家的企业则认为，这样的做法很容易滋生不道德行为，如行贿、受贿与腐败。一直以来，"关系"在人们心中的形象始终是负面的，在缺乏健全法制基础的情况下，同一关系圈内的各方可能私下进行非法交易，优待彼此，从而滋生非伦理行为。

摘自 Hwang, D., Golemon, P., Chen, Y., Wang, T-S., and Hung, W-S. 2009. "Guanxi and business ethics in Confucian society today: an empirical case study in Taiwan." *Journal of Business Ethics*, 89, 235-250.

除了了解不同国家和地区的人们对非伦理行为的容忍及参与程度，另外一个问题也同样值得重视，即各地区及跨国公司处理伦理困境的方法，具体说来就是伦理相对论与伦理普遍论。接下来我们将详细介绍这些概念。

伦理相对论(Ethcial Relativism)是一种认为不存在任何客观及普遍的道德标准的伦理观点。在相对论者看来，道德是一种主观的道德标准，不同的文化及群体都拥有不同的道德标准。如在某些国家，堕胎是有违伦理道德的，伦理相对论者就认为堕胎是不符合道义的；而在另外一些国家，堕胎是合乎伦理道德的，伦理相对论者则认为堕胎是符合道义的。对跨国公司而言，伦理相对论表示企业管理人员必须遵从当地伦理传统，也就是说，在某个国家，如果贿赂在生意场上是可以接受的，那么即便这样的做法在总部所在地是违反法律规定的，跨国公司的管理人员在当地开展业务时，也可以行贿受贿。伦理相对论的对立面是**伦理普遍论**(Ethical Universalism)，该观点认为基本的道德标准是超越文化与民族界限，在全球范围内都是一致的。比如，在任何文化中，谋杀，至少对本族人的谋杀，都是明令禁止的。在这种情况下，跨国公司就应该遵守总部所在地的伦理道德标准。

那么，为什么了解这些伦理观点很重要呢？请参阅本章"全球商务伦理透视"。

正如"全球商务伦理透视"所示,把握伦理相对论及伦理普遍论的内涵,了解不同国家奉行的伦理理论,对跨国公司颇为重要。但是,对跨国公司来说,无论遵循哪一种理论,都会面临诸多问题。有人指出,伦理普遍论可能太多刻板,可能会与当地长期形成的文化规范格格不入;也有人认为文化相对论并不适用于伦理范畴,如著名商业伦理学家托马斯·唐纳森(Thomas Donaldson)就指出,跨国公司的道德责任远远高于伦理相对论对其提出的要求,[6] 如果企业运用伦理相对论的逻辑,以文化差异为借口,恣意行事,那将走向伦理相对论的另一个极端,导致事与愿违。

总而言之,在本节中,我们主要讨论了了解全球伦理差异及其本质的重要性,跨国公司可借此优化其在不同国家的伦理方案。接下来,我们将介绍跨国公司目前在全球所面临的主要伦理问题。

10.3 全球主要伦理问题

在第一章中,我们介绍了企业在国内经营时面临的主要伦理问题,而将业务拓展至全球范围后,跨国公司也同样面临着纷繁复杂的伦理问题。表 10.1 按照利益相关者受影响方式的不同,列举了跨国公司面临的主要伦理问题。

表 10.1 全球伦理问题

员 工	• 歧视、文化差异、性骚扰 • 工作环境 • 男女平等 • 福利补贴	政 府	• 遵守法律法规 • 尊重业务国弱势政府 • 游说政府官员
股 东	• 股东收益 • 财会透明度 • 股东沟通透明度 • 管理人员薪酬及福利补贴 • 公司治理	业务国	• 尊重当地法律 • 影响当地政治气氛 • 贿赂及腐败 • 游说及其他影响

尽管跨国公司在全球业务环境中面临一系列的伦理问题,但其中最为重要的就是劳工问题及贿赂问题,接下来将深度剖析这两个问题。

10.3.1 劳工问题

不可否认,为了降低劳动力成本,许多企业都纷纷将工厂设立在其他劳动力资源丰富的国家,低廉的工资、松散的工会组织、腐败的政府,种种因素都诱使西方跨国公司转战亚洲、拉丁美洲等发展中国家,在那里生产加工产品。[7] 然而,这种做法却也引发了**劳工问题**(Labor Issue),这一问题业已引起了跨国公司的关注。比如,跨国公司在发展中国家按照市场标准支付当地工人的工资,而该工资额在其本国仅仅相当于少量的施舍,这种做法可以接受吗?当某些国家的儿童别无选择,不得不打工谋生路的时候,企业又该如何处理这些童工问题呢?当女工数量供大于求时,男女员工还需要同工同酬吗?如何应对这些挑战已经成为零售企业面临的重点任务。

妇女劳动力及其权益(Women Workers and Their Rights)是跨国公司在劳工问题上面临的主要挑战之一。在发展中国家的出口导向型产业,尤其是出口加工区工厂及农业领域,妇女是主要的劳动力来源。然而,在大多数情况下,她们都是拿着极低的工资,却在恶劣的环境中从事着危险性工作。[8] 此外,在同等情况下,女性员工的薪酬也要低于男性员工,并没有实现同工同酬。不仅如此,据现场调查显示,妇女们所工作的工厂存在着严重的男权主义,管理岗位几乎由男性主导,在管理层中男女比例严重失调。在企业眼中,妇女属于灵活劳动力,一旦生病或怀孕便可随时开除。更何况女性员工还需兼顾家庭与工作,尽力平衡两者之间的关系。

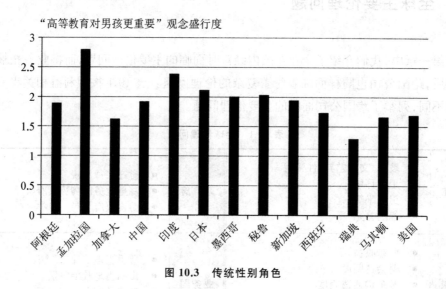

图 10.3 传统性别角色

目前研究表明,妇女地位主要取决于人们对两性角色的认知方式,为此,"世界价值观调查组织"收集了大量宝贵数据,用以研究不同社会对女性角色的认知情况。有些社会仍然秉持着传统的性别角色观念,认为女性就应该待在家里相夫教子;而另外一些社会有关性别角色的观念则比较开放,认为男性与女性应该共同分担家务。[9] 图10.3 列出了部分国家在传统性别角色认知问题上的得分,该得分是基于受访者对"高等教育对男孩比对女孩更重要"这一观点的认同度统计得来的。

很明显,世界各国在性别角色认知问题上存在着重大分歧。有些国家,如孟加拉国和印度,对女性角色的认知仍然非常传统保守;而有些国家,如瑞典,对女性角色的认知则更加现代开放。跨国公司可根据各国在该项统计中的得分,决定在这些国家开展业务时,如何处理女性劳工伦理问题。比如,在持有更加传统性别角色认知的国家,跨国公司必须付出更大的努力，为女性提供更多的便利条件，帮助其加入劳动大军，并通过一定的机制逐渐改变当地人们的传统观念。与此同时，无论在薪资还是升职方面，跨国公司必须保障男女平等，拥有同等的工作权利。

虽然工业化给女性带来了一定的负面影响，但仍有证据表明，加入劳动力大军同样会给女性带来诸多益处。普列托-卡伦（Prieto-Carron）指出，虽然工作环境艰苦，但能在工厂从事这些工作仍然可以为女性带来种种好处。[10] 首先，与其他行业相比，工厂工作更加适合女性，并且工资也相对较高。其次，通过这些工作妇女能接触到其他女性，并有机会实现经济独立，在家庭事务中追求平等地位，赢得更多的个人自由。此外，最近有证据表明，随着越来越多的女性加入职场，妇女员工的凝聚力增强可以共同努力改变自己的工作环境。

虽然前文讲述了妇女参加工作的种种好处，但要真正改善妇女劳动力的现状，我们还有很长一段路要走。因此，跨国公司应继续努力，改善女性工作环境，为其就业提供便利条件。接下来，我们将讨论另一个较为常见的劳工伦理问题。

童工（Child Labor）是指雇佣或利用儿童从事经济生产活动。即便是耐克、苹果这样的全球知名企业，偶尔也会被指控存在童工问题，对于支持雇佣压榨童工的企业，批评家们严厉谴责。童工们通常在极为恶劣的环境中工作，并且报酬非常低廉，雇佣童工的行为严重威胁了儿童的身心健康及人身安全。为此，很多组织及儿童权益倡导者始终致力于儿童保护事业，坚持说服政府及跨国公司严肃对待童工问题，采取措施禁止雇佣童工。

目前，虽然大多数跨国公司都在不断努力，禁止雇佣童工，但有人指出，童工问题远不止表面看来这么简单。弗伦奇（French）指出，简单地认为禁止雇佣童工就能解决童工问题的观点忽略了童工们所面临的复杂环境。[11] 比如，为了解决家庭贫困问题，有些孩子不得不打工赚钱，除了工作之外，这些孩子可能没有任何能够接受教育的途径。其次，人们通常认为打工会给儿童带来极大的负面影响，但也有一些证据表明，打工能够在社会心理上给儿童带来一定的益处，可以获取学校中学不到的技能。

尽管如此，在大多数国家中确实有儿童在缺乏管制、较为隐蔽的场所工作，因此，很多跨国公司已经不单单拘泥于表面，转而制定了相关的行为准则，禁止以任何形式雇佣童工。接下来，我们将讨论另外一个劳工伦理问题——劳工安全。

劳工安全（Work Safety）是跨国企业必须应对的另一个劳工伦理问题，即跨国公司为保证工人在健康无害的环境中生产工作而采取的种种措施，涉猎范围很广：首先，跨国公司对海外工厂中的工人安全越来越关心，比如，Gap 和 Levi's 等零售业跨国公司面临着越来越大的压力，必须保证其员工工作场所的安全性；其次，则是跨国企业外派雇员面临的安全问题。请参阅本章"全球商务伦理透视"。

全球商务伦理透视

外派雇员的安全问题

迫于国际形势的动荡与不安,某些国家存在着诸多危险因素,因此保障外派雇员安全已日渐成为许多跨国公司关注的核心问题。如2008年,墨西哥就有5 400多人在毒品战争中死亡。印度孟买最近发生的爆炸袭击事件,也进一步证明了恐怖主义的潜在危险。很多企业都因此失去了外派雇员,甚至有些外籍员工连续几天都下落不明,这也引出了印度的另外一个关键性安全问题——绑架。奥多比(Adobe)及萨蒂扬(Satyam)公司的高管都曾在高危地区被人绑架。在另外一些高危国家,有些企业领导也曾被敲诈勒索,被逼从自助取款机上提取现金。更严重的是,曾经发生过一起案例,某公司一名外派员工的孩子眼中被人撒入粉末石灰,后被迅速送往医院,经治疗恢复后出院。

跨国企业应该如何为其海外员工的安全问题负责呢?从法律上来讲,大多数企业都有义务保障其员工的安全,如在美国,若没有落实风险管理计划,该企业则需承担重大法律责任。雇主有责任为雇员提供教育及培训机会,学会在边远危险地区如何自我保护。

跨国公司该如何武装自己以应对此种情况呢?有很多专业公司为企业提供情报服务,出具评估报告,帮助企业了解高危地区存在的潜在风险,并提供相应的防范策略,服务价格为每年6 000—10 000美元不等。除此之外,有些公司还会为外派员工购买年度急救医疗保险,确保在必要情况下员工可及时回国接受医疗救助。

摘自 Lorenzo, O., Esqueda, P., and Larson, J. 2010. "Safety and ethics in the global workplace: Asymmetries in culture and infrastructure." *Journal of Business Ethics*, 92, 87–106.

正如"全球商务伦理透视"所示,保障海外员工的安全是众多跨国公司都必须应对的一个重要伦理事项。另外,关于外派雇员安全,还有一项经常被忽视但却非常关键的内容,就是道路安全。[12] 英国石油、壳牌和道达尔公司都发生过因道路事故导致员工死亡的案例,2003年,道达尔公司每11例死亡事故中,就有6例是由道路交通安全问题引起的。由此可见,充分评估不同国家的道路安全等级是非常重要的。东南亚国家是全球道路安全事故死亡率最高的地区,图10.4列出了东南亚部分国家的道路死亡率。

正如图10.4所示,在拥有众多跨国公司的东南亚地区,很多国家的道路交通死亡率都呈现出上升趋势,因此,世界卫生组织最近发布了一项报告,指出跨国公司必须做好充分准备,应对这一现实情况。[13] 实际上,生活在这些交通事故高发地区的人们对此已经习以为常,而在这种环境中经过长时间的工作与生活,外派雇员对此种情形也已习惯,对于能够预防严重事故的安全制度的关注度也逐渐降低,因此,跨国公司必须给员工打好"预防针",做好充分准备,谨防危险情况的发生。在本章后面部分,我们将介绍打造安全文化的重要性。

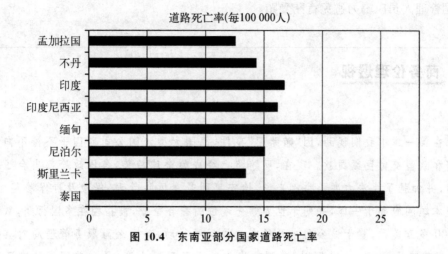

图10.4 东南亚部分国家道路死亡率

除外派雇员安全问题外,工厂工人安全问题也日渐成为跨国公司的关注焦点。图尔德(Tulder)、维克(Wijk)和科尔克(Kolk)指出,很多世界大型跨国公司都在贯彻落实旨在保障职业健康与安全的行为准则。[14]对企业来说,确保员工在一个安全的环境中工作确实事关切身利益。

接下来,我们讨论贿赂问题。

10.3.2 贿赂

跨国公司面临的最为迫切的一个全球伦理问题就是贿赂。在第一章中,我们已经讲到,多数国家都存在着不同程度的贿赂及腐败问题,此时,腐败指"滥用职权,谋取私利"(参照http://www.transparency.org),也就是某些拥有职权的人在收取了他人贿赂后,做出一些违法行为。**贿赂**(Bribery)是指为获取好处,如加快政府行为、谋取商业利益,而给予别人的金钱礼物等报酬。正如第一章中图1.1及图1.2所示,全球各地区贿赂程度存在巨大差异,而本章开头部分也介绍了这一差异的本质。

那么,企业为何要特别关注贿赂与伦理这两个问题呢?原因主要有以下两点。首先,如果参与行贿受贿,企业将出现严重的财务风险,为遏制腐败现象,现在各国均已出台实施多项法律法规,具体案例请参阅本章"商务伦理透视"。

正如"商务伦理透视"所示,跨国公司之所以要推行反腐败政策,其中一个重要原因就是为了避免巨额罚款。近期一项研究指出贿赂会给企业带来灾难性后果,其严重程度令人震惊。该项研究中,菲斯曼(Fisman)及斯文森(Svensson)就贿赂对企业发展的影响进行了研究,[15]他们认为,贿赂之所以会给企业带来危害,是因为贿赂挪用了原本用于企业开发和创新的资源,导致企业发展滞后。研究人员发现,若企业用于贿赂的开销不断增长,那年收益一定会下降,贿赂支出每增长1%,年收益率则下降3.3%。据此,该研究表明,贿赂不仅会给企业带来巨额罚款,致使公司破产,还会拉低年收益率,所以强烈建议跨国公司管理人员应竭力避免行贿受贿。

商务伦理透视

全球贿赂罚款

在第一章中我们谈到,因"贿赂门"事件,德国大型跨国公司西门子不得不向美国政府和欧盟交付巨额罚款。现在,反贿赂已经成为全球趋势,各国政府都出台了相关法律,并加强了执法力度。举例来说,怡安集团是集风险管理、保险及再保险经纪、人力资本顾问服务于一体,并处于世界领先地位的综合企业,被指控在多国行贿,数额高达 700 多万美元,鉴于该公司未开展有效的反腐行动,英国金融服务管理局对其处以 525 万英镑的罚款。与此同时,美国政府也加大了反腐力度,最近美国司法部正在竭力冻结位于新加坡一银行账户内 300 万美元的资金,因为据悉该笔款项是作为贿赂款项,送给孟加拉国某些官员及其家人的。另外,对于那些参与行贿或对贿赂视而不见的企业高管,美国司法部也正在考虑对相关责任人的个人财产及自由实行监控。

摘自 Treanor, J. 2009. "FSA fines insurer AON 5.25 million pounds for corruption control failures." *Financial Times*, Jan 8.

以上内容论述了贿赂对企业产生的各种负面影响。还有很多研究表明,贿赂也会给整个社会带来破坏性影响。与税收相反,贿赂是以牺牲社会大众的利益为代价,为个别政府官员谋取私利。布莱克本(Blackburn)和福格-普奇奥(Forgues-Puccio)对有关贿赂和腐败对国家影响的相关研究进行了总结述评。[16]他们发现,有些研究表明贿赂之所以会减慢国家发展速度是因为本应用于国家发展的资金,都被用作贿赂款项直接进了受贿者的个人口袋。

世界银行(http://www.worldbank.org)同样指出,贿赂会阻碍商业的发展。在考虑对外投资时,跨国公司很可能因为(目标国提出的)行贿要求而放弃,进而减少外资流动,影响国家(目标国)经济发展。因此,贿赂是经商道路上一颗巨大的绊脚石。同时,因为经常导致各种麻烦,贿赂还会挫败企业家们的斗志。另外,由于受贿官员可能会特别"关照"某个项目,或挪用资源,耽误其他项目的推进,贿赂还会导致公共经费分配不均。

孔特(Compte)、兰伯特-莫吉良斯基(Lambert-Mogiliansky)和维迪尔(Verdier)指出,为了弥补行贿造成的损失,企业通常会以同等的贿赂金额,提高产品的合同价格,这样发展中国家就成了首当其冲的受害者;另外,在通常情况下,为了节省贿赂款项,企业则会使用廉价劣质产品及原材料,生产伪劣产品。除此之外,腐败还会造成企业勾结,共谋抬高产品价格。因此,贿赂及腐败通常会抬高企业的公共开支,破坏公平竞争环境,损坏项目质量,致使资源分配不公。

虽然诸多证据表明,贿赂给许多国家带来了破坏性影响,但并非所有国家都受到了同等程度的影响,正确认识这一点非常重要。比如,布莱克本(Blackburn)和福格-普奇奥(Forgues-Puccio)发布报告称,印度尼西亚、韩国和泰国等诸多国家都存在非常严重的腐败现象,但与此同时,这些国家的经济增长却相当可观。[18]两位研究者认为,这主要是因为在这些国家中,腐败网络具有垄断性、组织性和条理性,在将贿赂程度降至最低的同时,提供最大的利益,进而降低腐败网络对国家经济的不利影响。相比之下,在那些同样存在腐败现象、但政府的组织条理性较差的国家中,官员们一心只想捞取更多的贿赂,寻求个人利益最大化,并不关心这些贿赂对其他官员产生的影响。

如上所述,贿赂会产生各种不利影响,这已是众所周知的事实,鉴于此种情况,全球许多组织都在竭力根除贿赂,其中较为人所熟知的就是经济合作与发展组织(Organization for Economic Co-operation and Development, OECD),简称"经合组织"。这一组织成立于1960年,最初有20个成员,之后又新进10个成员,目前共有30个成员,均为全球国民生产总值排名前30位的国家或地区,如比利时、加拿大、爱尔兰、韩国、新西兰、加拿大、英国和美国。

经合组织各成员已批准认可多项反贿赂准则(http://www.oecd.org),确切来说,首先,成员同意采取措施,规定行贿受贿为刑事犯罪;其次,成员需为彼此提供法律援助,起诉各国行贿受贿者;另外,成员还需相互合作,共同打击与行贿受贿相关的洗钱活动。总之,成员之间必须相互提供法律援助,可要求彼此引渡外国官员回本国接受起诉。

除了提供明确的根除贿赂的准则外,经合组织还制定了相关规章制度,旨在解决与企业有关的贿赂问题。因此,在经合组织成员及非成员开展业务的跨国公司必须具有严密的会计、内控及审计程序,确保企业的运行遵守反贿赂法的规定。实际上,在《经济合作与发展组织跨国企业准则》中,规定了跨国公司应遵守的六条反贿赂准则,详情请见表10.2。

表10.2 《经济合作与发展组织跨国公司准则》之反贿赂准则

企业不应直接或间接地提出、许诺、给予或索要贿赂或其他不正当利益,以获得或保留商业或其他非正当优势,也不应要求或期望企业提供贿赂或其他不正当利益。特别地,企业应:
1. 既不提出向公务人员或合作企业雇员提供占合同支付任何比例的报酬,也不接受这样的要求。不应以分包合同、采购订单或咨询协议为手段向公务人员、合作企业的雇员、其亲属或商业性协作单位提供报酬。
2. 确保代理商的报酬合理并只为合法服务支付报酬。若有必要应编制一个为了与公共机构或国营企业交易而聘请的代理商的名单,并向主管部门提供该名单。
3. 提高其打击行贿与索贿活动的透明度。其中的措施可能包括公开打击行贿与索贿的承诺,并公布公司为履行承诺而制定的管理制度。企业还应促进公开性并与公众对话,以此提高和促进公众对打击行贿与索贿的认识与合作。

(续表)

4. 通过适当地宣传公司政策,并执行培训计划或纪律程序,促进雇员了解并遵守公司政策。
5. 采用抑制行贿或腐败行为的管理控制制度,并采用可以防止建立"账外账"、秘密账户或建立不能适当和公平的记录有关交易的档案的财务与税收账目及审计制度。
6. 不向公职候选人、政党或其他政治组织非法捐款。捐款应完全符合向公众公开的要求并向上一级管理部门报告。

经合组织的反贿赂准则是在 1997 年 5 月通过的,而在此之前美国于 1977 年就已出台法律规定,将贿赂列为违法行为。当年,有关美国企业在各地区政府行贿的指控层出不穷,面对此种情形卡特总统批准制定了《反海外贿赂行为法》(Foreign Corrupt Practices Act,FCPA),该法律禁止美国企业通过钱财或礼物等任何方式向外国政府官员行贿以谋求商业利益。然而,并非所有形式的钱财都是为《反海外贿赂行为法》所禁止的,为避免受伤或暴力而被迫支付的款项则是可以接受的。比如,在一个动荡的政治环境中,为避免员工受到骚扰,企业可以对当地官员"行贿"。另外,同经合组织准则相同,《反海外贿赂行为法》也规定,为促使官员完成法定日常工作所支付的报酬也是合法的,比如,为促使官员更好地行使职责,如颁发执照及许可证,给他们发放小额奖金也是合法的。

《反海外贿赂行为法》有一项非常复杂的名为"知情权"(Reason-to-know)的条款,该条款规定,若企业代理商存在行贿或支付可疑账款的行为,即使并未直接参与行贿,或者并未亲眼看到代理商行贿,企业也要为此承担法律责任。为了充分利用当地人对本地市场运行规则的了解,美国跨国公司管理者通常会雇用当地人作为代理商,辅助开展业务,若这些代理商使用他们的部分资金行贿当地官员,从事非法行为,如果总公司对代理商的行为心知肚明,则必须为其负法律责任,而如果总公司对代理商的行为一无所知,并且没有任何理由要求代理商做出该行为时,按照《反海外贿赂行为法》,总公司则无需为此负责。

综上所述,贿赂是一种非伦理行为,已引起大多数国家的高度重视,然而,正如表 10.1 所示,跨国公司需要应对多种多样的伦理问题,在本节中,我们介绍了其中两个最为重要的伦理问题,接下来,我们来讨论跨国公司该如何解决这些伦理问题。

10.4 跨国公司伦理:全球化还是本地化?

正如本章开篇所述,现如今,跨国公司面临着多种伦理问题,需要做出各种伦理决策,而有些时候,企业的商业惯例可能与当地惯常的商务实践存在差异,某些伦理决策可能会造成跨文化伦理冲突。比如,在某些国家血汗工厂是当地社会可以接受,允许其存在的,而如果公司命令禁止此种商务实践,那在相关国家经营时,是否应该继续建立血汗工厂呢?因为跨国公司的伦理行为始终处于公众的监视范围之内,所以面对这种情形,它们必须做出正确的抉择。[19] 具体来说,在出现跨文化冲突时,跨国公司管理者们需要决定采纳哪一种商务实践,在本节中,我们将就伦理问题解决方法展开讨论,供企业决策参考使用。

伦理普遍伦认为,跨国公司需要遵循一些普遍原则,根据该理论学者们提出了一些伦理问题解决方案。唐纳森(Donaldson)提出,伦理决策的制定应立足于基本的国际权利,[20] 具体说来,跨国公司在做伦理决策时,应该遵循避免伤害、权利与义务和社会契约三大道德准则,因此,他提倡跨国公司应该遵循规定性伦理,即跨国公司的商务实践应该避免为利益相关者(如员工、当地环境)造成负面影响。唐纳森认为,对于多元文化背景的跨国公司最适合使用这些道德准则管理其伦理行为,也就是说,无论其本国文化如何,跨国公司都能与其利益相关者就基本的道德行为准则达成一致。

伦理普遍论者最新提出的一种伦理问题解决方法是**综合社会契约论**(Integrated Social Contracts Theory),[21] 该理论认为,跨国公司的决策应遵循全球通用伦理实践——**"超级规范"**(Hypernorms),即不论当地文化如何,所有文化及组织均接受的道德规范,如言论自由、结社自由;贿赂及互联网审查等商务实践则违反了这一超级规范。因此,跨国公司在做伦理决策时必须考虑该决策是否违反超级规范。这一超级规范的其中一个来源就是《联合国全球契约》(United Nations Global Compact),该契约为解决商业运行中出现的诸多问题提供了指导性意见,表10.3列出了《联合国全球契约》的部分规定。

表 10.3 联合国全球契约

人权原则	• 原则1:企业应尊重和维护国际公认的各项人权; • 原则2:绝不参与任何漠视与践踏人权的行为。
劳工原则	• 原则3:企业应该维护结社自由,并承认劳资集体谈判的权利; • 原则4:彻底消除各种形式的强迫劳动; • 原则5:废除童工制; • 原则6:消除就业和职业歧视。
环保原则	• 原则7:企业应采取预防性措施应对环境挑战; • 原则8:主动承担责任,推行环保行动; • 原则9:鼓励开发和推广环境友好型技术。
反腐败原则	• 原则10:企业应反对一切形式的贪污腐败,包括勒索和行贿受贿。

伍德(Wood)、罗格森(Logson)、卢埃林(Lewellyn)和达文波特(Davenport)提出了另一个类似的普遍伦理主义解决方法。[22] 然而,该方法的关注重点并不是跨国权利或者超级规范,而是认为跨国公司应该以自身核心价值观为基本准则,在此基础上做出伦理决策。这一方法关注的重点是如何帮助企业调整其运营方式,以适应当地文化,但在调整过程中,该方法还强调,企业的本土化方式必须有助于企业自身文化的发展。因此,该方法更着眼于企业价值观,而非当地价值观。

虽然以上方法为伦理决策提供了一些线索,但跨国公司并非所有时候都能遵从全球普遍准则,有些时候也需要尊重当地准则。对此,汉密尔顿(Hamilton)、科努斯(Knouse)和希尔(Hill)根据伦理决策的步骤,提出了 HKH(三人姓名首字母缩写)伦理决策模式[23],总结了伦理决策的三种可能性结果:按照企业自身方式经营;按照东道国方式经营;直接退出东道国市场。接下来,我们将详细论述 HKH 伦理决策模式,以及该模式各个环节产生的相应结果。

HKH 伦理决策模式的第一步是决定拟采取决策是否存在问题。此时,跨国公司必须考虑在该实践中企业自身价值观与当地公认商业惯例是否存在冲突。

在 HKH 伦理决策模式的第二步,跨国公司需要自问,这一问题决策是否违反本国及所在国的任何法律法规,这一环节非常关键,因为它有助于企业判断其决策的合法性。以贿赂为例,对于美国的跨国公司来说,不仅要明白按照《反海外贿赂行为法》的规定,贿赂是违法的,还要考虑所在国的法律法规,如果该问题决策有违任何法律,跨国公司就需当即放弃;相反,如果该决策没有违反任何法律法规,则需要继续进行下一个步骤。

在 HKH 伦理决策模式的第三步,跨国公司需要考虑:问题决策是否只是简单的文化差异,还是代表潜在的伦理问题,明确这一点区别可以帮助跨国公司决定,在商业经营中是否应该接受所在国商务实践模式。根据汉密尔顿等人的观点,判定问题决策是否仅表示文化差异的一种有效方式就是看其是否会对他人造成伤害,以及是否有助于该文化实现某些重要的文化目标。[24]然而,如果问题决策违反了诸如"超级规范"等为各方所接受的伦理规范,那么它体现的就是伦理问题,而非单纯的文化差异。比如,如果某一行为触犯了人权,则该行为就会为跨国公司带来伦理问题。因此,通过评估问题决策究竟属于文化差异还是属于伦理问题,跨国公司可据此做出恰当的应对策略。

在决定问题决策到底属于文化差异还是伦理问题之后,跨国公司需要判断该决策是否违反自身核心价值观或行业行为准则。在认定拟采取政策属于文化差异范围后,同样重要的是,跨国公司还需判断该政策是否与企业的某些价值观相悖。比如,以某跨国公司驻沙特阿拉伯分公司为例,受伊斯兰教影响,在该国家提拔女员工并不是一件容易的事情,所以对该跨国公司来说,提拔女员工的决策属于文化差异的范围,但尽管如此,该公司也不可仅仅因为文化差异而拒绝提拔女员工。面对此种情况,跨国公司最需要做的就是思量该决策是否符合企业自身文化或其他行业文化。因此,如果拟采取决策属于文化差异,且不违反行为准则,那么,即便可能造成潜在伦理问题,跨国公司也可以采纳所在国的商业经营模式;如果拟采取决策触犯了行业行为准则,或者自身核心价值观,则跨国公司需要对其进行下一步考量。

在 HKH 伦理决策模式的第五步,跨国公司需要判定自身是否拥有足够的影响力,可以按照自己的方式行事。在此,影响力指跨国公司在所在国的声誉,及其在提供就业机会及员工培训方面所具备的能力。企业的影响力越大,在所在国按照自己意愿行事的机会就越大。

如果企业自身具有巨大的影响力,即便有些决策可能与当地文化规范相矛盾,也完全可以按照自身意愿行事,因为与当地商业运行方式相比,跨国企业自身的经营理念更具伦理优越性。然而,若跨国公司发现自己并不具有足够强大的影响力,不足以落实自身经营理念时,最好的选择就是从该地区退出。

通过 HKH 伦理决策模式,我们了解了跨国公司在决定按照自行方式经营还是按照当地商业运营模式经营之前所需考虑的几个关键问题。

接下来,我们就跨国公司伦理项目应包含的一些主要内容展开讨论。

10.5 跨国公司如何增强伦理性?

在第十一章中,我们将介绍如何增强企业伦理性,其中将就营造伦理文化所需要采取的各项措施,如伦理准则、伦理培训、道德督察员、伦理评估与监控等,进行详细论述,在此我们将不再赘述这些内容。但是,由于所处全球环境的特殊性,与内资企业相比,跨国公司面临着非常独特的经营环境。虽然对国内企业来说,营造伦理文化会相对容易,但由于跨国公司需要在多国开展业务,而不同文化对伦理的态度也不尽相同,正如前文所述,有些国家对非伦理行为具有更高的忍受度,所以跨国公司在营造伦理文化方面会面临更多的困难。那么,跨国公司要怎么做才能确保自身行为符合全球伦理规范呢?接下来,我们将重点介绍跨国公司伦理项目的两个主要方面:伦理准则与检举揭发。

10.5.1 伦理准则

任何跨国公司伦理项目都要包含的一项重要的内容就是**伦理准则**(Code of Ethics),表示就指导企业伦理表现的规则与规定做出具体说明的正式公开的声明。[25]鉴于员工们会彼此接触,且与利益相关者建立联系,伦理准则就相当于一个指南,对现有及未来员工的行为进行控制。该准则存在一个隐形假设,即跨国公司应该遵循超越当地文化规范的全球标准。

在第十一章中,我们将介绍伦理准则在构建社会责任型企业时的重要性,但对于跨国公司来说,伦理准则同样十分重要。随着跨国公司的媒体曝光率越来越高,企业的社会责任也随之增多,并且一旦违反其他国家的伦理准则,那么引来的社会关注也会越来越多。正如本章"商务伦理透视预览"所述,耐克的转包商迫使工人在极为恶劣的环境中工作,在这一事件被曝光后,耐克的声誉受到了重创。因此,跨国公司应该制定伦理准则,明确说明所有员工及利益相关者在全球环境中应该遵循的伦理规范。同时,由于规模通常较大,跨国公司并不能完全依赖自身企业文化,确保在全球不同地方保持完全一致的经营行为,所以跨国公司就需要借助伦理准则,对全球各分公司经营行为做出具体规定,保证所有员工都能统一行事,这一点对跨国公司来说非常重要,但到底有多关键呢?请参阅本章有关美国通用电气公司的"商务伦理透视"。

既然伦理准则如此重要,我们就有必要对其本质做一简要了解。斯塔尔(Stohl)和波波娃(Popova)提出了一些关于全球伦理准则的有趣洞悉。[26]他们对全球财富 500 强中

157家企业的伦理准则进行了研究，并把这些伦理准则分为**第 一 代 准 则**（First Generation）（强调企业法律责任），**第二代准则**（Second Generation）（强调企业对利益相关者的责任），以及**第三代准则**（Third Generation）（强调企业对更宽泛的周边环境的责任）。研究发现，伦理准则日渐成为企业跨地区、跨行业交流中的一个重要依据，而这一点并不令人惊奇。除此之外，研究还表明相比于第一代和第二代准则，第三代准则的普及率更高，在被调研企业当中，超过四分之三的企业都制定了这一超越利益动机的第三代准则。与此同时，研究还发现，相比起其他地区的企业，欧盟内部的企业更关心全球环境，并且应对全球环境挑战的能力也更强。

商务伦理透视

通用电气伦理准则

通用电气公司（GE）是世界上最大的多元化服务性公司，从飞机发动机、发电设备到金融服务，从医疗造影、电视节目到塑料，通用电气公司致力于通过多项技术和服务创造更美好的生活，在全世界100多个国家开展业务，在全球拥有近300 000名员工。通用电气公司致力于成为一名富有责任心的全球企业公民，并且将全球伦理准则视为实现这一目标的关键所在，为此，公司制定了一套比任何国家现有的金融和法律要求都更为严苛的全球标准。尽管全球各地情况存在巨大差异，但通用电气公司认为，全球伦理准则通过一种较为简单明了的方式，保证所有员工都能认识并遵循企业所代表的价值观。比如，通用电气公司制定了全球标准，具体说明了如何防范洗钱活动，以及在员工剥削及保护环境方面对供应商的要求。

通用电气公司如何制定出这些全球标准的呢？首先，通用电气公司将标准制定变成了一项企业行为，拥有一批专注的公司官员，他们会定期对企业关键活动进行审查，以决定哪项活动需要制定新标准。其次，通用电气公司在各个环节都聘用了相关专家，这些专家会对潜在新法律法规进行审查，以决定是否需要制定新标准。由此，通用电气公司能够领先制定出全新规章制度，甚至能够预知可能出现非伦理行为的领域。

这些标准是通用电气公司赖以生存的根基。举例来说，企业会定期对高级管理人员进行评估，对于未遵守企业规则的高管，则立即解聘。曾有一名高级经理，知识渊博，在开发困难市场方面经验丰富，是不可多得的人才，但由于在新兴国家供应商尽职调查中出现了问题，而最终被免职。此外，未能营造恰当企业文化的高级管理人员，同样会被公司解雇，曾经多次出现过这样的情况，有些高管们并未意识到其转包商存在的问题（如员工同意为客户伪造供应商文件），但由于他们有责任营造合适的文化，所以都因此被革职。

摘自 Heineman, B.W. 2007. "Avoiding integrity landmines." *Harvard Business Review*, April, 100-108, http://www.ge.com.

尽管伦理准则非常受大众欢迎,但仍须指明一点,即这些伦理准则都默认全球伦理主义,而强制推行全球伦理主义在某些国家可能会引起争议。塔劳里卡(Talaulicar)以两家美国跨国公司在德国推行美国伦理准则时遇到的困难为例,证明了以上观点。[27] 第一个例子是沃尔玛公司,它在德国推行其伦理准则的路程相当坎坷,在德国法律允许大多数企业成立工厂理事会,并赋予其一定的权利保障工人的权益,而沃尔玛公司在强制推行伦理准则,决定员工的权利时并未征询员工意见,所以员工们感觉自身权益受到了公司的侵犯。对此,员工们将沃尔玛告上了法庭。虽然沃尔玛公司曾多次在法庭上辩护,但最终结果仍然判定其侵犯了员工权利,尽管之后还能继续上诉,在2006年沃尔玛却决定出售其在德国的连锁店,退出德国市场。同样,霍尼韦尔公司在推行其商业行为准则时也遇到了类似的问题,德国法院认为,某些外企在未征询员工意见的情况下单方面强制推行伦理准则,这一行为侵犯了员工的共同决策权。

如上所述,在国外推行自身伦理准则时,跨国公司必须认识到其中存在的文化制约因素。尽管如此,伦理准则仍然是构建全球伦理文化中的一个关键要素,接下来,我们介绍另一个关键要素——检举揭发。

10.5.2 检举揭发

伦理准则是通过管控来规定伦理行为,而**检举揭发**(Whistle-blowing Programs)则将伦理监督权移交给了员工,认为员工对非伦理行为的了解最为透彻,因此对于企业的任何伦理项目,员工都应该参与其中。就这一点而论,伦理热线就成了降低非伦理行为发生几率的重要机制。通过为员工提供检举揭发的渠道,跨国公司期望在事态恶化之前,尽早发现任何非伦理行为。为了减少非伦理行为,英国石油、飞利浦、宝洁等全球著名企业都在使用伦理热线,分别开通了"开放谈话"(Open Talk)、"伦理热线"(Ethics Line)和"预警热线"(Alert Line)。英国电信企业沃达丰除了利用传统的伦理热线外,还建立了网络检举揭发系统,以更好地发现不当伦理行为。

目前,越来越多的跨国公司开始采用伦理热线,究其原因则多种多样[28]:首先,由于自身规模庞大,跨国公司发现仅靠其内部控制来管理伦理行为是非常困难的,通过为员工提供举报渠道,跨国公司希望尽可能地减少非伦理行为;其次,新近出台了很多法律,明确规定企业必须开通伦理热线,比如,欧盟新出台的法律法规就要求企业必须设立类似的机制;第三,正如本章中反复提到的,跨国公司面临着多种多样的文化规范和规则,通过开通伦理热线,企业可以及早发现在落实企业价值观时可能与当地文化规则相冲突的地方。

检举揭发项目有多普遍呢?卡尔得登(Caldenon)等人对全球伦理热线提出了一些见解,[29] 他们对联合国贸易暨发展会议排行榜中的150家跨国企业的伦理政策进行了分析研究,这些企业中包括金融类跨国企业前50强及非金融类跨国企业前100强,分布于全球众多地区,如北美自由贸易协定区、欧洲和亚洲,涉及传媒、金融及电信等多类行业。为了更好地了解这些公司的伦理政策,卡尔得登等人收集并分析了每一家公司的网站。

研究结果显示,在这 150 家公司中有 101 家开通了不同形式的伦理热线,这就说明伦理热线已经相当普及。研究人员同样就企业对这些热线的称呼方式进行了研究,因为外界广泛认为员工可以通过不同的称呼方式,来衡量伦理项目的重要性。研究结果显示,约 57% 的企业使用"热线"表示检举揭发项目,而另外 43% 的企业则使用"服务热线"以体现企业自身价值观。除此之外,研究者还发现,不同企业对员工检举非伦理行为的要求也各不相同,位于北美的企业对员工的要求要比位于欧洲的企业对员工的要求更为严格。最后,研究者们还对热线的推行方式进行了研究,他们发现,绝大多数企业都是采取新老技术相结合的方法,传统系统如写信和电话,新技术如电子邮件和网络,另外,相比于其他行业,金融业在推行伦理热线时,对电子邮件等新技术更为排斥。图 10.5 对这些结果的细节内容进行了总体介绍。

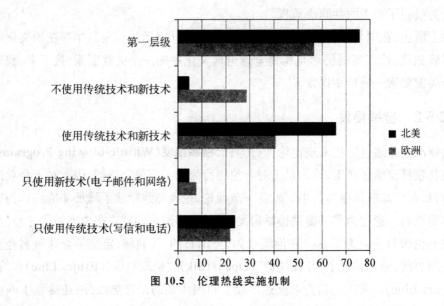

图 10.5 伦理热线实施机制

正如上述所述,伦理热线和检举揭发项目都十分普遍,并且在未来还会进一步推广下去,在第十一章讨论伦理热线的最佳实践方式时,将会再次讨论该话题。

本章小结

在本章中,我们就跨国公司面临的诸多伦理问题进行了介绍。首先,我们探讨了各国伦理差异出现的原因及各种各样的决定因素,其中包括民族文化、教育、宗教等社会制度,这些因素对人们的伦理理解都会产生重要影响。其次,我们探讨了跨国公司解决伦理问题的不同方法,有些企业遵循相对伦理主义,在伦理决策中遵守当地准则,有些企业则遵循普遍伦理主义,在全球推行统一伦理标准。

本章还讨论了跨国企业面临的两大关键伦理问题:劳工和贿赂。劳工问题包含很多内容,如妇女劳动力和童工问题,而这些并不是简单的非黑即白的问题,如在某些情况下,童工确实能为儿童劳动力带来些许利益,其中还介绍了全球员工的安全问题。除此之外,本章还介绍了贿赂及其给社会带来的诸多损害，激发企业采取反贿赂措施的诸多因素，以及各项反腐规定。

本章最后一部分讨论了增强跨国公司伦理表现的方法，其中介绍了跨国公司面临的一个关键伦理问题，即企业应该采取本国伦理标准还是遵循当地规范与价值观。另外，本节内容还介绍了跨国公司伦理项目包含的两个主要项目：第一个是伦理准则，介绍了其含义及重要性，以及在全球推行通用伦理标准的阻碍；第二个是检举揭发，介绍了跨国公司检举揭发项目的有效性，介绍了一项关于某些大型跨国公司的伦理热线使用情况的研究。

尾注

1. Reed, J. & Simon, B. 2010. "Toyota's long climb comes to an abrupt halt." *Financial Times*, 9; Reed, J. Simon, B. 2010. "Viral element spins events out of control." *Financial Times*, 16.
2. Kolk, A. & Pinkse, J. 2007. "Multinationals' political activities on climate change." *Business & Society*, 46, 2, 201–228.
3. Levenson, E. 2008. "Citizen Nike." *Fortune*, 158, 10, 165–170.
4. Cullen, J.B., Parboteeah, K.P. & Hoegl, M. 2004. "Cross-national differences in managers' willingness to justify ethically suspect behaviors: A test of institutional anomie theory." *Academy of Management Journal*, 47, 3, 411–421.
5. Seleim, A. & Bontis, N. 2009. "The relationship between culture and corruption: A cross-national study." *Journal of Intellectual Capital*, 10, 1, 165–184.
6. Donaldson, T. 1989. "The ethics of international business." *Ethics and governance*, New York: Oxford University Press, 39–43.
7. French, L. 2010. "Children's labor market involvement, household work, and welfare: A Brazilian case study." *Journal of Business Ethics*, 92, 63–78.
8. Prieto-Carron, M. 2008. "Woman workers, industrialization, global supply chains and corporate codes of conduct." *Journal of Business Ethics*, 83, 5–17.
9. Parboteeah, K.P., Hoegl, M. & Cullen, J.B. 2008. "Managers' gender role attitudes: A country institutional profile approach." *Journal of International Business Studies*, 39, 795–813.
10. Prieto-Carron, "Woman workers."
11. French, "Children's labor market involvement."
12. Lorenzo, O., Esqueda, P. & Larson, J. 2010. "Safety and ethics in the global workplace: Asymmetries in culture and infrastructure." *Journal of Business Ethics*, 92, 87–106.
13. Lorenzo et al., "Safety and ethics in the global workplace."
14. Tulder, R., Wijk, J. & Kolk, A. 2009. "From chain liability to chain responsibility." *Journal of Business Ethics*, 85, 399–412.
15. Fisman, R. & Svensson, 2007. "Are corruption and taxation really harmful to growth? Firm level evidence." *Journal of Development Economics*, 83, 1, 63–75.
16. Blackburn, K. & Forgues-Puccio, G. 2009. "Why is corruption less harmful in some countries than in others?" *Journal of Economic Behavior & Organization*, 72, 797–810.
17. Compte, O., Lambert-Mogiliansky, A. & Verdier, T. 2005. "Corruption and competition in procurement auctions." *RAND Journal of Economics*, 35, 1, 1–15.
18. Blackburn & Forgues-Puccio, "Why is corruption less harmful in some countries?"
19. Hamilton, B., Knouse, S. & Hill, V. 2009. "Google in China: A manager-friendly heuristic model for resolving cross-cultural ethical conflicts." *Journal of Business Ethics*, 86, 143–157.
20. Donaldson, "The ethics of international business."
21. Donaldson, T. & Dunfee, T.W. 1999. *Ties that bind: A social contracts approach to business ethics*. Boston: Harvard Business School Press.
22. Wood, D.J., Logsdon, J.M., Lewellyn, P.G. & Davenport, K. 2006. *Global business citizenship: A transformative framework for ethics and sustainable capitalism*. Armonk, NY: M.E. Sharpe Co.
23. Hamilton et al., "Google in China."
24. Hamilton et al., "Google in China."

25 Stohl, C., Stohl, M. & Popova, L. 2009. "A new generation of corporate codes of ethics." *Journal of Business Ethics*, 90, 607–622.
26 Stohl et al., "A new generation of corporate codes of ethics."
27 Talaulicar, T. 2009. "Barriers against globalizing corporate ethics: An analysis of legal disputes on implementing U.S. codes of ethics in Germany." *Journal of Business Ethics*, 84, 349–360.
28 Calderon, R., Alvarez-Arce, J., Rodriguez-Tejedo, I. & Salvatierra, S. 2009. "Ethics hotlines in transnational companies: A comparative study." *Journal of Business Ethics*, 88, 199–210.
29 Calderon et al., "Ethics hotlines in transnational companies."

主要术语

贿赂(Bribery)：为获取好处,如加快政府行为、谋取商业利益,而给予别人的金钱礼物等报酬。

童工(Child Labor)：雇佣或利用儿童从事经济生产活动。

伦理准则(Code of Ethics)：就指导企业伦理表现的规则与规定做出具体说明的正式公开的声明。

"趋同性"(Convergence)：包括伦理实践在内的很多企业管理实践都越来越趋同。

跨国伦理差异(Cross-national Ethics)：不同国家在伦理问题方面存在的差异。

伦理相对论(Ethical Relativism)：一种伦理观点,认为不存在任何客观及普遍的道德标准。

伦理普遍论(Ethical Universalism)：一种伦理观点,认为基本的道德标准是超越文化与民族界限,在全球范围内都是一致的。

第一代伦理准则(First Generation Code of Ethics)：强调企业法律责任。

全球商业伦理(Global Business Ethics)：商业伦理在全球环境中的应用,适用于任何企业在全球环境运营中遇到的各种伦理问题。

HKH：根据关键问题逐步判断伦理决策的模式。

"超级规范"(Hypernorms)：不论当地文化如何,所有文化及组织均接受的道德规范。

综合社会契约论(Integrated Social Contracts Theory)：该理论认为,跨国公司所做决策应遵循全球通用伦理实践——"超级规范"。

劳工问题(Labor Issues)：与劳动力相关的诸多伦理问题。

第二代伦理准则(Second Generation Code of Ethics)：强调企业对利益相关者的责任。

第三代伦理准则(Third Generation Code of Ethics)：强调企业对更宽泛的周边环境的责任。

检举揭发(Whistle-blowing Programs)：提供监督举报渠道,由员工行使伦理监督权。

妇女劳动力及其权益(Women Workers and Their Rights)：跨国公司雇佣女性员工时面临的诸多伦理问题。

劳工安全(Work Safety)：跨国公司为保障工人在健康无害的环境中生产工作而采取的种种措施。

讨论题

1. 什么是全球商务伦理？全球商务伦理与国内商务伦理有何差异？
2. 请列举导致各地伦理各不相同的原因,并从文化和社会制度的角度对这一现象进行解释。
3. 跨国企业伦理决策的方法有哪些？伦理相对主义存在哪些问题？
4. 跨国企业面临的主要伦理问题有哪些？
5. 女性在职场面临的挑战有哪些？为什么会有这些挑战？

6. 什么是贿赂？各国对待贿赂的态度有何不同？对跨国企业及目的国来说，贿赂会带来什么问题？
7. 请讨论企业在决定是采取伦理相对论还是伦理普遍论时所采取的步骤，及需要思考的主要问题。
8. 什么是伦理准则？伦理准则在全球普及程度如何？
9. 什么是检举揭发？跨国公司为何需要检举揭发项目？
10. 请介绍近期就全球跨国公司伦理热线使用情况而开展的研究。我们从中学到了哪些内容？

网络任务

1. 请访问沃达丰官方网站：http://www.vodafone.com.
2. 分析其企业责任项目。
3. 为推行全球伦理项目，沃达丰做出了哪些主要努力？
4. 沃达丰公司最关注哪些利益相关者领域？每一领域的要求分别是什么？
5. 通过沃达丰公司实践活动，跨国公司可从中吸取哪些教训？跨国公司是否有可能推行全球伦理标准？

更多网络任务和资源，请访问 www.routledge.com/cw/parboteeah.

实战演练

工作在沙特阿拉伯

假设你已取得企业管理专业学位，现在一家跨国公司市场营销部工作。入职两年来，工作表现一直都相当出色，相比于同时期进入公司的其他员工，你在职业道德及工作成绩方面的表现都非常出众，受到了部门主管及其他高层领导的称赞。目前，你拥有了一个升职的机会，但该项工作并不令人满意，站在十字路口，前进还是后退全凭自己抉择。

得到该机会之后，你找到自己的导师以及很多同事，同他们聊天，听取他们的意见，从中了解到公司大多数成功的员工都要在驻外分公司工作几年，而你的公司现在正考虑要进驻沙特阿拉伯，能够接管此份工作，并带领该分公司走向成功的任何员工，将来在公司必定会有很好的发展前途。

但是，你深知沙特阿拉伯并不是女性最理想的工作环境。有些在那里工作过的人告诉你，那里的业务都是按照性别分配的，对于女性来说，有些时候做业务会非常困难；但是也有人说，现在这种情况已经有了很大改观，女性同样可以取得成功。

面对此种情况，你会怎么做？接受挑战，努力工作，改变当地对女性的传统认知？还是在另外女性地位更高的驻外分公司另谋职位？为什么？

案例分析

恩斯特·利普（Ernst Lieb）与梅赛德斯-奔驰

2006年9月，戴姆勒股份公司任命德国人恩斯特·利普担任梅赛德斯-奔驰美国区总裁，在此之前，他曾先后担任梅赛德斯-奔驰加拿大区总裁及戴姆勒克莱斯勒澳大利亚/太平洋区总裁。戴姆勒之所以选择利普担任该要职，是想要他带领美国区分公司，开拓奔驰车在美国的市场。上任之后，利普就亲自巡游美国各地，亲自拜访顾客及经销商，同他们进行谈话，听取他们的建议，鼓励他们积极反映问题，有时谈话甚至长达数小时。此举不仅令经销商十分敬佩，同时也赢得了他们的信赖，由此利普成功说服大部分梅赛德斯的经销商接受全新的设备改进，虽然这一改进措施备受外界争议，但大多数经销商仍欣然接受。自2008年以来，截至2011年10月，美国区355家梅赛德斯-奔驰代理商中，有300家都已被利普说服，同意采纳新标准，建造全新零售店，而这一项目共计花费14亿美元。

在大多数经销商看来，利普是梅赛德斯-奔驰美国区的一大福星，在他的领导下奔驰与其主要竞争对手宝马之间的差距不断缩小。据资料显示，2007年，宝马销量超出奔驰约40 000辆，而到2010年，该差距已缩小至3 738辆。多数专家预测，未来该差距还会继续缩小。除此之外，利普还大大推动了奔驰C级紧凑型汽车和C级两厢跑车的销量，所有这些都助推了梅赛德斯—奔驰美国区的巨大成功。

尽管取得了如此骄人的成绩，但在2011年10月，利普却被戴勒姆公司解雇，这一消息震惊了整个汽车行业。虽然戴勒姆公司并未就解雇原因做具体说明，但媒体猜测，利普之所以被解雇，是因为其频频触犯戴勒姆公司的伦理规范。曾经有一份指控报告，起诉利普利用公款到澳大利亚旅游，并且将公司基金用于私人消费，缴纳高尔夫俱乐部的高额会员费，在纽约建造私人府邸。戴勒姆股份公司曾经因贿赂问题被美国司法部罚缴1.85亿美元的罚款，之后，戴勒姆公司总裁蔡撤（Dieter Zetsche）制定了一项"触犯伦理零容忍"政策，而利普之所以被解雇，很可能就是因为触犯了该政策。

摘自 Kurylko, D.T. 2011. "Leib's fall stuns Mercedes-Benz dealers." *Automotive News*, October 24, 86, 6487; Roberts, G. 2011. "Lieb firing reasons emerge in media." *Just-auto Global News*, online edition, October 20; Schulz, J. 2011. "Mercedes fires chief and cancels dealer meeting." *New York Times* online, October 31.

讨论题

1. 鉴于恩斯特·利普为美国区分公司做出的巨大贡献，戴勒姆公司将其解雇是否公平？
2. 此次解雇事件对梅赛德斯-奔驰美国区的员工及其他利益相关者有哪些启示？
3. 美国区大部梅赛德斯-奔驰经销商都很喜欢利普，他们对于利普被解雇事件非常震惊。为了安抚经销商的情绪，戴勒姆公司需要做些什么？
4. 戴勒姆公司可否采取其他方法来处理此次事件？

壳牌石油（尼日利亚公司）

I. 案例简介

尼日利亚国土面积 923 768 平方公里，截至 2011 年 6 月，人口约 1.55 亿，有 250 多个民族，是非洲人口最多的国家，在全球人口排行榜中位居第八位。该国家艾滋病病毒死亡率位居全球第二，艾滋病病毒携带者人口数量居全球第三。

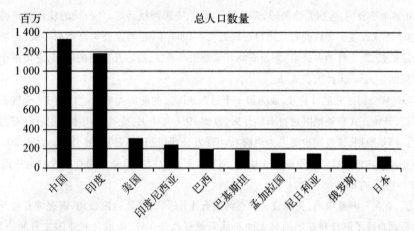

尼日利亚自然资源丰富，天然气、石油、锡、铁、煤和石灰岩资源丰富，但受内战、军事统治、宗教冲突和贪污腐败的影响，整个国家仍然饱受蹂躏，而更具摧毁性的当属宏观经济管理不善，导致整个国家只能依赖石油出口。石油是尼日利亚含量最为丰富的资源，其 95% 的外汇收入及 80% 的预算收入都来自石油。2010 年，尼日利亚石油日出口量达 24.64 亿桶，超过伊朗的 22.48 亿桶，成为仅次于沙特阿拉伯的全球第二大石油生产国。

美国 17% 的石油都是从西非进口的，其中尼日利亚是重要的供应商，据估计，到 2015 年美国从西非进口的石油高达 25%。一般情况下，石油资源丰富的国家，其人民生活水平通常会因此而提高，但是大多数尼日利亚人口日生活费仍然不足 1 美元。究其原因，贫困的生活环境、较低的薪酬以及生活质量的低下都是由大量的贪污腐败造成的，而贪污腐败的主体则包括国民、政客及在尼日利亚境内经营的企业。

II. 贪污腐败史

石油不仅能拉动经济的增长，还能诱使腐败的滋生。长期以来，尼日利亚始终被认为是全球最腐败的国家，政府、企业与雇员都不同程度地参与政治腐败、官僚腐败、选举腐败、挪用公款和行贿受贿。事实上，人们常常说腐败实际上是社会中一项充满生命力的事业，来无影去无踪，不仅无法追踪其行为，也很难惩处涉案人员。

长期以来，在尼日利亚开展业务的企业都因允许、参与甚至诱使腐败而备受指责，这些公司不仅未能推动改革，还被指控贿赂官员、擅自修改石油收入报告，并且未能积极投资基础设施，改善人民生活。虽然石油公司已经在该地区投入了成百上千万美元的资金，但尼日利亚人民仍然穷困潦倒，因此这些投资还是远远不够的。

接下来十年,尼日利亚将开发一些新的油田,据估计将有 2 000 亿美元的收入流入非洲国库,这些石油收入将是非洲大陆有史以来最大的资金流,相当于西方捐赠者每年捐助款项的十倍之多。而外界最为关注的是,对于这样大笔的收入,尼日利亚会如何处置这些收入,是否会诱发更大范围的腐败。

作为尼日利亚最大的石油生产者,石油巨头荷兰皇家壳牌公司将从这些新油田中获取最大利益,该公司日石油生产量超过一百万桶,但由于其之前在尼日利亚的所作所为,外界对此十分担忧。

III. 壳牌在尼日利亚的经营史

荷兰皇家壳牌集团是世界著名的大型跨国石油公司,1907 年由荷兰皇家石油公司与英国壳牌运输和贸易公司合并而成。公司实行两总部控股制,其中荷兰资本占 60%,英国占 40%,在全球 100 多个国家拥有 1 700 多个子公司,包括壳牌美国、壳牌尼日利亚、壳牌阿根廷等,各公司的使命就是将当地石油散装上船,这一方式改变了传统的石油出口运输方式。1907 年,在两家公司合并后不久,壳牌公司就开始在全球快速扩张,设立营销办公室,添设石油开采及生产设备,短短几个月的时间,之前两个垂死挣扎的企业就起死回生,公司因此大获成功。

1937 年,壳牌公司进驻尼日利亚,成为第一个进入该国家的能源类企业。1938 年,壳牌公司获得石油开采许可证,开始正式在该地区进行石油开采,直到 1956 年 1 月,壳牌公司才在尼日利亚拥有了第一口石油钻井。同年晚期,该公司也更名为壳牌石油开发公司(尼日利亚)有限公司。之后 20 年,壳牌公司同尼日利亚政府陆续签订了一系列合作协议,而尼日利亚政府在该公司拥有的股权也从最初的 35% 逐渐上升至 1979 年的 80%。

直至今天,在尼日利亚境内,壳牌公司拥有两家石油开采、制造及运输公司,而壳牌石油开发公司尼日利亚有限公司也成了尼日利亚国内最大的石油天然气私营企业,由尼日利亚国家石油公司、壳牌公司、埃尔夫(尼日利亚)股份公司和意大利石油总公司联合经营,四家公司分别拥有 55%、30%、10% 和 5% 的股份。壳牌公司在尼日利亚开办的另一家企业是壳牌(尼日利亚)开发制造有限公司,成立于 1993 年,主要从事深水钻井资源的开发,拥有两项深水许可证,并与尼日利亚国家石油公司成功签署了产品分成合同。

壳牌石油开发公司尼日利亚有限公司在尼日尔三角洲附近 30 000 平方千米的范围内开展石油开采业务,拥有 6 000 千米长的输油管道,90 个油田、1 000 个出油井,72 个集油站,10 个天然气加工厂以及 2 个主要的石油出口终端,这一庞大的加工网络日平均产油量可达 100 万桶。与此同时,壳牌(尼日利亚)开发制造有限公司则致力于开发新资源,拓宽石油渠道,争取早日达到尼日利亚政府制定的日平均产油量 400 万桶的目标。

长期以来,对壳牌公司来说,尼日利亚都像是一颗闪耀的新星,为公司赢得利润,而如今它却像是一片乌云,悬浮在整个公司的上空,这一切都是因为壳牌(尼日利亚)遭到了污染、勾结、腐败、贿赂及假账等各种指控。面对众多的罪名,公司应接不暇,刚处理完一个指控,另一个指控随即接踵而来。接下来,我们将对壳牌(尼日利亚公司)发展历程中遭遇的各种起诉事件进行详细介绍。

IV. 肯·萨罗-维瓦(Ken Saro-Wiwa)

壳牌(尼日利亚)第一次出现伦理问题是在 20 世纪 90 年代初期,当时在尼日利亚对人权政策的批评以及环境破坏都是热点话题,而肯·萨罗-维瓦是一名尼日利亚作家、电视制作人和人权倡导者,也是环保主义者的领军人物以及奥格尼族部落的成员。对于尼日利亚政府及壳牌石油破坏其家园的行动,他表示坚决反对,立场十分坚定,指出政府及企业双方都没有制定保护奥格尼族土地的相关规定,并且从该地区掠取了大量财富后,没有付出任何回报。

肯·萨罗-维瓦领导成立了"奥格尼人民生存运动"组织,该组织很快发展成为尼日尔三角洲地区最大的政治组织,致力于保护并制止各种破坏行为,比如石油泄漏、废气燃烧以及为壳牌公司铺设石油管道而拆除建筑物等行为,并且要求壳牌公司将通过使用当地土地的获利按比例折返给当地人民。对于这些要求,壳牌公司不但全盘否决,还声称该组织完全在夸大其词。

对于该组织的要求,尼日利亚政府甚至出动了军方,通过所谓的"镇压奥格尼人焦土运动",在当地烧杀抢掠,附近村庄被洗劫一空,对此壳牌公司拒绝参与,声称自己并不参与政治活动。此次军方行动以西方政府及人权组织所谓的莫须有的罪名将肯·萨罗-维瓦及其他八名奥格尼族成员逮捕入狱,并最终执行死刑,更残酷的是,肯·萨罗-维瓦是在全身泼洒硫酸后,被活活烧死的,之后埋进了一个无名坟墓。

这一事件引发了全球各地对尼日利亚政府、非洲石油业及壳牌公司的抗议与指责。在纽约,肯·萨罗-维瓦的家人将壳牌公司告上了法庭,控告其贿赂尼日利亚官员与士兵,这些士兵不仅侵犯了人权,而且在逮捕及处死以上九人过程中发挥了重要作用。对于该项指控,壳牌公司最终以1550万美元的赔偿于庭外和解。

V. 石油泄漏

在尼日尔三角洲地区,石油泄漏事件时常发生。过去50年中,几乎每年都会发生一次类似于埃克森·瓦尔德斯号的石油泄漏事件,世界上没有哪个地区能够比该地区受到的石油威胁更严重了。2006年,尼日利亚政府和全球环保组织共同出资制定了一份报告,发现在过去50年中,在该地区共泄漏了5.46亿加仑的石油,严重破坏了当地沼泽、水生生物及附近人口的主要食物来源。

壳牌公司对大量的石油泄漏负主要责任,其几千英里长的输油管道遍布当地沼泽及肥沃土壤中,而大部分的石油泄漏都是由年久失修的石油管道引起的;然而,壳牌石油却认为:大多数的石油泄漏都是由于石油偷窃及人为破坏而造成的,其发言人表示,暂且不论个体石油泄漏,壳牌公司全部石油泄漏事故中,只有2%是由设备故障造成的。理查德·史丹纳是一名石油泄漏事故顾问,他在2008年的一份报告中指出,在整个历史进程中,"尼日利亚的石油管道故障率是全球其他地区管道故障率的数倍之多",并且在尼日利亚几乎每年都会发生一起因管道腐蚀而造成的泄漏事故。

长期以来,尼日尔三角洲地区及全球各地人们都在不断地给壳牌石油施加压力,要求其清理石油生产过程中所泄露的石油。2008年发生了两起重大石油泄漏事故,其中一起是由主输油管道泄露引起的,此次管道故障是在出现四个月之后才被发现进而维修的,直接摧毁了近20平方千米的溪流及水湾,而这些地区都是当地波多人的栖息地。面对如此重大事故,壳牌公司最初答应赔偿当地人民每人3500美元、50袋大米、50袋大豆以及一些糖、西红柿和花生油,但波多人民拒绝了这些赔偿,而是向法院提出了集体上诉。

最终,壳牌公司承认这两起泄漏事故是由操作问题引起的,表示将遵照尼日利亚相关法律对其负全部责任。据大多数人估计,对于此次事故,壳牌公司将耗费1亿美元进行后期油污处理,花费20年时间恢复该地区的环境,除此之外,还要为受害群体负责,按照尼日利亚法律,对其进行赔偿。

VI. 贿赂

正如前文所述,在尼日利亚行贿受贿十分普遍,尤其在同政府打交道时更是常见。一直以来,外界始终怀疑壳牌公司通过贿赂当地官员,获取了大量新领地、新许可证,规避了消费者法律,然而直到最近,仍然没有人能够提供任何相关证据证明这些猜测。

2007年，美国证券交易委员会获知壳牌公司在同瑞士泛亚班拿集团合作开展业务。泛亚班拿集团是世界上最大的货运和物流集团之一，在很多高危国家同很多不同的组织都有业务关系。据了解，泛亚班拿集团正在代表一些企业向尼日利亚政府行贿，而其中就包括壳牌公司，这些贿赂主要是为了确保企业在移动钻探设备、货船、作业船等设备时能够获得优惠待遇。据说这些贿赂款主要用于打通海关，壳牌公司从中享受了诸多益处，比如可以快速转运货物、动用军用飞机运输特殊物品、规避签证审查、避免员工因签证过期而被遣返回国。泛亚班拿集团爆料称，壳牌公司还特别索要虚假发票，掩盖贿赂款项，避免任何审计嫌疑。

除此之外，壳牌公司还承认曾单独行贿，在深水邦加油田项目中向尼日利亚分包商累积行贿达200万美元。据事后估计，通过这些行贿，壳牌公司从中获益1 400万美元。由于以上两起事件，壳牌公司已经交付了4 810万美元的罚款。

VII. 今日壳牌

虽然经历了这么多的控告、负面报道、罚款及非伦理事件，壳牌公司仍然在尼日利亚开展业务，并且坚持表示，将通过向尼日利亚联邦政府缴纳税款及使用费，继续支持改善尼日尔三角洲地区的生存状况。壳牌公司表示，在过去5年里，公司已经为尼日利亚政府捐助了近310亿美元的款项，而且当地政府95%的财政收入均来自壳牌石油开发公司尼日利亚有限公司。

此外，壳牌公司还在该地区积极开展各种项目，支持小型企业、农业、培训、教育及健康医疗事业，每一项具体细节均可在壳牌尼日利亚官网上查询。其中，投入最多是教育，通过设立教育基金扶持尼日利亚地区的教育事业。

案例尾注

1. BBC News. Ogoniland Oil Spills: Shell Admits Nigeria Liability. 3 August 2011. 5 August 2011. http://www.bbc.co.uk/news/world-africa-14391015.
2. Blackden, R. & Mason, R. Shell to Pay $48M Nigerian Bribe Fine. 4 November 2010. 5 August 2011. http://www.telegraph.co.uk/finance/newsbysector/energy/oilandgas/8111277/Shell-to-pay-48m-Nigerian-bribe-fine.html.
3. Bloomberg. Nigeria Exported More Than Second Largest OPEC Nation Iran. 18 July 2011. 21 July 2011. http://www.bloomberg.com/news/2011-07-18/nigeria-exported-more-than-second-largest-opec-nation-iran-1-.html.
4. Calkins, D.V. & Brubaker, L. Shell Bribes Among "Culture of Corruption" Panalpina Admits. 5 November 2010. 5 August 2011. http://www.businessweek.com/news/2010-11-05/shell-bribes-among-culture-of-corruption-panalpina-admits.html.
5. CIA. The World Fact Book. 5 July 2011. 21 July 2011. https://www.cia.gov/library/publications/the-world-factbook/geos/ni.html.
6. Donovan, J. $15.5M Settlement: Shell Has Another Day in Court. 13 June 2009. 4 August 2011. http://royaldutchshellplc.com/2009/06/13/155m-settlement-shell-has-another-day-in-court/.
7. Investigative Africa. Shell to Pay $30M in Nigeria Corruption Settlement. 17 October 2010. 3 August 2011. http://investigativezim.com/2010/10/17/shell-to-pay-30-million-in-nigeria-corruption-settlement/.
8. *New York Times*. Far from Gulf, a Spill Scourge 5 Decades Old. 16 June 2010. 2 August 2011.http://www.nytimes.com/2010/06/17/world/africa/17nigeria.html.
9. ——. Ken Saro-Wiwa. 22 May 2009. 3 August 2011. http://topics.nytimes.com/topics/reference/timestopics/people/s/ken_sarowiwa/index.html.
10. Shell Global. The Beginnings. 2 August 2011. http://www.shell.com/home/content/aboutshell/who_we_are/our_history/the_beginnings/.

11. Shell Nigeria. Shell At a Glance. 30 July 2011. http://www.shell.com.ng/home/content/nga/aboutshell/at_a_glance/.
12. Shell Oil. SNEPCO. 30 July 2011. http://www.shell.com.ng/home/content/nga/aboutshell/shell_businesses/e_and_p/snepco/.
13. *Telegraph*. Shell Execs Accused of "Collaboration" Over Hanging of Nigerian Activist Ken Saro-Wiwa. 31 May 2009. 2 August 2011. http://www.telegraph.co.uk/news/worldnews/africaandindianocean/niger/5413171/Shell-execs-accused-of-collaboration-over-hanging-of-Nigerian-activist-Ken-Saro-Wiwa.html.
14. UPI.com. Shell Admits to Oil Spills in Nigeria. 4 August 2011. 5 August 2011. http://www.upi.com/Business_News/Energy-Resources/2011/08/04/Shell-admits-to-oil-spills-in-Nigeria/UPI-69831312459493/.
15. Vidal, J. Shell Accepts Liability for Two Oil Spills in Nigeria. 3 August 2011. 5 August 2011. http://www.guardian.co.uk/environment/2011/aug/03/shell-liability-oil-spills-nigeria.

讨论题

1. 为什么腐败及贿赂在尼日利亚如此猖獗？为什么壳牌公司没有积极反腐？
2. 导致诗人肯·萨罗-维瓦被杀的因素有哪些？你认为壳牌公司是此次谋杀中的共谋者吗？
3. 为什么尼日利亚经常发生石油泄漏事故？为什么壳牌公司没有采取有效措施遏制泄漏事故？
4. 在当地法律无力控制诸如壳牌公司这样的跨国公司造成的污染时，国际社会有责任插手其中吗？
5. 为修复形象及声誉，壳牌公司应该采取什么行动？

综合案例

雪为何被污染了？
日本乳制品巨头雪印乳业的业务盲点

I. 引言

新闻发布会上，雪印乳业董事长义田正藏(Tetsuro Ishikawa)拔高嗓门，冲着大阪工厂的经理吼道："你，这是真的么？"

2000年7月1日，日本乳制品业巨头雪印乳业株式会社就2000年6月27日发生的食品中毒案件召开第四次新闻发布会，这是义田正藏董事长的第一次公开露面。陈述完事件之后，他对此事件道歉，指出部分生产程序受到金黄色葡萄球菌污染，但是具体原因尚未确定。可是就在此时，大阪工厂的经理透露污染原因是日常清洁工作的疏忽，在2000年6月29日(也就是中毒事件发生两天后)就已经发生了这个问题，但参加新闻发布会的董事长和公关经理都不清楚整个事件的来龙去脉。

II. 雪印乳业的历史

1925年，雪印乳业在日本最北端北海道成立，当时是一个乳制品销售行业协会。雪印乳业成立前两年，也就是1923年，日本发生了一场大地震，灾害导致商品供应短缺，加上日本政府废除关税，于是一大批国外乳制品涌入日本。雪印乳业的成立是为了帮助北海道乳农免受牛奶价格下降的冲击。1926年，日本大众熟悉的雪印商标诞生了。雪印商标象征着洁白和纯净，中间的北极星则代表北海道。雪印乳业的创始人之一，黑泽酉藏(Torizo Korosawa)提倡"Kendo-Kenmin"的理念，意思是"乳品滋润地球，丰富人类"。这股"创立的精神"为雪印乳业的企业理念奠定了基础。

1950年，经过几次改名和重组后，雪印乳业株式会社合并成立，此后业务突飞猛进。但是，1955年，雪印乳业发生了一起严重的食品中毒事件。东京9所小学的1 900多名学生喝过雪印乳业北海道八云(Yakumo)工厂生产的脱脂牛奶后中毒。由于机械故障和断电，八云工厂暂停了杀菌处理程序，导致一部分生乳里滋生了溶血性葡萄球菌。雪印乳业的员工对中毒事件做出了及时恰当的处理。时任董事长佐藤贡(Mitsugi Sato)立刻指挥员工停止分销并下令召回产品，同时还在报纸上刊登致歉公告，并即刻前往工厂调查原因。另外，他还亲自拜访多位中毒事件的受害人、商业伙伴及乳农，向他们诚恳致歉。其他工厂也进行反复检查，积极采取措施以防食品中毒事件再发生。例如，各部门实施自主卫生管理和检查，检验程序得到加强。佐藤颁发了关于八云工厂事件的《致全体员工书》，将其发放给每一位员工，其中内容包括："公司经过很长时间努力才赢得信誉，我们不能轻易失去它，金钱是买不到信誉的"和"只有品质的提升才能使我们重新赢回因为污染事件所丧失的信誉"。[1] 1956—1985 年，公司还一直将该文件发放给接受卫生管理培训的新员工。

食品中毒事件之后，雪印乳业开始通过科技实力追求质量和信誉，在全国范围内扩建工厂。但是，这也导致雪印乳业和北海道乳农之间的距离越拉越大，他们双方在北海道乳制品业的发展中一直相互合作。20 世纪 60 年代以前，由于牛奶既容易腐坏，也不能像其他普通食品一样送货分销，乳制品生产商的销售点提供送货到门服务，支持了牛奶工业的发展。当雪印乳业在全国范围内扩大市场时，它的竞争对手们早已建立好自己的经销网络。但是，薄弱的经销网络促使雪印乳业借助市场改革的浪潮入驻超市，而无需打乱现存的经销渠道。它在超市中占有最大的市场份额，拥有便利的商店渠道，加上先进科技的辅助，很快成了市场龙头企业。尤其值得关注的是，雪印乳业利用先进的科技生产出高质量的乳制品，建立了卓越的品牌形象，它将雪的纯净和北海道肥沃农场的形象传播给众人。然而，雪印乳业也不得不应对价格竞争、自由贸易的国际趋势以及顾客对新鲜度越来越高的要求这些问题。

III. 日本市场的牛奶

牛奶在日本商品市场中占有独特地位。由于历史社会背景不同，不同年龄段的人每天都会喝牛奶。很多消费者认为牛奶营养又健康。[2] 雪印乳业的食品中毒事件发生后，他们无法想象牛奶也会对他们带来危害。

牛奶于公元 7 世纪引入日本。当时只有贵族饮用牛奶做药，直到 1863 年，牛奶才出现在大众市场。1871 年，媒体报道欧洲人每天喝两次牛奶，因此喝牛奶流行了起来。1954 年，二战后，政府正式规范学校的午餐项目。那时，在日本很多孩子都营养不良。但根据该项目，所有义务阶段的学生都能享用学校提供的午餐。日本政府将奶粉也纳入午餐项目中，奶粉由美国政府提供。1963 年，真正的牛奶纳入到学校的午餐项目，并开始成为所有孩子的基础饮料。在 1948—1964 年，牛奶的产量增长了 1 822%。学生从义务教育阶段毕业后仍继续饮用牛奶，坚持健康均衡用餐。牛奶消费市场发展突飞猛进。日本政府也通过保护牛奶工业来鼓励国民饮用牛奶。[3] 1985 年，牛奶产量超过了 400 万千升，1994 年增长到了 500 万千升[4]（见图 1）。后来，由于出生率降低，建立在学校午餐项目上的牛奶需求量也渐渐降低，牛奶产量也减少了。但是，在 20 世纪牛奶仍是很多人的乳制饮品。[5]

IV. 食物中毒系列事件

2000 年 6 月 27 日早晨，雪印乳业收到了第一份食品中毒报告。6 月 26 日，雪印西日本分公司接到一个消费者来电，称家里的孩子晚餐时喝完雪印低脂牛奶后表现出显著的反常症状。公司的一名员工立即来到该消费者家中进行走访,询问了几个问题。但是,该员工并没有想到雪印牛奶是孩子的症状源头。他告诉消费者,公司没有收到类似的报告。尽管如此,该员工为了以防万一,还是把喝剩的牛奶盒带走检查了。[6]

几乎与此同时,大阪市政府也收到了几份来自当地公共卫生中心的食物中毒症状报告,这些中毒症状也可能是由雪印低脂牛奶引起的。鉴于 1996 年由 O-157 菌引起的食物中毒恐慌事件,市政府官员迅速做出回应,于 6 月 28 日下午在雪印乳业大阪工厂进行了现场调查。调查期间,市政府持续收到消费者投诉,疑似饮用雪印牛奶导致食物中毒。6 月 28 日晚 11 点,大阪市政府工作人员要求雪印西日本分公司派出代表,对产品进行召回并立即将食品中毒事件公告消费者。但是,大阪工厂经理认为成千上万的产品中出现七个投诉是很平常的事。他认为,公开声明只会引起消费者的恐慌。[7]

6 月 28 日,雪印还在札幌总部召开了股东大会,管理人员和许多董事都参加了会议。直到 6 月 29 日凌晨 1 点,与会人员才得知疑似食物中毒事件以及大阪市政府对大阪工厂的检查。当天上午 8 点,雪印高管终于决定主动召回西日本分公司的产品,但并未做出公开声明。1 个小时后,曾任公司财务总监的义田正藏才获悉产品召回的信息。股东大会结束后,义田正藏走访了几位在札幌的股东,因此他没有参与决策过程。当决定发布公告时,已经是下午 2 点。

下午 4 时许,大阪市政府召开新闻发布会,报告雪印牛奶引起的食物中毒事件。晚上 9 点 45 分,雪印西日本分公司总经理召开新闻发布会,对产品召回决定做出解释。这时距离雪印乳业收到第一个投诉电话已经过去了将近 58 个小时。[8]

7 月 1 日,食物中毒病例数已上升到 6 121 例,日本西部 47 个县(日本的县类似于美国的州)中有 8 个县都出现了病例。雪印乳业公司于 2000 年 7 月 1 日举行了两次新闻发布会。董事长义田正藏以及大阪工厂经理出席了第二次新闻发布会。会上,他们向公众道歉。在会议上,工厂经理透露,6 月 29 日进行设备检查时,牛奶产品线的阀门中发现有污染物。义田正藏冲他大喊:"这是真的吗?"公关总监也冲着厂长吼道:"这是事实还是你的猜测?"另外,牛奶产品线阀门的污染物在第一次新闻发布会之前就已经被证实,但会上却没有报告此事。当天,大阪工厂关闭。[9]

7 月 4 日,报告病例数达到 9 394 例。雪印乳业在报纸上发表了官方声明,可是疑似致毒产品的生产日期却被错误地登载在公告上。在 4 日举行的另一个新闻发布会上,董事总经理回应了关于错误刊登产品日期的疑问。"公司内部发生了混乱,所以很难管理准确的信息。"此外,其他两款奶产品也被发现引起食物中毒。一开始,雪印矢口否认,但大阪市政府检查后确认这两款产品的产品线已被污染。大阪市政府下令雪印召回这两款产品,并强烈建议其主动召回 56 款所有在大阪工厂生产的产品。在新闻发布会上,媒体记者向石川多次提问。他回应称:"我不了解有关生产细节。我很不高兴,因为我没有得到这些信息。"最后,义田正藏终于冲记者喊道:"我一夜都没睡!"他的这一言论出现在了电视节目中。[10]

大阪警方从专业疏忽导致食物中毒方面开展调查。一名警方人员说:"雪印乳业每个员工的说法都不同。工厂、分公司和总部之间的信息似乎并不流通,生产线上的详细信息可能不会报告给管理人员。"[11]

7月5日,病例数终于突破10 000例。第二天,义田正藏宣布辞职。新闻发布会上,他说:"雪印将消费者和社会置于危险之地,我深感抱歉。"并说,"这起事件的发生是因为我们对我们的政策和产品质量过度自信。"关于雪印品牌危机管理的疑问,义田正藏回应称:"我们有一个危机管理手册,但在现实中很难遵循手册内容。"他也承认,部分原因可能是由于公司作为最畅销品牌的自负感。但另一方面,他坚持认为,问题仅仅出在大阪工厂上,并没有影响到所有雪印工厂和产品。义田正藏宣称:"我们其他产品的质量是绝对有保障的。"[12]

但是,7月10日,大阪市政府证实,雪印乳业大阪工厂回收退回和过期的产品来制造新产品。虽然从技术上来说,这种做法不是食物中毒的源头,但这一发现使雪印产品的整个品牌形象受到损害。[13]

7月11日晚11点,雪印乳业宣布自愿关闭全国21家工厂。原定于下午5点在西日本分公司和雪印东京总部召开的双新闻发布会推迟到晚上11点,[14]会上对记者的提问进行了解答。但是,西日本分公司的发布会上,雪印乳业发言人请记者向东京总部询问详情。另一方面,东京总部的发布会上,发言人则表示让记者向西日本分公司询问详细信息。雪印乳业毫无组织的媒体见面会引起了媒体的激烈批评。[15]

另外,由于媒体无法从公司获得及时回应,甚至得不到基本的解释,于是记者试图从其他渠道收集信息,比如中毒受害者、大阪市政府和大阪警方。媒体报道的信息有真有假,这使员工对公司内部沟通感觉非常混乱。[16]结果,雪印员工掌握的信息和消费者、零售商以及媒体掌握的信息并不相同。[17]媒体报道的语调开始变得草率疏忽、毫无诚意,报道内容不仅仅包括技术失误,还有公司的组织问题。[18]

8月4日,曾在公司销售部工作过的西耕平(Kouhei Nishi)成为董事长。新闻发布会上,他通过直观的多媒体屏幕向媒体讲述并解读了公司未来的规划。[19]

一直以来,雪印乳业都希望事态能够出现转机,但8月18日,大阪市政厅宣布,引起集体食物中毒事件的有毒食品来自位于北海道的大树工厂,雪印乳业的希望也随之破灭。市政厅官员表示,污染奶制品是用大树工厂——雪印乳业的旗舰工厂——生产的污染牛奶加工而成的。8月19日,北海道政府对大树工厂进行了现场调查,检验人员发现,2000年3月31日,该工厂发电所出现故障,断电三小时,而在停电期间,用于生产脱脂牛奶的原材料始终储存在生产线中,滋生了大量的金黄色酿脓葡萄球菌,牛奶中的肠毒素含量也因此升高。然而,在生产线恢复正常后,工厂并未对这些污染奶源进行处理,而是直接按常规运作,生产出了大量有毒牛奶。虽然在质量检测时,工人们已发现产品中细菌含量超出公司制定的安全标准含量,但却未采取任何措施,而是直接将其发送给了大阪工厂。其实任何了解食品卫生安全知识的人都应该知道,若食品工厂出现断电事故,原材料中一定会滋生金黄色葡萄球菌(*staphylococcus aureus*)。但是,直到北海道政府及警察局确认了事故原因后,大树工厂的员工才意识到其行为的危害性。接下来,8月23日,雪印乳业举行新闻发布会,承认大树工厂生产的奶粉已被污染,北海道警察局判定该工厂由于专业疏忽生产出有毒奶粉,也因此为由开始对其展开调查。[20]

9月26日,雪印乳业公布了企业重建计划,但由于不符合标准,被迫多次修改。2001年3月31日,雪印乳业的财政收入出现赤字,当时在15个辖区内共出现了13 000例食品中毒案件,此次牛奶中毒事件是日本历史上最严重的一起食品中毒事件。[21](详情见表1及图2)

V. 经营问题

1. 商业问题:顶级大牌雪印乳业株式会社

雪印乳业株式会社(Snow Brand Milk Products Co., Ltd.)是日本奶制品市场中的顶级大牌,尽管市场竞争十分激烈,雪印乳业始终是行业龙头,无疑为产品的销售注入了强大的推动力。雪印乳业的品牌形象有两个主要因素组成:严格的生产管控过程及其发源地日本北海道。

通过市场调研,发现雪印乳业拥有高度严格的生产管控过程。Hokuren公司是日本北海道农业合作社联合协会,该公司曾经做过一项产品召回盲审调查,结果发现在日本所有区域中,雪印乳业的审查结果都排行第二。虽然每个地区位居第一的企业各有不同,但排行榜上居第二位的永远是雪印乳业。Hokuren公司某主管指出,这一稳定性完全得益于雪印乳业的品牌力量,他坚持认为,对于奶制品企业来说,能够在如此广泛的地区提供高质量的产品是非常困难的。雪印乳业的竞争对手日本明治奶粉的一位高管发现,在一项市场调研中,70%的受访者都表示,在没有食用过雪印乳业产品之前,明治奶粉是所食用过的最好的产品;然而,也有另外70%的受访者表示,在食用了雪印乳业产品之后,其奶制品则是他们食用过的最好的产品。[22]

雪印乳业的另一品牌价值就在于其发源地——北海道。北海道位于日本北部,在日本现代社会中始终是一个美丽、宽广、充满异国情调的城市,是日本最大的岛屿之一,农业及海洋渔业发达,深受国内游客的青睐。就像佛罗里达在美国的知名度一样,北海道在日本享有很高的知名度。由于畜牧业是北海道最具代表性的行业之一,该地区企业生产的奶制品对全国市场的消费者都具有巨大吸引力。正如前文所述,雪印乳业就诞生于北海道,因此得到了广大消费者的认可,而雪印乳业也利用北海道这一商标资产很好地巩固了自己的市场地位。

现如今,雪印乳业已发展成为一家大型企业,然而,由于其强大的商标资产,雪印乳业也遇到了众多难题。

(1)顶级品牌竞争力

雪印乳业拥有自己的分销公司,一直以来都因为快速的市场回应及高度的适应性而享有盛誉。通过这一分销系统,雪印乳业在超市中打开了自己的销售渠道。[23]雪印乳业、明治奶粉及森永乳业是日本三大奶制品生产商。20世纪70年代,在激烈的市场竞争中,雪印乳业略胜一筹,销售量快速扩大。仅1996年,82.3%的产品销往超级市场,8.6%销给零售商(主要针对消费者个体),9.1%用于学校午餐计划。

另外,尽管超市的商品具有价格竞争优势,但是为了保持销售额,雪印乳业也承受了巨大压力,生产商需要不断地提供大量产品,并时常以折扣价促销,从而保持竞争优势。若不是奉行薄利多销的政策,雪印乳业很难维持在超级市场中的销售份额。然而这一政策却也压垮了生产过程。1999年,雪印乳业的销售额跌落至了第二位,这是首次被竞争对手打败。为了重新赢回行业老大的地位,雪印乳业奋发图强,加大生产量,却逐渐放松了质量管控。[24]

(2) 持续领跑

雪印乳业是奶制品行业内的最大企业,1999年拥有6 678名员工,即使在竞争最为激烈的阶段,也始终是市场竞争中的常胜将军。[25]这也许助推了员工过度乐观的思想。尽管许多员工都非常了解企业的历史,却不了解企业所面临的困难与挑战。他们仅仅知道自己的公司拥有优秀的品牌形象及广为人知的产品,因此公司内部充盈着骄傲自满的气氛,而也许正是受这一气氛的影响,才导致雪印乳业忽视了食品安全这一食品行业最基本的规范要求。[26]

2. 沟通问题

(1) 渠道因素

对于牛奶中毒事件,雪印乳业最初并没有及时回应,据说原因是当时公司高管都不在,6月28日,也就是事件发生的第二天,管理层正在北海道首府札幌参加股东大会。据雪印乳业公关部门资料显示,事件发生时,雪印乳业共有四个分公司(北海道、日本东部、日本中部及日本西部)及六个地区办事处(北海道、东北地方、关东地区、中部地方、关西地区及九州),分属于四个不同的分公司,比如,日本西部分公司下设两个地区办事处(关西地区及九州)和两个质量保证中心(关西地区及九州);另外,关西地区办事处还针对不同市场,设立了对应的产品营销及销售部,包括牛奶、乳制品、冷冻食品、冰淇淋和婴幼儿食品。每一个地区办事处都设有一个消费者服务部,为固定区域的消费者提供服务。在牛奶中毒事件发生时,公司内部的信息渠道相当繁复,大阪城市公共卫生办公室的某位官员曾表示,"我们同时收到了来自东京总部及西部地区分公司的传真,不知道到底哪个部门才是真正的责任部门"。[27]大阪市时任市长叽村隆文(Takafumi Isomura)指责说,雪印乳业发表的公告前后矛盾,不合逻辑,[28]比如,当媒体要求雪印乳业召开新闻发布会向公众解释时,其最先给出的回应是"我们不确定有毒脱脂牛奶是否产于大树工厂(东京总部)",之后又给出的回应却是"由于大树工厂归东京总部(日本西部分公司)乳制品部门管控,所以我们无权处理该工厂出现的问题"。再比如,雪印乳业时任董事长义田正藏是在一次新闻发布会上得知大阪工厂存在阀门污染问题的,这就进一步证明当时公司内部信息渠道非常混乱,通过图3也可窥见一斑。

(2) 结构因素

通常来说,在日本企业中,为了将管理培训生培养成为具有多方面知识和经验的通才,管理人员每两到四年就要在不同部门中轮岗一次,这种轮岗制度也主要得益于日本终身雇佣制的传统,比如,对于企业骨干来说,从销售部到公关部再调至法务部的事情屡见不鲜。新进的管培生同样需要接受长达六个月的培训,了解公司整体业务,比如,某报记者在进入报社后,不仅需要接受在职培训,最初可能还需要为其他部门分发报纸,正是通过这种方式,骨干人员才能快速了解公司的主营及相关业务,掌握最基本的信息,在组织内部建立信息交流人事关系网。第二次世界大战后,日本企业的快速发展就得益于这一轮岗制度,但该制度的缺点是,不利于培养专业人才,管理部门很难获取专业性建议。[30]因此,为了在国际市场中获得竞争力,一些日本企业开始培训专业人才。据雪印乳业一名前雇员透露,公司内部存在一条基本准则,即无论在任何专业部门中,员工都要展现出创造力,正是由于这个准则,雪印乳业很少进行部门间人事调动,[31]导致企业内部过分重视员工专业技能,而忽略不同部门间的协调及企业整体状况,从而失去组织灵活性。通才人事战略强调的是,通过体验及交流分享信息;而专才人事战略则需要更多的内部交流沟通,如培训、教育及信息交换,进而了解组织详情,共享知识与信息。

有人指出,雪印乳业之所以未能成功回应食品中毒事件,主要是因为时任董事长义田正藏仅具备财务经验,缺乏销售经验。雪印乳业有一项传统,即为每一位新员工发放佐藤(Sato)的《告全体职工书》,但在1986年,公司却停止了这一传统,雪印八云工场脱脂奶粉食物中毒事件带来的教训也因此逐渐被淡忘,员工自信心开始膨胀,企业完全依赖科技而发展。在2000年集体食物中毒事件发生后,雪印乳业意识到,很有必要让员工掌握基本的卫生管理及生产流程知识,遂决定开始对新员工进行乳制品实习培训。[32]

(3) 文化因素

此次雪印集体食物中毒事件的根本原因是,大树工厂的经理及生产主管未遵守公司制定的基本安全规定,使用已被污染的奶粉,未能履行其监督管理的责任,掩盖事实真相,擅自改变产品记录。受企业文化的影响,雪印乳业的灵活适应性很差,而媒体也因此将矛头指向了雪印乳业,对其提出了控诉。为促进交流沟通,在雪印乳业员工之间会互惠交换,营造了和谐的工作环境,而灵活性的缺乏及互惠交换气氛也许都与日本总体的文化因素相关,如集体主义、高度的不确定性规避、较大的权力距离倾向、以和为贵的思想。[33]除此之外,整个社会习惯使用非语言交际,鼓励维持和谐的人际关系,巩固组织团结一致,反对一意孤行。[34]任何不利于企业发展的警告、忧虑及负面评价都被视为打破和谐的因素,这一高傲自大的态度最终增强了企业的不灵活性。前文提到的大树工厂的员工行为可以归为不确定性规避,而互惠交换则是集体主义的体现,强调集体利益高于个体利益。虽然这种情况极为罕见,但一旦出现问题,企业形象及业务都将受到严重影响。

我们可以很公平地说，如果雪印乳业的沟通过程正常发挥作用的话，此次集体食物中毒事件也不会快速蔓延，中毒人数也会控制在最小范围内。但是，其沟通过程出现了怎样的基本错误呢？应该营造怎样的企业文化呢？需要怎么样应对危机呢？

附录

表 1　雪印乳业集体食物中毒事件时间表

2000 年		
6 月 27 日	上午	• 雪印乳业日本西部分公司首次接到受害者家庭电话投诉 • 大阪市政厅接到多起食物中毒报告
6 月 28 日	上午	• 北海道札幌召开雪印乳业股东大会
	下午	• 大阪市政厅对大阪工厂进行现场调查
	晚上	• 大阪市政厅要求雪印乳业召回问题产品
6 月 29 日	上午 8:00	• 札幌总部决定进行产品召回
	下午 2:00	• 高管决定做出公开声明
	下午 4:00	• 大阪市政厅召开新闻发布会，报告雪印乳业集体食物中毒事件
	晚上 9:45	• 雪印乳业日本西部分公司召开新闻发布会
7 月 1 日	上午	• 6 月 29 日，雪印乳业承认大阪工厂内部存在阀门污染现象，但在首次新闻发布会上并未公布
	下午	• 雪印乳业首席执行官义田正藏出席当日召开新闻发布会 • 大阪工厂关闭 • 受害人数达 6 121 人
7 月 4 日		• 雪印乳业登报发布官方声明 • 召回大阪工厂生产的全部产品 • 受害人数达 9 394 人
7 月 5 日		• 受害人数超过 10 000 人
7 月 6 日		• 首席执行官义田正藏辞职
7 月 11 日		• 雪印乳业宣布关闭日本全国 21 家工厂
8 月 4 日		• 新任首席执行官 Nishi 上任，召开新闻发布会，宣布公司重建计划
8 月 18 日		• 调查结果表明北海道大树工厂为有毒食物源头
8 月 19 日		• 北海道政府及警方联合对大树工厂进行现场调查
8 月 23 日		• 雪印乳业承认，引发集体食物中毒的污染脱脂牛奶来源于大树工厂
9 月 26 日		• 雪印乳业公布企业重建计划
2001 年		
3 月 31 日		• 雪印乳业报告出现财政赤字

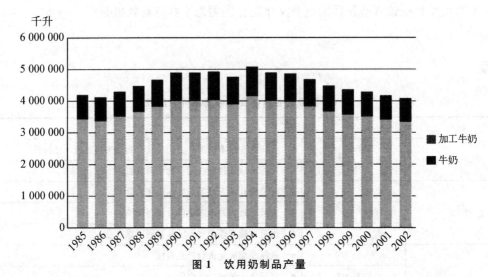

图1 饮用奶制品产量

材料来源：Ministry of Agriculture, Forestry and Fisheries of Japan, 2003. *Gyunyu Nyuseihin Toukei* [Milk product statistics]. Retrieved January 1, 2004, from http://www.maff.go.jp/www/info/bun05.html.

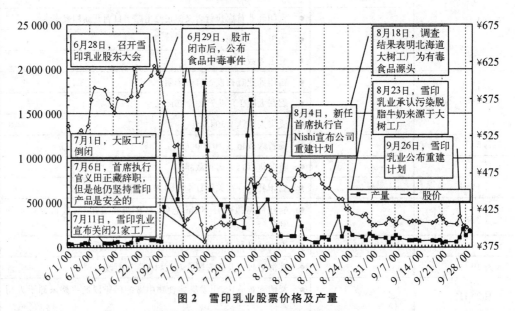

图2 雪印乳业股票价格及产量

材料来源：Toyo Keizai Inc., 2003. Kigyu JhoHo 2262, Yukijirushi (Corporate Information 2262, Snow Brand). Retrieved January 1, 2004, from http://profile.yahoo.co.jp/biz/independent/2262.html.

综合案例　雪为何被污染了？日本乳制品巨头雪印乳业的业务盲点　377

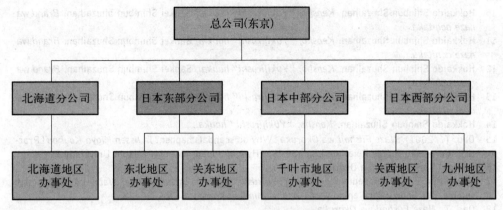

图 3　雪印乳业组织架构

材料来源：雪印乳业公关部。

表 2　雪印乳业株式会社及合并子公司重点财务数据

单位：百万日元　截至当年 3 月 31 日

	2003	2002	2001	2000	1999
净销售额	727 071	1 164 716	1 140 763	1 287 769	1 263 727
销售成本	584 170	929 072	914 475	980 912	958 383
净收入（亏损）	-27 091	-71 741	-52 925	-28 545	3 079
总资产	284 910	581 356	567 914	576 766	543 122
股东权益	34 396	30 371	64 506	118 608	139 807
员工数量	4 591	12.404	15 326	15 127	15 343

注：2002 年 8 月 1 日，雪印乳业株式会社进行了股票合并（反向股票分割），将两股普通股票合并为一股，本表股票数据是在假定 4 月 1 日已执行股票合并（反向股票分割）的基础上计算得出的。

材料来源：Snow Brand Milk Product Co., Ltd. (2003). Annual Report 2003. Retrieved January 1, 2003, from http: //www.snowbrand.co.jp/ir/index.htm.

案例尾注

1. Sankei Shimbun Shuzaihan. (2002). *Brand wa naze ochitaka: Yukijirushi, Sogo, Mitsubishi Jidousha, jiken no shinso* [Why did the brand reach the bottom?: the truth of Snow Brand, Sogo, and Mitsubishi Motors Cases]. Tokyo: Kadokawa-shoten, pp. 44 and 45.
2. Milk Museum, *Statistics and history of milk* by Naraken Nyu Gyou Shogyou Kumiai. Retrieved January 1, 2004, from http://www.asm.ne.jp/~milknara/milktown/museum/museum.htm.
3. Milk Museum, *Statistics and history of milk.*
4. The Ministry of Agriculture, Forestry and Fisheries of Japan. (2003). *Gyunyu Nyuseihin Toukei* [Milk product statistics]. Retrieved January 1, 2004, from http://www.maff.go.jp/www/info/bun05.html.
5. Milk Museum, *Statistics and history of milk.*
6. Hokkaido Shinbun Shuzaihan. (2002). *Kensho, "Yukijirushi" houkai: sonotoki, naniga okottaka* [Investigation of Snow Brand's disruption: What happened at that time]. Tokyo: Kodansha; Sankei Shimbun Shuzaihan. *Brand wa naze ochitaka.*
7. Hokkaido Shinbun Shuzaihan. *Kensho, "Yukijirushi" houkai*; Sankei Shimbun Shuzaihan. *Brand wa naze ochitaka.*
8. Hokkaido Shinbun Shuzaihan. *Kensho, "Yukijirushi" houkai*; Sankei Shimbun Shuzaihan. *Brand wa naze ochitaka.*
9. Hokkaido Shinbun Shuzaihan. *Kensho, "Yukijirushi" houkai*; Sankei Shimbun Shuzaihan. *Brand wa naze ochitaka.*

10 Hokkaido Shinbun Shuzaihan. *Kensho, "Yukijirushi" houkai*; Sankei Shimbun Shuzaihan. *Brand wa naze ochitaka*.
11 Hokkaido Shinbun Shuzaihan. *Kensho, "Yukijirushi" houkai*; Sankei Shimbun Shuzaihan. *Brand wa naze ochitaka*.
12 Hokkaido Shinbun Shuzaihan. *Kensho, "Yukijirushi" houkai*; Sankei Shimbun Shuzaihan. *Brand wa naze ochitaka*.
13 Hokkaido Shinbun Shuzaihan. *Kensho, "Yukijirushi" houkai*; Sankei Shimbun Shuzaihan. *Brand wa naze ochitaka*.
14 Hokkaido Shinbun Shuzaihan. *Kensho, "Yukijirushi" houkai*.
15 Ono, T. (2001). *Naze Fushoji wa Okoruka* [Why do scandals happen?]. *Jissen Kigyo Kouhou* [Practice: Corporate Public Relations], pp. 39–51. Hyogo, Japan: Kwansei Gakuin University Press.
16 Ono, T. *Naze Fushoji wa Okoruka*.
17 Takahashi, J. (2000, September 18). *Yukijirushi Shain no Atsuku Nagai Natsu* [A long, tough summer for Snow Brand employees]. *Asahi Shimbun Weekly AERA*, 30–33.
18 Ono, T. *Naze Fushoji wa Okoruka*.
19 Sankei Shimbun Shuzaihan. *Brand wa naze ochitaka*.
20 Hokkaido Shinbun Shuzaihan. *Kensho, "Yukijirushi" houkai*; Sankei Shimbun Shuzaihan. *Brand wa naze ochitaka*.
21 Hokkaido Shinbun Shuzaihan. *Kensho, "Yukijirushi" houkai*; Sankei Shimbun Shuzaihan. *Brand wa naze ochitaka*.
22 Sankei Shimbun Shuzaihan. *Brand wa naze ochitaka*.
23 Kaneda, S. (2000, June 7). *Yukijirushi Shokuchudoku jiken wa "Kozo fushoku" da* [The food poisoning by Snow Brand is because of the company's structural decay]. *Nikkei Business*, 8–10.
24 Hokkaido Shinbun Shuzaihan. *Kensho, "Yukijirushi" houkai*; Sankei Shimbun Shuzaihan. *Brand wa naze ochitaka*.
25 Inoshita, K. & Hasegawa, T. (2000, August 5). *Sochiki wo Ohu Kinou Fuzen. Kyoko no Brand "Yukijirushi"* [A functional disorder over companies. A fictitious brand "Snow Brand"]. *Shukan Toyo Keizai*, 62–68.
26 Sankei Shimbun Shuzaihan. *Brand wa naze ochitaka*.
27 Inoshita & Hasegawa. *Sochiki wo Ohu Kinou Fuzen*, p. 63.
28 Hokkaido Shinbun Shuzaihan. *Kensho, "Yukijirushi" houkai*.
29 Sankei Shimbun Shuzaihan. *Brand wa naze ochitaka*, p. 23.
30 Inoue, T. (2003). An overview of public relations in Japan and the self-correction concept. In K. Sriramesh & D. Vercic (Eds.), *The global public relations handbook: Theory, research and practice*, pp. 68–85. Mahwah, NJ: Lawrence Erlbaum Associates.
31 Sankei Shimbun Shuzaihan. *Brand wa naze ochitaka*.
32 Sankei Shimbun Shuzaihan. *Brand wa naze ochitaka*,
33 Hofstede, G. (2001). *Culture's consequences, comparing values, behaviors, institutions, and organizations across nations* (2nd ed.). Thousand Oaks, CA: Sage Publications.
34 *Japan: An Illustrated Encyclopedia*. (1996). *Keys to the Japanese Hearts and Soul*. Tokyo: Kodansha International.

讨论题

1. 在中毒事件发生后很长时间,雪印乳业高层才最终决定召回有毒牛奶,为什么会耗费如此长的时间?
2. 假若你发现牛奶生产线阀门已被污染,你会采取什么行动?
3. 你认为员工面临着怎样的压力,促使他们在明知产品细菌含量已超出安全标准的情况下,仍旧继续生产,不向上级报告?
4. 经过此次集体中毒事件,雪印乳业欲重建企业声誉,你有何建议?
5. 你认为雪印乳业面临的是伦理问题还是组织问题?为什么?
6. 对于雪印乳业未能及时回应污染危机事件,该案例将部分原因归结于日本文化,对此你有何看法? 在其他日本企业的召回案件,如丰田公司最近出现的大规模召回中,是否同样存在此类因素?

第四部分
建立具备商务伦理的企业

第十一章
注重企业伦理：营造伦理气氛

学习目标

- 伦理气氛作为工作气氛的含义
- 伦理气氛的分类及作用方式
- 伦理气氛对企业伦理决策和行为的影响
- 伦理气氛与企业文化之间的区别
- 营造并维持不同的伦理气氛的方法
- 识别企业伦理气氛

商务伦理透视预览

关怀气氛：通用磨坊与西诺乌斯

关怀气氛是一种伦理气氛，指相对于其他商业目标，企业更加看重人的幸福感，不论是内部员工还是外部人员，企业始终把人的幸福与福利放在第一位。那么，企业要如何营造关怀气氛呢？

西诺乌斯(Synovus)是美国一家大型金融公司，已连续20多年荣登美国《财富》杂志"100家最适宜工作的公司"榜单。西诺乌斯规模十分庞大，在美国全境拥有700个分公司，13 000多名员工，但整个公司就像是一个大家庭，团队意识十分浓厚，工作氛围特别舒心。

最早提出在公司里创造这种气氛的是高级副总裁Marty Grueber，他主要负责外部社区参与活动和团队成员的工作品质。西诺乌斯的座右铭是"我们是一个团队，我们深爱彼此"，这就很好地体现了其团队精神。另外，关于企业价值观，西诺乌斯官网上这样写道：

以人为本、热情、谦逊、价值观、家：对于我们来说，这些已经不再是简单的词语了,而是西诺乌斯的生存之道,我们称之为"心的文化"。我们相信,这是开启优秀企业之门的钥匙,凭借着这种特别的精神和工作方式,我们每天都能有所成就。

以人为本:人永远是我们的重中之重,正是秉持着这样的价值观,西诺乌斯大家庭才会与众不同,成为最适宜工作的公司。我们的首要职责就是对员工负责,我们为员工考虑,员工就会为公司着想。

关于"以人为本",Marty Grueber 的看法是:"这么做是对的,也是明智的。"通用磨坊(General Mills)是一家全球《财富》500强跨国企业,主要从事食品制作业务,也同样在追求关怀性的工作气氛。公司无论做什么决定,都会首要考虑员工的感受,比如,公司鼓励员工不要总是把工作放在第一位,要多为家庭着想。人力资源部副总裁 Sand Ohlsson 提出,在考虑是否给员工升职的时候,我们一定会问他们:"这次升迁会给你的家庭带来什么影响?"正如 Ohlsson 所讲,通用磨坊就像是一个"摇篮",为员工提供关怀,他们坚信关怀气氛可以增强员工对企业的信任,因此,通用磨坊的员工辞职率低于整个行业平均值的一半。

摘自 http://www.synovus.com/index.cfm; Great Places to Work Institute, Inc. "Family feelings: General Mills and Synovus," December 1, 2006.

"商务伦理透视预览"向我们介绍了企业营造不同气氛与文化的方法,及其伦理文化对伦理决策的影响。通用磨坊和西诺乌斯都在打造关怀气氛,希望员工多替他人考虑,这种价值观不但得到了领导的支持,也受到了员工的积极响应。通过以上两个例子,我们看到了关怀文化对于企业的重要性。

既然伦理气氛和文化如此重要,本章将对两者进行重点讨论。首先,介绍伦理气氛的含义及其现有类别,其中会涉及多种不同的分类,而每种类别对伦理决策都有一定的指导作用;然后,介绍企业文化及与伦理气氛的差异。同时,还会介绍一些营造合适的企业伦理文化的方法。

11.1 伦理气氛综述

11.1.1 伦理气氛模式

伦理气氛是一种工作气氛,而**工作气氛**(work climates)指在企业内部针对所有正式和非正式工作程序、政策规定和实践业务,员工所共同持有的观念和认知。[1] 研究者已总结出多种不同的工作气氛,如革新气氛、[2] 创新气氛、[3] 温馨气氛和互助气氛。[4] 伦理气氛就是用道德标准来反映企业工作程序、组织政策和实践业务的一种工作氛围。

伦理气氛(Ethical Climate)指组织成员关于伦理推理与伦理行为的统一认知,以及企业伦理决策的参照标准与规范。[5] 也就是说,通过伦理气氛,你可以辨别哪些行为是合乎伦理道德的,从而形成一种心理机制,用以处理道德问题。员工在了解、衡量和应对伦理困境时,所依据的道德标准会受伦理气氛的影响,做伦理决策时考虑哪些利益相关者也同样受伦理气氛的影响。[6] 就这点而论,伦理气氛是企业文化的一部分,代表了企业员工对于伦理决策如何做以及应该怎么做的看法。

综上所述,伦理气氛可以定义为:企业内部关于合理行为的看法和如何处理伦理问题的统一认知。[7] 有一点要强调,这里所说的伦理气氛并不是职员认为符合自己道德观的行为,而是企业内部(领导、同事、朋友)所期望的伦理行为。因此,伦理气氛是指在面临伦理困境时,按照企业的规范员工的自发行为所遵循的统一规范和价值观。

不同的团队、部门及组织都有不同的伦理气氛,体育运动组织和社会组织同样也有伦理气氛。回想你所工作或加入过的组织,参考下列问题,总结其伦理气氛:

- 在公司里,大家认为什么样的行为是合乎伦理的?
- 进行伦理决策时,人们通常考虑哪些相关问题?
- 理解和处理这些相关问题时,使用什么标准?
- 公司职员在伦理行为及伦理决策的风格上有哪些相似点?

11.1.2 伦理气氛分类

企业伦理气氛非常复杂,包含多重内容,并不仅限于对企业道德行为的研究。根据不同的分类标准,一种伦理气氛可以分属不同的类别,这些类别可以随意组合,而不同的企业会采用不同的类别组合,因此每一个企业的伦理气氛都是与众不同的。

大约 25 年前,Victor 和 Cullen 提出了伦理气氛的分类模式,这已成为目前使用最广泛的模式,也是研究者研究伦理气氛的最主要依据。图 11.1 介绍的伦理气氛的分类就是基于 Victor 和 Cullen 的理论以及其他研究者的研究结论而形成的。[8] 一般情况下,员工做

图 11.1　伦理气氛分类

决策时,公司都希望他们有一些推理依据,而图 11.1 中的伦理气氛体现的就是员工所采取的不同推理依据。

在分析图 11.1 时,必须明白横轴和纵轴所代表的含义,这样才能真正理解伦理气氛的分类。纵轴代表指导伦理决策的伦理标准,与主要伦理理论相吻合,包括利己性、利他性和原则性,表示在遇到伦理问题时,决策者分别以自身利益(利己)、他人利益(利他)和行为规范(原则)为依据进行决策。横轴代表企业伦理决策的参照群体,指做伦理决策时,可以采取个人视角(个人)、组织视角(团队或公司)或者外部视角(世界性)。接下来,我们将具体讨论这些分类。

原则导向型伦理气氛(Principled Cliamtes)指企业伦理和价值观引导员工基于规范守则做伦理决策。至于参考哪些标准,有些组织允许员工参照外部规范进行伦理决策,如本章商务伦理透视部分的"希波克拉底誓言"(Hippocratic Oath)职业行为规范。虽然希波克拉底誓言主要针对现代医药界,但其原则可以为整个医疗职业提供指导,不论是古典译本还是很多现代译本,其中的观念都体现了医院应该营造的伦理气氛。

商务伦理透视

希波克拉底誓言:从医人员之誓约

仰赖医神阿波罗、埃斯克雷波斯及天地诸神为证,鄙人敬谨直誓,愿以自身能力及判断力所及,遵守此约。

凡授我艺者,敬之如父母,作为终身同业伴侣,彼有急需,我接济之。视彼儿女,犹我兄弟,如欲受业,当免费并无条件传授之。凡我所知,无论口授书传,俱传之吾与吾师之子及发誓遵守此约之生徒,此外不传与他人。

我愿尽余之能力与判断力所及,遵守为病家谋利益之信条,并检束一切堕落和害人行为。

我不得将危害药品给予他人,并不作该项之指导,虽有人请求亦必不与之。我愿以此纯洁与神圣之精神,终身执行我职务。我不施手术,患结石者亦不例外,此则有待于相关专家为之。

无论至于何处,遇男或女,贵人及奴婢,我之唯一目的,为病家谋幸福,并检点吾身,不作各种害人及恶劣行为,尤不作诱奸之事。凡我所见所闻,无论有无业务关系,我认为应守秘密者,愿保守秘密。尚使我严守上述誓言时,请求神祇让我生命与医术能得无上光荣,我苟违誓,天地鬼神实共殛之。

摘自 The Hippocratic Oath:Text, translation, and interpretation, by Ludwig Edelstein. Baltimore:Johns Hopkins Press, 1943. http://www.pbs.org/wgbh/nova/doctors/oath_classical.html.

除此之外,还有一些世界性准则可以指导组织伦理决策,包括国家法律和宗教法律,如伊斯兰教教义和基督教《圣经》。

试想如果某医院要求其医师必须遵循类似"希波克拉底誓言"的规定,那么它的伦理气氛就是基于**法律准则**(Law and Code)的原则型伦理气氛。

除了法律准则,有些公司还会制定内部**伦理准则**(Ethical Codes),规定组织内伦理决策所应遵循的原则。由此,以组织为分析取向的原则伦理气氛则要求职员遵循组织内部行为准则。以行贿受贿为例,如果公司规定职员不得接受超过 10 美元的礼物,那么,如果客户送你一件超过 10 美元的礼物,你就应该拒绝。越来越多的现代企业采用行为准则构建伦理气氛模式,称为伦理气氛准则。

Charles Kerns 教授将企业伦理准则分为三种类型。[9]

第一种:**激励—理想型准则**(Inspirational-idealistc Codes)。主要指日常道德标准,如"诚实""为人正直""三思而后行"等,这种准则并不规定具体的行为规范及适用场合,而是给出一个很宽泛的指导性原则,适用于所有伦理困境。案例参见图 11.2"强生信条"。

第二种:**调控准则**(Regulatory Codes)。具体规定在什么场合做什么事情。Kerns 认为,这种准则规定"该做"和"不该做"的行为。案例参见表 11.1"可口可乐员工行为准则"。

第三种:**教育准则**(Educational/Learning-oriented Codes)。介于前两种准则之间,为伦理决策和行为提供总体性原则,指导解决伦理难题。

表 11.1　可口可乐公司员工行为准则

无论在世界什么地方,所有员工都必须遵纪守法
所有员工必须避免利益冲突,并且出现利益冲突时能够及时察觉
内部活动和外部事务的财政报表必须及时准确
公司财产(电脑、资料等)不得私用,上班时间不得做与工作无关的事情
与客户和供应商接洽时,必须一视同仁、态度友好
所有员工不得行贿受贿,也不得以非正当形式干扰政府官员
所有员工必须保密公司内部信息
不得违反该行为准则,不得怂恿他人违反该准则,不得知情不报,必须配合有关行为准则的调查
违反规定需接受惩罚,惩罚形式依情况而定,包括检讨书、降级、取消评优评先资格、奖金分红和优先认股权、停职考察或辞退
《准则》规定,有些工作必须经过主要经理人的书面批准,主要经理人包括部门负责人、总裁、集团职能部门负责人和所在公司总经理
总经理则需要申请法律总顾问和首席财政官的书面批准,高级管理人员须申请董事会或指定委员会的书面批准
如有问题,必须及时请教

我们的信条

我们相信我们首先要对医生、护士和病人,
对父母亲以及所有使用我们的产品和接受我们服务的人负责。
为了满足他们的需求,我们所做的一切都必须是高质量的。
我们必须不断地致力于降低成本,以保持合理的价格。
客户的订货必须迅速而准确地供应。
我们的供应商和经销商应该有机会获得合理的利润。

我们要对世界各地和我们一起共事的男女同仁负责。
每一位同仁都应视为独立的个体。
我们必须维护他们的尊严,赞赏他们的优点。
要使他们对其工作有一种安全感。
薪酬必须公平合理,
工作环境必须清洁、整齐和安全。
我们必须设法帮助员工履行他们对家庭的责任。
必须让员工在提出建议和申诉时畅所欲言。
对于合格的人必须给予平等的聘用、发展和升迁的机会。
我们必须具备称职的管理人员,
他们的行为必须公正并符合道德。

我们要对我们所生活和工作的社会,对整个世界负责。
我们必须做好公民,支持对社会有益的活动和慈善事业,
缴纳我们应付的税款。
我们必须鼓励全民进步,促进健康和教育事业。
我们必须很好地维护我们所使用的财产,
保护环境和自然资源。

最后,我们要对全体股东负责。
企业经营必须获得可靠的利润。
我们必须尝试新的构想。
必须坚持研究工作,开发革新项目,
承担错误的代价并加以改正。
必须购置新设备,提供新设施,推出新产品。
必须设立储备金,以备不时之需。
如果我们依照这些原则进行经营,
股东们就会获得合理的回报。

Johnson & Johnson

图 11.2 强生公司信条

伦理行为准则有助于营造组织内部原则性伦理气氛,但是必须拥有高效的管理机制、模范引导和实施体系,否则其效用就无法发挥。

最后一种原则性伦理气氛是以个人为分析取向的**独立导向型伦理气氛**(Independent

Ethical Climate),鼓励员工根据个人道德观做伦理决策。每个人的道德观都不尽相同,都会以一种自己认为合乎伦理道德的方式行事,因此**独立导向型伦理气氛**的组织通常会聘用伦理价值观相似的员工。

关怀气氛(Caring Climates)指组织鼓励员工做伦理决策时,要追求他人利益最大化,尤其要考虑团队和公司成员的利益诉求。大多数拥有关怀气氛的公司,员工都以维护朋友和同伴的利益为己任,比如通用磨坊和西诺乌斯所营造的就是关怀气氛。

商务伦理透视

Malden Mills:关怀伦理气氛过浓?

Malden Mills 是位于美国麻省莫尔登市的一个家族企业,20 世纪八九十年代推出了全涤摇粒绒的纺织材料,该材料可以在吸收水分的同时达到保暖效果,得到消费者的一致好评,逐渐成为高性能的体育服装和有氧运动服装的宠儿,一些户外用品公司如 L.L.Bean、EddieBauer 和 Patagonia 都纷纷在 Malden 下单,其产品甚至一度被改为军用服装。Malden 的生产值因此提高了两倍,并创立了品牌商标 Polartec,被《时代周刊》杂志誉为 20 世纪最伟大的发明之一。

后来有一段时间,新英格兰的纺织业急剧衰退。由于工厂设备落后,劳动成本过高,很多公司顶不住压力纷纷放弃原工厂,迁往成本更低的地方,而 Malden Mills 却始终屹立不倒,不断发展壮大,拥有两千多名员工,每年为当地经济贡献近 1 亿美元的税款。

不幸的是,1995 年 12 月 11 日,Malden Mills 第三代传人兼总裁 Aaron Feuerstein 在波士顿一酒店同亲朋好友庆贺 70 岁生日时,工厂由于爆炸引发了一场大火,烧伤了 33 名员工,9 幢大楼中有 3 幢被毁,带来约 5 亿美元的损失。这场大火不仅给 Malden 带来了灾难,对于整个家族来说也是一个危险信号。

当时,很多人都猜测 Aaron Feuerstein 会从保险公司领取 3 亿美元的保险金,然后趁此机会将公司迁往劳动力成本更低的地方;或者直接解散公司,70 岁的 Feuerstein 刚好可以退休安享晚年。但是,Feuerstein 做出了震惊众人的选择,在大火之后他随即表示要重建公司,3 天过后又宣布 Malden Mills 将于 1996 年 1 月 2 日重新营业,并且在重建工厂的 30 天或更长时间里,不仅照常支付所有员工的薪水(每周 150 万美元),还将继续支付 90 天的医疗福利。此消息一经传出,Feuerstein"将员工放在第一位"的美名享誉国内外。

在重建工厂的时间里,Feuerstein 共花费了 2 500 万美元支付员工薪水,还一直为受伤员工提供医疗福利,并且不追究他们的失职。即便如此,受伤员工仍旧将公司告

> 上了法庭，为处理案件，Feuerstein 又提供了一笔赔偿，赔偿金额不明。另外，Malden 还耗资 1 亿美元建造了一个现代高科技工厂，是 100 多年来新英格兰第一座新型纺织厂，这笔花费给 Malden 带来了巨大的经济负担。2001 年，Feuerstein 因无法负担巨大开销，无奈提出破产，又经过两年的努力，直到 2003 年，最终放弃其家族对工厂的控制权。尽管 Feuerstein 没能延续家族的辉煌，但他告诉记者："我们坚信企业是以盈利为目的的……但我们更坚信企业是要对员工、对社会、对周围环境负责的，必须保障员工的最低生活工资，保障其生活，因为我们对于员工、对于社区是有责任的。"2004 年 7 月，78 岁高龄的 Aaron Feuerstein 最终离开 Malden Mills 总裁职位，交由新掌柜接手。
>
> 摘自 http://www.fundinguniverse.com/company-histories/Malden-Mills-Industries-Inc-Company-History.html; *Boston Globe*, December 12, 13, 14, 1995; September 14, 2003; January 29 and July 27, 2004; *Lawrence Eagle Tribune*, November 15, 2001; *Forward*, "Fabled mill owner works to manufacture a miracle," July 25, 2003; Diesenhouse, Susan, "A textile maker thrives by breaking all the rules," *New York Times*, July 24, 1994; Herszenhorn, David M., "A plume of hope rises from factory ashes ..." *New York Times*, December 16, 1995; Teal, Thomas, "Not a fool; Not a saint," *Fortune*, November 11, 1996; Owens, Mitchell, "A mill community comes back to life," *New York Times*, December 26, 1996; Rotenier, Nancy, "The golden fleece," *Forbes*, May 24, 1993; Lee, Melissa, "Malden looks spiffy in New England textile gloom," *Wall Street Journal*, November 10, 1995; Goldberg, Carey, "A promise is kept," *New York Times*, September 16, 1997.

除此之外，一个负责任的企业还应该为组织之外的利益相关方着想。最近一项研究表明，[10] 如果一个组织拥有以关怀为导向的世界性气氛，其规范和价值观就会引导企业关注外界情况，并且主动承担社会责任，以受益他人为己任，而非只想着为自己谋利。

本章的"商务伦理透视"介绍了 Malden Mills 及其总裁掌门人 Aaron Feuerstein。在 Feuerstein 的带领下，Malden Mills 充盈着浓厚的关怀气氛，即使在工厂失火重建的艰难时期，公司仍旧照常支付员工薪水，无论顺境还是逆境，公司始终坚守自己的信念。然而，Feuerstein 未能带领 Malden Mills 延续辉煌篇章，而这却可能是因为关怀气氛过浓，忽视了原则底线，最终 Malden Mills 被迫宣布破产，员工和利益相关者也蒙受了损失。对于 Feuerstein 的企业管理方法，你如何看待？

如果企业的伦理气氛是工具型导向(Instrumental Ethical Climate)，其行为准则鼓励员工从利己的角度做出伦理决策。以自我为中心的人在行事时通常只考虑自身利益，甚至不惜牺牲他人利益来满足自身需求，他们认为所有的决定都只需满足组织或个人利益即可。[11] 即便综合考虑了多种因素后，研究仍表明，**工具导向型伦理气氛**是最不受欢迎的。[12]

如果企业的行为准则鼓励员工从自我受益的角度衡量决策正确与否，其伦理气氛就是以工具为导向的。在这种伦理气氛的引导下,员工陷于伦理困境时,所做的决策一定是最大限度维护个人利益的。研究人员发现,在企业内部,一个人的自我通常不是指个人本身,而是指企业。因此,工具型导向的伦理气氛就意味着最大限度地维护公司利益。

事实上,工具型导向伦理气氛与诺贝尔经济学奖获得者米尔顿·弗里德曼(Milton Friedman)的观点很相似,他认为企业唯一的道德职责就是利润,唯一的限制就是遵守法律。[13] 乍一看,这种伦理气氛可能完全无伦理可言,但是同米尔顿一样,很多自由市场经济学家都认为,只要在法律允许范围内,公司完全可以追求自身利益,这样可以形成高效的经济体系,市场筛选出成功生存且盈利的企业,这样所有人都能从中受益。

商务伦理透视

安然(Enron):工具导向型伦理气氛

安然公司原是世界上最大的综合性天然气和电力公司之一,在北美地区是最大的天然气和电力批发销售商之一,然而,这个拥有上千亿资产的公司却在2002年几周内破产,从那时起,"安然"已经成为公司欺诈以及堕落的象征,是一个经典商业伦理案例。长期以来,安然公司内部存在着严重复杂的财务问题,可在外人看来,其经营毫无问题,一切顺利,但是自从沉重债务和财务造假丑闻曝光之后,其股票一落千丈,最终以破产收场。对于很多股东来讲,时至今日,他们仍能感受到安然破产给他们带来的伤害,包括抚恤金、投资和工作上的损失。但这并非本章讨论的重点,我们要研究的是这种结果是由什么样的文化造成的。在对安然文化进行分析评价后,我们发现其伦理气氛是典型的以工具为导向的,而破产的结局应该是这种气氛导致的最坏的结果。

安然公司总裁Jeffrey Skilling是多起复杂可疑金融交易的始作俑者,他最初只是安然的咨询顾问,后来正式进入公司后,慢慢升职成为总裁。Skilling进入公司以后,很快就开始改造安然文化:从顶级MBA(工商管理硕士)学校选拔精英毕业生,然后把他们培养成有能力又好斗的员工,鼓励他们为了成功可以不惜一切代价,更不用遵守规章制度。总而言之,不论用什么方法,只要有业绩就有奖励。正如安然前副总裁所说:"安然的道德观就是打破规定,可以撒谎,可以欺骗,只要能赚钱,什么都可以做。"

为了巩固这种企业文化,Skilling还专门成立了"业务评定委员会",实行所谓的"排名淘汰制",很多人都认为这是美国最严苛的员工等级制度,具体做法就是10名员工依业绩排名,最后3名开除出局,而唯一的业绩考核就是所创造的利润。员工分为1—5五个级别,1为最高,5为最低,如果一次次被评为"5"级,那么,很可能意味着你半年内就要离开公司了。对于员工来说,压力还不止于此,公司还将员工的业绩评定公布于众，如果业绩不好，就会被大家嘲笑，并且"荣登淘汰排名榜"，这使得安然每年的员工流动率都达到15%。

于是，为了能够保住工作，提高业绩，提升排名，员工们都慢慢地变成了"交易"的奴隶，一心想着赚钱。长此以往，就形成了一种"窝里斗"的企业文化，大家只顾短时效益，不顾长远利益，明争暗斗，出现偏执狂和隐蔽性的心理问题。对于业绩好的员工，Skilling择优发放奖励，奖金上不封顶，允许员工间"自相残杀"。渐渐地，安然先前的企业文化一点点衰退，自我利益成了公司的主导气氛。

美国沃尔顿商学院（Wharton）伦理学教授Thomas Donaldson认为，"那些做法滋生了一种背后诽谤的文化和破坏性气氛"。结果虽然人们都希望公司倒闭，"但公司真正破产的时候，人们还是不愿听到这样的事实"。

摘自 Diane Huie Balay. n.d. "Close-up：Failed ethics：Enron debacle offers lessons." United Methodist News Service；David Burkus. 2011. "A tale of two cultures：Why culture trumps core values in building ethical organizations." *Journal of Values Based Leadership*，4，Winter/Spring. http：//www.valuesbasedleadershipjournal.com/issues/vol4issue1/tale_2 culture.php；A. J. Schuler, n.d. "Does corporate culture matter? The case of Enron." www.SchulerSolutions.com；Sims, R.R. and Brinkman, J. 2003. "Enron ethics (or：Culture matters more than codes)."*Journal of Business Ethics*，45，3，243-256；C. William Thomas. 2002. "the rise and fall of Enron：When a company looks too good to be true, it usually is." *Journal of Accountancy*，April. http：//www.journalfaccountancy.com/Issues/2002/Apr/TheRiseAndFallOfEnron.htm。

尽管如此，工具导向型伦理气氛还是存在风险的。本章的"商务伦理透视"讨论了一个关于道德遗失的典型案例，即安然公司的工具导向型伦理气氛的特点。

就像"商务伦理透视"中分析的那样，如果某个公司推行的是工具导向型伦理气氛，那它就存在巨大的风险，因为这种工具导向型强调自我，支持利己主义，鼓励人们谋求个人利益，而当个人利益与组织利益冲突时，组织利益就会受损。后面我们会讲到不同的伦理气氛给公司带来的截然不同的结果。试想，如果你曾在安然公司工作，面对那样的工作氛围，你会怎么做？

尽管大多数西方国家都十分重视伦理气氛，但全球范围内的伦理气氛有相关性吗？关于这个问题曾有过一些调研，表11.2列出了一些调研结果。

表11.2 全球环境下的伦理气氛

国家或地区	调 研 结 论
比利时	伦理气氛具有企业影响力
加拿大	非营利组织中存在伦理气氛
中　国	伦理气氛影响个人伦理决策
丹　麦	伦理气氛的概念行之有效

(续表)

国家或地区	调 研 结 论
中国香港	伦理气氛影响企业员工行为
印　度	伦理气氛影响管理者的管理行为
以色列	伦理气氛影响员工工作上不端行为
日　本	美日之间伦理气氛比较
墨西哥	伦理气氛影响雇员对公司的忠诚度
尼日利亚	尼日利亚银行拥有伦理气氛
菲律宾	伦理气氛受国家和职业文化的影响
俄罗斯	伦理气氛影响成功和伦理行为
新加坡	伦理气氛影响雇员工作满意度
韩　国	伦理气氛影响雇员工作满意度和对公司的忠诚度
中国台湾	伦理气氛影响雇员工作满意度
土耳其	伦理气氛影响雇员对公司的忠诚度和欺强凌弱行为

正如表11.2所示，伦理气氛明显是与国际环境相关的。调查发现，在欧洲和美国，大部分情况与很多其他国家(如尼日利亚和新加坡)的状况都是相同的，表11.2总结了这些气氛类型的普遍特征，由此证明伦理气氛对于跨国公司的重要性。

接下来，我们将探讨企业文化。

11.2　企业气氛和伦理文化

本章开篇就提出，企业文化对于公司的长足发展起着关键性作用。**企业文化**(Organizational Culture)又称组织文化，是一个组织由其价值观、信念、仪式、符号、处事方式等组成的特有的文化形象，可以通过包括伦理气氛在内的企业气氛体现出来。**伦理文化**(Ethical Culture)则是更加具体的概念，是组织成员面临伦理难题时所遵循的规范和价值观，这种规范和价值观可以体现在伦理气氛中，也可以体现在组织成员解决伦理难题的方式中。员工对于伦理气氛统一性认知程度的高低意味着伦理文化的强度，以及伦理文化对于伦理行为的影响力。图11.3描述了企业文化和伦理气氛之间的关系。

想要了解企业伦理，必须首先了解企业文化，它通常规定在公司里哪些行为是允许的，哪些行为是不允许的，从而限定员工的行为方式。此外，企业还可以通过其他方式，向员工传达基本的道德准则和价值观，从而培养伦理观念。参见本章"商务伦理策略透视"。

企业文化
- 基于人类学理论
- 强调官方和非官方管理体系，重视管理体系传达价值观的方式，以及对员工行为的影响
- 表现形式为公司行话、象征符号、危机事件、办公学问以及奖惩体系
- 全方位影响企业气氛(如安全气氛)和伦理气氛

伦理气氛
- 基于心理学理论
- 判断伦理行为时，强调组织"人格"的存在及影响
- 包含涉及伦理决策标准的规范及价值观的集体观念
- 指导员工如何处理伦理难题

图 11.3　企业文化和伦理气氛的关系

商务伦理策略透视

强生公司：伦理文化的衰退

美国强生（Johnson & Johnson）成立于1886年，是世界上规模大、产品多元化的医疗卫生保健品及消费者护理产品公司，曾一度被看作美国公司标志性的典范，产品得到了很多家长的信任与青睐。多年来，提供优质安全产品已成为强生的经营战略。1982年，7人因服用强生"泰诺"胶囊身亡，原因是不法分子利用"泰诺"的包装漏洞，在"泰诺"胶囊中加入了毒性物质氰化物。事件发生之后，强生公司主动承担责任，立即召回几乎所有泰诺胶囊，并向医生、医院及各大经销商发出警告，通知中毒事件。当药品污染的原因查明之后，强生立即停业整顿。当时正逢美国联邦政府和芝加哥等地方政府开始制定新的药品安全法，要求制药企业采用防损包装，强生公司率先响应新规定，推出三层防损包装。另外，强生总裁还多次发表电视声明，向公众及客户保证产品的安全性。尽管药品召回耗资1亿多美元，但是强生很快就恢复了元气，并继续推行安全性伦理文化，并将其视为战略基础和竞争优势。

遗憾的是，过去十年中，强生遇到了太多的变故，而这些改变已将先前的伦理文化侵蚀殆尽。首先，像大多数公司一样，强生面临着严重的经费削减问题，这一点已在产品安全部门的聘用政策中有所体现，解雇经验丰富的员工，聘用新员工，而新雇员却缺乏安全意识，连具有安全隐患的药物都能审核通过，强生的安全文化很快被摧残。其次，面对严峻的竞争压力，强生于2006年出资166亿美元购得辉瑞公司（一家拥有150多

年历史、以研发为基础的跨国制药公司,研制生产李施德林漱口水和速达菲等知名品牌)的个人消费保健部门。并购之后,为了节省开支,强生将质量监控和研发等关键部门合并运作,与此同时,辉瑞的消费部门主管还很欠考虑地要求减少生产监控,由此,强生的安全文化又一次遭受了重创,而强生员工也因这次并购失去了独立性和自豪感。2007年,强生再一次面临危机,被迫辞退约4 000名员工,如此大规模的辞退意味着很多有经验的生产线工人都带着他们的技术和经验离开了公司,不仅破坏了伦理文化,也增大了生产安全隐患。最后,强生公司摈弃了惯常的召回方式,并因陷入违规召回事件,受到了美国食品药品监督管理局的警告。例如2009年,报道称强生背后隐藏着一批固定承包商作为长期客户,垄断所有的布洛芬制剂。那次,强生没有公开召回,而是秘密地召回了产品。

摘自 Kines,M. 2010 "Why J&J's headache won't go away." *Fortune*,September 6,101-108.

正如"商务伦理透视战略"所讲,拥有合适的组织文化对于企业来说是相当重要的,没有这些文化元素,企业很难取得成功。就强生公司而言,最初拥有强有力的企业文化,注重企业伦理,可如此优秀的文化却一步步走向了衰亡。由此,最近一项研究表明,企业伦理文化多种多样,有些文化帮助企业克服伦理难题,促进成功,而有些文化却滋生违背道德的非法行为,将企业引向歧途。[14]

强生公司就是一个很好的实例,在之前的数十年间,一直秉承安全第一的伦理文化,公司不断发展壮大;然而,随着安全意识的逐渐减弱,强生的伦理文化也不断衰落。

伦理文化由什么组成呢?研究者认为,伦理文化主要由两部分组成:[15]官方伦理文化和民间伦理文化。官方伦理文化包括企业宗旨、行为规范以及企业人际关系;民间伦理文化通常很难定义,可以包括英雄人物、传闻故事、解决伦理难题的方法等。

目前研究表明,伦理文化的两个构成部分都十分重要。官方伦理文化可以同化缺少伦理观念的员工,并且公司也会更加注重利益相关者的感受,如员工的健康安全、产品安全和社区参与度,也更强调公正公平。民间文化对于提升伦理道德也十分关键,安然公司就是一个很好的教训,尽管拥有官方伦理文化的所有关键元素,如严格的行为规范以及员工培训,但仍旧遇到了严重的伦理问题,迫使公司倒闭。因此,企业的民间伦理文化也同样重要。研究者还提到,如果企业拥有浓厚的民间伦理文化,就会举办很多关于伦理行为的文化仪式,[16]并且高层领导也更加重视伦理道德,在面临困难时,会采取合乎道德标准的处理方法。

综上所述,两方面的伦理文化都很重要。那么,企业如何打造自己的文化呢?著名企业文化专家 Edgar Schein 提出了以下六种方法[17],能够帮助领导者打造企业文化,营造伦理气氛。

领导者的关注点是衡量还是操控? 领导所关注的内容会将公司领导层的主导观念和

价值观传递给雇员。这种方法不必刻意为之,雇员很自然地就会留意领导平时的言语评论。比如,若企业的管理团队看中个人成就,鼓励个人以及部门间互相竞争,其伦理气氛会更偏向于自我主义;相反,如果企业管理者更看重法律约束力,其伦理气氛就会偏向于以法律法规为导向。

面对危机事件和企业危机,管理者如何应对? 从某种程度上讲,每一个企业或多或少都会遇到危机事件,比如产品不合格、自然灾害、产品召回或订单急剧下降等,而面对危机,管理者的处理方式在很大程度上体现出企业的主导价值观。危机通常会加重焦虑感,从而容易改变企业现存文化,催生新文化的诞生。日本丰田曾由于加速踏板问题陷入召回风波,下面的"全球商务伦理透视"介绍了日本丰田汽车总裁丰田章男(Akio Toyoda)对此做出的回应。

全球商务伦理透视

丰田总裁致歉信:丰田的危机时刻?

日本丰田汽车现任社长兼总裁丰田章男是丰田公司已故创始人丰田喜一郎的孙子,曾公开批评丰田在过去十年间过分强调利润,致使公司伦理气氛更倾向工具导向化。由于油门踏板出现问题,丰田在全球大规模召回问题车辆,对此,丰田章男于2010年下半年接受日本电视广播公司NHK的采访时,出口第一句话就是"我深表道歉",接着表示"我们是真心把客户及其安全放在第一位的"。后来,在出席美国众议院监督和政府改革委员会听证会时,他又再一次向公众道歉。其实,在他出席听证会作证之前,丰田公司曾对外发布如下声明:"在过去几个月里,因为一些质量问题,我们的客户开始质疑丰田汽车的安全性,对此我将负全部责任。今天,我想告诉所有的美国朋友,以及全世界的丰田客户,我们始终非常认真地对待汽车质量和安全问题。"作为一名受过专业训练的试车驾驶员,丰田章男还表示,"我曾试驾过普锐斯(Prius)和所召回的问题车辆,在不同的环境中试驾测试汽车性能,比较修复调整前后的车况。我相信只有亲自试驾体验,才能真正了解问题所在,从消费者的角度解决问题,仅仅坐在办公室,仅靠报告和数据是不能真正解决问题的"。

在丰田历史上,这次大规模的召回事件就是一个危机时刻,也许能促进丰田打造一种更多为消费者考虑的关怀气氛。然而,有一些质疑者认为丰田章男的道歉仅仅体现了一种日本文化。在日本,如果一个领导能够公开道歉,主动承担责任,不去指责他人,这被看作是一种美德。可是对于外国政府来说,公开道歉也许不只是一种形式,而会对丰田未来的发展产生巨大影响。就像日本《朝日新闻》(Asahi Shimbun,日本三大综合性日文对开报纸之一)在一篇社论中所述,丰田章男在美国听证会的证词"不仅决定了丰田的命运,也会对所有日本公司及其产品在消费者心中的形象产生影响。丰田章男社长肩负着重任"。

摘自 http://abcnews.go.com/Blotter/toyota-ceo-apologizes-deeply/story?id=9700622; pressroom.toyota.com; miamiherald.com.

现行资源分配方式和标准。所有企业都会有自己的公开目标(公开声明的目标)和所谓的经营目标(真正的发展目标)。分析企业经营目标和策略的一种方法就是观察企业资源流向哪些项目、人员和部门,资源的流动方向和分配方式可以显现企业真正的价值观。如果参与社区组织可以得到企业认可和奖励,就表明外部关怀是该企业的伦理气氛和文化的一部分。除此之外,领导分配资源的标准表明企业最看重的利益群体,如果只有股东说了算,那该公司的伦理气氛就会是工具导向化。

模范带头,培训指导。领导者的为人处世方式直接传递出公司的价值观和理念。在公司里,最有利的语言通常不是领导说了什么,而是领导做了什么。对于已经不复存在的安然公司,Sims 教授和 Brinkmann 教授这样形容其企业文化:"语言和行动间的完全对立,虚假的表面光鲜与背后的腐败结构间的矛盾结合体。"安然公司的高层用工具导向化的伦理气氛营造了一种企业文化,在这种文化中,利益高于伦理,是一切行为的底线,是衡量正确与否的唯一标准。[18]

现行奖惩制度和职位分配标准。员工可以从自身工作经历中了解很多企业文化,通过平时的业绩评估、升迁(或从未有过)、加薪、与高层的谈话,以及奖惩标准,员工都能很好地了解企业价值观。

现行人事任免制度。除了一些硬性标准外,公司通常力求寻找最"适合"的人选,也就是说与公司拥有类似价值观的人。员工通过观察比较现行人事任免制度,就能了解企业文化是否在改变。如果男性员工增多,就意味着女性雇员可能会"贬值";如果公司招聘大学毕业生时,要求应聘者有慈善工作的经验,就表明公司很看重关怀气氛。

11.3 营造与企业文化相适应的伦理气氛

针对企业文化的形成和改变方式,Schein 为我们做了大致描述,他的很多观点同样可以用来管理企业伦理气氛。[19] 下面我们将具体讨论如何营造与企业文化相适应的伦理气氛:

以身作则。如果领导拥有高尚的道德操守,无形之中就会向下属传递一种正能量,让员工意识到企业价值观的重要性。

增强员工的主人翁意识。让员工了解企业经营情况,增加企业价值体系的公开透明

不抵制异见。如果员工对某种经营管理持不同意见,他们就更容易发现潜在的伦理问题。研究表明,下放更多的权利给下属,可以增强关怀气氛,减弱利己气氛。[20]

让员工感受到关怀。研究表明具有关怀气氛的企业不容易出现伦理问题,员工对于企业也会更加忠诚。

直面问题。若出现伦理问题,应立即采取与企业价值观相符的方式处理,让员工看到企业应对伦理事件的能力。

表彰奖励。对于员工的伦理行为,可以通过评选"道德模范"和"商业之星"等方式予以表彰和奖励,与较为正式的谈话和公告相比,这样更容易营造与企业价值观相符的气氛。

公平公正。道德标准必须适用于公司所有成员,任何人不得有例外。

应对艰难抉择。始终坚持企业价值观并不是一件容易的事,面对有损企业文化的行为,领导者必须当机立断,做出艰难抉择,比如开除缺乏职业道德的员工,不与雇佣童工的供应商合作。

选拔并留住人才。研究发现,伦理气氛和文化对于领导和普通员工的伦理行为和使命感都有影响。同打造企业文化的方式一样,公司在招聘时应该将道德作为一个考核标准,通过招聘与公司价值观相符的人才,来营造维持伦理文化和气氛。

传达道德期望。拟定一套伦理准则,并规定伦理气氛的主要导向标准,以声明企业主要价值观和道德规范,明确伦理气氛的类型。研究表明,如果领导者能够准确传达企业道德期望,就更容易营造原则性伦理气氛。[21]

提供伦理培训。通过研讨会、工作坊和道德培训课程,增强员工对企业行为规范,以及未成文的标准要求的认识。

上文介绍了企业营造适当伦理气氛的方法,但是,如果是跨国企业,业务范围涉及全世界,而各国文化和伦理规范都不尽相同,此时,企业该怎样保持自身伦理文化呢?本章"全球商务伦理透视"介绍了美国通用电气公司在全球市场保持自身伦理文化的方法,清晰地展示了推广强势伦理文化的方法,而表11.3又总结了塑造伦理文化的关键步骤。

商务伦理透视

通用电气公司的伦理文化

美国通用电气公司是一家多元化服务性公司,业务涉及医疗、航空、机车以及替代能源。在全世界100多个国家开展业务,营业额多半来自海外。面对如此广泛的全球化业务,通用电气不可避免地要接触不同国家地区的文化及其伦理行为,但其所有的子公司都保持一种相对统一的伦理文化,这是怎么做到的呢?

首先,通用电气的领导层以身作则,打造廉洁正直的工作作风,维护企业伦理文化。虽然要求领导以身作则是个老生常谈的话题,但通用电气仍十分重视,将其贯彻落实到实处。通用公司曾解雇过一位总经理,他拥有丰富的工作经验,却因违反公司规定被开除,更令人惊奇的是,通用还曾经解雇过一些高级行政官,原因竟是因为那些高级行政官的下属触犯了伦理文化,虽然管理层对于下属的错误并不知情,但仍要为此负责。所以,在通用公司,不论员工等级高低、经验如何,都不能与伦理文化背道而驰。

其次,通用电气始终致力于走在世界的前列。通过定期评估公司氛围,提前制定相关的规章制度,体现出公司对伦理文化的重视。

另外,通用电气还意识到要想长久稳定地维持一种伦理文化,就必须让员工参与其中,因此,通用公司投入了大量的资源用于员工的教育和培训,保证所有员工都能明白相关规范和准则,并且意识到道德规范对于自己行为的影响。与此同时,通用电气还注意到员工通常是最清楚如何遵守维护道德规范的,因此公司通过多种途径听取员工的声音,这样,员工不但可以畅所欲言,也可以对公司伦理气氛的建设作出贡献。

最后,通用电气致力于建设一种全球规范,即一种全球任何地区的标准都无法超越的规范,即便这种全球伦理规范可能与当地标准相冲突,但通用仍坚持这种做法,比如它在全球所有子公司推行的最严苛的无歧视规定。

摘自 http://www.ge.com and Heineman, B.W. 2007. "Avoiding integrity landmines." *Harvard Business Review*, April, 100-108.

表11.3 伦理文化的关键要素

伦理文化的关键要素
可以辨别伦理行为的正规政策,如道德规范和行为规范
为伦理问题提供持续有力的指导
为员工提供全方位的伦理培训
提供简单易懂且容易获取的信息
员工面临道德难题时,及时提供帮助
开设检举通道,方便员工检举不道德行为
指定一名员工代言人,代表员工利益
具备完善的调查处罚机制
将道德表现作为员工日常业绩评估表彰的一项指标
努力领先于各种规章制度
奖罚得当,公平公正
将伦理道德融入员工日常的生活与工作
主管及高级经理人需为下属行为负责

需要指出的是，企业伦理文化也有不同的种类，Trevino、Weaver、Gibson 和 Toffler 认为有两种不同的伦理文化：**遵从型伦理文化**（Compliance-based Culture）和**价值观型伦理文化**（Values-based Culture）。[22]

遵从型伦理文化通常强调法律及其对于违法事件的干预、侦查和处罚，而价值观型伦理文化更加重视与道德观念一致的企业价值观。在具有价值观型伦理文化的公司里，员工追求的是伦理诉求。

遵从型伦理文化过分强调法律的作用，主要依赖于员工的守法意识，为了不受惩罚，员工始终小心翼翼地遵守法律法规。相比之下，价值观型伦理文化更强调自治以及员工对伦理道德的信念，这就意味着员工不只是为了避免惩罚而遵从，而是从心底相信这种文化理念，因此其行为就会更加符合道德标准。从理论上讲，价值观伦理文化会更加有效。

为了证明价值观伦理文化确实比遵从型伦理文化更有效力，[23] Trevino 等人对一些公司的调研发现，与遵从型伦理文化相比，价值观伦理型文化更鼓励检举不道德行为，因此推崇价值观型伦理文化的公司更少发生不道德行为，员工伦理道德意识更强，面临伦理困境时，更多寻求建议。与此同时，研究者还指出，价值观型伦理文化虽然有很多优点，但在强调遵纪守法方面，遵从型伦理文化则更加有效。

11.4 不同气氛类型的效果

在众多研究结果中，有一项最重要的发现，若企业伦理气氛和文化都提倡伦理行为，其员工的伦理观念也一定很强。[24] 如果企业具有很强的伦理价值观，员工的使命感也会更强，对工作更加满意，表现自然会更好。[25] 无数研究都表明，伦理文化和气氛可以降低不道德行为的发生率，消灭助长不道德行为的不正之风，减轻破坏标准的压力，而领导则会更加积极地处置不道德行为，随时准备应对潜在不道德状况，对于这种态度，员工也会更加满意。

具体来说，员工对于企业的情感，如使命感和工作满意度，与关怀气氛是正相关的，与工具导向气氛是负相关的。如果企业气氛是基于外界管理制度，如职业规范和宗教典范，同样可以给企业带来效益。

总体来讲，过去的研究表明，伦理气氛中的关怀原则、法律准则、伦理准则和独立导向型气氛都可以减少企业的不端行为，如偷盗和怠工；而工具型导向伦理气氛通常会带来负面效应，两者形成鲜明对比。更重要的是，以伦理准则为导向的伦理气氛可以作为有效的控制机制，监督不道德行为，但却不能直接增强员工对公司的情感，如使命感。[26]

11.5 积极工作型氛围思考

最近有一种方法，从哲学角度探讨工作环境，以增强员工积极性的伦理气氛。积极工作型氛围（Positive Work Climate）指工作气氛应该人性化，为员工创造情感呼应，如果这些人性化的环境都是积极向上的，员工肯定会更加积极活跃。

Hartel 指出，积极工作气氛的形成条件是：员工的工作气氛是积极向上的，大家互相尊重包容，具有心理安全感；员工与领导相互信任，地位平等，能够各抒己见；政策和决策相辅相成，符合正当程序，适用于所有成员。[27] 虽然关于积极工作型气氛的研究是最近刚开始的，但研究结果已经表明，这种工作气氛可以增强员工的组织归属感，提高工作效率和积极性。[28] 同关怀型伦理气氛相似，积极工作型气氛可以加强员工对组织的认同感，促进同事间的融洽相处，最终给公司带来效益。

11.6 探索伦理气氛

作为组织新员工，应该尽快掌握公司伦理气氛的规范和要求，这样做有两个好处：首先，可以更好地适应工作环境，不会因为不了解公司规定而犯错误；其次，更为重要的一点是，可以据此判断自己是否适合这种公司气氛，即自身道德观念与企业的要求是否契合。著名企业文化专家 Edgar Schein 建议[29]可以通过以下步骤，了解企业气氛。

- 观察企业行为语言、习惯和传统，及其对伦理决策的影响。
- 了解部门规范、准则和价值观，组织健全的部门对新员工通常有明确的要求。
- 学习公司行为规范和宗旨，了解公开发表及声明的企业价值观和理念。
- 了解公司未成文但约定俗成的"民间"规则，这些规则也许与官方声明迥然不同，但也必须遵守。想要迅速达成此目的，通常的做法是找一个比你有经验的"师父"，让他给你点拨。
- 挖掘强化企业规范和价值观的象征符号。很多老员工都会讲一些关于公司的八卦新闻和重大事件，通过这些消息可以更好地了解企业价值观。

本章小结

本章开篇综述伦理气氛模型及其与普遍意义上的工作气氛之间的关系。伦理气氛是工作气氛的一种，代表着企业成员对于伦理推理和行为的形成方式的看法，以及公司内部伦理决策的标准和规范。[30] 若要判断企业或者部门的伦理气氛，可以观察公司成员在理解和解决伦理难题时所依据的标准。

伦理气氛并不是企业的唯一组成部分。伦理气氛模型将气氛分成多种类型，过去一些研究又改进了分类方式，而本章讨论了主要的几种类型。如果企业拥有一套规章制度，规定员工基于这套规范标准做伦理决策，那么该组织的伦理气氛就是原则导向型的。有些企业可能基于职业行为规范之类的外部准则来做伦理决策，如新从业医生所立之誓约——希波克拉底誓言；还有一些企业会根据内部行为规范指导伦理行为和决策，如"强生信条"和"可口可乐公司员工行为准则"。另外，有些企业拥有独立导向型伦理气氛,员工根据自己的伦理标准行事。

如果企业鼓励员工在做伦理决策时要考虑他人利益,尤其是团队成员和企业员工的利益,该企业的伦理气氛就是关怀导向型。大多数拥有关怀伦理气氛的企业,其员工都会主动维护朋友和同事的利益,而非仅个人利益。通用磨坊和西诺乌斯的伦理气氛就是关怀导向的,而 Malden Mills 公司显然也是关怀伦理气氛,但可能是关怀过度,忽视了公司利益,最终走向破产,企业想要正常经营下去,还需有利润的支撑。

如果组织机构拥有一套行为规范,要求伦理决策以自我主义为标准,该企业的伦理气氛就是工具导向型。工具导向型伦理气氛鼓励人们根据个人受益的情况来判断行为决策的对与错,长期在这种氛围中工作,员工遇到伦理难题时,首先会选择最符合个人利益的处理方法。在综合考虑多种因素后,研究发现该种伦理气氛是最不受欢迎的。

企业文化和气氛是相互关联的两个概念,可以体现公司的另一面,基本来说,企业气氛,包括伦理气氛,是企业基本文化的缩影。因为伦理气氛是企业文化在伦理道德层面的表现形式,本章就根据企业文化专家 Edgar Schein 的观点分析了文化诞生和发展的原则。[31] Schein 提出了多种帮助领导者营造和维持企业文化的方法,包括:领导者的关注点是评测还是操控;面对危机事件和企业危机,管理者如何应对;现行资源分配方式和标准;模范带头,培训指导;现行奖惩制度和职位分配标准;现行人事任免制度;营造与企业文化相适应的伦理气氛。本章还提供了一些实用方法,帮助企业经理人营造理想的伦理气氛类型。

就企业伦理气氛的效果,本章总结了一些科学研究的基本发现,其中最为重要的发现是,若企业伦理气氛和文化注重伦理行为,员工道德伦理观念也会更强。[32] 同样,员工对于企业的情感依赖,如使命感和工作满意度,与关怀伦理气氛是正相关的,与工具导向伦理气氛是负相关的。研究还表明,关怀原则、法律准则、伦理准则和独立导向气氛都可以减少企业不端行为,如偷盗和怠工;而工具导向的伦理气氛却会助长这些行为的滋生。[33]

本章还介绍了一个新的概念——积极工作型气氛,它的哲学理论基础是工作气氛可以创造积极的情绪态度,而这对个人和公司都是有利的。最后,本章给出了一些建议,帮助新员工更快地了解公司伦理气氛。

尾注

1. Reichers, A.E. & Schneider, B. 1990. "Climates and culture: An evolution of constructs." In B. Schneider (Ed.), *Organizational climate and culture*. San Francisco: Jossey-Bass, 5–39; Schneider, B. 1975. "Organizational climate: an essay." *Personnel Psychology*, 36, 447–479.
2. Klein, K.J. & Sorra, S. 1996. "The challenge of innovation management." *Academy of Management Review*, 21, 1055–1080.
3. Mumford, M.D., Scott, G., Gaddis, B. & Strange, J.M. 2002. "Leading creative people: orchestrating expertise and relationships." *Leadership Quarterly*, 13, 705–750.
4. Field, R.H. & Abelson, M.A. 1982. "Climate: A reconceptualization and proposed model." *Human Relations*, 35, 181–201.
5. Cullen, J.B., Parboteeah, K.P. & Victor, B. 2003. "The effects of ethical climates on organizational commitment: A two-study analysis." *Journal of Business Ethics*, 46, 127–141.
6. Cullen, J.B. Victor, B. & Stephens. C. 1989. "An ethical weather report: Assessing the organization's ethical climate." *Organizational Dynamics*, 18, 50–60.

7   Victor, B. & Cullen, J.B. 1987. "The organizational bases of ethical climate." *Administrative Science Quarterly*, 33, 101–125.
8   Dugan-Martin, K. & Cullen, J.B. 2006. "Continuities and extension of ethical climate theory: A meta-analytic review." *Journal of Business Ethics*, 69, 175–194.
9   Kerns, C.D. 2003. "Creating and sustaining an ethical workplace culture: The values → attitude → behavior chain." *Graziadio Business Review*, 6, 3.
10 Ubius, U. & Alas. R. 2009. "Organizational cultural types as predicators of corporate social responsibility." *Inzinerine Ekonomika-Engineering Economics*, 1, 90–99.
11 Wimbush, J.C. & Shepard, J.M. 1994. "Toward an understanding of ethical climate: Its relationship to ethical behavior and supervisory influence." *Journal of Business Ethics*, 13, 637–647.
12 Erondu, E.A., Sharland, A. & Okpara, J.O. 2004. "Corporate ethics in Nigeria: A test of the concept of ethical climate." *Journal of Business Ethics*, 51, 349–357.
13 Friedman, M. 1970. "The social responsibility of business is to increase its profits." *New York Times Magazine*, September 13.
14 Ardichvili, A. & Jondle, D. 2009. "Integrative literature review: Ethical business cultures: A literature review and implications for HRD." *Human Resource Development Review*, 8, 223–244.
15 Ardichvili & Jondle. "Integrative literature review."
16 Ardichvili & Jondle. "Integrative literature review."
17 Schein, Edgar H. 2010. *Organizational Culture*. San Francisco, CA: Wiley.
18 Sims, R.R. & Brinkmann, J. 2003. "Enron ethics (or: Culture matters more than codes)." *Journal of Business Ethics*, 45, 3, 243–256 (at 243).
19 Ethics Resource Center. 2008. *Ethical culture building: A modern business imperative*. Washington, DC: Ethics Resource Center; Robbins, S.P. & Judge, T.A. 2009. *Organizational behavior*. 13th ed. Upper Saddle River, NJ: Pearson Education, Inc.
20 Parboteeah, K., Praveen, Chen, Hsien Chun, Lin, Ying-Tzu, Chen, I-Heng, Y-Plee, Amber & Chung, An Yi. 2010. "Establishing organizational ethical climates: How do managerial practices work?" *Journal of Business Ethics*, 97, 4, 535–541.
21 Parboteeah et al. "Establishing organizational ethical climates."
22 Treviño, L.K., Weaver, G.R., Gibson, D.G. & Toffler, B.L. 1999. "Managing ethics and legal compliance: What works and what hurts." *California Management Review*, 41, 2, 131–151.
23 Treviño et al., "Managing ethics and legal compliance."
24 Ethics Resource Center. *Ethical culture building*; Dugan-Martin & Cullen, "Continuities and extension of ethical climate theory."
25 Ethics Resource Center. 2005. *National business ethics survey*. Washington, DC: ERC; Ethics Resource Center. *Ethical culture building*; Treviño et al., "Managing ethics and legal compliance"; Treviño, L.K., Butterfield, K.D. & McCabe, D.L. 2001. "The ethical context in organizations: Influences on employee attitudes and behaviors." *Research in Ethical Issues in Organizations*, 3, 301–337.
26 Dugan-Martin & Cullen. "Continuities and extension of ethical climate theory."
27 Hartel, C.E.J. 2008. "How to build a healthy emotional culture and avoid a toxic culture." In C.L. Cooper & N.M. Ashkanasy (Eds.), *Research companion to emotion in organizations*. Cheltenham, U.K.: Edwin Elgar, pp. 575–588 (at 584).
28 Wilderom, Celeste P.M. 2011. "Toward positive work climate and cultures." In N.M. Ashkanasy, C.P.M Wilderom & M.F. Peterson (Eds.), *The handbook of organizational culture and climate*. Los Angeles: Sage, pp. 79–84; Hartel, Charmine E.J. & Ashkanasy, Neal M. 2011. "Healthy human cultures as positive work environments." In N.M. Ashkanasy et al., *The handbook of organizational culture and climate*, pp. 85–100.
29 Schein, Edgar H. 2010. *Organizational culture*. San Francisco, CA: Wiley.
30 Cullen et al., "The effects of ethical climates."
31 Schein, *Organizational culture*.
32 Ethics Resource Center. *Ethical culture building*; Dugan-Martin & Cullen, "Continuities and extension of ethical climate theory."
33 Dugan-Martin & Cullen, "Continuities and extension of ethical climate theory."

主要术语

关怀伦理气氛(Caring Ethical Climate)：企业标准规范和价值观鼓励员工做伦理决策时要维护他人利益。

遵从型伦理文化(Compliance-based Culture)：通常强调法律及其对于违法事件的干预、侦查和处罚。

教育型准则(Educational/Learning-oriented Codes)：为伦理决策和行为提供总体性原则，指导解决伦理难题。

伦理气氛(Ethical Climate)：组织成员关于伦理推理与伦理行为的统一认知，以及企业伦理决策的参考标准与规范。

伦理准则(Ethical Codes)：关于伦理原则的守则，为企业伦理决策提供指导。

伦理文化(Ethical Culture)：企业员工面临伦理困境时所参照的规范和价值观。

独立导向型伦理气氛(Independent Ethical Climate)：组织尊重员工个人的判断能力，允许以个人道德标准为依据做伦理决策，不受组织内外其他人的影响。

激励—理想型准则(Inspirational-idealistic Codes)：主要指广泛意义上的道德观，如诚实。

工具导向型伦理气氛(Instrumental Ethical Climate)：强调利己主义，员工伦理决策必须维护组织利益或个人利益。

外部法律准则(Law and Code)：一种原则导向的伦理气氛，强调伦理决策要基于法律或其他书面准则。

企业/组织文化(Organizational Culture)：整个企业/组织内部关于为人处事的总体观念与价值观。

积极工作型气氛(Positive Work Climate)：工作气氛为员工提供积极向上的情感呼应。

原则导向型伦理气氛(Principled Climates)：企业伦理和价值观引导员工基于规范守则做伦理决策。

调控规则(Regulatory Codes)：具体规定在什么场合做什么事情，通常规定"该做"和"不该做"的事情。

价值观伦理文化(Values-based Culture)：强调与伦理观念一致的企业价值观。

工作气氛(Work Climates)：针对所有正式和非正式工作程序、政策规定和实践业务，企业员工所共同持有的观念和认知。

讨论题

1. 伦理气氛是一种工作气氛。那么，其他气氛(如安全气氛)如何影响组织的伦理环境？
2. 企业如何向员工传达伦理气氛？什么样的方式更有效？
3. 描述原则导向伦理气氛。
4. 举例说明原则导向伦理气氛如何影响你在组织中的表现。
5. 描述关怀导向伦理气氛。
6. 举例说明关怀导向伦理气氛如何影响你在组织中的表现。
7. 描述工具导向型伦理气氛。
8. 举例说明工具导向型伦理气氛如何影响你在组织中的表现。
9. 讨论伦理气氛和企业文化之间的关系。
10. 讨论伦理气氛的分类及不同类别的优缺点。可以是伦理方面的缺点，也可以是总体效力的不足。

网络任务

1. 上网查找四种不同的企业行为准则。
2. 重新研读 Kerns 教授对于行为准则的分类：激励—理想型、调控型和教育型。
3. 对这四种不同的企业行为准则进行归类。
4. 与同伴讨论哪一种行为准则影响力更大。
5. 利用网络资源，了解这四个公司应对伦理困境的方法。

更多网络任务和资源，请访问参考网站 www.routledge.com/cw/parboteeah。

实战演练

我的第一个公司

2020 年 1 月 1 日注定成为你人生中最美好的一天。经过多年的辛勤工作和省吃俭用，再加上几笔回报颇丰的投资，你终于攒足了资金，成功拿下宝马汽车的代理权。在决定购买代理权之前，你认真调查研究了该公司过去五年的经营状况和业绩表现，发现即使在经济低迷期，它也能通过出售新车和二手车，以及提供售后服务赚取利润。所以，你当时就想："真是一个明智的决定！"

然而，一个月后，你就发现新公司存在一些问题，让你不太满意。尽管经济状况良好，但销售平平，并且两个最得力的销售人员也突然离职，这是怎么了？仅从业绩报表上的数字来看，他们业绩相当好，卖出了很多价格高昂的高端车，而且公司的福利也不差，他们为什么辞职呢？你决定同销售经理 Frank Whidbey 谈谈话，讨论这个问题。Frank 几乎做了一辈子的汽车销售，并且不论是客户还是同事，大家都很喜欢他。

"Frank，这到底是怎么回事？现在的公司同我当初买下时好像不一样了。"Frank 听了这个问题后，愣了一下，说："其实在你接手之前，公司状况就已经大不如从前了。"

谈了几个小时后，你终于明白了事情的原委。由于外部经济状况不佳，前公司曾有一段销售低谷期，在新产品年度收尾时，不但降低了基本工资，为了激发销售量，还增加了销售任务。因此，销售人员间的竞争愈加激烈，销售团队的内部关系开始变质。Frank 说："以前，销售人员都是互帮互助的，如果你的客户指定找你，而你恰巧不在的话，现场导购一定会把这笔业务记在你的名下，每个人都能得到自己该得的那一杯羹。而现在，一些新来的销售人员只看中业绩，别的什么都不管，连老员工的回头客都要抢，这种工作氛围令人很难受。"

回想之前学过的商务伦理课程，你想到了伦理气氛，发现销售额是症结所在，它把先前的关怀气氛变成了如今的工具导向型气氛，很多老员工因此辞职，大大影响了销售状况。于是，你想了两种解决方案：其一，只聘用有能力的员工，让大家互相竞争，刺激销售业绩，很快就会明白现行的"游戏规则"；其二，重塑关怀气氛，把公司拉回"正道"。

遇此问题，你会怎么做？

案例分析

Zappos 的关怀文化和气氛

Zappos 是一家美国卖鞋的网站，总部位于美国内华达州拉斯维加斯，拥有约 2 000 名员工。自 1999 年开站来，如今已成长为最大的鞋类网店，经营产品从最初的鞋子为主扩展至服装和配饰领域。公司拥有十分浓厚的关怀文化和气氛，核心价值观就是要维护员工和客户的幸福感。

Zappos 现任总裁谢家华(Tony Hsieh)是一名美籍华人，毕业于哈佛大学计算机专业。他认为文化是推动公司发展的主要动力，并表示"一旦拥有了合适的文化，很多其他东西，如优质的客服和品牌打造，都会应运而生"。谢家华虽然是公司总裁，但没有独立办公室，而同员工在一起办公，亲身经历了工作氛围后，提出了促进公司发展的十条核心价值观。最初，他以为把这些核心价值观编成文字准则可能会过于"公司化"，但后来他意识到这些价值观是一种号召力，可以提高员工凝聚力，提供最佳的客户服务。最终，谢家华决定，与其形成一种模糊的文化期待意识，不如打造核心价值观更加有效，但想要真正发挥核心价值观的效用，公司就必须完全秉持，据谢家华所说，"秉持就是指能够彻底地贯彻执行，在聘请人才和解雇员工时都必须依照于此。"

Zappos 十条核心价值观：

1. 用服务感动客户；
2. 欢迎改变，推动改变；
3. 创造快乐，并带有一点离经叛道；
4. 敢于冒险，积极创新，心态开放；
5. 不断学习，追求成长；
6. 建立开放真诚的沟通关系；
7. 打造积极向上的团队和家文化；
8. 从失败中学习，在不足中成长；
9. 富有激情，坚定果敢；
10. 虚心谦逊。

为了提升文化价值观，Zappos 每年都会组织员工编写书籍——《我们的文化》(*Culture Book*)，通过自身经历，讲述 Zappos 文化对于自己的影响，分享想法、故事和照片。Zappos 会免费提供影印本给需要者，读过这本近 500 页书的读者发现，其中经常出现的关键词是有趣、温馨、微笑、引以为豪、离奇搞怪、谢谢、我爱 Zappos。

对于谢家华来说，衡量企业是否真正秉持企业文化的唯一标准就是，企业在招聘和解雇人员时，是否基于"文化契合度"。正如谢家华所说，"最重要的不是你拥有什么样的文化，而是你能否真正坚持自己的文化"。因此，Zappos 在招聘员工时，要求人力资源部对所有应聘者进行面试，通过一系列的问题，了解应聘者对于公司十条核心价值观的看法，判断应聘者与公司的"文化契合度"。

在测试应聘者是否具有创新性和个性时，面试官会问类似这样的问题：你觉着自己很奇葩怪异吗？你最喜欢什么样的歌曲？你最想邀请哪两个人一起共进晚餐？根据谢家华的说法，"我们遇到过很多非常有才华的应聘者,以他们的能力,肯定能为公司带来利益,但却没通过面试,因为我们最看重的是文化契合度,如果应聘者的价值观与公司文化不符,我们就不会聘用"。对于老员工来讲,不论工作多么出色,只要与公司文化不再契合,就会被解雇。"我们在竭力寻找积极向上的人才,给他们提供积极向上的工作氛围。"

一旦通过面试,所有的新员工都要接受为期五周的培训,不论应聘哪个岗位,都要接受同电话接待中心员工一样的培训,培训课程包括公司历史及客户服务,客服培训要进行实战演练,每天早上七点开始接听客户电话,只要出现服务不及时或不到位的情况,就会被淘汰出局。

为了强化企业文化,Zappos 采用了一种非同寻常的方法,花钱"鼓励"新员工辞职。在新员工培训结束后,公司会给所有的新员工提供 4 000 美元,然后"鼓励"他们离开!Zappos 告诉新员工:"如果有谁愿意现在辞职,之前培训费全免,还将额外得到 4 000 美元。"对此,谢家华这样解释:"我们不希望自己的员工仅仅是为了钱才留在 Zappos,我希望他们是因为适合这里的文化才选择留下。"

对于 Zappos 的员工来说,营造浓厚的关怀文化已经是一件例行事务。公司提供免费午餐、休息娱乐时间和午休房,实行分红制,提供全面医疗保障,还配有全天候生活导师,员工可以就任何个人问题寻求咨询与帮助。但是,导师咨询的唯一"条件"是:员工必须坐在一个红色天鹅绒的宝座上。Zappos 的管理者们也会抽出 10%—20% 的时间走出办公室,与其团队待在一起,增强团队和公司的凝聚力。在 Zappos,并非只有老板才能发放奖励,任何员工都可向其他员工发放 50 美元的奖金,奖励优秀工作。

像大多数公司一样,Zappos 也遇到过一些商业事件,试图改变它的文化价值之本。下面通过两个重大事件来看 Zappos 的对策。

2010 年 5 月 21 日,Zappos 网站出现了一些小故障,所有商品价格都显示为 49.95 美元,6 小时后故障解除时,Zappos 已损失了约 160 万美元的总收入。结果,Zappos 非但没有取消这些错误订单,反而对外公布,故障期间的所有订单均可生效。尽管要蒙受巨大的损失,Zappos 仍然坚持客户至上的关怀文化。

2007 年,Zappos 企业文化再一次受到挑战。当时,全球经济不景气,Zappos 风险投资商红杉资本要求它投资的所有公司削减开支,Zappos 当然难逃厄运,虽然通过有效的资金流转,Zappos 仍然赚取了一些利润,但谢家华明白,他必须按照红杉资本的要求有所行动了。那么,他会如何辞退员工呢?经过商讨,公司领导层决定从 15 000 名员工中辞退 124 名。

针对被辞退的员工,Zappos 有很多补偿措施,尽量减少对员工的伤害:长期员工每年额外补助一个月工资,根据工作年限领取;工作不足两年的员工,工资结发到年底;为所有辞退员工额外购买六个月的健康保险。谢家华曾讲道:"之所以这么做的原因是有了这些员工,公司才能走到现在,所以我们要为员工考虑。"

摘自 Burkus, David. 2011. "A tale of two cultures: Why culture trumps over values in building ethical organizations." *Journal of Values Based Leadership*, 4, Winter/Spring. http://money.cnn.com/2009/01/15/news/companies/Zappos_best_companies_obrien.fortune/index.htm; http://experiencematters.wordpress.com/2008/05/28/discussing-zappos-culture-with-tony-hsieh/; http://www.innovationexcellence.com/blog/2011/06/17/culture-is-king-at-zappos/; http://www.readerwriteweb.com/archives/zappos_ceo_talks_culture_fit_a.php

讨论题

1. Zappos 的企业文化在小型公司运作很好，如果是大型企业，要如何采用这样的文化价值观？
2. 具有领袖魅力的领导（如谢家华）可以提升企业文化和气氛。试想，将来的领导者要如何继承发扬这种文化传统？
3. 对于崇尚顾客和员工至上的公司，这种关怀气氛给公司带来的效益通常很难量化。有些评论认为 Zappos 以优价出售优质商品就可以了，那些附加的文化宣传就是一种资金浪费。面对如此批评，你会有何反应？

长篇案例

花旗集团：重建道德，修复形象，再度起航

Charles Prince 作为当今世界最大金融服务机构花旗集团的 CEO，正面临一项艰巨挑战。花旗集团是一家经历过重大常规审查的公司，还曾为企业史上最大的丑闻所牵连。对于 Prince 而言，更为棘手的是，这些问题普遍存在于花旗集团提供的诸多金融服务当中。

2005 年 3 月，Prince 公布了新战略，以期对这一金融巨头进行改革并为其指明方向。他称该战略为"五点伦理计划"：改进培训、关注人才与注重发展、绩效考核与薪酬福利挂钩、增进沟通及加强公司内部控制。鉴于花旗集团规模庞大、机构复杂，许多问题依旧悬而未决。如何有效地公布该计划？"五点伦理计划"是否足以改变整个花旗集团的企业文化？企业公关部应如何就"五点伦理计划"与各大股东进行并保持长期的沟通？

I. 花旗集团简介

花旗集团于 1998 年合并而成，是一家集多种金融服务业务于一身，为消费者和企业客户提供服务的全球性金融服务集团。花旗集团在美国有全职员工约 141 000 名、兼职员工约 7 000 名；在美国以外的一百多个国家共有全职员工约 146 000 名。花旗集团提供的所有业务可大致分为三大块：全球消费者业务、企业及投资银行和全球财富管理。花旗集团旗下还有两家独立机构：花旗集团资产管理机构和花旗替代投资机构。2004 年，全球消费者业务集团盈利占总盈利的 72%，居第一位；企业及投资银行占 13%，居第二位。[1]

花旗集团旗下几大品牌包括花旗银行、花旗财务、Citistreet 福利服务公司、普瑞玛瑞卡(Primerica)、墨西哥国民银行及所罗门美邦(SSB)。花旗集团拥有 200 年的经验与成就，其主要前身是纽约城市银行，创立于 1812 年的贸易融资信用合作社。集团的其他前身多成立于 19 世纪后期，包括旅行者集团、美邦银行、Hadlowly 银行及墨西哥国民银行。在 20 世纪，花旗银行收购国际银行公司(IBC)、所罗门兄弟公司及 The Associates，前 CEO Sandy Weil 因在 1998 年将这些公司合并成花旗集团而名声大振。[2]

II. Sandy Weill：推翻格拉斯—斯蒂格尔法案的人

> "Weill 的一切都非常大，包括他的抱负。"
> —— Charles Gasparino：《街道上的血》

1933 年，国会通过格拉斯—斯蒂格尔法案(*Glass-Steagall Act*)。同年，Sandy Weill，这位将在 1999 年促成废除这一法案的人出生了。1998 年，作为花旗集团 CEO，Sandy Weill 成为华尔街最有影响力的人物之一。他执掌花旗集团——这个一站式金融超级市场，直至 2003 年。[3]

20 世纪 60 年代，Sandy Weill 将西尔森(Shearson)股票代理公司由一个中型企业发展成一个商业帝国之后，在 1981 年卖给了美国运通，后又将西尔森从美国运通手里赎回来，并在华尔街上演了一出著名的复出大戏。他将自己名下的保险公司旅行者集团(当时已兼并所罗门美邦经纪公司)与花旗银行合并。这次合并为 Weill 赢得了魄力与财富，但声名大噪的同时，也带来了不少负面影响。在 Weill 任 CEO 期间，花旗集团一直为企业丑闻、定期调查及诉讼案件缠身。

在 2005 年 9 月 11 日接受《纽约时报》采访时，当时已卸任的 Weill 仍捍卫花旗集团，说："我一点儿

都不觉得花旗集团大到难以控制或难以驾驭。我知道，有些东西需要通过这样或那样的办法来改进，但当成果呈现在眼前时，人们将不得不承认这是一个巨大的成功。"

继 Weill 之后，Charles Prince 成了花旗集团的新任 CEO。Weill 给 Prince 的忠告是，"别（把这么大个集团）给搞砸了"。[4]

III. Charles Prince——承前继后，经营花旗

2003 年 Charles Prince 接替 Weill 成为花旗集团的首席执行官。当时，他已经为公司工作了 24 年之久。1975 年，他成为美国钢铁公司的一名律师，开始了自己的职业生涯。1979 年，他加入了商业信贷公司，这家公司后来在 1986 年被 Sandy Weill 接管。那时候，《财富杂志》的 Carol Loomis 称 Prince 为"忠实的 Weill 党，只要是 Sandy 给他的任务，不论是什么，他都立马接受"。[5] 在 2003 年 Weill 任命他为接班人之前，他一直是公司的首席法律顾问。自 2003 年以来，Prince 像个"消防员"，一直在清理花旗集团 20 世纪 90 年代后期遗留的丑闻和不当行为。大部分清理工作是裁掉一些帮 Weill 打下江山，并立下汗马功劳的公司和管理层，包括旅行者保险公司。

Prince 被人描述为"一个兼具聪明才智与逻辑思维的思考者，块头大、笑声大、工作能力强"。一位长期分析师说，"我认为，与 20 世纪 60 年代以来的三个魅力型 CEO 相比，作为一个非魅力型领导，Prince 将能给花旗集团带来更多的正能量。"[6]

IV. 调查有失偏颇　花旗罚金最高

2001 年，纽约州总检察长 Eliot Spitzer 就花旗集团银行投资的利益纠纷问题展开调查。这起联邦监管机构与州监管机构联合开展的调查最终于 2003 年 4 月达成和解。除被罚款 4 亿美元外，所罗门美邦公司还被勒令进行一系列的整改。调查涉及的所有金融机构中，所罗门美邦支付的罚款最高。然而，相对于和解引发的其他民事诉讼，和解所造成的经济影响更大。当年第四季度，花旗银行集团开列出 15 亿美元作为现金储备，用于支付和解罚金。[7]

关于花旗内部运作及花旗与客户沟通方面的调查成果颇丰。调查发现，所罗门美邦的研究分析与相关股票评级的进行不具备应有的独立性和整体性，这种运作模式让研究分析师有机可乘，得以给同为投行公司的客户打出更高的评级——因为分析师所获酬劳多少部分取决于投行部门与投行评估。调查还发现所罗门美邦公司存在欺诈情况、欺骗性的研究报告及将 IPO 股份分给投资银行客户的欺骗行为。[8]

和解要求提出的整改要求中，最著名的是要求所罗门美邦公司将投资银行运作与研究运作分离开来，同一名客户的投行高管与研究分析员不得有直接联系。整改还要求所罗门美邦研究部门 CEO 定期就研究产品的质量及独立性向花旗集团董事会汇报情况。

V. 明星电信分析师

Jack Grubman 是所罗门美邦公司一名臭名昭著的电信分析师，他在业内很吃得开，年薪高达 2 000 万美元。他协助所罗门美邦在与 Winstar 电信公司的投行交易中赚了 2 400 万美元。[9] 2001 年 1 月，Grubman 给予 Winstar 股票 50 美元的目标价位和"买进"评级。随后股价升至每股 13 美元，Grubman 的助手在发给一名主要投资人的电子邮件中说："买进，在每股 20 美元出头的时候卖出。"然而，Grubman 并未改变股价目标和评级。实际上，在 Winstar 股价一度低于 1 美元，公司濒临破产之际，他仍维持对该股的买进评级和原有目标价位不变。他后来在电子邮件中写道："我们对客户的支持，太过好，也太过久了。"[10]

全国证券交易商协会（NASD）在调查 Winstar 事件后，指控所罗门美邦的研究报告具有"实质误导

性"。为解决此事,所罗门美邦同意支付 500 万美元的罚款。

VI. 虚假贷款

花旗集团于 2000 年 11 月收购 Associates First Capital Corporation 及 Associates Corporation of North America(以下简称 the Associates),曾是美国最大的次级借贷公司之一。花旗集团将这两家公司都并入花旗金融系统。次级贷款主要为不能从主要借贷机构贷到款的贷款人服务。因次级贷款人多为低收入家庭,借贷方须承担额外风险,故而贷款利率较高。

在 2001 年 3 月,美联邦贸易委员会对花旗集团提起诉讼,控告 the Associates 诱骗贷款人通过重新借贷高利率、高费用的房屋贷款来提前还贷。联邦贸易委员会还称 the Associates 欺瞒消费者,在消费者不知情的情况下,诱使消费者购买费用高昂的信用保险。在部分情况中,这些费用被囊括在月供之中,最终造成上万美元的额外费用。而当贷款人发现该费用时,the Associates 则想方设法使他们打消中断保险的念头。联邦贸易委员会认为这样的行为是"有组织的、大规模的欺骗性及违法借贷行为"。该案以花旗集团赔偿 2.15 亿美元告终,成为联邦贸易委员会保障消费者权益的诉讼中,赔偿数额最大的。[11]

VII. 协助安然公司进行欺诈

2001 年 12 月 2 日,安然公司申请破产保护。随后,投资者们发现安然公司通过设立虚假投资项目,在资产负债表中隐瞒 5 亿美元的巨额债务,并掩盖其现金流亏空。花旗集团等金融机构涉嫌帮助安然公司操纵财务、伪造虚假交易。

美国证券交易委员会起诉花旗集团为安然隐瞒贷款,协助安然掩盖其真实财政状况。美国证交会称,花旗集团贷给安然公司的款项在账面上被计为商品交易收入。交易后,商品价格风险由安然公司转给花旗集团,最后再转回安然公司。在不考虑基础商品价格风险流转的情况下,美国证交会要求安然公司偿还其所欠本金及利息。美国证交会还称,花旗集团协助安然公司将融资掩盖成交易。除安然问题外,证交会还搜集到证据,证明花旗集团与能源公司 Dynegy 也进行过类似交易。最终,美国花旗集团同意支付 1.2 亿美元,以了结其协助安然事件及 Dynegy 进行欺诈的法律诉讼。[12]

VIII. "忽悠"世通公司高管

2004 年 5 月,花旗银行斥资 26.5 亿美元,了结了与前世通公司股东发起的集体诉讼案。该案原告,在 1999 年 4 月 29 日至 2002 年 6 月 25 日期间购买前世通公司股票的股东控告所罗门美邦给予世通公司的股票过高的评级,对投资者造成误导。直至世通股价下跌 90% 时,其评级才被 Grubman 下调为"中性"。此外,美众议院金融服务委员会经过调查发现,Grubman 曾在信息公开前,告知世通领导层其推荐名单上将划去世通股票。[13]

前美国首席检察官派遣有关工作人员起诉世通公司 CEO Ebbers,指控其违背信托义务,将 1 亿美元的投资银行业务转给所罗门美邦以换取 IPO 股份。公司会计舞弊及其个人可疑贷款大量曝光恰恰是发生在 Ebbers 任职期间。其后世通公司重新发布声明,公司 2001 年总收入为 171 亿美元,2000 年总收入为 530.1 亿美元。[14]

IX. 关闭日本私人银行业务

花旗集团是日本最大且历史最悠久的外资银行,其在日本的历史可追溯到 1902 年。花旗集团在日本开设的分支机构也属花旗在美国之外的较大分支机构。2004 年,日本金融厅立案调查发现花旗银行日本分行涉嫌从事非法金融业务,为不法分子开设账户为其洗钱,同时还发放的一笔贷款用来操纵股市。早在 2001 年,日本金融厅已向花旗集团发出警告,但花旗集团几乎并未采取任何纠正措施。

2004 年 12 月,花旗集团被曝出负面新闻,新闻称日本金融厅下令花旗集团关闭在日本的私人银行业务,包括关闭超过 5 000 个银行账户。日本金融厅措辞严厉,还引用了花旗集团的企业文化与企业管理的内容。花旗集团高管将问题归结为日本分行高管们的汇报机制有待完善,因此花旗银行在日本各分行的高管向各自在纽约总部的上司汇报工作。关闭私人银行业务不仅有损花旗集团在日收益,而且使得花旗集团在日本的形象受损,从而殃及其在日本的企业银行业务和个人银行业务。[15]

X. 企业丑闻的金融影响

2002 年年末,诉讼缠身的花旗集团感受到巨大的压力。美证券交易委员会、美联邦贸易委员会、美全国证券交易商协会、纽约州首席检察官办公室等机构都针对花旗集团开展了调查活动。致使诉讼赔偿不断,花旗集团的诉讼储备金以十亿为单位增加。

2002 年对于花旗集团而言可谓多事之秋,花旗集团为此损失的市场价值达 30%。2003 年 5 月,花旗集团终止 117 家企业的证券研究工作、裁掉 7 名顶级电信分析师。当时,整个华尔街被裁员的分析师人数也不断增加。摩根大通、高盛集团、摩根士丹利也纷纷裁掉 25% 的研究人员。[16]

2005 年,美联储明确要求花旗银行集团推迟一切大型并购计划,直至其解决各类问题为止。这一来自美联储的不同寻常的警告只针对花旗集团。一些分析家认为大型并购是花旗集团维持其势头的唯一途径。[17]

XI. 改善花旗集团的企业形象

在着手整治花旗集团之初,Prince 任命 Sally Krawcheck 为首席财务官(CFO)。Sally Krawcheck 原供职于所罗门美邦,被称为"整治皇后"。Prince 寄希望于她,希望她能保持一贯作风,再接再厉,推动花旗集团尽快改善其形象。[18]

2005 年 2 月 16 日,Prince 在集团内部推出了一项"五点伦理计划",作为其将花旗集团发展成世界最受尊敬的金融机构的宏图中的一部分。在 Prince 的蓝图中,"五点伦理计划"不仅服务于这一目标,还将给花旗集团带来其他方面的发展。Prince 还希望借此扩大发展个人业务和国际业务,将花旗集团的企业投资银行发展成业内翘楚。

"五点伦理计划"长达四页,列举了一系列举措,从 2005 年 3 月 1 日正式启动,并在随后的一年至一年半内落实。

XII. "五点伦理计划"的具体内容

- **改进培训**。此举旨在培养员工对花旗集团的继承和维护意识。这一计划是在一场名为"我们所要成为的公司"的全公司广播中拉开帷幕的。这一广播谈及公司所承担的三大责任:对客户负责、对同事负责及对花旗负责。所有管理层均须参加有关企业历史及企业文化的培训,一年一次。此外,所有员工均须接受行为规范年度培训。
- **关注人才与注重发展**。该计划包括关注应变能力、360 度评估、经理调查及为高层领导举办企业领导力研讨会。新设职位将在公司内部发布,旨在促进人才发掘、减少人才流失。
- **绩效考核与薪酬福利相挂钩**。举行一年一度的标准化绩效考核及管理层考核。公司所有高层管理人员的薪酬取决于花旗集团的年度效益,而非个人表现。员工的奖金与其在培训、道德规范项目中的表现相挂钩。
- **增进沟通**。Prince 说,他曾与很多企业雇主和企业高管会晤、相互拜访,所以他特别重视这一计划。花旗集团需要加强价值观和目标方面的交流。通过"道德热线"报告上来的问题要逐一讨论。管理高层要召开更多的会议。
- **加强公司内部控制**。内部控制包括合规训练、风险控制自我评价、建立法务部以保障公司经营符合所有的法律规范。

XIII. Prince聘请首席行政官

此外，在2005年9月26日，Lewis B. Kaden加盟花旗集团，担任副董事长兼首席行政官。Kaden曾为美公共广播公司(PBS)的"媒体与社会研讨会"(包括获得皮博迪电视奖的"道德在美国"系列专题)栏目中担任主持人。Kaden还曾在达维律师事务所(Davis Polk & Wardwell)工作过，处理企业管理、企业并购的案件，在大型案件中给诸如花旗集团这样的大公司以提供法律建议。Prince评价Kaden时说："他经验丰富，见解深刻，思虑周全，对于我们的宏图伟业——将公司发展成全世界最受尊敬的金融服务公司，无疑是如虎添翼。我们期待他的作为和表现。"[19]

XIV. "五点伦理计划"的外界反响

"我们从小就知道有道德这回事，但是道德教育并不能把人们变成德行高尚的人"，美国德拉维尔大学温伯格企业管理中心的Charles Elson教授如是说。但他还说，"要是(Prince的计划)能够将模糊的问题澄清，推动将'合规'这一企业文化发展成行为规范，我会为他的计划鼓掌。但是，通过道德教育来让人变得德行高尚，有点牵强。"[20] Elson教授继而建议说："严峻的考验应该是对违反道德的行为和对违法行为都采取零容忍政策，而不仅仅只对违法行为零容忍。如果企业向其员工说明，企业不能容忍任何违背其道德规范的行为，企业文化就会随之改变。" Elson教授进一步说，Prince所作的努力是一个"很好的开始"，但他必须与未将合规放在首要位置的前花旗管理层划清界限。"回首前CEO Weill执掌的领导团队，引入新鲜血液将大有裨益。我认为前CEO Weill彻底放权将对Prince'摆脱前朝元老'，组建他自己的领导团队大有帮助。"[21]

XV. Weill团队离开花旗

就在Prince发布"五点伦理计划"几个月之后，花旗集团的主席、总裁兼首席营运官Robert B. Willumstad宣布他将离开花旗，前往一家上市公司担任董事长。Willumstad在1998年旅行者集团和花旗公司合并成花旗集团之时，起到了关键作用。在他担任花旗集团旗下全球消费者业务公司董事长及CEO期间，公司利润强势增长，几次收购都大获成功。Willumstad曾与Prince及Weill密切合作，所以他在得知自己未被Weill选为继承人时也颇感失落。[22]

同月，Weill表示打算提前终止合约，创立一个私募股权基金。有报道称Weill是对Prince的"五点伦理计划"和旅行者集团的售出感到灰心。一个银行分析师说："Weill常说他反对出售，宁可慢慢整治……他肯定(对出售旅行者集团)特别不满。"[23]尽管如此，因为利益纠纷和信息获取等原因，Weill仍决定继续留在花旗集团。

继Willumstad和Weill发布消息打算离开后，Marjorie Magner也发布了同样的消息。Magner是花旗集团名下全球消费者业务公司董事长及行政官。Magner打算在金融服务业之外开拓事业。[24]她是花旗集团女性中职位较高的一个。在过去几年中，她的公司收益一直占到花旗集团一半以上。花旗集团的高管们都知道Magner并不赞成Prince推出的计划和做出的几项重大改变。对于Magner将要离开的消息，Prince回应说，她是"创立花旗集团的传奇之一"，他为她正在培养的人才"感到非常骄傲"，包括她的继任者。[25]

花旗集团最大的投资者，沙特王子Alwaleed bin Talal给出了正面评价。他说："作为世界最大金融服务公司的一把手，Prince需要更多的时间才能证明自己。""这个公司就是个庞然大物，"Alwaleed说，"他需要时间来建立属于他的企业文化和思维方式。我会一直支持他和花旗。"[26]

XVI. Prince作出回应

Prince如此评价他的"五点计划"："真正的问题在于，我们能否使之深入人心？这些机制的建立是为了起到鞭策的作用。这一切取决于你能给员工们多少钱。比方说，没有按要求完成训练的员工，不予发给奖金。如果我们发奖金给员工们的方式不正确，那这些计划将无异于愤世嫉俗的纸上谈兵。"[27] Prince 说他必须亲自监督这个项目的推行，"交给人力资源部门去做是不会见效的"。[28]

案例尾注

1. Citigroup, "Annual Report 2004," http://www.citigroup.com.
2. Citigroup, "Annual Report 2004," http://www.citigroup.com.
3. Suellentrop, C., "Sandy Weill, How Citigroup's CEO rewrote the rules so he could live richly." http://www.slate.msn.com, November 20, 2002.
4. "Laughing all the way from the bank/Citigroup's mastermind is still defending his grand design," *New York Times*, September 11, 2005.
5. Wikipedia, the Free Encyclopedia Online, "Charles Prince," http://en.wikipedia.org/wiki/Prince.
6. "For Citi, this Prince is a charm: CEO Chuck Prince is no Sandy Weill when it comes to style, and that has proven to be just what the scandal plagued giant needs," *BusinessWeek Online*, January 28, 2005.
7. "Spitzer settlement to cost Citigroup $1.3 bn," *Financial Times*, December 23, 2002.
8. Office of the New York State Attorney General Eliot Spitzer, "Conflict probes resolved at Citigroup and Morgan Stanley," http://www.oag.state.ny.us, April 28, 2003.
9. "Salomon agrees to NASD fine," *The Asian Wall Street Journal*, September 25, 2002.
10. "Citigroup to pay $5 million fine to NASD to settle charges it issued misleading research to protect an investment ban king client with a focus on Jack Grubman," *CNBC Business Center*, September 23, 2002.
11. Federal Trade Commission, "Citigroup settles FTC charges against the associates record-setting $215 million for subprime lending victims," http://www.ftc.gov, September 19, 2002.
12. "The falls of Enron: Citigroup settles suit over credit insurance," *Houston Chronicle*, September 20, 2002.
13. "World Com files largest bankruptcy ever," *Money*, July 22, 2002.
14. "Citigroup to pay $2.6 billion to settle World Com-related suit," *TR Daily*, May 10, 2004.
15. "Citigroup's misstep in Japan may bruise bank's global image," *The Wall Street Journal*, September 22, 2004.
16. "Citigroup ceases coverage of 117 firms: Seven analysts fired: Research cutbacks mirror rivals' in wake of Spitzer deal," *Financial Post*, May 24, 2003.
17. "US Fed puts check on Citigroup deals," *Financial Times*, March 17, 2005.
18. "Citigroup swaps top jobs," *Guardian*, September 28, 2004.
19. "Lewis B. Kaden to join Citigroup as Chief Administrative Officer," *Business Wire*, June 15, 2005.
20. "Citigroup goes to ethics class," *New York Post*, February 17, 2005.
21. "Films and forums teach value of ethics," *The Times*, March 26, 2005.
22. "Citigroup announces departure of Robert B. Willumstad," *Business Wire*, July 14, 2005; "Citigroup's No. 2 will leave, seek a firm to lead," *Wall Street Journal*, July 15, 2005.
23. "Frustrations of a deal-maker," *New York Times*, July 21, 2005.
24. "Citigroup's Marjorie Magner to leave," *AP*, August 22, 2005.
25. "Citigroup's Prince remakes empire, as Magner leaves," *Business Week*, September 5, 2005.
26. "Citigroup's chief needs time, says Saudi Prince," *Calgary Herald*, September 7, 2005.
27. "Citigroup works on its reputation," *Wall Street Journal*, February 16, 2005.
28. "After scandals, Citigroup moves to beef up ethics," *Wall Street Journal*, February 17, 2005; "Exclusive interview with Citigroup," http://welcome.corpedia.com/index.php?id=236s=news&c=news August 31, 2005.

讨论题

1. 花旗集团过于庞大是否给企业管理和企业内部控制造成困难？机构庞杂对长期存在的问题有什么影响？
2. "五点伦理计划"对花旗集团的投资方有何影响？花旗集团可采取什么措施来应对"五点计划"带来的消极回应？
3. 花旗集团如何才能持续对外宣传其改革后的企业文化？
4. 你认为在花旗集团或任何其他企业，是否有可能在改变企业文化和企业道德风气的基础上推行道德规范项目？说明原因。
5. 如果你是花旗集团的 CEO，你会采取什么措施来进行推广和执行"五点伦理计划"，在花旗集团内部树立起新的企业文化？
6. 就花旗集团所面临的众多问题而言，Prince 的计划是否足够完善？

第十二章
企业社会责任

学习目标

- 了解数十年企业社会责任的发展历程
- 支持企业承担社会责任的立场
- 认识企业社会责任的基本模型
- 掌握战略型企业社会责任的基本条件
- 把握社会责任的报告方式

商务伦理透视预览

塔塔钢铁公司城:"我们也炼钢!"

公司城通常位于劳动力匮乏的偏远郊区,为了吸引劳动力,企业通常在厂区内建立配套设施,包括房屋、公共设施、医院和小型超市,为员工生活提供便利。20世纪早期,公司城在西方国家特别普遍,美国当时拥有3 000多个公司城,吉百利(Cadburys,英国著名糖果公司)也在英格兰建立了公司城。在通常情况下,企业建造公司城都是为现实所迫,如在美国,采矿业和木材业所需要的主要资源都在偏远地区,为了获取原材料,公司都建立在了偏远地区,建立公司城成了唯一能够吸引员工的方式。

有些公司城的条件非常恶劣,与古拉格(前苏联劳改集中营)没什么两样。住房急剧短缺,很多人被迫住进了公司的仓库,可即便如此,住宿也花去了大部分工资,员工通常向公司借债,由此,他们就受到了公司的牵制,失去了"自由身",很难自由离开,公司也因此能以最低的价钱雇佣到劳动力,这基本上已成为很多公司的计策。相比之下,另外一些公司城却代表着另一种境界,一种乌托邦似的理想家园。在海运业大亨

Henry Kaiser 和巧克力大王 Milton Hershey 所建造的公司城里,住房、学校、图书馆和医院等配套设施齐全,环境优美。

如今,公司城在西方发达国家早已不复存在,而在发展中国家却正在时兴,一种新型公司城正悄然回归。印度东北部的詹谢普尔是印度塔塔钢铁公司(Tata Steel)的总部所在地,建立于 1907 年,当时同美国企业家一样,塔塔钢铁的创始人也面临着同样的现实问题:在印度,炼钢所需要的煤矿和铁矿都位于一片孤立森林的中部,为了接近原材料产地,公司才定位于那里,詹谢普尔公司城也应运而生。然而,Jamsetji Tata(塔塔集团和詹谢普尔公司城的建立者)认为公司城除了要满足员工基本生活需求,还要有优质的学校、运动中心和现代娱乐设施,致力于打造模范公司城。

虽然塔塔钢铁现已成为全球钢铁行业的一支重要力量,但它并未脱离公司城,反而加速了公司城的现代化,加强与公司城的纽带关系。《经济学人》曾这样写道:"塔塔的创始地最初十分落后,就像是 19 世纪中后期的维多利亚时代,然而'企业社会责任'这个西方学说却给这个地方带来了新生。"塔塔钢铁的子公司 Jusco 为公司城提供各种公用设施,公司城配有一家拥有 900 张病床的医院,内部还经营一家报社和一个动物园,并且公司给很多员工都配备了住房和汽车。另外,公司还有 250 名员工专门推广乡村服务,教授当地农民如何建立灌溉系统,如何种植农作物,并提供健康咨询。除此之外,公司还组建了很多运动队,城内建有一个体育运动中心,面向所有人开放,是各个运动队的国家训练中心。

这些举措很好地体现了塔塔的企业社会责任,这种社会责任在企业文化中有何地位呢?塔塔广告词回答了这个问题:"我们也炼钢!"

摘自 The Economist. 2011. "Company towns: The universal provider." June 19; The Economist. 2010. "Monuments to power: The politics and culture of urban development." October 14.

本章将讨论一个比较宽泛的概念——**企业社会责任**(Corporate Social Responsibility, CSR)。通过前面章节的学习,我们发现企业在做伦理决策时,会牵涉到很多相关者的利益,这里,我们将放宽着眼点,看一看除了遵纪守法外,企业经营还应该或者必须遵循其他哪些条件。关于企业社会责任的定义,人们见解不一,但这些定义仍有一些共同关注点,就是企业在保证利润的同时,应该如何保护环境,维护相关者的利益。"商务伦理透视预览"讲述了塔塔钢铁公司将社会责任融入企业核心价值观的行动,在这种价值观引领下打造的塔塔公司城与美国西部曾出现过的劳改集中营似的公司城形成了鲜明的对比,但美国西部公司城的理念却代表了一种关于公司模式的观点,即公司经营的合理模式——让市场控制价格(此处指劳动力价格)。

然而,塔塔的慷慨也不是毫无代价的。《经济学人》曾评论:"塔塔知道何时该打住吗?还是它会一直坚持,专注更多的社会责任活动,以至于分散过多的资源和精力,而忘记了根本任务?"[1] 自 20 世纪 20 年代以来,塔塔还从未遭受过失败打击,所以,也许塔塔的做法是对的，只是有些益处隐含其后无法衡量。

12.1　企业社会责任的历史概述

一些学者认为现代企业社会责任兴起于20世纪60年代，[2] 而另外一些学者则认为企业社会责任，至少作为一个正式概念被提出，可以追溯到20世纪30年代，当时《哈佛法律评论》刊登了哥伦比亚大学Adolf A. Berle教授和哈佛大学E. Merrick Dodd教授之间的一场辩论，当中提到"企业社会责任"。Berle主张企业管理人员只需为利益相关者负责，而Dodd则认为管理者应该承担更多的责任，"企业管理层只是代替全社会行使权力"，为了论证此观点，Dodd提出了一个理论概念，就是我们今天所说的"企业社会责任"。依据该理论，Dodd指出现代企业"首先需要得到法律的认可和支持，因为它是为全社会服务的，并非因为它是企业老板的赚钱工具"。[3] 时至今日，企业社会责任已得到了全世界的充分认可，但关于它的争论仍未结束。

我们可以根据亚当·斯密的古典经济学理论，讨论企业是否需要承担社会责任。亚当·斯密认为，在一个完全开放的自由市场中，生产者和消费者同时追求自身利益，从而最大限度地造福社会。在市场这双"**无形之手**"(Invisible Hand)的调控下，生产者遵循的是"优胜劣汰"的原则，只有以最优惠的价格生产出最优秀的产品，才能在竞争中取胜，得到市场的青睐，与此同时，为了追求个人利益，消费者也会购买物美价廉的产品。下面这段亚当·斯密的名言经常为人引用：

"我们不能借着向肉贩、啤酒商或面包师傅诉诸兄弟之情而获得免费的晚餐，相反，我们必须诉之于他们自身的利益。我们填饱肚子的方式，并非诉之于他们的慈善之心，而是诉之于他们的自私。我们不会向他们诉之于我们的处境为何，相反，我们会诉之于他们的获利。"[4]

在工业革命中，很多人都在新兴工厂中谋到了工作，生活水平也都有所提高，这似乎证实了斯密观点的正确性。其实不然，相比于工人，企业才是最大的获益者，很多大企业现在所拥有的权利比以往任何时候都要大，他们的创建者和拥有者也成了世上最富有的人。自由放任经济通常会引发企业间的激烈竞争，使企业一味追逐利益，而忽视了对员工、社区和社会的影响。

矛盾的是，同样是经营公司、雇佣员工、使用社会资源，有些企业家成了压榨工人的"黑心老板"，而有些企业家则成了全世界最伟大的慈善家。虽然有时被大家称为强盗式资本家，但有些富商还是会做一些慈善事业，为慈善机构和教育机构捐助大笔善款，他们的家族所建立的慈善基金会也为慈善事业做出了很大贡献。这样的企业家有很多，比如我们所熟知的石油大亨洛克菲勒、斯坦福大学创始人利兰·斯坦福、范德堡大学捐建者考尼列斯·范德比尔特和钢铁大王安德鲁·卡内基。然而，这些并不是企业社会责任,他们的慈善仅是个人爱心的表现，并不能代表公司行为。

20世纪初，社会对于大型企业的批评指责日益增多，越来越多的人认为，很多大型企业仗着自己有权有势，从事反社会、反竞争的商业活动。为了解决此问题，政府开始出台法律法规和相关政策，限制大型企业的权利，保护员工、消费者和社会的利益。20世纪初到20世纪60年代，随着主流文化价值观的改变，以及政府不断出台的限制企业的政策，很多企业家逐渐意识到，企业除了赚取利润和遵守法律外，还需承担其他责任。

20世纪60年代至70年代，大多数国家的企业文化仍旧在经历着变革，与民权、消费者权益保护和环保主义相关的运动改变了商业环境，社会对于企业责任的期望也因此发生变化，如此大的转变使得企业在提供平等就业机会、产品安全、员工安全和环境保护方面受到了更多的法律限制。20世纪70年代，美国社会立法不断地向企业发出信号，警示它们商业环境已发生变化。在美国，一系列管理机构的成立，如环境保护协会（Environmental Protection Agency，EPA）、平等就业机会委员会（Equality Employment Opportunity Commission，EEOC）、职业安全和健康管理局（Occupational Safety and Health Administration，OSHA）和消费品安全协会（Consumer Product Safety Commission，CPSC），提高了利益相关者在商业领域的影响。尽管有法律的约束，很多发达国家仍呼吁企业不要仅局限于法律规定，要自觉主动地培养社会责任意识，企业活动不能仅限于避免带来社会问题，还要帮助解决社会问题，这已逐渐成为一种流行趋势。[5] 在后面谈到企业社会责任报告、绩效评定标准和利益相关者参与度时，我们会发现企业面临的压力在不断增大，这一点也体现得更加明显。

在美国，第一个将股东作为主要利益相关者的法律先例就是1919年的道奇诉福特汽车案（Dodge v. Ford）。[6] 从名字来看，好像是两个汽车制造商之间的官司，实际并非如此。福特汽车公司成立于1903年，1916年福特汽车获利极高，公司手中保留盈余高达1.12亿美元，但是在截至1916年7月31日的财政年度终结后，总裁福特宣布公司不再向股东派发任何特别分红。当时，福特正在逐渐降低汽车售价，从每辆900美元降低到360美元，并且还打算提高工人工资，扩大生产量，为了平衡这些举措带来的损失，福特决定不再向股东支付特别分红，这一决定引起了持股10%的道奇兄弟的不满，将福特告上了法庭。在为自己的决定辩护时，福特提到了自己更远大的社会目标："为更多的员工提供工作岗位，让更多的人享受到工业体系带来的好处，帮助他们创造更美好的生活。"他还提到，股东已经获得了巨大的利益，已得到了足够多的分红，减少一些分红，他们也不该抱怨。

道奇兄弟拥有福特汽车10%的股份，并且是福特汽车的竞争对手——道奇汽车公司的创始人。针对福特的决定，道奇兄弟控告说福特无权利用股东的资产为自己的慈善行为买单。密歇根州最高法院判决道奇兄弟胜诉，判决指出企业设立的目的在为股东谋利，企业董事仅有决定如何达成此目标的权利，无权改变此核心目标。道奇兄弟和法院都忽略了一个概念，就是企业对于慈善事业的投入其实可以带来一定的效益。通过这个案件，美国基本上形成了一种观念，即企业的主要任务就是为股东负责，即使不负全责，也要负主要责任。[7]

20世纪50年代，企业社会责任得到初步发展，至少在美国，企业重心从股东为首向企业慈善转变，1953年出现了Smith v. Barlow案件[8]，后来成为法庭判决的标志性案件。当时，A. P. Smith Manufacturing Company向普林斯顿大学捐赠了1 500美元，但股东认为该捐款不合法，有逾越企业管理者权限之嫌。公司管理层认为这是改善公司形象的投资，既为社会所期许，也可以为公司发展营造有利环境。最后，新泽西法庭判定该公司捐款并未侵犯股东权益，最终判决为："股东的个人利益依赖于企业整体效益而存在，企业运营良好，股东才能受益，因此，股东不应只看重眼前利益，阻碍企业的慈善活动，企业是'现代社会结构中的一员'，必须主动承担相应的社会责任。"

Smith vs Barlow案件案例后，企业社会责任（CRS）的主要表现方式变为慈善（Philanthropy），企业开始投身于慈善事业，为高校和社会服务组织捐款，促进了社会的健康发展，而由此也引出一种观念，就是企业慈善应该是"发自心底"的举动，而非以公司受益为前提。[9]

1953年，"企业社会责任(CRS)之父"Howard Bowen给出了企业社会责任(CRS)的最初定义，这个定义不再单纯地从慈善角度出发："CRS指商人有义务按照社会所期望的目标和价值观，来制定政策、进行决策或采取行动。"[10]

20世纪60年代至70年代，企业社会责任的概念在实践和学术研究中都有所延展。[11] 1971年，在R. Edward Freeman还未发表他的经典著作 Strategic Management：A Stakeholder Approach 时，Harold Johnson为企业社会责任下了新的定义，提出了一系列的利益相关者："一个具有社会责任心的公司，其管理层一定能够平衡多方利益：不再单单为股东追求最大利益，还会为员工、供应商、经销商、当地社会和整个国家考虑。"[12]

现在，在讨论企业社会责任（CRS）时，不论是实践业务，还是学术研究，都会谈到企业对于利益相关者的责任和义务。

20世纪70年代，Archie Carroll提出了企业社会责任金字塔（参见图12.1），至今仍广泛使用。[13]

Carroll认为企业主要责任可分为四方面：**经济、法律、伦理和慈善**。他承认，企业最主要的任务仍是为消费者提供所需的产品和服务，然后

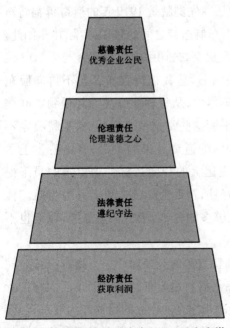

图12.1　Carroll企业社会责任(CSR)金字塔

从中赚取一定的利润。但是,企业与社会之间存在一个"社会契约"——法律法规,只有遵守这些法律法规,才算是正当经营,也就是我们现在所说的**经营许可证(License to Operate)**。虽然有些法律法规可以监督企业的经营和活动,将其限制在伦理道德范围内,如与产品安全、消费者权益保护相关的规定,但有些社会伦理并不属于法律范围,企业仍需遵循这些伦理要求。这些伦理要求是企业利益相关者——股东、消费者、员工和社会认为的对社会公平、公正且有益的行为,且这些义务是以道德原则为根据的,如权利、正义和功用主义逻辑。

这样的伦理期望通常先于正式的法律条文而存在,因为社会价值观在不断改变,经过不断的发展演变后才能成为法律。学习了后面的内容,我们会更加清楚企业社会责任(CSR)报告的发展历程,从最初毫无格式可言,到现在拥有多种指南文件规定其形式。

位于金字塔顶端的是慈善责任(Philanthropic Responsibility),这份责任要求企业从全人类的幸福和利益出发,投身慈善活动,做优秀企业公民,对于艺术和教育的贡献也属于慈善责任。慈善责任和伦理责任(Ethical Responsibility)的不同点是,慈善并非是道德义务,就算是企业不投身慈善事业,其利益相关者也不会认为公司不道德。

Carroll专门指出,金字塔内的各责任并不互相排斥。事实上,它们处于一种互相牵制的状态,其中最关键的是经济责任和其他责任之间的关系。可是,企业社会责任(CSR)绝不是利益诉求和社会诉求相竞争那么简单,金字塔只是为我们提供了一种视角来看待这个问题,Carroll的研究表明,多数公司都是围绕这些方面来分配自己的社会责任的。为了强调企业社会责任的核心部分并不总是以金字塔样式运作的,Carroll用维恩图解(参见图12.2)的方法解释了其中的关系,并论述了相关的伦理问题和利益相关者。

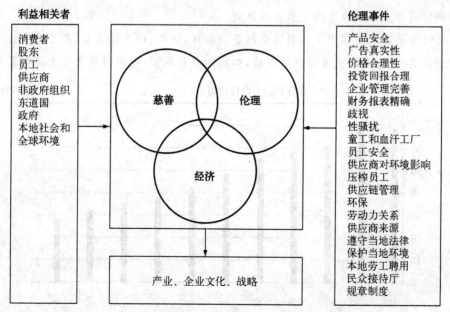

图12.2 企业社会责任(CSR)体系中关系、利益相关者及伦理问题

一些企业社会责任拥护者,如 Carroll,在谈论社会责任时主要考虑的还是企业经济表现和利益,尽管这样,在企业社会责任初期阶段,很多研究人员和商业领导者都担心这场运动是否会加强政府对于企业决定的干涉。[14] 其中最知名的批评家应该是诺贝尔奖获得者米尔顿·弗里德曼,他于 1970 年 9 月 13 日在《纽约时报杂志》上发表了一篇长达 5 页的文章,题为"企业的社会责任就是提高利润"。对于那些认为企业社会责任挑战了股东地位的人来说,这篇文章仍具有很强的号召力。Friedman 认为,企业应只有一个目的:"企业有且只有一种责任,那就是利用现有资源,在法律允许范围内,毫不隐瞒和欺骗,公平公正地参与竞争,最大限度地谋取利益。"他辩解说,如果企业不这样做,其管理者们就是在策划如何花别人的钱。理想境界就是股东能够得到自己应得的那份利益,然后让他们自己决定是否要参与慈善或投身其他事业。

目前,在全球各地,大多数的大型跨国企业都认同了企业社会责任的理念,但是下面的"全球商务伦理透视"表明,现在仍有一些人赞成弗里德曼关于企业角色的立场。

全球商务伦理透视

弗里德曼观点的全球反应

Edelman 是美国一家公共关系公司,主要研究评定消费者对于企业的信任度,该公司最近做了一项调研,调查人们对"企业的社会责任就是提升利润"这个观点的看法,调研对象主要是受过高等教育的人和高级白领蓝领,这些人就是 Edelman 所说的"见多识广的公众"。这项调研在 23 个国家进行,下面的图列举了其中一些国家,调研人群中赞同弗里德曼观点的人所占的比例。

新兴市场都比较倾向于认同弗里德曼的观点,印度、印度尼西亚、墨西哥和波兰几乎位于榜首;最近刚刚发展起来的市场,如新加坡和韩国,也同样坚定地支持弗里德曼

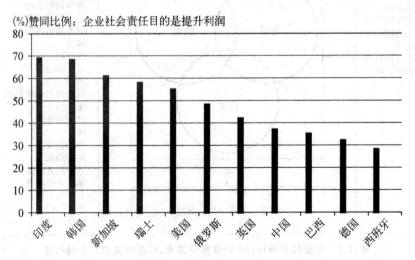

的观点;而中国和巴西却同欧洲社会民主主义国家类似,更加倾向于企业社会责任;与大多数社会民主主义国家有些不同,瑞典只有60%的知识分子支持弗里德曼的观点,对此,《经济学人》推测"可能是因为民众从出生到死亡,政府都提供很好的福利,因此就不再需要企业社会责任"。

摘自 Edelman. 2011. Trust Barometer;*The Economist*. 2011. "Milton Friedman goes on tour: A survey of attitudes to business turns up some intriguing national differences." January 27.

现在,大多数关于企业社会责任的观点都是赞同 Carroll 的看法,将企业的经济和社会责任融合在一起。而最近十年,关于企业社会责任最大的转变就是对于环境可持续性和腐败问题的关注。可持续发展已成为现代社会共同关注的话题,也是大多数企业社会责任行动的基石。

企业社会责任各元素间的关系一直是众人关注的焦点,最新提出的一种方法,受到企业的欢迎——**三重底线原则(Triple Bottom Line,TBL)**,即社会、经济和环境的可持续发展,也称作3P原则,即"人(People),地球(Planet),利润(Profit)"。三重底线原则是1998年John Elkingto在他的一本名为 *Cannibals with Forks*: *The Triple Bottom Line of 21st Century Business* 的书中提出来的,下面会讲到全球报告倡议组织(Global Reporting Initiative,GRI),其中就使用了三重底线原则评定企业社会责任(CRS)活动和绩效。

三重底线原则从利益相关者的角度规定企业社会责任,力求各方利益的平衡。Carroll 从竞争角度出发,探讨了企业社会责任的领域,同 Carroll 的金字塔及其所描述的责任领域一样,三重底线也包含慈善理念,要求企业不能仅局限于遵守伦理和法律规定。对人的责任,包括薪酬公平、童工、职业健康安全、培训和就业机会均等,除此之外,还应提供社会服务,如支持教育事业的发展,保护本地居民。

地球责任表示企业必须致力于环保及可持续发展,目标是在企业经营过程中尽量降低对环境的不利影响:减少原材料、能源和水资源的使用,减少废气废品排放量,提高产品派送效率,而环保节能所带来的效益和回报通常很容易量化。

利润责任表示不仅保证利益相关者的常规利益回报,还关心他人利益诉求,比如可以与当地供应商合作,为当地带来间接经济效益,改革创新也是经济回报的一部分。

三重底线原则参见图12.3。

另外一种处理企业与社会关系的方法是**企业公民(Corporate Citizenship)**,这同三重底线原则稍有不同。虽然企业公民的概念并不是最近才提出的,但却在过去十年得到了广泛使用。

关于企业公民,有三种基本观点:[15]

"狭义概念"(Limited View)同 Carroll 所讲的慈善社会责任类似,优秀企业公民会自觉回馈社会,为当地社会谋福利,如赞助当地球队;

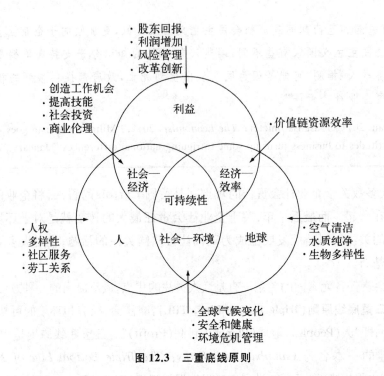

图 12.3 三重底线原则

"平行概念"(Equivalent View)等同于 Carroll 所讲的法律、伦理和慈善责任;

"广义概念"(Extended View)将企业看作独立个体,不受所有者和管理者的控制。根据"广义概念",企业不仅拥有按照法律和道德要求经营的义务,同样享有相应的权利,如可以决定是否为个人提供额外服务的社会权利,同其他公民一样自由行事的民事权利,以及参与政治进程,影响外界的政治权利。

三重底线原则同企业公民有很多内容都是相同的,但为什么用不同的术语表达呢?Matten、Crane 和 Chapple 教授指出,很多企业社会责任语言,尤其是"伦理"和"责任"的概念,并不是商业语言,可能无法被全盘接受,[16]而企业经理人可能更习惯"公民"这个概念,因为这样,企业在社会中就有更多的立足之地。

其实,不论采用什么方法处理企业社会责任问题,现在日益流行的一种观点是将企业社会责任看作一种潜在资产,下面我们将简要介绍战略性企业社会责任及其实施方法。

12.2 战略型企业社会责任

所谓**战略型企业社会责任**(Strategic CRS),就是假定企业"做好事"不仅有利于自身,还有利于社会。根据战略型企业社会责任的观点,企业之所以关心他们的利益相关者,完全是因为管理者们认为这才是公司的最大利益诉求,[17]战略型企业社会责任有什么不同吗?

总体来说,企业社会责任对于企业产生的影响不尽相同。[18]有些研究表明从长远来看,履行社会责任的企业业绩会更好;另外一些研究则发现社会责任与企业业绩毫无关系,甚至会带来负面影响;[19]更困难的是,企业社会责任本质上经常带来一些好处,如员工士气、企业形象、名誉声望、公共关系和大众好评,这也许有利于企业经营,但却很难带来即时经济效益,因此其益处是无法量化的,加大了评估难度。[20]大体上对企业所做的定量研究表明企业业绩与是否推行社会责任活动无系统关系,但很多关于私营企业的逸闻趣事表明它们从企业社会责任活动中获益颇丰。有些企业不但生意做得成功,在履行社会责任方面也起到了模范带头作用,如 Body Shop、Ben & Jerry's、Toms of Maine。[21]

有些趣闻轶事表明战略型企业社会责任能带来丰厚利益,如:[22]

- 消费者反响积极,市场份额提高:一般来讲,白内障手术花费很高,为了能够让更多的患者接受手术,印度 Aravind 眼科医院对于经济困难的白内障患者,只收 50 美元的手术费,由于收费价格低,他们每年都能做超过 20 万例手术,带来 4 650 万美元的利润。
- 组织学习:为了帮助旧城区的孩子通过现代科技进行学习,Bell Atlantic 在美国新泽西州尤宁城启动了 Project Explore 项目。该项目不但给孩子们提供了帮助,还推动了 Bell Atlantic 公司的网络科技创新,发明了 Infospeed 数字用户回路,该产品带来的效益远远超过了项目本身的支出。
- 忠心耿耿的员工:研究表明,如果员工能够与受益于与工作中客户的直接接触,工作就会更加认真,业绩更好,并且不会轻易离职。
- 投资关系:投资者时时刻刻在观察。在美国,投资者在具有社会责任心的企业的投资额以每年 20%的比例增加,2011 年有望超过 3 万亿美元。

上面这些例子表明,若企业能够将社会责任与经营模式融合在一起,就能够在维持企业基本运营的同时,为更多利益相关者带来效益。由于社会责任同企业业绩之间的联系尚未明确,包括哈佛大学 Michael Porter 教授在内的战略专家开始研究如何将企业社会责任更好地与竞争优势联系在一起,从而真正具有战略性意义。Porter 教授和他的同事 Mark Kramer 在《哈佛商业评论》上发表了一篇重要文章,其中讲到了很多这方面的问题,接下来,我们将介绍一些其中比较重要的观点。[23]

12.3 企业社会责任已经存在,并将长期存在

在世界大部分国家,企业社会责任已经成为、或者正在成为商业领导者的关注重点。

几乎每一个主要的利益相关者,包括政府、非政府组织、员工和当地社区,都要求企业决策要考虑社会责任,因此,在当今全球市场履行社会责任已成为企业不可避免要面临的问题,如环境保护、社会利益、员工健康与安全。McKinsey 在最近一项报告中提到,[24] 被采访的总裁中,95%都认为"与五年前相比,社会对于企业承担公共责任的期望已有所提高"。因此,大多数企业在报告中都会将环保、社会和管理纳入他们的核心策略。虽然在企业经营过程中,会面临来自各方利益相关者的压力,但更多的企业老总会把这种压力转换为动力,用来解决全球问题,赢取竞争优势。

Porter 和 Kramer 发现,虽然很多公司在开展业务时已经考虑到了环保和社会利益,但仍旧没有达到预期效果,他们认为这主要有两方面的原因。首先,仍然存在一个观念,认为商业与社会是对立的,将两者分裂开来企业才能赢得更多利润。其实,企业与社会是相互依存的,企业需要社会给它提供更多受过良好教育的健康员工和可持续发展的环境,社会则需要企业更多地参与社会活动,呼吁企业走出自我利益的"小世界",致力于创造一个更美好的大世界。其次,很多企业对于社会责任都只是泛泛而谈,毫无目的地摸索实验,尚未从战略性角度思考。那么,企业如何克服这些问题呢?

一种方法就是,在企业经营中融入社会责任(CRS)的概念,将其用作降低成本、更好地满足客户需求的战略性武器,以此来超越竞争者。Porter 和 Kramer 提醒说,有一种特别不提倡的做法就是毫无选择性地把钱投给社会。承担社会责任也应该从战略角度考虑,服务领域应该是企业所擅长的,这样才能真正发挥效用。比如,日本丰田公司以汽车生产和设计创新闻名,作为第一个将油电混合动力汽车引入市场的公司,丰田推出了普锐斯汽车,混合发动机的废气排放量仅为传统内燃机废气排放量的10%,这不仅满足了消费者对于高效能汽车的需求,也带来了环境效益。由于是新型产品,油电混合动力汽车售价也会更高,但与传统汽车相比,就算花高价钱,消费者也愿意购买。

根据 Porter 和 Kramer 的建议,为确定战略性企业社会责任竞争优势的潜在领域,一种方法就是把握企业价值链的影响。价值链可以展现出公司所有的经营活动,通过观察这些商业活动,管理者们可以评估企业经营对于社会产生的正面影响和负面影响,然后采取相应措施,降低潜在负面影响,找到具有战略优势的领域。

图 12.4 体现的就是价值链及其与各环节相关的社会责任潜在机遇和风险。价值链第一个环节就是进货物流,如何采购零部件和原材料。下面会讲到星巴克的例子,它建立了一个既经济又对社会负责的机制,不但能给当地农民带来效益,还能保证高质量的咖啡供货。在生产制造环节,有很多机会可以在削减开支的同时为社会造福,如减少废物排放量。Hydro 公司树立了很好的榜样,回收利用已经成其生产过程的一部分,这当然也成了它的竞争优势。

下面,我们将介绍一些战略型企业社会责任的指导原则,帮助管理者打造竞争优势。

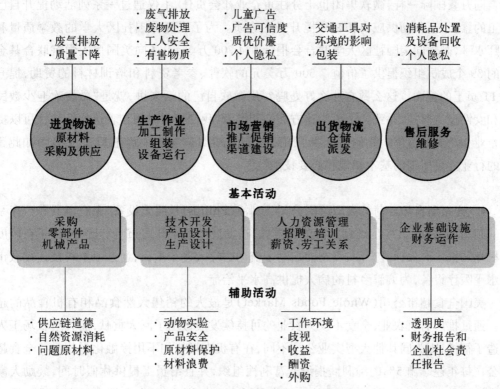

图 12.4　企业社会责任与 Porter 价值链的融合

12.4　战略型企业社会责任的原则

　　Peter Heslin 教授和战略咨询师 Jeann Ochoa 对多个公司做了调查研究后,总结了战略型企业社会责任(Strategic CRS)的七条示范原则。[25]他们指出,并非所有组织都能贯彻落实这七条原则,但各有侧重。他们还发现很多公司成功地运用这些原则,将企业社会责任与价值链很好地融合在一起。接下来具体介绍这些原则:

- **培养人才。**万豪国际集团(Marriott International,全球首屈一指的国际酒店管理公司)和微软集团(Microsoft)都利用社会责任报告,吸引了大批员工,并长期维持良好的劳工关系。万豪集团的"独立之路"项目(Pathways to Independence)致力于保证员工利益,培训他们的生活技能和工作技能,工作技能包括如何找工作、如何面试,生活技能包括家庭理财等。万豪集团善用大学毕业生,为刚刚踏入职场但却潜力无限的年轻人提供工作岗位,不仅为他们提供了发展平台,公司也从中获益颇丰,这些员工的离职率还不及其他员工一半。

同万豪国际一样,微软集团也十分注重企业社会责任,不仅通过一系列活动提升自己员工的素质,还帮助供应商和客户提升员工素质。为了提高美国社区大学的教学质量和教师水平,微软向美国社区大学联合会捐赠了4 700万美元;还向美国黑人学院联合基金会的39个成员组织提供了价值7 500万美元的软件、参考资料和培训材料的赞助,提升其IT员工的能力。这么做有什么好处吗?用微软自己的话来讲,就是"微软欢迎少数民族和女性投身科技,并致力于成为这方面的领导者,我们相信思想和表达的多样性可以提升企业和产品的价值。我们还专注于同高校合作,帮助同学们了解在IT这个竞争如此激烈的行业立足所需的基本知识和必要技能"。[26]

- **开拓新市场**。荷兰大型跨国公司飞利浦(Philips)是照明设备、家庭电器和医疗系统的顶级制造商,始终在研究如何革新方式,在发展中国家开辟市场。比如,为了在印度乡村地区推广高效保健产品,飞利浦启动了流动医疗大篷车项目,通过卫星科技连接城市高水平医疗设备,为偏僻乡村的病人提供高水平治疗。

  美国全食超市公司(Whole Foods Market)是最大的销售天然食品和有机食品的超市。通过推广有机农业,全食不仅为农业的可持续发展做出了巨大贡献,而且给农场工人创造了福祉,因为同其他大型实业公司不同,在有机农场他们不用接触化学物品。全食超市公司每年还拿出5%的纯利润捐给非营利性组织,并且给员工提供休假时间,鼓励大家走进社区做志愿服务。作为一家曾被评为最适合工作的企业,全食拥有一支充满激情与活力的工作团队,制定梯级战略,将客户群体定位于那些具有社会意识且愿意出高价购买有机产品的消费者。

- **保障员工利益**。保障劳工权利,提供优良工作环境始终是企业的社会责任,对于服装厂来说,尤其在童工和血汗工厂事件上,这更是一件棘手问题。李维斯公司(Levi Strauss & Co.,简称Levi's)是美国一家跨国服饰公司,在童工问题上提出了一种十分新颖的解决方法。李维斯公司下属的一些工厂曾被查出雇用未满15岁的童工。在处理这件事情时,公司的第一反应是解雇所有未成年员工,但是,对孟加拉共和国的劳动市场考察后,他们发现很多童工都是家里主要的收入来源者,甚至有些童工是家里唯一能够赚钱的人。考虑到这种情况,李维斯改变了主意,最终的解决办法是:把所有未成年童工送回学校接受教育,上学期间工资照发,并且顺利毕业后还会提供一份工作。

  星巴克在其供应链中,采取了一种十分有力的措施来履行社会责任。星巴克表示:"我们同农民一起工作,一方面提高咖啡质量,另一方面为咖啡生产区提供贷款投资计划。这不仅仅是一种慈善,也是一种利益,对于种植咖啡豆的农民,我们帮助他们维持生活,建造家园,他们才能够专心种植,从而为我们提供高质量的供货。"[27]为了推行这项战略型企业社会责任,星巴克在哥斯达黎加和卢旺达都成立了"农民扶助中心",为当地农民提供资源和技术支持,降低生产成本,减少细菌感染,提高咖啡豆质量,促进优质咖啡的产量。不仅如此，星巴克还专门成立基金会，为种植咖啡豆的农民提供贷款，目前已提供1 500多万美元的赞助，以前农民为了尽早卖出咖啡豆换点钱，通常以很低的价格出手，现在有了资金支持，他们可以坐等最佳出售时机，卖一个好价钱。

- **减少对环境的危害**。Ethel M. Chocolates是美国一家闻名的巧克力制造商，其工厂每年都能吸引70万名参观者。参观者之所以选择参观巧克力工厂，主要是为了参观其先进的污水处理系统——Living Machine，它是Ethel M.净化污水的水循环系统，在设计和建造时采用了佛蒙特州伯灵顿的Living Technology。该系统不仅不使用任何化学物品，而且还模仿纯天然水净化过程，利用含有细菌、藻类、原生动物、蜗牛、鱼类和各类植物的湿地来消灭水中的污染物，待净化的污水在人工湿地中经过一天的处理后，最终会流入一个露天池塘。净化后的污水已非常干净，可以用于空调系统、灌溉和洗车[28]。该系统不仅保护了环境，也给Ethel M. Chocolates带来了丰厚利润和美誉，使其成为拉斯维加斯远近闻名的旅游景点。

挪威的Hydro公司是一家大型跨国铝业公司，在40个国家开展业务，在亚洲、美洲和欧洲设有19个工厂回收废铝再利用。2010年，Hydro产铝量超过100万吨，其中26万吨都是通过循环再利用获得的。截至2020年，Hydro预期铝回收量将达100万吨。传统采矿业的原材料一半都来自大山，Hydro则与众不同，通过废铝回收从市中心获取原材料，即其所谓的"城市采矿"。[29]

与全新铝加工相比，再循环制造仅需耗费其5%的能量。Hydro循环利用部经理Roland Scharf-Bergmann说："残余物在欧洲及全球已成为一种重要的新型原材料。我们知道中国非常重视残余物的回收与利用，所以我们期望中国能够在回收循环和废料进口方面大量增加投资。"他还说："未来，Hydro将引导价值链的各个环节，成为领先性综合生产商，占取相应的市场份额。我们在市场中的地位及商业和科技竞争力将为我们提供更多的循环再利用机会，从而减少碳足迹。"[30]在Hydro，环境友好已成为其核心战略。

- **副产品收益**。Shaw Industries是乔治亚州的一个地板公司，其地毯生产理念为"从摇篮到摇篮"，即旧地毯回收后重新用于加工生产，这样原材料就可以不断地循环使用，生产新产品。Shaw斥巨资进行科技研发，提高产品循环利用率，其中一个成果就是尼龙6纤维，这是唯一一种可以重复使用制造新地毯的民用地毯纤维，在乔治亚州奥古斯塔的"常绿尼龙回收中心"回收。Shaw称这种生产过程是对大自然更新循环的模仿，在自然界很多东西去后都能在地里分解，为新一轮循环提供养料。Shaw认为，将旧地毯从消费者手里回收，然后作为新地毯的原材料，这种"从摇篮到摇篮"的生产方式不仅可以为消费者省钱，还可以真正实现可持续发展。[31]

Manildra是一家生产工业谷物和淀粉的跨国公司，其发财致富方式非常节能环保，将谷物生产过程中产生的废弃品循环利用于谷物加工,比如,用废弃淀粉加工乙醇和农作物饲料。如此循环利用不仅给公司带来了利润,还保护了环境,将环保和企业经营完美地融合在一起。

- **客户参与度。**惠普公司(Hewlett-Packard, HP)是一家来自美国的资讯科技公司,成立于 1939 年,主要专注于打印机、数码影像、软件、计算机与咨询服务等业务。为了更好地保护环境,提高客户参与度,惠普公司在全球开展了"地球伙伴回收利用计划"(Planet Partners Return & Recycling Program),方便客户回收(通常免费)诸如电脑硬件、电池和打印机等产品。另外,对于一些过时的产品,如电脑,如果消费者不再想要或不再需要,如果产品质量合格,金融服务部就会以合理的价格购买回收,经过重新修整后再次销售。除此之外,惠普还同美国克里斯蒂娜基金会(National Cristina Foundation,为全世界需要电脑的学校和非营利性组织提供帮助的非营利性组织)合作,为消费者提供了平台,可以将不再使用的电脑等设备捐赠给慈善机构。[32]

Patagonia 是一个户外服装和设备的顶级品牌,其网站和宣传册到处都传递着环保信息,时刻提醒消费者要保护环境。其宣传册中约 45% 是社会信息,55% 是产品介绍,社会信息中的文章很多与环保和社会事件相关,并且有些文章是客户提供的。在其官网上,"Environmentalism"(环保)与"Product Ordering"(产品预订)紧挨着,位于十分突出的位置,突显其对环保的重视度。从表面的价值方面考虑,可能有人认为拿网站和宣传册版面来宣传企业社会责任会影响销售额,可是 Patagonia 并不这样认为,他们认为减少这些宣传反而会降低销售额。

- **打造绿色供应链。**有证据表明保护环境可以提高经济利润,这一点已经得到了很多公司的认可,他们观察自己公司的供应链,发现经营方式有所改善的部门利润就会提高。上海通用汽车(SGM)有限公司成立于 1997 年 6 月 12 日,由上海汽车集团股份有限公司、通用汽车公司分别出资 50% 组建而成,是中国汽车行业的领军企业。2005 年,上海通用汽车携手世界环境中心(WEC)和中国汽车工程学会,在中国启动"绿色供应链"示范项目,帮助上海通用的 125 个供应商提高环保能力、减少能源与原材料的消耗,以切实促进中国汽车产业价值链各个环节的可持续发展能力。125 个供应商投资了约 2 100 万美元用于减少能耗、节省水源和降低污染的 498 个项目,结果不但改善了当地环境,公司年度开支也节省了约 1 900 万美元。有些项目第一年就带来了效益,其中环境效益包括温室气体排放量减少 55 400 吨,相当于 35 000 多辆汽车一年的温室气体排放量。年度水资源耗费也减少了 2.82 亿加仑,液体废弃物减少了 3 600 万加仑,固体废弃物至少减少了 9 300 吨。"通过一系列环保活动,上海通用打造了可持续发展生产模式,提高了整个生产链的能源利用率和环境保护能力,强化了客户—供应商关系,响应了政府号召。"世界环境中心主席兼首席执行官 Terry F. Yosie 在一个声明中这样讲到。[33]

Burton 是美国第一大滑雪板品牌,在供应链的各个环节,与贸易伙伴间的交易完全是电子化业务,大大降低了纸张的使用,邮资、纸张和信封的减少也同样降低了成本。总体来说,通过全新电子自动化系统,Burton 一年共节省了将近 4 吨的木材、3 000 万个英制热能单位的热量、5 882 磅的二氧化碳、22 219 加仑的废水和 1 909 磅的固体废弃物。有了成功经验后,Burton 决定再接再厉,计划推广 B2B(企业对企业)电子自动化业务,减少纸张的使用,减轻对环境的不利影响。新计划目标是在原有成绩基础上,再节省 40 吨的木材、3.5 亿英制热能单位的热量、65 000 磅二氧化碳、250 000 加仑废水和 20 000 磅固体废弃物。Burton 的成功证明,供应链中的绿色电子科技可以直接为企业和环境带来效益。[34]

对于企业来说,社会责任环境在不断改变,其中越来越凸显的一个问题就是,企业如何向利益相关者汇报和审计自己的社会责任表现。下面我们将对企业社会责任报告做一简要概述,然后重点介绍两种最常用的报告体系。

12.5　企业社会责任报告

现如今,企业财务报告已非常普遍,作为投资者和拥有者,股东们每年都会要求企业向他们做年度报告,汇报财务状况,并以此为基础,考虑给公司投入多少资金。然而,另外一种报告也正日益兴起,就是**社会责任报告(Social Performance Reports)**,越来越多的规章制度开始要求企业对其社会责任表现做出汇报。在一些国家,如英国和丹麦,这种规定已经列入了法律:丹麦议会于 2008 年通过一项法案,强制要求全国排名前 1 100 位的大型企业的年度报告中必须包括企业社会责任,对于履行了社会责任的企业应具体汇报实践活动,而没有履行社会责任的企业则可直接声明未承担社会责任。丹麦政府这么做并不是硬性规定企业必须承担社会责任,而是激发企业主动承担社会责任的积极性。

除了法律规定外,还有很多其他因素都要求企业对其社会责任表现进行汇报,这些要求即便没有写进法律,也要具有很强的约束力,给企业带来很大压力。其中比较重要的一个因素就是现在的投资趋势,越来越多的投资者开始将企业社会责任纳入考核范围,根据企业的社会责任表现决定是否投资。毕马威(KPMG)是一家网络遍布全球的专业服务机构,专门提供审计、税务和咨询等服务,最近做了一项调研,研究表明目前对于企业责任心和透明度的要求在全球范围内已达到了空前的高度,这就意味着企业报告必须更加全面,不仅包括财务报告,还要包含风险管理信息以及在社会和环保领域的表现。[35]

毕马威对于《财富》世界前 250 强和来自 22 国家的前 100 家最大企业做了调查,发现很多企业都拥有了社会责任报告，尤其是影响力较大的跨国企业。世界 250 强中约 80% 的企业都已经公布了社会责任报告，而对于这些企业来说，毕马威发现它们都具有以下优势：[36]

- 与众不同：基于企业社会责任策略和投入，公司在市场中脱颖而出；
- 营业许可：从道义上许可企业同公众及利益相关者开展业务；
- 吸引资金：金融市场对于环保和社会表现的要求提高，报告社会责任的企业通常拥有更多的优势；
- 改革创新：企业社会责任可以帮助企业更好地了解利益相关者的需求和存在的风险，从而鼓励创新实践；
- 吸引员工：在员工期望飙高的今天，社会表现可以增强企业竞争力，吸引人才；
- 提高声誉：通过如实汇报企业信息，可以塑造企业诚实可信的形象。

企业社会责任报告仍在不断改进，但不同国家的报告形式和参与度仍有很大差异。图 12.5 表示在毕马威所调查的 22 个国家前 100 家最大企业中，采用单独型企业社会责任报告和综合型企业社会责任报告的公司在不同国家所占的比例关系。**综合型报告**（Integrated Reports）指企业社会责任报告包含于企业年度报告中，而传统企业年度报告通常只关注企业财务状况。

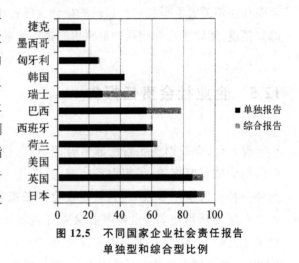

图 12.5　不同国家企业社会责任报告单独型和综合型比例

12.6　企业社会责任报告内容

企业社会责任报告（CRS Reporting）仍旧处于发展阶段，关于报告内容、报告形式和报告审核方法还处于商榷阶段，未有最终定论。最近，毕马威公司联合联合国环境规划署、全球报告倡议组织及非洲企业治理部门对 30 个国家的强制性和自愿性企业社会责任报告标准进行了调查研究，[37] 发现"其中关于可持续发展报告的国家标准和国际标准在不断增多"。不同国家的标准性质不同，有些是强制性的，有些是自愿性的。该研究发现：[38]

- 共有 142 种国家标准/法律涉及与可持续发展相关的要求或指导；
- 强制性标准约占 2/3(65%)，自愿性标准约占 1/3(35%)；
- 共有 16 种标准涉及全球和地方报告要求；
- 共有 14 种审核标准。

从最近发展趋势中,我们不难发现,不论是法律规定,还是社会期望,对社会责任进行自评和报告已经成为对企业的硬性要求,因此,企业管理者们必须了解各种相关标准和要求,并将其巧妙地应用于企业经营,这应该是未来企业家所肩负的最大责任了。

报告内容没有统一规定,可以从多个方面泛泛而谈,也可以具体谈论某一方面,如员工责任或环保责任。有些组织制定了指南标准,为企业社会责任报告格式提供指导说明:

- AA1000。1995年,英国社会和伦理责任研究院(Institute of Social and Ethical Accountability)成立了一家非营利性机构 AccountAbility,其宗旨是提高组织社会责任意识,实现可持续发展,该机构制定的 AA1000 系列标准,为各种组织提供有效的审计和社会责任管理工具及标准。
- GRI。全球报告倡议组织(Global Reporting Initiative)的《可持续发展报告指南》(Sustainability Reporting Guidalines)列出了一些原则和业绩指标,供企业自评和报告经济、环境和社会绩效时所用。
- Good Corporation's Standard(优秀企业标准)。此标准是联合商业伦理研究会(Institute of Business Ethics)共同制定的,涵盖了商业管理的62个领域,主要关注6类利益相关者:员工、客户、供应商和次承包商、社会和环境、股东或其他资金提供者,以及管理职责。
- SA8000。1997年,总部设在美国的社会责任国际组织(Social Accountability International)发起并联合欧美跨国公司和其他国际组织,制定了 SA8000 社会责任国际标准,是一种基于国际劳工组织宪章(International labor Organization Conventions)的国际人权规范、联合国儿童权利公约(United Nations Convention on the Rights of the Child)、世界人权宣言(Universal Declaration of Human Rights)而制定的,以保护劳动环境和条件、劳工权利等为主要内容的管理标准体系,是全球首个道德规范国际标准。
- ISO14000。ISO14000 环境管理系列标准是国际标准化组织(ISO)推出的又一个管理标准,其中 ISO14001:2004 为《环境管理体系——规范与使用指南》,是环境管理体系的依据,当用于企业社会责任报告时,为企业同其员工、管理者、社会大众和其他利益相关者沟通环境管理事件提供了共用基准。
- COP(Communication on Progress)。年度进展报告(COP)是企业关于全球契约(United Nations Global Compact)的 10 项原则施行情况的汇报。

企业在自评社会责任绩效、制定报告时,可能会使用上述指南中的一种或多种,而目前使用最广泛的有两种:全球报告倡议组织(GRI)的《可持续发展报告指南》和联合国全球契约(United Nations Global Compact)的年度进展报告(COP)。

接下来,我们将详细介绍这些报告指南的具体内容。

联合国全球契约主要基于在人权、劳工、环境和反腐败四个方面的 10 项原则:[39]

人权原则（Human Rights）

- 原则1：企业应尊重和维护国际公认的各项人权。
- 原则2：绝不参与任何漠视与践踏人权的行为。

劳工原则（Labor）

- 原则3：企业应该维护结社自由，并承认劳资集体谈判的权利。
- 原则4：彻底消除各种形式的强迫劳动。
- 原则5：废除童工制。
- 原则6：消除就业和职业歧视。

环保原则（Environment）

- 原则7：企业应采取预防性措施应对环境挑战。
- 原则8：主动承担责任，推行环保行动。
- 原则9：鼓励开发和推广环境友好型技术。

反腐败（Anti-corruption）

- 原则10：企业应反对一切形式的贪污腐败，包括勒索和行贿受贿。

商务伦理战略透视

联合国全球契约年度进展报告内容

- CEO支持"全球契约"的声明

> **加纳可口可乐瓶装公司** 一直以来，我们恪守承诺，在市场、环境、工作场所，以及所在社区，为实施全球契约的原则付出了辛勤的汗水。我们再一次展示了在实施全球契约原则方面的关注与投入，随着努力的步伐继续前进，我们的下一个目标将是生意场上的合作伙伴。我们将采用自己的方式去影响我们的合作伙伴，以确保他们也能遵守全球契约原则。我们相信，我们绝不是实施全球契约原则的一座孤岛，而追求全球契约的"全球化"，正是我们进一步努力的目标。——2006年度进展报告

- 实际行动

> **塔拉勒·阿布格扎拉国际有限公司（埃及）** TAG公司不应使员工因年龄、种族、性别、性取向、婚姻状况、宗教信仰、民族血统或身体残疾等因素而受到歧视。TAG公司保证为员工提供公平的工作环境及就业保障。在没有任何歧视的情况下，所有员工都有权要求同工同酬。公司的所有应聘者都必须通过一系列的测试（选择题），以确保公司招聘流程的客观性、公正性，以及平等性。公司保证毫无保留地尊重和保护所有人的人权。——2006年度进展报告

- 结果评定

> **印度尼西亚 Martha Tilaar Group-2006 年度进展报告**
>
> 我们公司员工最小年龄为 18 岁,以下表格为证。
>
> | 年 龄 | 管 理 层 | | | 非 管 理 层 | | |
> |---|---|---|---|---|---|---|
> | | 2004 年 | 2005 年 | 2006 年 | 2004 年 | 2005 年 | 2006 年 |
> | 18 岁以下 | 0 | 0 | 0 | 0 | 0 | 0 |
> | 18—20 岁 | 0 | 0 | 0 | 8 | 10 | 2 |
> | 21—30 岁 | 18 | 13 | 11 | 299 | 238 | 181 |
> | 31—40 岁 | 69 | 52 | 62 | 388 | 326 | 330 |
> | 41—50 岁 | 41 | 37 | 34 | 107 | 96 | 107 |
> | 51—55 岁 | 9 | 12 | 15 | 14 | 16 | 16 |
> | 55 岁以上 | 2 | 3 | 4 | 6 | 3 | 3 |
> | 总 计 | 139 | 117 | 126 | 822 | 689 | 639 |
>
> 员工年龄分布结构
>
> 注:
> - 印度尼西亚义务教育法定结束年龄为 16 岁。
> - 根据公司规定,退休年龄为 55 岁。
>
> 摘自 United Nations Global Compact. 2008. *The practical guide to the United Nations Global Compact communication on progress*, pp.9-10, 29.

是否加入全球契约是完全自愿的,但是一旦承诺加入,企业在经营管理中就必须切实贯彻落实以上 10 项原则,并且有义务提交年度进展报告,向利益相关者汇报经营状况。年度进展报告没有固定的模式和格式,但必须包含以下三项内容:首席执行官、主席或其他高级管理层在序函、声明或公告中载列一项关于继续支持全球契约的声明;阐述企业在过去一个财政年度为实施全球契约的各项原则而采取的各项具体行动;对所获得的成果以及预计成果进行阐述,并在阐述过程中尽量采用全球契约所倡导的指标和尺度。截至 2011 年,已有约 5 000 家企业积极地加入了全球契约,另外还有一些政府组织和非政府组织也参与其中。本章"商务伦理战略透视"节选了几个公司的年度进展报告,通过实例说明年度进展报告三元素的内容。

全球报告倡议组织(GRI)所提供的报告框架是目前全球认可度最高的企业社会责任报告标准,企业用其原则和指南认识和衡量经济、环境和社会业绩。GRI 报告框架包含四个部分:《可持续发展报告指南》(简称《指南》)、各类《指标规章》、《技术规章》及《行业附加指引》。2006年发布了第三版《指南》,可登录 www.globalreporting.org 浏览,2011年3月又发布了修订版,表格12.6就是《指南》的具体内容。

GRI还有专门的《行业附加指引》,为不同行业提供指引,如电力公用事业、金融服务、采矿金属业、非政府组织、食品加工、航空业、建筑及房地产业,后来又应用于会展管理、传媒业和石油天然气行业。根据GRI的说法,GRI框架可以展示企业对社会责任的履行情况,评定企业在遵纪守法、标准执行和自主意识方面的表现,还有助于企业跟踪了解不同时段的业绩。[40]企业之所以要使用这些标准和规定来评定社会责任表现,原因在于:[41]

- 评定企业社会责任表现可以帮助公司了解并抓住机会,改善经营,避免风险,增加企业长远价值;
- 评定企业社会责任表现可以提高企业管理社会责任的能力,有助于维护并提高企业价值;
- 除了金融数据外,投资者和分析者可以根据其他信息了解企业经营和投资风险;
- 透明度提升信任度——利益相关者可以根据比较信息和标准信息做出回应;
- 企业可以减轻对社会、环境和政府的不利影响。

联合国全球契约组织和全球报告倡议组织于2010年5月签订协议,表示要联合工作,推进企业社会责任,意味着两组织的报告框架将协同作用,成为全球最大的企业责任报告平台。作为该协议的一部分,GRI计划在新版《可持续发展报告指南》中加入全球契约的10项原则,该《指南》计划于2013年春季发行;与此同时,全球契约也将GRI《指南》融合进企业报告框架中。[42]关于此次结合,应该是一件水到渠成的事情,因为在此之前已经有很多企业在全球契约的年度进展报告中参考了GRI《指南》。

表 12.1　全球报告倡议指南绩效指标

环境绩效指标		
物料	EN1	所用物料的重量或体积
	EN2	采用经循环再造的物料的百分比
能源	EN3	初级能源的直接能源消耗量
	EN4	初级能源的间接消耗量
	EN5	通过节约和提高能效节省的能源
	EN6	提供具有能源效益或基于可再生能源的产品及服务的计划,以及计划的成效
	EN7	减少间接能源消耗的计划,以及计划的成效
水	EN8	按源头说明总耗水量
	EN9	因取水而受重大影响的水源
	EN10	循环且再利用水的百分比及总量

（续表）

环境绩效指标		
生物多样性	EN11	机构在环境保护区或其他具有生物多样性意义的地区或其毗邻地区，拥有、租赁或管理土地的位置及面积
	EN12	描述机构的活动、产品及服务在生物多样性方面，对保护区或其他具有重要生物多样性意义的地区的重大影响
	EN13	受保护或经修复的栖息地
	EN14	管理对生物多样性影响的战略、目前的行动及未来计划
	EN15	按濒危风险水平，说明栖息地受机构运营影响，列入国家自然保护联盟(IUCN)红色名录及国家保护名册的物种数量
废气、污水及废弃物	EN16	按质量说明，直接与间接温室气体总排放量
	EN17	按质量说明，其他相关间接温室气体排放量
	EN18	减少温室气体排放的计划及其成效
	EN19	按质量说明，臭氧消耗性物质的排放量
	EN20	按类别及质量说明，氮氧化物(NO)、硫氧化物(SO)及其他主要气体的排放量
	EN21	按重量及排放目的地说明污水排放总量
	EN22	按类别及处理方法说明废弃物总重量
	EN23	严重泄漏的总次数及总量
	EN24	按照《巴塞尔公约》附录Ⅰ、Ⅱ、Ⅲ、Ⅷ的条款视为有毒的废弃物经运输、输入、输出或处理的重量，以及运往全世界的废弃物的百分比
	EN25	受机构污水及其他(地表)径流排放严重影响的水体及相关栖息地的位置、面积、保护状态及生物多样性价值
产品及服务	EN26	降低产品及服务的环境影响的计划及其成效
	EN27	按类别说明，售出产品及回收售出产品包装物料的百分比
遵守法规	EN28	违反环境法律法规被处重大罚款的金额，以及所受非经济处罚的次数
交通运输	EN29	为机构运营目的而运输产品、其他货物及物料以及机构员工交通所产生的重大环境影响
整体情况	EN30	按类别说明总环保开支及投资
人权绩效指标		
投资及采购措施	HR1	含有人权条款或已进行人权审查的重要投资协议和合约的总数及百分比
	HR2	已进行人权审查的重要投资商、分包商、其他商业伙伴的百分比，以及采取的行动
	HR3	就经营相关的人权政策及程序，员工接受培训的总小时数，以及受培训员工的百分比

(续表)

人权绩效指标		
非歧视	HR4	歧视个案的总数,以及机构采取的纠正行动
结社自由与集体协商	HR5	已发现可能违反或严重危及结社自由及集体谈判的运营点或主要供应商,以及保障这些权利的行动
童工	HR6	已发现具有严重童工事件风险的运营点和主要供应商,以及有助于有效杜绝童工的措施
强迫与强制劳动	HR7	已发现具有严重强迫与强制劳动事件风险的运营点和主要供应商,以及有助消除一切形式的强迫与强制劳动的措施
安保措施	HR8	安保人员在运营相关的人权政策及程序方面接受培训的百分比
原住民权利	HR9	涉及侵犯原住民权利的个案总数,以及机构采取的行动
评估	HR10	接受人权审查和/或影响评估的运营点的百分比和总数
纠正	HR11	经由正式申诉机制解决的与人权有关的申诉数量
社会绩效指标		
当地社区	SO1	实施了当地社区参与、影响评估和发展计划的运营点比例
腐败	SO2	已实施腐败风险分析的业务单位的总数及百分比
	SO3	已接受机构的反腐败政策及程序培训的员工的百分比
	SO4	针对腐败个案所采取的行动
公共政策	SO5	对公共政策的立场,以及在发展及游说公共政策方面的参与
	SO6	按国家说明,对政党、政治人士及相关组织做出财务及实务捐赠的总值
反竞争行为	SO7	涉及反竞争行为、反托拉斯和垄断措施的法律诉讼的总数及其结果
遵纪守法	SO8	违反法律法规被处重大罚款的金额,以及所受非经济处罚的次数
	SO9	对当地社区具有重大潜在影响或实际负面影响的运营点
	SO10	在对当地社区具有重大潜在影响或实际负面影响的运营点实施的预防和消除措施
劳工实践及体面工作绩效指标		
雇用	LA1	按雇用类型、雇佣合约及地区划分的劳动力总数,并按性别区分
	LA2	按年龄组别、性别及地区划分的新进员工和员工离职总数及比率
	LA3	按主要业务地区划分,只提供给全职员工(不给予临时或兼职雇员)的福利
劳/资关系	LA4	受集体协商协议保障的员工百分比
	LA5	有关重大运营改变的最短通知期,包括指出该通知期是否在集体协议中具体说明

(续表)

劳工实践及体面工作绩效指标		
职业健康与安全	LA6	由劳资双方组建的职工健康与安全委员会中能帮助员工监督和评价健康与安全相关项目的员工代表在总职工人数中所占的百分比
	LA7	按地区和性别划分的工伤、职业病、误工及缺勤比率,以及和工作有关的死亡人数
	LA8	为协助劳工及其家属或社区成员应对严重疾病而安排的教育、培训、辅导、预防与风险控制计划
	LA9	与工会达成的正式协议中的健康与安全议题
培训与教育	LA10	按性别和员工类别划分,每名员工每年接受培训的平均时数
	LA11	加强员工持续就业能力及协助员工转职的技能管理及终生学习计划
	LA12	按性别划分,接受定期绩效及职业发展考评的员工百分比
多元化与平等机会	LA13	按性别、年龄组别、少数族裔成员及其他多元化指标划分,治理机构成员和各类员工的组成
男女同酬	LA14	按员工类别和主要运营地区划分,男女基本薪金和报酬比率
	LA15	按性别划分,产假/陪产假后回到工作和保留工作的比率
产品责任绩效指标		
客户健康与安全	PR1	在生命周期阶段为改进产品和服务在健康与安全上的影响而进行的评估,以及须接受这种评估的重要产品及服务类别的百分比
	PR2	按结果类别说明,违反有关产品及服务健康与安全影响的法规及自愿性准则的事件总数
产品及服务标识	PR3	程序要求的产品及服务信息种类,以及需要标明这种信息的重要产品及服务的百分比
	PR4	按后果类别说明,违反有关产品及服务信息和标识的法规及自愿性准则的事件总数
	PR5	有关客户满意度的措施,包括调查客户满意度的结果
市场推广	PR6	为遵守有关市场推广(包括广告、推销及赞助)的法律、标准及自愿性准则而制定的计划
	PR7	按后果类别说明,违反有关市场推广(包括广告、推销及赞助)的法规及自愿性准则的事件总数
客户隐私权	PR8	侵犯客户隐私权及遗失客户资料的经证实投诉总数
遵纪守法	PR9	如有违反提供及使用产品及服务的法律法规,说明相关重大罚款的总金额

(续表)

经济绩效指标		
经济绩效	EC1	机构产生及分配的直接经济价值，包括收入、运营成本、员工薪酬、捐献及其他社区投资、留存收益、向出资人及政府支付的款项
	EC2	气候变化对机构活动产生的财务影响及其风险、机遇
	EC3	该组织的定义的福利计划的义务范围
	EC4	政府给予的重大财政补贴
市场表现	EC5	不同性别的工资起薪水平与机构重要运营地点当地的最低工资水平的比例范围
	EC6	机构在各重要运营地点对当地供应商的政策、措施及支出比例
	EC7	机构在重要运营地点聘用当地社区员工的程序，以及在当地社区聘用高层管理人员所占的比例
间接经济影响	EC8	机构通过商业活动、实物捐赠或免费专业服务等形式主要为公共利益开展的基础设施投资及服务及其影响
	EC9	机构对其重大间接经济影响（包括影响的程度）的理解和说明

表 12.2 《企业责任杂志》美国"百佳企业公民"前 20 强

排名	公　　司	金融	环境管理	气候改变	人权	劳资关系	企业管理	慈善
1	江森自控有限公司(Johnson Control Inc.)	181	2	2	2	24	248	6
2	金宝汤公司(Campbell Soup Co.)	228	16	3	10	16	1	109
3	国际商业机器公司(IBM)	62	1	1	74	77	242	16
4	百时美施贵宝(Bristol-Myers Squibb Co.)	205	28	23	87	23	1	21
5	美泰公司(Mattel, Inc.)	60	35	201	10	46	1	24
6	3M 公司	177	25	94	32	36	1	68
7	埃森哲公司(Accenture Plc.)	61	97	15	10	65	248	7
8	金佰利—克拉克公司(Kimberly-Clark Corp.)	202	8	58	22	32	234	23
9	惠普公司(Hewlett-Packard Co.)	464	5	32	25	9	1	8
10	耐克公司(Nike, Inc.)	48	102	51	156	25	1	85
11	Gap 公司	354	70	135	3	4	1	27
12	通用磨坊(General Mills, Inc.)	121	39	206	41	8	248	33

(续表)

排名	公司	金融	环境管理	气候改变	人权	劳资关系	企业管理	慈善
13	英特尔公司(Intel Corp.)	446	4	77	25	2	229	13
14	可口可乐公司(Coca-Cola Co.)	135	75	37	17	42	531	72
15	Pinnacle West Capital 公司	204	87	67	133	57		73
16	雅芳(Avon Products, Inc.)	512	17	24	108	5	248	25
17	爱迪生联合电气公司(Consolidated Edison, Inc.)	161	112	14	236	6		127
18	光谱能源公司(Spectrum Energy Corp)	182	98	42	122	48	248	1
19	杜邦公司(DuPont)	169	13	13	17	168	1	385
20	强生公司(Johnson & Johnson)	375	7	5	55	168	1	69

企业社会责任报告中仍旧比较薄弱的一环是**审计**，其作用是核实企业社会责任报告的真实性。财务报告的审计已经十分成熟，但是企业社会责任报告的审计仍旧处于初级阶段，很少公司会在报告中专门使用外部审核。然而，这并不代表企业不受审核监管，关于企业社会责任的排行榜越来越多，社会责任表现也已成为企业评估的一个标准。表12.2介绍了一种比较流行的美国公司排行榜。与大学排行榜类似，人们对于该类排行榜的方法和精确度看法并未一致，[43]但是不论如何，它们为利益相关者评估企业社会责任活动提供了一种信息资源。

本章小结

本章开篇"商务伦理透视预览"介绍了塔塔钢铁公司城，在塔塔员工福利的地位与企业利润的地位有过之而无不及。然而，这样的经营模式也并非不存在问题，如果企业持续过度强调社会责任，就可能会偏离最初的商业目标，带来经济危机，这就涉及企业社会责任中的一个基本问题，就是寻求利益相关者的利益平衡。

然后，我们通过一系列的讨论与案件概述了企业社会责任的发展历史，从古典经济学家亚当·斯密的理论，讲到现代的"三重底线"原则。在美国，两个标志性案件的法庭审判对于企业社会责任的实践和理论研究产生了重大影响。1919年"道奇兄弟诉福特汽车案"是标志着股东成为企业首要利益相关者。接着，1953年的"Smith 诉 Barlow 案件"则标志着企业重心开始由股东主导向慈善主导转变。在 Smith v. Barlow 案件中，法庭认为 Smith 公司向普林斯顿大学捐赠的1 500美元是合法的，最终股东败诉，法庭判决，"股东的个人利益依赖于企业整体效益而存在，企业运营良好，股东才能受益，因此，股东不应只看重眼前利益，阻碍企业的慈善活动，企业是'现代社会结构中的一员'，必须主动承担相应的社会责任"。

20世纪初，社会对于大型企业的批评指责日益增多，越来越多的人认为，很多大型企业仗着自己有权有势，从事反社会反竞争的商业活动。为解决这一问题，政府开始出台法律法规和相关政策，限制大型企业的权利，保护员工、消费者和社会的利益。20世纪60年代至70年代，大多数国家的企业文化仍旧在经历着变革，与民权、消费者权益保护和环保主义相关的运动改变了商业环境，社会对于企业责任的期望也因此发生变化。尽管有法律的约束，很多发达国家仍呼吁企业不要仅局限于法律规定，要自觉主动培养社会责任意识；企业活动不能仅限于避免带来社会问题，还要帮助解决社会问题，这已逐渐成为一种流行趋势。

20世纪60年代至70年代，企业社会责任的概念在实践和学术研究中都有所延展，其中最重要的就是利益相关者概念的阐明，表示企业在行动时，不仅有责任考虑股东的利益，还有责任考虑员工、供应商、经销商、当地社区和整个国家的利益。现在，在讨论企业社会责任时，不论是实践业务，还是学术研究，都会谈到企业对于利益相关者的责任和义务。

20世纪70年代，Archie Carroll 提出了企业社会责任金字塔的概念，至今仍是管理学者和从业者谈论企业社会责任时常用的方法。Carroll 认为，企业有四种最基本的责任，即经济、法律、伦理和慈善，金字塔的概念开始考虑利益相关者的利益及利益间的冲突。

20世纪末，社会责任作为企业义务的概念已经为人所认可，但是仍然存在一些反对的声音，其中最著名的就是诺贝尔奖获得者米尔顿·弗里德曼，他认为企业就只有一个目的："企业有且只有一种责任，那就是利用现有资源，在法律允许范围内，毫不隐瞒和欺骗，公平公正地参与竞争，最大限度地谋取利益。"

"三重底线"原则从利益相关者的角度规定企业社会责任，力求各方利益的平衡，又称作3P原则"People(人)、Planet(地球)、Profit(利润)"。Carroll 从竞争角度出发，探讨了企业社会责任的领域，同 Carroll 的金字塔及其所描述的责任领域一样，三重底线也包含慈善理念，要求企业不能仅局限于遵守伦理和法律规定。对人的责任，包括薪酬公平、童工、职业健康安全、培训和就业机会均等，除此之外，还应提供社会服务，如支持教育事业的发展，保护本地居民。地球责任表示企业必须致力于环保及可持续发展，目标是在企业经营过程中尽量降低对环境的不利影响。利润责任表示不仅保证利益相关者的常规利益回报，还关心他人的利益诉求，比如可以与当地供应商合作，为当地带来间接经济效益。以从业者角度来看，本章最后两部分讨论了战略型企业社会责任及其相关报告问题。所谓战略型企业社会责任，就是假定企业"做好事"不仅有利于自身，还有利于社会。根据战略型企业社会责任的观点，企业之所以关心他们的利益相关者，完全是因为管理者们认为这才是公司的最大利益诉求。

哈佛大学战略管理专家 Michael Porter 及其同事 Mark Kramer 在《哈佛商业评论》上发表了一篇重要文章，其中讲到了很多同战略型企业社会责任相关的问题。Porter 和 Kramer 发现，虽然很多公司在开展业务时已经考虑到了环保和社会利益，但仍旧没有达到预期效果，他们认为这主要有两方面原因：首先，仍然存在一个观念，认为商业与社会是对立的，将两者分裂开来企业才能赢得更多利润。其实，企业与社会是相互依存的，企业需要社会给它提供更多受过良好教育的健康员工和可持续发展的环境，社会则需要企业更多地参与社会活动，呼吁企业走出自我利益的"小世界"，致力于创造一个更好的大世界。其次，很多企业对于社会责任都只是泛泛而谈，毫无目的地摸索实验，尚未从战略性角度思考。

Porter 和 Kramer 提醒说，有一种做法特别不提倡，就是毫无选择性地把钱投给社会。承担社会责任也应该从战略角度考虑，服务领域应该是企业所擅长的，这样才能真正发挥效用。管理者应该将企业社会责任看作是一种战略工具，用来降低成本，更好地满足客户需求。为了找出企业具有竞争性优势的领域，他们给出了另外一种方法，就是把握企业价值链的影响。

现如今，企业财务报告已非常普遍，作为投资者和拥有者，股东们每年都会要求企业向他们做年度报告，汇报财务状况，并以此为基础，考虑投入多少资金给公司。然而，另外一种报告正日益兴起，就是社会责任报告，越来越多的规章制度开始要求企业对其社会责任表现做汇报。毕马威对于《财富》世界250强和22个国家的前100家最大企业做了调查，发现很多企业都有社会责任报告，尤其是影响力较大的跨国企业。世界250强中约80%的企业都已经公布了社会责任报告，企业社会责任报告仍旧处于发展阶段，关于报告内容、报告形式和报告审核方法还处于商榷阶段，未有最终定论。不同国家的标准性质不同，有些是强制性的，有些是自愿性的。从最近发展趋势中我们不难发现，不论是法律规定，还是社会期望，对社会责任进行自评和报告已经成为对企业的硬性要求，因此企业管理者们必须了解各种相关标准和要求，并将其巧妙地应用于企业经营，这应该是未来企业家所肩负的最大责任。

联合国全球契约主要基于人权、劳工、环境和反腐败四个方面的10项原则，是否加入全球契约是完全自愿的，但是一旦承诺加入，企业在经营管理中就必须切实贯彻落实以上10项原则，并且有义务提交年度进展报告，向利益相关者汇报经营状况。

全球报告倡议组织(GRI)所提供的报告框架是目前全球认可度最高的企业社会责任报告标准，其原则和指南为企业认识和衡量经济、环境和社会业绩所用。GRI报告框架包含四个部分，即《可持续发展报告指南》(简称《指南》)、各类《指标规章》、《技术规章》及《行业附加指引》，2006年发布了第三版《指南》，2011年3月又发布了修订版。

联合国全球契约组织和全球报告倡议组织于2010年5月签订协议，表示要联合工作，推进企业社会责任，意味着两组织的报告框架将协同作用，成为全球最大的企业责任报告平台。作为该协议的一部分，GRI计划在新版《可持续发展报告指南》中加入全球契约的10项原则，该《指南》计划于2013年春季发行；与此同时，全球契约也将GRI《指南》融合进企业报告框架中。关于此次结合，应该是一件水到渠成的事情，因为在此之前已经有很多企业在全球契约的年度进展报告中参考了GRI《指南》。

尾注

1. *The Economist*. 2011. "Company towns: The universal provider." June 19.
2. Carroll, A.B. 1999. "Corporate social responsibility: Evolution of a definitional construct." *Business & Society*, 38, 268–295.
3. As quoted in Cochran, P.L. 2007. "The evolution of corporate social responsibility." *Business Horizons*, 50, 449–454.
4. Smith, A. 1982. "The theory of moral sentiments," in D.D. Raphael & A.L. Macfie (Eds.), *Glasgow edition of the works and correspondence of Adam Smith*, Vol. I, Indianapolis: Liberty Fund, pp. 26–27. http://oll.libertyfund.org/title/192, accessed June 29, 2011.
5. Barnett, T. 2011. "Corporate responsibility. Reference for business." *Encyclopedia of business*, 2nd edn. www.referenceforbusiness.com.
6. 270 Fed. Appx. 200, 2008 U.S. App.
7. Hood, J. 1998. "Do corporations have social responsibilities? Free enterprise creates unique problem-solving opportunities." *Freeman*, 48.
8. 13 N.J. 145, 98 A.2d 581, 1953 N.J. 39 A.L.R.2d 1179.
9. Cochran. "The evolution of corporate social responsibility."
10. Bowen, H.R. 1953. *Social responsibilities of the businessman*. New York: Harper & Row, p. 6.
11. Rahman, S. 2011. "Evaluations of definitions: Ten dimensions of corporate social responsibility." *World Review of Business Research*, 1, 166–176.
12. Johnson, H.L. 1971. *Business in contemporary society: framework and issues*. Belmont, CA: Wadsworth, p. 50.

13 Carroll, A.B. 1979. "A three-dimensional model of corporate performance." *Academy of Management Review*, 4, 497–505;. Carroll, A.B. 1991. "The pyramid of corporate social responsibility: Toward the moral management of organizational stakeholders." *Business Horizons*, July.
14 Hood, J. 1998. "Do corporations have social responsibilities?"
15 Matten, D. & Crane, A. 2005. "Corporate citizenship: Towards an extended theoretical conceptualization." *Academy of Management Review*, 30, 166–179.
16 Matten, D., Crane, A. & Chapple, W. 2003. "Behind the mask: Revealing the true face of corporate citizenship." *Journal of Business Ethics*, 45, 1/2, 109–120.
17 Goodpaster, K.E. 1996. "Business ethics and stakeholder analysis." In Rae, S. B. & Wong, K.L. (Eds.), *Beyond integrity: A Judeo-Christian approach*, Grand Rapids, MI: Zondervan Publishing House, pp. 246–254.
18 McWilliams, A. & Siegel, D. 2001. "Corporate social responsibility: A theory of the firm perspective." *Academy of Management Review*, 26, 117–127; Treviño, L.K. & Nelson, K.A. 1999. *Managing business ethics: Straight talk about how to do it right*, 2nd edn, New York: J. Wiley & Sons.
19 Verschoor, C.C. & Murphy, E.A. 2002. "The financial performance of large U.S. firms and those with global prominence: How do the best corporate citizens rate?" *Business and Society Review*, 107, 371–380.
20 Miller, F.D. & Ahrens, J. 1993. "The social responsibility of corporations." In T.I. White (Ed.), *Business ethics: A philosophical reader*, Upper Saddle River, NJ: Prentice-Hall, pp. 187–204.
21 Boatright, J.R. 2000. "Globalization and the ethics of business." *Business Ethics Quarterly*, 10, 1–6: Smith, N.C. 2003. "Corporate social responsibility: Whether or how?" *California Management Review*, 45, 52–76.
22 Heslin, P.A. & Ochoa, J.D. 2008. "Understanding and developing strategic corporate social responsibility." *Organizational Dynamics*, 37, 125–144.
23 Porter, M.E. & Kramer, M.R. 2006. "Strategy and society: The link between competitive advantage and corporate social responsibility." *Harvard Business Review*, December, 76–93.
24 Bielak, D., Nonini, S.M.J. & Oppenheim, J.M. 2007. "CEOs on strategy and social issues." *McKinsey Quarterly*, October, 1–8.
25 Heslin, P.A. & Ochoa, J.D. 2008. "Understanding and developing strategic corporate social responsibility." *Organizational Dynamics*, 37, 125–144.
26 http://www.microsoft.com/about/diversity/en/us/programs/college.aspx# Higher Education Support.
27 http://www.starbucks.com/responsibility/sourcing/farmer-support.
28 http://www.chocolateeuphoria.com/ethelmchocolates/livingmachine.html.
29 http://www.hydro.com/en/Our-future/Technology/Recycling/.
30 http://www.hydro.com/en/Press-room/News/Archive/2010/11/Strong-growth-expected-in-global-aluminium-recycling/.
31 http://www.shawfloors.com/Environmental/RecyclingDetail.
32 http://www.hp.com/hpinfo/globalcitizenship/environment/recycling/unwanted-hardware.html.
33 GreenBiz Staff. 2020. "Shanghai GM green supply chain program saved $19M in 2009." June 16. http://www.greenbiz.com/news/2010/06/16/shanghai-gm-supply-chain-program-saved-19m-2009.
34 http://www.greensupplychain.com/burton-riding_the_green_supply_chain_wave.html.
35 KPMG International Survey of Corporate Responsibility Reporting 2008.
36 KPMG International Survey of Corporate Responsibility Reporting 2008, p. 10.
37 KPMG Advisory N.V., United Nations Environment Program, Global Reporting Initiative, and the Unit for Corporate Governance in Africa. 2010. *Carrots and sticks—Promoting transparency and sustainability: an update on trends in voluntary and mandatory approaches to sustainability reporting*.
38 KPMG Advisory N.V. et al., *Carrots and sticks*, p. 4.
39 http://www.unglobalcompact.org/AboutTheGC/TheTenPrinciples/index.html.
40 https://www.globalreporting.org/information/about-gri/what-is-GRI/Pages/default.aspx.
41 https://www.globalreporting.org/network/report-or-explain/Pages/default.aspx.
42 https://www.globalreporting.org/information/news-and-press-center/newsarchive/Pages/default.aspx.
43 Arena, C. 2010. "Are corporate social responsibility rankings irresponsible?" *Christian Science Monitor*, March 17. http://www.csmonitor.com/Business/Case-in-Point/2010/0317/Are-corporate-social-responsibility-rankings-irresponsible.

主要术语

审查(Assurance)：核实企业社会责任报告的真实性。

年度进展报告(Communication on Progress，COP)：对全球契约十项原则执行情况的年度报告，必须由三部分组成：首席执行官、主席或其他高级管理层在序函、声明或公告中载列一项关于继续支持全球契约的声明；阐述企业在过去一个财政年度为实施全球契约的各项原则而采取的各项具体行动；对所获得的成果以及预计成果进行阐述，并在阐述过程中尽量采用全球契约所倡导的指标和尺度。

企业公民(Corporate Citizenship)：企业自愿回馈社会，为当地社会谋福利；关注经营法律、伦理和慈善责任；企业作为社会成员，既要履行义务又享有权利，是完整的社会公民。

企业社会责任(Corporate Social Responsibility)：除遵纪守法外，企业经营应该或者必须遵守的其他要求，如保护环境和维护利益相关者的利益。

道奇诉福特汽车案(Dodge v. Ford)：美国第一个将股东作为主要利益相关者的法律先例。

经济责任(Economic Responsibility)：企业提供客户所需产品或服务，从中获取正当利润。

伦理责任(Ethical Responsibility)：企业经营符合未列入法律法规的社会伦理要求。

全球报告倡议组织(Global Reporting Initiative，GRI)：提供一些原则和业绩指标，用来评定和报告企业经济、环境和社会表现。

综合报告(Integrated Reports)：包含在企业年度报告中的社会责任报告，而企业年度报告通常只关注企业财政状况。

无形之手(Invisible Hand)：市场无形的控制力，企业只有以最优惠的价格生产出最优秀的产品，才能在竞争中取胜，得到市场的青睐；与此同时，为了追求个人利益，消费者也会购买物美价廉的产品。

法律责任(Legal Responsibility)：企业经营遵守法律法规，符合伦理要求，保证产品安全，保障消费者权益等。

经营许可证(License to Operate)：企业与社会间的契约，允许企业开展正当业务。

Milton Friedman：知名企业社会责任批评家，1970 年 9 月 13 日曾在《纽约时报杂志》上发表题为"企业的社会责任就是提高利润"的重要文章。

慈善责任：企业从全人类的幸福和利益出发，投身慈善活动，做优秀企业公民。

Smith v. Barlow：美国法庭审判标志性案件，削弱了企业中以股东为主导的法律地位，鼓励企业多做慈善。

社会责任报告(Social Performance Reports)：同年度财务报告类似，汇报企业社会责任绩效。

战略型企业社会责任(Strategic CRS)：企业认为利益相关者的利益是企业最大利益所在，因此关注他们的利益；"履行社会责任"不仅有利于企业，还有利于社会。

三重底线(Triple Bottom Line，TBL)原则：社会、经济和环境的可持续发展，也称作 3P 原则"人(People)、地球(Planet)和利润(Profit)"。

联合国全球契约(UN's Global Compact)：关于人权、劳工、环境和反腐败四方面的十条原则，指导成员企业的社会表现。

讨论题

1. 讨论企业社会责任的法律发展历程。

2. 为企业社会责任下 2—3 个定义,并讨论每一个定义的成立条件。
3. 对比讨论 Friedman 和 Carroll 关于企业社会责任的不同观点,两者有何异同?
4. 对比讨论 Carroll 企业社会责任金字塔两种不同解读方式,哪一种更好?以经济利益为基础还是以竞争价值观为基础?
5. 随着越来越多的企业社会责任可选动作进入法律框架,讨论企业社会责任未来会如何发展?政府操控力是否会得到增强?
6. 讨论三重底线原则的三个维度,此观点与 Carroll 早期观点有何联系?
7. 采纳三重底线原则有何困难?
8. 战略型企业社会责任提倡企业活动既能获取利润,又能造福于社会,可能实现吗?
9. 同欧洲企业相比,美国企业似乎更少遵循全球报告倡议组织的报告指南,为什么?
10. 企业社会责任报告还存在哪些不足?

网络任务

1. 上网搜集两个不同国家的四家企业(每个国家两家企业)的社会责任报告。尽量找同一领域的企业,它们面临社会责任问题会比较类似。
2. 按国家比较,这四份报告有何异同?不同问题在不同国家的主次作用是否不同?
3. 分析这些报告在展现企业社会责任地位时的可信度,并找出相关依据。

更多网络任务和资源,请访问参考网站 www.routledge.com/cw/parboteeah。

实战演练

Dixie 制造公司的企业社会责任

Dixie 制造公司是位于美国阿拉巴马州塔斯卡卢萨的一家小型制造业公司,员工不及 50 人,主要生产医疗器械,如手术刀、牙周洁牙机和刮匙(牙医用来擦拭牙齿的工具)。

你刚从阿拉巴马大学毕业不久,在其营销部工作了半年,昨天公司总裁 George Day 把你叫到办公室,问你对企业社会责任有多少了解。他说:"你刚毕业没多久,在学校时应该上过有关企业伦理和社会责任的课程,我们大多数高管上大学的时候,都没有这门课程,对此都不了解,所以我希望你能够帮助我们走出社会责任这个困境。"

Dixie 之前没有任何正式的行为规范或有关社会责任的政策。他们只是为当地一支很小的联赛球队提供过赞助,为阿拉巴马大学捐赠过资金,为学生提供帮助。对于这些行动,你发现公司大部分人都十分赞同,所以不用担心企业内部员工会反对履行社会责任,但是 Day 告诉你:"时间紧迫,我想要你在两周内拿出一套关于企业社会责任的草案。"

Dixie 所主营的医疗器械行业竞争非常激烈,你已听说为了降低成本,有些制造部门将要迁往墨西哥,可还有些人说那是不可能的,因为大多数工人都有至少十年的工作经验,并且工厂的在职培训做得特别好,Dixie 根本不符合这些标准。第二降低成本的选择就是裁员,而从工作质量和效率来看,很多老员工生产的产品通常无利可图,所以很难以资辈为标准来裁员。

面对如此困境,你首先会怎么做?在你的计划中,会考虑哪些相关者的利益?如果 Dixie 已经面临财政危机,再推行社会责任策略是否为时已晚?

案例分析

诺和诺德:企业社会责任耀眼明星

诺和诺德(Novo Nordisk)是世界著名生物制药公司,在用于糖尿病治疗的胰岛素开发和生产方面居世界领先地位。诺和诺德总部位于丹麦首都哥本哈根,员工总数 30 000 多人,分布于 74 个国家,产品销售遍布 180 个国家,在 7 个国家拥有生产基地。2010 年,《财富》杂志全球最适合工作的企业排行榜上,诺和诺德位居前 25 位。

在企业社会责任方面,诺和诺德是一颗耀眼明星,获得过多项世界级奖项,仅 2011 年就曾获得过:

- "金蜜蜂·和谐贡献奖"——2011 年 6 月 15 日,第六届企业社会责任国际论坛暨和谐贡献奖发布典礼在北京举行,诺和诺德喜获该奖项,其可持续发展的理念、想法、实践经验,以及以客户为中心、员工关怀和责任采购的经营理念得到了认可。
- 2010"行动起来奖"(Take Action!)——该奖鼓励员工自发参与爱心公益活动或者志愿者工作,表现最为突出者获得表彰。诺和诺德(巴基斯坦)的员工在巴基斯坦洪灾期间,火速进行支援,表现优异,获得了 2010 年 Take Action! 奖项。
- 年度报告奖——诺和诺德的财务报告和社会报告被 Corporate Register(全球性企业责任报告中心)和 Justmeans(企业社会责任新闻中心)评为最佳综合报告。
- 2011 可持续发展年鉴(The Sustainability Yearbook 2011)金奖——该奖项由瑞士可持续资产管理公司(Sustainability Asset Management, SAM)公司评选,诺和诺德凭借在经济、环境和社会方面的优秀表现,获此荣誉。
- 2011 年全球 100 强可持续发展企业(Global 100 Most Sustainable Corporations)——上升 33 位,位居第 16 名。

虽然诺和诺德现已成为履行社会责任的模范企业,但成就并非一日而成的。最初,诺和诺德仅把企业社会责任当作一种风险管理方式,而过去十多年间,则一直在进行思想转变,向他们所称的"机会驱动"观念转变。为了完成企业社会责任目标,诺和诺德一直遵循着三重底线原则,力求通过这种方式实现企业的财务盈利,同时承担企业的社会责任和环境责任,其做法为三重底线原则与企业经营结合提供了很好的模板。

三重底线原则不但已经列入了诺和诺德公司章程,还已融入企业管理结构,成为公司管理工具和个人业绩评估标准。作为企业文化的一部分,诺和诺德指出"我们的基本原则就是保护地球,提高现代人和未来子孙的生活质量"。对此,诺和诺德很有信心,且通过实际行动来证明自己的承诺,其对外活动再一次表明了他们的三重底线原则,很好地平衡了经济利益和社会责任的关系,既保证股东的收益回报,又满足利益相关者的诉求。

通过三重底线原则,诺和诺德确定了一些与公司和制药行业相关的社会责任具体领域。下面将简单概述其原则,了解三重底线原则是如何与诺和诺德的企业文化和政策融合在一起的。

环境责任

公司非常关注环境的可持续发展,尤其关注与制药行业相关的环境问题,如动物实验、基因工程的安全性等问题。

- 动物福利。对于制药和医疗产品的研发和生产来说,动物活体实验必不可少,并且有些国家的管理部门也有相关规定,即在产品推出之前,要进行一定的动物活体实验。但是,从环保角度考虑,诺和诺德呼吁减少或取消此类实验,致力于开发新的药物检验技术。
- 环境管理。公司有一套非常完整的评估技术,监测生产过程所用物料(原材料、包装、水资源和能源)和生产排放物(废气、废气液体和固体排放量),测定生产活动对于环境的影响。
- 气候变化。作为世界自然基金会"碳减排先锋"项目的成员,2006年诺和诺德与世界自然基金会签订协议,承诺与2004年相比公司在2014年将降低10%二氧化碳排放量。

社会责任

对诺和诺德来说,病患和员工是主要利益相关者,除此之外,他们还会考虑企业经营对于全球社会和当地社区的影响。

- 守护健康。采纳世界卫生组织的建议,诺和诺德改善了糖尿病护理措施,其中一种方法就是针对发达国家和发展中国家的分级定价系统,降低在贫穷国家的药品定价,让更多的糖尿病患者能够接受治疗。
- 多样性。诺和诺德致力于打造多样性的管理团队,并注重成员的男女平等,所有高级副总裁都必须采取行动计划,维护多样性原则,这不仅是人力资源部所遵循的原则,而是整个公司的价值观。
- 员工志愿服务。诺和诺德推出的"Take Action!"员工参与计划,鼓励员工在工作时间参与志愿活动,将公司的三重底线原则应用于实践,更好地为社会服务,完成社会目标和环境目标。
- 健康安全。一直以来,诺和诺德的健康安全实践都是以遵从为基础的,遵守与当地法律相关的地方标准。作为一个跨国企业,他们意识到需要建立一个更加全球化的标准。现在诺和诺德拥有一套"职业健康安全管理体系",其中界定了健康安全工作的角色和责任,包括员工安全培训、如何识别并记录危险因素,以及如何处理危险因素等多项内容。
- 人权。作为联合国全球契约的签署者,诺和诺德承诺所有分公司都会维护人权,并且会上交年度报告,汇报目标完成情况。
- 工作环境。评定工作环境质量的因素很多,其中包括员工工资和福利、管理措施效果、企业文化、培训和教育机会、人才培养、合理的轮班时间、工作压力和强度以及工作场合的卫生环境。

经济活力

对于诺和诺德来说,经济活力包括为股东赚取利润、为员工提供培训机会,以及推动企业发展。

- 经济足迹。广泛意义上,诺和诺德的经济足迹包括通过产品和服务的销售与利益相关者的联系、供应商款项、员工薪酬、投资者分红、税款和企业发展基金。与此同时,诺和诺德对社会的影响还包括企业经营遵循可持续发展原则、普及保健知识、推广保健产品,并且还有专门针对发展中国家的项目,为发展中国家的人们提供工作机会和保健医疗。

- 财务业绩。诺和诺德是一家十分成功的企业。2010年,营业利润增幅达27%,营业利润率达31%。2006—2010年,平均营业利润增长了19%,平均营业利润率达26%,其主打产品胰岛素占据了全球将近一半的市场份额。

总结

  总体来说,诺和诺德将三重底线原则完美地融合进企业经营,成为管理企业社会责任的综合性工具。为了不断发展前进,保持该原则的活力,公司提出了六种方法,促进关于企业社会责任的学习和创新。

- 对于可能影响企业发展的事件和趋势,要跟踪控制;
- 遇到困难时,主动与利益相关者沟通,寻求共同利益,合理解决问题;
- 同全球以及企业所在地的主要利益相关者建立友好关系;
- 在公司内部,鼓励长期思考习惯和"三重底线"思想;
- 向利益相关者汇报公司业绩、地位、经营目的和主要目标;
- 将三重底线原则应用于所有经营过程,打造有利的市场竞争优势。

资料来源:改编自 http://www.novonordisk.com/.

讨论题

1. 诺和诺德是一个经济实力十分雄厚的企业,有人提出它能够如此有效地履行企业社会责任,是因为有足够的资金支持,而这正是大多数公司所欠缺的。请讨论并评价这种观点。
2. 诺和诺德是运用三重底线原则的典范,举一个你认为违背三重底线原则的公司。
3. 如果浏览该公司的网站,你会发现丹麦网站所推行的企业社会责任似乎更倾向于社会民主,而美国分公司的网站所宣传的企业社会责任则更强调遵守法律法规。研究并讨论这一现象。你觉得这种现象存在吗?为什么?

长篇案例

坦桑尼亚：巴里克黄金公司[1]

截至 2009 年 3 月,来自加拿大的矿业巨头巴里克黄金公司(以下简称"巴里克")已经在坦桑尼亚维多利亚湖区经营了十年。同年,巴里克将其在坦桑尼亚的企业更名为"非洲巴里克黄金公司"(ABG),并在伦敦证券交易所上市。该公司是公认的矿产业中相对负责任且注重"回馈"的跨国公司。[2]巴里克在这一地区广泛开展的开采活动,为当地提供了成千上万个工作岗位,同时巴里克也积极参与多个坦桑尼亚社区的社会发展项目。[3]到 2010 年 10 月,该公司已在坦桑尼亚经营四个金矿。[4]

尽管巴里克在过去十年中积极推动维多利亚湖区的各项社会发展举措,但在其经营的主要矿场之一——湖区的北马拉地区,不满与抵触的情绪依然存在。北马拉地区给巴里克在坦桑尼亚的经营带来挑战。我们想知道的是,为什么在北马拉矿区的某些矿场紧张局势甚至暴力冲突并未平息,为了解决这一问题,巴里克还需要采取什么措施?

I. 坦桑尼亚概况

坦桑尼亚是东非的一个发展中国家,陆地总面积为 945 087 平方公里,是撒哈拉以南非洲地区失业率最高的国家之一,经济严重依赖农业。农业产值占 GDP 的一半,出口额占 85%,全国 90%的劳动力从事农业生产。受地貌及气候条件限制,全国可耕种土地仅占陆地面积的 4%。工业也仅限于农产品及轻工业产品的加工。

与大多数发展中国家一样,坦桑尼亚的制度及法律体系薄弱,贪污腐败现象也极其严重。[5]为了促进企业发展,给国民创造工作及其他机会,坦桑尼亚急需外商直接投资(FDI)及跨国公司(TNCs)的支持,同时也希望本国的政府机构更加透明,在管理 FDI 及 TNCs、解决坦桑尼亚社会及生态问题所采取的行动上负起责任。此外,地方和国际非营利组织(NFOs)也积极倡导在公司治理中能积极融入当地社会,采取回馈社会的举措,能发挥企业的作用。NFOs 也积极影响着利益相关方,一起致力于解决坦桑尼亚的社会问题。

1961 年国家独立后,坦桑尼亚选择了社会主义政治制度及计划经济体制,并于 1967 年推行家族式社会主义政策(斯瓦西里语:"Ujamaa")。这些政策的核心是推广经济合作组织和集体农庄,建立一个平均主义社会,打破种族及性别障碍,推广通用斯瓦西里语。在 Ujamaa 政策下,坦桑尼亚团结了各个民族,统一了语言,让后殖民时代的民族主义意识形态——民族团结、民族和睦、和平的思想深入人心。许多后殖民时代的撒哈拉以南非洲国家在 20 世纪 60 年代至 70 年代取得独立后,都或多或少经历了内战及种族冲突,与之相比,Ujamaa 政策下的坦桑尼亚似乎为非洲国家转型提供了一个成功的范例。

然而,临近 20 世纪 80 年代末坦桑尼亚经济陷入停滞,并面临其他各种社会问题。20 世纪 90 年代初,为了解决这些问题,政府试图通过经济私有化及政治体制改革来吸引外来投资。这一时期颁布了著名的《坦桑尼亚 1997 年投资法》,该法案旨在促进自由市场及自由贸易。外商独资企业在矿产、旅游、渔业、银行、农业等私营经济部门的投资,为当地创造了就业机会,并极大地促进了坦桑尼亚的改革。

随着坦桑尼亚经济私有化及政治法律制度改革的逐步深入,越来越多的外企开始寻求在坦投资。坦桑尼亚投资中心(以下简称"TIC")于 20 世纪初成立,该机构旨在发掘投资机会,并帮助潜在的投资者解决在坦投资过程中可能遇到的程序障碍。[6]在 2002 年的银行业自由化改革中,Ujamaa 政策下的农村发展合作银行改制为农村合作银行(CRDB)及国家小额信贷银行(NMB),两者致力于在全国推广社区投资项目。为了向个人及社区提供创业点子及创业基金,增强国民创业文化、创业意识,2009年2月宣告成立坦桑尼亚私营部门基金会(TPSF)。同年六月,在 Kilimo Kwanza 政策(斯瓦西里语,即"农业优先")指导下,坦桑尼亚政府开始执行雄心勃勃的国家决议——提高80%依靠农业维生的国民的生活水平。[7] 决议依照绿色革命准则,旨在实现坦桑尼亚农业现代化、商业化,动员国内私营企业及外资独有的TNCs 等营利机构(FPOs)在宏观和微观层面上投资农业部门(如农村社区)。

为确保私人及外来投资商(如 TNCs)在坦桑尼亚的投资活动享有足够的安全保障,政府于2005年筹建坦桑尼亚安防行业协会(Tanzania Security Industry Association)。该协会主要由地方专业私人安防公司及团体构成,保障在坦企业的经营活动。规模最大也是最有名的国内安防公司是达累斯萨拉姆(坦桑尼亚首都)的 Moku 安防服务有限公司,该公司在全国拥有超过13 000名雇员。其他拥有400名以上雇员的安防公司还有 Ultimate 安防公司、Tele-security 安防有限公司、Dragon 安防公司和 Group Four 安防公司。私营安防公司的雇员主要有退伍军人、退休警察、Ujamaa"终身工作包分配"政策垮台后失去了原先工作的年轻人,以及为了寻求更优厚的报酬从政府部门、国有经济部门跳槽到私营安防公司的个人。然而,随着企业对安防的需求与要求越来越高,许多外商独资的 TNCs 开始向国外的安防公司寻求安防服务。这些安防公司主要是来自南非的专业安防公司,如南非入侵监视服务协会(SAIDS)。这些公司的一些安防人员有实战经验,能够帮助他们处理更复杂的犯罪及非法入侵事件。

坦桑尼亚经济的持续增长为坦桑尼亚居民创造了更多的工作及技能培训机会,同时也带来了创新的发展模式与发展前景。早年,为协调外来投资 FDI 与地方投资利益关系,坦桑尼亚通过了新的矿业法规,如《1998版矿业法》(*The Mining Act of* 1998)和《1999版矿业管理法》(*The Mining Regulation Act of* 1999)。2010年4月经过与坦桑尼亚民间组织基金会(FCST)等民间社会团体、矿业公司及其他利益攸关方的协商,政府通过了《矿业法2010》(*The Mining Act*, 2010)。该法律对在坦矿业公司征收新形式的特许权使用费,要求所有的 TNCs 和本土公司在坦上市,并登记注册持证勘探,且未来的勘探活动获得的收益也要给坦桑尼亚政府一定的分成。[8]

坦桑尼亚待开采的黄金、钻石、铜、铂、天然气、锌等自然矿物资源储量巨大,而且在撒哈拉以南非洲国家中也算是相对安全的国家。为了鼓励 FDI、TNCs 来坦投资经营,并保护 FDI、TNCs 及本国居民的利益,坦桑尼亚政府也在协调投资实践活动和劳动法的法律规定上做出了努力。为制定出相应的法律政策,2010年2月,坦桑尼亚国民议会(The National Assembly of Tanzania)招募了一支由国内环境与毒理学专家组成的调查组前往马拉省塔里梅(Tarime)地区 Tigithe 河畔的北马拉金矿(North Mara Gold Mine),调查开采活动对矿区环境以及人畜的毒性影响。[9]

鉴于未来收益,坦桑尼亚很乐于接纳外商投资企业(FDIs)。一方面坦桑尼亚需要跨国公司(TNCs)在坦投资、创造就业机会、促进经济繁荣;另一方面也为跨国公司提供了大量唾手可得的低成本劳动力。当前众多发展中国家都面临全球化所带来的挑战。为应对这一挑战,坦桑尼亚制定的发展政策是通过吸引外商投资,发展本国经济,从而最终创建知识经济型社会。较低的劳动成本为坦桑尼亚的这一发展政策提供了有力支持。此外,坦桑尼亚也不断努力创造符合跨国公司全球业务利益的商业环境,摸索可持续的发展政策和实践做法。此外,坦桑尼亚政府还致力于推广能够为国民提供创新、创业学习机会和创业风险投资的市场发展举措。

II. 维多利亚湖区概况

坦桑尼亚的维多利亚湖被肯尼亚、坦桑尼亚和乌干达三个东非国家环绕,名称取自前英国女王维多利亚，是世界上最大的热带湖泊，也是北美洲苏必利尔湖以外的世界第二大淡水湖。湖泊位于东非大裂谷及其西支之间，占地 69 000 平方千米，面积相当于爱尔兰共和国。东非大裂谷是地壳上从红海南至莫桑比克间绵延 6 400 多公里的裂谷系统。风景秀丽的维多利亚湖是尼罗河的发源地，而尼罗河流经苏丹、埃及，最终注入地中海。

III. 坦桑尼亚维多利亚湖区

维多利亚湖由姆万扎（Mwanza）、马拉（Mara，以前叫 Musoma）和卡盖拉（Kagera，以前叫 Bukoba）三个省组成，是非洲人口最密集的地区之一。维多利亚湖周边地区的人口增长显著高于其他撒哈拉以南非洲地区，在过去 50 年里维多利亚湖周围 100 平方米区域内的人口增长速度超过了非洲平均水平，而日益增长的人口对维多利亚湖资源的依赖与压力日趋加剧。

Ujamaa 政策垮台后，20 世纪 90 年代的采矿热尚未兴起前，大多数湖区居民主要使用原始的方式从事捕鱼、耕作、放牧及其他前 Ujamaa 政策指导下的合作农业活动。个人和合作社的农业活动依然采用原始的灌溉技术，规模很小。坦桑尼亚气候温暖，炎热的季节平均气温高达 26—30 摄氏度，凉爽的月份也有 15—18 摄氏度，适宜热带植被和香蕉、芒果、玉米、菠萝等热带瓜果的生长。维多利亚湖为湖区的 1 500 万居民提供了饮用水、水利资源、内河运输以及旅游和野生动物资源，对当地居民至关重要。

湖区土地肥沃，适于农业活动，一直吸引着坦桑尼亚其他地区以及饱受战乱之苦的邻国布隆迪、卢旺达和刚果共和国的居民移居此地。成百上千的跨国企业在该地区的商业活动是也是吸引移民的主要原因，移民希望能够在此获得就业机会。

然而，随之而来的人口增长也给维多利亚湖和周边环境造成了许多问题。据在华盛顿的世界展望机构（World Watch Institute）的报道，以往清澈、生机勃勃的湖泊变得浑浊、难闻、布满藻类。原文如下：

> "人口的迅速增长、湖畔植被的消失、繁荣的渔业出口、湖区特有鱼种的消失、藻类的大量繁殖加之未经处理的工业废水的排入，已经给维多利亚湖的生态环境造成了严重的、不可逆转的影响。湖畔村寨居民受到侵扰，传统的生活方式无以为继。"[10]

由于对这一地区自然资源的过度开发，维多利亚湖沿岸居民传统的生活方式受到了严重的侵扰，这也引起了人们对该地区社会及生态环境的担忧。

维多利亚湖的渔业因为尼罗河鲈鱼（Lates Niloticus）和尼罗河非鱼（Oreochromis Niloticus）的引入受到了严重的威胁。20 世纪 80 年代，针对维多利亚湖的调查显示，尼罗河鲈鱼种群数量激增，出人意料地占到湖泊总体渔业资源的 80%。以往体格较小的鱼种是当地渔民的主要收入来源，现在种群数量剧减。尽管渔民们更加辛苦地劳作，但能捕到的鱼却越来越少。油滑的尼罗河鲈鱼（当地人常称作 Mbuta）体型巨大，常常游到湖泊开阔水域，当地渔民仅靠小船和简单的渔具根本无法抓到。

随着尼罗河鲈鱼的国际需求不断增长，大批国际商业捕捞船队前来从事捕捞作业，致使湖边村寨的渔民和从事水产品加工的女性失去工作。以往鱼类加工多由女性完成，现如今则逐渐被大型的去骨工厂代劳，于是这些女性只得转而从事鱼类废弃物的加工。鱼类废弃物在斯瓦西里语中又被称作"鱼光背"（Mgongo-wazi）。这些鱼类废弃物包括鱼头、鱼背骨和鱼尾，在阳光下晒干，充分烹炸后卖给当地人。因为价格低廉而又富含营养，当地人也乐于购买。许多渔民被迫另谋生计，一般多在矿业公司和其他行业靠出卖劳动力谋生。

水葫芦给维多利亚湖的生态环境也造成威胁。尽管水葫芦看似郁郁葱葱，恍若绿色的地毯，实则是一种冷酷无情、无根漂泊的杂草，它繁殖迅速，不断侵占、覆盖湖面。人们在 1989 年才首次注意到这一生态现象。水葫芦传播迅速，临湖三国的水域无一幸免。它们在湖面形成致密的草垫，使阳光无法照到水下的生物，同时还消耗水体中的氧气，让原本就含氧量较低的水质更加恶化。此外，还阻滞渔船和各种大小渔网，致使渔民无法从事捕捞作业。水葫芦密集处还为毒蛇和携带血吸虫病毒的蜗牛提供了理想的温床。坦桑尼亚政府和许多国际机构合作，共同协力，使用各种办法，力图控制水葫芦的蔓延。目前最有希望的措施是集中打捞水葫芦，将其用于肥料和沼气的生产。

湖泊生态状况的恶化也带来了很多健康问题。向湖泊及周边河流中排放未经处理的污水使湖边居民更容易患上各种水传疾病，如伤寒、霍乱、痢疾和各种慢性疟疾。维多利亚湖一带传播着世界上最致命的疟疾。鱼类价格飞涨，也使得湖区居民面临营养不良的威胁。因为缺少固定收入，人们患上伤寒、黄热病，感染上绦虫、钩虫等各种水体传播的热带蠕虫病后也无法得到及时的救治。

IV. 坦桑尼亚矿业概况

坦桑尼亚维多利亚湖区的黄金采掘活动始于1894年德国殖民时期，当时坦桑尼亚还称为坦噶尼喀（Tanganyika）。一战和二战刺激了该地区的黄金生产，1967年实行Ujamaa政策后，采矿成为国家主要的经济活动。通过矿业的国有化，政府希望从采矿行业获取更多的收益，创造更多的就业机会，对矿区居民社会服务投入更多的资金。尽管政府对矿产业给予很高的期望，但矿产业并没能有效地刺激坦桑尼亚经济的工业化。Ujamaa政策期间，由于政府资金投入不足，加上没有核心技术，黄金的开采量显著下降。小型作坊式的矿场对矿产的非法开采也带来了许多环境与社会问题。[11]

峰回路转，随着20世纪90年代Ujamaa解体后，来自加拿大、英国、澳大利亚和南非的矿业公司进入坦桑尼亚，为矿业开采注入了活力。继1995年成功进行了黄金勘测活动后，巴里克黄金公司于1999年正式投资坦桑尼亚维多利亚湖区，目前已收购了四个黄金矿区，分别是位于东非坦桑尼亚西北部，距离维多利亚湖以南约55千米，姆万扎市约150千米的Bulyanhulu金矿；位于卡哈马区（Kahama）的Buzwagi金矿；位于卡盖拉省比哈拉穆洛市（Biharamulo）的Tulawaka金矿；以及位于坦桑尼亚西北部马拉省塔里梅地区，维多利亚湖以东约100千米，肯尼亚边境以南20千米处的北马拉金矿（North Mara Gold Mine）。

坦桑尼亚矿务局（Tanzanian Mineral Authority）和坦桑尼亚矿业和能源理事会（TCME）表示，自2000年以来，维多利亚地区的黄金产量持续增长，推动了维多利亚湖区在其他领域也成为国外投资的热土。坦桑尼亚是非洲第三大黄金生产国，仅次于加纳和南非。[12]当然，坦桑尼亚的其他矿产资源也很丰富，比如钴、铜、镍、铂族金属、银、钻石和各种宝石。能源方面天然气占主导地位，已探明的石油储量尚不具备商业开发价值。2008年TCME表示，在过去十年中矿业跨国公司为坦桑尼亚的经济发展注入了20亿美元资本，同期向坦政府纳税总额达2.55亿美元。[13]

2002年，坦桑尼亚加入了非盟发展蓝图，这一项目是"非洲发展新伙伴计划"（NEPAD）的一部分，目的在于同全球矿业公司一起，监管并执行"非洲矿业伙伴计划"（AMP）。"非洲矿业伙伴计划"的目标是向非洲各国政府推广具有实践性、可持续发展性的战略政策，确保矿业公司的开采是公开、透明的，既能保证政府收益的最大化，又能保护本国环境与居民利益。

坦桑尼亚政府提供的各种税收减免优惠政策确实吸引了不少跨国公司来坦投资，多在维多利亚湖区等地区从事高风险高难度的勘探活动。但政府并未制定出一套兼顾矿产资源与企业税收的方案，致使分布在矿区周围的居民失去了工作、家园、健康、自然资源，换来的却是少得可怜的补偿，而政府却没有为他们提供任何帮助与支持。[14]另外，政府也没有针对这些地区的长期排污等生态环境问题，提出具体的解决方案。

如同任何在坦桑尼亚这样一个社会问题众多、法律制度又不健全的发展中国家从事采矿活动的跨国公司一样,巴里克黄金也在与当地社区居民结成"社会伙伴关系"(表1)的过程中面临各种矛盾与阻力。与当地居民形成这种伙伴关系是为了以可持续的方式解决环境问题以及失业、贫困、疾病等社会问题。一方面,巴里克黄金公司严格遵照西方的法律及财产所有权规范,在坦桑尼亚开展合法的矿业活动。另一方面,却又不断在平衡企业全球战略与坦桑尼亚子公司业务战略方面所面临的问题。

表1 社区参与行为的三种类型

维度 (Dimension)	事务型 (Transactional)	过渡型 (Transitional)	变革型 (Transformational)
企业立场	回馈	架设沟通桥梁	变革社会
交流	单向	双向	双向
社区伙伴数量	许多	许多	少量
信任程度	有限	渐进	亲近
互动频率	偶尔	常常	频繁
学习	社区向企业	企业向社区	同时发生
过程控制	企业控制	企业控制	共同控制
收益与产出	单方	单方	双方

资料来源:F. Bowen, A. Mewenham-Kahindi, and H. Irene. 2008. "Engaging the community: A synthesis of academic and practitioner knowledge on best practices in community engagement," a Canadian Research Network for Business Sustainability, *Knowledge Project Series*, Ivey School of Business, 1, 1, 1-34.

与此同时,湖区丰富的矿产资源不仅未能促进湖区经济的多元化增长,反而导致了不少暴力活动,其中尤其以北马拉地区居民为代表。目前公认的问题根源是:未能颁布并执行有效的法律法规,对矿区的经营与税收活动进行民主、公开的管理;[15]腐败现象日益严重,居民对大型经营活动的潜在利益认识不足。

V. 坦桑尼亚巴里克黄金公司

作为一个世界级的黄金生产商,巴里克在其矿产开发项目中使用先进的勘测技术系统。巴里克拥有世界上最大的黄金矿藏之一,子公司的矿产开发活动所涉及的开采面积规模巨大,且在北美洲、南美洲、非洲、大洋洲和亚洲等五大洲均有分布。作为加拿大最大的矿业公司之一,巴里克黄金的股票在多伦多证券交易所、纽约证券交易所、伦敦的主要全球股指中心以及瑞士证券交易所和巴黎泛欧证券交易所(Euronext-Paris)均可交易,属于股东利益驱动型公司。1995年开始的勘测计划顺利完成后,巴里克黄金于1999年正式投资坦桑尼亚。起初,矿业活动仅限于卡哈马地区的Bulyanhulu矿,2004年起逐步扩展到维多利亚湖区及其周边地区。

巴里克黄金公司所属的坦桑尼亚管理人力资源(HRM)[17]秉承社会化的企业文化。公司在坦桑尼亚的每一个矿区都设有培训部门,所聘用的大学毕业生既在公司从事行政管理工作,也会被派到矿场,与经验丰富的外籍或本土员工一道工作学习。另外,公司还参与坦桑尼亚矿业和能源理事会以及坦桑尼亚政府的合作项目,推动综合开采技术培训(Integrated Mining Technical Training, IMTT)项目。综合开采技术培训项目的目标是让本地员工获得相关技能,能在坦桑尼亚迅猛发展的矿业经济部门工作,从而减少对外籍员工的依赖。[18]巴里克黄金还推行全球继任规划项目(Global Succession Planning Program, GSPP),把外籍员工调派到坦桑尼亚其他巴里克黄金项目或者巴里克在其他国家运营的矿场,[19]为外籍员工提供增长知识、积累经验的机会。全球继任规划项目将企业文化、公司的日常经营、公司的商业利益融入员工培训,起到积极的作用。

1. 巴里克的宗旨、愿景与价值观

巴里克黄金的愿景与核心价值观是以安全、盈利、对社会负责任的方式不断发现、收购、开发、生产优质矿藏。巴里克承诺在开采地区实行长效管理、实现长期受益,积极培育当地员工,与当地政府和各利益相关方密切配合,营造合作共赢的企业文化。

巴里克黄金把"全球化企业社会责任"作为其全球化商业战略不可或缺的一部分,以"商业伦理、员工权益、企业发展"为企业目标。与此同时,巴里克非常珍惜在开采地的经营权,重视与当地居民建立良好的社会关系。

2. 推动社会发展的举措

巴里克以"促进当地积极发展"作为企业社会责任的重要内容。除了为股东创造更大价值外,巴里克努力为开采地社区与国家营造可持续发展的模式。作为一个全球化的跨国公司,巴里克黄金努力赢得开发过程中各方的信任,包括公司员工、子公司所在社区、开采国政府以及其他公司和个人。[21]

2008年,公司在乞力马扎罗省(Kilimanjaro)的首府莫希市(Moshi)创建了一所矿业研究所。该研究机构的职能是为巴里克矿场及坦桑尼亚的其他矿业跨国公司研究发展机遇、提供技能培训支持。[22] 参与培训项目的人员既有工程、地理专业的大学毕业生,也有来自巴里克的采矿工人。这一举措体现了巴里克的企业社会责任,也为当地提供了就业与合作计划。

然而,仍然有社会和 NFOs 人士对各外国公司明确表示不满:

"政府没有摆正外资公司在我们社区的角色。政府要求社区为矿业公司的开采活动腾出土地,一些社区得到了政府补偿,而有些却完全没有任何补偿。如果你问政府补偿了多少,大多数社区会告诉你数额少得可怜,不够盖新房子,也不够送子女去学校读书。这些社区居民感到自己从此失去生计了。

矿业公司没有给流离失所的居民任何补偿,也不就为什么在我们社区从事开采活动给个说法。当然可能这些公司有同官方的合作合同,从政府那里得到了在我们社区经营的权利,但是我们这些当地的社区实在是走投无路了……我们看不到政府的作为!百姓对政府和矿业公司很愤怒。

人民对政府感到不满。他们明知当地政府官员中的腐败现象很严重,但又无法向对待矿业公司那样与政府对峙。他们觉得在提供工作及其他机会方面,与政府相比,矿业公司反而对他们更具有同情心。

公司在我们社区(北马拉)已经启动了一些教育、医疗和基础设施发展项目。但是,我们没有工作,用不起这些优质的教育与医疗服务设施,也没有建立自己企业的资源,发挥我们当地人的技能。尽管公司在社区确实推行了一些不错的项目,但是我们仍然感到不满。我们的问题是长期性的;他们需要深度地参与到社区的建设中来。

矿业公司在我们的土地上排污,给我们的农田造成了很多环境问题,如水土流失、水源污染。公司排出的废水形成的死水塘使蚊虫、蛇类和蜗牛田螺滋生,我们一辈子也没见过这么多!矿场上勘探和爆破活动产生的冲击波给附近的村民造成恐慌、失眠,甚至导致农田、土地上出现大裂缝。"

两名社区领袖(代表地方利益相关方)的评论:

"前几天晚上我们突然被矿场爆破造成的震颤所惊醒。起初还以为是地震(斯瓦西里语

"Tetemeko la Ardhi"),现在 Bulyanhulu 矿区居民们都在考虑的问题是:'这种日子什么时候是个头?'

我们需要和在我们社区投资的外资企业建立一种双向的伙伴关系。这样的话我们可以从公司的经营中得到工作或者学到技能,而公司通过与我们沟通,也更容易同我们协商谈判。如果企业积极地回应我们的担忧和诉求,我们也会努力保护他们在本地的商业利益,这样也就能够和谐地在我们社区经营了。要实现这一点,政府应当和本地社区沟通,解释为什么政府允许这些企业在土地上从事开采活动,解释这些企业能给社区带来什么样的好处。但是,目前这些企业仍然是孤立无援、单枪匹马地应对社区的相关问题。"

不满的情绪在坦桑尼亚当地人中蔓延,巴里克黄金公司也受到当地利益相关方的敌视。对此,巴里克在其经营的 Tulawaka、Bulyanhulu 和 Buzigwa 等几个核心矿区又推广了几个企业社会责任项目,旨在为当地社区带去长期的、可持续的利益。姆万扎的两名 NFO 官员似乎更切中问题的要害:

"巴里克黄金刚进驻坦桑尼亚时,曾试图同社区和当地政府合作解决社会及生态问题,但鉴于当地制度的特征——官僚主义、腐败文化,政府办事效率低下,因此合作一时也无法达成。

对于北马拉地区居民最近的抗议局势,只能通过政府、企业和社会团体一同合作解决。向抗议者开枪、关闭矿场、不给工钱就把员工打发回家都解决不了长期问题。公司具有的长期合法经营权也不足以说服愤怒的社区。

企业根本没有错……它们遵照了所有法律程序,也有权在此(维多利亚湖区)经营,但对于当地居民,法律文件对他们而言不值一钱。企业觉得当地居民难以琢磨,其实要解决问题答案很简单:增进理解与融合,建立相互信任的关系。

为了创造就业,矿业公司得到了很多税收优惠合同与补贴。税收会让贫穷国家受益,但在这一过程中,企业极有可能会想办法避税。公司同某些腐败的政府官员常常会签订'秘密协议'。居民看不到这些企业能给这些贫穷的国家带来什么益处。这就是为什么尽管接纳了矿业公司,但是居民依然贫困。"

一些社区感到,每当涉及土地问题、补偿问题、就业问题以及公司在社区的经营等与他们利益息息相关的社会问题时,他们都"被代表"了。一些社区认为,矿业公司在周边社区开展的社会发展项目寥寥,仅有的几个也看不出是针对社区推行的,缺乏实际影响。这些项目都不是制度性基础设施,无论从社区的角度还是从公司管理经营的角度都不足以体现企业的社会责任。正因如此,当地社区也就不再参与巴里克黄金发起的大多数社会发展项目了。

巴里克黄金公司与当地社区经过 2007—2009 年的冲突与对峙,开始转变策略。采取植根当地的互动模式,推动与当地社区结成双向伙伴关系似乎是最上乘的办法。2009 年年初,巴里克面临来自当地社区、地方媒体、社会团体等各方面的不满,这些群体认为巴里克在开采地推广全面可持续发展方面做得不够。媒体做了好几次关于巴里克位于北马拉的矿场的专题报道。[23] 两家 NFOs 如是评论这一争端:

"政府需要和居民讲清楚跨国公司给当地经济带来的好处。在人们看来,矿业公司萃取自然资源,但却造成环境污染、生态恶化,让人们流离失所。另外,矿产企业在促进开采国经济繁荣、创造就业岗位、推动当地创业方面做的工作还远远不够。

不满主要来自开采地社区和小型矿场,它们认为自己被政府忽视了。我们深刻感觉到饭碗被砸了,却得不到什么补偿。这些社区和小型矿场认为:政府和地方当局眼里只有国外投资者,维护的是外人,牺牲的却是本国居民的利益。政府腐败、没有责任感、不讲信誉是所有这些问题的根源。企业成了风箱中的老鼠,两头受气。"

3. 制定企业回应计划

为应对包括坦桑尼亚在内的国际经营活动所面临的挑战,巴里克黄金制定了一整套回应方案,在其经营的四个矿区监管区域发展项目的社区事务部。巴里克采用国际通用的全球企业社会责任(CSR)战略,并将其作为国际和本地化商业战略的一部分:"作为一个全球化的企业,我们认同世界银行对企业社会责任的定义——企业社会责任是企业对推动经济可持续发展的承诺,即以既利于企业利益又能兼顾长期发展的方式,同员工及其家人、社区乃至整个社会一道共同努力,改善人们的生活质量。"[24]

(1) 与社区合作发展教育事业。

通过新近成立的社区事务部,巴里克黄金为 Bulyanhulu 矿区周边社区寻求自主创业的机会。通过与地方政府、NFOs 和社区通力合作,公司雇佣受过教育的当地人,让更多的人掌握金融、会计和市场营销等各种领域的创业技能(图1)。

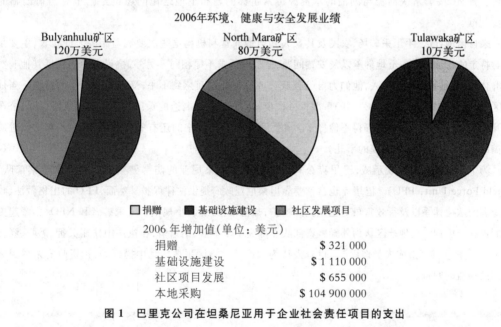

图1 巴里克公司在坦桑尼亚用于企业社会责任项目的支出

注释:表中所示数据为 2006 年巴里克在健康、安全培训与应对突发状况培训方面的支出。
资料来源:www.barrick.com/Theme/Barrick/files/docs_ehss/2007%20Africa%20Regional%20Rpt.pdf。
获取时间:2009 年 4 月 30 日。
(译者注:原文资料链接已失效,请点击以下链接查看原始数据:http://barricksudamerica.com/barrick/site/artic/20120606/asocfile/20120606163532/2006_africa_regional_rpt.pdf。)

为充分挖掘矿区周边社区的发展潜能,公司在教育方面给予大力支持。截至 2008 年,巴里克已经同 Bulyanhulu 矿区 Bulyanhulu 至 Kahama 沿途的 8 个村庄展开密切合作,不久还会扩展到另外 8 个村庄。第一批开展合作的 8 个村庄中,有 7 个在 Bugarama 村,1 个在 Mwingilo 村,但都分布在 Bulyanhulu 矿区。

(2) 以社区为基础开展创业项目。

通过与社区合作,巴里克还协助一些有技能、有门路、有商业活动资源的社区率先开展创业项目。其他社区的创业项目也在逐步开展,这些项目都遵照同样的管理程序。

(3) 医疗卫生项目。

按照"一期计划"(Phase I)的安排,巴里克黄金公司还将帮助 Bulyanhulu 地区的 Sungusungu 医疗中心改造升级为 Nyamongo 医院。在福音派路德宗教会(Evangelical Lutheran Church)的组织下,几家 NFOs 已经同当地的辖区办事处(District Office)和村务委员会(Village Council)达成协议,将为医院提供实惠的医疗服务,为当地居民治疗疟疾、水传疾病、伤寒、黄热病及其他流行病。社区的信托基金出资 30 000 美元为医院购置病床等医疗设备,帮助改造升级医院。巴里克在医疗卫生项目方面的总体目标是:让更多的贫困社区都能享受到便捷的医疗服务,减少贫困社区的孕妇死亡率。

(4) 环境保护项目。

维多利亚湖区是撒哈拉以南非洲人口最密集的地区之一,同时也是世界上污染最严重、环境破坏最严重的地方之一。巴里克也一直在同当地政府合作,为矿区居民了解采矿作业提供学习机会。这一做法旨在当地社区培养具有环保意识的"亲善大使",这些人给予巴里克公司积极正面的评价。此外,妥善解决河流与湖泊的水资源毒素超标问题和土地退化问题也是巴里克当前面临的主要挑战。

来自当地社区、手工采矿场、农民及其家人和当地非营利机构这些次要利益相关方的抗议,主要是针对特定的社会、环境、土地继承以及安置问题,他们的诉求不尽相同。另外,抗议者中还包括其他利益的群体,主要是手工采矿工人,他们为自己被裁员或没被补偿而感到不平,受到了不公平的待遇。当地社区居民也很愤怒,因为矿业公司的重型机械在夜间的开采活动制造的噪声让他们难以入睡,而且公司的开采活动还把他们的土地弄得不像样子。让巴里克公司不安宁的还有些失业青年,他们常常溜进矿区搞破坏,或者做些小偷小摸的事儿。

为了平息矿区的群众示威,巴里克公司一般要依靠坦桑尼亚的防暴警察,称为"外勤警察部队"(Field Force Unit,FFU)。巴里克也常常要靠坦桑尼亚政府提供法律保护。然而,FFU 的出格做法、政府薄弱的法律体系以及行政官员对巴里克的袒护,却常常在社区、小规模手工采矿者和 NFOs 中激起更大的愤怒与仇视。当地社区认为外勤警察部队在冲突中下手狠、不留情,在执法中使用关押、恐吓、骚扰等手段,[26] 有些甚至造成人员伤亡[25]。也有人认为政府从该地区采掘活动中捞好处,指责政府未尽到保护国民利益的职责。

小结

截至 2010 年,根据非洲巴里克黄金公司与当地社区已建立稳定、可持续发展的关系,已经展开各种企业社会责任的相关项目。这些项目的总体目标是保证公司与其利益相关方构建互相尊重、相互合作、长期负责的友好关系。互相尊重被认为是构建这种长期、互利、充满活力的友好关系中最重要的一环。

除了推广项目以外,公司还要求各社会发展事务部都制定一份实用指南,确保实现公司的价值观与发展目标,切实与当地社区构建长期互利的友好关系,避免争端,减少高昂赔偿。[27] 尽管如此,公司依然在北马拉等地面临着严峻而棘手的问题,不断处理各类冲突域诉求。

表2　2006年巴里克公司在坦桑尼亚用于社区发展项目的总支出

社　　区	2006	2005	2004	2003
捐赠（单位：美元）				
Bulyanhulu 矿区	20 193	14 000	410 000	485 000
North Mara 矿区	294 220	50 000	0	0
Tulawaka 矿区	6 778	7 662	5 894	不适应统计
基础设施建设（单位：美元）				
Bulyanhulu 矿区	631 222	3 570 000	4 374 000	572 000
North Mara 矿区	389 384	360 000	350 000	100 000
Tulawaka 矿区	89 020	43 697	6 250	不适应统计
社区发展项目（单位：美元）				
Bulyanhulu 矿区	519 793	609 000	0	0
North Mara 矿区	135 015	0	未统计	
Tulawaka 矿区	304	0	0	不适应统计
本地采购的商品及服务总额（单位：美元）				
Bulyanhulu 矿区	65 600 000		未统计	
North Mara 矿区	37 700 000		未统计	
Tulawaka 矿区	1 600 000		未统计	

资料来源：www.barrick.com/Theme/Barrick/files/docs_ehss/2007%20Africa%20Regional%20Rpt.pdf。
获取时间：2009年4月30日。
（译者注：原文资料链接已失效，请点击以下链接查看原始数据：http：//barricksudamerica.com/barrick/site/artic/20120606/asocfile/20120606163532/2006_africa_regional_rpt.pdf。）

案例尾注

1. This case has been written on the basis of published sources only. Consequently, the interpretation and perspectives presented in this case are not necessarily those of Barrick Gold Corporation or any of its employees.
2. www.barrick.com/CorporateResponsibility/BeyondBorders/default.aspx, accessed March 24, 2009.
3. www.barrick.com/News/PressReleases/PressReleaseDetails/2010/Barrick-Named-to-Dow-Jones-Sustainability-World-Index-for-Third-Consecutive-Year/default.aspx, accessed September 27, 2010.
4. www.tanzaniagold.com/barrick.html, accessed October 1, 2010.
5. See data on Tanzania at www.transparency.org.
6. www.tic.co.tz, accessed April 1, 2009.
7. www.actanzania.org/index.php?option=com_content&task=view&id=121&Itemid=39, accessed February 12, 2010.
8. www.mining-journal.com/finance/new-tanzanian-mining-act, accessed September 27, 2010.
9. www.dailynews.co.tz, accessed February 10, 2010.
10. www.cichlid-forum.com/articles/lake_victoria_sick.php, accessed April 1, 2009.
11. www.douglaslakeminerals.com/mining.html, accessed February 26, 2009.
12. www.mineweb.co.za/mineweb/view/mineweb/en/page67?oid=39782&sn=Detail, accessed May 1, 2009.
13. www.mineweb.co.za/mineweb/view/mineweb/en/page67?oid=39782&sn=Detail, accessed May 1, 2009.

14. "The challenge of mineral wealth in Tanzania: Using resource endowments to foster sustainable development," International Council on Mining and Metals, 2006.
15. www.revenuewatch.org/our-work/countries/tanzania.php, accessed May 1, 2009.
16. www.tanzaniagold.com/barrick.html, accessed, May 1, 2009.
17. www.barrick.com/CorporateResponsibility/Employees/AttractingRetaining/default.aspx, accessed April 24, 2009.
18. www.barrick.com/Theme/Barrick/files/docs_csr/BeyondBorder2008July.pdf#page=4, accessed September 27, 2010.
19. www.barrick.com/CorporateResponsibility/Employees/AttractingRetaining/default.aspx, accessed September 27, 2010.
20. www.barrick.com/CorporateResponsibility/OurCommitment/default.aspx, accessed September 27, 2010.
21. www.barrick.com/CorporateResponsibility/default.aspx, accessed March 25, 2009.
22. www.ippmedia.com/ipp/guardian/2008/04/11/112164.html, accessed February 13, 2009.
23. Several protests by local communities against Barrick's mining activities in Tanzania had been reported. See www.protestbarrick.net/article.php?list=type&type=12, accessed February 17, 2009.
24. www.barrick.com/CorporateResponsibility/Ethics/PoliciesStandards/default.aspx, accessed February 17, 2009.
25. A recent incident at a Barrick mining site in the Mara region had led the Tanzanian FFU to kill an intruder (see www.protestbarrick.net/article.php?list=type&type=12, accessed April 17, 2009).
26. For the behavior of Tanzania's FFU in quelling demonstrations, see www.protestbarrick.net/article.php?id=369, accessed April 17, 2009.
27. Further CSR programs are available at www.barrick.com/CorporateResponsibility/default.aspx, accessed February 24, 2009.

讨论题

1. 矿业公司在发展中国家尝试设立子公司或业务部过程中面临哪些挑战？
2. 为什么巴里克黄金公司在坦桑尼亚采取全球化的方式解决企业社会责任问题？又是怎样实施的？
3. 坦桑尼亚（以及其他拥有丰富矿产资源的发展中国家）是否能够有效利用矿产资源带来的税收收入、租金和补贴，实现人口密集的坦桑尼亚湖区的经济繁荣，打破许多贫穷但矿产资源丰富的发展中国家面临的"资源诅咒"？怎么做？
4. 尽管巴里克在维多利亚湖区做出了许多努力，但直至2009年年初，抗议等紧张局势仍未平息。为什么暴力与对抗依然存在？巴里克黄金公司该怎样做才能消除这一状况？

综合案例

塔塔电力公司：
企业社会责任与可持续发展

2008年6月28日，在孟买工商会举行的颁奖典礼上，塔塔电力公司由于为Lonavala地区的环境保护做出的杰出贡献被授予"公民奖"。颁奖仪式后，公司人力资源副总裁Gobind Bagasingh召开了员工大会，在会上他将这份殊荣归功于退休的Prakash Tewari上校。Tewari于2007年加入塔塔电力公司，担任"企业社会责任与安置项目"[1]副总经理，主要负责筹建项目部（见图1）。Gobind邀请Tewari谈谈企业社会责任的作用，尤其是如何开展企业社会活动。Tewari就当前的热点问题和公司可持续发展所面临的挑战发表了个人看法：

"亲爱的朋友们，能有机会与大家交流感到非常荣幸。"公民奖"是对我们履行企业社会责任所取得成就的认可。在此我非常感谢大家自愿抽出宝贵的时间和精力积极参加公司的社会活动。众所周知，企业在开展任何企业社会责任活动时都要遵循"三重底线原则"。这就意味着企业活动应该有：（1）经济责任，即创收计划；（2）环境责任，如造林、园艺等；（3）社会责任，如电厂周围地区居民的教育与健康活动。

作为全球最受尊敬的公司之一，我们有责任对社会负责，对为电厂发展贡献土地的居民负责，对厂区周围的居民负责。与此同时，我们也要衡量企业社会活动的效益，均衡企业社会活动与股东经济利益之间的关系，否则再大的投入、再多的努力与再高的荣誉也将毫无意义。"（见表1）

在公司任职之初，Tewari曾经激励了许多人。即便后来身居高位，他也认为自己"刚刚起步"，仍有很长的路要走，仍要面临无数的挑战与机遇。自从2007年6月任职开始，Tewari就一直思考如何通过履行公司的社会责任，实现公司可持续发展的长远目标。

在接下来的三天里，Tewari参加了两个重要会议：分别与东部地区项目经理Praveer Sinha和企业社会责任团队的高级经理们讨论。他与Sinha讨论了公司扩大规模过程中开展的各项社会活动，分析了在现有框架下如何组织并开展新的活动，同时也就维持现有合作伙伴还是寻求新的合作伙伴问题进行了讨论。另一个会议则是总结了现有企业社会活动的影响。在这两个会议上，Tewari 都希望在他的领导下制定企业社会责任部的长期发展战略，并完成预期成果。

在筹备这两个会议时，Tewari 关注是成立独立运行的企业社会责任部，还是维持现有运作形式，即隶属于公司总部的一个部门。他一直思考的问题是：若基于公司的扩大而成立独立运行的企业社会责任部，那么，机构的属性与责任是什么，能否完成原来由公益组织[2]或非政府组织开展的企业社会活动呢？从某种意义上说，Tewari 所面临的挑战是要重新构建企业社会责任机构，保证投资者与其他股东之间的利益平衡，与此同时，他也认为这将有利于公司与社会的长期可持续发展。

I. 塔塔集团

塔塔集团是印度最大的私营集团公司，经营范围涉及七个领域（见表 2 和表 3），公司总收益占印度 GDP 的 3.2%。2007—2008 年的总收入约为 288 亿美元，其中 61% 来自海外业务。在全球各地设有分公司，员工达 35 万人。塔塔钢铁公司在成功收购英国康力斯公司后成为世界第六大钢铁制造商。塔塔汽车公司是世界排名前五位的商用车辆制造商之一，2008 年收购了捷豹路虎。塔塔咨询服务公司（TCS）是世界领先的软件公司，除印度外，公司在美国、英国、匈牙利、巴西、乌拉圭和中国拥有多个交付中心。塔塔全球饮料公司通过收购英国泰特莱茶叶公司，奠定了世界第二大品牌茶叶公司的地位。塔塔化工公司是世界第二大纯碱生产商。塔塔通信公司是世界最大的语音服务批发商之一。随着旗下公司的足迹遍布世界各地，塔塔集团的国际知名度也日益提高。英国品牌金融咨询公司测评塔塔品牌的估值为 114 亿美元，在全球前 100 大品牌中位列第 57 位。

塔塔集团是以集团创始人贾姆谢特吉·塔塔的名字命名的，其家族成员几乎一直担任集团董事长，目前是家族的第五代。集团长期以来一直秉承将财富回馈社会的宗旨。塔塔有限公司是集团的控股公司，家族的慈善信托基金持有 2/3 的股权。多年以来，慈善信托基金支持创建了国家级的科学技术机构、医学研究机构、社会研究机构和表演艺术机构，同时还为教育、医疗和生活领域的非政府组织提供援助和支持。慈善信托基金和塔塔旗下公司投入社会活动的总支出约占集团纯利润的 4% 左右。塔塔有限公司拥有塔塔品牌的唯一所有权，掌管着集团的管理与运行。

塔塔集团为各公司的社会活动提供资金支持，20 多个公司的 11 500 名志愿者积极参与志愿者项目，总计投入 150 000 小时，其中包括塔塔钢铁公司的艾滋病项目[4]和塔塔咨询服务公司的成人计算机学习项目[5]。2006—2007 年，用于社会活动的总投入达 607 亿美元。

II. 塔塔电力公司

塔塔电力公司是塔塔集团的 12 家子公司之一（见表 4），公司总部位于印度孟买，经营范围涉及电力行业发电、输电和配电的各个领域，包括火力、水力、太阳能及风力发电

(见表5)。公司创立于1919年,最初的主要经营范围在马哈拉施特拉邦、贾坎德邦和卡纳塔克邦(班加罗尔)。随着公司规模的扩大和业务的多元化,公司已成为印度最大的私营电力公司。

公司其他业务包括电子设备、宽带业务、项目咨询、终端服务、投资和石油开采。公司总部位于孟买,员工人数约为3 340人。截至2006年3月底,2005—2006年公司总收入为447.3卢比(10.06亿美元),比2004—2005年增长了22.1%,净利润为71.211亿卢比(1.602亿美元),比2004—2005年增长了20.5%(见表6和表7)。

孟买发电厂是一家火力和水力混合型发电厂,总装容量为2 300兆瓦(MW),拥有1 200公里的高压输电电路(220千伏和110千伏)。在孟买地区,有935公里高压和低压配电线路,连接孟买地区17个接收站和85个变电站。

2007年3月,塔塔电力公司收购三家公司30%的股权,分别是印度尼西亚两家主要动力煤工厂卡阿蒂姆普利玛煤炭公司(KPC)和阿鲁蒂姆公司(PT Arutmin Indonesia)[6],以及阿鲁蒂姆公司贸易公司。2007年4月,塔塔电力公司的全资子公司古吉拉特海岸电力有限公司(Coastal Gujarat Power Limited)专门成立用以监管蒙德拉特大电厂(Ultra Mega Power Project,UMPP)项目的开发团队。此外,公司还承建印度国内18个项目,以及在迪拜和马来西亚的2个项目。

至2012年,公司增加发电总量7 500兆瓦,包括2006年开始的蒙德拉特4 000兆瓦UMPP项目。塔塔电力公司的主要竞争对手是印度瑞来斯实业公司、Torrent电力、阿尔斯通工程印度有限公司、古吉拉特产业电力有限公司和印度国有热电公司有限公司。

III. Prakash Tewari 上校

Tewari上校在印度军队服役25年,曾任印度国防委员会政策生态部主席,2005年荣获联合国教科文组织颁发的国际减灾联盟奖,两次就任总部位于美国北卡莱罗纳的国际减灾联盟主席。Tewari上校致力于救灾、冲突、环境和自然资源管理等领域,开展生物多样化保护、荒地开发、地下水回收、雨水收集、植树造林、非传统能源和环境教育项目。

从军队提前退役后,Tewari加入塔塔电力公司,继续秉承服务社会的宗旨,推动开展企业社会活动,并逐步使之制度化。Tewari认为,相比政府机构的官僚与费时,企业具有授权快、决策快、耗时短的优势,具有的成效性和针对性。

在塔塔电力公司,Tewari有计划地致力于:

(1) 培养塔塔电力公司社区居民的主人翁意识;
(2) 推动企业社会责任制度化,有利于公司的可持续长期发展。

IV. 印度电力行业

获得优质可靠的电力资源是国家发展的前提。印度是全球经济发展最快的经济体之一,对电力的需求量很大。因此,印度国内巨大的电力需求为私营企业的高速发展提供了机会。根据印度宪法,电力行业与国家、政府承担共同的责任。印度政府主导印度的电力行业：国家和政府分别占发电总量的 58% 和 32%，私营企业占 10%。此外，私营企业在输电行业的份额逐渐增加，同时也已进入配电领域。

为保证印度 GDP 7% 的年增长率，每年的电力供应须增长 10%。印度每年电能消耗是 580 千瓦时，与发展中国家每年 10 000 千瓦时的电耗相比，是消耗量最低的国家。到 2012 年，印度电能需求达到了最高值 157 107 兆瓦，能源需求量为 975 BTU[8]。到 2011—2012 年，用电峰值达 152 746 兆瓦，是 2003 年的 2 倍。因此，电力行业具有很大的发展潜能（见表 8a 和 8b）。

2006 年年初，塔塔电力公司计划在五年内发电总量为 100 000 兆瓦，这无疑需要扩大企业规模，不仅需要大规模收购现有电厂，而且也需要征收农民和渔民的土地和海洋资源。

作为塔塔电力公司和莫德尔谷公司的联营公司，迈通电力有限公司计划建造发电总量为 1 000 兆伏的发电厂，分两期建成，2009 年下半年建成第一期，2010 年年中建成第二期。项目所需土地为 1 200 英亩，大部分用地是当地的宅地和农田。当时，政府宣布塔塔电力公司征用大部分土地建造发电厂，然而正如 Tewari 所言："尽管政府和立法机构颁发了建厂许可，然而建设是否顺利则取决于当地居民。"因此，与当地社区的合作是企业成功的关键因素。

V. 塔塔电力公司的股东

塔塔工程公司事务部执行主席 Farrokh Kavarana 强调了企业社会责任活动的重要性：

> "社区发展是塔塔企业文化的目标与重要基础，因此塔塔电力公司的每一位管理者都有责任思考如何使之成为公司战略的一部分，从而实现公司与集团的战略目标。每个公司的战略都要以社区的需求为中心，并始终为之服务。社区的全面发展需要公司与员工直接、长期的物质与技术支持，包括教育、卫生、环境、市民设施、基础设施、家庭计划、职业培训等领域，从而建立具有战略发展与经济繁荣的社区。塔塔公司鼓励管理层提出有利于环境与社区发展的政策、战略与预算，以塔塔公司品牌声誉为目标的项目都要无条件支持。"

公司股东包括股东、客户，以及当地社区。前两者的身份非常简单，但是问题是如何识别"重要社区"。[9]迄今为止，企业社会责任活动主要针对这些重要社区，但是"最大的困难在于各个社区相隔较远，因此需求不同"（见表 9）。

VI. 塔塔电力的企业社会责任活动

从广义而言，企业社会活动大致分布在六个领域：卫生、教育、基础设施、能源、环境与社区创收活动。第一步根据评估分配预算。各个部门制订实施方案、制定预算，如水电或者许可证。各个社区和特色活动都有专项资金（见表 10）。

针对重要社区在水电方面[10]的困难，负责官员 Vivek. Vishwasrao 这样描述：

"马哈拉施特拉邦水力发电站区域内有 107 个"重要社区"。这些村子都受到建造大坝和水力发电建设的影响,而这些社区的居民对于收入水平、生活水平、发展程度,甚至期望值都有巨大的差异。因此,很难通过单一项目吸引所有的村子。于是我们开展了不同形式的活动,诸如培训项目(包括妇女缝纫班)、环境意识、印度鲃保护、养鱼和生态回复等。"

针对企业社会责任活动的评估问题,水电部高级经理 Bharat Nadkarni 是这样解决的:

"塔塔电力开展了多种形式的企业社会责任活动,从植树造林、多物种生态研究,到道路建设、乡村学校的教室建造……衡量活动的影响只能通过对目标群体的"社区满意指数"调查。由于需求不同和活动形式不同,因此面临的主要挑战是如何构建指数体系。"

针对影响评估和开展企业社会责任活动的困难问题,Tewari 说:

"鉴于开展活动的自然环境、活动规模,甚至是目标群体都是不一样的,所以很难以同一参数评价所有活动。因此,在进行影响评估时,尤其是考虑到亚洲公司和其他地区的扩建计划,我们将面临的主要挑战是如何将各个海外公司的企业社会责任活动制度化。"

另一个挑战是如何全面转变当地村民的行为和态度,培养主人翁意识。一方面,村民通过媒体与电视了解并接触外部世界,但是从另一方面来看,尽管公司对他们有很多的期待和激励,但是他们的适应能力很慢。Nadkarni 说,"当地村民认为公司开展的活动都是'小把戏',还把公司代表称为'外来人'。因此,公司吸纳当地人(或以公益组织,或以非政府组织的形式)是很有必要的,从而能逐步真正融入当地社会。"Nadkarni 认为:村民的技能,尤其是就业技能,与期望值之间存在着差异,那么,试图让他们满意就很困难,而这些当地社区是公司的主要股东之一。

Vishwasra 说"通过创造就业机会,村民自身具有发展及可持续发展的潜力",但是,实际上他们却很难做到。Vishwasra 认为主要原因是村民自身"缺少基本技能","村民的产品缺少稳定的市场。"在与村民进行讨论后,这些问题都得以解决。部分参加过塔塔电力缝纫班的妇女说:

"我们希望参加可以赚钱的活动,但是这样的活动不多。参加缝纫培训后,我们不仅可以自立,而且每月还可以挣 800—1 200 卢比贴补家用,但是我们还想挣得更多。此外,由于机会有限,所以挣钱也不容易。"

为了进一步明确员工在企业社会责任活动中的作用和活动的运作形式,塔塔集团于 1997 年成立了理事会。理事会根据塔塔集团 35 个社区协调员的反馈意见,起草了一份全面决议草案。草案的指导原则是:运用网络解决问题,将企业社会责任嵌入各公司企业运营活动。这一做法无疑反驳了成立独立的企业社会责任"机构"的想法。根据草案，塔塔公司永远是活动的中心，任何活动都要以公司的更好发展为目标。

根据这一宗旨，塔塔电力公司在各主要领域的项目中，通过开展志愿服务活动，履行企业的社会责任。除了正常工作外，员工也要积极参与各项社会活动。2009年2月，塔塔电力公司志愿者人数达到259名，这距Tewari颁布员工激励计划仅仅6个月，志愿者人数从118人增加到259人。鉴于志愿者人数的不断增加，Tewari提出：运用软件和其他机制跟踪员工的志愿者活动，这不仅可以记录员工参加志愿活动的时间，而且还可以了解参与情况。

在谈到员工参与志愿者活动的动机时，Tewari说："我们相信员工参加志愿者活动是出于个人意愿，而非由于物质奖励。当然，员工从事志愿者活动是为了得到一定的认可，但是这并不是他们的动机。真正的动机来源于某种形式的社会原因。"

VII. 塔塔电力公司的企业活动与可持续发展问题

电力生产是环境污染的主要原因之一，占全球1/4的碳排放量。燃煤发电厂造成的空气污染和废气排放是最严重的。在2007—2008年，塔塔电力公司发电量为1 471万兆瓦时，间接和直接产生的二氧化碳排放量为1 117万吨，其中包括企业空运飞行产生的二氧化碳。

印度是一个煤炭资源丰富的国家，也是世界电力生产的大国。然而，大量的二氧化碳排放对生态环境产生了直接的影响。塔塔电力公司战略发展部的执行总裁Banmali Agrawala嘲讽说："作为国家，我们有发展的必要。但是发展过程中的种种阻碍却往往是钱无法解决的。同时，国家发展需要能源，而我们恰恰拥有丰富的煤炭资源，于是如何平衡碳排放与发展需要就成了我们面临的挑战。"

气候变化是公司战略的重要组成部分。Agrawala说："与其他竞争对手不同的是，我们更多关注是平衡发展问题。我们的发展不仅仅局限于印度，我们的努力也期待在其他地区得以实现并得到认可。"

长久以来，塔塔电力一直与美国电力公司、欧洲电力集团Vattenfall公司等国际机构合作，致力于推进3Cs全球计划（抗争、气候、变化），进一步关注电厂外部环境。塔塔电力的发电厂的排放标准高于美国空气质量的标准（NAAQS）[13]。因此，为了实现公司的可持续发展战略，Tewari提出两个重要问题：(1) 电力生产所引发的环境危险；(2) 企业的社会责任活动能否将对环境所造成的危险降至最低。如果可以的话，为什么？

关于企业社会责任的活动问题，孟买自然历史协会（BNHS）执行助理Deepak Apte说：

"对于任何一家以可持续发展为目标的企业而言，生态平衡与关注环境都是企业运行不可缺少的组成部分。任何企业活动都不可避免地对环境产生影响。企业可以从发展初期开始就认识到环境问题，到逐步协调解决，从而实现生态环境与企业发展的协同效用。但是不幸的是,在许多公司看来,企业首先要关注企业活动,其次再关注环境问题。事实上,这两者是同等重要的。"

针对孟买自然科学协会与塔塔电力公司的关系,Apte 进行了具体描述:

"孟买自然科学协会协会与塔塔电力签署了特殊项目谅解备忘录,据此,协会为塔塔电力在建的普杰项目(Kucch,古吉拉特邦地区)制定基准数据并建立项目协议:(1)根据这两个地区现有的生态和生物多样性,制定基准数据;(2)建立项目协议有助于识别特定物种、植物群和动物群的标记,长期监控并判断电力生产对环境和生态的影响。"

Tewari 认为:非政府组织可以参与到企业社会责任活动的各个环节,从建立基准数据到影响评估。企业社会责任活动的第一步是评估基准数据,包括孟买自然科学协会在内的非政府组织就是专业的评估机构。到了第二步具体实施阶段,非政府组织的作用就微乎其微了。在第三步的影响评估阶段,公益组织和非政府组织则成为主要参与方,与此同时,其他第三方评估机构也可参与。

公益组织和非政府组织在企业社会责任活动的不同阶段所起的作用是不同的,面临的挑战也是不一样的:从共同目标和有效监控来看,非政府组织的作用并不明显。然而,随着非政府组织和公益组织的发展,对重要社区的影响力和控制力也日益明显,逐渐具有了较强的议价能力,因此对这些组织的核查和监控难度也有所增加。

VIII. 塔塔电力与非政府组织的合作

2008 年 5 月,塔塔电力公司与非政府组织"人口服务国际机构"(PSI)签署了谅解备忘录。根据备忘录,塔塔电力公司向塔塔电力员工志愿活动提供人力与资金支持。除了直接提供资金外,塔塔员工参与 PSI 的艾滋病公众宣传项目。PSI 的地区协调协调官 Diaamba Gaikwad 评价了这种合作关系:

"塔塔电力的员工参观 PSI 办公大楼并参加社区活动。经过培训后,员工们参加艾滋病街头宣传和路演活动。有了类似活动经历后,员工们可以在公司所在的社区开展类似活动。"

PSI 的项目经理 Dr. Shekhar 这样描述公司和非政府组织的关系:

"包括人口服务国际机构在内的非政府组织,在资金上依靠政府,也依靠企业。与公司谈判时,所面临的主要问题是运行模式和预期成果。若两者的目标客户一致,那么,谈判将会很顺利。例如:印度阿波罗轮胎公司的主要客户是卡车司机,PSI 也计划在卡车司机中开展艾滋病公众宣传活动。很显然,他们的目标客户是一致的,因此合作谈判也非常顺利。对于企业而言,企业社会责任活动不是企业的核心任务,而对于非营利组织而言,则是生存的手段。"

2009年1月,5 800名卡车工人参加了Connect项目的HIV病毒公众宣传活动,其中大约105人进行了HIV抗体测试,15人被检出是HIV病毒携带者。仅从数字来看,这项活动的直接结果是检测出15人感染了HIV病毒,但是无形的影响是参与活动的5 800人认识到HIV病毒与艾滋病,因此"影响评估机制"不仅要依据量化数据,而且也要依据态度与行为模式等质变因素。

此外,塔塔电力公司也与名为REACHA的非政府组织签署了谅解备忘录。REACHA是一个致力于宣传能源保护的机构,其主要目的之一是教育学生们保护并合理使用能源,主要系列活动形式有教师培训、家长—教师联合会、博客等。

IX. Tewari上校的困惑

Tewari欣喜地看到:2007—2008年,塔塔电力公司在年收益增加45%的同时,还积极开展企业社会责任活动。然而,随着公司规模的扩大、企业面积的增加与生产能力的提升,Tewari则更关注的是部门构建问题:成立独立运作的企业社会责任部,专门负责企业的社会活动,还是仍然维持既有的管理模式?如果设立独立的专门机构,那么是招聘外部员工,还是任用现有员工呢?如何对运营成本进行监管和评估?

鉴于战略与功能因素,Tewari考虑到另外一种机构模式:企业社会责任活动部与公益组织/非政府组织并存。在这种模式中,关键问题是保证企业业务与社会事业同等重要。Tewari认为自己是"社会企业家",是"企业业务"(通过传统的企业社会责任活动)与"社会事业"(传统的非政府组织)的联系者。尽管两者都以造福社会、持续发展为目标,但是实现目标的方式和方法却不相同。对于任何企业与机构而言,业务与发展同等重要,但是对于非政府组织而言,发展则更重要。作为社会企业家,Tewari的重要职责是解决股东们的利益冲突问题,于是他成为一位从事社会事业的企业工作人员。

Tewari面临的另一个挑战是:在从事企业社会责任活动时,如何协调各方股东们的利益,即控制或限制公益组织长期以来的影响与干扰。最后一个问题是在现有组织结构下如何开展企业社会责任活动。正在Tewari思考这些问题时,秘书进来交给他两份会议安排。他快速审阅后,安排秘书把会议安排发给与会代表。

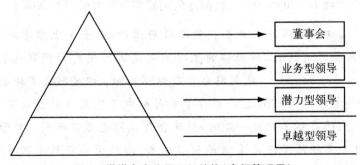

图1 塔塔电力公司组织结构(高级管理层)

表 1　塔塔电力公司的愿景与使命

愿景 成为最受尊敬的综合电力能源企业，为全体股东提供稳定收益。
使命 为成为最受尊重的公司，提供可持续收益，我们将致力于： 1. 成为首选合作伙伴，超越股东的预期； 2. 向股东保证利润的增长与收益； 3. 采用环保技术，创新并使用前沿技术； 4. 寻求机遇，电能与能源链并用，扩大企业影响； 5. 成为首选雇主，营造高效产能与运行的企业文化； 6. 关注客户、员工和社区的安全、环境与健康。

表 2　塔塔集团经营项目

经 营 项 目	2007 年收入(%)	2007 年利润(%)
信息技术	25.1	11
工　程	30.1	21.3
材　料	21.4	33.7
服　务	7.3	18.5
能　源	5.7	6.4
消费产品	5.3	4.6
化学品	5.1	4.5
总　额	100	100

表 3　塔塔集团控股结构

所 有 权	子 公 司	活 动
66%公益信托 33%家庭 13%塔塔公司 18%其他公司股东	——→塔塔有限公司	1. 主要运营公司的股权
	——→	2. 公司经营与增长的投资
29%塔塔有限公司 51%塔塔其他公司	——→塔塔工业公司	3. 新业务投资
20%香港怡和集团		
道拉布吉信托基金会	Sir Ratan 塔塔信托	其他塔塔信托
66%塔塔有限公司股权，发起公司		

表4　塔塔电力在塔塔集团公司位置

五个最大公司		2007—2008年的变化(%)
印度塔塔咨询服务公司	8 694.9亿卢比/203亿美元	(30.4%)
塔塔汽车有限公司	1 956.3亿卢比/46亿美元	(24.7%)
塔塔钢铁	6 261.9亿卢比/146亿美元	70.2%
塔塔通讯	1 270.4亿卢比/30亿美元	(7.7%)
塔塔电力	2 862.1亿卢比/67亿美元	135.8%

注：汇率1美元=42.81卢比

表5　电力生产过程：电力生产到配送

电力生产过程主要有三种形式：(1)火电站，使用原煤作为燃料生产电能；(2)核电站：使用核能生产电能；(3)水电站：利用水能生产电能。三种电站生产的都是高压电(275千伏—500千伏)，然后通过变压器把154千伏的电传输到超高压变电站，再通过另一种变电器把66千伏的电传输到一级变电站。由一级变电站传输到二级变电站的电压是22千伏。一级变电站与二级电站之间是高压传输线，而二级电站到配电站则是传输线。在配电站电压已降至6.6千伏，在此再通过传输线分输到国内外，通过变压器国内电压从6 600千伏降到220千伏。

资料来源：作者根据二级数据来源编写(即www.tepco.co.jp，作者在热电公司的经历、在线与塔塔电力公司员工的讨论)。

表6　塔塔电力公司资产负债表

（千万卢比）

	2008	2007	2006	2005	2004
筹集资金					
公共问题	0	0	0	0	0
供股问题	0	0	0	0	0
奖金问题	0	0	0	0	0
私募	83.8	0	0	0	0
优先股	0	0	0	0	0
债券	0	0	0	0	0
其他	0	0	0	0	0
流动资金					
资金来源					
实收资本	220.72	197.92	197.92	197.92	197.92
储备与盈余	7 817.20	5 835.19	5 357.72	4 938.55	4 852.42
担保贷款	2 331.09	1 354.30	946	1 059.07	721.73
非担保贷款	706.18	2 279.06	1 809.00	1 800.94	999.69
分享申请金	0	0	0	0	0
负债总额	11 075.19	9 666.47	8 310.64	7 996.48	6 771.76

(续表)

	2008	2007	2006	2005	2004
资金运用					
净固定资产	3 005.49	3 030.31	3 003.02	3 246.63	3 476.71
在建基础工程	1 681.74	781.05	211.81	0	0
投资	4 430.00	3 570.15	3 412.17	3 502.92	2 728.83
净流动资产	1 956.27	2 278.79	1 668.18	1 224.21	550.59
杂费	1.69	6.17	15.46	22.72	15.63
累积亏损	0	0	0	0	0
贷款	0	0	0	0	0
调整	0	0	0	0	0
总资产	11 075.19	9 666.47	8 310.64	7 996.48	6 771.76
公司运行					
周转	6 381.75	5 059.32	4 888.40	4 317.58	4 399.07
总费用	5 411.63	4 473.30	4 140.94	3 558.79	3 664.80
税前利润(/亏损)	970.12	586.02	747.46	758.79	734.27
税后利润(/亏损)	869.9	696.8	610.54	551.36	509.08
每股盈利	41.43	34.02	30.82	27.84	25.72
股息(%)	105	95	85	75	70

资料来源：TPC 公司年度报告。

表 7　塔塔电力公司预计收入与支出(千万卢比)

现有运作的财务预期

	2007	2008	2009	2010	2011	2012
电力供应收益	3 724	3 724	3 724	3 724	3 724	3 724
运行收入	681	900	1 013	1 013	1 013	1 013
营业收入	4 404	4 623	4 736	4 736	4 736	4 736
运行利润	1 031	1 073	1 105	1 105	1 105	1 105
其他收入	110	110	110	110	110	110
利息、税金、折旧、分期付款前的收入	1 141	1 183	1 216	1 216	1 216	1 216

未偿还本金的外币债务(卢比)

	2007	2008	2009	2010	2011	2012
平均净资产	0	0	0	0	0	0
欧洲票据 2007	570.6	286.2	0	0	0	0
欧洲票据 2017	285.3	286.2	297.66	296.075 9	296.075 9	296.075 9

(续表)

	2007	2008	2009	2010	2011	2012
国际金融公司贷款	0	0	0	0	0	0
兼松株式会社	0	0	0	0	0	0
未偿还本金(债务)						
	2007	2008	2009	2010	2011	2012
负债总额	1 757.7	1 431.7	1 085.51	997.175 9	930.075 9	899.075 9

表 8a 电力行业的重要比率

	2007	2006	2005	2004	2003
公司数量	121	52	66	72	89
主要比率					
债券率	0.75	0.66	0.72	0.79	0.82
长期债券率	0.73	0.64	0.7	0.77	0.81
流动比率	1.59	1.62	1.56	1.78	1.88
周转率					
固定资产	0.47	0.43	0.41	0.41	0.52
库存	14.2	12.74	13.44	13.52	14.81
应收账款	4.65	5.53	4.46	2.49	2.13
已获利息倍数	2.96	3.51	3.35	2.63	2.52
还原利息费的调整后销售毛利率(PBIDTM)(%)	35.38	38.26	39.73	48.07	33.54
还原利息扣除折旧的调整后销售毛利率(PBITM)(%)	25.97	29.24	29.82	36.51	23.84
息税前销售利润率(调整后销售毛利率)(PBDTM)(%)	26.61	29.92	30.84	34.19	24.07
剔除折旧的调整销售净利润(CPM)(%)	24.73	27.95	28.3	31.4	22.08
调整销售净利润(APATM)(%)	15.32	18.93	18.39	19.84	12.39
投资回报率(%)	8.79	8.87	9.44	11.83	9.66
净值报酬率(%)	9.07	9.54	10.01	11.5	9.09

资料来源：www.capitaline.com，2009 年 1 月 30 日。

表 8b　塔塔电力公司的重要比率

	2008	2007	2006	2005	2004
主要比率					
债券比率	0.47	0.55	0.53	0.45	0.42
长期债券比率	0.43	0.5	0.52	0.45	0.42
流动比率	1.81	1.9	2	1.66	1.52
周转比率					
固定资产	0.93	0.78	0.8	0.72	0.78
库存	13.65	11.27	12.36	12.9	13.15
应收账款	4.11	3.73	5.21	5.56	5.27
已获利息倍数	4.57	4.06	4.42	3.78	3.59
还原利息费的调整后销售毛利率(PBIDTM)(%)	18.28	22.62	22.1	27.5	31.9
还原利息扣除折旧的调整后销售毛利率(PBITM)(%)	13.39	16.44	16	18.37	24.02
息税前销售利润率(调整后销售毛利率)(PBDTM)(%)	15.35	18.56	18.48	22.64	25.2
剔除折旧的调整销售净利润(CPM)(%)	14.51	20.92	16.27	18.67	20.32
调整销售净利润(APATM)(%)	9.62	14.74	10.18	9.53	12.43
投资回报率(%)	7.67	8.65	8.99	9.81	14.7
净值报酬率(%)	8.12	12.03	8.7	7.37	10.78

资料来源：www.capitaline.com，2009 年 1 月 30 日。

表 9　社区支持需求/期望

地点	社区	特性/期望
特朗贝,宽带	电厂区域的城市人口；孟买和班加罗尔的运行	环境保护、卫生、教育和职业培训,尤其是学生社区
输电与配电	孟买地区输电线和接受站沿线的城市人口	安全、卫生、教育、职业培训,尤其是学生社区
水电	发电厂、总部与下游地区的农村人口	基础设施、卫生、教育、环境保护、饮用水和农业供水、下游人口

(续表)

地 点	社 区	特性/期望
加尔克汉德、中央邦、贝尔高姆	附近城镇人口和附近乡村人口	卫生、教育、环境保护,尤其是农村基础设施维护和职业培训

资料来源:塔塔集团可持续发展报告(2003)。

表10 水电地区的企业社会责任活动预算表

据推测,下表所列各项活动的大约费用为 3 千万卢比。

	分配(%)
I. 基础设施(道路、学校、公交车站、水井等)	15.02
II. 医疗保健(校园、医生、交通工具、医药、手术等)	7.22
III. 环境(植树、渔业、环境教育等)	8.23
IV. 职业培训(电工、农业技术员、裁缝、电脑教育、园艺培训、手工等)	7.22
V. 创收(种植、种子分配等)	2.02
VI. 饮用水计划/洪水救灾/抗旱救灾	
VII. 农村电气化	
VIII. 宣传活动(艾滋病等)	6.21
IX. 体育比赛	
X. 杂费与应急费用	
预算 A	45.92
特别授权 7 个乡村(米萨索等)的饮水计划; 米萨索每年 5 公里的基础设施;米萨索的学习中心; 皮尔索饮水计划	
预算 B	54.08
总预算 A+B	100%

案例尾注

1　Deputy General Manager-Corporate Social Responsibility, Rehabilitation and Resettlement.
2　PBOs refer to the project based organizations that are set up to perform a predetermined task. They are independent business entities with a flexible format. From www.pmforum.org/library/papers/2008/PDFs/Thiry-3-08.pdf.
3　One U.S. dollar = 42 Indian rupees.
4　Tata Steel's HIV/AIDS Program was an initiative taken by the company to spread awareness among the employees as well as among the people living in the vicinity of the company. The initiative was a role model for those in the corporate sector who wanted to contribute in the area of STD/HIV prevention. From www.tatasteel.com/corporatesustainability/health.asp.

5. TCS: Computer-based Adult Literacy Program: The program has been developed by Tata Consultancy Services, Asia's largest software enterprise, and it operates under the aegis of the Tata Council for Community Initiatives.
6. Bumi Resources was the first coal-mining company producing quality eco-coal for its international and domestic power generation companies. Bumi Resources acquired Arutmin in 2001 from BHP Mineral Exploration Inc. PT Kaltim Prima Coal, which was the world's largest producer and exporter of thermal coal. From www.bumiresources.com.
7. SPV is a financial agreement between two parties to protect the common interest and secure the interest of individual parties.
8. 1 BTU = 0.931×10^{-4} kWh (kilowatt hours).
9. A key community is defined as the local community in the vicinity of the production and transmission areas that has been directly or indirectly affected by the business of TPC.
10. Hydro area was the area in the vicinity of the dams that were constructed for hydro-electric power generation. The area was mainly concentrated at the production sites at Pune, Maharashtra (see map in Exhibit 7).
11. Mahseer was one of the endangered fish species found in the Himalayan regions.
12. American Electric Power is a major power generation company with its presence in 11 states. From www.sourcewatch.org/index.php?title=American_Electric_Power. Vatternfall is an associated member of EEF. It generates and supplies power and energy solutions to millions of customers in Northern Europe and the Nordic region. Its main products are electricity and heat. Industries and energy companies are Vattenfall's biggest customers.
13. http://www.tata.com/company/Articles/inside.aspx?artid=JbLuzxWGihw.
14. Baseline data is similar to that of pre-test and post-test. In the same manner, it is a pre-project assessment of the environment.

讨论题

1. 塔塔电力公司正在六个领域从事企业社会活动,其过程或所涉人员是否已依据这六个领域做了较好的评估? 这些活动将会如何从长远影响公司的长期可持续发展?
2. 塔塔电力公司每年花费 5 000—7 000 万卢比用于企业社会活动,对于企业的可持续发展而言,这样的开支是否有效益? 哪些是公司可见或不可见的收益回报? 你如何评价相关的成本收益分析?
3. CSR(企业社会责任与安置项目)至今仍是塔塔电力公司人力资源部下的一个非独立部门。CSR 的行动却影响到公司的各个职能部门。参加 CSR 活动是自愿的,而且可作为每一员工绩效考核的重要指标。关于建立独立的 CSR 部门和将 CSR 作为其他职能部门的一部分,为何会存在争议?
4. 随着公司规模的扩大,现有组织机构正在经历变化。CSR 部门应如何定位自己以便更好地服务于公司的主要价值目标?

图书在版编目(CIP)数据

商务伦理学/[美]普拉维恩·帕博迪埃(K. Praveen Parboteeah),[美]约翰·卡伦(John B. Cullen)著;周岩译. 一上海:复旦大学出版社,2018.5(2020.7 重印)
(西方商务经济学名著译丛)
书名原文: Business Ethics
ISBN 978-7-309-13414-8

Ⅰ.商… Ⅱ.①普…②约…③周… Ⅲ.商业道德 Ⅳ.F718

中国版本图书馆 CIP 数据核字(2017)第 299568 号

Copyright© 2013 Taylor & Francis
Authorized translation from English language edition published by Routledge, an imprint of Taylor & Francis Group LLC. All rights reserved. 本书原版由 Taylor & Francis 出版集团旗下 Routledge 出版公司出版,并经其授权翻译出版。版权所有,侵权必究。

Fudan University Press is authorized to publish and distribute exclusively the Chinese (Simplified Characters) language edition. This edition is authorized for sale throughout Mainland of China. No part of the publication may be reproduced or distributed by any means, or stored in a database or retrieval system, without the prior written permission of the publisher. 本书中文简体版授权由复旦大学出版社独家出版并在中国大陆地区销售。未经出版者书面许可,不得以任何方式复制或发行本书的任何部分。

Copies of this book sold without a Taylor & Francis sticker on the cover are unauthorized and illegal.
本书封面贴有 Taylor & Francis 公司防伪标签,无标签者不得销售。

上海市版权局著作权合同登记号:图字 09-2016-078

商务伦理学
[美]普拉维恩·帕博迪埃 [美]约翰·卡伦 著 周 岩 译
责任编辑/鲍雯妍

复旦大学出版社有限公司出版发行
上海市国权路 579 号 邮编:200433
网址: fupnet@ fudanpress.com http://www.fudanpress.com
门市零售:86-21-65102580 团体订购:86-21-65104505
外埠邮购:86-21-65642846 出版部电话:86-21-65642845
上海四维数字图文有限公司

开本 787 × 1092 1/16 印张 30.75 字数 621 千
2020 年 7 月第 1 版第 2 次印刷

ISBN 978-7-309-13414-8/F·2426
定价:60.00 元

如有印装质量问题,请向复旦大学出版社有限公司出版部调换。
版权所有 侵权必究